Mika Waltari

Minutus der Römer

Deutsche Übersetzung:
Joachim A. Frank

BASTEI
LÜBBE

BASTEI-LÜBBE-TASCHENBUCH
Band 10018

1. Auflage 1976
2.+ 3. Auflage 1977
4.+ 5. Auflage 1978
6. Auflage 1979
7. Auflage 1980
8. Auflage 1981
9. Auflage 1983
10. Auflage 1984
11. Auflage 1985
12. Auflage 1987
13. Auflage 1988
14. Auflage 1990
15. Auflage 1991
16. Auflage 1992
17. Auflage 1993

Titel der bei Werner Söderström OY, Helsinki, erschienenen
Originalausgabe:
IHMISKUNNAN VIHOLLISET

Deutschsprachige Rechte: Paul Neff Verlag, Wien
Lizenzausgabe: Bastei-Verlag Gustav H. Lübbe,
Bergisch Gladbach
Printed in Germany
Einbandgestaltung: Manfred Peters
Titelbild: Römisch-Germanisches Museum / NORMA-Illustrators
Gesamtherstellung: Ebner Ulm
ISBN 3-404-10018-2

ERSTER TEIL

MINUTUS

»Die Juden, die, von Christus aufgewiegelt, fortwährend Unruhe stifteten, verbannte er aus Rom.«

Sueton, XII vitae imperatorum: Claudius

»Als Jüngling, während der ersten fünf Jahre seiner Regierung, bewies er so viel Größe und förderte er Rom auf so mannigfaltige Weise, daß Trajan mit gutem Grund so oft versichert, die Taten aller anderen Kaiser würden von den Leistungen Neros während dieser fünf Jahre in den Schatten gestellt.«

Aurelius Victor, De caesaribus, 5

I

ANTIOCHIA

Ich war sieben Jahre alt, als mir der Veteran Barbus das Leben rettete. Ich erinnere mich noch gut, wie ich meine alte Amme Sophronia überlistete, um ans Ufer des Orontes hinuntergehen zu können. Dieser reißende, an Wirbeln reiche Strom zog mich an, und ich beugte mich über das Brückengeländer, um die Wasserblasen zu betrachten. Da trat Barbus an mich heran und fragte freundlich: »Möchtest du schwimmen lernen, mein Junge?«

Als ich bejahte, blickte er sich um, packte mich am Genick und im Schritt und schleuderte mich weit in den Fluß hinaus. Dann stieß er einen wilden Schrei aus, rief Herkules und den römischen Jupiter, den Sieger, an, warf seinen zerlumpten Mantel auf die Brücke und sprang mir ins Wasser nach.

Bei seinen Schreien strömten die Leute zusammen, und alle sahen und bezeugten übereinstimmend, daß Barbus sein eigenes Leben aufs Spiel setzte, um mich vor dem Ertrinken zu retten, mich an Land brachte und auf dem Boden hin und her wälzte, bis ich das Wasser von mir gab, das ich geschluckt hatte. Als Sophronia, schreiend und sich die Haare raufend, herbeigelaufen kam, hob Barbus mich eben auf seine starken Arme und trug mich, obgleich ich vor Widerwillen gegen seine schmutzigen Kleider und seinen nach Wein stinkenden Atem strampelte und um mich schlug, nach Hause.

Mein Vater war von meinem Abenteuer nicht sehr erbaut. Er bot Barbus jedoch Wein an und glaubte seiner Versicherung, ich sei am Ufer gestolpert und ins Wasser gefallen. Ich widersprach Barbus nicht, da ich mir angewöhnt hatte, in Gegenwart meines Vaters stillzuschweigen; ja, ich lauschte hingerissen, als Barbus bescheiden berichtete, daß er in seinen Legionarsjahren sowohl die Donau als auch den Rhein und sogar den Euphrat in voller Rüstung durchschwommen hatte. Auch mein Vater trank Wein, um seinen Schrecken zu betäuben, wurde selbst gesprächig und erzählte, wie er in seiner Jugend, als er die Philosophenschule auf Rhodos besuchte, eine Wette eingegangen war, daß er von Rhodos ans Festland zu schwimmen imstande sei. Zuletzt waren er und Barbus sich von Herzen einig, daß es hoch an der Zeit sei, mich schwimmen zu lehren. Mein Vater gab Barbus neue Kleider, so daß dieser, als er sich umzog, Gelegenheit hatte, seine zahlreichen Narben vorzuzeigen.

Von jener Stunde an blieb Barbus in unserem Hause und nannte meinen Vater seinen Hausvater. Er begleitete mich zur Schule und holte mich, sofern er nicht zu betrunken war, nach der Schule wieder ab. Vor allem aber erzog er mich zu einem Römer, denn er war wirklich in Rom zur Welt gekommen und aufgewachsen und hatte volle dreißig Jahre in der Fünfzehnten Legion gedient. Mein Vater holte darüber genaue Erkundigungen ein, denn er mochte zwar ein zerstreuter und zurückgezogen lebender Mensch sein, aber er war nicht dumm und hätte niemals einen entsprungenen Legionar in seinem Hause beherbergt.

Dank Barbus lernte ich nicht nur schwimmen, sondern auch reiten. Auf seine Vorstellungen hin kaufte mir mein Vater ein eigenes Pferd, so daß ich in die Jungritterschaft in Antiochia aufgenommen werden konnte, sobald ich vierzehn war. Zwar hatte Kaiser Gajus Caligula den Namen meines Vaters mit eigener Hand aus der Rolle des Ritterstandes gestrichen, aber in Antiochia wurde meinem Vater dies eher zur Ehre denn zur Schande angerechnet, da man sich dort nur zu gut erinnerte, was für ein Taugenichts Caligula schon als Knabe gewesen war. Er wurde übrigens später im Großen Zirkus in Rom ermordet, als er die Absicht geäußert hatte, sein Lieblingspferd zum Senator zu ernennen.

Zu jener Zeit hatte mein Vater bereits, ohne es zu wollen, eine solche Stellung in Antiochia erreicht, daß man ihn gern unter den Gesandten gesehen hätte, die die Stadt nach Rom schickte, um Kaiser Claudius zu seiner Thronbesteigung zu beglückwünschen. Gewiß wäre dies eine Gelegenheit für ihn gewesen, seine alte Ritterwürde wiederzuerlangen, aber mein Vater weigerte sich standhaft, nach Rom zu reisen. Wie sich später herausstellte, hatte er dafür seine gewichtigen Gründe. Er selbst behauptete jedoch damals, er wolle am liebsten in Stille und Demut leben und trage kein Verlangen nach der Ritterwürde.

Ebenso zufällig wie Barbus in unser Haus gekommen war, vermehrte sich auch das Vermögen meines Vaters. Er versicherte oft auf seine griesgrämige Art, daß er kein Glück mehr gehabt habe, seit bei meiner Geburt die einzige Frau gestorben war, die er jemals wirklich geliebt hatte. Schon in Damaskus hatte er es sich zur Gewohnheit gemacht, alljährlich am Todestag meiner Mutter auf den Markt zu gehen und den einen oder andern elenden Sklaven zu kaufen. Hatte er ihn dann einige Zeit in seinem Hause gehalten und wieder zu Kräften gebracht, ging er mit ihm zu den Behörden, erlegte das Lösegeld für ihn und gab ihm seine Freiheit zurück.

Er gestattete diesen Freigelassenen, nach ihm den Namen Marcius — nicht aber Manilianus — anzunehmen, und gab ihnen Geld, damit sie sich in dem Gewerbe niederlassen konnten, das sie erlernt hatten. So wurde aus einem seiner Freigelassenen Marcius der Seidenhändler und aus einem anderen Marcius der Fischer. Marcius der Barbier verdiente sich ein Vermögen, indem er Frauenperücken nach der neuesten Mode herrichtete. Von allen der reichste jedoch war Marcius der Bergmann, der hernach meinen Vater zwang, ein stillgelegtes Kupferbergwerk in Kilikien zu kaufen. Mein Vater beklagte sich gern darüber, daß es ihm nicht vergönnt sei, das geringste Werk der Barmherzigkeit zu tun, ohne gleich selbst Nutzen und Ehre davon zu haben.

Als er sich nach siebenjährigem Aufenthalt in Damaskus in Antiochia niederließ, war er dank seinen Sprachkenntnissen und seiner Besonnenheit eine Zeitlang Berater des Prokonsuls, vor allem in Angelegenheiten, welche die Juden betrafen, die er auf seinen früheren Reisen in Judäa und Galiläa gründlich kennengelernt hatte. Er war ein friedfertiger, gutmütiger Mann und zog allen Gewaltmaßnahmen stets eine Lösung im guten vor. Auf diese Weise gewann er hohes Ansehen unter den Einwohnern Antiochias und wurde, als er seine Ritterwürde verloren hatte, in den Rat der Stadt gewählt; nicht etwa, weil man ihm ein ungewöhnliches Maß an Entschlossenheit und Tatkraft zutraute, sondern weil jede Partei glaubte, sich seiner bedienen zu können.

Als Caligula verlangte, daß seine Statue im Tempel zu Jerusalem und in allen Synagogen in den Provinzen aufgestellt werde, verstand mein Vater nur zu gut, daß dies zu bewaffnetem Aufruhr führen konnte. Er riet den Juden, sie sollten, anstatt nutzlose Einwände vorzubringen, lieber versuchen, Zeit zu gewinnen. Tatsächlich gaben die Juden Antiochias dem römischen Senat zu verstehen, sie hätten die Absicht, dem Kaiser Gajus aus eigenen Mitteln wahrhaft kostbare Statuen in ihren Synagogen zu errichten, behaupteten dann jedoch das eine Mal, die Statuen seien nicht gut gelungen, und das andere Mal, ungünstige Vorzeichen verhinderten ihre Aufstellung. Als Kaiser Gajus dann ermordet wurde, lobte man meinen Vater um seiner klugen Voraussicht willen. Ich glaube jedoch nicht, daß er von dem Mord im voraus gewußt hat. Er hatte nur, wie es seine Art war, Zeit gewinnen wollen, um zu verhindern, daß es unter den Juden zu Unruhen käme, die dem Handel der Stadt hätten schaden können.

Doch konnte mein Vater auch eigensinnig sein. Als Mitglied des Stadtrates weigerte er sich mit aller Bestimmtheit, für Zirkusvorstellungen mit wilden Tieren und Gladiatoren Gelder zur Verfügung zu stellen, und wollte selbst von Theateraufführungen nichts wissen. Auf Anraten seiner Freigelassenen ließ er jedoch immerhin eine Säulenhalle bauen, die seinen Namen trug. Aus der Vermietung der Läden, die darin untergebracht waren, bezog er so hohe Einkünfte, daß ihm sogar dieses Unternehmen zum Vorteil anschlug, von der Ehre ganz zu schweigen.

Die Freigelassenen meines Vaters konnten nicht verstehen, warum er mich so knapp hielt und von mir verlangte, daß ich mich mit seiner eigenen einfachen Lebensweise zufriedengab. Sie wetteiferten darin, mir Geld zu schenken, das ich gut brauchen konnte, gaben mir schöne Kleider, ließen meinen Sattel und mein Zaumzeug kostbar verzieren und bemühten sich nach besten Kräften, meine unüberlegten Streiche zu bemänteln und zu decken. Jung und töricht, wie ich war, fühlte ich mich nämlich gedrängt, mich in allen Dingen ebenso, wenn nicht noch mehr, hervorzutun wie die geachtetsten Jünglinge der Stadt, und die Freigelassenen meines Vaters meinten in ihrem Unverstand, dies müsse sowohl ihrer eigenen Stellung als auch der meines Vaters zugute kommen.

Barbus brachte meinen Vater zu der Einsicht, daß ich die lateinische Sprache erlernen mußte. Das einfache Legionarslatein des Veteranen reichte jedoch nicht weit. Daher sah mein Vater darauf, daß ich die Geschichtswerke des Virgil und des Titus Livius las. Barbus erzählte mir ganze Abende lang von den Hügeln Roms, seinen Sehenswürdigkeiten, seinen Überlieferungen, Göttern und Kriegsherren, so daß mich zuletzt heiße Sehnsucht nach Rom ergriff. War ich doch kein Syrer, sondern Römer von Geburt, aus dem Geschlecht der Manilier und Maecener, wenngleich meine Mutter nur eine Griechin gewesen war. Selbstverständlich versäumte ich nicht, Griechisch zu lernen, und mit fünfzehn kannte ich schon viele Dichter der Griechen. Zwei Jahre lang war Timaios von Rhodos mein Lehrer. Mein Vater hatte ihn nach den

Unruhen auf Rhodos gekauft und wollte ihn später freilassen, aber Timaios lehnte dies voll Bitterkeit ab und erklärte, es bestehe kein wirklicher Unterschied zwischen Sklaven und Freien, sondern die Freiheit wohne allein in den Herzen der Menschen.

Der bittere Timaios unterwies mich in der Lehre der Stoa und verachtete meine Lateinstudien, da die Römer in seinen Augen Barbaren waren und er tiefen Groll gegen Rom hegte, das Rhodos seiner ererbten Freiheit beraubt hatte.

Unter den jungen Burschen, die an den Reiterspielen teilnahmen, gab es etwa zehn, die einander an tollen Streichen zu überbieten trachteten. Wir hatten einen Eidbund gegründet und einen Baum erwählt, dem wir Opfer darbrachten. Als wir eines Tages von den Reitübungen heimkehrten, beschlossen wir in unserem Übermut, in gestrecktem Galopp durch die Stadt zu reiten, wobei jeder einen der Kränze an sich reißen sollte, die an den Türen der Läden hingen. Wir hatten weiter nichts im Sinn, als die Händler zu ärgern, doch ich bekam aus Versehen einen schwarzen Kranz aus Eichenlaub zu fassen, den man vor die Tür gehängt hatte, um anzuzeigen, daß im Hause jemand gestorben war. Ich hätte wissen müssen, daß dies ein böses Vorzeichen war, und in meinem Innersten erschrak ich auch, aber ich hängte den Kranz dennoch an unserem Opferbaum auf.

Wer Antiochia kennt, kann sich ausmalen, was für einen Aufruhr unser Streich verursachte, aber selbstverständlich gelang es den Ordnungswächtern nicht, uns zu überführen. Gleichwohl mußten wir uns stellen und selbst unsere Schuld bekennen, da sonst alle Teilnehmer an den Reiterspielen bestraft worden wären. Wir kamen mit einer Geldbuße davon, denn die Richter wollten sich nicht mit unseren Eltern überwerfen, aber wir begnügten uns hinfort damit, unseren Übermut außerhalb der Stadtmauern auszutoben.

Einmal erblickten wir unten am Fluß eine Schar Mädchen, die mit irgend etwas beschäftigt waren, was unsere Neugier weckte. Wir hielten sie für Bauernmädchen, und ich schlug meinen Eidbrüdern vor, so zu tun, als wollten wir sie rauben, wie einst die Römer die Sabinerinnen geraubt hatten. Ich erzählte ihnen die Geschichte von den Sabinerinnen, und sie fanden sie sehr lustig. Wir ritten also zum Ufer hinab, und jeder packte das Mädchen, das ihm gerade in den Weg kam, und setzte es vor sich in den Sattel. Das ging freilich nicht so leicht, wie wir gedacht hatten, und nicht minder schwierig war es, die kreischenden, strampelnden Mädchen festzuhalten. Zudem wußte ich nicht, was ich mit meinem Mädchen beginnen sollte. Ich kitzelte es, um es zum Lachen zu reizen, und als ich glaubte, ihm deutlich genug gezeigt zu haben, daß es ganz und gar in meiner Gewalt war, ritt ich zurück und ließ es wieder auf den Boden niedergleiten. Meine Kameraden taten dasselbe. Als wir davonritten, warfen uns die Mädchen Steine nach, und wir begannen Böses zu ahnen. Ich selbst hatte sehr wohl bemerkt, daß ich keine Bauerndirn in den Armen hielt.

Tatsächlich handelte es sich um lauter Mädchen aus vornehmen Familien, die aus der Stadt und an den Fluß gezogen waren, um sich zu reinigen und gewisse Opferhandlungen zu vollziehen, die ihre neue Frauenwürde von ihnen forderte. Wir hätten es an den bunten Bändern erkennen müssen, die sie zufällig des Weges Kommenden zur Warnung an den Büschen aufgehängt hatten, aber wer von uns kannte sich schon so genau in den Mysterien junger Mädchen aus!

Die Mädchen selbst hätten um ihres Rufes willen vielleicht geschwiegen. Es war aber eine Priesterin bei ihnen gewesen, die im Eifer ihres Amtes glaubte, wir hätten uns mit voller Absicht der Lästerung schuldig gemacht. Mein Einfall führte daher zu einem entsetzlichen Skandal. Es wurde sogar die Ansicht vorgebracht, wir müßten zur Buße die Mädchen heiraten, deren Tugend wir in hingebungsvoller Opferstunde gekränkt hatten. Zum Glück trug noch keiner von uns die Männertoga.

Mein Lehrer Timaios erzürnte sich so sehr, daß er mir, obwohl er nur ein Sklave war, einen Stockhieb versetzte. Barbus wand ihm den Stock aus der Hand und riet mir, aus der Stadt zu fliehen, denn in seinem Aberglauben fürchtete er auch die syrischen Götter. Timaios fürchtete zwar keine Götter, die er allesamt nur als Sinnbilder betrachtete, aber er meinte, mein Benehmen habe Schande über ihn als Lehrer gebracht. Das schlimmste aber war, daß der Vorfall meinem Vater nicht verheimlicht werden konnte.

Ich war unerfahren und leicht zu beeindrucken, und als ich sah, wie die anderen erschraken und sich entsetzten, begann ich selbst unsere Tat für schrecklicher zu halten, als sie im Grunde war. Timaios, ein alter Mann und Stoiker dazu, hätte wohl mehr Gleichmut bewahren und mich angesichts solcher Schicksalsprüfungen ermutigen sollen, anstatt mich zu demütigen, aber er gab mir seine wahre Denkart und all seine Bitterkeit zu erkennen, als er zu mir sagte: »Für wen hältst du dich eigentlich, du eitles, widerliches Großmaul! Nicht ohne Grund hat dein Vater dir den Namen Minutus gegeben, was der Unbedeutende heißt. Deine Mutter war nichts als eine leichtfertige Griechin, eine Tänzerin und Schlimmeres, vielleicht auch eine Sklavin. Ja, das ist deine Herkunft! Das Gesetz, und nicht eine Laune, bewog Kaiser Gajus, deinen Vater aus der Rolle der Ritter zu streichen, denn er wurde zu der Zeit des Statthalters Pontius Pilatus aus Judäa ausgewiesen, weil er sich mit dem Aberglauben der Juden abgegeben hatte. Er ist nicht einmal ein richtiger Manilius, sondern nur ein Manilianus, ein Adoptivsohn. Er machte sich in Rom mit Hilfe eines schändlichen Testaments ein Vermögen und war in einen Skandal mit einer verheirateten Frau verwickelt, so daß er nie mehr dorthin zurückkehren kann. Du bist also nichts und wirst nie etwas sein, du lasterhafter Sohn eines habsüchtigen Vaters.«

Er würde gewiß noch mehr gesagt haben, wenn ich ihn nicht auf den Mund geschlagen hätte. Ich erschrak augenblicklich über meine Tat, denn es ziemt sich nicht, daß der Schüler den Lehrer schlägt, mag dieser auch Sklave sein. Timaios wischte sich zufrieden das Blut von den Lippen, lächelte böse und sagte: »Ich danke dir, Minutus, mein Sohn, für dieses Zeichen. Was krumm ist, kann nie gerade wachsen, was gewöhnlich ist, kann nie vornehm werden. Und von deinem Vater sollst du noch wissen, daß er heimlich mit den Juden Blut trinkt und in der Abgeschiedenheit seines Zimmers den Becher der Glücksgöttin anbetet. Auf andere Weise könnte auch keinem ohne eigenes Verdienst soviel Erfolg und Reichtum zuteil werden. Ich aber habe nun genug von ihm und von dir und von dieser ganzen ruhelosen Welt, in der die Ungerechtigkeit über die Gerechtigkeit siegt und die Weisheit bei der Tür sitzen muß, wenn die Frechheit zum Mahle lädt.«

Ich achtete nicht auf seine Worte, denn ich hatte über meine eigenen Nöte genug nachzudenken. Ein blinder Drang ergriff mich, durch irgendeine kühne Tat zu beweisen, daß ich nicht unbedeutend war, und zugleich wiedergutzumachen, was ich Böses getan hatte. Ich erinnerte mich, wenige Tage zuvor von einem Löwen gehört zu haben, der etwa einen halben Tagesritt von der Stadt entfernt einige Rinder gerissen hatte und den man zu fangen beabsichtigte. Es kam nur noch selten vor, daß ein Löwe sich in die Nähe einer großen Stadt wagte, und das Ereignis wurde daher viel besprochen. Ich dachte, wenn wir, meine Eidbrüder und ich, diesen Löwen lebend einfingen und dem Amphitheater unserer Stadt schenkten, so könnten wir dadurch unsere Missetaten sühnen und überdies Heldenruhm gewinnen.

Dieser Gedanke war so wahnwitzig, daß er nur in dem verwundeten Herzen eines Fünfzehnjährigen entstehen konnte, aber das Verrückteste war wohl, daß Barbus, der an diesem Nachmittag wie üblich betrunken war, meinen Plan ganz außergewöhnlich fand und guthieß. Er hätte sich ihm auch, nach den vielen Erzählungen von seinen Heldentaten, nur schwer widersetzen können. Hatte er nicht selbst unzählige Male Löwen mit dem Netz gefangen, um sich neben seinem knappen Sold ein wenig Geld zu verdienen?

Wir mußten die Stadt unverzüglich verlassen, denn die Ordnungswächter konnten schon auf dem Wege sein, um mich zu verhaften, und auf jeden Fall glaubte ich mit Sicherheit zu wissen, daß man uns spätestens am nächsten Morgen für alle Zukunft unsere Pferde wegnehmen werde. Ich traf noch sechs meiner Kameraden an, denn nur drei von ihnen waren klug genug gewesen, ihren Eltern gleich zu berichten, was geschehen war, worauf diese sie sofort aus der Stadt geschickt hatten.

Meine verängstigten Kameraden waren von meinem Plan so begeistert, daß wir alle miteinander auf der Stelle zu prahlen anfingen. Heimlich führten wir unsere Pferde aus den Ställen und ritten aus der Stadt. Barbus holte unterdessen bei Marcius, dem Seidenhändler, einen Sack voll Silbermünzen, ging damit ins Amphitheater und bestach einen erfahrenen Tierbändiger, uns zu begleiten. Sie beluden einen Karren mit Netzen, Waffen und Schutzledern und stießen bei unserem Opferbaum draußen vor der Stadt zu uns. Barbus hatte auch Fleisch, Brot und ein paar große Krüge Wein mitgenommen. Der Wein machte mir wieder Appetit, denn bis dahin war ich so unruhig und niedergeschlagen gewesen, daß ich es nicht über mich gebracht hatte, auch nur einen Bissen zu essen.

Der Mond schien, als wir uns auf den Weg machten. Barbus und der Tierbändiger ermunterten uns durch Erzählungen vom Löwenfang in den verschiedenen Ländern. Sie beschrieben ihn als etwas dermaßen Einfaches, daß meine Kameraden und ich, vom Wein erhitzt, den beiden nahelegten, sich in unser Unternehmen nicht allzusehr einzumischen, sondern eher darauf bedacht zu sein, daß die ganze Ehre uns zufiel. Das gelobten sie bereitwillig und versicherten, sie wollten uns nur dank ihrer Erfahrenheit mit gutem Rat beistehen, sich aber im übrigen abseits halten. Ich für mein Teil hatte mit eigenen Augen gesehen, wie rasch eine Schar erfahrener Männer einen Löwen mit dem Netz fangen kann und wie leicht es für einen mit zwei Spießen bewaffneten Mann ist, einen Löwen zu töten.

In der Morgendämmerung kamen wir in der Stadt an, von der man uns berichtet hatte. Die Einwohner waren eben im Begriff, ihre Herdfeuer anzuzünden. Doch nun zeigte es sich, daß das Gerücht gelogen hatte, denn die Stadt lebte nicht in Angst und Schrecken, sondern war, im Gegenteil, sehr stolz auf ihren Löwen. Seit Menschengedenken hatte man in diesem Landstrich kein solches Tier mehr zu Gesicht bekommen. Der Löwe hauste in einer nahegelegenen Berghöhle und hatte sich zu einem Bach hinunter einen Wechsel getreten. In der vorausgegangenen Nacht hatte er eine Ziege gefressen, die die Stadtbewohner an einem Baum neben dem Wechsel festgebunden hatten, damit er wertvolleres Vieh verschone. Einen Menschen hatte der Löwe noch nicht angegriffen. Er hatte sogar die Gewohnheit, sich mit einem dumpfen Gebrüll zu melden, wenn er seine Höhle verließ, und war im übrigen nicht wählerisch. In Ermangelung eines Besseren gab er sich mit Aas zufrieden, sofern ihm nicht die Schakale zuvorgekommen waren. In der Stadt hatte man auch schon einen Holzkäfig gebaut, in dem man den Löwen nach Antiochia befördern wollte, um ihn dort zu verkaufen. Ein Löwe, der mit dem Netz gefangen wird, muß nämlich so fest gefesselt werden, daß seine Glieder Schaden nehmen können, wenn man ihn nicht rasch in einen Käfig bringt und die Stricke löst.

Als die Stadtbewohner hörten, was wir planten, waren sie alles andere denn zufrieden, aber zum Glück hatten sie noch keinen Käufer für den Löwen ausfindig gemacht, und sobald sie erfaßten, in welcher Lage wir uns befanden, drangen sie so lange in uns, bis Barbus versprach, ihnen zweitausend Sesterze für das Tier zu zahlen. Um diesen Preis sollten wir den Käfig dazubekommen. Als der Handel abgeschlossen und das Geld ausbezahlt war, begann Barbus plötzlich vor Kälte zu zittern und schlug vor, wir sollten uns alle schlafen legen und die Löwenjagd auf den nächsten Tag verschieben. Indessen mochten sich auch in Antiochia die Gemüter ein wenig beruhigen. Dagegen wandte jedoch der Tierbändiger bedächtig ein, gerade der Vormittag sei die günstigste Zeit, den Löwen aus seiner Höhle zu treiben, denn da habe er gefressen und getrunken und sei schwerfällig und müde vom Schlaf.

Barbus und er legten also ihren Lederschutz an, und geführt von einigen Männern aus der Stadt ritten wir auf den Berg zu. Die Männer zeigten uns den Wechsel und die Tränke des Löwen sowie seine Fährte und ein Häufchen frischer, kräftig riechender Losung, vor der unsere Pferde scheuten. Als wir uns langsam der Höhle näherten, wurde der Aasgeruch immer stärker. Unsere Pferde begannen zu zittern, rollten die Augen und weigerten sich schließlich weiterzugehen. Wir waren gezwungen abzusitzen und die Pferde fortzuschicken, so sehr hatte sie die bloße Witterung erschreckt. Zu Fuß gingen wir weiter auf die Höhle zu, bis wir das grollende Schnarchen des Löwen vernahmen. Er schnarchte so gewaltig, daß der Boden unter unseren Füßen bebte; doch wer weiß, vielleicht waren es auch unsere eigenen Beine, die zitterten, als wir da zum erstenmal in unserem Leben vor der Höhle eines Löwen standen.

Die Männer aus der Stadt hatten nicht die geringste Angst vor ihrem eigenen Löwen. Sie versicherten, er werde nun ruhig bis zum Abend durchschlafen, ja sie schworen sogar, sie hätten ihn zu einem so faulen und fetten Löwen herausgefüttert, daß unsere größte Schwierigkeit gewiß darin bestehen werde, ihn zu wecken und ins Freie zu jagen.

Zwischen den Büschen vor der Höhle hatte der Löwe einen breiten Pfad ausgetreten, und zu beiden Seiten dieses Pfades stiegen die Felsen so steil und so hoch, daß Barbus und der Tierbändiger sich in Sicherheit bringen und uns von dort oben mit ihren guten Ratschlägen helfen konnten. Sie zeigten uns, in welchem Abstand von der Höhle wir das schwere Netz ausspannen sollten, das links und rechts von je dreien gehalten werden mußte. Der siebente, sollte hinter dem Netz hin und her springen und schreien, so daß der schlaftrunkene und von der Sonne geblendete Löwe auf ihn losrannte und mitten ins Netz stürzte. Dann brauchten wir nur noch das Netz über ihm zusammenzuschlagen und ihn recht fest einzuwickeln, wobei wir lediglich darauf zu achten hätten, daß wir den Fängen und Pranken nicht zu nahe kämen. Als wir die Sache bedachten, fanden wir, daß sie nicht so einfach war, wie die beiden da oben auf dem Felsen sie darstellten.

Wir ließen uns auf dem Boden nieder, um zu beraten, wer von uns in die Höhle gehen und den Löwen wecken solle. Barbus meinte, das beste wäre es, die Bestie mit einem Lanzenschaft zu reizen, ohne sie zu verletzen, und der Tierbändiger versicherte, er hätte uns diese kleine Gefälligkeit gern erwiesen, allein seine Knie seien steif vor Gicht und im übrigen wolle er uns ja auch nicht um die Ehre bringen.

Meine Kameraden beobachteten mich verstohlen aus den Augenwinkeln und erklärten sich aus reiner Gutherzigkeit bereit, mir die Ehre zu überlassen. Meinem Kopf sei schließlich der Plan entsprungen, und ich sei es auch gewesen, der sie dazu überredet hatte, den Raub der Sabinerinnen zu spielen, womit ja dieses Abenteuer seinen Anfang genommen habe. Mit der scharfen Witterung des Löwen in der Nase beeilte ich mich, meine Kameraden daran zu erinnern, daß ich meines Vaters einziger Sohn war, und als wir den Fall näher untersuchten, entdeckten wir, daß in der Tat fünf von uns einzige Söhne waren, was möglicherweise unser Betragen erklärt. Einer hatte nur Schwestern, und der Jüngste, Charisios, machte geltend, daß sein einziger Bruder stotterte und noch an einigen anderen Gebrechen litt.

Als Barbus sah, daß mich meine Kameraden immer mehr bedrängten und ich zuletzt gezwungen sein würde, in die Höhle zu gehen, nahm er einen großen Schluck aus seinem Weinkrug, rief mit zitternder Stimme Herkules an und versicherte, er liebe mich mehr als seinen eigenen Sohn, wenn man davon absehe, daß er nie einen Sohn gehabt habe. Der Auftrag zieme sich nicht für mich, sagte er, aber er, ein alter Legionar, sei bereit, in die Schlucht niederzusteigen und den Löwen zu wecken. Sollte ihn dieser Versuch das Leben kosten, was wegen seiner schlechten Augen und schwach gewordenen Beine leicht möglich wäre, so wünsche er nur, daß ich für einen stattlichen Scheiterhaufen sorgte und eine Gedächtnisrede auf ihn hielte, damit seine zahllosen ruhmvollen Taten allgemein bekannt würden. Im übrigen gedenke er, mir durch seinen Tod zu beweisen, daß alles, was er mir im Lauf der Jahre von seinem Wagemut berichtet hatte, wenigstens zum Teil wahr sei.

Als er allen Ernstes mit einer Lanze in der Hand die Felswand herabzuklettern begann, wurde auch mir weh ums Herz, und wir umarmten einander und vergossen zusammen einige Tränen. Ich konnte nicht zulassen, daß er, ein alter Mann, für mich und meine Missetaten sein Leben opferte, und bat ihn, meinem Vater zu berichten, daß ich wenigstens dem Tode wie ein Mann entgegengetreten sei, nachdem ich ihm schon im Leben nichts als Unglück gebracht hatte. Meine Mutter war bei meiner Geburt gestorben, und nun hatte ich, wenngleich ohne böse Absicht, Schande über seinen guten Namen gebracht.

Barbus reichte mir einen Weinkrug und hieß mich trinken, da, wie er sagte, nichts wirklich weh tun kann, wenn man nur genug Wein im Leibe hat. Ich trank also, und dann ließ ich meine Kameraden schwören, daß sie wenigstens das Netz ordentlich festhalten und um keinen Preis fallen lassen würden. Darauf packte ich meine Lanze mit beiden Händen und schlich den Löwenwechsel entlang durch die Schlucht. In meinen Ohren dröhnte das Schnarchen des Raubtiers, und schon sah ich es lang hingestreckt in der Höhle liegen. Ich stieß es, ohne recht hinzusehen, mit der Lanze, hörte es aufbrüllen, schrie selbst laut auf und lief schneller als je bei einem Wettrennen mitten in das Netz hinein, das meine Kameraden in der Eile hochgerissen hatten, ohne zu warten, bis ich darübergesprungen war.

Während ich in den Maschen des Netzes um mein Leben strampelte, kam der Löwe hinkend und winselnd aus seiner Höhle, blieb verwundert stehen und blinzelte mich an. Er war so riesengroß und furchtbar, daß meine Kameraden seinen Anblick nicht ertrugen, das Netz fallen ließen und flohen. Der Tierbändiger gab brüllend seine Ratschläge und schrie, wir müßten das Netz über den Löwen werfen, bevor er sich ans Tageslicht gewöhnt habe und wirklich gefährlich werde.

Auch Barbus schrie und ermahnte mich, Geistesgegenwart zu bewahren und dessen eingedenk zu sein, daß ich ein Römer und ein Manilier sei. Sollte ich in Not geraten, werde er sogleich niedersteigen und den Löwen mit seinem Schwert töten, zuerst aber müsse ich versuchen, ihn lebend zu fangen. Ich weiß nicht, welche von diesen beiden Möglichkeiten mich die bessere dünkte, aber jedenfalls gelang es mir, mich aus dem Netz zu befreien, nachdem meine Kameraden es losgelassen hatte. Ihre Feigheit machte mich rasend. Das Netz in den Fäusten haltend, drehte ich mich um und blickte dem Löwen ins Auge. Mit majestätischer Miene und zugleich bekümmert und gekränkt starrte er zurück, hob das eine Hinterbein, das blutete, und winselte leise. Ich stemmte das Netz mit aller Kraft in die Höhe, denn es war sehr schwer für einen einzelnen Mann, und warf es. Der Löwe tat im gleichen Augenblick einen Sprung nach vorn, verfing sich in den Stricken und fiel auf die Seite. Unter schrecklichem Gebrüll wälzte er sich auf dem Boden hin und her und zog selbst die Maschen immer fester um sich, so daß er mir nur einen einzigen Prankenhieb versetzen konnte, der mir allerdings zu spüren gab, welche Kräfte in dem Tier steckten, denn ich flog Hals über Kopf in die Büsche, was mir zweifellos das Leben rettete.

Barbus und der Tierbändiger feuerten sich gegenseitig mit lauten Rufen an. Letzterer nahm seine Holzgabel, setzte sie dem Löwen auf den Hals und drückte ihn gegen den Boden. Barbus gelang es unterdessen, ihm eine Seilschlinge über das eine Hinterbein zu streifen. Nun wollten uns die syrischen Bauern zu Hilfe kommen, aber ich schrie und fluchte und verbat es ihnen, denn ich wollte, daß meine feigen Kameraden mit mir zusammen den Löwen fesselten, da ja sonst unser Plan nicht ausgeführt wurde. Zuletzt taten sie es auch, obwohl sie von den Krallen des Löwen noch einige Kratzer und Schrammen abbekamen. Der Tierbändiger zog unsere Schlingen und Knoten nach, bis der Löwe so fest gebunden war, daß er sich kaum noch rühren konnte. Währenddessen saß ich zitternd vor Wut auf dem Boden und war gleichzeitig so erregt, daß ich mich zwischen meine Knie erbrach.

Die syrischen Bauern schoben eine lange Stange unter den gefesselten Pranken des Löwen hindurch und machten sich mit ihrer Last auf den Weg zur Stadt. Als er so auf der Stange hing, war er nicht mehr so groß und prachtvoll wie in dem Augenblick, da er aus seiner Höhle in die Sonne getreten war. Er war vielmehr ein alter, schwacher, von Flöhen zerbissener Löwe, dessen Mähne schon mehrere kahle Stellen aufwies und der mit stumpfen Zähnen auf seinem Knebel kaute. Ich befürchtete, er könnte unterwegs die Fesseln abstreifen. Dann aber wandte ich mich an meine Kameraden und sagte ihnen, was ich von ihnen im einzelnen und von unserem Eidbund im allgemeinen hielt. Ich hätte nun immerhin das eine gelernt, sagte ich, daß man sich in der Gefahr auf keinen Menschen verlassen dürfe. Meine Kameraden schämten sich für ihr Verhalten und ließen meine Vorwürfe still über sich ergehen. Dann aber erinnerten sie mich an unseren Schwur und daran, daß wir beschlossen hatten, den Löwen gemeinsam zu fangen. Sie gönnten mir ja gern den größeren Anteil an der Ehre, aber sie hätten schließlich auch ihren Beitrag geleistet, und bei diesen Worten wiesen sie mir ihre Kratzer vor. Ich wiederum zeigte ihnen meinen Arm, der noch immer stark blutete, so daß mir ganz schwach in den Knien wurde. Zuletzt einigten wir uns darauf, daß wir bei diesem heldenmütigen Abenteuer allesamt für unser ganzes Leben mit Narben gezeichnet worden seien. In der Stadt feierten wir ein Fest und brachten dem Löwen, sobald wir ihn glücklich in den festen Käfig eingesperrt hatten, ehrerbietig ein Opfer dar. Barbus und der Tierbändiger tranken sich einen Rausch an, während die Mädchen der Stadt uns zu Ehren Reigen tanzten und uns Kränze flochten. Am nächsten Tag mieteten wir einen Ochsenkarren, luden den Käfig darauf und ritten mit bekränzten Stirnen hinter dem Gespann her, nachdem wir uns vergewissert hatten, daß unsere Verbände deutlich sichtbare Blutflecke aufwiesen.

Am Stadttor von Antiochia wollte uns die Wache anhalten und die Pferde beschlagnahmen, aber ihr Befehlshaber war klüger und schloß sich unserem Zug an, als wir ihm sagten, wir seien unterwegs zum Rathaus, um uns zu stellen. Zwei Ordnungswächter bahnten uns mit ihren Stöcken den Weg, denn wie es in Antiochia üblich ist, hatten sich sogleich alle Müßiggänger versammelt, als die Kunde von einem ungewöhnlichen Ereignis durch die Stadt lief. Zuerst schmähte uns der Volkshaufe, da das Gerücht ging, wir hätten alle Jungfrauen und die Götter der Stadt geschändet. Vom Lärm und Geschrei der Leute aufgeschreckt, begann unser Löwe zu brüllen und brüllte, von seiner eigenen Stimme angestachelt, immer lauter, so daß unsere Pferde wieder schwitzten, scheuten und sich bäumten.

Möglich, daß der erfahrene Tierbändiger an dem Gebrüll des Löwen nicht ganz schuldlos war. Jedenfalls machte uns nun das Volk bereitwillig Platz, und einige Frauen riefen uns sogar mitleidige Worte zu und weinten, als sie unsere blutbefleckten Verbände erblickten.

Wer mit eigenen Augen die breite, meilenlange Hauptstraße Antiochias mit ihren endlosen Säulengängen gesehen hat, wird verstehen, daß unser Marsch immer mehr einem Triumphzug und immer weniger einem Bußgang glich. Es dauerte nicht lange, und der wankelmütige Haufe begann Blumen auf unseren Weg zu streuen. Wir waren jung, unser Selbstbewußtsein erwachte wieder, und als wir endlich vor dem Rathaus angekommen waren, fühlten wir uns eher als Helden denn als Verbrecher.

Die Stadtväter erlaubten uns zunächst, unseren Löwen der Stadt zu schenken und Jupiter, dem Beschützer, zu weihen, der in Antiochia meist Baal genannt wird. Dann erst wurden wir den Strafrichtern vorgeführt. Mit diesen unterhandelte indessen schon ein berühmter Anwalt, den mein Vater hinzugezogen hatte, und unser freiwilliges Erscheinen machte tiefen Eindruck auf sie. Die Pferde nahmen sie uns freilich weg, dagegen halfen alle unsere Vorstellungen nichts, und wir bekamen harte Worte über die Sittenlosigkeit der Jugend zu hören. Was für einer Zukunft ging man entgegen, wenn die Söhne der besten Familien der Stadt, dem Volk ein schlechtes Beispiel gaben, und wie anders war doch alles gewesen, als unsere Väter und Vorväter noch jung waren!

Als ich mit Barbus nach Hause kam, hing ein Totenkranz vor unserer Tür, und anfangs wollte niemand mit uns sprechen, nicht einmal Sophronia. Zuletzt brach sie jedoch in Tränen aus und berichtete, mein Lehrer Timaios habe sich am Abend zuvor ein Becken mit heißem Wasser bringen lassen und sich dann die Pulsadern geöffnet. Erst am Morgen hatte man ihn leblos aufgefunden. Mein Vater hatte sich in sein Zimmer eingeschlossen und nicht einmal seine Freigelassenen empfangen, die erschienen waren, um ihn zu trösten.

Niemand hatte den stets mürrischen und übelnehmerischen Timaios, dem man nichts recht machen konnte, geliebt, aber nun, da er tot war, drückte mich das Gewissen. Ich hatte ihn, meinen Lehrer, geschlagen und durch mein Benehmen Schande über ihn gebracht, und deshalb packte mich nun das Entsetzen. Ich vergaß, daß ich einem Löwen mutig ins Auge geblickt hatte, und mein erster Gedanke war, für ewige Zeiten zu fliehen, zur See zu gehen, Gladiator zu werden oder mich in einer der fernsten Legionen Roms anwerben zu lassen, in den Ländern des Schnees und des Eises oder an den heißen Grenzen Parthiens. Doch konnte ich nicht aus der Stadt fliehen, ohne festgenommen und ins Gefängnis gesteckt zu werden, und so dachte ich in meinem Trotz daran, dem Beispiel des Timaios zu folgen und auf diese Weise meinem Vater alle Verantwortung abzunehmen und ihn von meiner ärgerniserregenden Gegenwart zu befreien.

Mein Vater empfing mich jedoch ganz anders, als ich gedacht hatte, und ich hätte eigentlich darauf gefaßt sein müssen, da er sich doch in allem anders benahm als andere Menschen. Übernächtigt und verweint stürzte er mir entgegen, schloß mich in seine Arme, drückte mich fest an seine Brust, küßte mich auf die Wangen und auf das Haar und wiegte mich sanft hin und her. Auf solche Weise und so zärtlich hatte er mich noch nie in den Armen gehalten, denn als ich klein war und mich nach seinen Liebkosungen sehnte, hatte er mich nie berühren oder auch nur ansehen wollen.

»Minutus, mein Sohn«, flüsterte er. »Ich glaubte schon, ich hätte dich für immer verloren und du seist mit dem alten Trunkenbold ans Ende der Welt geflohen, da ihr Geld mitgenommen hattet. Wegen Timaios brauchst du dir keine Gedanken zu machen, denn der wollte sich nur für sein Sklavenlos und seine nichtsnutzige Philosophie an dir und mir rächen, und es gibt nichts auf dieser Welt, was so schlimm wäre, daß es nicht auf irgendeine Art gesühnt oder vergeben werden könnte.«

Und nach einer Weile fuhr er fort: »O Minutus, ich tauge nicht dazu, jemanden zu erziehen, habe ich doch nicht einmal mich selbst erziehen können. Aber du hast die Stirn und die Augen deiner Mutter und ihre kurze gerade Nase, und auch ihren schönen Mund hast du. Kannst du mir meine Hartherzigkeit und alles, was ich an dir versäumte, vergeben?«

Seine unbegreifliche Zärtlichkeit stimmte auch mich weich, so daß ich laut zu weinen begann, obwohl ich schon fünfzehn Jahre alt war. Ich warf mich vor meinem Vater nieder, umschlang seine Knie mit den Armen, bat ihn um Vergebung für all die Schande, die ich ihm angetan hatte, und gelobte, mich zu bessern, wenn er nur dieses eine Mal noch Nachsicht üben wollte. Da fiel auch mein Vater vor mir auf die Knie und umarmte und küßte mich, so daß wir nun beide auf den Knien lagen und uns abwechselnd um Verzeihung baten. Ich war darüber, daß mein Vater sowohl Timaios' Tod als auch meine Schuld auf sich nehmen wollte, so froh und erleichtert, daß ich noch lauter weinte.

Als aber Barbus meine Klagelaute hörte, konnte er nicht länger an sich halten. Polternd drang er mit gezücktem Schwert und erhobenem Schild ins Zimmer ein, da er glaubte, mein Vater prügle mich, und gleich hinter ihm erschien heulend und plärrend Sophronia, die mich aus den Armen meines Vaters riß und an ihren üppigen Busen drückte. Barbus und die Amme baten meinen grausamen Vater, lieber sie zu schlagen, da sie in höherem Maß als ich die Schuld an allem trügen. Ich sei ja noch ein Kind und hätte mit meinen unschuldigen Streichen gewiß nichts Böses beabsichtigt.

Mein Vater stand verwirrt auf und verwahrte sich heftig gegen den Vorwurf der Grausamkeit, indem er den beiden versicherte, er habe mich weder geschlagen noch schlagen wollen. Als Barbus erkannte, in welcher Gemütsverfassung mein Vater sich wirklich befand, rief er laut alle Götter Roms an und schwor, er werde sich in sein Schwert stürzen, um wie Timaios seine Schuld zu sühnen. Der Alte ereiferte sich so sehr, daß er sich allen Ernstes ein Leid angetan haben würde, wenn wir drei, mein Vater, Sophronia und ich, ihm nicht mit vereinten Kräften das Schwert und den Schild entrissen hätten. Was er eigentlich mit dem Schild im Sinne gehabt hatte, begriff ich nicht recht. Er selbst erklärte mir später, er habe befürchtet, mein Vater könnte ihn auf den Kopf schlagen wollen, und sein alter Schädel vertrüge kräftige Hiebe nicht mehr so gut wie einst in Armenien.

Mein Vater bat Sophronia, das beste Fleisch holen und ein Festmahl bereiten zu lassen, da wir Ausreißer gewiß hungrig seien und er selbst seit der Entdeckung, daß ich aus dem Haus verschwunden und daß es ihm so ganz und gar mißglückt war, seinen eigenen Sohn zu erziehen, nicht einen Bissen gegessen hatte. Er ließ auch alle seine Freigelassenen in der Stadt einladen, da sie meinetwegen in großer Sorge gewesen waren.

Mit eigener Hand wusch mein Vater meine Wunden, bestrich sie mit heilenden Salben und verband sie mit frischem Linnen, obwohl ich die blutigen Binden ganz gern noch eine Weile getragen hätte. Barbus hatte währenddessen Gelegenheit, von dem Löwen zu berichten, und mein Vater klagte sich noch heftiger an, da sein Sohn sich genötigt gesehen hatte, lieber im Rachen eines Löwen den Tod zu suchen als zu seinem eigenen Vater zu gehen und einen dummen Streich zu gestehen.

Zuletzt war Barbus vom vielen Reden durstig geworden und ging, und ich blieb mit meinem Vater allein zurück. Mein Vater wurde sehr ernst und sagte, er sehe nun ein, daß er mit mir über meine Zukunft sprechen müsse, denn ich sollte ja nun bald die Männertoga bekommen. Er wußte jedoch nicht, wie er beginnen sollte, da er noch nie mit mir gesprochen hatte, wie ein Vater mit seinem Sohne spricht. Er sah mich nur bekümmert an und suchte vergeblich nach Worten, die ihm helfen konnten, mich zu erreichen.

Auch ich blickte ihn an und sah, daß sein Haar dünn geworden und daß sein Gesicht voller Furchen war. Er war nun den Fünfzig näher als den Vierzig, und ich sah in ihm einen alternden, einsamen Mann, der weder sein Leben noch die Reichtümer, die er seinen Freigelassenen verdankte, zu genießen imstande war. Ich betrachtete seine Buchrollen, und zum erstenmal fiel mir auf, daß es in seinem Zimmer nicht ein einziges Götterbild gab, ja nicht einmal das Bild irgendeines Genius. Da mußte ich an die böswilligen Anschuldigungen denken, die Timaios vorgebracht hatte.

»Marcus, mein Vater«, begann ich. »Mein Lehrer Timaios hat böse Worte über dich und meine Mutter gesagt, bevor er starb. Deshalb schlug ich ihn auch auf den Mund. Ich will meine schlimme Tat nicht entschuldigen, aber berichte du mir nun über meine Mutter und dich selbst. Ich habe ein Recht, alles zu erfahren, auch wenn es nichts Gutes sein sollte. Wie könnte ich sonst als Mann für mich und meine Taten einstehen!«

Mein Vater sah gequält drein, rang die Hände und wich meinem Blick aus. Zögernd sagte er: »Deine Mutter starb, als sie dich gebar, und das konnte ich weder dir noch mir selbst verzeihen, bis ich heute endlich bemerkte, daß du deiner Mutter Ebenbild bist, wenn auch von höherem Wuchs. Erst als ich fürchtete, dich verloren zu haben, gingen mir die Augen auf, und ich begriff, daß ich letzten Endes für kaum etwas anderes mehr leben kann als für dich, mein Sohn.«

»War meine Mutter eine Tänzerin, ein leichtes Frauenzimmer und eine Sklavin, wie Timaios behauptete?« fragte ich geradeheraus.

Mein Vater erschrak und rief: »Wie kannst du solche Worte in den Mund nehmen, Minutus! Deine Mutter war vornehmer als jede andere Frau, die ich gekannt habe, und Sklavin war sie auf keinen Fall, wenngleich sie sich aufgrund eines Gelübdes für einige Zeit dem Dienst an Apoll geweiht hatte. Mit ihr zusammen war ich einst in Galiläa und Jerusalem, um den König der Juden und sein Reich zu suchen.«

Diese Worte bestärkten meinen schrecklichen Verdacht, und ich erwiderte mit unsicherer Stimme: »Timaios sagte, du seist in die Verschwörung der Juden verwickelt gewesen, so daß der Statthalter dich aus Judäa ausweisen mußte. Deshalb also verlorst du deine Ritterwürde und nicht nur dank einer Laune des Kaisers Gajus.«

Nun begann auch die Stimme meines Vaters zu zittern, als er erklärte: »All dies wollte ich dir berichten, sobald du selbst zu denken gelernt hättest und ich dich nicht zu zwingen brauchte, Dinge zu denken, die ich selbst nicht recht verstehe. Doch nun stehst du an einem Scheideweg und mußt wählen, welche Richtung du einschlagen willst. Ich kann nur die Hände ringen und hoffen, daß du richtig wählst. Zwingen kann ich dich zu nichts, denn ich habe nur Unsichtbares zu bieten, das ich selbst nicht begreife.«

»Vater«, sagte ich erschrocken, »du hast dich doch nicht insgeheim zum Glauben der Juden bekehren lassen, nachdem du so viel mit ihnen zu schaffen hattest?«

»Aber Minutus«, antwortete mein Vater verwundert. »Du warst mit mir im Bad und bei den Leibesübungen und hast dich selbst davon überzeugen können, daß ich nicht das Zeichen ihres Bundes am Körper trage. Ich wäre ja ausgelacht worden.«

Er unterbrach sich und fuhr nach einer Weile fort: »Ich bestreite nicht, daß ich viel in den heiligen Schriften der Juden gelesen habe, um sie besser verstehen zu lernen. Doch im Grunde bin ich ihnen aber übel gesinnt, weil sie selbst es waren, die ihren König ans Kreuz schlugen. Auch um des schmerzlichen Todes deiner Mutter willen grollte ich den Juden und sogar ihrem König, der am dritten Tage von den Toten auferstand und ein unsichtbares Reich gründete. Seine jüdischen Jünger glauben gewiß noch immer, daß er eines Tages wiederkehren und ein sichtbares Reich gründen wird, doch all dies ist sehr verworren und wider die Vernunft, so daß ich dich nichts lehren kann. Deine Mutter hätte es besser gekonnt, denn als Frau verstand sie besser als ich, was es mit diesem Reich für eine Bewandtnis hat, und ich kann noch immer nicht fassen, weshalb sie deinetwegen sterben mußte.«

Ich begann am Verstande meines Vaters zu zweifeln und dachte wieder, daß er doch in allen Dingen anders als die meisten Menschen war. Ich fragte hitzig: »Da hast du gewiß mit den Juden bei ihren abergläubischen Mysterien Blut getrunken?«

Mein Vater sah mich traurig an und erwiderte: »Das ist etwas, was du nicht verstehen kannst, weil du nichts davon weißt.« Er nahm einen Schlüssel, sperrte eine Truhe auf, entnahm ihr einen abgenützten hölzernen Becher, umfaßte ihn zärtlich mit beiden Händen, zeigte ihn mir und sagte: »Dies ist der Becher deiner Mutter Myrina, und aus diesem Becher haben wir zusammen einen Trank der Unsterblichkeit getrunken, in einer mondlosen Nacht auf einem Berg in Galiläa. Und obgleich wir beide daraus tranken, wurde der Becher nicht leer. Der König zeigte sich uns in jener Nacht und sprach mit einem jeden, obwohl wir über fünfhundert waren. Zu deiner Mutter sagte er, sie werde in ihrem Leben nicht mehr zu dürsten brauchen. Später mußte ich seinen Jüngern versprechen, niemals andere in diese Dinge einzuweihen, denn nach ihrem Dafürhalten gehört das Reich allein den Juden, und ich als Römer habe kein Teil daran.«

Ich verstand, daß dieser Becher, nach Timaios Ansicht der der Glücksgöttin, verzaubert war. Als ich ihn in die Hand nahm, spürte und sah ich jedoch nur einen schäbigen Holzbecher, obwohl mich bei dem Gedanken, daß meine Mutter ihn in der Hand gehalten und hochgeschätzt hatte, eine schmerzliche Rührung überkam. Ich sah meinen Vater mitleidig an und sagte: »Ich kann dir wegen deines Aberglaubens keine Vorwürfe machen, denn die Zauberkunststücke der Juden haben schon Klügeren als dir den Kopf verdreht. Zweifellos hat dir dieser Becher Reichtum und Erfolg gebracht. Von der Unsterblichkeit will ich lieber nicht reden, um dich nicht zu kränken, und wenn du einen wiederauferstandenen Gott suchst, so gibt es deren genug unter den alten: Osiris und Tammuz, Attis, Adonis und Dionysos und viele andere. Doch das alles sind Gleichnisse und Sagen, die von denen in Ehren gehalten werden, die in die Mysterien eingeweiht sind. Gebildete Menschen trinken kein Blut mehr, und von Mysterien habe ich mehr als genug, seit ich junge Mädchen kennengelernt habe, die bunte Bänder in die Büsche hängen.«

Mein Vater schüttelte den Kopf, drückte seine Handflächen gegeneinander und sagte bekümmert: »Wenn ich es dir nur verständlich machen könnte!«

»Ich verstehe mehr als genug, obgleich ich noch nicht erwachsen bin«, versicherte ich ihm. »Ich habe hier in Antiochia immerhin einiges gelernt. Du sprichst von dem, den sie den Gesalbten oder Christus nennen, und dieser neue Aberglaube ist noch verderblicher und schändlicher als die anderen Lehren der Juden. Es stimmt, daß er gekreuzigt wurde, aber er war weder ein König noch ist er auferstanden, sondern seine Anhänger stahlen seine Leiche aus dem Grab, um sich vor dem Volk nicht schämen zu müssen. Es lohnt sich nicht, über ihn zu reden. Genügt es nicht, wenn die Juden sich seinetwegen zanken?«

Mein Vater ließ jedoch nicht locker. »Er war ganz gewiß ein König«, sagte er. »Es stand sogar in drei Sprachen auf seinem Kreuz, und ich habe es selbst gelesen: ›Jesus von Nazareth, König der Juden.‹ Wenn du schon den Juden nicht glauben willst, so mußt du doch dem römischen Statthalter glauben. Es ist auch nicht wahr, daß die Jünger seine Leiche stahlen. Die Hohenpriester bestachen vielmehr die Wächter, damit sie es bezeugten. Ich weiß es, denn ich war dort und sah es mit eigenen Augen, ja ich begegnete sogar ihm selbst nach seiner Auferstehung am Ostufer des Galiläischen Meeres oder glaubte zumindest noch immer, daß er es war. Er selbst hieß mich in die Stadt Tiberias gehen, wo deine Mutter damals in arger Bedrängnis lebte, und so lernte ich sie durch ihn kennen. Seit diesen Geschehnissen sind sechzehn Jahre vergangen, aber jetzt, wo du mich durch dein Unvermögen, mich zu verstehen, aufregst, sehe ich alles wieder lebendig vor mir.«

Ich durfte mir nicht erlauben, meinen Vater gegen mich aufzubringen, und sagte hastig: »Ich will keineswegs über göttliche Dinge mit dir streiten. Ich möchte nur eines wissen: kannst du nach Rom reisen, wann immer du willst? Timaios behauptete, du dürftest dich wegen gewisser Dinge in deiner Vergangenheit nie wieder in Rom blicken lassen.«

Mein Vater richtete sich auf, runzelte die Stirn, sah mir streng in die Augen und sagte: »Ich bin Marcus Mecentius Manilianus und kann nach Rom zurückkehren, wann ich will. Ich bin kein Landflüchtiger, und Antiochia ist, wie du selbst wissen müßtest, kein Verbannungsort. Ich hatte meine eigenen persönlichen Gründe, Rom fernzubleiben. Heute könnte ich wieder in Rom leben, wenn es unbedingt sein müßte, denn ich bin nun älter geworden und würde nicht mehr so leicht gewissen Einflüssen unterliegen wie in jungen Jahren. Nach anderen Gründen brauchst du mich nicht zu fragen. Du würdest sie nicht verstehen.«

Seine Worte machten mich froh, und ich rief: »Du sprachst von einem Scheideweg und von meiner Zukunft, die ich mir selbst wählen müsse. Woran dachtest du?«

Mein Vater trocknete sich zögernd die Stirn, bedachte sich eine lange Weile und sagte endlich: »Die Männer hier in Antiochia, die am besten über den Weg unterrichtet sind, beginnen allmählich zu begreifen, daß das Reich nicht nur den Juden gehört. Ich habe den Verdacht, nein, um ganz aufrichtig zu sein, ich weiß, daß sie auch unbeschnittene Griechen und Syrer getauft haben und an ihrem geheimen Mahl teilnehmen lassen. Es hat deshalb viel Streit gegeben, aber jetzt wirkt hier ein Jude von der Insel Kypros, dem ich einmal persönlich in Jerusalem begegnete, als der Geist über sie kam, und dieser hat als seinen Gehilfen einen gewissen Saulus aus Tarsos, einen Juden, kommen lassen, den ich ebenfalls schon früher einmal sah, in Damaskus, als sie ihn in die Stadt führten. Er hatte nämlich bei einer göttlichen Offenbarung das Augenlicht verloren, gewann es aber, wie ich hörte, später wieder zurück. Sei dem, wie ihm wolle. Ich mag nichts behaupten, was ich nicht weiß, aber das sage ich: der Mann ist es wert, daß man ihn kennenlernt, und es ist mein heißester Wunsch, daß du diese Männer aufsuchst und ihre Lehre anhörst. Wenn es ihnen gelingt, dich zu überzeugen, werden sie dich als einen Untertan in Christi Reich taufen und an ihrem Mahl teilnehmen lassen. Ohne Beschneidung brauchst du nicht zu befürchten, unter das jüdische Gesetz zu fallen.«

Ich traute meinen Ohren nicht und rief: »Wünschst du wirklich, daß ich mich in die jüdischen Mysterien einweihen lasse, um irgendeinen gekreuzigten König und ein Reich zu verehren, das es nicht gibt, denn wie soll ich etwas, was man nicht sehen kann, anders nennen?«

Mein Vater sagte ungeduldig: »Es ist mein Fehler. Ich finde offenbar nicht die richtigen Worte, da es mir nicht gelingt, dich zu überzeugen. Jedenfalls versäumst du nichts, wenn du dir anhörst, was diese Männer zu sagen haben.«

Der bloße Gedanke entsetzte mich. »Nie im Leben lasse ich zu, daß die Juden mich mit ihrem Weihwasser bespritzen!« rief ich. »Und ich werde auch nie mit ihnen Blut trinken. Ich würde ja das letzte verlieren, was von meinem guten Ruf noch übrig ist!«

Noch einmal versuchte mein Vater geduldig zu erklären, daß dieser Saulus ein gebildeter Mann war, der die Rhetorenschule in Tarsos besucht hatte, und daß nicht nur Sklaven und Handwerker, sondern auch viele vornehme Frauen Antiochias heimlich zu ihm gingen und ihm lauschten.

Ich hielt mir die Ohren zu, stampfte auf den Boden und schrie laut und unbeherrscht: »Nein, nein, nein!«

Mein Vater kam wieder zur Vernunft und sagte in kühlerem Ton: »Es soll geschehen, was du willst. Der gelehrte Kaiser Claudius hat errechnet, daß nächsten Frühling achthundert Jahre seit

Gründung der Stadt vergangen sein werden. Dieses Jubiläum hat zwar schon der Gott Augustus feiern lassen, und es leben noch viele, die damals dabei waren, aber es soll nun noch einmal begangen werden, und das wäre für uns eine ausgezeichnete Gelegenheit, nach Rom zu reisen.«

Bevor er noch geendet hatte, umarmte und küßte ich ihn und rannte vor Freude im Zimmer umher, denn ich war ja noch ein Knabe. In diesem Augenblick trafen die Freigelassenen zum Festmahl ein, und er ging in die Aula hinaus, um sie zu begrüßen und ihre Geschenke entgegenzunehmen. Ich mußte mich neben meinen Vater stellen, zum Zeichen, daß er mir in allem beizustehen gedachte. Sie freuten sich, als sie es sahen, streichelten mir übers Haar, trösteten mich wegen des Verlusts meines Pferdes und bewunderten meinen Verband.

Als sie sich zu Tisch gelegt hatten und ich zu Füßen meines Vaters auf einem Schemel Platz genommen hatte, denn liegen durfte ich als Minderjähriger noch nicht, erklärte mein Vater, daß es der Zweck dieser Zusammenkunft sei, im Kreise der Familie über meine Zukunft zu beraten. »Das soll euch jedoch nicht den Appetit verderben«, fügte er lächelnd hinzu. »Stärken wir uns also zunächst mit Wein. Der Wein löst die Zunge, und wir brauchen kluge Worte und guten Rat.«

Er schüttete keinen Wein auf den Boden, aber Barbus ließ sich von seiner Ungläubigkeit nicht beeindrucken. Er opferte an meines Vaters Stelle den Göttern und sagte mit lauter Stimme den Spruch. Ich folgte seinem Beispiel, und auch die Freigelassenen tauchten zumindest einen Finger in den Wein und sprengten ein paar Tropfen auf den Boden, wenn sie auch nichts Vernehmliches dazu sagten. Mein Herz schwoll vor Liebe, als ich sie alle ansah, und ich wünschte in meinem Innern, daß ich zu einem Mann heranwüchse, mit dessen Ansehen auch das ihre zunähme. Von meinem Vater erwarteten sie nichts mehr und hatten sich mit seiner Eigenart abgefunden.

Mein Vater sagte indessen: »Als ich euch freikaufte, ließ ich euch von dem Trank der Unsterblichkeit aus dem Holzbecher meiner verstorbenen Gemahlin trinken. Ihr aber habt nie andere Schätze gesammelt als die Reichtümer dieser Welt, die von einer Stunde zur anderen enden kann. Es ist mir wohl vorbestimmt, daß ich an Überfluß und Sättigung leiden und mich mit lauter unnützen Geschäften abgeben muß, denen ich nicht den geringsten

Wert beimesse, da ich nichts anderes will, als in Stille und Demut leben.«

Die Freigelassenen beeilten sich zu versichern, daß auch sie in Stille und Demut zu leben versuchten, soweit dies eben für erfolgreiche Geschäftsleute angehe. Wer mit seinem Reichtum prahle, müsse nur höhere Steuern zahlen und der Stadt Schenkungen machen. Und seiner Vergangenheit könne sich keiner von ihnen rühmen, da sie Sklaven gewesen waren, so daß man besser darüber schwieg.

Darauf sagte mein Vater: »Euretwegen und weil mein Sohn Minutus so halsstarrig ist, kann ich dem neuen Weg nicht folgen, der nun auch den Unbeschnittenen, Griechen wie Römern, offensteht, denn wollte ich mich zum Christusglauben bekennen, wie dieser neue Weg zum Unterschied von der alten Lehre der Juden genannt wird, so müßtet ihr und mein ganzes Haus meinem Vorbild folgen, und ich glaube nicht, daß solcher Zwang jemandem nützen würde. Ich glaube übrigens auch nicht, daß etwa Barbus irgendeines Geistes teilhaftig würde, wenn ihm einer seine Hände aufs Haupt legte und ihn anhauchte. Von Minutus, der beim bloßen Gedanken an dergleichen die Beherrschung verlor und zu schreien begann, will ich lieber schweigen.

Deshalb will ich mich nun um meine Familie kümmern, und was ich tue, das tue ich ganz. Ich reise mit Minutus nach Rom, um mir die allgemeinen Begnadigungen zum Jubiläumsfest zunutze zu machen und meine Ritterwürde zurückzuerlangen. Minutus soll in Rom, in Gegenwart seiner Verwandten, die Männertoga anlegen, und dort soll er auch ein neues Pferd bekommen, nachdem er das seine hier verloren hat.«

Das war für mich eine Überraschung, von der ich nicht einmal zu träumen gewagt hatte. Ich hatte im günstigsten Falle gehofft, durch meine eigene Kühnheit und meine eigenen Verdienste meinem Vater einst die Ehre zurückgeben zu können, die er dank einer Laune des Kaisers verloren hatte. Für die Freigelassenen dagegen war dies offenbar nichts Neues, und ich entnahm ihren Gesten und Mienen, daß sie schon seit langem in diesem Sinne auf meinen Vater eingewirkt haben mußten, da sie selbst nur Ehre und Gewinn hatten, wenn er seine Ritterwürde zurückbekam. Sie nickten also nur und erklärten, daß sie sich bereits mit den Freigelassenen des Kaisers Claudius in Verbindung gesetzt hätten, die wichtige Ämter in der Verwaltung des Reiches bekleideten.

Mein Vater besaß sogar ein Mietshaus auf dem Aventin und Landgüter bei Caere. Er erfüllte daher die Forderungen, die hinsichtlich Vermögen und Grundbesitz an einen Ritter gestellt wurden, mehr als zur Genüge.

Mein Vater bat sie zu schweigen und sagte: »Dies alles ist von geringerer Bedeutung. Das wichtigste ist, daß ich mir endlich Urkunden verschaffen konnte, aus denen Minutus' Abstammung klar ersichtlich ist, und dazu hat es großer juristischer Sachkenntnis bedurft. Zuerst hatte ich die Absicht, Minutus ganz einfach an Sohnes Statt anzunehmen, sobald er volljährig wäre, aber mein Anwalt überzeugte mich, daß wir damit nichts gewonnen hätten. Seine römische Abstammung wäre in aller Zukunft angezweifelt worden.«

Mein Vater packte einen ganzen Stoß Urkunden aus, las ein wenig daraus vor und erklärte: »Das wertvollste Dokument ist der von den römischen Behörden in Damaskus bestätigte Ehevertrag zwischen Myrina und mir. Er ist ein unwiderlegbares, echtes und rechtskräftiges Zeugnis, denn als meine Gemahlin in Damaskus von mir schwanger wurde, war ich sehr glücklich und darauf bedacht, die Stellung meines zukünftigen Erben im voraus zu festigen.«

Er blickte eine Weile zur Decke empor und fuhr dann fort: »Viel schwieriger war es, über die Herkunft von Minutus' Mutter Genaues zu erfahren. Ich hielt es damals nicht für wichtig, und wir sprachen nie darüber. Nach langwierigen Nachforschungen gelang es uns endlich, überzeugend nachzuweisen, daß ihr Geschlecht aus der Stadt Myrina herstammt, die nahe bei Kyme in der Provinz Asia liegt.

Mein Anwalt riet mir wegen der Namensgleichheit, bei meinen Nachforschungen von dieser Stadt auszugehen. Es stellte sich heraus, daß ihre Familie ihr Vermögen verlor und sich auf den Inseln im Meer ansiedelte, aber ihre Abstammung ist ohne Zweifel vornehm, und zur Bekräftigung dessen ließ ich meiner Gemahlin Myrina vor dem Rathaus in Myrina eine Statue errichten. Ich machte der Stadt noch andere Schenkungen, damit sie ihr Andenken bewahrte. Mein Bevollmächtigter ließ außerdem das ganze Rathaus, das allerdings nicht groß war, neu erbauen, und die Stadtväter machten sich erbötig, Myrinas Geschlecht bis in die Urzeit zurück zu belegen und von einem der Flußgötter abzuleiten, aber das schien mir denn doch nicht erforderlich. Auf der Insel Kos fand mein Bevollmächtigter einen alten, ehrwürdigen Priester im Äskulaptempel, der sich noch genau an Myrinas Eltern erinnerte und unter Eid versicherte, er sei Myrinas leiblicher Onkel. Als Myrinas und ihrer Brüder unbescholtene, wenngleich mittellose Eltern starben, weihten sich die Geschwister Apoll und verließen die Insel.«

»Wie gern würde ich diesen Onkel meiner Mutter kennenlernen, der doch mein einziger noch lebender Verwandter mütterlicherseits ist!« rief ich eifrig.

»Das ist ganz und gar unnötig«, sagte mein Vater rasch. »Er ist ein sehr alter Mann mit einem schlechten Gedächtnis, und ich habe dafür gesorgt, daß er bis an sein Lebensende ein Dach über dem Kopf, Speise und Trank und einen Pfleger hat. Du brauchst dir nur zu merken, daß du von der Mutter her aus vornehmem griechischem Geschlecht stammst. Später, wenn du einmal erwachsen bist, magst du dich der armen Stadt Myrina erinnern und mit einem passenden Geschenk dafür Sorge tragen, daß man dort nichts vergißt. Ich, dein Vater«, fuhr er eilig fort, »gehöre durch Adoption dem Geschlecht der Manilier an und nenne mich daher Manilianus. Mein Stiefvater, der dem Gesetz nach dein Großvater ist, war der berühmte Astronom Manilius. Er verfaßte ein astronomisches Werk, das noch heute in allen Bibliotheken der Welt studiert wird. Über deinen zweiten Namen, Mecentius, hast du dich gewiß schon gewundert. Dieser Name erinnert an meine eigentliche Herkunft. Der berühmte Maecenas, der Freund des Gottes Augustus, war ein weitschichtiger Verwandter von mir, der seine schützende Hand über meine Eltern hielt, wenngleich er sie dann in seinem Testament vergaß. Er stammte seinerseits von den Herrschern über Caere ab, die schon, lange bevor Aeneas aus Troja floh, Könige waren. Daher geht dein römisches Blut zurück auf die Etrusker. Rechtlich gesehen müssen wir uns jedoch zu den Maniliern zählen, und von den Tuskern schweigt man in Rom besser, da die Römer nicht gern daran erinnert werden, daß sie einst von ihnen beherrscht wurden.«

Mein Vater sprach so hochgestimmt, daß wir alle still und regungslos lauschten. Nur Barbus dachte ab und zu daran, sich mit Wein zu stärken.

»Mein Adoptivvater Manilius war ein armer Mann«, fuhr mein Vater fort. »Er gab sein ganzes Vermögen für Bücher und für seine Wissenschaft aus, anstatt durch seine Weissagekunst

Geld zu verdienen, und es war eigentlich nur der Zerstreutheit des Tiberius zuzuschreiben, daß er seine Ritterwürde behalten durfte. Es würde zu weit führen, wollte ich von den Hungerjahren berichten, die ich in meiner Jugend hier in Antiochia als Buchhalter zubrachte. Der hauptsächliche Grund für meine bescheidene Stellung war der, daß ich mir wegen der Armut der Manilier kein Pferd leisten konnte. Als ich nach Rom zurückkehrte, hatte ich jedoch das Glück, die Gunst einer hochgestellten Frau zu gewinnen. Ihren Namen will ich verschweigen. Diese kluge, erfahrene Frau machte mich mit einer betagten, kränklichen, aber edelgesinnten Witwe bekannt, und diese vermachte mir in ihrem Testament ihr gesamtes Vermögen, so daß ich endlich mein Recht, den Goldring zu tragen, bekräftigen konnte, aber da war ich schon dreißig Jahre alt und mochte nicht mehr die Beamtenlaufbahn einschlagen. Außerdem fochten die Verwandten der Witwe das Testament an, ja sie brachten sogar die abscheuliche Beschuldigung vor, die alte Frau sei, nachdem sie das Testament abgefaßt hatte, vergiftet worden. Das Recht war auf meiner Seite, aber wegen des leidigen Prozesses und auch aus anderen Gründen verließ ich Rom und fuhr nach Alexandria, um mich dort mit gewissen Studien zu beschäftigen. In Rom wird zwar viel geklatscht, aber ich glaube nicht, daß sich noch jemand an diesen alten Streit erinnert, der von neidischen, boshaften Menschen vom Zaun gebrochen wurde. Ich spreche überhaupt nur davon, um Minutus zu beweisen, daß es nichts gibt, wessen ich mich zu schämen hätte, und daß nichts mich daran hindert, nach Rom zurückzukehren. Und ich glaube, daß wir nach allem, was geschehen ist, gut daran tun, so bald wie möglich zu reisen und solange das Wetter für die Überfahrt noch günstig ist. So bleibt mir der ganze Winter, um bis zur Jahrhundertfeier meine Angelegenheiten zu ordnen.«

Wir hatten gegessen und getrunken. Die Fackeln vor unserem Haus begannen zu schwelen und zu verlöschen, und in den Lampen versiegte das Öl. Ich selbst hatte mich so still verhalten, wie ich nur konnte, und versucht, die Finger von den Schrammen auf meinen Armen zu lassen, die schon zu jucken begannen. Vor dem Haus hatten sich einige Bettler aus Antiochia versammelt, und nach gutem syrischen Brauch ließ mein Vater die Reste des Mahls an sie verteilen.

Als die Freigelassenen eben aufbrechen wollten, drängten sich zwei Juden herein, die sie erst für Bettler hielten und aus dem Haus weisen wollten. Mein Vater eilte ihnen jedoch entgegen, begrüßte sie achtungsvoll und sagte: »Nein, nein, ich kenne diese Männer. Sie sind Boten des höchsten Gottes. Gehen wir alle noch einmal hinein, und hören wir, was sie uns zu sagen haben.«

Der Würdigere von den beiden hielt sich sehr steif und hatte einen grauen Bart. Es stellte sich heraus, daß er ein Kaufmann von der Insel Kypros war. Er oder seine Familie besaß ein Haus in Jerusalem, und dort hatte ihn mein Vater schon vor meiner Geburt aufgesucht. Er hieß Barnabas. Der andere war sichtlich jünger. Er trug einen engen schwarzen Ziegenhaarmantel. Sein Kopf begann schon kahl zu werden. Er hatte abstehende Ohren und Augen, die so stechend blickten, daß die Freigelassenen unwillkürlich zurückwichen und ein abwehrendes Zeichen mit den Fingern machten. Dies war Saulus, von dem mein Vater zu mir gesprochen hatte, aber er war nicht unter seinem eigentlichen Namen bekannt, sondern nannte sich Paulus, aus Demut, wie er sagte, aber auch deshalb, weil sein früherer Name bei den Untertanen Christi einen üblen Klang hatte. Paulus heißt der Geringe, der Unbedeutende, geradeso wie mein eigener Name Minutus, und das machte mich neugierig. Er war kein schöner Mann, aber in seinen Augen, in seinem ganzen Antlitz lag eine solche Glut, daß man keine Lust verspürte, mit ihm Streit zu bekommen. Ich fühlte, daß nichts, was man zu diesem Manne sagte, imstande wäre, ihn zu beeinflussen, daß aber er selbst großen Einfluß auf andere ausübte. Neben ihm wirkte Barnabas, gewiß auch auf Grund seines Alters, ruhig und besonnen.

Den Freigelassenen war die Ankunft dieser beiden Männer lästig, aber sie konnten sich nun nicht mehr entfernen, ohne meinen Vater zu kränken. Barnabas und Paulus traten bescheiden auf. Sie sprachen abwechselnd und berichteten, daß die Ältesten ihrer Versammlung eine Offenbarung gehabt hatten, in der ihnen geheißen worden war, sich auf Reisen zu begeben, um die gute Botschaft zu verkünden, zuerst den Juden, dann den Heiden. Auch in Jerusalem waren sie gewesen und hatten den Heiligen dort Geld gebracht, und deren Älteste hatten ihre Vollmacht durch Handschlag bekräftigt. Danach hatten sie Gottes Wunder mit solcher Kraft verkündet, daß sogar Kranke geheilt wurden. In einer der Städte im Landesinnern war Barnabas für Jupiter in

Menschengestalt gehalten worden und Paulus für Merkur, so daß der Priester der Stadt bekränzte Ochsen als Opfer für sie hatte herbeitreiben lassen. Sie hatten alle Mühe gehabt, eine so gottlose Ehrung abzuweisen. Darauf hatten die Juden Paulus vor die Stadt geführt und gesteinigt, waren dann aber aus Angst vor den Behörden geflohen und hatten Paulus in dem Glauben, er habe seinen Geist aufgegeben, auf dem Feld liegengelassen. Er war jedoch wieder zum Leben erwacht.

Die Freigelassenen fragten verwundert: »Wovon seid ihr besessen, daß es euch nicht genug ist, zu leben wie andere Menschen und euer tägliches Werk zu verrichten, sondern daß ihr euer Leben aufs Spiel setzen müßt, um von Gottes Sohn und der Vergebung der Sünden Zeugnis abzulegen?«

Barbus brach bei der Vorstellung, daß jemand diese beiden Juden für Götter halten konnte, in lautes Gelächter aus, aber mein Vater verwies es ihm. Er stützte den Kopf in beide Hände und klagte: »Ich habe euern Weg kennengelernt und in meiner Eigenschaft als einer der Väter der Stadt oft und oft versucht, Jude mit Jude zu versöhnen. Ich möchte gern glauben, daß ihr die Wahrheit sprecht, aber noch scheint euch der Geist nicht versöhnlich gestimmt zu haben. Im Gegenteil, ihr habt fortwährend Streit miteinander, und der eine sagt dies, der andere das. Die Heiligen in Jerusalem verkauften ihre Habe und warteten tagtäglich auf die Wiederkunft eures Königs. Sie warten nun schon mehr als sechzehn Jahre. Ihr Geld ist aufgebraucht, und sie leben nur noch von Almosen. Was habt ihr dazu zu sagen?«

Paulus versicherte, daß er für sein Teil niemanden gelehrt habe, sich ehrlicher Arbeit zu enthalten und seinen Besitz an die Armen auszuteilen. Barnabas wiederum sagte, ein jeder müsse tun, wie der Geist ihm zu tun befehle. Nachdem man in Jerusalem begonnen hatte, die Heiligen zu verfolgen und zu töten, seien viele in fremde Länder gezogen, auch nach Antiochia, und hätten sich als Händler und Handwerker niedergelassen und auch Erfolg gehabt, der eine mehr, der andere weniger.

Barnabas und Paulus sprachen noch lange weiter, bis die Freigelassenen ihrer müde wurden und sagten: »Nun haben wir genug von Gott gehört. Wir wünschen euch nichts Böses, aber sagt nun, was ihr von unserem Herrn wollt, da ihr spät am Abend bei ihm eindringt und ihn stört. Er hat ohnedies Sorgen genug.«

Darauf berichteten sie, daß ihre Tätigkeit viel böses Blut unter den Juden Antiochias gemacht hatte, so daß sich zuletzt sogar die Parteien der Pharisäer und Sadduzäer gegen sie und die Christen verbündeten. Die Juden betrieben eine eifrige Bekehrungsarbeit zugunsten des Tempels in Jerusalem und hatten von den Gottesfürchtigen reiche Gaben eingesammelt. Aber die Sekte der christlichen Juden lockte die Neubekehrten auf ihre Seite, indem sie ihnen Vergebung der Sünden versprach und behauptete, sie brauchten das jüdische Gesetz nicht mehr zu befolgen. Aus diesem Grunde wollten nun die Juden vor dem Rat der Stadt Anklage gegen die Christen erheben. Barnabas und Paulus versicherten, sie hätten zwar ohnehin die Absicht, Antiochia vorher zu verlassen, aber sie fürchteten, der Rat könnte sie verfolgen und vor Gericht stellen.

Mein Vater freute sich, sie beruhigen zu können. »Ich habe durch zahllose Vermittlungen und Vergleiche erreicht, daß der Rat der Stadt sich nicht mehr in die inneren Glaubensangelegenheiten der Juden einmischt«, sagte er. »Die Juden müssen die Streitigkeiten zwischen ihren verschiedenen Sekten selbst schlichten. Wir betrachten die Christen vom juristischen Standpunkt aus als eine der vielen jüdischen Sekten, obwohl sie weder die Beschneidung noch die buchstabengetreue Befolgung des Gesetzes Mose fordern. Deshalb sind die Ordnungshüter der Stadt verpflichtet, die Christen zu schützen, wenn andere Juden ihnen Gewalt antun wollen. Ebenso ist es aber auch unsere Pflicht, die anderen Juden in Schutz zu nehmen, wenn sie von den Christen behelligt werden.«

»Wir sind beide Juden«, sagte Barnabas tief bekümmert, »aber erst die Beschneidung macht einen zum rechtgläubigen Juden. Daher behaupten nun die Juden Antiochias, daß unbeschnittene Judenchristen rechtlich gesehen keine Juden seien und somit wegen Schmähung des jüdischen Glaubens verurteilt werden könnten.«

Aber mein Vater war sehr starrsinnig, wenn er sich einmal etwas in den Kopf gesetzt hatte, und wandte dagegen ein: »Soviel ich weiß, ist der einzige Unterschied zwischen Christen und Juden der, daß die Christen, die beschnittenen wie die unbeschnittenen, glauben, der Messias der Juden, der Gesalbte, habe bereits in Jesus von Nazareth menschliche Gestalt angenommen, sei von den Toten auferstanden und werde früher oder später zurückkehren, um das Tausendjährige Reich zu gründen, während die Juden dies nicht glauben und weiter auf ihren Messias warten. Juristisch gesehen ist es jedoch völlig gleichgültig, ob einer glaubte, daß der Messias schon gekommen sei oder daß er erst kommen werde. Es genügt, daß er an einen Messias glaubt. Die Stadt Antiochia ist weder willens noch befugt, zu entscheiden, ob der Messias gekommen ist oder nicht. Deshalb müssen Juden und Christen die Sache friedlich untereinander ausmachen, anstatt sich gegenseitig zu verfolgen.«

Paulus fuhr auf. »So haben wir es bisher gehalten, und so könnte es auch bleiben, wenn nicht manche beschnittene Christen so feige wären, wie zum Beispiel Kephas, der zuerst mit den unbeschnittenen zusammen aß und sich dann von ihnen zurückzog, weil er die Heiligen in Jerusalem mehr fürchtet als Gott. Ich habe ihm ins Gesicht gesagt, was ich von seiner Feigheit halte, aber der Schaden war schon geschehen, und immer öfter nehmen nun die beschnittenen Christen ihr Liebesmahl getrennt von den unbeschnittenen ein. Deshalb können letztere nicht einmal mehr juristisch als Juden betrachtet werden. Nein, es gibt unter uns weder Juden noch Griechen, weder Sklaven noch Freie, sondern wir sind alle nur noch Glieder Christi.«

Mein Vater bemerkte, daß es unklug wäre, dergleichen vor Gericht zu bezeugen, denn die Christen würden dadurch einen unersetzlichen Vorteil und allen Schutz verlieren. Viel vernünftiger wäre es, wenn sie sich als Juden zu erkennen gäben und alle politischen Vorteile der Juden für sich in Anspruch nähmen, auch wenn sie die Beschneidung und das jüdische Gesetz gering achteten.

Es gelang ihm jedoch nicht, die beiden Juden zu überzeugen. Sie hatten ihre eigene unumstößliche Anschauung, daß ein Jude ein Jude sei und ein Heide ein Heide. Doch könne ein Heide Christ werden, und auf die gleiche Weise könne ein Jude Christ werden, so daß es zwischen ihnen keinen Unterschied mehr gebe, sondern sie eins seien in Christus. Darum bleibe ein Jude doch auch als Christ ein Jude, ein zum Christentum bekehrter Heide müsse sich aber erst beschneiden lassen, um Jude zu werden, und dies sei nun nicht mehr nötig, ja nicht einmal wünschenswert, da alle Welt begreifen müsse, daß ein Christ kein Jude zu sein brauche.

Mein Vater sagte bitter, diese Philosophie übersteige sein Fassungsvermögen. Er sei seinerzeit in aller Demut bereit gewesen,

Untertan im Reiche jenes Jesus von Nazareth zu werden, aber man habe ihn nicht aufgenommen, weil er kein Jude war. Der Führer der nazarenischen Sekte habe ihm sogar verboten, über ihren König zu sprechen. Er halte es nach allem für das klügste, weiterhin zu warten, bis die Angelegenheiten dieses Reiches endlich geklärt und auch für einen schlichteren Verstand faßbar wären. Es zeige sich nun, daß die Vorsehung selbst ihn nach Rom schicke, da ihn in Antiochia nur Verdruß erwarte, und zwar von den Juden wie von den Christen, denn nun wisse selbst der beste Mittler keinen Rat mehr.

Immerhin versprach er, dem Rat der Stadt vorzuschlagen, man solle die Christen nicht verurteilen, weil sie den Glauben der Juden geschmäht hätten, da sie durch die Übernahme der von den Juden erfundenen Taufe und dadurch, daß sie einen jüdischen Messias als ihren König verehrten, jedenfalls de facto, wenn schon nicht de jure, sozusagen selbst Juden seien. Schloß sich der Rat dieser Auffassung an, so konnte die Angelegenheit zumindest aufgeschoben und die Klage der Juden fürs erste abgewiesen werden.

Damit gaben sich Barnabas und Paulus, da ihnen nichts anderes übrigblieb, zufrieden. Mein Vater versicherte ihnen noch, daß seine Sympathien mehr den Christen als den Juden gälten. Die Freigelassenen ihrerseits baten meinen Vater, unverzüglich um seine Entlassung aus dem Rat der Stadt anzusuchen, da er mit seinen eigenen Angelegenheiten genug zu tun habe. Mein Vater hielt ihnen jedoch mit gutem Grund entgegen, daß er gerade das nicht tun dürfe, denn ein öffentliches Abschiedsgesuch würde alle glauben machen, er halte mich für schuldig, vorsätzlich die Götter gelästert zu haben.

Die Freigelassenen begannen ernstlich zu fürchten, meines Vaters offenkundige Sympathie für die Christen könne den Verdacht erwecken, er habe mich, seinen Sohn, am Ende gar dazu angestiftet, die unschuldvollen Mysterien der Mädchen zu entweihen, denn es sei ja bekannt, daß die Christen ebenso wie die Juden erbitterte Gegner der Götterbilder, der heiligen Opfer und der überlieferten Mysterien sind.

»Diejenigen, die sich taufen lassen und dann mit ihren Glaubensbrüdern Blut trinken, zerschlagen und verbrennen ihre Hausgötter und vernichten ihre kostbaren Weissagungsbücher, anstatt sie zu einem mäßigen Preis solchen zu überlassen, die noch Verwendung dafür haben«, sagten die Freigelassenen. »Diese leidenschaftliche Unduldsamkeit macht sie gefährlich. Du, unser guter, geduldiger Herr, solltest nichts mehr mit ihnen zu schaffen haben, sonst könnte es deinem Sohn übel ergehen.«

Zur Ehre meines Vaters sei es gesagt, daß er mich nach dem Besuch dieser beiden Juden nicht mehr aufforderte, zu ihnen zu gehen und ihre Lehre anzuhören. Sie zerstritten sich übrigens, nachdem sie sich mit den anderen Juden überworfen hatten, und verließen Antiochia in verschiedenen Richtungen. Nach ihrer Abreise beruhigten sich die rechtgläubigen Juden wieder, denn die besonneneren Christen gingen offenem und öffentlichem Streit aus dem Wege, sonderten sich ab und bildeten eine eigene geheime Gesellschaft.

Auf Anraten meines Vaters wiesen die Väter der Stadt die Klage der Juden gegen Barnabas und Paulus ab und entschieden, daß die Juden ihre Glaubenszwistigkeiten selbst zu schlichten hätten. Im gleichen Sinn wurde die Klage gegen mich und meine Kameraden behandelt und die Entscheidung dem Orakel in Daphne überlassen. Unsere Eltern erlegten schwere Bußen, und wir selbst mußten uns einer Reinigungszeremonie in Daphnes Hainen unterziehen, die drei Tage und drei Nächte dauerte. Die Eltern der Mädchen, die wir gekränkt hatten, wagten danach nicht mehr, uns mit Heiratsangeboten nahezutreten, aber während der Zeremonie in Daphne waren wir gezwungen worden, der Mondgöttin ein gewisses Gelübde abzulegen, über das ich mit meinem Vater nicht sprechen konnte. Er fragte übrigens auch nicht danach.

Gegen seine Gewohnheit ging er mit mir zur nächsten Vorstellung in das Amphitheater, wo wir sieben Jünglinge die Ehrenplätze hinter den obersten Beamten einnehmen durften. Unser Löwe hatte eine Abmagerungskur gemacht und war gehörig aufgereizt worden, so daß er sich in der Arena besser aufführte, als wir zu hoffen gewagt hatten. Einen Verbrecher, der verurteilt worden war, den wilden Tieren vorgeworfen zu werden, riß er mir nichts dir nichts in Stücke, dann biß er den ersten Gladiator ins Knie und kämpfte unerschrocken, bis ihm der letzte den Fangstoß versetzte. Die Zuschauer johlten vor Vergnügen und ehrten den Löwen und uns, indem sie sich unter lauten Beifallsrufen von ihren Sitzen erhoben. Ich glaube, mein Vater war stolz auf mich, wenn er auch nichts sagte.

Einige Tage später nahmen wir Abschied von den weinenden Hausgenossen und reisten, von den Freigelassenen geleitet, zum Hafen Seleukia. Dort bestiegen wir, mein Vater, ich und Barbus, ein Schiff, um nach Neapel zu fahren und von dort aus weiter nach Rom.

II

ROM

Wie soll ich beschreiben, wie einem zumute ist, wenn man mit fünfzehn Jahren im Sonnenglanz des Herbstes in Rom ankommt und von Kind an gewußt hat, daß einen die Erinnerung des Blutes mit diesen heiligen Hügeln und Tälern verbindet? Mir war, als bebte der Boden unter meinen Füßen, um seinen Sohn willkommen zu heißen, und als spräche mir jeder rissige Pflasterstein von einer achthundertjährigen Geschichte. Sogar der schlammige Tiber war mir so heilig, daß mir bei seinem Anblick schwindelte.

Vielleicht war ich einfach erschöpft von den Aufregungen und dem vielen Wachen der langen Reise, aber jedenfalls fühlte ich eine Art glücklichen Rausch, der süßer war als der von Wein. Dies war meine und meiner Väter Stadt, Herrin über die ganze zivilisierte Welt bis Parthien und Germanien.

Barbus sog eifrig schnuppernd die Luft ein, als wir auf dem Weg zum Haus von meines Vaters Tante Laelia waren. »Mehr als vierzig Jahre habe ich den Geruch Roms vermißt«, sagte er. »Es ist ein Geruch, den man nie vergessen kann, und am kräftigsten ist er mitten in der Stadt, in Suburra, so wie jetzt am Abend, wenn der Duft von gekochten Speisen und heißer Wurst sich mit den natürlichen Gerüchen der engen Gassen vermengt. Das ist eine Mischung aus Knoblauch, siedendem Öl, Gewürzkräutern, süßen Dünsten und Weihrauch aus den Tempeln, und über alldem schwebt etwas, was ich nicht anders nennen kann als eben den Geruch Roms, da ich es nirgends sonst gefunden habe. Aber mir scheint, in den vierzig Jahren hat sich seine Zusammensetzung ein wenig verändert, oder vielleicht ist meine Nase schon zu alt geworden. Nur mit Mühe gelingt es mir, den unvergleichlichen Duft meiner Kindheits- und Jugendjahre wahrzunehmen.«

Wir waren zu Fuß in der Stadt angekommen, denn tagsüber

dürfen in Rom keine Fahrzeuge verkehren. Es gäbe sonst ein solches Gedränge, daß man nicht mehr von der Stelle käme. Mir oder vielleicht auch sich selbst zuliebe wählte mein Vater nicht den geraden Weg zum Palatin, sondern einen Umweg über das Forum, so daß wir den Palatin zunächst linker Hand erblickten und vor uns das Kapitol aufragte. Dann bogen wir in die alte Tuskerstraße ein, um neben der großen Rennbahn den Palatin zu erreichen. Ich wandte den Kopf hierhin und dorthin, mein Vater nannte geduldig die Namen der Bauwerke und Tempel, und Barbus staunte über die neuen Prachtbauten auf dem Forum, die zu seiner Zeit noch nicht da gestanden waren. Mein Vater schwitzte und atmete schwer. Ich dachte mitleidig, daß er, obwohl noch nicht ganz fünfzig, ein alter Mann war.

Er blieb jedoch erst stehen, um Atem zu schöpfen, als wir vor dem runden Vestatempel ankamen. Durch die Öffnung in seinem Dach stieg die dünne Rauchsäule von Roms heiligem Feuer auf, und mein Vater versprach mir, daß ich, wenn ich wollte, schon am nächsten Tag mit Barbus zusammen die Höhle besichtigen durfte, in der die Wölfin Romulus und Remus gesäugt hatte und die der Gott Augustus als Sehenswürdigkeit für die ganze Welt hatte instand setzen lassen. Vor der Höhle stand noch der heilige Baum der Wolfsbrüder. Über den Geruch Roms aber sagte mein Vater: »Für mich ist er ein unvergeßlicher Duft von Rosen und Salben, von reinem Linnen und gescheuerten Steinböden, ein Duft, der nirgends auf der Welt seinesgleichen hat, da in ihm etwas von der Erde und der Luft Roms ist, und der bloße Gedanke daran stimmt mich so wehmütig, daß ich lieber tot sein möchte, als noch einmal durch diese unvergeßlichen Straßen wandern. Wir wollen deshalb nicht länger verweilen, damit ich nicht zu sehr gerührt und ergriffen werde und die Selbstbeherrschung verliere, in der ich mich nun seit fünfzehn Jahren übe.«

Doch Barbus klagte im Weitergehen: »Die Erfahrung eines ganzen Lebens hat mich gelehrt, daß es nur einiger Schlucke Weins bedarf, damit meine Sinne und mein ganzes Wesen Düfte und Laute stärker als sonst erleben. Nichts hat mir je so gut geschmeckt in meinem Munde wie die kleinen scharfgewürzten Würste, die in Rom zischendheiß aufgetragen werden. Laßt uns wenigstens so lange Rast machen, wie wir brauchen, um so eine Wurst zu versuchen.«

Mein Vater mußte lachen. Wir waren gerade am Viehmarkt

angelangt und traten in eine kleine Schenke, die so alt war, daß ihr Boden schon tief unter die Straßenhöhe gesunken war. Wir beide, Barbus und ich, sogen begehrlich die Luft ein, die nach Wein und heißen Speisen roch, und Barbus rief erfreut aus: »Herkules sei gelobt, es gibt noch Dinge in Rom, die geblieben sind, wie sie einmal waren. Diese Schenke erkenne ich wieder, obgleich ich sie viel größer und geräumiger in Erinnerung hatte. Schnuppere nur eifrig, Minutus, der du jünger bist als ich. Wie findest du diesen Geruch von Fisch und Schlamm, Schilf und Dung, schweißnasser Haut und Räucherwerk aus den Buden in der Rennbahn?«

Er spülte sich den Mund mit Wein, spuckte das Opfer auf den Boden, stopfte sich den Mund mit warmer Wurst voll, kaute und schmeckte mit schiefgelegtem Kopf und sagte endlich: »Etwas Altes, längst Vergessenes kehrt da in der Tat in mein Gedächtnis zurück, aber mir scheint, auch mein Gaumen ist schon zu alt geworden, denn so glücklich wie früher bin ich nicht mehr mit einer Wurst im Mund und einem Becher Wein in der Hand.«

Tränen traten ihm in seine runzeligen Augenwinkel, und er seufzte: »Ich bin wahrhaftig so etwas wie ein Geist aus der Vergangenheit, nun da das Jubiläum gefeiert werden soll. Hier habe ich keinen einzigen Bekannten, Verwandten oder Beschützer mehr. Eine neue Generation ist an die Stelle der meinen getreten und weiß nichts mehr von den Dingen der Vergangenheit. Darum haben die schärfsten Würste ihren Geschmack verloren, und der Wein ist schal geworden. Ich hatte gehofft, unter den Prätorianern oder wenigstens bei der Feuerwehr den einen oder anderen Kriegskameraden wiederzufinden, aber nun frage ich mich, ob wir einander denn überhaupt wiedererkennen würden. Weh den Besiegten! Ich bin wie Priamos auf den Trümmern Trojas.«

Der Wirt eilte mit schmalztriefendem Gesicht herbei und fragte, was zu Diensten sei. Er versicherte, man könnte in seinem Hause Wagenlenker aus dem Zirkus, Beamte aus dem Staatsarchiv und Schauspieler antreffen und neuerdings auch Baumeister, die damit beschäftigt waren, die alten Sehenswürdigkeiten Roms für die Jahrhundertfeier instand zu setzen. Sogar mit reizenden kleinen Wölfinnen könne man unter seinem Dach Bekanntschaft schließen. Doch Barbus war untröstlich und erwiderte finster, er möge nicht einmal an Dirnen denken, denn gewiß seien auch die nicht mehr so schmackhaft wie in alten Tagen.

Danach stiegen wir den Aventin hinauf, und mein Vater sagte seufzend, wir hätten lieber nicht in diese Schenke gehen sollen, denn die Knoblauchwurst verursache ihm Magenschmerzen, die nicht einmal der Wein zu lindern imstande sei. Er fühle eine schwere Beklemmung in der Brust und sei düsterer Ahnungen voll. Ein Rabe, der zu unserer Linken vorüberflog, dürfte ihn darin bestärkt haben.

Wir kamen an neuen und alten Mietshäusern vorbei und an einigen uralten Tempeln, die neben den großen Gebäuden, tief in den Erdboden eingesunken, verfielen. Auf der anderen Seite des Hügels fand mein Vater dann endlich den Familiensitz der Manilier. Verglichen mit dem unseren in Antiochia war es ein recht kleines, baufälliges Haus, das irgendwann einmal aufgestockt worden war, damit man zusätzlichen Wohnraum gewann. Es war jedoch von einer Mauer und einem verwilderten Garten umgeben. Als mein Vater meine geringschätzige Miene bemerkte, sagte er streng, daß allein schon das Grundstück und der Garten von dem Alter und der Vornehmheit des Hauses Zeugnis ablegten.

Die Träger hatten schon längst unser Reisegepäck vom Capuanischen Tor heraufgebracht, und Tante Laelia war daher auf unseren Besuch gewiß vorbereitet. Sie wartete jedoch, bis mein Vater sich daranmachte, die Träger zu entlohnen, ehe sie die Treppe herabschritt und uns zwischen den Lorbeerbüschen im Garten entgegenkam. Sie war eine große, magere Frau, und sie hatte sich sorgfältig die Wangen geschminkt und ein wenig Schwarz um die Augen aufgetragen. Sie trug einen Ring am Finger und eine Kupferkette um den Hals. Ihre erhobenen Hände zitterten, als sie uns mit einem wohlbemessenen Freudenschrei entgegentrippelte.

Da sich aber mein Vater, bescheiden wie immer, im Hintergrund hielt und selbst mit den Trägern abrechnete, versah sie sich und blieb vor Barbus stehen, duckte sich ein wenig, bedeckte sich das Haupt wie zum Gebet und rief: »Ach, Marcus, was für ein Freudentag! Du hast dich seit deiner Jugend kaum verändert, nur deine Haltung ist besser geworden, und kräftiger bist du auch.«

Mein Vater lachte und rief: »O Tante Laelia, du bist noch ebenso kurzsichtig und zerstreut wie früher. Sieh her, ich bin Marcus. Dieser alte ehrenwerte Veteran ist unser Freund und Begleiter Barbus, einer meiner Klienten.«

Tante Laelia ärgerte sich über ihren Irrtum, trat auf meinen

Vater zu, musterte ihn mit funkelnden Blicken, während sie mit zitternden Händen seine Schultern und seinen Bauch betastete, und meinte schließlich: »Kein Wunder, daß ich dich nicht wiedererkannt habe. Dein Gesicht ist feist geworden, dein Bauch ist schlaff, und ich kann meinen Augen kaum trauen, denn früher einmal sahst du doch beinahe gut aus.«

Mein Vater nahm ihr diese Bemerkung nicht übel. Im Gegenteil, er sagte sogar: »Dank für deine Worte, liebe Tante Laelia. Mir fällt ein Stein vom Herzen, denn früher hat mir mein Aussehen nur Kummer eingebracht. Nachdem du mich nicht wiedererkanntest, brauche ich nicht zu fürchten, daß andere mich erkennen. Du selbst aber bist dir gleichgeblieben, schlank wie eh und je und von edler Miene und Haltung. Die Jahre haben dir nicht das geringste anhaben können. Umarme also meinen Sohn Minutus, und sei zu ihm so gut und zärtlich, wie du es zu mir in meiner Jugend und meines Leichtsinns Tagen warst.« Tante Laelia nahm mich entzückt in die Arme, küßte mich mit ihren dünnen Lippen auf die Stirn und auf die Augen, streichelte mir die Wangen und rief: »Aber Minutus, du hast ja schon einen Flaumbart und bist kein Kind mehr, das ich auf dem Schoß halten kann!«

Sie hielt meinen Kopf zwischen den Händen, betrachtete mich genau und sagte: »Du siehst eher wie ein Grieche denn wie ein Römer aus, aber ich muß gestehen, daß deine grünen Augen und dein helles Haar sehr ungewöhnlich sind. Wärst du ein Mädchen, würde ich dich schön nennen, aber auch so wirst du gewiß eine gute Partie machen. Deine Mutter war, wenn ich mich recht erinnere, Griechin, nicht wahr?«

Erst als sie zu stottern begann und fort und fort redete, ohne selbst recht zu wissen, was sie sagte, begriff ich, daß sie zutiefst erschrocken war. An der Haustür wurden wir von einem kahlköpfigen, zahnlosen Sklaven begrüßt, neben dem eine lahme, einäugige Frau stand. Die beiden fielen vor meinem Vater auf die Knie und sagten einen Spruch auf, den offenbar Tante Laelia sie gelehrt hatte. Mein Vater sah verlegen drein, legte Tante Laelia die Hand auf die Schulter und bat sie, vor uns einzutreten, da sie in diesem Hause die Herrin sei. Das kleine Atrium war voll Rauch, so daß wir alle zu husten begannen, denn Tante Laelia hatte uns zu Ehren ein Feuer auf dem Hausaltar anzünden lassen. Durch den Rauch hindurch erkannte ich die Ahnenbilder unserer Familie, Figuren aus gebranntem Ton, deren vergoldete

Wachsmasken sich in den wirbelnden Schwaden zu bewegen schienen.

Hustend und mit fahrigen Handbewegungen begann Tante Laelia wortreich zu erklären, daß wir eigentlich nach altem manilischen Familiengebrauch ein Schwein opfern müßten; da sie jedoch den Tag unserer Ankunft nicht genau gewußt habe, sei es ihr unmöglich gewesen, eines zu beschaffen, und wir müßten daher mit Oliven, Käse und Gemüsesuppe vorliebnehmen. Selbst äße sie schon seit langem kein Fleisch mehr.

Wir besichtigten die Räume des Hauses und sahen Spinnweben in den Winkeln, wir sahen die schäbigen Betten und die anderen, ebenso schlechten Möbel, und bald wurden wir gewahr, daß unsere vornehme, hochgeachtete Tante Laelia in bitterster Armut lebte. Von der Bibliothek des Astronomen Manilius waren nur noch einige von Ratten zernagte Buchrollen übrig, und Tante Laelia mußte gestehen, daß sie sogar eine Porträtbüste an die öffentliche Bibliothek am Fuße des Palatin verkauft hatte. Zuletzt begann sie kläglich zu weinen und rief: »Tadle mich nur, Marcus. Ich bin eine schlechte Wirtschafterin, und das kommt daher, daß ich in meiner Jugend bessere Tage gesehen habe. Ich hätte nicht einmal das Haus behalten können, wenn du mir nicht aus Antiochia Geld geschickt hättest. Unser Geld ist verschwunden. Wie das zuging, kann ich mir selbst nicht erklären, aber für ausgefallene Speisen, Wein und wohlriechende Salben ist es nicht verwendet worden, das mußt du mir glauben. Ich habe immer noch die Hoffnung, daß sich mein Geschick eines Tages wenden wird, denn dies ist mir geweissagt worden. Du darfst mir nicht zürnen, und du darfst nicht von mir verlangen, daß ich dir über die Gelder, die du mir schicktest, genau Rechenschaft ablege.«

Mein Vater machte sich heftige Vorwürfe und versicherte ihr, daß er nicht nach Rom gekommen sei, um von ihr Rechenschaft zu fordern, und daß er nun bereue, ihr nicht mehr Geld für den Lebensunterhalt und die Pflege des Hauses geschickt zu haben. Doch nun solle alles anders werden, ganz wie man es ihr prophezeit hatte. Er bat Barbus, auszupacken, breitete kostbare orientalische Stoffe auf den Boden aus, schenkte Tante Laelia eine Seidentunika und ein Seidentuch, hängte ihr eine Kette aus edlen Steinen um den Hals und bat sie, in ein Paar weiche rote Lederschuhe zu schlüpfen. Als er ihr noch eine prächtige Perücke gab, weinte sie noch lauter und rief: »Ach Marcus, bist du wirklich so reich! Du bist doch nicht etwa auf unehrliche Weise zu diesen kostbaren Dingen gekommen! Ich glaubte, du seist auf die schiefe Bahn geraten und den Lastern des Ostens verfallen, denen die Römer nur zu leicht erliegen, wenn sie zu lang da draußen bleiben. Daher wurde mir so bang zumute, als ich dein aufgedunsenes Gesicht sah, aber gewiß haben mir nur die Tränen den Blick getrübt. Nun da ich dich mit größerem Gleichmut betrachte, gewöhne ich mich an dein Gesicht und finde, daß es vielleicht nicht so übel aussieht, wie ich zuerst meinte.«

Tante Laelia glaubte und fürchtete in Wirklichkeit, meine Vater sei gekommen, um das Haus zu übernehmen und sie irgendwohin aufs Land zu schicken, wo sie ihre Tage in Armut verbringen müßte. Diese Überzeugung war schon so fest eingewurzelt, daß sie uns mehrmals zu verstehen gab, eine Frau wie sie könne unmöglich anderswo leben und atmen als in Rom. Allmählich faßte sie jedoch ein wenig Mut und erinnerte uns daran, daß sie immerhin die Witwe eines Senators und in vielen der alten Häuser Roms ein gern gesehener Gast sei, obwohl ihr Gemahl Gnaeus Laelius schon zu des Kaisers Tiberius Zeiten Leben und Gut verloren habe.

Ich bat sie, von dem Senator Gnaeus Laelius zu erzählen, aber Tante Laelia hörte meine Bitte mit leicht zur Seite geneigtem Kopf an und fragte dann: »Sag, Marcus, wie ist es möglich, daß dein Sohn unsere Sprache mit einem so furchtbaren syrischen Akzent spricht? Das muß anders werden, sonst lacht ganz Rom über ihn.«

Mein Vater erwiderte unbekümmert, er habe selbst so viel Griechisch und Aramäisch gesprochen, daß sein eigenes Latein gewiß auch fremd klinge, doch Tante Laelia unterbrach ihn und sagte scharf: »Dir wird man es nachsehen, denn du bist alt, und ein jeder wird verstehen, daß du im Kriegsdienst oder bei der Ausübung deiner Ämter in anderen Ländern die Eigentümlichkeiten fremder Sprachen angenommen hast. Du mußt unbedingt einen guten Redner oder Schauspieler anstellen, der Minutus' Aussprache verbessert. Er muß ins Theater gehen und öffentliche Lesungen besuchen. Kaiser Claudius nimmt es mit der Reinheit der Sprache sehr genau, wenngleich er zuläßt, daß seine Freigelassenen Staatsangelegenheiten in griechischer Sprache bereden, und seine Gemahlin noch ganz andere Dinge treibt, die zu nennen mir meine Schamhaftigkeit verbietet.«

Dann wandte sie sich an mich und sagte: »Mein armer Mann, der Senator Gnaeus, war weder dümmer noch geringer als Claudius, ja Claudius verlobte seinerzeit sogar seinen unmündigen Sohn Drusus mit der Tochter des Präfekten Sejanus und vermählte sich selbst mit seiner Adoptivschwester Aelia. Der Junge war ebenso wirrköpfig wie sein Vater und erstickte später an einer Birne. Ich denke, daß mein verstorbener Gemahl ebenso nach Sejanus' Gunst strebte und dem Staat damit zu dienen glaubte. Du, Marcus, warst doch irgendwie in die Intrigen dieses Sejanus verwickelt, denn kurz bevor die Verschwörung aufgedeckt wurde, warst du ganz plötzlich aus Rom verschwunden, und man hörte jahrelang nichts mehr von dir. Deshalb wurdest du auch von unserem lieben Kaiser Gajus aus der Rolle der Ritter gestrichen, ja, aus keinem andern Grunde, als weil niemand mehr etwas von dir wußte. ›Ich weiß auch nicht, wo er steckt‹, sagte er scherzend und zog einen Strich durch deinen Namen. So hat man es mir jedenfalls berichtet, aber vielleicht wollten die, die es mir hinterbrachten, meine Gefühle schonen und nicht alles verraten, was sie wußten.«

Mein Vater antwortete steif, er werde gleich am nächsten Tag ins Reichsarchiv gehen, um nachprüfen zu lassen, warum sein Name aus der Rolle der Ritter getilgt worden sei. Tante Laelia schien davon nicht sehr erbaut zu sein und fragte, ob es nicht das beste wäre, diese alten Dinge ruhen zu lassen. Wenn Kaiser Claudius getrunken habe, sei er reizbar und launisch, obwohl man zugeben müsse, daß er so manchen politischen Mißgriff des Kaisers Gajus wiedergutgemacht habe.

»Ich verstehe allerdings, daß wir um Minutus' willen alles tun müssen, um die Ehre unserer Familie wiederherzustellen«, räumte sie ein. »Der rascheste Weg dazu wäre, Minutus die Männertoga zu geben und es so einzurichten, daß er Valeria Messalina vor die Augen kommt. Die junge Kaiserin hat großes Wohlgefallen an Jünglingen, die eben erst die Männertoga angelegt haben, und lädt sie gern in ihre Gemächer ein, um sie über ihre Herkunft und ihre Zukunftshoffnungen auszufragen. Wenn ich nicht so stolz wäre, könnte ich die Hündin um eine Audienz für Minutus bitten, aber ich muß befürchten, daß sie mich gar nicht empfängt, denn sie weiß nur zu gut, daß ich die liebste Jugendfreundin der Mutter unseres Kaisers Claudius war. Zugleich gehörte ich zu den wenigen vornehmen Römerinnen, die Agrippina und der jungen Julia halfen, den Leichnam ihres armen Bruders einigermaßen geziemend zu bestatten, nachdem die Mädchen aus der Verbannung heimgekehrt waren. Der arme Gajus wurde auf so grausame Weise ermordet, und dann unterstützten die Juden Claudius mit Geld, damit er Kaiser werden konnte. Agrippina hatte Glück und konnte sich einen reichen Mann angeln, aber Julia wurde zum zweitenmal aus Rom verbannt, weil Messalina der Ansicht war, sie treibe sich ein wenig zuviel in der Nähe ihres Onkels Claudius herum. Wegen dieser beiden munteren Mädchen hat so mancher Rom verlassen müssen. Ich entsinne mich noch eines gewissen Tigellinus, der zwar ungebildet war, aber unter allen Jünglingen Roms die schönste Gestalt hatte. Er machte sich übrigens nicht viel aus der Verbannung, sondern gründete eine Fischerei und soll neuerdings Rennpferde züchten. Dann war da noch ein spanischer Philosoph, Seneca, der viele Bücher schrieb. Er hatte ein Verhältnis mit Julia, obwohl er an der Schwindsucht litt. Nun schmachtet er schon seit mehreren Jahren auf Korsika in der Verbannung. Messalina fand, es zieme sich nicht, daß Claudius' Nichten, und sei es nur im geheimen, Unzucht trieben. Im übrigen ist jetzt nur noch Agrippina am Leben.«

Als sie endlich Atem holte, hatte mein Vater Gelegenheit, taktvoll anzudeuten, daß es das beste sei, wenn Tante Laelia vorerst nichts unternähme, um mir zu helfen. Er wolle die Sache selbst in die Hand nehmen und zu Ende bringen, ohne daß sich eine Frau einmischte. Von weiblicher Einmischung habe er schon in seiner Jugend genug und übergenug zu spüren bekommen, schloß er bitter.

Tante Laelia wollte etwas sagen, warf dann jedoch einen Blick auf mich und zog es vor, zu schweigen. Wir konnten uns endlich den Oliven, dem Käse und der Gemüsesuppe widmen. Mein Vater sah darauf, daß wir nicht alles aufaßen, sondern sogar von dem faustgroßen Stück Käse etwas übrigließen, denn sonst hätten die beiden alten Sklaven des Hauses gewiß hungern müssen. Ich für meinen Teil verstand es nicht, da ich daheim in Antiochia die besten Bissen bekommen hatte und immer noch genug für die Hausgenossen und die Armen, die sich in meines Vaters Nähe hielten, übriggeblieben war.

Tags darauf stellte mein Vater einen Baumeister an, der den alten Familiensitz gründlich instand setzen sollte, und zugleich erhielten einige Gärtner den Auftrag, sich des ungepflegten, verwilderten Gartens anzunehmen. Es wuchs darin eine mehr als hundertjährige Sykomore. Sie war von einem Manilius gepflanzt worden, der später von Marius' Leuten auf offener Straße ermordet wurde. Einige andere uralte Bäume standen nahe beim Haus, und mein Vater war sehr darauf bedacht, daß sie keinen Schaden litten. Auch das kleine, ein wenig in den Boden eingesunkene Haus ließ er äußerlich so wenig verändern wie nur möglich, und er erklärte mir auch den Grund dafür: »Du wirst in Rom viel Marmor und anderen Luxus sehen, aber wenn du einmal erwachsen bist, wirst du verstehen, daß das, was ich hier tue, der allergrößte Luxus ist. Solche uralten Bäume kann sich selbst der reichste Emporkömmling nicht ums Haus stellen, und das altertümliche Aussehen unseres Hauses ist mehr wert als aller Säulenschmuck.«

Seine Gedanken gingen in die Vergangenheit zurück, und seine Miene verdüsterte sich, als er fortfuhr: »Einst in Damaskus hatte ich selbst die Absicht, mir ein einfaches Haus bauen zu lassen und darum herum Bäume zu pflanzen, um dort mit deiner Mutter Myrina in der Stille zu leben. Nach ihrem Tod bemächtigte sich meiner jedoch eine so tiefe Verzweiflung, daß mir viele Jahre hindurch nichts mehr etwas bedeuten konnte. Vielleicht würde ich mir das Leben genommen haben, wenn meine Pflichten dir gegenüber mich nicht gezwungen hätten, weiterzuleben. Und einmal hat mir sogar ein Fischer am Ufer des Galiläischen Meeres etwas verheißen, was mich immer wieder mit Neugier erfüllt, obwohl ich mich daran nur noch wie an einen Traum erinnere.«

Von dieser Verheißung wollte mein Vater nicht weiter sprechen. Statt dessen sagte er, daß er sich nun mit diesen alten Bäumen begnügen müsse, da ihm die Freude nicht vergönnt gewesen sei, selbst welche zu pflanzen und wachsen zu sehen.

Während sich die Bauarbeiter und der Architekt mit dem Haus beschäftigten und mein Vater von morgens bis abends Besuche in der Stadt machte, um seine Angelegenheiten zu regeln, streiften Barbus und ich unermüdlich durch Rom und betrachteten seine Sehenswürdigkeiten und die Menschen auf den Straßen. Kaiser Claudius ließ alle alten Tempel und Denkmäler nach bestem Vermögen für die Jahrhundertfeier herrichten und hielt Priester und Gelehrte dazu an, alle Sagen und Überlieferungen, die sich daran knüpften, sorgfältig zu sammeln und den Bedürfnissen unserer Zeit anzupassen. Die Kaiserpaläste auf dem Palatin, der

Tempel auf dem Kapitolinischen Hügel, die Bäder und Theater Roms machten mir, für sich selbst betrachtet, keinen großen Eindruck, denn ich war in Antiochia aufgewachsen, wo man nicht minder kostspielige und sogar noch größere öffentliche Bauten zu sehen bekommt, ja im Grunde war Rom mit seinen krummen Gassen und steilen Hügeln eine viel zu enge Stadt für jemanden, der wie ich die breiten, geraden Straßen Antiochias gewohnt war.

Ein Bauwerk gab es jedoch, das mich durch seine Großartigkeit und durch die Erinnerungen, die es weckte, zu erschüttern vermochte, und das war das ungeheure runde Mausoleum des Gottes Augustus auf dem Marsfeld. Rund war es, weil die heiligsten Tempel Roms rund waren, zum Andenken an die alten Zeiten, da die Römer in runden Hütten wohnten. Die schlichte Größe dieses Mausoleums dünkte mich eines Gottes und des größten Herrschers aller Zeiten würdig, und ich wurde es nie müde, die Gedenkinschriften zu lesen, welche die Taten festhielten, durch die Augustus den Staat gefördert hatte. Barbus war von diesen Inschriften weniger angetan. Er sagte, er habe während seiner Jahre in der Legion gelernt, allen Inschriften zu mißtrauen, da sie gewöhnlich mehr verschwiegen als sagten. Eine Niederlage könne in einen Sieg umgefälscht werden und ein politischer Irrtum in einen Akt der Staatsklugheit. Er versicherte mir, er könne zwischen den Zeilen der Grabinschrift des Gottes Augustus das Verderben ganzer Legionen, den Untergang Hunderter von Kriegsschiffen und die ungezählten Morde des Bürgerkrieges lesen.

Er war zu einer Zeit geboren worden, da Augustus längst Frieden und Ordnung im Reiche wiederhergestellt und die Macht Roms gefestigt hatte, aber sein Vater hatte ihm wenig über den kleinlich berechnenden Augustus und dafür um so mehr über den gefeierten Antonius erzählt, der manchmal so berauscht auf die Rednertribüne auf dem Forum stieg, daß er sich während der Rede, von seinen eigenen Worten erregt, in einen Eimer erbrechen mußte, den er neben sich stehen hatte. Das war zu der Zeit, da man noch öffentlich das Volk aufrief. Augustus hatte zwar während seiner allzu langen Regierungszeit die Achtung des Senates und des Volkes gewonnen, aber das Leben in Rom war, wenn man Barbus' Vater glauben will, langweilig geworden. Gemocht hatte den vorsichtigen Augustus eigentlich niemand, während man den waghalsigen Antonius gerade wegen seiner Fehler und seines großartigen Leichtsinns geliebt hatte.

Doch ich kannte Barbus' Geschichten, die mein Vater, hätte er sie gehört, als für meine Ohren unpassend betrachtet haben würde, schon zur Genüge. Das Mausoleum des Augustus beeindruckte mich durch seine göttlich einfache Größe, und wir wanderten immer und immer wieder durch ganz Rom, um es zu betrachten. Noch etwas anderes lockte mich allerdings zum Marsfeld, und das war der Reitplatz der römischen Knaben und Jünglinge, auf dem die Söhne der Senatoren und Ritter schon fleißig für die Reiterspiele zur Jahrhundertfeier übten. Neidisch sah ich zu, wie sie sich gruppierten, wieder auseinanderritten und sich auf ein Hornsignal zu neuen Gruppen zusammenschlossen. Ich kannte das alles und wußte, daß ich ein Pferd ebensogut, wenn nicht besser, zu reiten verstand.

Unter den Zuschauern befanden sich auch immer einige besorgte Mütter, denn die vornehmen Reiter waren zwischen sieben und fünfzehn Jahre alt. Selbstverständlich taten sie so, als sähen sie ihre Mütter nicht, und schnaubten zornig, wenn einer der Kleinsten von seinem Pferde fiel und seine erschrockene Mutter mit flatterndem Mantel zu ihm hinstürzte, um ihn vor den Hufen des Pferdes zu retten. Die Kleinsten bekamen allerdings sehr zahme, gut dressierte Reittiere, die sofort stehenblieben, um den aus dem Sattel Gefallenen zu schützen. Nein, was diese römischen Edlen ritten, das waren wahrhaftig keine wilden Streitrösser. Wir hatten in Antiochia feurigere Pferde gehabt.

Einmal sah ich unter den Zuschauern Valeria Messalina mit ihrem glänzenden Gefolge und betrachtete sie neugierig. In ihre Nähe konnte ich freilich nicht gelangen, und aus der Ferne gesehen erschien sie mir nicht so berückend schön, wie man sie mir geschildert hatte. Ihr siebenjähriger Sohn, dem Kaiser Claudius zum Andenken an seine Siege in Britannien den Namen Britannicus gegeben hatte, war ein schmächtiges, bleiches Bürschchen, das offensichtlich vor dem Pferd, das es ritt, Angst hatte. Er hätte eigentlich auf Grund seiner Herkunft diese Wettkämpfe anführen müssen, doch das war unmöglich, denn sobald er sich aufs Pferd setzte, schwollen seine Züge an, und seine Augen begannen zu tränen. Nach jeder Reitübung war sein Kindergesicht von einem brandroten Hautausschlag bedeckt, und er konnte mit seinen aus den Höhlen getretenen Augen kaum ein paar Schritte weit sehen.

Unter dem Vorwand, daß Britannicus zu jung sei, ernannte

Claudius den Sohn seiner Nichte Domitia Agrippina, Lucius Domitius, zum Anführer der Reiterschar. Lucius war noch keine zehn Jahre alt, aber er war der genaue Widerpart des schüchternen Britannicus, sehr kräftig für sein Alter und ein unerschrockener Reiter. Nach den Übungen blieb er oft allein auf dem Platz zurück und führte waghalsige Kunststücke vor, um den Beifall der Zuschauer zu gewinnen. Von den Domitiern hatte er das rötliche Haar geerbt. Daher nahm er während der Übungen gern den Schutzhelm ab, um den Leuten zu zeigen, daß er einem Geschlecht von Gewalttätern entstammte. Mehr als um der Domitier willen bewunderten und rühmten ihn jedoch die Leute darum, daß er der Sohn der Schwester des Kaisers Gajus war, so daß in seinen Adern sowohl das Blut Julias, der Tochter Julius Caesars, als auch das des Marcus Antonius floß. Sogar Barbus ereiferte sich, wenn er ihn sah, und rief ihm mit seiner rauhen Stimme, die jedesmal brüllendes Gelächter unter den Umstehenden auslöste, freundliche, wenn auch unflätige Scherzworte zu.

Es hieß, seine Mutter Agrippina wage es nicht, wie die anderen Mütter zu den Reitübungen zu kommen, weil sie Valeria Messalinas krankhafte Eifersucht fürchte und sich überhaupt, des Schicksals ihrer Schwester eingedenk, so selten wie möglich in der Öffentlichkeit zeige. Doch Lucius Domitius bedurfte des Schutzes seiner Mutter nicht. Er gewann die Bewunderung der Zuschauer durch sein jungenhaft frisches Auftreten. Er beherrschte seinen Körper gut und bewegte sich mit Anmut, seine Augen blickten kühn, und die älteren Kameraden schienen nicht eifersüchtig zu sein, sondern fügten sich willig seinem Befehl.

Sehnsüchtig stand ich oft, an die blankgewetzte Einzäunung gelehnt und sah den Reitern zu. Doch mein Müßiggang fand bald ein Ende. Mein Vater beschaffte mir einen trübseligen, übellaunigen Lehrer der Beredsamkeit, der jedes Wort, das ich sagte, spöttisch berichtigte und mich wie absichtlich nur aus langweiligen Büchern vorlesen ließ, die Selbstbeherrschung, Bescheidenheit und andere Mannestugenden lehrten. Mein Vater hatte offenbar die besondere Gabe, lauter Lehrer ausfindig zu machen, die mich um den Verstand brachten.

Während das Haus repariert wurde, bewohnten Barbus und ich ein Zimmer im oberen Stockwerk, das nach Weihrauch roch und auf dessen Wänden magische Zeichen zu sehen waren. Ich beachtete sie nicht weiter, da ich annahm, sie stammten noch aus der

Zeit des Astronomen Manilius, aber sie bewirkten, daß ich immer schlechter schlief und böse Träume hatte, so daß ich bald von meinen eigenen Schreien erwachte, bald von Barbus geweckt werden mußte, weil ich, von einem Mahr heimgesucht, laut stöhnte. Mein Rhetor wurde des Lärms und der Hammerschläge, die das Haus erfüllten, bald müde und nahm mich in die Vorlesungssäle der Thermen mit.

Seine mageren Glieder und sein runder, gelblicher Bauch stießen mich ab, und noch größere Abscheu empfand ich, wenn er mitten in seinen spöttischen Reden plötzlich schmeichelnd meine Arme zu streicheln begann und sagte, ich hätte in Antiochia gewiß mit der griechischen Liebe Bekanntschaft gemacht. Er wollte, daß ich, solange die Arbeiten in unserem Haus andauerten, bei ihm wohnte, in einem schäbigen Mietshaus in Suburra, wo er im obersten Stockwerk ein Zimmer hatte, das man nur über eine Leiter erreichen konnte. Dort, meinte er, wäre es ihm möglich, mich ganz ungestört zu unterrichten und in ein Leben der Weisheit einzuführen.

Barbus durchschaute seine Absichten. Er gab ihm zuerst eine ernste Warnung und dann, als diese nichts fruchtete, eine Tracht Prügel, die den Weisen so einschüchterte, daß er sich nie wieder blicken ließ und sich nicht einmal traute, meinen Vater um seinen Lohn zu bitten. Andrerseits wagten wir beide nicht, meinem Vater den wahren Grund für sein merkwürdiges Verschwinden zu verraten. Daher glaubte dieser, ich hätte einen hervorragenden Lehrer durch meine Widersetzlichkeit vergrämt und schließlich gar verscheucht.

Wir bekamen deshalb Streit miteinander, und ich rief trotzig: »Gib mir lieber ein Pferd, damit ich mit anderen jungen Männern Bekanntschaft schließen und mit meinesgleichen verkehren kann, um zu lernen, was in Rom Sitte und Brauch ist.«

»Ein Pferd hat dich schon in Antiochia ins Unglück gebracht«, erwiderte darauf mein Vater. »Kaiser Claudius hat eine sehr vernünftige Verordnung erlassen, wonach ein alter oder sonstwie gebrechlicher Senator oder Ritter bei den Standesaufmärschen sein Pferd am Zügel führen darf, ohne aufsitzen zu müssen. Sogar den für ein Amt erforderlichen Waffendienst braucht man nicht mehr wirklich abzuleisten.«

»O Zeiten! O Sitten!« sagte ich boshaft. »Dann gib mir wenigstens soviel Geld, wie ich brauche, um mir unter Schauspielern,

Musikern und Wagenlenkern aus dem Zirkus Freunde zu machen. Wenn ich mich an dergleichen Leute halte, lerne ich auch die verweichlichten jungen Römer kennen, die sich vor dem Waffendienst drücken.«

Aber auch davon wollte mein Vater nichts wissen. »Tante Laelia hat mich schon gewarnt und mir vorgehalten, ein Jüngling wie du dürfe nicht zu lange die Gesellschaft Gleichaltriger entbehren«, gab er jedoch immerhin zu und fuhr fort: »Bei meinen Geschäften habe ich einige Schiffsreeder und Getreidehändler kennengelernt. Jetzt, nach der Hungersnot, läßt Kaiser Claudius in Ostia einen neuen Hafen ausbauen, und er zahlt eine Entschädigung für jedes Schiff, das mit einer Getreideladung an Bord sinkt. Auf Anraten Marcius' des Fischers habe ich Anteile an diesen Schiffen erworben, da man nun keine Verluste mehr zu befürchten braucht, und manch einer hat sich schon ein Vermögen damit gemacht, daß er alte, längst untaugliche Schiffe wieder ausrüstete und in See schickte. Ich kenne jedoch den Lebenswandel dieser Emporkömmlinge und verspüre keine Lust, dich mit ihren Söhnen bekannt zu machen.«

Ich hatte immer mehr das Gefühl, daß er selbst nicht wußte, was er eigentlich wollte. »Bist du denn nach Rom gekommen, um reich zu werden?« fragte ich.

Mein Vater wurde zornig und antwortete heftig: »Du solltest am besten wissen, daß ich mir nichts sehnlicher wünsche als ein einfaches Leben fern den Geschäften, aber meine Freigelassenen haben mich gelehrt, daß es ein Verbrechen gegen den Staat und das Gemeinwohl ist, seine Goldmünzen in Beuteln und Truhen zu horten. Außerdem will ich noch mehr Land in Caere kaufen, wo meine eigentliche Familie herstammt, denn Manilier sind wir nur durch Adoption, das darfst du nie vergessen.«

Er sah mir mit seinem kummervollen Blick in die Augen und sagte: »Du hast, ebenso wie ich, eine Falte in den Augenwinkeln, und das ist das Zeichen unserer wirklichen Herkunft. Ich habe im Reichsarchiv nachgeforscht und mit eigenen Augen die Ritterrolle aus Kaiser Gajus' Zeiten gesehen, aber es findet sich kein Vermerk neben meinem Namen. Er ist nur mit einer gezackten Linie durchgestrichen. Gajus' Hände zitterten nämlich stark wegen seiner Krankheit. Es gibt auch kein Gerichtsurteil und keine Anklage gegen mich. Warum ist mein Name getilgt worden? Weil ich so lange abwesend war? Ich weiß es nicht. Der Prokurator Pontius Pilatus fiel vor zehn Jahren selbst in Ungnade, verlor sein Amt und wurde nach Galiläa versetzt. Aber Kaiser Claudius hat noch ein Geheimarchiv, und darin kann natürlich irgend etwas für mich Nachteiliges aufgezeichnet sein. Ich bin mit seinem Freigelassenen Felix zusammengetroffen, der sich für die Angelegenheiten Judäas interessiert. Er hat mir versprochen, er werde bei passender Gelegenheit versuchen, von Narcissus, dem Privatsekretär des Kaisers, Näheres über meinen Fall zu erfahren. Ich hätte diesen einflußreichen Mann gern selbst gesprochen, aber er soll so anmaßend sein, daß es zehntausend Sesterze kostet, nur zu ihm vorgelassen zu werden. Es ist mir nicht um das Geld zu tun, aber ich möchte ihn um meiner eigenen Ehre willen nicht geradezu bestechen müssen.«

Mein Vater berichtete weiter, er habe sich alles, was über Kaiser Claudius erzählt werde, Gutes wie Böses, aufmerksam angehört und gut gemerkt. Letzten Endes hänge es vom Kaiser selbst ab, ob unser Name wieder in die Ritterrolle eingetragen werde oder nicht, und Claudius sei mit zunehmendem Alter so launisch geworden, daß er bisweilen wegen eines plötzlichen Einfalls oder eines Omens imstande sei, die wohlüberlegteste Entscheidung wieder umzustoßen. Auch könne er mitten in einer Senatssitzung oder einem Prozeß unversehens einschlafen und vergessen, wovon die Rede war. Während seiner Wartezeit hatte mein Vater die Gelegenheit genützt und alle Werke gelesen, die Kaiser Claudius geschrieben hatte, sogar dessen Lehrbuch des Würfelspiels.

»Kaiser Claudius ist einer der wenigen Römer, die noch die Sprache der Etrusker sprechen und ihre Schrift lesen können«, erklärte mir mein Vater. »Wenn du mir eine Freude machen willst, dann gehst du in die öffentliche Bibliothek beim Palatin und bittest, das Buch lesen zu dürfen, das er über die Geschichte der Etrusker geschrieben hat. Es besteht aus mehreren Rollen, aber es ist darum nicht langweilig. Es erklärt sogar die Wörter, die von den Opferpriestern bei den Ritualen gebraucht werden und bisher einfach auswendig gelernt werden mußten. Dann reisen wir nach Caere und besichtigen unsere Güter, die ich selbst noch nie gesehen habe. Dort sollst du dann auch ein Pferd haben und reiten.«

Der Rat meines Vaters machte mich nur noch trauriger, und am liebsten hätte ich mir auf die Lippen gebissen und geweint. Als er gegangen war, zwinkerte mir Barbus listig zu und sagte:

»Wie seltsam, daß so viele Männer schon in ihren mittleren Jahren vergessen, wie es ist, wenn man jung ist. Ich für mein Teil erinnere mich noch sehr gut, daß ich in deinem Alter oft ohne Anlaß weinen mußte und schlimme Träume hatte. Ich weiß, wie dir zu helfen wäre und wie du deine Sinnesruhe und deinen guten Schlaf zurückerlangen könntest, aber deines Vaters wegen werde ich mich hüten, dir irgendwelche Vorschläge zu machen.«

Auch Tante Laelia musterte mich immer häufiger mit sorgenvoller Miene, und eines Tages rief sie mich zu sich, blickte sich vorsichtig um und sagte: »Wenn du mir gelobst und schwörst, daß du deinem Vater nichts verrätst, will ich dir ein Geheimnis anvertrauen.«

Ich versprach aus reiner Höflichkeit, zu schweigen, obwohl ich innerlich lachen mußte, denn ich konnte mir nicht vorstellen, daß Tante Laelia tatsächlich im Besitze irgendeines Geheimnisses sein sollte. Darin täuschte ich mich allerdings, denn sie erzählte mir das folgende: »In dem Zimmer, in dem du schläfst, wohnte lange Zeit ein jüdischer Zauberer namens Simon als mein Gast. Er selbst behauptete zwar, Samariter zu sein, aber das sind doch auch Juden, nicht wahr? Sein Weihrauch und seine magischen Zeichen sind es, die deinen Schlaf stören. Er kam vor einigen Jahren nach Rom und stand bald in dem Ruf eines Heilers, Wahrsagers und Wundertäters. Der Senator Marcellus beherbergte ihn in seinem Haus und ließ ihm sogar eine Statue errichten, denn er glaubte, Simon besitze göttliche Kräfte, was dieser auch bewiesen hat! Einmal versenkte er einen jungen Sklaven in Todesschlaf und erweckte ihn dann wieder von den Toten, obwohl der Knabe schon kalt gewesen war und nicht das geringste Lebenszeichen mehr von sich gegeben hatte. Ich habe es mit eigenen Augen gesehen.«

»Gewiß, gewiß«, sagte ich. »Aber ich habe in Antiochia von den Juden genug bekommen.«

»Mag sein«, unterbrach mich Tante Laelia eifrig. »Aber laß mich weitererzählen: Die anderen Juden, die drüben auf der anderen Seite des Flusses und auch diejenigen, die hier auf dem Aventin wohnen, waren auf Simon den Zauberer eifersüchtig. Er konnte sich nämlich unsichtbar machen und fliegen. Deshalb ließen die Juden einen anderen Zauberer kommen, der auch Simon heißt. Die beiden Zauberer sollten ihre Kräfte messen. Simon, ich will sagen mein Simon, bat die Zuschauer, eine kleine Wolke genau zu betrachten, und plötzlich war er verschwunden. Als er sich wieder zeigte, kam er aus der Wolke über dem Forum geflogen. Da rief aber der andere Jude mit lauter Stimme seinen Götzen Christus an, und Simon stürzte mitten im Fluge ab und brach sich ein Bein. Er nahm es sich sehr zu Herzen, ließ sich aus der Stadt tragen und versteckte sich, während sein Bein heilte, auf dem Lande, bis der andere Simon aus der Stadt verschwand, nachdem er ebenfalls Kranke geheilt hatte. Simon der Zauberer kehrte mit seiner Tochter zurück, und da er keine besser gestellten Gönner mehr hatte, ließ ich ihn bei mir wohnen. Er blieb, solange ich noch Geld hatte, doch dann zog er in ein Haus beim Tempel der Mondgöttin, wo er seine Kunden empfängt. Er fliegt nicht mehr, und er erweckt auch keine Toten mehr, aber seine Tochter verdient sich ihren Unterhalt als Mondpriesterin, und viele Vornehme lassen sich von ihr weissagen, und Simon schafft verschwundene Gegenstände wieder herbei.«

»Warum erzählst du mir dies alles?« fragte ich mißtrauisch.

Tante Laelia rang die Hände und sagte verlegen: »Ich sehne mich so nach Simon dem Zauberer, aber er empfängt mich nicht mehr, weil ich kein Geld mehr habe, und deines Vaters wegen. Ich glaube aber, daß er dich von deinen bösen Träumen heilen und deine Ruhelosigkeit lindern könnte. Ganz gewiß aber könnte er dir mit Hilfe seiner Tochter weissagen und dir raten, was du essen sollst und was dir nicht bekommt, welche Tage deine Glückstage sind und an welchen du dich vorsehen mußt. Mir, zum Beispiel, verbot er, Erbsen zu essen, und seither wird mir übel, sobald ich Erbsen sehe, und wären es nur getrocknete.«

Mein Vater hat mir ein paar Goldmünzen geschenkt, einerseits um mich zu trösten und andrerseits, damit ich die Geschichte der Etrusker läse. Ich hielt Tante Laelia für eine arme alte Frau, der sich schon der Verstand verwirrte und die zu Aberglauben und Zauberei Zuflucht nahm, weil ihr das Leben sonst nicht viel Freude bescherte, aber ich gönnte ihr diesen Zeitvertreib gern und fand den samaritischen Zauberer und seine Tochter immer noch interessanter als die staubige Bibliothek, in der alte Mummelgreise herumhockten und ohne Unterlaß mit trockenen Buchrollen raschelten. Auch war es, im Hinblick auf ein gewisses Gelübde, das ich in Daphne abgelegt hatte, an der Zeit, daß ich den Tempel der Mondgöttin kennenlernte.

Als ich Tante Laelia versprach, mit ihr zu dem Zauberer zu gehen, geriet sie vor Freude außer sich, kleidete sich in Seide, salbte und schminkte ihr welkes Gesicht, setzte sich die rote Perücke auf, die mein Vater ihr geschenkt hatte, und legte sich die Edelsteinkette um ihren mageren Hals. Barbus beschwor sie bei allen Göttern, doch wenigstens ihr Haupt zu bedecken, sonst könnten die Leute auf der Straße sie für eine Bordellmutter halten. Tante Laelia nahm ihm diese Worte nicht übel. Sie drohte ihm nur mit dem Zeigefinger und verbot ihm, mitzukommen. Doch Barbus hatte meinem Vater versprochen, mich in Rom niemals aus den Augen zu lassen, und zuletzt einigten wir uns darauf, daß er bis zum Tempel mitgehen dürfe, dann aber draußen warten müsse.

Der Tempel der Mondgöttin auf dem Aventin ist so uralt, daß alle Sagen, die einst über ihn, wie über den jüngeren Dianatempel, berichtet wurden, erloschen sind. Man weiß noch, daß der König Servius Tullius ihn ursprünglich aus kostbaren Hölzern errichten ließ. Später baute man um den runden Holztempel herum einen aus Stein. Das Innerste dieses Tempels ist so heilig, daß es dort keinen Steinboden gibt, sondern nur einen aus festgestampfter Erde. Abgesehen von den Weihgeschenken finden sich darin keine anderen heiligen Gegenstände als ein großes Ei aus Stein, dessen Oberfläche von Öl und Salben ganz schwarz und glatt geworden ist. Tritt man ins Halbdunkel des Tempels, so fühlt man jenen heiligen Schauder, den nur sehr alte Tempel zu erwecken vermögen. Ich selbst hatte Ähnliches bisher nur im Saturntempel empfunden, der von allen Tempeln in Rom der älteste, furchtgebietendste und heiligste ist. Er ist der Tempel der Zeit, und noch immer schlägt an einem bestimmten Tag im Jahr der oberste Priester, der gewöhnlich der Kaiser selbst ist, einen Kupfernagel in den Eichenpfahl, der in seiner Mitte steht.

Im Tempel der Mondgöttin sah ich keine heilige Säule, sondern nur das Ei aus Stein. Neben diesem Ei, auf einem dreibeinigen Schemel, saß so regungslos, daß ich sie im Dunkeln zuerst für eine Statue hielt, eine leichenblasse Frau. Tante Laelia sprach sie mit vor Unterwürfigkeit winselnder Stimme an, nannte sie Helena und kaufte von ihr heiliges Öl, um das steinerne Ei damit zu beträufeln. Als sie das Öl niedertropfen ließ, murmelte sie eine Zauberformel, die nur Frauen lernen dürfen. Männern nützt es nichts, diesem Ei zu opfern. Während Tante Laelia ihr Opfer vollzog, betrachtete ich die Weihegeschenke und bemerkte zu meiner Freude, daß sich darunter mehrere kleine runde silberne

Büchsen befanden. Ich wurde nämlich schamrot bei dem Gedanken an das, was ich der Mondgöttin zu opfern gelobt hatte, und nahm mir vor, es in einer geschlossenen Büchse in den Tempel zu bringen, wenn die Zeit gekommen war.

Doch nun wandte sich die bleiche Frau zu mir, betrachtete mich mit ihren furchtgebietenden schwarzen Augen, lächelte und sagte: »Erröte nicht wegen deiner Gedanken, schöner Jüngling. Die Mondgöttin ist mächtiger, als du glaubst. Wenn du ihre Gunst erwirbst, erhältst du eine Macht, die dir unvergleichlich mehr nützt als des Mars rohe Kraft und der Minerva unfruchtbare Weisheit.«

Ihr Latein hatte einen fremden Klang, und daher war mir, als hätte sie in irgendeiner uralten, vergessenen Sprache zu mir gesprochen. Ihr Antlitz wurde immer größer vor meinen Augen, so als ginge ein verborgenes Mondlicht von ihm aus, und als sie lächelte, sah ich, daß sie trotz ihrer Blässe schön war. Tante Laelia sprach zu ihr und winselte und miaute so, daß ich plötzlich fand, sie gleiche einer mageren Katze, die schmeichelnd um das steinere Ei strich.

»Nein, nein, nicht einer Katze«, sagte die Priesterin noch immer lächelnd. »Einer Löwin. Siehst du es nicht? Was hast du mit Löwen zu schaffen, Knabe?«

Ihre Worte erschreckten mich sehr, denn für einen ganz kurzen Augenblick glaubte ich wirklich, dort, wo Tante Laelia stand, eine magere, traurige Löwin zu erblicken, die mich geradeso vorwurfsvoll ansah wie der alte Löwe vor Antiochia, als ich ihn mit meiner Lanze in die Hinterpranke stach. Das Gesicht verschwand jedoch sofort, als ich mir mit der Hand über die Stirn fuhr.

»Ist dein Vater zu Hause, und glaubst du, daß er uns empfangen wird?« fragte Tante Laelia.

»Mein Vater Simon hat gefastet und ist in mancherlei Länder entschwunden, um sich denen zu offenbaren, die seine göttliche Kraft ehren«, antwortete die Priesterin Helena. »Aber ich weiß, daß er in diesem Augenblick gerade wach ist und euch beide erwartet.«

Sie führte uns durch eine Hintertür aus dem Tempel und zu einem wenige Schritte entfernten hohen Mietshaus, in dessen Erdgeschoß ein Laden für heilige Reiseandenken ausgerichtet war. Es gab da sowohl billige als auch teure Monde und Sterne aus Kupfer und ganz kleine glattpolierte Eier aus Stein. Die Priesterin Helena sah auf einmal ganz alltäglich aus. Ihr schmales Gesicht färbte sich gelblich, und ihr weißer Mantel war schmutzig und roch widerlich nach altem Weihrauch. Ich sah nun auch, daß sie nicht mehr jung war.

Sie führte uns durch den Laden in ein unaufgeräumtes Hinterzimmer, in dem ein schwarzbärtiger Mann mit einer kräftigen Nase auf einer Matte auf dem Boden saß. Er blickte uns aus trüben Augen entgegen, so als weilte er noch in anderen Welten, stand dann aber mit ungeschickten Bewegungen auf, um Tante Laelia zu begrüßen.

»Ich unterhielt mich gerade mit einem äthiopischen Zauberer«, sagte er mit überraschend dumpfer Stimme. »Aber ich fühlte, daß du auf dem Wege zu mir warst. Warum störst du mich, Laelia Manilia? An deinem Seidentuch und deiner Halskette erkenne ich, daß du all das Gute, das ich dir geweissagt habe, schon bekommen hast. Was willst du noch?«

Tante Laelia antwortete schüchtern, daß ich in dem Zimmer schliefe, in dem er, Simon, solang gewohnt hatte, und daß ich nachts böse Träume hatte, mit den Zähnen knirschte und im Schlaf aufschrie. Sie wollte die Ursache dafür und womöglich auch ein Heilmittel wissen.

»Ich schuldete dir außerdem noch Geld, liebster Simon, als du voll Bitterkeit mein Haus verließest«, sagte sie und bat mich, dem Zauberer drei Goldstücke zu geben.

Simon der Zauberer nahm das Geld jedoch nicht selbst entgegen, sondern deutete nur mit dem Kopf auf seine Tochter, sofern die Mondpriesterin Helena seine Tochter war, und die steckte die Münzen gleichgültig zu sich. Drei römische Aurei sind immerhin dreihundert Sesterze oder fünfundsiebzig Silberstücke, und deshalb ärgerte ich mich über ihren Hochmut.

Der Zauberer setzte sich wieder auf seine Matte und bat mich, ihm gegenüber Platz zu nehmen. Die Priesterin Helena warf einige Körnchen Weihrauch in das Glutbecken. »Ich hörte, du brachst dir ein Bein, als du flogst«, sagte ich höflich, da der Zauberer mich nur schweigend anstarrte.

»Ich hatte einen Turm jenseits des Meeres in Samaria«, begann er mit eintöniger Stimme, aber Tante Laelia wurde ungeduldig, wandte sich hin und her und sagte flehend: »Ach Simon, willst du nicht über mich gebieten wie früher!«

Der Zauberer hielt den Zeigefinger in die Luft. Tante Laelia starrte darauf und rührte sich nicht mehr. Ohne sie anzusehen, sagte Simon: »Du kannst den Kopf nicht mehr drehen, Laelia Manilia. Stör uns nicht, sondern geh und bade in der Quelle, die du kennst. Wenn du ins Wasser tauchst, wirst du große Wonne empfinden und dich verjüngen.«

Tante Laelia blieb jedoch, wo sie war. Sie stand und starrte nur dumm vor sich hin und machte einige Bewegungen, als zöge sie sich aus. Simon der Zauberer blickte mich wieder an und fuhr fort: »Ich hatte einen Turm aus Stein. Der Mond und alle fünf Planeten dienten mir, und meine Kraft war göttlich. Die Mondgöttin nahm Menschengestalt an und wurde meine Tochter. Mit ihrer Hilfe konnte ich in die Vergangenheit und in die Zukunft schauen. Dann aber kamen Zauberer aus Galiläa, deren Macht größer war als meine. Sie brauchten einem nur die Hände aufs Haupt zu legen, und schon begann er mit Zungen zu reden und der Geist kam über ihn. Ich war noch jung und wollte alle Künste erlernen. Daher bat ich sie, ihre Hände auch auf mein Haupt zu legen, und versprach ihnen eine große Summe Geldes, wenn sie ihre Kraft auf mich übertrügen, so daß ich ebenso tun könnte wie sie. Sie aber geizten mit ihrer Macht, verfluchten mich und verboten mir, den Namen ihres Gottes bei meinen Werken zu gebrauchen. Sieh mir in die Augen, Knabe. Wie heißt du?«

»Minutus«, sagte ich widerstrebend, denn von seiner Erzählung und mehr noch von seiner eintönigen Stimme begann sich mir der Kopf zu drehen. »Müßtest du nicht, ohne mich zu fragen, wissen, wie ich heiße, da du doch einmal so ein großer Magier warst?« fragte ich spöttisch.

»Minutus, Minutus«, wiederholte er. »Die Macht, die mich bewohnt, sagt mir, daß du einen anderen Namen bekommen wirst, ehe der Mond sich zum drittenmal rundet. Doch laß mich weiterberichten: Ich glaubte den galiläischen Zauberern nicht, sondern heilte im Namen ihres Gottes, bis sie mich zu verfolgen begannen und in Jerusalem wegen einer kleinen goldenen Erosfigur vor Gericht schleppten. Eine reiche Frau hatte sie mir aus eigenem freien Willen geschenkt. Sieh mir in die Augen, Minutus. Sie behexten sie jedoch mit all ihren Künsten, bis die Frau zuletzt vergaß, daß sie selbst mir die Figur gegeben hatte, und behauptete, ich hätte mich unsichtbar gemacht und sie ihr gestohlen. Du wirst mir hoffentlich glauben, daß ich mich unsichtbar machen kann, wann immer ich will! Ich zähle bis drei, Minutus: eins, zwei, drei. Nun siehst du mich nicht mehr.«

Er verflüchtigte sich tatsächlich für einen Augenblick, so daß ich den Eindruck hatte, auf eine schimmernde Kugel zu starren, die ein Mond sein mochte. Dann schüttelte ich jedoch kräftig den Kopf, schloß die Augen und öffnete sie wieder, und da saß er wieder vor mir.

»Ich sehe dich wie zuvor, Zauberer Simon«, sagte ich mißtrauisch. »Aber ich mag dir nun nicht mehr in die Augen blicken.«

Er lachte freundlich, machte eine wegwerfende Geste mit beiden Händen und sagte: »Du bist ein widerspenstiger Bursche, und ich will dich zu nichts zwingen, denn das würde zu nichts führen. Aber sieh dir Laelia Manilia an.«

Ich wandte mich nach Tante Laelia um. Sie hatte die Hände erhoben und beugte sich mit entrücktem Gesicht zurück. Die Falten um ihren Mund und um ihre Augen glätteten sich, und ihre ganze Gestalt war straff und jugendlich geworden.

»Wo bist du gerade, Laelia Manilia?« fragte Simon der Zauberer gebieterisch.

Mit zarter Jungmädchenstimme antwortete Tante Laelia augenblicklich: »Ich bade in deiner Quelle. Das Wasser umspült mich so wonniglich, daß ich an allen Gliedern zittere.«

»Dann setze dein göttliches Bad nur fort, Laelia«, ermahnte der Zauberer sie, und zu mir gewandt sagte er: »Das ist ein sehr einfaches kleines Kunststückchen, das niemandem schadet. Dich könnte ich so verhexen, daß du unaufhörlich stolperst und dir die Füße und die Hände aufschlägst, weil du so widerspenstig bist. Doch warum sollte ich meine Kraft an dich verschwenden? Wir wollen dir lieber weissagen, da du nun einmal da bist. Helena, du schläfst.«

»Ich schlafe, Simon«, antwortete die Priesterin Helena unterwürfig, obwohl ihre Augen weit geöffnet waren.

»Was siehst du über diesen Jüngling, der Minutus heißt?« fragte der Zauberer.

»Sein Tier ist der Löwe«, sagte die Priesterin. »Aber der Löwe kommt wild auf mich zugerannt, und ich kann ihm nicht ausweichen. Hinter dem Löwen sehe ich einen Mann, der mit todbringenden Pfeilen droht. Sein Gesicht erkenne ich nicht, er ist noch zu weit in der Zukunft. Deutlich sehe ich aber einen großen Raum mit Fächern an den Wänden, in denen Buchrollen liegen.

Eine Frau reicht ihm eine offene Rolle. Die Frau ist jung, sie hat geschwärzte Hände, und ihr Vater ist nicht ihr Vater. Nimm dich vor ihr in acht, Minutus. Nun sehe ich Minutus auf einem schwarzen Hengst reiten. Er trägt einen blinkenden Brustharnisch. Ich höre das Lärmen eines Volkshaufens. Der Löwe, er ist gleich bei mir, ich muß fliehen. Simon, Simon, rette mich!«

Sie stieß einen Schrei aus und schlug die Hände vors Gesicht. Simon befahl ihr rasch, aufzuwachen, dann blickte er mich forschend an und fragte: »Du bist doch nicht etwa selbst ein Zauberer, da ein Löwe dich so eifersüchtig bewacht? Sei getrost, du brauchst keine bösen Träume mehr zu haben, wenn du nur im Traum daran denkst, deinen Löwen zu Hilfe zu rufen. Hast du gehört, was du hören wolltest?«

»Das Wichtigste habe ich gehört«, gab ich zu. »Es war mir angenehm, mag es nun die Wahrheit gewesen sein oder nicht, und ich werde bestimmt an dich und deine Tochter denken, wenn ich eines Tages auf einem schwarzen Hengst durch einen lärmenden Volkshaufen reite.«

Darauf wandte sich Simon der Zauberer an Tante Laelia, rief sie beim Namen und sagte: »Es wird Zeit für dich, aus der Quelle zu steigen. Möge dein göttlicher Freund dich zum Zeichen dessen in den Arm kneifen. Du weißt, es tut nicht weh, es brennt nur angenehm.«

Tante Laelia erwachte langsam aus ihrer Verzauberung und tastete mit der gleichen entrückten Miene wie zuvor nach ihrem linken Arm. Ich betrachtete ihn neugierig und sah, daß sich darauf wirklich ein großer blauer Fleck bildete. Tante Laelia rieb ihn und zitterte vor Wonne am ganzen Körper, so daß ich den Blick abwenden mußte. Die Priesterin Helena lächelte mich an. Ihre Lippen waren flehend halb geöffnet. Ich mochte aber auch sie nicht ansehen. Ich war verwirrt und fühlte ein Prickeln am ganzen Körper. Daher verabschiedete ich mich. Tante Laelia mußte ich am Arm nehmen und aus dem Zimmer des Zauberers führen, so benommen war sie noch immer.

Im Laden draußen nahm die Priesterin ein kleines schwarzes Ei aus Stein, reichte es mir und sagte: »Das schenke ich dir. Möge es deine Träume beschützen, wenn der Vollmond scheint.«

Ein starker Widerwille, irgend etwas von ihr anzunehmen, ergriff mich, und ich sagte: »Ich kaufe es. Wieviel willst du dafür haben?«

»Nur eines deiner hellen Haare«, sagte die Priesterin Helena und streckte schon die Hand aus, um mir ein Haar auszureißen. Aber Tante Laelia wehrte sie erschrocken ab und flüsterte mir zu, ich solle der Frau lieber Geld geben.

Ich hatte keine kleineren Münzen bei mir und gab ihr ein ganzes Goldstück. Vielleicht hatte sie es sich durch ihre Weissagung verdient. Sie nahm es gleichgültig entgegen und sagte höhnisch: »Du schätzt ein Haar von dir sehr hoch ein, aber vielleicht hast du recht. Die Göttin weiß es.«

Vor dem Tempel fand ich Barbus wieder, der, so gut es ging, vor uns zu verbergen trachtete, daß er die Gelegenheit genützt und Wein getrunken hatte. Er ging auf unsicheren Beinen hinter uns her. Tante Laelia war froh gestimmt, streichelte den blauen Fleck auf ihrem Arm und sagte: »So gut war Simon der Zauberer schon lange nicht mehr zu mir. Ich fühle mich erfrischt und verjüngt und spüre keine Schmerzen mehr. Aber ich bin froh, daß du seiner schamlosen Tochter keins von deinen Haaren gegeben hast. Mit Hilfe eines solchen Haares hätte sie im Traum dein Bett heimsuchen können.«

Sie schlug sich erschrocken mit der Hand auf den Mund, sah mich zweifelnd an und sagte: »Du bist ja nun kein Kind mehr. Gewiß hat dir dein Vater diese Dinge schon erklärt. Ich weiß jedenfalls ganz bestimmt, daß Simon der Zauberer manchmal einen Mann behext, damit er sich zu seiner Tochter legt. Der Mann gerät ganz und gar in ihre Gewalt, aber dafür hat er dann auf andere Weise Glück und Erfolg. Ich hätte dich vorher warnen müssen, dachte aber nicht an dergleichen, weil du ja noch minderjährig bist. Was Helena wollte, erkannte ich erst, als sie dich um ein Haar bat.«

Nach dem Besuch bei Simon dem Zauberer hatte ich wirklich keine Alpträume mehr. Wenn der Mahr erschien und von mir Besitz ergreifen wollte, dachte ich im Traum an Simons Rat und rief meinen Löwen. Er kam sofort, legte sich neben mich, um mich zu beschützen, und war in allem so wirklich und lebendig, daß ich mit der Hand sein Fell streicheln konnte. Wenn ich dann aus meinem leichten Schlaf erwachte, bemerkte ich freilich, daß ich eine Falte in der Decke gestreichelt hatte.

Ich hatte so große Freude an meinem Löwen, daß ich ihn hin und wieder auch ohne Grund rief, wenn ich gerade einschlief, und sogar auf den Straßen der Stadt konnte ich mir einbilden, der Löwe gehe hinter mir her und bewache meine Schritte.

Ein paar Tage nach dem Gespräch mit Simon dem Zauberer fiel mir die Ermahnung meines Vaters wieder ein, und ich ging in die Bibliothek am Fuß des Palatins, wo ich den mürrischen Bibliothekar um Kaiser Claudius' Geschichte der Etrusker bat. Zuerst behandelte er mich wegen meiner Knabenkleidung von oben herab, aber ich kannte nun die Überheblichkeit der Römer schon und wußte, wie ich ihr zu begegnen hatte. Daher sagte ich zornig, ich wolle dem Kaiser selbst schreiben und mich darüber beschweren, daß man seine Werke in den Bibliotheken nicht zu lesen bekomme. Da rief er rasch einen blaubekleideten Sklaven. Der führte mich in einen Saal, in dem eine große Statue des Kaisers Claudius stand, und zeigte mir die richtigen Fächer.

Ich blieb verblüfft stehen und starrte die Statue des Kaisers an, denn Claudius hatte sich als Apoll darstellen lassen, aber der Bildhauer hatte seine mageren Glieder und sein pfiffiges Säufergesicht ohne jede Beschönigung wahrheitsgetreu wiedergegeben, so daß die Statue eher lächerlich denn ehrfurchtgebietend wirkte. Ich dachte, der Kaiser könne zumindest nicht eitel sein, sonst hätte er niemals zugelassen, daß ein solches Spottbild seiner selbst in einer öffentlichen Bibliothek aufgestellt wurde.

Zuerst glaubte ich, allein in dem Saal zu sein, und nahm an, daß die Römer Claudius als Schriftsteller nicht allzu hoch einschätzten, sondern seine Werke unbenutzt in ihren Fächern liegen und Staub sammeln ließen. Dann bemerkte ich aber, daß weiter drüben bei einem schmalen Fenster eine junge Frau saß, die mir den Rücken zuwandte und in einer Buchrolle las. Ich suchte eine Weile nach der Geschichte der Etrusker, fand aber nur die Geschichte Karthagos, die ebenfalls von Claudius stammte, und stellte zuletzt fest, daß das Fach, in dem das gesuchte Werk offenbar aufbewahrt wurde, leer war. Ich sah wieder nach der lesenden Frau und entdeckte neben ihr auf dem Boden einen ganzen Stoß Buchrollen.

Ich hatte für meine langweilige Arbeit den ganzen Tag vorgesehen, denn bei Lampenlicht durfte man in der Bibliothek wegen der Feuersgefahr nicht lesen, und ich wollte nicht wieder fortgehen, ohne die Sache endlich hinter mich gebracht zu haben. Zwar scheute ich mich, eine fremde Frau anzusprechen, aber ich nahm meinen ganzen Mut zusammen, trat zu ihr und fragte sie, ob sie die Geschichte der Etrusker lese und ob sie für ihre Forschungen unbedingt alle Buchrollen zugleich benötige. Ich sagte es so spöttisch wie möglich, obgleich ich sehr gut wußte, daß viele gebildete Frauen richtiggehende Bücherwürmer sind. Allerdings lesen sie keine Geschichtswerke, sondern lieber Ovids einfallsreiche und unterhaltsame Liebesgeschichten und Reiseabenteuer.

Die Frau schrak auf, ganz so, als hätte sie meine Anwesenheit jetzt erst bemerkt, und sah mich mit blitzenden Augen an. Sie war jung, und, der Haartracht nach zu urteilen, unvermählt. Ihr Gesicht war nicht schön, sondern eher unregelmäßig geformt und ein wenig grob. Ihre glatte Haut war von der Sonne gebräunt wie die einer Sklavin, und sie hatte einen großen Mund und volle Lippen.

»Ich lerne die Worte aus den heiligen Ritualen und vergleiche sie miteinander in den verschiedenen Büchern«, sagte sie böse. »Was gibt es da zu lachen?«

Ich fühlte, daß sie sich trotz ihrer Schroffheit ebenso vor mir schämte wie ich mich vor ihr, und bemerkte, daß ihre Hände schwarz von Tinte waren und daß sie sich auf einem Papyrusbogen mit einer klecksenden Rohrfeder einige Aufzeichnungen gemacht hatte. An den Schriftzügen erkannte ich, daß sie zu schreiben gewohnt war. Die Buchstaben waren nur durch das schlechte Schreibwerkzeug verschmiert.

»Ich lache nicht«, versicherte ich rasch und lächelte sie an. »Im Gegenteil, ich achte deine gelehrte Beschäftigung, und ich würde es nicht gewagt haben, dich zu stören, wenn ich meinem Vater nicht versprochen hätte, gerade dieses Buch zu lesen. Gewiß verstehe ich davon nicht soviel wie du, aber was ich versprochen habe, muß ich auch halten.«

Ich hatte gehofft, sie werde mich fragen, wer mein Vater sei, so daß ich selbst sie nach ihrem Namen hätte fragen können, aber so neugierig war sie nicht. Sie sah mich nur an, wie man eine lästige Fliege ansieht, suchte eine Weile unter den Buchrollen, die zu ihren Füßen lagen, und reichte mir den ersten Teil des Buches. »Nimm das und verschone mich mit deinen Zudringlichkeiten.«

Ich errötete so heftig, daß mein Gesicht ganz heiß wurde. Sie irrte sich, wenn sie glaubte, ich hätte nur einen Vorwand gesucht, mit ihr bekannt zu werden. Ich nahm die Rolle, ging zu dem Lesefenster auf der anderen Seite des Saales, setzte mich mit dem Rücken zu ihr und begann zu lesen.

Ich las so schnell wie möglich, ohne mir die langen Namensverzeichnisse einzuprägen. Claudius hielt es offenbar für nötig, aufzuzählen, von wem und auf welche Weise er die einzelnen Angaben erhalten hatte, was andere geschrieben hatten und wie sie sich dagegen seiner Meinung nach dies und jenes in Wirklichkeit verhielt. Ein pedantischeres und langweiligeres Buch glaubte ich noch nie gelesen zu haben. Ich hatte aber schon damals, als Timaios mir immer die Bücher zu lesen befahl, die ihm selbst gefielen, gelernt, so schnell wie möglich zu lesen und mir nur das eine oder andere, das mich wirklich fesselte, zu merken. An diese Einzelheiten hatte ich mich dann geklammert, wenn Timaios mich nach dem Inhalt fragte. Auf dieselbe Art gedachte ich nun auch mit diesem Werk fertig zu werden.

Doch das Mädchen ließ mich nicht in Ruhe lesen. Sie schnaubte vor sich hin, raschelte mit den Buchrollen und fluchte ab und zu laut. Zuletzt wurde sie es müde, ihre untaugliche Rohrfeder immer wieder nachzuschneiden. Sie brach sie entzwei, stampfte auf den Boden und rief wütend: »Bist du taub oder blind, du ekelhafter Kerl? Geh sofort und hole mir eine ordentliche Feder. Du scheinst überhaupt keine Erziehung zu haben, da du nicht einmal siehst, daß ich eine Feder brauche.«

Ich bekam wieder eine heiße Stirn und ärgerte mich, denn das Benehmen dieses Mädchens ließ darauf schließen, daß sie selbst keine gute Erziehung genossen hatte. Ich wollte aber nicht mit ihr um weitere Buchrollen streiten müssen, sobald ich die erste zu Ende gelesen hatte. Daher beherrschte ich mich, ging zum Bibliothekar und bat um eine neue Rohrfeder. Er murmelte, nach den Stiftungssatzungen der Bibliothek würden Rohrfedern und Papier zwar umsonst abgegeben, es sei aber noch kein Bürger so arm gewesen, daß er die Stirn gehabt hätte, eine Feder ohne Bezahlung zu nehmen. Ich gab ihm zornig eine Silbermünze, und er reichte mir erfreut ein Bündel Federn und eine Rolle vom schlechtesten Papier. Ich kehrte in den Claudius-Saal zurück, und das Mädchen riß mir Federn und Papier aus der Hand, ohne sich zu bedanken.

Als ich den ersten Teil gelesen hatte, ging ich wieder zu ihr und bat um die nächste Rolle. »Kannst du wirklich so schnell lesen?« fragte sie verwundert. »Und weißt du nachher überhaupt noch, was du gelesen hast?«

»Ich weiß immerhin noch, daß die etruskischen Priester die

üble Gewohnheit hatten, Giftschlangen als Wurfgeschosse zu verwenden«, antwortete ich. »Es wundert mich daher gar nicht, daß du ihre Sitten und Bräuche studierst.«

Ich glaubte zu bemerken, daß sie ihr Benehmen schon bereute, denn sie ging auf meine Stichelei nicht ein, sondern reichte mir bescheiden eine Feder und bat wie ein kleines Mädchen: »Möchtest du sie mir nicht zuschneiden? Ich mache es wohl nicht richtig, denn meine Federn fangen immer gleich zu klecksen an.«

»Das kommt von dem schlechten Papier«, sagte ich. Ich nahm die Feder, schnitt sie zu und spaltete vorsichtig ihre Spitze. Als ich sie ihr zurückgab, sagte ich: »Du darfst sie nicht so fest aufdrücken, denn dann gibt es natürlich sofort einen Klecks. Wenn man seinen Jähzorn bemeistert, läßt sich's auch auf dem schlechten Papier ganz gut schreiben.«

Auf ihr Gesicht trat plötzlich ein Lächeln wie ein Blitz in dunklem Sturmgewölk, und die groben Züge, der große Mund und die schräggestellten Augen sahen auf einmal ganz bezaubernd aus. Als sie bemerkte, daß ich sie verwundert anstarrte, schnitt sie eine häßliche Grimasse, streckte mir die Zunge heraus und fauchte: »Nimm dein Buch und geh und lies, wenn du es wirklich so unterhaltsam findest.«

Sie störte mich jedoch immer wieder, denn immer wieder kam sie zu mir und bat mich, ihre Feder nachzuschneiden, so daß meine Finger bald ebenso schwarz waren wie die ihren. Ihre Tinte war so klumpig, daß sie ihr Tintenhorn ein paarmal verfluchte.

Zur Mittagszeit öffnete sie ein Bündel und begann gierig zu essen, indem sie große Stücke von einem Brot abriß und herzhaft in einen Landkäse biß.

Als sie meine mißbilligenden Blicke bemerkte, verteidigte sie sich: »Ich weiß sehr wohl, daß man in der Bibliothek nicht essen darf, aber was soll ich tun? Wenn ich auf die Straße hinausgehe, werde ich nur angerempelt, und fremde Männer gehen neben mir her und flüstern mir schamlose Dinge zu, weil ich allein bin.« Nach einer kleinen Weile fügte sie mit zu Boden gesenktem Blick hinzu: »Mein Sklave holt mich erst am Abend ab, wenn die Bibliothek geschlossen wird.«

Ich dachte mir jedoch gleich, daß sie gar keinen Sklaven hatte. Ihr Mundvorrat war einfach, und sie besaß offenbar nicht genug Geld, um sich Federn und Papier zu kaufen. Deshalb hatte sie mir so hochmütig befohlen, ihr eine Feder zu holen. Ich wußte nicht, wie ich mich verhalten sollte, denn kränken wollte ich sie auf keinen Fall. Im übrigen bekam ich selbst Hunger, als ich sie essen sah.

Ich muß wohl schwer geschluckt haben, denn plötzlich sagte sie freundlich: »Armer Junge, du bist bestimmt hungrig.« Sie brach freigebig ein Brot auseinander und reichte mir auch ihren runden Käse, von dem wir nun abwechselnd abbissen, so daß die Mahlzeit beendet war, noch ehe sie recht begonnen hatte. Wenn man jung ist, schmeckt einem alles. Ich lobte daher ihr Brot und sagte: »Das ist ja ein richtiges Landbrot, und dein Käse ist frischer Landkäse. So etwas bekommt man in Rom nicht alle Tage.«

Sie freute sich über mein Lob und sagte: »Ich wohne außerhalb der Mauern. Du weißt, wo der Zirkus des Gajus ist und die Begräbnisstätte und das Orakel. Dort draußen hinter dem Vatikanischen Hügel ist es.«

Ihren Namen wollte sie mir aber noch immer nicht sagen. Wir nahmen unsere Lektüre wieder auf. Sie schrieb ein paar alte Texte heraus, die Claudius aus den heiligen Büchern der Etrusker übernommen hatte, und lernte sie murmelnd auswendig. Ich las eine Rolle nach der andern und prägte mir alles gut ein, was ich über die Kriege und die Flotte der Stadt Caere fand. Gegen Abend wurde es dunkel im Saal, denn der Schatten des Palatins fiel auf die Lesefenster, und der Himmel überzog sich mit Wolken.

»Wir wollen uns nicht die Augen verderben«, sagte ich zuletzt. »Morgen ist auch ein Tag, aber mir steht diese langweilige alte Geschichte schon bis zum Hals. Eigentlich solltest du als gelehrte Frau mir helfen können. Möchtest du mir nicht kurz berichten, was in den Büchern steht, die ich noch nicht gelesen habe, oder mir zumindest das Wichtigste daraus mitteilen? Mein Vater hat Güter in der Nähe von Caere. Deshalb wird er mich vermutlich ausfragen, was Kaiser Claudius über Caere schreibt.«

Als sie schwieg, fuhr ich schüchtern fort: »Nimm mir meinen Vorschlag nicht übel, aber ich habe große Lust auf heiße Würste und weiß, wo man welche bekommt. Ich möchte dich gern einladen, wenn du mir hilfst.«

Sie runzelte die Stirn, stand auf, trat so nah an mich heran, daß ich ihren warmen Atem im Gesicht spürte, und sah mir in die Augen. »Weißt du wirklich nicht, wer ich bin?« fragte sie argwöhnisch und fügte rasch hinzu: »Nein, du kennst mich nicht und hast nichts Böses im Sinne. Du bist ja noch ein Knabe.«

»Ich kann jeden Tag die Männertoga bekommen«, sagte ich beleidigt. »Ich habe sie nur noch nicht, weil zunächst einige familiäre Angelegenheiten zu ordnen waren. Du bist nicht viel älter als ich, und größer als du bin ich auch.«

»Mein liebes Kind«, sagte sie neckend. »Ich bin ganze zwanzig Jahre alt und im Vergleich zu dir eine alte Frau. Und ich bin bestimmt stärker als du. Hast du keine Angst, mit einer fremden Frau zu gehen?«

Sie warf jedoch die Buchrollen drunter und drüber in ihr Fach, ordnete ihr Gewand und machte sich eifrig zum Gehen fertig, so, als fürchtete sie, ich könnte mich anders besinnen. Als wir hinausgingen, blieb sie zu meiner Verwunderung vor der Statue des Kaisers Claudius stehen und spuckte sie an, bevor ich sie daran hindern konnte. Als sie mein Entsetzen bemerkte, lachte sie laut auf und spuckte noch einmal auf die Statue. Sie war wahrhaftig sehr schlecht erzogen.

Dann schob sie ohne Zögern ihren Arm unter den meinen und zog mich so rasch mit sich fort, daß ich fühlte, daß sie nicht nur geprahlt hatte, sondern wirklich sehr kräftig war. Sie verabschiedete sich hochmütig von dem Bibliothekar, der sich davon überzeugte, daß wir keine Buchrollen unter den Kleidern versteckt hatten. Er tastete uns jedoch nicht ab, wie es mißtrauische Bibliothekare bisweilen tun.

Den Sklaven erwähnte das Mädchen nicht mehr. Das Forum war jetzt am Abend voller Menschen, und sie verlangte, daß auch wir ein Weilchen zwischen den Tempeln und der Kurie auf und ab spazierten, und ließ währenddessen meinen Arm nicht los, so, als wollte sie den Leuten eine Beute, ein Besitzstück vorführen. Der eine oder andere rief ihr etwas zu, als wäre er mit ihr bekannt, und sie lachte und antwortete, ohne zu erröten. Ein Senator und einige Ritter kamen uns mit ihrem Gefolge entgegen. Sie wandten hastig den Blick ab, als sie das Mädchen sahen, aber sie machte sich nichts daraus.

»Wie du den Zurufen entnehmen kannst, werde ich nicht eben als ein tugendsames Mädchen angesehen«, sagte sie lachend. »Aber ganz und gar verdorben bin ich doch nicht. Du brauchst also keine Angst zu haben.«

Endlich ging sie mit mir in eine Schenke am Viehmarkt. Ich bestellte kühn heiße Würste, Schweinefleisch in irdenen Töpfen und Wein. Das Mädchen aß gierig wie ein Wolf und wischte sich die fettigen Finger an einem Mantelzipfel ab. Sie mischte kein Wasser in ihren Wein, weshalb auch ich es nicht tat, doch ich war es nicht gewohnt, unvermischten Wein zu trinken und bekam einen schweren Kopf. Sie summte vor sich hin, während sie aß, tätschelte mir die Wangen, schimpfte mit dem Wirt in der einfachen Sprache des Marktes und schlug mir plötzlich völlig gefühllos mit der Faust auf die Hand, als diese zufällig ihr Knie streifte. Ich begann allmählich zu glauben, daß sie nicht ganz richtig im Kopfe sei.

Die Schenke füllte sich plötzlich mit Menschen. Auch Spielleute, Sänger und Gaukler drängten sich herein, unterhielten die Gäste und sammelten mit einem Krug Kupfermünzen ein. Einer der zerlumpten Sänger blieb vor uns stehen, klimperte ein wenig auf seiner Zither und begann zu singen:

»Kam die Wolfstochter
mit den Hängebacken,
die auf dem Treppenstein geborene.
Der Vater soff, die Mutter hurte,
die Jungfernschaft nahm ihr ein Vetter.«

Weiter kam er nicht. Das Mädchen sprang auf, schlug ihn ins Gesicht und schrie: »Lieber Wolfsblut in den Adern als Pisse so wie du!«

Der Wirt stürzte herbei und führte den Sänger hinaus. Dann schenkte er uns mit eigener Hand noch einmal Wein ein und sagte: »Clarissima, dein Besuch ehrt mich, aber der Knabe ist minderjährig. Ich bitte euch herzlich, trinkt eure Becher aus und geht, sonst bekomme ich es mit den Ädilen zu tun.«

Es war schon spät, und ich wußte nicht, was ich von dem zügellosen Benehmen des Mädchens halten sollte. Vielleicht war sie wirklich eine lasterhafte kleine Wölfin, die der Wirt nur im Scherz »wohlgeboren« nannte. Zu meiner Erleichterung war sie ohne weiteres bereit, zu gehen. Als wir aber auf die Straße traten, packte sie mich am Arm und bat: »Begleite mich noch bis zur Tiberbrücke.«

Wir kamen ans Ufer und sahen unruhige, tiefhängende Wolken über uns hinziehen, die im Schein der Fackeln rötlich leuchteten. Das nun im Herbst rasch strömende Wasser gluckste zu unseren Füßen, und es roch nach Schlamm und faulendem Schilf. Das Mädchen führte mich an die Brücke zur Tiberinsel. In den Äskulaptempel auf der Insel pflegten unbarmherzige Hausväter ihre todkranken Sklaven schaffen zu lassen, die zu nichts mehr nütze waren, und von der anderen Seite der Insel führte eine zweite Brücke in den vierzehnten Stadtteil, das Transtiberina der Juden. Im Abenddunkel war die Brücke kein angenehmer Aufenthaltsort. Wo das Gewölk den Himmel freigab, funkelten die Sterne des Herbstes, der Fluß blinkte schwarz herauf, und der Wind trug das Stöhnen der Sterbenden und Kranken zu uns herüber wie Klagen aus der Unterwelt.

Meine Begleiterin beugte sich über das Brückengeländer und spuckte zum Zeichen ihrer Verachtung in den Tiber. »Spuck du auch«, forderte sie mich auf. »Oder fürchtest du dich vor dem Flußgott?« Ich mochte den Tiber nicht kränken, aber als sie mich eine Weile geneckt hatte, spuckte ich doch, kindisch, wie ich noch war. Im gleichen Augenblick flog ein Stern in gleißendem Bogen über den Tiber. Ich glaube, ich werde das in der Stunde meines Todes noch nicht vergessen haben: das Murmeln des Flusses, die rasch treibenden, rötlich schimmernden Wolken, der Weinrausch in meinem Kopf und die helle Sternschnuppe über dem schwarzblinkenden Tiber.

Das Mädchen drückte sich so fest an mich, daß ich ihren straffen, festen Körper spürte. »Deine Sternschnuppe flog von Osten nach Westen«, flüsterte sie. »Ich bin abergläubisch. Du hast auch Glückslinien in den Handflächen, das habe ich heimlich beobachtet. Vielleicht kannst du auch mir Glück bringen.«

»Sag du mir nun endlich, wie du heißt«, bat ich ungeduldig. »Ich habe dir meinen Namen genannt und dir von meinem Vater erzählt. Man wird mich bestimmt schelten, wenn ich so spät nach Hause komme.«

»Ja, ja, du bist ja noch ein Kind«, seufzte sie und zog sich die Schuhe aus. »Ich gehe jetzt, und zwar barfuß. Die Schuhe haben mich schon genug gedrückt, so daß ich mich auf dich stützen mußte, als ich neben dir dahinstolperte. Nun brauche ich dich aber nicht mehr. Lauf nur rasch nach Hause, damit du nicht meinetwegen ausgeschimpft wirst.«

Ich bestand jedoch darauf, daß sie mir ihren Namen sagte. Endlich seufzte sie tief auf und fragte: »Versprichst du mir, daß du mich mit deinem unschuldigen Knabenmund auf den Mund küssen und keine Angst haben wirst, wenn ich dir meinen Namen sage?«

Ich antwortete, daß ich kein Mädchen anrühren dürfe und könne, solange ich nicht mein Gelübde an das Orakel in Daphne erfüllt hätte. Das machte sie neugierig, und sie schlug vor: »Wir könnten es doch zumindest versuchen. Ich heiße Claudia Plautia Urgulanilla.«

»Claudia!« wiederholte ich. »Du stammst also aus dem Geschlecht der Claudier!«

Sie wunderte sich darüber, daß mir ihr Name nichts sagte: »Willst du allen Ernstes behaupten, daß du nichts über mich weißt?« fragte sie auffahrend, doch dann beruhigte sie sich wieder und fuhr fort: »Du bist wohl wirklich gerade erst aus Syrien gekommen. Mein Vater ließ sich von meiner Mutter scheiden, und fünf Monate nach der Scheidung wurde ich geboren. Mein Vater nahm mich nicht auf seine Arme, sondern ließ mich nackt auf die Türschwelle meiner Mutter legen. Er hätte besser daran getan, mich in die Kloake zu werfen. Ich habe zwar nach dem Gesetz das Recht, mich Claudia zu nennen, aber kein ehrlicher Mann kann oder will mich zur Frau nehmen, da mein Vater durch sein Verhalten zu verstehen gegeben hat, daß er mich als außerhalb der Ehe geboren betrachtet. Verstehst du jetzt, warum ich seine Bücher lese — um nämlich zu sehen, wie verrückt er wirklich ist — und warum ich seine Statue anspucke!«

»Bei allen bekannten und unbekannten Göttern!« rief ich verblüfft. »Du Wahnsinnige willst mir doch nicht weismachen wollen, du seist eine Tochter des Kaisers Claudius!«

»Das weiß in Rom jedes Kind«, fauchte sie zornig. »Deshalb wagen Senatoren und Ritter nicht, mich zu grüßen. Deshalb hält man mich auf dem Lande, hinter dem Vatikanischen Hügel, versteckt. Aber nun, da ich dir meinen Namen gesagt habe, was ich lieber nicht hätte tun sollen, mußt du auch dein Versprechen halten.«

Sie ließ ihre Schuhe fallen und umarmte mich. Zuerst wehrte ich mich, aber dann begann sie und ihre Geschichte mich zu reizen. Ich drückte sie fest an mich und küßte im Dunkeln ihren warmen Mund. Und es geschah nichts, obwohl ich mein Gelübde brach. Oder vielleicht fühlte sich die Göttin nicht beleidigt, weil ich nicht zu zittern begann, als ich Claudia küßte. Vielleicht auch konnte ich wegen ebendieses Gelübdes nicht zittern, wenn ich ein Mädchen küßte. Ich weiß es nicht.

Claudia ließ ihre Hände auf meinen Schultern liegen, hauchte mir ihren warmen Atem ins Gesicht und fragte: »Versprichst du mir, Minutus, daß du zu mir kommst, sobald du die Männertoga angelegt hast?«

Ich murmelte, daß ich auch dann noch meinem Vater gehorchen müsse, aber Claudia sagte entschieden: »Nachdem du mich geküßt hast, bist du an mich gebunden.«

Sie bückte sich, suchte in der Dunkelheit nach ihren Schuhen, richtete sich wieder auf, strich mir mit der einen Hand über meine kalte Wange und eilte davon. Ich rief ihr nach, daß ich mich keineswegs an sie gebunden fühlte, da sie mich mit Gewalt geküßt hätte, aber Claudia war schon in der Nacht verschwunden. Der Wind trug nur noch das Jammern der Kranken von der Insel herüber, das Wasser gurgelte unheilverkündend, und ich lief nach Hause, so schnell ich konnte. Barbus hatte mich vergeblich in der Bibliothek und auf dem Forum gesucht und war zornig auf mich. Zum Glück hatte er jedoch Tante Laelia noch nicht von meinem Verschwinden zu benachrichtigen gewagt, und mein Vater war wie üblich noch spät unterwegs.

Tags darauf fragte ich Tante Laelia beiläufig nach Claudia. Ich erzählte ihr, daß ich sie in der Bibliothek getroffen und ihr eine Rohrfeder geschenkt hatte. Tante Laelia erschrak und beschwor mich: »Laß dich nie in deinem Leben mit diesem schamlosen Mädchen ein, und lauf lieber davon, wenn du ihr noch einmal begegnen solltest. Kaiser Claudius hat schon oft bereut, daß er sie damals nicht ertränken ließ, aber zu der Zeit wagte er so etwas noch nicht. Ihre Mutter war außerdem eine große, wilde Frau, und Claudius hätte für seine eigene Haut fürchten müssen, wenn er das Mädchen ausgesetzt hätte. Kaiser Gajus nannte Claudia gern seine Base, um Claudius zu reizen, und ich glaube, daß sie auch irgendwie an seinem sittenlosen Treiben teilhatte. Der arme Gajus schlief ja sogar bei seinen eigenen Schwestern, weil er sich für einen Gott hielt. Claudia wird in keinem anständigen Haus empfangen. Ihre Mutter wurde übrigens von einem berühmten Gladiator aus Versehen erschlagen, und der Mann wurde nicht einmal verurteilt, weil er beweisen konnte, daß er nur seine Tugend verteidigt hatte. Die Urgulanilla wurde nämlich mit den Jahren immer gewalttätiger bei ihren Liebesabenteuern.«

Ich vergaß Claudia bald, denn mein Vater nahm mich nach Caere mit, und wir blieben dort einen ganzen Wintermonat, um die Güter zu besichtigen. Die unzähligen mächtigen Grabhügel der Könige und Edlen der Etrusker, die sich zu beiden Seiten der heiligen Straße erhoben, erschütterten mich. Als die Römer vor Hunderten von Jahren Caere eroberten, plünderten sie die alten Gräber und nahmen alles mit, was von Wert war, aber es gab noch jüngere, unberührte Gräber an der Straße. Ich begann Achtung vor meiner Herkunft zu empfinden, denn bisher hatte ich trotz den Erzählungen meines Vaters nicht geahnt, daß die Etrusker einst ein so mächtiges Volk gewesen waren. Wer nur Kaiser Claudius' Geschichte gelesen hat, macht sich keinen Begriff von der düsteren Erhabenheit dieser königlichen Grabhügel. Man muß sie mit eigenen Augen gesehen haben.

Die Bewohner des längst verarmten Caere hüteten sich, zur Nachtzeit in die Nähe der Totenstadt zu gehen, und versicherten, daß dort Geister umgingen. Bei Tag aber wanderten viele Reisende hinaus, um die alten Hügel und die Wandskulpturen und Reliefs in den ausgeraubten Grabkammern zu besichtigen. Mein Vater nützte die Gelegenheit und legte sich eine Sammlung alter Bronzeminiaturen und heiliger, schwarzer Tonkrüge an, die die Bauern der Gegend beim Pflügen oder Kellerausschachten gefunden hatten. Die besten Bronzen hatten die Sammler freilich schon zu Augustus' Zeiten mitgehen lassen, als es Mode wurde, etruskische Gegenstände zu sammeln, und die meisten der mit Grünspan bedeckten Statuetten waren von den Deckeln von Bestattungsurnen losgebrochen worden.

Für die Landwirtschaft vermochte ich mich nicht zu erwärmen. Ich begleitete meinen Vater gelangweilt auf seinen Gängen durch die Felder, Olivenhaine und Weinberge. Die Dichter preisen zwar das einfache Landleben, aber ich selbst verspürte ebensowenig Verlangen danach, mich auf dem Lande anzusiedeln, wie jene Dichter. In der Gegend von Caere konnte man außerdem nur Füchse, Hasen und Vögel jagen, und mich stieß diese Jagd ab, bei der man nur Fallen, Schlingen und Leimruten, aber keinen Mut braucht.

Wenn ich mir ansah, wie mein Vater mit den Sklaven und Freigelassenen umging, die seine Güter bewirtschafteten, kam ich zu dem Schluß, daß die Landwirtschaft für einen Stadtbewohner ein teures Vergnügen ist, das mehr verschlingt, als es einbringt.

Nur sehr große Güter, die mit billiger Sklavenarbeit betrieben werden, werfen noch nennenswerte Gewinne ab, aber von dieser Art von Landwirtschaft wollte mein Vater nichts wissen.

»Lieber habe ich Untergebene, die als glückliche Menschen leben und gesunde Kinder haben«, sagte er. »Ich lasse sie gern auf meine Kosten reich werden, denn es ist gut, zu wissen, daß man ein Fleckchen Erde hat, auf das man sich zurückziehen kann, wenn einen das Glück einmal im Stich läßt.«

Ich bemerkte aber, daß die Bauern nie zufrieden waren, sondern ununterbrochen jammerten. Bald regnete es zuviel, bald zuwenig, bald fraßen Schädlinge die Weinreben auf, bald fiel die Olivenernte zu reichlich aus, und die Ölpreise sanken. Und die Untergebenen schienen meinen Vater nicht einmal zu achten. Sie benahmen sich frech und unverschämt, sobald sie merkten, wie gutmütig er war. Ohne Unterlaß klagten sie über ihre elenden Behausungen, ihr schlechtes Werkzeug und die Leiden ihrer Zugochsen.

Manchmal wurde mein Vater gegen seine Natur böse und gab ihnen harte Worte. Dann duckten sie sich, tischten hastig eine gute Mahlzeit auf und kredenzten ihm gekühlten Weißwein. Die Kinder wanden Kränze für seine Stirn und tanzten um ihn herum, bis er wieder besänftigt war und seinen Pächtern und Freigelassenen neue Zugeständnisse machte. Mein Vater trank in Caere so viel Wein, daß er kaum einen Tag nüchtern war.

In der Stadt trafen wir mit einigen dickbäuchigen Opferpriestern und Handelsleuten zusammen, die alle die bewußte Hautfalte in den Augenwinkeln hatten und ihr Geschlecht an die tausend Jahre zurückverfolgen konnten. Sie halfen meinem Vater, seine Ahnen bis zurück in die Zeit, da Lykurg den Hafen und die Kriegsflotte Caeres zerstört hatte, ausfindig zu machen, und mein Vater kaufte sogar eine Grabstätte an der heiligen Straße.

Eines Tages brachte ein Eilbote aus Rom die Nachricht, daß alles nach Wunsch gegangen war. Der Zensor hatte das Ansuchen meines Vaters um Wiederverleihung des Ritterranges genehmigt, und es konnte nun täglich Kaiser Claudius vorgetragen werden, weshalb wir nach Rom zurückkehren mußten. Dort hielten wir uns einige Tage in unserem Haus in Bereitschaft, da wir jeden Augenblick auf den Palatin gerufen werden konnten. Der Sekretär des Kaisers, Narcissus, hatte versprochen, einen günstigen Augenblick zu wählen, um das Gesuch vorzulegen.

Es war ein strenger Winter. Die römischen Steinböden waren eisig, und in den Mietshäusern erstickten täglich Menschen an dem Rauch aus schlecht gewarteten Glutbecken. Tagsüber schien zwar die Sonne und kündete den Frühling voraus, aber sogar die Senatoren ließen sich zu den Versammlungen in der Kurie Glutbecken bringen und unter die Elfenbeinschemel stellen. Tante Laelia klagte, daß von den alten römischen Tugenden nicht mehr viel übriggeblieben sei. Noch zu Augustus' Zeiten hätte sich so mancher alte Senator lieber eine Lungenentzündung oder einen Rheumatismus fürs Leben geholt, ehe er seinen Körper auf so unmännliche Weise verzärtelte.

Tante Laelia wollte unbedingt das Luperkalienfest und den Umgang der Faunuspriester sehen. Sie erklärte uns, daß der Kaiser selbst bei diesem Fest der oberste Priester sei und man uns daher am Luperkalientag kaum auf den Palatin rufen werde. Zeitig am Morgen der Iden des Februar ging ich mit ihr so nahe wie möglich zu dem uralten Feigenbaum. Drinnen in der Grotte schlachteten die Priester die Ziege zu Ehren des Faunus Lupercus. Mit dem blutigen Messer zeichnete der Opferpriester jedem Faunuspriester ein Mal auf die Stirn, das sich alle zugleich mit einem Stück heiligen Linnens, das in Milch getaucht worden war, wieder abwischten, wobei sie gemeinsam in das heilige Gelächter ausbrachen. Und dieses Gelächter klang so laut und entsetzlich aus der Grotte, daß der Volkshaufe fromm erstarrt und einige in Verzückung geratene Frauen auf dem Weg vorausspranngen, den die Wächter mit ihren heiligen Ruten für den Festzug bahnten. In der Grotte schnitten die Priester die Ziegenhaut mit dem Opfermesser in Streifen und tanzten dann auf den Weg hinaus. Sie waren alle nackt, lachten ihr heiliges Gelächter und peitschten mit den Riemen aus der Ziegenhaut die Frauen, die sich an den Weg herandrängten, daß deren Kleider mit Blut befleckt wurden. So umtanzten sie den ganzen Palatin.

Tante Laelia war zufrieden und versicherte, das heilige Lachen habe schon seit vielen Jahren nicht mehr so festlich geklungen. Eine Frau, die von dem blutigen Riemen eines Faunuspriesters getroffen wurde, durfte hoffen, binnen Jahresfrist schwanger zu werden, erklärte sie. Es war dies ein unfehlbares Mittel gegen Unfruchtbarkeit, und Tante Laelia beklagte nur, daß so viele vornehme Frauen keine Kinder haben wollten, so daß sich meist nur die Frauen gewöhnlicher Bürger von den Faunuspriestern geißeln ließen. Sie hatte nicht eine einzige Senatorenfrau am heiligen Weg entdeckt. Einige unter den dichtgedrängten Zuschauern behaupteten, sie hätten auch Kaiser Claudius in eigener Person gesehen, wie er am Eingang der Grotte nackt hin und her gesprungen sei und die Faunuspriester vor der Geißelung laut schreiend angefeuert habe. Wir selbst sahen ihn nicht. Als der Zug den Hügel umschritten hatte und die Priester in die Grotte zurückgekehrt waren, um eine trächtige Hündin zu opfern, gingen wir nach Hause und nahmen das vorgeschriebene Festmahl aus gekochtem Ziegenfleisch und Weizengebäck in Form von menschlichen Geschlechtsteilen ein. Tante Laelia trank Wein und freute sich, daß nach dem dunklen Winter endlich der herrliche römische Frühling nahte.

Gerade als mein Vater sie ermahnte, sich zur Mittagsruhe zurückzuziehen, ehe sie anfing Dinge zu reden, die nicht für meine Knabenohren taugten, kam ein Botensklave des Sekretärs Narcissus atemlos angerannt und sagte, wir sollten uns, ohne einen Augenblick zu verlieren, auf den Palatin begeben. Wir machten uns zu Fuß und nur von Barbus begleitet auf den Weg, worüber sich der Sklave sehr verwunderte. Zum Glück waren wir wegen des Festes beide schon so gekleidet, wie es der Anlaß erforderte.

Der in Weiß und Gold gekleidete Sklave berichtete, daß alle Vorzeichen günstig waren und daß das Ritual fehlerfrei durchgeführt worden war. Kaiser Claudius war daher wohlgelaunt und gnädig gesinnt. Er bewirtete die Faunuspriester in seinen eigenen Räumen und trug noch die Rangzeichen des obersten Priesters. Am Tor des Palatiums wurden wir auf verborgene Waffen untersucht, und Barbus mußte draußen bleiben, weil er sein Schwert an der Seite trug. Mein Vater wunderte sich darüber, daß man auch mich abtastete, obwohl ich doch noch unmündig war.

Narcissus, der Freigelassene und Privatsekretär des Kaisers, war Grieche, ein von Sorgen und einer ungeheuren Arbeitslast ausgezehrter Mann. Er empfing uns unerwartet freundlich, obwohl mein Vater ihm kein Geschenk geschickt hatte, und sagte sehr offenherzig, daß es in einer Zeit, in der sich allerlei Veränderungen ankündigten, dem Staat zum Vorteil gereiche, wenn man zuverlässige Männer in den Ritterstand erhöbe, die wüßten und sich später erinnerten, wem sie ihre Stellung verdankten. Um seinen Worten Nachdruck zu verleihen, suchte er in den Akten, die meinen Vater betrafen, entnahm ihnen ein zerknittertes Blatt, reichte es meinem Vater und sagte: »Diese Anmerkungen über deinen Charakter und deine Gewohnheiten aus Kaiser Tiberius' Zeiten nimmst du am besten selbst in Verwahrung. Das sind vergessene Dinge, die heutzutage keine Bedeutung mehr haben.«

Mein Vater las das Blatt, errötete und steckte es rasch weg. Narcissus fuhr mit der gleichen Offenheit fort: »Der Kaiser ist stolz auf seine Gelehrsamkeit und seine Menschenkenntnis, aber er bleibt leicht an Einzelheiten hängen und kann manchmal einen ganzen Tag ununterbrochen über alte Geschichten reden, nur um sein gutes Gedächtnis unter Beweis zu stellen. Darüber vergißt er dann gern die Hauptsache.«

Mein Vater sagte verlegen: »Wer hat nicht in seiner Jugend einmal in Baiaes Rosenhainen gewacht! Für mich ist das alles vorbei und vergangen. Doch ich weiß nicht, wie ich dir danken soll. Man hat mir ja berichtet, wie streng Kaiser Claudius und im besonderen Valeria Messalina über die Sitten des Ritterstandes wachen.«

»Vielleicht lasse ich dich eines Tages wissen, wie du dich mir erkenntlich zeigen kannst«, erwiderte Narcissus mit einem bleichen Lächeln. »Ich bin als habgierig verschrien, aber begehe nicht den Fehler, mir Geld anzubieten, Marcus Manilianus. Ich bin ein Freigelassener des Kaisers. Daher gehört alles, was ich besitze, dem Kaiser, und alles, was ich tue, das tue ich, so gut ich es weiß und verstehe, zum Besten des Kaisers und des Staates. Doch wir müssen uns beeilen, denn der günstigste Augenblick, ein Anliegen vorzutragen, ist gleich nach einem Opfermahl, wenn sich der Kaiser auf seine Mittagsruhe vorbereitet.«

Er führte uns in den südlichen Empfangssaal, dessen Wände Malereien schmückten, die den Trojanischen Krieg darstellten. Mit eigener Hand ließ er den Lattenvorhang vor dem Fenster herunter, so daß die Sonne nicht so heiß in den Raum brannte. Kaiser Claudius erschien gestützt von zwei Sklaven, die ihn auf einen Wink von Narcissus auf den Thron setzten. Er summte die Faunushymne vor sich hin und blinzelte uns kurzsichtig entgegen. Als er saß, sah er würdevoller aus, denn da er gestanden war, obwohl sein Kopf hin und her pendelte und er sich beim Mahl mit Soßen und Wein bekleckst hatte. Er war übrigens nach seinen Statuen und den Abbildungen auf den Münzen leicht wiederzuerkennen. Der Wein hatte ihn offensichtlich für den

Augenblick heiter gestimmt, und er war bereit, sich eifrig den Staatsgeschäften zu widmen, ehe ihn der Schlaf überkam.

Narcissus stellte uns vor und sagte rasch: »Der Sachverhalt ist klar. Hier sind die Nachweise über die Herkunft und das Vermögen sowie die Empfehlung des Zensors. Marcus Mecentius Manilianus hat sich als Mitglied des Rates der Stadt Antiochia ausgezeichnet und verdient volle Genugtuung für das Unrecht, das ihm angetan wurde. Er selbst strebt nicht nach äußeren Ehren, aber sein Sohn kann zu einem treuen Diener des Staates heranwachsen.«

Kaiser Claudius rollte die Akten auf, während er etwas über den Astronomen Manilius murmelte, den er in seiner Jugend gekannt hatte. Die Herkunft meiner Mutter erregte seine Aufmerksamkeit, und er versank in gelehrte Betrachtungen. »Myrina«, sagte er, »das war die Königin der Amazonen, die gegen die Gorgonen kämpfte, aber dann kam der Thraker Mopsos, den Lykurg in die Verbannung geschickt hatte, und tötete sie. Myrina heißt sie übrigens nur als Göttin. Ihr irdischer Name war Batieia. Es wäre passender gewesen, deine Gattin hätte diesen irdischen Namen getragen. Vermerke und verbessere das in den Akten, Narcissus.«

Mein Vater dankte dem Kaiser ehrerbietig für diese Berichtigung und versprach, sogleich dafür Sorge zu tragen, daß die Statue, welche die Stadt Myrina meiner Mutter errichtet hatte, auf Batieia umbenannt werde. Der Kaiser mußte den Eindruck gewinnen, meine Mutter sei in Myrina eine hochangesehene Frau gewesen, da die Stadt sie sogar durch eine Statue ehrte.

»Deine griechische Herkunft ist vornehm«, sagte er zu mir und betrachtete mich wohlwollend mit seinen rotgeäderten Augen. »Die Bildung ist das Erbe Griechenlands, Roms Stärke ist die Staatskunst. Du bist rein und schön wie eine meiner Goldmünzen, die ich mit einer lateinischen Inschrift auf der einen und einer griechischen auf der anderen Seite prägen ließ. Wie kann ein so schöner, stattlicher Knabe Minutus heißen! Das ist übertriebene Bescheidenheit.«

Mein Vater beeilte sich zu erklären, daß er den Tag meiner Mannesweihe hinausgeschoben hatte, damit mein Name gleichzeitig in die Ritterrolle im Tempel des Castor und des Pollux eingeschrieben werden könne. Es wäre eine große Ehre für ihn, fügte er hinzu, wenn Kaiser Claudius selbst mir einen passenden

Zunamen gäbe. »Ich habe Güter bei Caere, und mein Geschlecht geht zurück in die Zeit, da Syrakus der Seeherrschaft Caeres ein Ende bereitete. Doch über diese Dinge weißt du mehr als ich, Clarissimus.«

»Dachte ich mir nicht, daß mir deine Züge bekannt vorkommen!« rief Claudius entzückt. »Ich habe dein Gesicht und deine Augen auf den alten etruskischen Grabmalereien gesehen, die ich in meiner Jugend studierte, obwohl sie durch Feuchtigkeit und mutwillige Hände schon arg beschädigt waren. Da du selbst Mecentius heißt, soll dein Sohn den Namen Lausus erhalten. Weißt du auch, wer Lausus war, Minutus?«

Ich antwortete ihm, daß Lausus der Sohn des Königs Mecentius gewesen sei, der mit Turnus gegen Äneas kämpfte. »So steht es in deiner Geschichte der Etrusker geschrieben, sonst wüßte ich es nicht«, sagte ich mit unschuldsvoller Miene.

»Hast du wirklich trotz deiner Jugend schon mein bescheidenes Buch gelesen, Minutus?« fragte Claudius und bekam vor Rührung den Schluckauf. Narcissus klopfte ihm leicht auf den Rücken und befahl den Sklaven, Wein zu holen. Claudius ließ auch uns Wein anbieten, ermahnte mich jedoch väterlich, keinen unvermischten Wein zu trinken, bevor ich nicht so alt sei wie er. Narcissus nützte diesen Augenblick und bat ihn, die Verleihung der Ritterwürde an meinen Vater durch seine Unterschrift zu bestätigen. Claudius schrieb bereitwillig seinen Namen nieder, obwohl er, wie ich glaube, schon vergessen hatte, worum es sich handelte.

Mein Vater fragte: »Ist es wirklich dein ausdrücklicher Wille, daß mein Sohn Lausus heißen soll? Wenn dem so ist, wird Kaiser Claudius selbst bei ihm Pate stehen, und das ist die höchste Ehre, die mir zuteil werden kann.«

Claudius trank mit wackelndem Kopf von seinem Wein und sagte mit besonderer Betonung: »Schreibe auch das auf, Narcissus. Und du, Mecentius, schicke mir nur einen Boten, wenn dem Knaben das Haar geschnitten werden soll. Ich will dein Gast sein, sofern mich nicht wichtige Staatsangelegenheiten hindern.«

Er stand entschlossen auf, stürzte beinahe, ehe die Sklaven vorspringen und ihn stützen konnten, und sagte nach einem kräftigen Rülpser: »Meine vielen gelehrten Beschäftigungen haben einen zerstreuten Menschen aus mir gemacht, so daß ich mich alter Begebenheiten besser erinnere als jüngst vergangener. Daher lasse ich sofort aufschreiben, was ich gelobe und was ich verbiete. Doch nun will ich meine Mittagsruhe halten und sehen, ob ich mich erbrechen kann, denn sonst bekomme ich Magenschmerzen von dem zähen Ziegenfleisch.«

Als er, wiederum von seinen Sklaven gestützt, den Saal verlassen hatte, riet Narcissus meinem Vater: »Laß deinen Sohn am nächstbesten günstigen Tag die Männertoga anlegen und gib mir Nachricht. Es ist möglich, daß der Kaiser wirklich an sein Versprechen denkt und bei ihm Pate steht. Zumindest kann ich ihn an den Namen und das Versprechen erinnern, und dann wird er so tun, als wäre es ihm selbst eingefallen.«

Tante Laelia hatte große Mühe, einige Vornehme ausfindig zu machen, die dem Geschlecht der Manilier zugerechnet werden durften. Einer der Gäste war ein uralter ehemaliger Konsul, der mich freundlich an der Hand hielt, als ich das Schwein opferte. Die meisten waren aber Frauen in Tante Laelias Alter, die wohl hauptsächlich die Aussicht auf eine gute Mahlzeit ins Haus gelockt hatte. Sie schnatterten wie eine Herde Gänse, während mir der Barbier das Haupthaar schnitt und den dünnen Flaumbart schor. Ich konnte mich ihrer kaum erwehren, als sie mir die Männertoga anlegten und mir dabei die Glieder streichelten und die Wangen tätschelten, und sie wußten sich vor Neugier nicht zu fassen, als ich um meines Gelübdes willen den Barbier mit in mein Zimmer nahm, damit er mir dort auch die Körperhaare abschere, die meine Mannheit bezeugten. Ich legte sie zusammen mit den Barthaaren in eine silberne Büchse, deren Deckel mit einem Mond und einem Löwen verziert war. Der Barbier schwatzte und scherzte, während er seine Arbeit verrichtete, und versicherte mir, es sei durchaus nichts Ungewöhnliches, daß vornehme Jünglinge, wenn sie die Männertoga bekamen, ihre Schamhaare der Göttin Venus opferten, um ihre Gunst zu gewinnen.

Kaiser Claudius kam nicht zu unserem Familienfest, aber er ließ mir durch Narcissus einen goldenen Ritterring schicken und erlaubte, daß in der Ritterrolle neben meinem Namen die Anmerkung gemacht wurde, daß er selbst mir den Zunamen Lausus verliehen hatte. Unsere Gäste folgten meinem Vater und mir zum Tempel des Castor und des Pollux. Mein Vater bezahlte im Archiv die vorgeschriebenen Eintragungsgebühren, und man steckte mir drei Goldringe auf den Daumen. Meine Festtoga mit der schmalen roten Borte war schon fertig. Eine solche Borte durfte ich sonst nur auf dem Untergewand tragen. Vom Archiv gingen wir dann in den Versammlungssaal der Ritter, wo wir die Genehmigung erkauften, uns Reitpferde aus den Ställen auf dem Marsfeld auszuwählen.

Als wir wieder daheim waren, schenkte mir mein Vater alles, was zur Ausrüstung eines römischen Ritters gehörte: einen aus Silber geschmiedeten Schild, einen versilberten Helm mit rotem Federbusch, ein langes Schwert und eine Lanze. Die alten Frauen redeten auf mich ein, ich solle meine Rüstung gleich anlegen, und ich konnte der Versuchung begreiflicherweise nicht widerstehen. Barbus half mir, das weiche Lederkoller umzuschnallen, und bald stolzierte ich in meinen roten Halbstiefeln, mit dem Helm auf dem Kopf und dem gezückten Schwert in der Hand, wie ein Hahn auf und ab.

Mittlerweile war es Abend geworden. Unser Haus erstrahlte in festlicher Beleuchtung, und draußen scharte sich eine Menge Volkes zusammen und begaffte die aus und ein gehenden Gratulanten. Plötzlich begrüßten die Zuschauer mit lauten Beifallsrufen eine prachtvoll ausgestattete Sänfte, die von kohlschwarzen Sklaven vor unsere Tür getragen wurde. Tante Laelia lief, über ihr Gewand stolpernd, hinaus, um den späten Gast zu empfangen. Aus der Sänfte stieg eine kleine rundliche Frau, deren seidenes Gewand allzu deutlich ihre üppige Gestalt enthüllte. Sie hielt ihr Gesicht unter einem violetten Schleier verborgen, den sie zur Seite schob, um sich von Tante Laelia auf beide Wangen küssen zu lassen, und ich sah, daß ihr Gesicht schön geschminkt war.

»Lieber Minutus!« rief Tante Laelia mit vor Rührung schriller Stimme. »Dies ist die hochwohlgeborene Tullia Valeria, die gekommen ist, um dir Glück zu wünschen. Sie ist Witwe, aber ihr letzter Gemahl war ein echter Valerius.«

Diese noch immer blendend schöne, wenn auch schon zu reiferen Jahren gekommene Frau streckte mir ihre weißen Arme entgegen und drückte mich samt Rüstung und Schwert an sich. »O Minutus Lausus!« rief sie. »Ich hörte, der Kaiser selbst gab dir deinen Zunamen, und es nimmt mich nicht wunder, wenn ich dein Gesicht betrachte. Wenn mein Glück und die Launen deines Vaters es zugelassen hätten, könntest du mein eigener Sohn sein. Dein Vater und ich waren einmal gute Freunde, aber gewiß schämt er sich heute seines Betragens mir gegenüber, da er mich bei seiner Rückkehr nach Rom nicht sofort aufsuchte.«

Sie drückte mich noch immer zärtlich an sich, so daß ich ihre weichen Brüste spürte und den betäubenden Duft ihrer Salben roch, während sie sich suchend umblickte. Als mein Vater ihr Gesicht erkannte, erstarrte er, wurde bleich und machte eine unwillkürliche Bewegung, als wolle er sich umdrehen und fliehen. Die schöne Tullia nahm mich an der Hand, trat mit einem strahlenden Lächeln auf meinen Vater zu und sagte: »Hab keine Angst, Marcus. An einem Tag wie heute verzeihe ich dir alles. Was gewesen ist, ist gewesen, und wir wollen Vergangenem nicht nachtrauern, obwohl ich deinetwegen so manches Tränenfläschchen gefüllt habe, du Herzloser!«

Sie ließ mich los, schlang ihm die Arme um den Hals und küßte ihn zärtlich auf den Mund. Mein Vater stieß sie heftig von sich. Er zitterte vom Kopf bis zu den Füßen und sagte, vor Überraschung stotternd: »Tullia, Tullia! Du solltest selbst besser wissen, was für deinen Frieden gut ist. Lieber hätte ich an diesem Abend hier in meinem Haus das Haupt der Gorgo erblickt als dein Gesicht!«

Aber Tullia legte ihm nur die Hand auf den Mund und sagte schelmisch zu Tante Laelia: »Marcus ist noch ganz der alte. Es wird Zeit, daß sich jemand um ihn kümmert. Wenn ich sehe, wie verwirrt er ist, und wenn ich höre, wie unvernünftig er daherredet, so reut es mich, daß ich meinen Stolz nicht überwunden habe und selbst zu ihm gegangen bin, da er sich schämte, zu mir zu kommen.«

Diese schöne, in Seide gekleidete, welterfahrene Frau bezauberte mich, so alt sie war, und ich beobachtete voll Schadenfreude, wie mein Vater in ihrer Gegenwart die Beherrschung verlor. Tullia richtete nun ihre Aufmerksamkeit auf die anderen Gäste und grüßte die einen freundlich, die anderen hochmütig. Die alten Frauen steckten die Köpfe zusammen und hatten viel zu tuscheln, aber sie kümmerte sich nicht um ihre bösen Blicke.

Sie wollte nur ein paar Süßigkeiten essen und ein wenig Wein trinken, bat mich jedoch, mich zu ihr auf das Sofa zu setzen, und sagte: »Daran ist nichts Unziemendes, auch wenn du nun ein Mann bist, denn ich könnte deine Mutter sein.« Dann streichelte sie mir mit ihrer weichen Hand den Hals, seufzte und sah mir auf eine Art in die Augen, daß ich ein Kribbeln am ganzen Körper verspürte. Mein Vater bemerkte meine Befangenheit. Er trat mit geballten Fäusten auf uns zu und sagte: »Laß meinen Sohn in Ruhe, Tullia. Du hast mir schon genug Unheil gebracht.«

Tullia schüttelte wehmütig den Kopf und seufzte: »Wenn je in deinen jungen Jahren jemand dein Wohltäter war und nach deinem Besten sah, so war wohl ich es. Sogar nach Alexandria bin ich dir einst nachgereist, aber glaube nur ja nicht, daß ich das ein zweites Mal tun würde. Nur deines Sohnes wegen bin ich gekommen. Ich warne dich, Marcus. Valeria Messalina ist beleidigt, weil Claudius deinem Sohn einen Namen gegeben und einen Ritterring geschickt hat, ohne sie zu fragen. Aus diesem Grunde gibt es einige, die auf dich und deinen Sohn sehr neugierig sind und gern ihre Gunst all denen zuwenden, mit denen diese schamlose Person Streit sucht. Du stehst vor einer schweren Wahl, Marcus.«

»Ich will mit alledem nichts zu schaffen haben und kein Wort von diesen Weiberränken hören!« rief mein Vater in großer Verzweiflung aus. »Und ich mag nicht glauben, daß du mich nach so vielen Jahren aufs neue in deine Intrigen verwickeln willst, so daß ich meinen guten Ruf, den ich eben erst mit knapper Not zurückgewonnen habe, gleich wieder verliere. Weh dir, Tullia!«

Die spöttische Tullia lachte entzückt, streichelte meinem Vater die Hand und rief: »Nun verstehe ich plötzlich, warum ich damals so in dich vernarrt war, Marcus. Kein anderer Mann hat meinen Namen je so bezaubernd ausgesprochen wie du.«

Und wirklich, als er ihren Namen sagte, lag ein Hauch Wehmut in seiner Stimme, nur konnte ich nicht begreifen, was eine so feine, vornehme Dame an meinem Vater fand. Tante Laelia trat kichernd zu uns, tätschelte meinem Vater die Wangen und sagte warnend: »Ihr sitzt hier beisammen und neckt euch wie junge Liebende. Wird es nicht Zeit, daß du endlich zur Ruhe kommst, liebe Tullia? Du hast immerhin vier Ehemänner gehabt und den letzten vor nicht allzu langer Zeit erst zu Grabe getragen.«

»Wie recht du hast, liebste Laelia. Es wird Zeit, daß ich zur Ruhe komme«, gab Tullia zu. »Deshalb bin ich so unsäglich froh darüber, daß ich Marcus wiedergefunden habe. Seine Nähe beruhigt mich so wunderbar.« Sie wandte sich an mich und fuhr fort: »Du aber, du neuer Achill mit deinem jungen Schwert, bringst mich um meine Gemütsruhe. Wäre ich nur zehn Jahre jünger, ich würde dich bitten, mit mir hinauszugehen und den Mond zu betrachten. In meinem Alter kann ich das leider nicht mehr. Geh also deines Wegs und suche dir deine Freuden anderswo. Dein Vater und ich haben mancherlei zu bereden.«

Als sie den Mond erwähnte, wurde ich unruhig. Ich ging in das obere Stockwerk hinauf, um meine Waffen abzulegen, und als ich mir mit der Hand über mein kurzes Haar und die glatten Wangen fuhr, fühlte ich mich plötzlich traurig und enttäuscht. So lange hatte ich auf diesen Tag gewartet, und nichts von dem, was ich mir dunkel erträumt hatte, war geschehen. Doch ich mußte nun das Gelübde erfüllen, das ich vor dem Orakel in Daphne abgelegt hatte.

Ich verließ das Haus durch die hintere Tür und nahm in der Küche den Segen der verschwitzten Sklaven entgegen, die ich zu essen und zu trinken bat, soviel sie vermochten, da keine Gäste mehr zu erwarten waren, sondern das Haus sich schon zu leeren begann. Draußen bei der Pforte sah ich pflichtgetreu nach den beinahe schon ganz niedergebrannten Fackeln und dachte wehmütig, daß dies nun vielleicht der größte und festlichste Tag meines Lebens gewesen sei. Das Leben selbst ist ja eine Fackel, die anfangs hell brennt und zuletzt in Rauch und Qualm verlischt.

Da trat mir plötzlich aus dem Schatten der Mauer eine weibliche Gestalt entgegen, die in einen braunen Mantel gehüllt war. »Minutus, Minutus«, flüsterte sie vorsichtig. »Ich will dir Glück wünschen, und diese Kuchen habe ich selbst für dich gebacken. Ich wollte sie den Sklaven übergeben, aber das Schicksal war mir günstig und ich traf dich selbst.«

Erschrocken erkannte ich Claudia, vor der Tante Laelia mich gewarnt hatte. Zugleich aber schmeichelte es mir, daß dieses sonderbare Mädchen sich nach meinem Festtag erkundigt hatte, um mir Glück wünschen zu können. Und als ich ihre dichten schwarzen Brauen, ihren großen Mund und ihre sonnengebräunte Haut sah, da durchströmte mich plötzlich eine tiefe Freude. Sie war so ganz anders als diese säuerlichen alten Frauen, die sich in unserem Haus versammelt hatten. Claudia war lebendig und natürlich und verstellte sich nicht. Und sie war meine Freundin.

Scheu legte sie mir eine Hand an die Wange und war lange nicht so übermütig und selbstsicher wie bei unserem ersten Zusammentreffen. »Minutus«, flüsterte sie. »Du hast gewiß Schlimmes über mich gehört, aber ich bin nicht so schlecht, wie die Leute sagen. Seit ich dir begegnet bin, mag ich überhaupt nur noch gute

Gedanken denken, und auf diese Weise hast du mir wirklich Glück gebracht.«

Wir gingen nebeneinander her. Claudia zog mir die Toga am Hals zurecht, und dann aßen wir zusammen einen ihrer Kuchen, indem wir abwechselnd davon abbissen, ganz wie wir es damals in der Bibliothek mit dem Käse gemacht hatten. Der Kuchen war mit Honig und Kümmel gewürzt, und Claudia erzählte mir, daß sie selbst den Honig und den Kümmel gesammelt und in einer alten Handmühle die Weizenkörner gemahlen hatte.

Diesmal nahm sie beim Gehen nicht meinen Arm, sondern wich jeder Berührung mit mir scheu aus. Von meiner neuen Mannheit ganz erfüllt, ergriff ich selbst ihren Arm und führte sie zwischen den Menschengruppen auf der Straße hindurch. Sie seufzte glücklich, und ich faßte so viel Vertrauen zu ihr, daß ich ihr von meinem Gelübde berichtete und ihr sagte, daß ich nun mit meiner Opfergabe in einer Silberbüchse auf dem Weg zum Tempel der Mondgöttin war.

»Huh!« machte sie erschrocken. »Dieser Tempel hat einen schlechten Ruf. Nachts werden dort hinter verschlossenen Türen sittenlose Mysterien gefeiert. Wie gut, daß ich vor deinem Haus stand und auf dich wartete. Wenn du allein gegangen wärst, hättest du mehr dort drinnen gelassen als nur deine Opfergabe.«

Und nach einer kleinen Weile fuhr sie fort: »Ich selbst mag mir nicht einmal mehr die staatlichen Opfer ansehen. Die Götter sind nur Stein und Holz. Der Narr auf dem Palatin erweckt die alten Zeremonien wieder zum Leben, nur um das Volk noch fester mit den alten Fesseln zu binden. Ich habe meinen eigenen heiligen Baum und einen klaren Opferquell. Wenn mir traurig zumute ist, gehe ich hinauf zum Orakel auf dem Vatikanischen Hügel und betrachte den Vogelflug.«

»Du sprichst wie mein Vater«, sagte ich. »Der will nicht einmal, daß mir ein Seher aus einer Leber weissagt. Aber es gibt geheimnisvolle Mächte und Zauberei, das geben sogar vernünftige Menschen zu. Daher will ich mein Gelübde lieber erfüllen.«

Indessen waren wir vor dem tief in den Boden eingesunkenen Tempel angekommen. Zu meiner Erleichterung stand die Tür weit offen, und drinnen brannten einige kleine Öllampen, aber es war niemand zu sehen. Ich hängte meine Silberbüchse zwischen den anderen Tempelgaben auf. Wahrscheinlich hätte ich die Glocke läuten müssen, um die Priesterin zu rufen, aber ich hatte, offen gestanden, Angst vor ihr und wollte gerade in diesem Augenblick ihr leichenblasses Gesicht nicht sehen. Schnell tauchte ich die Fingerspitzen in das heilige Öl und strich es auf das schwarze steinerne Ei. Claudia lächelte belustigt und legte einen Kuchen als Geschenk auf den leeren Schemel der Priesterin. Dann liefen wir aus dem Tempel wie zwei mutwillige Kinder.

Draußen küßten wir uns. Claudia hielt mein Gesicht zwischen beiden Händen und fragte eifersüchtig: »Hat dein Vater dich schon einer versprochen, oder hat man dir nur ein paar kleine Mädchen gezeigt, unter denen du dir eins aussuchen sollst? Das ist ja an einem Tag wie diesem der Brauch.«

Ich hatte den wahren Grund nicht vermutet, warum Tante Laelias alte Freundinnen einige kleine Mädchen mitgebracht hatten, die mich mit dem Finger im Mund anstarrten, und hatte angenommen, sie seien nur gekommen, um Backwerk und Süßigkeiten zu naschen. Daher sagte ich nun erschrocken: »Nein, nein, mein Vater hat nicht die Absicht, mich schon mit irgend jemandem zu verheiraten.«

»Ach, wenn ich nur meine Zunge im Zaum halten und dir in ruhigen, wohlgesetzten Worten sagen könnte, was ich denke«, sagte Claudia traurig. »Binde dich nur nicht zu früh, das bringt nichts als Unheil. Es gibt ohnehin schon genug Ehebrecher in Rom. Der Altersunterschied zwischen uns beiden kommt dir jetzt gewiß sehr groß vor, denn ich bin ja fünf Jahre älter als du, aber mit den Jahren und wenn du erst einmal deinen Waffendienst als Kriegstribun geleistet hast, wird dieser Unterschied immer geringer werden. Du hast einen Kuchen gegessen, den ich gebacken habe, und mich aus freiem Willen auf den Mund geküßt. Ich habe darum zwar keine Rechte auf dich, aber ich nehme es als ein Zeichen dafür, daß du mich nicht ganz unausstehlich findest, und daher bitte ich dich, bisweilen an mich zu denken und dich an keine andere zu binden, ehe du nicht mit mir darüber gesprochen hast.«

Ich dachte im Traum nicht daran, mich zu vermählen, und daher fand ich ihre Bitte ganz vernünftig. Ich küßte sie ja gerne, und es wurde mir so warm, wenn ich sie im Arm hielt. Daher sagte ich: »Das verspreche ich dir gern, nur darfst du nicht darauf bestehen, mir ständig nachzulaufen und überall mit dabeisein zu wollen. Außerdem habe ich mir nie etwas aus den albernen Mädchen in meinem eigenen Alter gemacht. Dich mag ich, weil du reifer bist und Bücher liest. Ich kann mich auch nicht erinnern, daß die Dichter in ihren Liebesliedern Hochzeitszeremonien beschreiben. Nein, sie schildern die Liebe als frei und ungebunden. Kein Wort von Heim und Herd, sondern nichts als Mondschein und Rosenduft.«

Claudia wurde unruhig und rückte ein wenig von mir ab. »Du weißt nicht, wovon du redest«, sagte sie tadelnd. »Warum sollte ich nicht an den feuerroten Schleier, den safrangelben Mantel und den Gürtel mit den zwei Knoten denken dürfen! Es ist der innigste Wunsch jeder wirklichen Frau, wenn sie einem Mann die Wangen streichelt und ihn auf den Mund küßt.«

Ihre Einwände reizten mich nur dazu auf, sie noch einmal fest in die Arme zu schließen, um ihren widerstrebenden Mund und ihren warmen Hals zu küssen. Aber Claudia riß sich los, gab mir eine schallende Ohrfeige und brach in Tränen aus, die sie sich mit der Hand fortwischte.

»Ich glaubte, du dächtest anders von mir«, sagte sie schluchzend. »Das ist nun also der Dank dafür, daß ich mir Zwang antat und nur Gutes von dir dachte. Du willst nichts anderes, als mich dort drüben bei der Mauer auf den Rücken werfen und mir die Knie auseinanderzwängen, um deine neugierigen Gelüste an mir zu stillen. Nein, so ein Mädchen bin ich nicht!«

Ihre Tränen ernüchterten mich, und ich sagte verdrossen: »Du bist stark genug, um dich zu wehren, und ich weiß nicht einmal, ob ich das, was du meinst, mit dir tun könnte. Ich habe nie mit Sklavinnen gespielt, und meine Amme hat mich auch nicht verführt. Du brauchst also nicht zu flennen, denn du bist in diesen Dingen bestimmt erfahrener als ich.«

Claudia starrte mich verblüfft an und vergaß zu weinen. »Ist das wirklich wahr? Ich habe immer geglaubt, Knaben seien die reinsten Affen. Je vornehmer sie sind, desto äffischer sind die Sitten, die sie sich angewöhnen. Aber wenn du die Wahrheit sprichst, habe ich um so mehr Grund, meinen zitternden Körper zu beherrschen. Du würdest mich verachten, wenn ich dir und mir selbst zu Willen wäre. Eine kurze Freude und ein langes Vergessen, mehr hätten wir nicht davon.«

Meine brennende Wange und die Enttäuschung, die ich in meinem ganzen Körper fühlte, ließen mich höhnisch antworten: »Das weißt du offenbar selbst am besten.« Dann drehte ich mich um und begann, ohne sie noch eines Blickes zu würdigen, heimwärts zu gehen. Sie zögerte einen Augenblick und kam dann langsam hinter mir her. Lange sprachen wir nicht ein Wort miteinander. Zuletzt aber mußte ich herzlich lachen, denn ich fand es zu spaßig, wie sie da demütig und bescheiden hinter mir herging.

Sie machte sich meinen Stimmungsumschwung rasch zunutze, legte mir die Hand auf die Schulter und bat: »Versprich mir noch etwas, lieber Minutus. Lauf nicht geradewegs ins nächste Freudenhaus oder um der Venus zu opfern, wie es die meisten tun, sobald sie die Toga bekommen haben. Wenn du einmal unwiderstehliche Lust auf so etwas verspürst, und ich weiß ja, wie zügellos die Männer sind, dann sprich auch darüber zuerst mit mir, und ich sage das, obwohl du mir damit großen Kummer bereiten wirst.«

Ich versprach ihr auch das, da sie mich so eindringlich bat. Ich selbst dachte in Wirklichkeit nur daran, was für ein Pferd ich wohl bekommen würde, und in diesem Augenblick hätte mir nicht einmal Kleopatra mehr Interesse abzugewinnen vermocht als ein Pferd. Ich lachte, als ich Claudia mein Versprechen gab, und sagte, sie sei ein sonderbares und ein wenig verrücktes Mädchen. Wir nahmen lächelnd und als gute Freunde voneinander Abschied, und mir war danach sehr froh zumute. Als ich nach Hause kam, stieg mein Vater gerade in Tullias Sänfte, um sie höflich heimzubegleiten. Sie wohnte auf dem Viminal, am anderen Ende der Stadt, auf der Grenze zwischen den Vierteln Altasemita und Esquilina. Mein Vater starrte mich aus großen, leblosen Augen an und fragte mich nicht, wo ich gewesen sei. Er bat mich nur, mich zeitig schlafen zu legen. Ich argwöhnte, daß er sehr viel Wein getrunken hatte, aber seinem Gang merkte man nichts an.

Ich schlief tief und lange und war sehr enttäuscht, als ich am Morgen feststellen mußte, daß mein Vater nicht zu Hause war. Ich hatte gehofft, wir würden uns unverzüglich zu den Ställen auf dem Marsfeld begeben, um ein Pferd für mich auszusuchen. Das Haus wurde nach dem Fest aufgeräumt, und Tante Laelia klagte über Kopfweh. Ich fragte sie, wohin mein Vater schon in aller Frühe gegangen sei, aber sie antwortete mir nur zornig: »Dein Vater ist alt genug, um selbst zu wissen, was er tut. Er hatte mit seiner Jugendfreundin viel zu besprechen. Wahrscheinlich ist er bei Tullia geblieben. Sie hat Schlafgelegenheiten für mehr Männer als nur ihn.«

Barbus und ich vertrieben uns die Zeit, indem wir unter den

Büschen im Garten würfelten, während sich im Haus die Putzfrauen mit ihren Bürsten und Eimern zu schaffen machten. Es roch schon ganz nach Frühling. Gegen Mittag kam endlich mein Vater zurück, stoppelbärtig und mit rotgeäderten Augen. Er verbarg sein Gesicht in einem Zipfel seiner fleckigen Toga und war von einem Advokaten mit Schreibzeug und Papierrollen begleitet. Barbus stieß mich in die Seite und bedeutete mir, daß es das beste für mich sei, mich ganz still zu verhalten.

Ganz gegen seine Gewohnheit trat mein sanftmütiger Vater gegen die Scheuereimer und brüllte die Sklaven an, sie sollten ihm schneller als der Blitz aus den Augen verschwinden. Nach kurzer Beratung mit dem Advokaten rief er mich zu sich. Tante Laelia weinte wie ein Springbrunnen, und ich nahm meinen ganzen Mut zusammen und fragte meinen Vater stotternd, ob er nun Zeit hätte, mit mir zu den Ställen zu gehen, um ein Pferd auszuwählen.

»Du und dein Pferd, ihr habt mich ins Verderben gestürzt!« schrie er. Sein Gesicht war vor Wut so entstellt, daß ich plötzlich sehr gut verstehen konnte, daß er in seiner Jugend jahrelang mit verwirrten Sinnen umhergewandert war. Er bereute jedoch sogleich seinen Zorn und rief: »Nein, nein, ich selbst bin an allem schuld. Meine eigene Schwachheit richtet mich zugrunde. Ein schweres Unglück hat alle meine Pläne vereitelt, und ich muß unverzüglich nach Antiochia zurückreisen. Ich habe daher bestimmt, daß die Erträge einiger meiner Güter bei Caere und die Mietshäuser hier in der Stadt auf dich überschrieben werden. Auf diese Weise hast du mehr als die zwanzigtausend Sesterze jährliche Einkünfte, die ein Ritter nachweisen muß. Tante Laelia kümmert sich um das Haus, das nun dein Heim bleiben wird. Ich habe ihr übrigens eine Leibrente angewiesen. Du brauchst nicht zu weinen, Minutus. Mein Advokat wird dein Vormund sein. Er stammt aus altem Rittergeschlecht. Ihr könnt gehen und euch das Pferd aussuchen, wenn ihr wollt, aber ich muß nach Antiochia reisen, ohne einen Augenblick zu verlieren.«

Er war so verstört, daß er so, wie er war, auf die Straße hinausstürzen wollte, um seine Reise zu beginnen, aber der Advokat und Tante Laelia hielten ihn zurück, obwohl er zuerst ungeduldig versicherte, man brauche ihm weder seine Kleider einzupacken noch einen Mundvorrat zu richten, denn er könne beim Stadttor einen Wagen nach Puteoli mieten und sich unterwegs alles Nötige besorgen. Ein trauriges Durcheinander herrschte nun nach dem fröhlichen Fest des Vortages plötzlich in unserem Haus, und da wir ihn nicht wie einen Flüchtigen scheiden lassen konnten, der sich mit verhülltem Antlitz davonschleicht, begleiteten wir ihn alle — Tante Laelia, der Advokat, Barbus und ich. Zuletzt kamen die Sklaven, die seine hastig zusammengepackten Habseligkeiten trugen.

Als mein Vater vor dem Capuanischen Tor unterhalb des Caelius angekommen war, atmete er erleichtert auf und begann sich von uns zu verabschieden, indem er sagte, daß er jenseits des Tores schon die goldene Freiheit winken sehe und daß er Antiochia nie hätte verlassen dürfen. Am Tor trat uns jedoch ein Ädil mit seinem Amtsstab in der Hand und zwei Ordnungswächtern im Gefolge entgegen.

»Bist du der römische Ritter Marcus Mecentius Manilianus?« fragte er meinen Vater. »Wenn du es bist, so hat eine hochgestellte Dame in einer wichtigen Angelegenheit mit dir zu reden.«

Mein Vater wurde zuerst feuerrot und dann kreideweiß im Gesicht. Er blickte zu Boden, behauptete, er habe mit niemandem etwas zu regeln, und versuchte, durch das Tor zu entkommen. Der Ädil warnte ihn: »Solltest du die Mauern Roms verlassen wollen, habe ich Befehl, dich vor den Stadtpräfekten zu bringen, und es wäre meine Pflicht, dich festzunehmen, um dich an der Flucht zu hindern.«

Der Advokat eilte an die Seite meines Vaters, verlangte, daß der Ädil die Gaffer, die sich bereits um uns versammelten, zerstreue, und fragte, wessen mein Vater angeklagt sei. »Eine einfache, abgeschmackte Geschichte«, antwortete der Ädil. »Die Senatorenwitwe Tullia Valeria behauptet, Manilianus habe ihr in der vergangenen Nacht in Gegenwart von Zeugen ein gesetzlich bindendes Eheversprechen gegeben und ihr darauf de facto beigewohnt. Da sie aus dem einen oder anderen Grunde an seinen ehrlichen Absichten zweifelte, ließ sie ihn durch einen ihrer Sklaven überwachen, denn er hatte ihr Haus ohne Abschied verlassen. Als Tullia Valeria die Gewißheit hatte, daß er zu fliehen beabsichtigte, wandte sie sich an den Stadtpräfekten. Wenn Manilianus sich aus der Stadt entfernt, wird er wegen betrügerischen Eheversprechens, Notzucht und Diebstahls einer kostbaren Halskette aus Tullia Valerias Besitz verurteilt, und letzteres ist für einen Ritter gewiß schimpflicher als der Bruch eines Ehegelöbnisses.«

Mein Vater tastete mit steifen Händen unter dem Mantel nach seinem Hals, zog eine mit Edelsteinen in verschiedenen Farben besetzte Goldkette hervor und sagte mit gebrochener Stimme: »Tullia hat mir mit ihren eigenen Händen diese verfluchte Kette umgelegt, und in der Eile vergaß ich, sie wieder abzulegen. Dringende Geschäfte erfordern meine Anwesenheit in Antiochia. Ich gebe ihr die Kette selbstverständlich zurück und stelle jede gewünschte Sicherheit, aber ich muß sofort abreisen.«

Der Ädil schämte sich für meinen Vater und fragte: »War es nicht vielmehr so, daß ihr miteinander die Ketten tauschtet, um euer Treuegelöbnis und das Eheversprechen zu bekräftigen?«

»Ich war betrunken und wußte nicht, was ich tat«, erwiderte mein Vater.

Der Ädil zweifelte an dieser Behauptung und sagte: »Nein, im Gegenteil, du machtest viele Worte und nanntest eine ganze Reihe Beispiele, wonach Philosophen eine rechtsgültige Ehe allein dadurch eingehen können, daß sie in Gegenwart von Zeugen ein Versprechen abgeben. Soll ich dich etwa so verstehen, daß du nur in betrunkenem Zustand deine Scherze triebst, um eine ehrbare Frau ins Bett zu locken? Wenn dem so ist, verdienst du um so schwerere Strafe für deine Tat. Ich gebe dir Gelegenheit, dich mit Tullia Valeria im Guten zu einigen. Solltest du aber durch das Tor gehen, lasse ich dich festnehmen, und deine Angelegenheit wird vor Gericht bereinigt.«

Der Advokat beschwor meinen Vater, nun wenigstens zu schweigen, und versprach ihm, er werde mit ihm zu Tullia Valeria gehen, um mit ihr zu verhandeln. Müde und übernächtigt, wie er war, begann mein Vater zu weinen und sagte: »Überlaßt mich nur meinem Elend. Ich gehe lieber ins Gefängnis, gebe meine Ritterwürde zurück und zahle die Geldbuße, als daß ich dieses falsche Weib noch einmal sehen muß. Bestimmt hat sie mir Gift gegeben und irgend etwas Schändliches in meinen Wein getan, sonst hätte ich nicht so von Sinnen sein können. Ich erinnere mich wirklich nicht mehr, was alles geschehen ist.«

»Man wird es in Erfahrung bringen«, versicherte der Advokat und versprach, meinen Vater vor Gericht zu verteidigen. Da mischte sich Tante Laelia ein, stampfte auf den Boden und rief mit brandroten Flecken auf den Wangen: »Ein zweites Mal wirst du den ehrlichen Namen der Manilier nicht durch einen schimpflichen Prozeß besudeln, Marcus! Sei endlich ein Mann und steh zu deinen Taten!«

Ich schloß mich weinend Tante Laelia an und rief, ein solcher Prozeß könne auch mich in ganz Rom zum Gespött machen und meine Zukunft zerstören. Wir sollten alle zusammen sogleich zu Tullia gehen, sagte ich und versprach, neben meinem Vater vor dieser schönen, vornehmen Dame auf die Knie zu fallen und um Vergebung zu bitten.

Mein Vater vermochte uns nicht zu widerstehen. Zusammen mit dem Ädil und den Ordnungswächtern gingen wir auf den Viminal. Die Sklaven folgten uns mit dem Gepäck meines Vaters, denn in der Aufregung dachte niemand daran, sie nach Hause zu schicken. Tullia Valerias Haus und Garten waren ungeheuer groß und prächtig. Im Säulengang des Atriums trat uns ein hünenhafter, in Grün und Silber gekleideter Türhüter entgegen. Er grüßte meinen Vater ehrerbietig und rief: »Willkommen, Herr, in deinem Haus. Meine Herrin erwartet dich schon voll Ungeduld.«

Nach einem letzten verzweifelten Blick in die Runde bat uns mein Vater mit schwacher Stimme, im Atrium zu warten, und ging allein weiter. Eine ganze Schar Sklaven kam herbei und bot uns Früchte und Wein aus silbernen Gefäßen an. Tante Laelia sah sich erfreut um und bemerkte: »Es gibt offenbar Männer, die sich nicht auf ihren eigenen Vorteil verstehen. Ich begreife nicht, was Marcus an einem Haus wie diesem auszusetzen hat!«

Kurz darauf kam Tullia Valeria selbst, um uns zu begrüßen. Sie trug nur eine durchsichtige Seidentunika, war aber kunstvoll gekämmt und schön geschminkt. Strahlend rief sie: »Ich weiß mich nicht zu fassen vor Freude darüber, daß Marcus so schnell zu mir zurückgekehrt ist und gleich seine Sachen mitgebracht hat. Nun braucht er dieses Haus gar nicht mehr zu verlassen, und wir können hier glücklich zusammen leben bis ans Ende unserer Tage.«

Sie bat ihren Schatzmeister, dem Ädilen als Entgelt für seine Mühe einen Beutel aus weichem rotem Leder zu geben, und sagte reuevoll: »Natürlich habe ich Marcus in meinem Herzen nicht einen Augenblick mißtraut, aber eine alleinstehende Witwe kann nicht vorsichtig genug sein, und in seinen jungen Jahren war Marcus recht wankelmütig. Ich sehe zu meiner Freude, daß er einen Advokaten mitgebracht hat, so daß wir gleich den Ehevertrag aufsetzen können. Ich hätte nicht geglaubt, daß du so bedachtsam sein würdest, Marcus, so unbedacht warst du heut nacht in meinem Bett.«

Mein Vater räusperte sich und schluckte, brachte aber kein Wort hervor. Tullia führte uns in ihre großen Säle und ließ uns die Mosaikfußböden, die schön eingeteilten Wandfelder und die Wandmalereien bewundern. Auch in ihr Schlafzimmer ließ sie uns einen kurzen Blick werfen, tat dabei jedoch so, als schämte sie sich, hob einen Arm vors Gesicht und rief: »Nein, tretet lieber nicht ein. Es ist von der Nacht her noch alles in Unordnung!«

Mein Vater fand endlich die Sprache wieder und rief: »Beim einzigen allmächtigen Gott, du hast gewonnen, Tullia, und ich füge mich in mein Schicksal! Aber schick nun endlich den Ädilen fort, damit er meine Erniedrigung nicht länger mit anzusehen braucht.«

Prachtvoll gekleidete Sklaven bemühten sich um uns und sorgten nach bestem Vermögen für unser Wohlbehagen. Sogar zwei kleine Knaben sprangen nackt im Haus umher und stellten Liebesgötter dar. Ich fürchtete zuerst, sie könnten sich erkälten, aber dann entdeckte ich, daß die Steinböden in diesem verschwenderisch eingerichteten Haus durch Warmwasserleitungen erwärmt wurden. Der Ädil und der Advokat meines Vaters berieten sich noch eine Weile und kamen zu dem Schluß, daß ein in Gegenwart von Zeugen abgelegtes Ehegelöbnis auch ohne öffentliche Trauung rechtskräftig sei. Der Ädil entfernte sich mit seinen Begleitern, nachdem er sich vergewissert hatte, daß mein Vater bereit war, den Ehevertrag ohne Einwände zu unterzeichnen. Der Advokat beschwor ihn, über die Sache zu schweigen, aber sogar ich mit meinem geringen Verstand begriff, daß ein Mann in seiner Stellung es sich unmöglich versagen konnte, eine so leckere Skandalgeschichte weiterzuverbreiten.

Aber war es denn wirklich ein Skandal? War es nicht eher schmeichelhaft für meinen Vater, daß eine so vornehme und offensichtlich ungeheuer reiche Dame sich um jeden Preis mit ihm vermählen wollte? Bei all seiner Anspruchslosigkeit und Bescheidenheit mußte mein Vater verborgene Eigenschaften besitzen, die ich nicht kannte und die in ganz Rom Neugier erwecken konnten, und ein wenig von dieser Neugier galt dann gewiß auch mir. Zudem konnte sich diese Heirat selbst auch für mich sehr vorteilhaft auswirken. Sie zwang jedenfalls meinen Vater, in Rom zu bleiben, so daß ich in dieser großen Stadt, in der ich mich noch verloren fühlte, nicht allein meinem Schicksal ausgeliefert war.

Was aber fand die schöne, verwöhnte Tullia an meinem Vater? Einen Augenblick dachte ich argwöhnisch, daß sie vielleicht ein leichtsinniges Leben führte und bis über die Ohren in Schulden steckte, so daß sie ihn des Geldes wegen nahm. Doch dann bedachte ich, daß mein Vater für römische Verhältnisse gar keine so großen Reichtümer besaß, wenngleich seine Freigelassenen in Antiochia und anderen Städten des Ostens vermögend waren. Völlig zerstreut wurde mein Mißtrauen, als mein Vater und Tullia beschlossen, den Ehevertrag so abzufassen, daß auch in Zukunft ein jeder für sich über sein Eigentum verfügte.

»Wenn du aber Zeit und Lust hast, lieber Marcus«, sagte Tullia sanft, »dann möchte ich dich bitten, daß du mit meinem Schatzmeister sprichst, meine Eigentumsverzeichnisse durchsiehst und mich bei meinen Geschäften berätst. Was versteht schon eine einfache Witwe von diesen Dingen! Ich habe mir sagen lassen, daß du ein sehr tüchtiger Geschäftsmann geworden bist, was wohl keiner je für möglich gehalten hätte, der dich als jungen Mann kannte.«

Mein Vater erwiderte gereizt, daß nun, da dank Kaiser Claudius und seinen Freigelassenen Friede und Ordnung im Reiche herrschten, ein vernünftig angelegtes Vermögen sich ganz von selbst vermehre. »Aber mein Kopf ist leer, und ich kann nicht einen klaren Gedanken fassen«, sagte er und kratzte sich am Kinn. »Ich muß zu einem Barbier und in ein Bad gehen, um auszuruhen und mich zu sammeln.«

Tullia führte uns jedoch an Marmorstandbildern und Springbrunnen vorbei durch den großen Innengarten, in dessen hinterem Teil sie uns ihr eigenes Bad mit Kalt- und Warmwasserbecken und einem Abkühlraum zeigte. Dort warteten schon ein Barbier, ein Masseur und ein Badesklave darauf, uns zu bedienen.

»Du brauchst nie wieder einen einzigen Denar für den Kleiderwächter in einem öffentlichen Bad auszugeben oder dich dem Gedränge und dem Schweißgeruch der Menge auszusetzen«, sagte Tullia. »Solltest du nach dem Bad eine Vorlesung, Gedichtvorträge oder Musik wünschen, so gibt es für diesen Zweck einen eigenen Raum. Nun geht und badet, Marcus und Minutus. Ich werde unterdessen mit meiner lieben Freundin Laelia beraten, wie wir in Zukunft unser Leben einrichten wollen. Wir Frauen verstehen uns auf dergleichen ja besser als ihr ungeschickten Männer.«

Mein Vater schlief bis Sonnenuntergang. Als wir die neuen Gewänder anzogen, die der Kleiderverwalter für uns bereitgelegt hatte, füllte sich das ganze große Haus plötzlich mit Gästen. Die meisten waren junge, fröhliche Menschen, aber es fanden sich auch einige schmerbäuchige Greise von liderlichem Aussehen darunter, die ich nicht achten konnte, obwohl sie Senatoren waren. Mit einem Oberzenturio von den Prätorianern konnte ich wenigstens über Pferde sprechen, aber zu meiner Verwunderung zeigte er weit größeres Interesse für die Frauen, die, nachdem sie Wein getrunken hatten, ohne Scham die Kleider öffneten, um freier atmen zu können.

Als ich bemerkte, welchen Verlauf dieses Hochzeitsfest nahm, suchte ich Barbus auf, den die Diener reichlich bewirtet hatten. Er hielt sich den Kopf und sagte: »Ich habe in diesem Haus größere Gastlichkeit erfahren als je zuvor in meinem Leben und wäre sogar im Handumdrehen verheiratet worden, wenn ich es als alter Veteran nicht verstanden hätte, mich in acht zu nehmen. Dieses Haus ist nicht der richtige Ort für dich, Minutus, und auch für mich taugt es nicht, obwohl ich ein alter Krieger bin.«

Die Musik gellte mir in den Ohren, und überall wanden sich nackte Tänzerinnen und Akrobaten auf dem Boden, als ich zu meinem Vater ging. Er lag finster und in sich gekehrt neben Tullia auf einem Ruhebett, und ich sagte: »Es mag in Rom Sitte sein, daß vornehme Damen alle Wände anspeien und die Männer mir unanständige Zeichen machen, aber ich dulde nicht, daß irgendeiner sich das Recht herausnimmt, an meinem Körper herumzufingern, wann und wo er will. Ich bin weder Sklave noch Lustknabe, und ich möchte nach Hause gehen.« Mein Vater gestand: »Ich bin zu willensschwach und träge, um der Verderbtheit zu entgehen, aber versuche du, stärker zu sein als ich. Ich freue mich über deinen Entschluß, da du selbst ihn gefaßt hast. Ich selbst muß hierbleiben, denn seinem Schicksal kann niemand entrinnen, aber für dich ist es besser, du wohnst bei Tante Laelia, und im übrigen hast du ja dein eigenes Vermögen. Es wäre nicht zu deinem Nutzen, wenn du im Haus deiner Stiefmutter wohntest.«

Tullia sah mich nicht mehr so zärtlich an wie am Abend zuvor. Ich fragte, ob ich meinen Vater am Morgen abholen dürfe, damit wir ein Pferd auswählten, aber sie entgegnete schroff: »Dein Vater ist zum Reiten zu alt. Er würde nur vom Pferd fallen und sich seinen kostbaren Kopf aufschlagen. Bei der Parade zur Jahrhundertfeier kann er sein Pferd am Zügel führen.«

Ich begriff, daß ich meinen Vater verloren hatte. Ein banges Gefühl der Verlassenheit überwältigte mich. Wie kurz war die Zeit gewesen, in der ich seine Gunst genossen hatte! Aber ich begriff auch, daß es das beste für mich war, wenn ich hart wurde und mein Leben selbst in die Hand nahm. Als ich Tante Laelia suchte, taumelte eine halbnackte Frau auf mich zu, sah mich aus schwimmenden Augen an und fiel mir um den Hals. Ich versetzte ihr einen kräftigen Schlag aufs Hinterteil, aber davon wurde sie nur noch hitziger, so daß mir Barbus zu Hilfe kommen und sie zurückreißen mußte.

Tullia, die froh war, uns so schnell loszuwerden, stellte uns ihre eigene Sänfte zur Verfügung. Als wir sie bestiegen hatten, ordnete Tante Laelia ihr Gewand und sagte kichernd: »Man hat mir zwar schon viel von dem Treiben in den neuen Häusern Roms erzählt, aber ich habe doch meinen Augen nicht getraut. Dabei wird Tullia Valeria noch als eine vergleichsweise anständige Frau angesehen. Vielleicht hat die neue Heirat sie so zügellos gemacht, nachdem sie als Witwe enthaltsam lebte, obgleich ich gehört habe, daß so mancher stattliche Mann in ihrem Hause aus- und einging wie in seinem eigenen. Es wird deinen Vater einige Mühe kosten, sie im Zaum zu halten.«

Zeitig am nächsten Morgen, bei Brot und Honig, sagte ich zu Barbus: »Ich will mir nun mein Pferd aussuchen gehen, und zwar allein, denn als Erwachsener brauche ich keinen Begleiter mehr. Du hast nun die beste Gelegenheit, deinen alten Traum zu verwirklichen und Schankwirt zu werden.«

Barbus antwortete ernst: »Ich habe mir ein paar kleine, gutgehende Schenken in verschiedenen Vierteln Roms angesehen und könnte mir, dank der Güte deines Vaters, auch eine kaufen, aber ich muß dir offen gestehen, daß die Sache mich nicht mehr so reizt wie damals, als ich auf der nackten Erde schlief und den sauren Wein der Legion trank. Ich bin selbst ein starker Trinker und lade gern andere ein, sobald ich zuviel getrunken habe. Außerdem braucht eine Schenke nicht nur einen Wirt, sondern auch eine Wirtin, aber nach meinen unliebsamen Erfahrungen sind tüchtige Schankwirtinnen hartherzige, scharfzüngige Weiber. Ich möchte fürs erste, um die Wahrheit zu sagen, viel lieber in deinem Dienst bleiben. Als Beschützer brauchst du mich freilich nicht mehr, das ist wahr, aber ich habe bemerkt, daß ein Ritter, der auf sich hält, immer einen oder mehrere Begleiter bei sich hat, und manche haben gleich zehn oder hundert. Es ist gewiß das klügste, wenn du dich von einem narbenbedeckten Veteranen begleiten läßt. Das Reiten ist natürlich eine Sache für sich«, fuhr er nach kurzem Schweigen fort. »Aber ich fürchte, du hast ein paar schwere Wochen vor dir. Vergiß nicht, daß du in den Augen der anderen ein Neuling bist. Ich habe dir ja erzählt, wie die Neulinge in der Legion gedrillt werden, aber du hast mir wahrscheinlich nicht alles geglaubt, und vielleicht habe ich auch ein bißchen übertrieben, damit du deinen Spaß hattest. Vor allem mußt du dich beherrschen, die Zähne zusammenbeißen und dich niemals über einen Vorgesetzten ärgern. Wir gehen zusammen. Vielleicht kann ich dir den einen oder anderen guten Rat geben.«

Als wir durch die Stadt zum Marsfeld gingen, sagte Barbus wehmütig: »Ich sollte eigentlich die Rangabzeichen eines Unterzenturios und sogar die Mauerkrone tragen dürfen, aber leider habe ich mich zu oft in Raufhändel eingelassen, wenn ich Wein getrunken hatte, und so ist nichts daraus geworden. Sogar die Halskette, die mir der Kriegstribun Lucius Porcius zur Erinnerung schenkte, den ich mir, als er schwer verwundet war, auf den Rücken lud und zwischen den Eisschollen hindurchschwimmend über die Donau brachte, habe ich verloren. Ich mußte sie in einer schmutzigen Barbarenkneipe in Mösien als Pfand hinterlegen und konnte sie nicht mehr auslösen, bevor wir versetzt wurden. Aber wir könnten ja zu einem Waffenhändler gehen und irgendeine alte Kette kaufen. Vielleicht wirst du besser aufgenommen, wenn dein Begleiter so ein Ding um den Hals trägt.«

Ich antwortete ihm, daß er schon genug Ehrenzeichen auf der Zunge trage, aber Barbus ließ sich nicht von seinem Vorsatz abbringen und erstand wenigstens eine Triumphnadel aus Kupfer, deren Inschrift schon so abgeschliffen war, daß sich nicht mehr feststellen ließ, welcher Triumphator einst solche Nadeln an seine Veteranen verteilt hatte. Als Barbus sie an seiner Schulter befestigt hatte, meinte er, nun werde er sich unter den Rittern sicherer fühlen.

Auf dem großen Feld übten etwa hundert junge Reiter für die Jahrhundertfeier. Der Stallmeister war ein grobschlächtiger Riese, der laut lachte, als er die Bescheinigung las, die mir der Quästor der Ritter ausgestellt hatte. »Wir werden schon einen passenden Gaul für dich finden!« schrie er. »Was für einen hättest du denn gern? Einen großen oder einen kleinen, einen wilden oder einen zahmen, einen schwarzen oder einen weißen?«

Er führte uns in den Stall, in dem die freien Pferde standen. Ich entdeckte auch gleich eines, das mir gefiel, und zeigte darauf, aber er blickte in seine Liste und behauptete, es gehöre schon jemandem. »Am besten nimmst du ein ruhiges, friedsames Pferd, das die Übungen und den Lärm im Zirkus gewohnt ist und die Hornsignale schon kennt, sofern du die Absicht hast, an der Parade zur Jahrhundertfeier teilzunehmen«, sagte er und fragte: »Bist du überhaupt schon einmal geritten?«

Ich erwiderte schüchtern, daß ich mich in Antiochia schon ein wenig geübt hätte, denn Barbus hatte mir verboten, mit meinen Reitkünsten zu prahlen, und fügte hinzu: »Ich möchte am liebsten ein Pferd haben, das noch nicht zugeritten ist, und es selbst einüben, aber ich kann mir denken, daß ich damit vor der Jahrhundertfeier nicht mehr fertig werde.«

»Ausgezeichnet! Ausgezeichnet!« rief der Stallmeister und erstickte beinahe vor Lachen. »Es gibt nicht viele junge Männer, die sich darauf verstehen, ein Pferd zuzureiten. Bei uns besorgen das gewöhnlich die Berufszureiter. Herkules, steh mir bei, sonst zerplatze ich!«

Unterdeß trat ein Zureiter zu uns, musterte mich vom Kopf bis zu den Füßen und sagte: »Wir haben ja Arminia. Sie ist den Zirkuslärm gewohnt und hält schön still, selbst wenn man ihr einen Sack Steine in den Sattel hebt.«

Bei diesen Worten zeigte er auf eine große falbe Stute, die sich in ihrem Stand umdrehte und mich mißtrauisch ansah.

»Nein, nicht Arminia!« sagte der Stallmeister erschrocken. »Sie ist viel zu gut für so einen jungen Kerl, so stattlich und dabei so fromm wie ein Lamm. Nein, nein, wir müssen sie für irgendeinen alten Senator aufheben, der bei der Parade mitreiten will.«

Barbus flüsterte mir eifrig zu, ich müsse unbedingt versuchen, ein so gemütliches, zuverlässiges Pferd zu bekommen. Arminias Augen und Ohren sagten mir jedoch, daß sie nicht ganz so fromm sein konnte, wie der Stallmeister mich glauben machen wollte. »Ich nehme natürlich nicht an, daß ich ein Pferd umsonst bekomme, nur mit der Bescheinigung des Quästors«, sagte ich.

»Wenn du erlaubst, möchte ich es gern einmal mit diesem Pferd versuchen.«

»Er will es versuchen, und er will obendrein noch dafür bezahlen!« rief der Zureiter entzückt. Nach einigen Einwänden ließ sich der Stallmeister endlich erweichen. »Es ist ein viel zu gutes Pferd für ein Bürschchen wie dich«, sagte er. »Aber zieh dir die Stiefel an und lege deine Rüstung an. Inzwischen lasse ich das Pferd satteln.«

Ich antwortete bedauernd, daß ich keine Rüstung mitgebracht hatte, aber der Stallmeister sah mich an, als zweifelte er an meinem Verstand, und fragte: »Was willst du eigentlich anziehen? Deine Paraderüstung vielleicht? Für deine Übungsrüstung kommt der Staat auf!«

Er führte mich in die Rüstkammer, und hilfreiche Sklaven schnürten mir den Brustharnisch so eng, daß ich kaum Atem zu holen vermochte. Auf den Kopf bekam ich einen gebuckelten Schutzhelm und an die Füße ein Paar alte Stiefel mit kurzen Schäften. Schild, Schwert und Lanze gaben sie mir nicht, sondern forderten mich auf, erst einmal zu lernen, mich im Sattel zu halten.

Die falbe Stute trabte munter aus dem Stall und wieherte laut, aber auf ein Kommando des Stallmeisters blieb sie regungslos stehen. Ich saß auf, indem ich gleich nach den Zügeln griff, und bat, die Steigbügelriemen auf die richtige Länge einzustellen. Der Stallmeister sagte billigend: »Es scheint, du bist schon oft zu Pferde gesessen.« Dann rief er mit donnergleicher Stimme: »Der Ritter Minutus Lausus Manilianus hat Arminia gewählt und gedenkt sie zu reiten!«

Die Reiterschar auf dem Übungsfeld zog sich an die Ränder zurück, ein Horn schmetterte das Angriffssignal, und im nächsten Augenblick begann ein Spiel, das nicht so sehr dank meiner Geschicklichkeit zuletzt doch noch gut ausging, sondern weil ich einfach Glück hatte. Ich hörte noch, wie der Stallmeister mich ermahnte, die empfindlichen Lefzen der Stute zu schonen, aber Arminia hatte ein Maul aus Gußeisen. Von Zügeln und Trense schien sie nichts zu wissen. Zuerst keilte sie nach hinten aus, um mich über ihren Kopf abzuwerfen. Als ihr das nicht glückte, begann sie zu tänzeln und sich aufzubäumen, und dann stob sie in wildem Galopp davon und wandte nacheinander alle Kniffe an, auf die ein boshaftes, erfahrenes Zirkuspferd verfällt, um einen ungeschickten Reiter aus dem Sattel zu werfen. Ich verstand nun, warum die anderen Reiter an die Ränder des Übungsfeldes zurückgewichen waren, als Arminia losgelassen wurde.

Mir blieb nichts anderes übrig, als mit aller Macht an den Zügeln zu reißen, um ihr den Kopf ein wenig nach links zu wenden, denn sie raste geradewegs auf die Einzäunung zu und versuchte, mich an den Pfählen abzustreifen. Als ich trotzdem im Sattel blieb, wurde sie vollends wild und setzte mit Riesensprüngen über die Hindernisse auf dem Feld. Ich hatte es wahrhaftig mit einem ungewöhnlich kräftigen und listigen Pferd zu tun, so daß ich, sobald ich mich vom ersten Schrecken erholt hatte, den Ritt zu genießen begann, ein paar laute Schreie ausstieß und ihr die Hacken in die Weichen drückte, damit sie ihren Zorn austobte und müde wurde.

Verblüfft versuchte Arminia nach mir zu schielen und gehorchte den Zügeln gerade so viel, daß ich sie auf den Stallmeister und den Zureiter zulenken konnte. Den beiden verging das Lachen, und sie brachten sich eilig hinter der Stalltür in Sicherheit. Der Stallmeister brüllte, zornrot im Gesicht, einige Befehle. Ein Horn schmetterte, und ein geschlossener Trupp begann mir entgegenzutraben.

Arminia dachte nicht daran, auszuweichen, sosehr ich auch an den Zügeln riß. Schaumflocken schnaubend und den Kopf hin und her werfend, trug sie mich in vollem Galopp auf die Reiter zu. Ich machte mich schon darauf gefaßt, niedergeritten zu werden, aber entweder sank den vordersten Reitern der Mut oder sie hatten es so beabsichtigt: Im letzten Augenblick öffneten sich die Reihen und ließen mich durch, aber jeder, der dazu in der Lage war, versuchte mich mit der Holzlanze aus dem Sattel zu heben oder im Rücken zu treffen. Die rasende Arminia trug mich jedoch, um sich beißend, springend und auskeilend, mitten durch die Reiterschar hindurch, ohne daß ich mehr als ein paar blaue Flecke abbekam.

Dieser boshafte, niederträchtige Angriff, der mich erschrecken sollte, brachte mich so in Zorn, daß ich Arminia mit aller Kraft herumriß, um selbst einen der Reiter aus dem Sattel zu stoßen, doch im letzten Augenblick entsann ich mich des Rates, den Barbus mir gegeben hatte, beherrschte mich und sprengte rufend, lachend und einen Gruß winkend an ihnen vorüber.

Sobald sich Arminia ausgearbeitet hatte, wurde sie tatsächlich lammfromm und gehorchte. Zwar versuchte sie, mich in den Hals zu beißen, als ich vor dem Stall abgesessen war, aber ich glaube, das war mehr Scherz als Ernst, weshalb ich sie auch nur leicht mit dem Ellenbogen unters Maul stieß.

Der Stallmeister und der Zureiter glotzten mich an wie ein Ungeheuer, aber der Stallmeister tat, als wäre er wütend, und sagte tadelnd: »Du hast ein kostbares Pferd halb zuschanden geritten und ihm die Lefzen blutig gerissen. Das hat dich niemand geheißen.«

»Es ist mein eigenes Pferd, und daher ist es auch meine Sache, wie ich es reite«, antwortete ich unbekümmert.

»Da irrst du dich gründlich!« sagte er aufbrausend. »Bei den Übungen kannst du Arminia nicht reiten. Sie bleibt nicht im Glied und hört auf kein Kommando, weil sie es gewohnt ist, an der Spitze zu traben.«

»Dann reite ich eben an der Spitze«, erwiderte ich kühn. »Du selbst hast mich für diesen Platz ausersehen, als du mir die Stute gabst.«

Mehrere Reiter waren abgesessen und bildeten einen Kreis um uns. Sie spornten mich an, riefen, ich sei ein tüchtiger Reiter, und bezeugten einstimmig, daß der Stallmeister selbst mir das Pferd durch Ausruf zugeteilt hatte.

»Verstehst du denn nicht, daß das nur ein Scherz war?« sagte der Stallmeister endlich kleinlaut. »Jeder Neuling bekommt zuerst einmal Arminia, sofern er nicht gar zu klein ist. Arminia ist ein richtiges Streitroß und nicht irgendein lahmer Paradegaul. Sie hat sogar schon im Amphitheater gegen wilde Tiere gekämpft. Was glaubst du eigentlich, wer du bist, du Dickschädel!«

»Scherz hin, Scherz her«, wandte ich ein. »Ich habe mich im Sattel gehalten, und du bist in deine eigene Falle gegangen. Es ist eine Schande, ein solches Pferd Tag für Tag im dunklen Verschlag stehen zu lassen und nur dazu zu verwenden, Anfänger abzuschrecken. Einigen wir uns auf halbem Wege. Ich nehme Arminia für mich selbst und reite bei den Übungen ein anderes Pferd, wenn sie wirklich nicht im Glied bleiben kann.«

Der Stallmeister rief laut alle Götter Roms zu Zeugen an, daß ich anstelle eines einzigen Pferdes gleich zwei von ihm verlangte, aber die anderen Reiter stellten sich auf meine Seite und sagten, er habe nun mit Arminia lange genug Schindluder getrieben. Ein jeder von ihnen dachte an die Beulen, Narben oder Knochenbrüche, die er bei seinem ersten Versuch, die Stute zu reiten, davongetragen hatte, obwohl er schon als Kind reiten gelernt hatte. Wenn ich so verrückt sei und mir unbedingt das Genick brechen wolle, meinten sie, so hätte ich ein Recht auf Arminia. Schließlich gehöre sie der Ritterschaft.

Ich wollte jedoch mit dem Stallmeister keinen Streit haben. Deshalb versprach ich ihm tausend Sesterze und erklärte mich bereit, allen zusammen ein paar Krüge Wein zu spendieren, »um meine Ritterstiefel zu begießen«. So wurde ich in die römische Reiterei aufgenommen und machte mir Freunde unter gleichaltrigen und älteren Kameraden. Bald darauf wurde ich als Ersatz für einen Jüngling, der sich ein Bein gebrochen hatte, unter die Kunstreiter gewählt, und wir übten mit großem Ernst, um an den Wettspielen zur Jahrhundertfeier teilnehmen zu können. Diese Reiterspiele waren so gefährlich, daß niemand allein dank seiner vornehmen Herkunft oder seinem Vermögen zugelassen wurde, sondern nur auf Grund seiner Geschicklichkeit und Tauglichkeit.

Ich war daher sehr stolz, einer der Auserwählten zu sein, und brauchte mich meiner Fortschritte bei den Reiterspielen nicht weiter zu rühmen. Wir waren in zwei Parteien eingeteilt und führten bei der Jahrhundertfeier im Großen Zirkus einen regelrechten Reiterkampf vor. Es war, ungeachtet der Bestimmung, daß keine Partei gewinnen oder verlieren sollte, ein hartes Spiel. Ich selbst hielt mich bis zum Schluß auf Arminias Rücken, danach aber mußte ich nach Hause getragen werden und konnte den Vorstellungen im Amphitheater und den Festen im Zirkus nicht mehr beiwohnen, welche die prächtigsten und am großartigsten angelegten gewesen sein sollen, die man in Rom je gesehen hatte. Während die Festlichkeiten noch andauerten, nahmen sich viele meiner Kameraden die Zeit, zu mir an mein Krankenbett zu kommen, und sie versicherten mir, daß sie ohne mich viel weniger Ehre gewonnen hätten. Ich will nicht mehr sagen, als daß ich meine falbe Stute ritt und einige Hunderttausend Menschen vor Spannung keuchen und mein Lob rufen hörte, bevor ich mir ein paar Rippen und den linken Oberschenkel brach. Aber im Sattel blieb ich, wie gesagt, trotz den Schmerzen bis zuletzt.

Das wichtigste politische Ereignis dieser Jahrhundertfeier war, daß das Volk dem Neffen des Kaisers, dem zehnjährigen Lucius Domitius, der schön und unerschrocken die Spiele der Knaben anführte, begeistert zujubelte. Claudius' einziger eigener Sohn,

Britannicus, wurde völlig in den Schatten gestellt. Zwar rief ihn der Kaiser zu sich in seine Loge und zeigte ihn dem Volk, aber das Volk wollte nur Lucius Domitius sehen, und dieser nahm die Huldigungen so höflich und bescheiden entgegen, daß er alle noch mehr für sich einnahm.

Ich für mein Teil würde zeit meines Lebens ein Krüppel geblieben sein, wenn der Arzt aus dem Tempel des Castor und des Pollux nicht so geschickt gewesen wäre. Er behandelte mich ohne Schonung, und ich mußte grausame Schmerzen erdulden. Ganze zwei Monate lag ich geschient. Danach mußte ich lernen, auf Krücken zu gehen, und lange konnte ich das Haus nicht verlassen.

Die Schmerzen, meine Angst, zum Krüppel geworden zu sein, und die Erkenntnis, wie flüchtig die Gunst des Volkes ist und wie wenig der Erfolg bedeutet, machten sicherlich einen besseren Menschen aus mir. Zumindest war ich nicht mit in die zahllosen Raufhändel verwickelt, die die wildesten meiner Kameraden auf Roms nächtlichen Straßen anstifteten. Ich glaube zu verstehen, daß das Schicksal durch die Bettlägrigkeit und die unausstehlichen Schmerzen meinen Charakter formen wollte. Ich war allein, von meinem Vater um seiner neuen Ehe willen verstoßen. Ich mußte mir selbst darüber klarwerden, was ich vom Leben erwartete.

Als ich bis in den heißen Sommer hinein in meinem Bett lag, befiel mich eine so tiefe Mutlosigkeit, daß mir alles, was bisher in meinem Leben geschehen war, eitel erschien. Tante Laelias gute, nahrhafte Kost schmeckte mir nicht. In den Nächten fand ich keinen Schlaf. Ich dachte an den mürrischen Timaios, der sich meinetwegen das Leben genommen hatte. Zum erstenmal sah ich ein, daß ein gutes Pferd vielleicht doch nicht das einzig Erstrebenswerte im Leben war. Ich mußte selbst herausfinden, was für mich besser taugte: Pflichttreue und Tugend oder Bequemlichkeit und Genuß. Die Schriften der Philosophen, die mich früher gelangweilt hatten, gewannen plötzlich Bedeutung für mich, und ich brauchte nicht lange nachzugrübeln, um zu erkennen, daß Selbstbeherrschung mir größere Zufriedenheit schenkte als kindische Zügellosigkeit.

Als der treueste unter meinen Freunden erwies sich Lucius Pollio, der Sohn eines Senators. Er war nur ein Jahr älter als ich, aber er war schmächtig und kränklich und hatte die Reiterübungen nur mit Müh und Not durchgestanden. Er fühlte sich zu mir hingezogen, weil ich sein genauer Widerpart war, aufbrausend, selbstsicher und rücksichtslos, und ihm doch nie ein böses Wort gegeben hatte. So viel hatte ich offenbar doch unbewußt von meinem Vater gelernt, daß ich zu Schwächeren höflicher und freundlicher war als zu meinesgleichen. Ich fand es, zum Beispiel, abscheulich, einen Sklaven zu schlagen, selbst wenn er frech war.

In der Familie Pollio hatte man sich immer mit Büchern und den Wissenschaften beschäftigt. Auch Lucius selbst war eher ein Bücherwurm als ein Ritter. In den Reiterübungen sah er nicht mehr als eine lästige Pflicht, deren er sich um seiner Laufbahn willen zu entledigen hatte, und die Ertüchtigung seines Körpers verschaffte ihm keinen Genuß. Er brachte mir Bücher aus der Bibliothek seines Vaters, aus deren Lektüre ich seiner Meinung nach Nutzen ziehen konnte, und er beneidete mich um mein vorzügliches Griechisch. Sein heimlicher Wunsch war es, Schriftsteller zu werden, obwohl sein Vater, der Senator Mummius Pollio, es als selbstverständlich ansah, daß er die Beamtenlaufbahn einschlug.

»Was nützt es mir, mehrere Jahre mit den Reiterübungen zu vergeuden und mir Prozesse anzuhören?« sagte Lucius empört. »Zu gegebener Zeit erhalte ich den Befehl über eine Manipel, mit einem erfahrenen Zenturio unter mir, dann kommandiere ich eine Abteilung Reiterei irgendwo in den Provinzen, und zuletzt bin ich Kriegstribun im Stab irgendeiner Legion, die am Ende der Welt Straßen baut. Erst wenn ich dreißig Jahre alt geworden bin, kann ich mich um das Amt eines Quästors bewerben, obwohl man jetzt auch schon früher zugelassen werden kann, wenn man entsprechende Verdienste nachzuweisen hat. Ich weiß nur zu gut, daß ich ein schlechter Offizier und ein untüchtiger Beamter sein werde, weil mich weder das eine noch das andere befriedigen kann.«

»Während ich hier so lag, dachte ich mir selbst oft, daß es vielleicht nicht dafürsteht, sich um der Ehre eines Augenblicks willen die Glieder zerschlagen zu lassen«, räumte ich ein. »Aber was willst du eigentlich tun?«

»Rom herrscht bereits über die ganze Welt und sucht keine neuen Eroberungen mehr«, sagte Lucius. »Schon der Gott Augustus beschränkte vernünftigerweise die Anzahl der Legionen auf die unbedingt nötigen fünfundzwanzig. Jetzt geht es vor allem darum, Roms derbe Sitten nach griechischem Vorbild zu veredeln.

Bücher, Gedichte, Theater, Musik, Tanz und Schönheit der Bewegungen tun uns mehr not als die blutigen Vorstellungen im Amphitheater.«

»Laß mir aber die Wagenrennen«, bat ich im Scherz. »Da bekommt man wenigstens edle Pferde zu sehen.«

»Wetten abschließen, Unzucht treiben und sich betrinken sind kein Beweis echter Bildung«, sagte Lucius finster. »Wenn ich versuche, ein Symposion zustande zu bringen, um nach der Weise der alten Philosophen auf griechisch zu diskutieren, endet es unweigerlich mit unanständigen Geschichten und schwerer Trunkenheit. Es ist offenbar unmöglich, in Rom eine Gesellschaft zu finden, die sich von Gesang und schöner Musik bezaubern läßt oder die Dramen der Alten höher schätzt als Räubergeschichten und Zoten. Ich möchte am liebsten nach Athen oder Rhodos reisen, um dort zu studieren, aber das läßt mein Vater nicht zu. Er ist der Ansicht, die griechische Bildung untergrabe nur die männlichen Tugenden der römischen Jugend. Als ob von den alten römischen Tugenden noch anderes übrig wäre als ein matter Abglanz und hohle Worte.«

Ich konnte aber auch viel von Lucius lernen, denn er berichtete gern über die Verwaltung Roms und ihre Schlüsselämter. Er versicherte mir treuherzig, der Senat könne, wann immer er wolle, einen Gesetzesvorschlag des Kaisers abweisen, so wie andrerseits der Kaiser in seiner Eigenschaft als Volkstribun auf Lebenszeit imstande sei, eine Beschlußfassung des Senats durch sein Veto zu unterbinden. Der größte Teil der römischen Provinzen wurde mit Hilfe von Prokonsuln durch den Senat verwaltet, der Rest war sozusagen Privateigentum des Kaisers, der selbst die Art der Verwaltung bestimmte. Die wichtigste Provinz des Kaisers war Ägypten. Dazu gab es mit Rom verbündete Länder und mehrere Königreiche, deren Herrscher von Kind an in der Schule des Palatiums erzogen wurden und römische Sitten annahmen. Ich hatte bis dahin nicht erkannt, wie klar und vernünftig diese scheinbar so verwickelte Verwaltungsform im Grunde war.

Meinem Freund Lucius sagte ich, daß ich selbst am liebsten Reiteroffizier werden wollte, und wir dachten gemeinsam darüber nach, welche Möglichkeiten mir offenstanden. Zur kaiserlichen Leibwache hatte ich keinen Zutritt, denn dort wurden alle Kriegstribunenstellen mit den Söhnen von Senatoren besetzt. In Mauretanien konnte man Löwen jagen. In Britannien gab es fortwährend neuen Aufruhr. Die Germanen stritten mit den Römern um Weideland.

»Kriegsruhm wirst du so oder so keinen gewinnen, auch wenn du an dem einen oder anderen Kampf teilnimmst«, versicherte Lucius. »Über kleine Grenzscharmützel werden nicht einmal mehr Berichte geschrieben, da es die vornehmlichste Aufgabe der Legionen ist, den Frieden an den Grenzen zu wahren. Ein allzu einfallsreicher und streitlustiger Legat verliert seinen Posten, noch ehe er weiß, was ihm geschieht. Die besten Beförderungsmöglichkeiten hat ein ehrgeiziger Mann noch bei der Flotte, und ein Seeoffizier braucht nicht einmal ritterbürtig zu sein. Es gibt ja in Rom nicht einmal einen Neptuntempel. Du bekommst einen guten Sold und führst ein bequemes Leben und kannst gleich von Anfang an damit rechnen, das Kommando über ein Schiff zu erhalten. Für die Navigation ist selbstverständlich ein geschickter Steuermann zur Hand. Aber kein vornehmer Römer drängt sich zur Flotte.«

Ich antwortete Lucius, so viel Römer sei ich immerhin, daß ich es als keine lohnende Aufgabe für einen Mann erachte, sich von einem Ort zum andern rudern zu lassen, vor allem da man seit Menschengedenken nichts mehr von Seeräubern gehört habe. Von größtem Nutzen für Rom konnte ich meiner Meinung nach im Osten sein, da ich wie jeder, der in Antiochia aufgewachsen ist, fließend Aramäisch sprach, aber ich verspürte keine Lust, Straßen zu bauen und in einer Garnisonsstadt zu leben, wo die Legionare heiraten und ein Handwerk betreiben durften und die Zenturionen erfolgreiche Geschäftsleute werden konnten. Nein, ich wollte nicht in den Osten.

»Warum mußt du dich überhaupt irgendwo am Ende der Welt vergraben?« fragte Lucius. »Unvergleichlich besser ist es doch, in Rom zu bleiben, wo man sich früher oder später auszeichnen kann. Mit deinen Reitkünsten, deiner stattlichen Gestalt und deinen schönen Augen kannst du es hier in einem Jahr weiter bringen denn in zwanzig Jahren als Führer einer Kohorte unter den Barbaren.«

Durch meine lange Bettlägerigkeit reizbar geworden und aus reinem Widerspruch sagte ich: »Rom ist in der Sommerhitze eine schwitzende, stinkende Stadt voll ekelhafter Fliegen. Sogar in Antiochia war die Luft reiner.«

Lucius sah mich prüfend an, da er hinter meinen Worten eine

versteckte Bedeutung suchte. »Ohne Zweifel ist Rom voll ekelhafter Fliegen«, erwiderte er. »Voll richtiger Aasfliegen. Es wäre vielleicht besser, wenn ich den Mund hielte, denn ich weiß sehr wohl, daß dein Vater dank einem aufgeblasenen Freigelassenen des Kaisers seine Ritterwürde zurückbekam. Es ist dir gewiß bekannt, daß die Gesandten von Städten und Königen vor Narcissus katzbuckeln und daß er sich durch den Verkauf von Bürgerrechten und Ämtern ein Vermögen von mehreren Zehnmillionen Sesterze gemacht hat. Und noch habsüchtiger ist Valeria Messalina. Sie ließ einen der edelsten Männer Roms ermorden, um sich in den Besitz der Gärten des Lucullus auf dem Pincius zu bringen. Aus ihren Gemächern im Palatium hat sie ein Freudenhaus gemacht, und damit nicht genug, verbringt sie so manche Nacht verkleidet und unter falschem Namen in den Hurenhäusern Suburras, wo sie sich aus reinem Vergnügen für ein paar schäbige Kupfermünzen jedem Dahergelaufenen hingibt.«

Ich hielt mir die Ohren zu und erklärte, daß Narcissus ein Grieche von untadeligem Benehmen sei und daß ich all das Schlechte, das über die schöne Gemahlin des Kaisers mit ihrem hell klingenden Lachen berichtet werde, nicht glauben könne. »Messalina ist nur sieben Jahre älter als wir«, sagte ich. »Sie hat außerdem zwei schöne Kinder und durfte bei den Festaufführungen unter den unbefleckten Jungfrauen der Vesta sitzen.«

»Kaiser Claudius' Schmach und Schande im Ehebett ist sogar in den Ländern unserer Feinde, in Parthien und Germanien, bekannt«, behauptete Lucius. »Man darf zwar nicht alles glauben, aber ich kenne selbst einige junge Ritter, die sich damit brüsten, daß sie auf Geheiß des Kaisers bei ihr gelegen sind. Claudius befiehlt einem jeden, Messalina in allem zu Willen zu sein.«

Ich dachte nach und antwortete: »Du weißt selbst von deinen Symposien her, womit junge Männer prahlen, Lucius. Je schüchterner einer in Frauengesellschaft ist, desto lauter brüstet er sich mit seinen angeblichen Eroberungen, sobald er ein wenig Wein getrunken hat. Daß man derlei Gerüchte auch im Ausland kennt, scheint mir nur ein Beweis dafür zu sein, daß sie von irgend jemandem mit Absicht in Umlauf gesetzt werden. Je gröber eine Lüge ist, desto leichter wird sie geglaubt. Der Mensch ist von Natur leichtgläubig, und gerade solche Lügen, die ein verderbtes Gemüt erregen, glaubt das Volk am liebsten.«

Lucius errötete. »Ich habe eine andere Erklärung«, flüsterte er mit einer Stimme, die beinahe zitterte. »Vielleicht war Messalina wirklich unschuldig, als sie im Alter von vierzehn Jahren mit dem fünfzigjährigen verkommenen Säufer Claudius vermählt wurde, den sogar seine eigene Familie verachtete. Claudius selbst verdarb Messalina, indem er ihr Myrrhe zu trinken gab, so daß sie mannstoll wurde. Er ist jedoch ein verlebter Greis, und es wäre nicht unmöglich, daß er absichtlich beide Augen zudrückt. Er verlangt jedenfalls von Messalina, daß sie ihm ständig neue Sklavenmädchen in sein Bett schickt, je kindlicher, desto besser. Was er mit denen treibt, ist eine Sache für sich. All das hat Messalina selbst einer Person, die ich nicht nennen will, der ich aber vorbehaltlos Glauben schenke, weinend gestanden.«

»Wir sind Freunde, Lucius«, sagte ich. »Aber du bist von hoher Geburt, Sohn eines Senators, und daher scheust du dich, offen zu sprechen. Ich weiß, daß der Senat die Republik wieder einführte, als Gajus ermordet wurde. Dann aber entdeckten die Prätorianer, als sie das Palatium plünderten, seinen Onkel Claudius, der sich hinter einem Vorhang versteckt hatte, und riefen ihn zum Imperator aus, weil er als einziger das Geburtsrecht besaß. Das ist eine so alte Geschichte, daß schon niemand mehr darüber lachen mag. Mich aber wundert es nicht, daß Claudius sich mehr auf seine Freigelassenen und die Mutter seiner Kinder verläßt als auf den Senat.«

»Ist dir ein wahnsinniger Tyrann lieber als die Freiheit?« fragte Lucius bitter.

»Eine Republik unter Senatoren und Konsuln ist nicht gleichbedeutend mit Freiheit und Herrschaft des Volkes, sondern sie bedeutet Aristokratenherrschaft, Ausplünderung der Provinzen und neuen Bürgerkrieg, so viel sagt mir das Studium der Geschichte. Begnüge dich damit, Rom von innen her durch griechische Bildung zu veredeln, und laß die Finger von der Politik.«

Lucius lachte hell auf. »Wenn man das Ideal der Republik mit der Muttermilch eingesogen hat, kann einem heiß werden bei solchen Gedanken«, sagte er. »Aber vielleicht ist die Republik wirklich nur ein blutiger Überrest aus vergangenen Zeiten im Körper des Staates. Ich kehre jedenfalls zu meinen Büchern zurück. Da kann ich niemandem schaden, nicht einmal mir selbst.«

»Und Rom mag meinetwegen voller Aasfliegen sein«, sagte ich. »Wir beide, du und ich, werden sie nicht ausrotten.«

Die größte Ehre, die mir zuteil wurde, während ich tatenlos und mit düsteren Gedanken in meinem Bett lag, war ein Besuch des Anführers der vornehmen jungen Reiter, eben jenes zehnjährigen Lucius Domitius. Er kam mit seiner Mutter Agrippina, ganz bescheiden und ohne sich vorher anmelden zu lassen. Sie ließen ihre Sänfte und ihr Gefolge vor dem Haus warten und traten für eine kleine Weile ein, um mir ihre Anteilnahme an meinem Mißgeschick auszusprechen. Barbus, der während meiner Krankheit das Amt des Türhüters versah, war natürlich betrunken und schlief. Domitius schlug ihn scherzend mit der Faust vor die Stirn und rief ein Kommandowort, worauf Barbus aufsprang, noch ganz verschlafen Haltung annahm, die Hand zum Gruß hob und »Ave Caesar Imperator!« rief.

Agrippina fragte ihn neugierig, warum er den Knaben als Kaiser grüße. Barbus antwortete, er habe geträumt, ein Zenturio habe ihn mit dem Befehlsstab auf den Kopf geschlagen. Als er die Augen öffnete, habe er vor sich in der Mittagssonne eine überirdisch gewaltige Juno und einen Imperator in funkelnder Rüstung gesehen, der seine Truppen inspizierte. Barbus kam erst ganz zu sich, als sie eine Weile auf ihn eingesprochen hatten. Er erkannte endlich Lucius Domitius wieder und erriet, daß Agrippina, ihrer göttlichen Schönheit und Haltung wegen, dessen Mutter sein mußte.

»Ich habe mich also nicht geirrt«, sagte er schmeichlerisch. »Du bist ja eine Schwester des Kaisers Gajus, und Kaiser Claudius ist dein Onkel. Von der Seite des Gottes Julius Caesar her stammst du von der Venus ab und durch Marcus Antonius von Herkules. Es ist also nicht verwunderlich, daß ich deinen Sohn mit der höchsten Ehrenbezeigung grüße.«

Tante Laelia geriet über diesen vornehmen Besuch außer sich. Sie eilte mit schiefsitzender Perücke herbei, um meine Bettdecken glattzustreichen, und sagte aufgeregt schnatternd, Agrippina hätte uns von ihrem Kommen unbedingt im voraus benachrichtigen müssen, so daß wir Gelegenheit gehabt hätten, einige Vorbereitungen zu treffen.

Agrippina erwiderte bekümmert: »Du weißt sehr gut, liebe Laelia, daß es für mich seit dem Tode meiner Schwester Julia das sicherste ist, alle offiziellen Besuche zu unterlassen. Aber mein Sohn wollte unbedingt seinen Helden Minutus Lausus sehen, und deshalb sind wir vorbeigekommen, um ihm eine rasche Genesung zu wünschen.«

Der lebhafte, unwiderstehlich sympathische und trotz seinem roten Haar schöne Knabe eilte scheu auf mich zu, um mich zu küssen, und trat gleich wieder einige Schritte zurück, während sein Blick bewundernd auf meinem Gesicht ruhte: »Ach Minutus!« rief er. »Mehr als jeder andere verdientest du, Magnus zu heißen. Wenn du wüßtest, wie sehr ich deine unfaßbare Kühnheit bewundere. Keiner der Zuschauer ahnte, daß dein Bein gebrochen war, denn du hieltest dich tapfer im Sattel bis zuletzt.« Er nahm eine Buchrolle aus der Hand seiner Mutter und reichte sie mir. Agrippina wandte sich an Tante Laelia und erklärte, sich gleichsam entschuldigend: »Es ist ein Buch über den Gleichmut, das mein Freund Seneca auf Korsika geschrieben hat. Es ist gewiß eine nützliche Lektüre für einen jungen Mann, der an den Folgen seines Übermuts zu leiden hat. Man wird sich vielleicht darüber wundern, daß ein so edel gesinnter Mann lebendig begraben in der Verbannung schmachten muß, aber das ist nicht meine Schuld, sondern eine Folge der derzeitigen Verhältnisse in Rom.«

Tante Laelia war zu ungeduldig, um ihr zuzuhören. Sie dachte nach, was sie den hohen Gästen anbieten konnte, denn es wäre eine Schande gewesen, wenn sie, ohne einen Bissen zu sich zu nehmen, unser Haus wieder verlassen hätten. Agrippina machte viele Einwände und sagte zuletzt: »Nun gut, so wollen wir dir zuliebe einen Schluck von dem erfrischenden Zitronenwasser versuchen, das dein tapferer Kranker in dem Krug neben seinem Bett stehen hat, und mein Sohn mag auch ein wenig von seinem Backwerk kosten.«

Tante Laelia starrte sie mit runden Augen an und fragte erschrocken: »Ist es wirklich schon so weit gekommen, liebste Agrippinilla?«

Agrippina war zu jener Zeit vierunddreißig Jahre alt. Sie war von hohem Wuchs und hatte edle, wenn auch ausdruckslose Gesichtszüge und große glänzende Augen. Zu meiner Verwunderung sah ich, wie diese klaren Augen sich mit Tränen füllten. Sie senkte den Kopf, weinte und gestand zuletzt: »Du hast es erraten, Laelia. Am liebsten würde ich mit eigenen Händen das Trinkwasser für meinen Sohn aus der Leitung holen und selbst auf dem Markt auswählen, was ich zu essen und ihm zu geben wage. Das Volk hat ihm bei der Jahrhundertfeier allzu offen zugejubelt. Vor drei Tagen versuchte man ihn während der Mittagsruhe zu ermorden. Ich traue nicht einmal mehr den Dienern, denn es war gar zu auffällig, daß nicht ein einziger in der Nähe war und daß wildfremde Männer mit bösen Absichten ungesehen ins Haus einzudringen vermochten. Ich dachte daher ... nein, nein, ich schweige lieber davon.«

Tante Laelia wurde natürlich neugierig, was auch der Zweck dieser Andeutung gewesen war, und fragte eifrig, was Agrippina sich gedacht habe. Nach kurzem Zögern sagte diese: »Ich dachte daran, daß Lucius ständig einige vornehme junge Ritter um sich haben sollte, auf deren Treue man sich verlassen könnte und die ihm gleichzeitig ein gutes Beispiel gäben. Doch nein, das würde ihnen nur schaden und ihre Zukunftsaussichten verderben.«

Tante Laelia sah unglücklich und erschrocken drein, und ich war meiner selbst nicht sicher genug, um glauben zu können, daß Agrippina mich gemeint hatte. Lucius legte jedoch schüchtern seine Hand auf die meine und rief: »Wenn du, Minutus, an meiner Seite wärst, würde ich niemanden und nichts mehr fürchten!«

Tante Laelia stammelte, es könne falsch ausgelegt werden, wenn Lucius Domitius ein Rittergefolge um sich zu scharen begänne, aber ich antwortete bereitwillig: »Ich kann schon ein wenig auf Krücken gehen, und bald wird mein Oberschenkelknochen ganz ausgeheilt sein. Vielleicht werde ich mein Leben lang hinken, aber wenn man mich deshalb nicht auslacht, will ich gern Lucius' Begleiter sein und ihn beschützen, bis er groß genug ist, sich selbst zu schützen. Du bist ja schon sehr kräftig für dein Alter und kannst sowohl reiten als auch die Waffen gebrauchen.« Um die Wahrheit zu sagen, wirkte er mit seinen zierlichen Bewegungen und seiner kunstvollen Haartracht eher mädchenhaft als männlich, und dieser Eindruck wurde noch unterstrichen durch die milchweiße Haut, die alle Rothaarigen haben, aber ich dachte mir, daß er ja erst zehn Jahre alt war und doch schon imstande, ein Pferd zu reiten und einen Streitwagen zu fahren. Gar so kindlich konnte er also nicht mehr sein.

Wir plauderten noch eine Weile über Pferde und griechische Dichter und Sänger, die er zu bewundern schien, aber irgendein Übereinkommen trafen wir nicht. Gleichwohl wurde mir klar, daß ich in Agrippinas Haus jederzeit willkommen war. Sie gingen wieder ihres Wegs, und Agrippina befahl ihrem Börsenträger, Barbus ein Goldstück zu geben.

»Die Ärmste ist sehr einsam«, erklärte mir Tante Laelia später.

»Ihre hohe Geburt trennt sie von anderen Menschen, und ebenbürtige wagen nicht mit ihr zu verkehren, aus Angst, beim Kaiser in Ungnade zu fallen. Es ist traurig, zu sehen, daß eine so hochgestellte Frau um die Freundschaft eines verkrüppelten jungen Ritters buhlen muß.«

Ich nahm ihr diese Worte nicht übel, da ich mich darüber selbst nicht genug wundern konnte. »Hat sie wirklich solche Angst, vergiftet zu werden?« fragte ich vorsichtig.

Tante Laelia schnaubte verächtlich. »Sie nimmt sich wichtiger, als sie ist. Am hellichten Tag wird in einem bewohnten Haus mitten in Rom niemand ermordet. Die ganze Geschichte klingt an den Haaren herbeigezogen. Am besten mischst du dich da nicht ein. Es stimmt zwar, daß Kaiser Gajus, das Herzchen, eine ganze Truhe voll der verschiedensten Gifte besaß, mit denen er seine Versuche anstellte, aber Kaiser Claudius soll sie vernichtet haben, und Giftmischer werden streng bestraft. Du weißt ja, daß Agrippinas Gemahl, Lucius' Vater Domitius, ein Bruder der Domitia Lepida, der Mutter Messalinas, war. Als Lucius drei Jahre alt war, erbte er nach ihm, aber Gajus behielt alles für sich. Agrippina wurde verbannt und mußte, um ihr Leben zu fristen, auf einer einsamen Insel nach Schwämmen tauchen lernen. Lucius wurde von seiner Tante Domitia in Pflege genommen. Sein Lehrer war der Barbier Anicetus, und das sieht man seinem Haar noch heute an. Inzwischen hat sich aber Domitia Lepida mit Messalina zerstritten, und sie ist eine der wenigen, die es wagen, offen mit Agrippina zu verkehren und Lucius zu verwöhnen. Messalina trägt den Namen ihres Großvaters, Valerius Messalas, um darzutun, daß sie eine Verwandte des Gottes Augustus in absteigender Linie ist. Ihre Mutter ist auf sie böse, weil sie allzu offen zeigt, daß sie in Gajus Silius verliebt ist und diesen überallhin mitnimmt, mit ihren Sklaven und Freigelassenen in seinem Haus aus und ein geht wie in ihrem eigenen und sogar kostbare Möbel aus dem Palatium dorthin schleppen ließ. Andrerseits ist ihre Verliebtheit verständlich, denn Gajus Silius ist ohne Zweifel der hübscheste Mann in ganz Rom. Vielleicht ist die Sache auch harmlos, da alles so offen zugeht. Eine junge Frau hält es nicht aus, ständig einem griesgrämigen alten Säufer Gesellschaft zu leisten. Claudius vernachlässigt sie über seinen Regierungsgeschäften, und in seinen Mußestunden würfelt er lieber oder geht ins Theater. Am liebsten sitzt er im Amphitheater und sieht zu, wie

Raubtiere Verbrecher zerfleischen, und das ist nicht der rechte Zeitvertreib für eine empfindsame junge Frau wie sie.«

Ich hielt mir den Kopf mit den Händen und rief: »Genug über Messalina! Und von den verzwickten Verwandtschaftsbeziehungen zwischen all diesen göttlichen Familien brummt mir schon der Schädel!«

Tante Laelia war jedoch durch den hohen Besuch so angeregt, daß sie rasch fortfuhr: »Das ist doch alles ganz einfach. Der Gott Augustus war der Enkel der Schwester des Gottes Julius Caesar. Durch die erste Ehe seiner Schwester Octavia ist Messalina eine Tochter des Enkels ebendieser Octavia, während Kaiser Claudius durch Octavias zweite Ehe mit Marcus Antonius ein Enkel Octavias ist. Agrippina ist seine Nichte, zugleich aber Witwe nach Octavias zweitem Enkel Gnaeus Domitius. Mithin ist Lucius — paß gut auf — zugleich ein Enkel der ersten Tochter Octavias und ein Enkel von deren zweiter Tochter, das heißt mit anderen Worten, er ist Messalinas Vetter zweiten Grades.«

»Wenn ich dich recht verstanden habe, hat sich also Kaiser Claudius in dritter Ehe mit der Enkelin der Halbschwester seiner Mutter vermählt, die sich Valeria Messalina nennt«, warf ich ein. »Daher ist Messalina von ebenso vornehmer Geburt wie Agrippina.«

»Sozusagen, ja«, stimmte Tante Laelia mir bei. »Nur hat sie nicht das verderbte Blut des Marcus Antonius, unter dem die anderen so schwer leiden. Ihr Sohn Britannicus hat freilich durch Claudius ein wenig davon abbekommen, sofern . . .«

»Sofern . . .?« fragte ich.

»Nun, Claudius hat ja schon einen Bankert«, sagte Tante Laelia zögernd. »Wenn man weiß, was alles über Messalina erzählt wird, ist es durchaus nicht sicher, ob Britannicus wirklich sein Sohn ist. Es hieß seinerzeit, die Ehe sei von Kaiser Gajus befohlen worden, um den Ruf des Mädchens zu retten.«

»Tante Laelia«, sagte ich scherzend. »Aus Treue zu meinem Kaiser müßte ich dich für solche Verleumdung anzeigen.«

»Nicht, daß Claudius irgend etwas Schlechtes über die Kinder seiner schönen Gemahlin dächte!« versicherte Tante Laelia rasch und sah sich für alle Fälle vorsichtig um.

Später fragte ich Barbus, ob er wirklich einen so prophetischen Traum gehabt habe, als er aus seinem Schlaf und seinem Rausch geweckt wurde. Er behauptete unbeirrt, er habe tatsächlich etwas dieser Art gesehen, aber daran könnten ja der Wein und die Überraschung schuld gewesen sein. »In der Sommerhitze kann man vom Wein so sonderbar träumen, daß einem manchmal angst und bange wird«, entschuldigte er sich.

Als ich eine Zeitlang auf Krücken gegangen war, schickte mir der Reiterarzt einen geschickten Masseur, der mein Bein behandelte und meine schlaffen Muskeln so gut übte, daß ich binnen kurzem ohne Stütze gehen konnte. Ich trage seither am linken Fuß einen Schuh mit dickerer Sohle, so daß man mein Hinken kaum bemerkt.

Ich begann wieder zu reiten, bemerkte aber bald, daß nur wenige junge Ritter an den Reitübungen teilnahmen. Die meisten dachten nicht daran, die militärische Laufbahn einzuschlagen. Es genügte ihnen, daß sie sich bei der nächsten Parade schlecht und recht im Sattel halten konnten.

Brennende Unruhe und Tatenlust ergriffen mich in der Hitze des Sommers. Einige Male besuchte ich Lucius Domitius, aber er war mir letzten Endes doch noch zu kindlich, als daß ich seine Gesellschaft auf die Dauer ertragen hätte. Er übte sich eifrig in der Dichtkunst und las mir von seiner Wachstafel Verse vor, die ich verbessern sollte. Mit besonderem Geschick knetete er Tiere und Menschen aus Ton. Lobte man ihn, war er sehr zufrieden, ja glücklich, aber jede kritische Bemerkung nahm er übel auf, obgleich er es zu verbergen trachtete. Er schlug mir allen Ernstes vor, ich solle bei seinem Tanzlehrer Stunden nehmen, damit ich lernte, mich schön und mit gefälligen Gebärden zu bewegen.

»Die Tanzkunst bringt einem wenig Nutzen, wenn man lernen will, Schwert, Lanze und Schild zu gebrauchen«, sagte ich.

Lucius Domitius gestand mir darauf, daß er die Schwertkämpfe im Amphitheater verabscheute, bei denen rohe Gladiatoren einander verwundeten und erschlugen.

»Ich will aber doch kein Gladiator werden!« antwortete ich gekränkt. »Ein römischer Ritter muß das Kriegshandwerk erlernen.«

»Der Krieg ist ein blutiges und sinnloses Geschäft«, meinte er. »Rom hat der Welt den Frieden geschenkt. Aber ich habe gehört, daß ein Verwandter meines verstorbenen Vaters, Gnaeus Domitius Corbulo, jenseits des Rheins in Germanien herumrumort, um sich das Recht auf einen Triumph zu erwerben. Wenn du wirklich willst, kann ich ihm schreiben und dich als Kriegstribun empfehlen. Er ist allerdings ein grober Kerl und wird dich hart arbeiten lassen, sofern er nicht ohnehin bald zurückberufen wird, denn ich glaube, Onkel Claudius sieht es nicht gern, wenn irgendein Verwandter meines Vaters allzu berühmt wird.«

Ich versprach, darüber nachzudenken. Barbus zog nähere Erkundigungen ein und versicherte mir, Corbulo habe sich mehr als Straßenbauer in Gallien denn als Krieger in Germaniens Wäldern ausgezeichnet.

Natürlich las ich das kleine Buch, das ich bekommen hatte. Der Philosoph Seneca schrieb eine schöne, neuartige Sprache und behauptete, ein Weiser könne in allen Schicksalsprüfungen seinen Gleichmut bewahren. Ich fand jedoch, daß er ein wenig langatmig schrieb, denn er führte keine Beispiele an, sondern philosophierte nur, so daß man von seinen Gedanken nicht viel im Gedächtnis behielt.

Mein Freund Lucius Pollio lieh mir auch einen Trostbrief, den er an Polybius, einen Freigelassenen des Kaisers, geschrieben hatte. Darin tröstete Seneca besagten Polybius, als dessen Bruder gestorben war, und bewies, daß er eigentlich keinen Grund zur Trauer habe, solange er das Glück genieße, dem Kaiser zu dienen.

Was die Bücherleser in Rom am meisten belustigte, war, daß Polybius erst kürzlich verurteilt worden war, weil er Bürgerrechte verkauft hatte. Lucius zufolge hatte er sich wegen der Aufteilung des Erlöses mit Messalina gestritten, und Messalina hatte ihn angezeigt, was ihr die übrigen Freigelassenen des Kaisers sehr übelnahmen. Der Philosoph Seneca hatte nach wie vor kein Glück.

Ich wunderte mich darüber, daß Claudia während meiner langen Krankheit keinen Versuch unternommen hatte, mit mir in Verbindung zu treten. Mein Selbstbewußtsein litt darunter, obgleich mir mein Verstand sagte, daß mir ihr Besuch mehr Ärger als Freude verursacht haben würde. Doch ich konnte ihre schwarzen Brauen, ihren trotzigen Blick und ihre vollen Lippen nicht vergessen.

Als ich wieder genesen war, unternahm ich lange Wanderungen, um mein gebrochenes Bein wieder zu kräftigen und meine Unruhe zu dämpfen. Der warme römische Herbst war gekommen. Ich konnte der Hitze wegen nicht die Toga tragen, und auch die Tunika mit der roten Borte wollte ich nicht anlegen, um in den Randvierteln der Stadt kein unnötiges Aufsehen zu erregen.

Eines Tages ging ich auf die andere Seite des Flusses hinüber, um dem Gestank der Innenstadt zu entfliehen, vorbei an Kaiser Gajus' Amphitheater, in das dieser unter ungeheuren Kosten einen Obelisken aus Ägypten hatte schleppen lassen, und stieg den Vatikanischen Hügel hinauf. Dort oben stand ein uralter etruskischer Orakeltempel, dessen Holzwände Kaiser Claudius mit einer Schicht Ziegel verkleiden ließ. Der alte Augur hob seinen Krummstab, um mich auf sich aufmerksam zu machen, rief mich aber nicht an. Ich ging auf der anderen Steite des Hügels wieder hinunter, immer weiter von der Stadt fort und auf die Gemüsegärten zu. Vor meinen Blicken lagen einige stattliche Gehöfte. Von hier aus und aus der weiteren Umgebung rollte Nacht für Nacht ein endloser Zug von Karren in die Stadt, deren Frachten auf dem Gemüsemarkt abgeladen und an die Großhändler in den Markthallen verkauft wurden. Noch vor dem Morgengrauen mußten die Karren die Stadt wieder verlassen.

Ich mochte die schwarzbraun gebrannten Sklaven, die auf den Gemüsefeldern arbeiteten, nicht nach Claudia fragen, sondern ging aufs Geratewohl weiter und ließ meine Füße mich tragen, wohin sie wollten. Claudia hatte jedoch etwas von einer Quelle und alten Bäumen gesagt. Daher blickte ich mich aufmerksam um, und meine Ahnungen leiteten mich richtig, als ich einem ausgetrockneten Bachbett folgte. Unter uralten Bäumen stieß ich auf eine kleine Hütte. Daneben befand sich ein großes Gehöft, und in dessen Gemüsegarten kniete Claudia, die Hände und die Füße schwarz von Erde. Sie trug nur ein grobes Untergewand und einen breitkrempigen spitzen Strohhut, um sich vor den Sonnenstrahlen zu schützen. Obwohl ich sie seit Monaten nicht mehr gesehen hatte, war sie mir so vertraut, daß ich sie an den Bewegungen ihrer Hände und der Art, wie sie sich bückte, wiedererkannte.

»Sei gegrüßt, Claudia!« rief ich, und warme Freude erfüllte mich, als ich mich vor ihr niederhockte, um ihr Gesicht unter der Hutkrempe zu sehen.

Claudia fuhr auf und starrte mich aus schreckgeweiteten Augen an. Dann wurde sie flammend rot, schlug mir ein Bündel Erbsenreiser, an denen noch Erdklumpen hingen, ins Gesicht, sprang auf und rannte hinter die Hütte. Ich war über diesen Empfang empört und fluchte vor mich hin, während ich mir die Erde aus den Augen rief.

Zögernd folgte ich ihr dann hinter die Hütte und sah sie Wasser aus der Quelle schöpfen und sich das Gesicht waschen. Sie schrie mich zornig an und hieß mich vor der Hütte warten. Erst als sie sich gekämmt und reine Kleider angezogen hatte, kam sie zu mir und sagte, noch immer zornig: »Ein gut erzogener Mann meldet sich vorher an, aber was kann man schon von dem Sohn eines syrischen Wucherers erwarten! Was willst du denn?«

So böse schimpfte sie mich aus. Ich errötete und wandte mich ab, um ohne ein Wort zu gehen, hatte aber kaum ein paar Schritte getan, als sie mir nachlief, mich am Arm packte und rief: »Bist du wirklich so empfindlich, Minutus? Bleib und vergib mir meine böse Zunge. Ich habe mich geärgert, weil du mich bei der Arbeit überraschtest, so schmutzig und voller Erde, wie ich war.«

Sie führte mich voll Eifer in ihre bescheidene Hütte, in der es nach Herdrauch, Kräutern und reinem Linnen roch. »Du siehst, ich kann sogar spinnen und weben, wie es sich einst für eine Römerin gehörte«, sagte sie. »Vergiß nicht, daß in alter Zeit sogar der stolzeste Claudier selbst seine Ochsen vor dem Pflug führte.«

Auf diese Weise versuchte sie, ihre Armut zu entschuldigen. Ich antwortete höflich: »So, das Gesicht frisch vom Quellwasser, bist du mir lieber, Claudia, als alle geschminkten und in Seide gekleideten Frauen in der Stadt.«

Claudia gestand mir jedoch offenherzig: »Ich hätte es freilich lieber, wenn meine Haut weiß wie Milch wäre, mein Gesicht schön geschminkt und mein Haar in kunstvollen Locken um die Stirn gelegt, und wenn meine Gewänder mehr enthüllten, als sie verbergen, und ich nach den Balsamen des Ostens duftete. Aber Tante Paulina Plautia, die mich nach dem Tode meiner Mutter hier bei sich wohnen läßt, will von derlei Dingen nichts wissen. Sie selbst trägt Trauerkleider, schweigt lieber, als daß sie den Mund aufmacht, und geht ihresgleichen aus dem Weg. Geld hat sie übergenug, aber sie gibt alles, was sie einnimmt, lieber für gute Werke und andere, noch zweifelhaftere Zwecke aus, als daß sie mich Wangenrot und Augenschminke kaufen ließe.«

Ich mußte unwillkürlich lachen, denn Claudias Gesicht war so frisch, so rein und gesund, daß sie wirklich keine künstlichen Schönheitsmittel brauchte. Ich wollte ihre Hand nehmen, aber sie entzog sie mir und sagte unwillig, daß ihre Hände während des Sommers hart und rauh geworden seien wie die einer Sklavin. Ich hatte das Gefühl, daß sie mir etwas verbarg, und fragte sie, ob sie nichts von meinem Mißgeschick gehört habe. Sie antwortete ausweichend: »Deine Tante Laelia hätte mich nicht ins Haus gelassen, um dich zu besuchen. Im übrigen bin ich sehr bescheiden geworden und sehe wohl ein, daß du von meiner Freundschaft keinen Nutzen, sondern nur Schaden hättest. Ich wünsche dir Glück, Minutus.«

Ich antwortete heftig, daß ich über mein Leben selbst bestimmte und mir auch meine Freunde selbst auswählte. »Außerdem wirst du mich bald los sein«, fügte ich hinzu. »Man hat mir ein Empfehlungsschreiben zugesagt, und ich werde unter dem berühmten Corbulo gegen die Germanen kämpfen. Mein Bein ist wieder gesund und nur eine Spur kürzer als das andere.«

Claudia versicherte rasch, sie habe nicht einmal bemerkt, daß ich ein wenig hinkte. Sie dachte eine Weile nach und bekannte dann mit bekümmerter Miene: »Jedenfalls bist du mir im Feld sicherer als hier in Rom, wo irgendeine fremde Frau dich mir wegnehmen kann. Ich würde weniger trauern, wenn du aus einfältiger Ehrsucht dein Leben im Krieg verlörst, als wenn du dich in eine andere verliebtest. Aber warum mußt du dich ausgerechnet mit den Germanen herumschlagen? Das sind furchtbar große und starke Krieger. Wenn ich Tante Paulina bitte, gibt sie dir gewiß ein Empfehlungsschreiben an meinen Onkel Aulus Plautius in Britannien. Er befehligt dort vier Legionen und hat so viel erreicht, daß die Briten ganz bestimmt schwächere Gegner sind als die Germanen. Onkel Aulus ist kein Feldherrngenie, und sogar Claudius hat sich in Britannien so auszeichnen können, daß er einen Triumph feiern durfte. Man braucht also die Briten als Gegner nicht sehr hoch einzuschätzen.«

Ich hatte nicht gewußt, daß Aulus Plautius ihr Onkel war, und fragte nach weiteren Einzelheiten. Claudia erklärte mir, daß ihre Mutter eine Plautia gewesen war. Als Aulus Plautius' Frau Paulina die elternlose Nichte ihres Mannes in ihre Obhut nahm, behandelte der gutmütige Aulus Claudia wie seine eigene Tochter, zumal die beiden selbst keine Kinder hatten.

»Onkel Aulus mochte meine Mutter Urgulanilla nicht«, erzählte Claudia. »Aber sie war immerhin auch eine Plautia, und es kränkte meinen Onkel tief, daß Claudius sich unter einem fadenscheinigen Vorwand von ihr scheiden und mich nackt auf ihre Schwelle legen ließ. Onkel Aulus war auch bereit, mich zu adoptieren, aber dazu bin ich zu stolz. Vor dem Gesetz bin und bleibe ich die Tochter des Kaisers Claudius, sosehr mich auch der Lebenswandel dieses Mannes anwidert.«

Ihre Herkunft langweilte mich in diesem Augenblick, aber der Gedanke an Britannien erregte mich, und ich sagte: »Dein gesetzlicher Vater Claudius hat Britannien nicht unterworfen, wenn er auch einen Triumph feierte. Im Gegenteil, man führt dort unaufhörlich Krieg. Es heißt, dein Onkel Aulus kann über fünftausend erschlagene Feinde nachweisen und hat sich daher ebenfalls das Recht auf einen Triumph erworben. Das sind widerspenstige, heimtückische Stämme. Kaum ist in einem Teil des Landes der Friede hergestellt, bricht in einem anderen Teil erneut der Krieg aus. Gehen wir sogleich zu deiner Tante Paulina.«

»Du hast es sehr eilig, Kriegsruhm zu gewinnen«, sagte Claudia gereizt. »Tante Paulina hat mir streng verboten, allein in die Stadt zu gehen und die Statuen meines Vaters anzuspucken, aber heute habe ich ja dich als Begleiter. Ich führe dich gern zu ihr, denn ich habe sie seit Wochen nicht mehr gesehen.«

Wir gingen zusammen in die Stadt, und ich eilte heim, um mich standesmäßig zu kleiden. Claudia wollte aus Angst vor Tante Laelia nicht mit ins Haus kommen, sondern wartete vor dem Tor und plauderte mit Barbus. Als wir uns auf den Weg zum Haus der Plautier auf dem Caelus machten, blitzten Claudias Augen vor Zorn.

»Du hast dich also mit Agrippina und ihrem verdammten Bengel eingelassen!« rief sie. »Dieses schamlose Weib ist gefährlich. Dem Alter nach könnte sie übrigens deine Mutter sein.«

Ich wandte verwundert ein, daß Agrippina zwar schön, aber dabei doch sehr zurückhaltend sei und daß ich ihren Sohn noch als ein Kind betrachtete, doch Claudia unterbrach mich wütend: »Ich weiß mehr als genug über alle diese bis ins Mark verdorbenen Claudier. Agrippina holt sich jeden ins Bett, von dem sie glaubt, daß er ihr nützen könnte. Der Schatzmeister des Kaisers, Pallas, ist seit langem ihr Liebhaber. Sie sucht vergeblich einen neuen Gatten. Die Männer, die vornehm genug sind, sind viel zu vorsichtig, um sich in ihre Intrigen mit einspinnen zu lassen, aber du in deiner Unerfahrenheit läßt dich natürlich von jeder liederlichen römischen Witwe verführen.«

Streitend gingen wir durch die ganze Stadt, aber im Grunde war Claudia sehr zufrieden, weil ich ihr versicherte, daß mich noch keine verführt hatte und daß ich des Versprechens eingedenk war, das ich ihr an dem Tag, an dem ich die Toga erhielt, auf dem Heimweg vom Tempel der Mondgöttin gegeben hatte.

Im Atrium der Plautier gab es eine lange Reihe von Ahnenbildern, Totenmasken und Kriegstrophäen. Paulina Plautia war eine alte Frau mit großen Augen, die durch mich hindurch auf irgendeinen Punkt weit hinter mir zu blicken schienen. Man sah ihr an, daß sie geweint hatte. Als sie meinen Namen und mein Anliegen erfuhr, verwunderte sie sich, fuhr mir mit ihrer mageren Hand über die Wange und sagte: »Dies ist ein wunderbares, unfaßbares Zeichen von dem einzigen Gott. Du weißt vermutlich nicht, Minutus Manilianus, daß dein Vater und ich Freunde wurden und einen heiligen Kuß tauschten, als wir beim Liebesmahl zusammen Brot gebrochen und Wein getrunken hatten. Es ist jedoch nichts Böses geschehen. Tullia hat deinem Vater nachspionieren lassen. Als sie genug Beweise gegen mich gesammelt hatte, zeigte sie mich an und behauptete, ich hätte an schändlichen östlichen Mysterien teilgenommen.«

»Bei allen Göttern Roms!« rief ich erschrocken aus. »Hat sich mein Vater wirklich auch hier wieder in die Verschwörung der Christen eingemischt? Ich glaubte, er hätte seine Grillen in Antiochia gelassen!«

Die alte Frau sah mich mit seltsam glänzenden Augen an. »Das sind keine Grillen, Minutus. Es ist der einzige Weg zur Wahrheit und zum ewigen Leben. Ich schäme mich nicht, zu glauben, daß der Jude und Nazarener Jesus Gottes Sohn war und ist. Er zeigte sich deinem Vater in Galiläa, und dein Vater weiß mehr über ihn zu berichten als so mancher andere hier. Seine Ehe mit der herrschsüchtigen Tullia betrachtet er als Gottes Strafe für seine Sünden. Daher hat er seinen früheren Hochmut fahrenlassen und ebenso wie ich die heilige Taufe der Christen angenommen. Und keiner von uns schämt sich dessen, obwohl sich unter den Christen nicht viele Reiche oder Vornehme finden.«

Diese schreckliche Neuigkeit ließ mich verstummen. Als Claudia meinen finsteren, vorwurfsvollen Blick bemerkte, verteidigte sie sich: »Ich bin zwar nicht zu ihrem Glauben übergetreten und habe mich nicht taufen lassen, aber drüben auf der anderen Tiberseite, im Judenviertel, habe ich ihre Lehren gehört. Ihre Mysterien und heiligen Mähler befreien sie von allen Sünden.«

»Raufbolde sind sie!« rief ich zornig. »Ewige Stänkerer, Unruhestifter und Aufwiegler! Das habe ich schon in Antiochia gesehen. Die richtigen Juden verabscheuen sie mehr als die Pest.«

»Man braucht nicht Jude zu sein, um zu glauben, daß Jesus von Nazareth Gottes Sohn ist«, erklärte Paulina. Ich verspürte jedoch keine Lust, Glaubensfragen zu diskutieren. Mir stieg das Blut zu Kopf bei dem Gedanken, daß mein Vater nun gar noch zu einem Anhänger der verachteten Christen herabgesunken war.

»Mein Vater war natürlich wieder betrunken und zerfloß vor Selbstmitleid«, sagte ich schroff. »Außerdem bedient er sich jedes noch so unsinnigen Vorwands, um Tullias Schreckensherrschaft zu entrinnen. Er hätte doch auch mit seinem Sohn über seinen Kummer sprechen können.«

Die großäugige Frau schüttelte den Kopf darüber, daß ich so unehrerbietig von meinem Vater sprach, und sagte: »Gerade bevor ihr kamt, erfuhr ich, daß der Kaiser, um das Ansehen meines Gatten zu retten, keinen öffentlichen Prozeß wünscht. Aulus Plautius und ich sind nach der längeren Formel getraut worden. Daher hat der Kaiser bestimmt, daß ich von meinem Gatten vor dem Familiengericht abgeurteilt werden soll, sobald er aus Britannien heimkehrt. Als ihr kamt, dachte ich eben darüber nach, wie ich ihm eine Botschaft zukommen lassen könnte, bevor er von anderer Seite übertriebene Anschuldigungen zu hören bekommt und sich gegen mich erzürnt. Mein Gewissen ist rein, denn ich habe nichts Schändliches oder Böses getan. Möchtest du nicht nach Britannien reisen und einen Brief an meinen Gatten mitnehmen, Minutus?«

Ich war nicht gerade darauf erpicht, mit unliebsamen Nachrichten von daheim bei dem berühmten Feldherrn einzutreffen, denn ich begriff nur zu gut, daß ich mir auf diese Weise seine Gunst verscherzen konnte, aber die sanften Augen der alten Frau bezauberten mich, und ich dachte, daß ich gewissermaßen in ihrer Schuld stand, da sie doch meines Vaters wegen in Schwierigkeiten geraten war. Aulus Plautius konnte sie auf Grund dieser altmodischen längeren Formel ohne weiteres töten lassen. Ich sagte daher widerwillig: »Es ist mir wohl so bestimmt. Ich bin bereit, morgen zu reisen, wenn du in deinem Brief ausdrücklich vermerkst, daß ich mit deinem Aberglauben nichts zu schaffen habe.«

Das versprach sie mir und machte sich sogleich daran, den Brief zu schreiben. Dann fiel mir jedoch ein, daß die Reise viel zu lange dauern würde, wenn ich mein eigenes Pferd, Arminia, nahm, das immer wieder rasten mußte. Paulina versprach, mir das Brustschild eines kaiserlichen Boten zu verschaffen, das mich dazu berechtigte, die Postpferde und Wagen des Kaisers zu benützen wie ein reisender Senator. Paulina war ja die Gemahlin des Oberbefehlshabers in Britannien. Als Entgelt verlangte sie jedoch noch einen Dienst von mir: »Auf dem Hang des Aventins wohnt der Zeltmacher Aquila. Geh zu ihm, sobald es dunkel geworden ist, und sage ihm oder seiner Frau Prisca, daß man mich angezeigt hat. Sie wissen dann, daß sie auf der Hut sein müssen. Sollte dich aber irgendein Fremder ausfragen, so sagst du, ich hätte dich geschickt, um eine Bestellung auf Zeltleinen, die Aulus Plautius aufgegeben hat, wieder rückgängig zu machen. Meine eigenen Diener wage ich nicht zu schicken, da mein Haus seit der Anzeige unter Bewachung steht.«

Ich fluchte innerlich darüber, daß ich auf diese Weise gezwungen war, mich an den abscheulichen Ränken der Christen zu beteiligen, aber Paulina segnete mich im Namen jenes Jesus von Nazareth und berührte mit den Fingerspitzen sanft meine Stirn und meine Brust, daß ich es nicht über mich brachte, meinem Unwillen Ausdruck zu geben. Ich versprach also, den Auftrag auszuführen und am nächsten Tag reisefertig zu ihr zurückzukehren, um den Brief in Empfang zu nehmen.

Als wir uns von ihr verabschiedeten, seufzte Claudia. Ich aber fühlte mich neu belebt von meinem plötzlichen Entschluß und dem Gedanken an die lange Reise, die unversehens allen meinen Sorgen und Kümmernissen ein Ende bereitete. Trotz Claudias Zögern bestand ich darauf, daß sie mit mir ins Haus trat, so daß ich sie Tante Laelia als meine Freundin vorstellen konnte. »Nun, da mein Vater ein verachteter Christ geworden ist, brauchst du dich in unserem Haus wahrhaftig nicht mehr zu schämen«, sagte ich. »Du bist ja vor dem Gesetz die Tochter des Kaisers und aus vornehmem Geschlecht.«

Die weltkluge Tante Laelia machte gute Miene zu meinem bösen Spiel. Sobald sie sich von ihrer Bestürzung erholt hatte, umarmte sie Claudia, blickte ihr prüfend ins Gesicht und sagte: »Du bist eine kräftige, gesunde junge Frau geworden. Ich sah dich oft, als du noch klein warst, und erinnere mich noch gut, wie Kaiser Gajus, der liebe Junge, dich immer seine Base nannte. Dein Vater hat schändlich an dir gehandelt, doch wie geht es Paulina Plautia?

Stimmt es, daß du auf ihrem Hof draußen vor den Mauern mit deinen eigenen Händen die Schafe scherst? So ist es mir berichtet worden.«

»Unterhaltet euch ein Weilchen«, schlug ich den beiden vor. »Soviel ich weiß, mangelt es Frauen nie an Gesprächsstoff. Ich muß mit meinem Advokaten und meinem Vater sprechen, denn morgen in aller Frühe breche ich nach Britannien auf.«

Tante Laelia begann zu weinen und sagte jammernd, Britannien sei eine feuchte, neblige Insel, deren Klima die Gesundheit all derer, die die Kämpfe mit den wilden, mit blauen Streifen bemalten Briten heil überstanden, für den Rest ihres Lebens zerstöre. Als Kaiser Claudius seinen Triumph feierte, hatte sie in der Arena Briten gesehen, die einander grausam niedermetzelten. Auf dem Marsfeld hatte man außerdem eine ganze britische Stadt aufgebaut, geplündert und zerstört, und sie meinte, es gebe in diesem Britannien wenig Hoffnung auf Kriegsbeute, wenn die Stadt, die man aus Anlaß der Triumphfeier errichtet hatte, wirklich den Städten der Briten entsprach.

Ich überließ es Claudia, sie zu trösten, holte mir bei meinem Advokaten Geld und ging dann in Tullias Haus, um mit meinem Vater zu sprechen. Tullia empfing mich ungnädig und sagte: »Dein Vater hat sich wieder einmal mit seiner üblen Laune in sein Zimmer eingeschlossen und will niemanden sehen. Mit mir hat er seit Tagen nicht ein einziges Wort gesprochen, und den Dienern gibt er seine Befehle nur durch Kopfnicken und Handbewegungen. Versuch du, ihn zum Sprechen zu bringen, bevor er uns ganz verstummt.«

Ich tröstete Tullia und sagte ihr, daß mein Vater schon daheim in Antiochia unter solchen Anfällen tiefer Niedergeschlagenheit gelitten hatte. Als Tullia hörte, daß ich nach Britannien reisen wollte, um in eine der dortigen Legionen einzutreten, sagte sie rasch mit lebhafter Zustimmung: »Das ist ein vernünftiger Vorsatz. Ich hoffe, du wirst deinem Vater Ehre machen. Ich habe vergeblich versucht, ihn für die Staatsgeschäfte zu interessieren. In seiner Jugend hat er zwar Rechtswissenschaft studiert, aber seither hat er bestimmt alles wieder vergessen. Er ist zu träge und zu bequem, um sich eine Stellung zu verschaffen, die seiner würdig wäre.«

Ich ging zu meinem Vater. Er saß, den Kopf in die Hände gestützt, in seinem Zimmer, trank Wein aus seinem geliebten Holzbecher und sah mich aus geröteten Augen an. Ich schloß die Tür hinter mir und sagte: »Ich bringe dir Grüße von deiner Freundin Paulina Plautia, die nun um deiner heiligen Küsse willen in der Patsche sitzt und wegen gefährlichen Aberglaubens verurteilt worden ist. Ich muß nach Britannien eilen, um Aulus Plautius Botschaft von ihr zu bringen, und bin zu dir gekommen, damit du mir Glück wünschst für den Fall, daß ich nicht zurückkehre. In Britannien will ich auch meinen Waffendienst leisten.«

»Ich habe nie gewollt, daß du Soldat wirst«, stammelte mein Vater, »doch vielleicht ist das immer noch besser als ein Leben hier in diesem Hurenbabel. Ich weiß, daß meine Frau Tullia Paulina aus blöder Eifersucht ins Unglück gestürzt hat und daß ich selbst vor allen anderen verurteilt werden müßte. Ich habe mich in ihrem Taufbecken taufen lassen, und sie legten mir die Hände aufs Haupt, aber der Geist kam darum doch nicht über mich. Ich werde nie wieder ein Wort mit Tullia sprechen.«

»Was will Tullia eigentlich, Vater?« fragte ich.

»Daß ich Senator werde«, antwortete mein Vater leise. »Nichts Geringeres als das hat sich dieses Ungeheuer von einem Weib in den Kopf gesetzt. Ich besitze genug Ländereien in Italien und bin von hinlänglich vornehmer Herkunft, um Senatsmitglied werden zu können, und Tullia hat es verstanden, sich durch eine Ausnahmebewilligung die Rechte zu verschaffen, die einer Mutter von drei Kindern zustehen, obwohl sie sich nie dazu bequemen konnte, ein Kind zu gebären. Als ich jung war, liebte ich sie. Sie reiste mir nach Alexandria nach und hat mir nie verzeihen können, daß ich ihr deine Mutter Myrina vorzog. Nun stachelt sie mich Tag für Tag, wie man einen Ochsen stachelt, schimpft mich wegen meines Mangels an Ehrgeiz aus und macht mich so zum unverbesserlichen Säufer, wenn ich ihr nicht den Willen tue und wenigstens den Versuch unternehme, Senator zu werden. Ich habe aber kein Wolfsblut in mir, obgleich ich, um der Wahrheit die Ehre zu geben, sagen muß, daß schlechtere Männer als ich in roten Stiefeln auf dem Elfenbeinschemel sitzen. Verzeih mir, mein Sohn. Du wirst verstehen, daß mir unter solchen Umständen nichts anderes übrigblieb, als Christ zu werden.«

Als ich das aufgedunsene Gesicht und den unruhig irrenden Blick meines Vaters sah, faßte mich tiefes Mitleid. Ich verstand, daß er nach irgendeinem Lebensinhalt suchte, um Tullia zu ertragen. Aber mir schien, es wäre heilsamer für ihn gewesen, im Senat die Zeit totzuschlagen, als an den heimlichen Zusammenkünften der Christen teilzunehmen.

Als hätte er meine Gedanken erraten, sah mich mein Vater an, strich mit den Fingern über den abgenützten Holzbecher und sagte: »Ich darf nicht mehr zu den Liebesmählern gehen, denn meine Anwesenheit kann den Christen nur schaden, wie sie Paulina schon geschadet hat. Tullia hat in ihrem Zorn geschworen, dafür zu sorgen, daß sie allesamt aus Rom verbannt werden, wenn ich mich nicht von ihnen zurückziehe. Und all das wegen einiger unschuldiger Küsse, die man nach dem heiligen Mahl zu tauschen pflegt! . . . Reise du nur nach Britannien«, fuhr er fort und reichte mir bei diesen Worten seinen geliebten Holzbecher. »Es wird Zeit, daß du das einzige an dich nimmst, was deine Mutter dir hinterlassen hat, sonst verbrennt es Tullia noch in ihrer Wut. Aus diesem Becher hat Jesus von Nazareth, der König der Juden, vor bald achtzehn Jahren einmal getrunken, als er aus dem Grabe auferstanden war und mit den Nägelmalen in seinen Händen und Füßen und den Wunden von der Geißelung auf dem Rücken durch Galiläa wanderte. Behalte ihn stets bei dir. Vielleicht ist dir deine Mutter ein wenig näher, wenn du daraus trinkst. Ich konnte dir nicht der Vater sein, der ich gern gewesen wäre.«

Ich nahm den Becher entgegen, von dem die Freigelassenen meines Vaters in Antiochia glaubten, er sei von der Glücksgöttin geheiligt worden. Er hatte meinen Vater allerdings nicht vor Tullia beschützt, sofern man nicht ein prunkvolles Haus, alle Bequemlichkeiten, die das Leben zu bieten hat, und am Ende vielleicht gar noch die Senatorwürde als den größtmöglichen Erfolg auf Erden betrachten wollte. Ich empfand jedoch heimliche Ehrfurcht, als ich den alten Becher mit den Händen umfaßte.

»Tu mir noch einen Gefallen«, bat mein Vater bescheiden. »Auf dem Hang des Aventins wohnt ein Zeltmacher . . .«

». . . der Aquila heißt«, unterbrach ich ihn spöttisch. »Ich habe ihm etwas von Paulina auszurichten und kann ihm ja gleichzeitig sagen, daß auch du die Christen verläßt.«

Meine Bitterkeit war jedoch schon dahingeschwunden, als mein Vater mir den Holzbecher gegeben hatte, den er so liebte. Ich umarmte ihn und preßte das Gesicht in sein Gewand, um meine Tränen zu verbergen. Er drückte mich fest an sich. Wir schieden voneinander, ohne uns noch einmal in die Augen zu sehen.

Tullia erwartete mich, in würdevoller Haltung auf dem hochlehnigen Stuhl sitzend, auf dem die Hausherrin die Gäste empfängt. Sie blickte mich lauernd an und sagte: »Gib in Britannien auf deinen kostbaren Schädel acht, Minutus. Es wird deinem Vater noch zugute kommen, daß er einen Sohn hat, der dem Staat und dem Gemeinwohl dient, wenn ich sage, daß ein junger Offizier rascher befördert wird, wenn er seine Vorgesetzten freigebig zu Wein und Würfelspiel einlädt, als wenn er sich zu gefährlichen Unternehmungen meldet. Geize nicht mit deinem Geld, sondern mache lieber Schulden. Dein Vater wird dir schon aushelfen. Jedenfalls wird man dich als einen in jeder Hinsicht gesunden jungen Mann betrachten.«

Auf dem Heimweg ging ich am Tempel des Castor und des Pollux vorbei, um den Kurator der Reiterei von meiner Reise nach Britannien in Kenntnis zu setzen. Daheim waren sich Tante Laelia und Claudia völlig einig geworden. Gemeinsam wählten sie die besten Untergewänder aus dicker Wolle zum Schutz gegen Britanniens rauhe Winde für mich aus, und auch andere Dinge hatten sie schon in solchen Mengen für mich hergerichtet, daß ich mindestens einen Reisewagen gebraucht hätte, um sie alle zu befördern. Ich hatte jedoch die Absicht, sogar meine Rüstung, bis auf das Schwert, zurückzulassen, da ich es für das beste ansah, mich an Ort und Stelle neu auszurüsten und mich nach dem zu richten, was das fremde Land und die neuen Verhältnisse forderten. Barbus hatte mir erzählt, wie man die verwöhnten römischen Jünglinge auslachte, die eine Unmenge nutzloser Dinge mit ins Feld schleppten.

Später suchte ich an diesem schwülen Herbstabend, an dem ein unruhiger rötlicher Himmel über der Stadt hing, den Zeltmacher Aquila auf. Er war offenbar ein recht wohlhabender Mann, denn er besaß eine große Weberei. Er begrüßte mich mißtrauisch an der Tür und blickte sich um, als hätte er Angst vor Spionen. Er war in den Vierzigern und sah nicht wie ein Jude aus. Da er keinen Bart hatte und keine Quasten auf dem Mantel trug, hielt ich ihn zuerst für einen von Aquilas Freigelassenen. Claudia, die mit mir gekommen war, begrüßte ihn wie einen alten Bekannten. Als er meinen Namen hörte und ich ihm die Grüße meines Vaters ausrichtete, verschwand seine Furcht. In seinen Augen sah ich jedoch den gleichen unruhigen Ausdruck, den ich bei meinem Vater bemerkt hatte. Er hatte übrigens senkrechte Falten auf der Stirn wie ein Augur oder ein Haruspex.

Aquila bat uns freundlich, einzutreten, und seine Frau Prisca bot uns sofort Früchte und mit Wasser vermischten Wein an. Prisca war, ihrer Nase nach zu urteilen, Jüdin von Geburt; eine geschäftige, redselige Frau, die in jungen Jahren zweifellos schön gewesen war. Die beiden erschraken, als sie hörten, daß Paulina ihres Aberglaubens wegen angeklagt worden war und daß mein Vater beschlossen hatte, ihre heimlichen Zusammenkünfte zu meiden, um ihnen nicht zu schaden.

»Wir haben Feinde und Neider«, sagten sie. »Die Juden verfolgen uns. Sie jagen uns aus den Synagogen und prügeln uns auf der Straße. Sogar ein mächtiger Zauberer, Simon aus Samaria, haßt uns bitter. Wir werden aber vom Geist beschützt, der die Worte in unseren Mund legt, und deshalb brauchen wir keine Macht der Welt zu fürchten.«

»Du bist doch kein Jude«, sagte ich zu Aquila.

Er lachte. »Ich bin Jude und beschnitten, geboren in Trapezus in Pontus, an der Südostküste des Schwarzen Meeres, aber meine Mutter war Griechin, und mein Vater nahm die galiläische Taufe an, als er einst in Jerusalem Pfingsten feierte. Es gab jedoch Streit in Pontus, als einige vor den Synagogen dem Kaiser opfern wollten. Ich ging nach Rom und wohne hier auf der Armenseite des Aventins wie so viele, die nicht mehr glauben, daß die Befolgung des Gesetzes Mose sie von ihren Sünden befreien kann.«

Prisca mischte sich ein und erklärte uns: »Die Juden auf der anderen Seite des Flusses hassen uns am meisten, weil die Heiden, die sie anhören, lieber unseren Weg wählen, der sie leichter dünkt. Ich weiß nicht, ob unser Weg wirklich leichter ist, aber wir besitzen die Gnade und das geheime Wissen.«

Aquila und Prisca waren angenehme Menschen, die nichts von dem üblichen Hochmut der Juden an sich hatten. Claudia gestand, daß sie und ihre Tante Paulina ihre Belehrungen angehört hatten, und meinte, die beiden hätten nichts zu verbergen. Jeder, der wolle, könne zu ihnen kommen und sie anhören, und manch einer gerate dabei in Verzückung und beginne mit Zungen zu reden. Nur das Liebesmahl war Außenstehenden verwehrt, erfuhr ich, aber das verhielt sich mit den syrischen und ägyptischen Mysterien, die in Rom begangen wurden, auch nicht anders.

Sie versicherten uns, daß vor ihrem Gott alle gleich seien, Sklave oder Freier, arm oder reich, klug oder dumm, und daß sie alle Menschen als ihre Brüder und Schwestern betrachteten. Ich glaubte nicht alles, was sie sagten, da sie so erschrocken waren, als sie hörten, daß mein Vater und Paulina Plautia sie verlassen hatten. Claudia tröstete sie und sagte, daß Paulina gewiß nicht aus innerem Antrieb so gehandelt habe, sondern nur zum Schein, um den guten Ruf ihres Gatten zu wahren.

Am nächsten Morgen bekam ich ein Reitpferd und ein Kurierschild, das ich auf der Brust zu tragen hatte. Paulina gab mir den Brief an Aulus Plautius, und Claudia weinte. Ich trat meine Reise an, die mich auf den Militärstraßen quer durch Italien und Gallien führte.

III

BRITANNIEN

Ich erreichte Britannien bei Anbruch des Winters und wurde von Stürmen, Nebel und eiskalten Regenschauern empfangen. Wie jeder Besucher Britanniens weiß, wirkt dieses Land bedrückend. Es gibt nicht einmal Städte von der Art, wie man sie noch im nördlichen Gallien findet. Wer in Britannien nicht an Lungenentzündung stirbt, holt sich zumindest einen Rheumatismus, den er sein Lebtag lang nicht mehr los wird, sofern ihm nicht ohnehin die Briten in einem ihrer Weißdornhaine den Kopf abschlagen oder ihn zu einem ihrer Priester, den Druiden, schleppen, die aus den Eingeweiden von Römern das künftige Schicksal ihres Stammes zu lesen pflegen. All dies erzählten mir Legionare, die schon dreißig Jahre gedient hatten.

Aulus Plautius traf ich in der Handelsniederlassung Londinium an, die an einem reißenden Fluß liegt. Er hatte sein Hauptquartier in Londinium, weil es dort noch das eine oder andere römische Haus gab. Als er den Brief seiner Gattin las, wurde er nicht zornig, wie ich befürchtet hatte. Im Gegenteil, er begann laut zu lachen und schlug sich auf die Schenkel. Einige Wochen zuvor hatte er ein geheimes Schreiben von Kaiser Claudius erhalten, worin ihm mitgeteilt wurde, daß er sich das Recht auf einen Triumph erworben habe. Er war gerade dabei, seine Angelegenheiten in Britannien zu ordnen, um im Frühjahr den Oberbefehl übergeben und nach Rom heimkehren zu können.

»Ich soll also die Familie zusammenrufen, um meine gute Frau zu verurteilen!« rief er und hatte vor Lachen Tränen in den

Augen. »Dabei muß ich froh sein, wenn Paulina mir nicht die letzten Haare vom Kopf reißt, wenn sie mich nach dem Leben ausfragt, das ich hier in Britannien geführt habe. Ich habe genug damit zu tun gehabt, die heiligen Haine der Druiden niederzuhauen, und mag von Glaubensdingen nichts mehr hören. Eine ganze Schiffsladung Götterbilder hatte ich aus meiner eigenen Tasche bezahlt, damit diese Briten endlich ihre scheußlichen Menschenopfer aufgeben, aber das erste, was sie tun, ist, daß sie die heiligen Tonstatuen zerschlagen und wieder zu den Waffen greifen. Nein, nein, der Aberglaube bei uns daheim ist sicherlich unschuldiger als der, den ich hier kennengelernt habe. Diese Anklage ist lediglich eine Intrige meiner lieben Senatorenkollegen, die fürchten, ich sei vielleicht zu reich geworden, nachdem ich vier Jahre lang vier Legionen befehligt habe. Als ob sich einer in diesem Land bereichern könnte! Roms Geld verschwindet hier wie in einem Faß ohne Boden. Claudius muß einen Triumph feiern lassen, damit man in Rom glaubt, Britannien sei befriedet. Aber dieses Land kann niemand befrieden. Hier wird es immer wieder Aufruhr geben. Schlägt man einen der Könige in ehrlichem Kampf, tritt gleich ein anderer an seine Stelle, der weder auf Geiseln Rücksicht nimmt, noch sich an eidlich bekräftigte Verträge hält. Oder es kommt ein Nachbarstamm, erobert das Land, das man soeben erst unterworfen hat, und reibt unsere ganze Garnison auf. Man darf sie nicht einmal ganz entwaffnen, weil sie die Waffen brauchen, um sich gegeneinander zu verteidigen. Glaube mir, ich wäre gern auch ohne Triumph nach Rom zurückgekehrt, nur um dieses von allen Göttern verlassene Land nicht mehr sehen zu müssen.«

Er wurde ernst, blickte mir streng in die Augen und fragte: »Hat es sich schon in Rom herumgesprochen, daß ich einen Triumph feiern werde, oder aus was für einem Grunde sonst kommt ein junger Ritter wie du freiwillig hierher? Du hoffst natürlich, ohne viel Beschwer an meinem Triumph teilnehmen zu können!«

Ich antwortete tief gekränkt, daß ich von diesem Triumph nichts geahnt hatte, ja, daß man in Rom vielmehr zu der Ansicht neigte, Claudius würde aus Eifersucht niemals einen Triumph für Kriegstaten in Britannien genehmigen, da er doch selbst nach der sogenannten Unterwerfung Britanniens schon einen Triumph gefeiert hatte. »Ich bin gekommen, um unter einem berühmten

Feldherrn die Kriegskunst zu erlernen«, sagte ich. »Der Reiterspiele in Rom bin ich nun müde.«

»Hier gibt es keine seidenblanken Pferde und silbernen Schilde«, erwiderte Aulus barsch. »Und keine warmen Betten und geschickten Masseure. Hier gibt es nur das Kriegsgeschrei blau angestrichener Barbaren in den Wäldern, tägliche Furcht vor Hinterhälten, ewigen Schnupfen, unheilbaren Husten und ständiges Heimweh.«

Daß er kaum übertrieb, das sollte ich in den nächsten zwei Jahren, die ich in Britannien verbrachte, noch erfahren. Aulus Plautius behielt mich einige Tage in seinem Stab, um sich meine Abstammung bestätigen zu lassen, den neuesten Klatsch aus Rom zu hören und mir an einem Relief die Beschaffenheit Britanniens und die Standorte seiner Legionen zu erklären. Er schenkte mir sogar einen ledernen Brustharnisch, ein Pferd und Waffen und gab mir freundliche Ratschläge: »Paß gut auf dein Pferd auf, sonst stehlen es dir die Briten. Sie kämpfen selbst mit Streitwagen, weil ihre kleinen Pferde nicht zum Reiten taugen. Roms Politik und Kriegführung stützen sich auf die Bundesgenossen unter den britischen Stämmen. Daher verfügen auch wir über einige Einheiten, die mit Streitwagen ausgerüstet sind. Trau aber nie einem Briten! Wende nie einem Briten den Rücken zu! Sie versuchen mit allen Mitteln, unserer großen, kräftigen Pferde habhaft zu werden, um selbst eine Reiterei aufzustellen. Claudius verdankt seine Siege in Britannien seinen Elefanten, die kein Brite je zuvor gesehen hatte. Die Elefanten stampften die Verschanzungen nieder und machten die Zugpferde der Streitwagen scheu. Bald lernten aber die Briten, mit ihren Wurfspeeren auf die Augen der Elefanten zu zielen und sie mit Fackeln zu brennen. Außerdem vertragen die Dickhäuter das Klima nicht. Der letzte ging uns vor einem Jahr an Schwindsucht ein.

Ich werde dich der Legion des Flavius Vespasian zuteilen. Er ist mein erfahrenster Krieger und mein zuverlässigster Legat, ein bißchen schwerfällig, aber ruhig und besonnen. Seine Herkunft ist sehr bescheiden, und seine Sitten sind derb und volkstümlich, ansonsten ist er ein Ehrenmann. Mehr als Unterfeldherr wird er wohl nie werden, aber die Kriegskunst kannst du unter ihm erlernen, wenn du wirklich deshalb hierhergekommen bist.«

Ich traf Flavius Vespasian am Ufer der Hochwasser führenden Antona, wo er seine Legion auf einen größeren Raum aufgeteilt hatte und Schanzen bauen ließ. Er war ein Mann von über vierzig Jahren, kräftig gebaut, mit einer breiten Stirn und einem gutmütigen Zug um den Mund. Vor allem aber wirkte er viel bedeutender, als ich nach der überheblichen Schilderung des Aulus Plautius vermutet hatte. Er lachte gern laut und konnte über seine eigenen Mißgeschicke scherzen, die oft von der Art waren, daß sie einen schwächeren Mann zur Verzweiflung getrieben hätten. Seine bloße Gegenwart gab einem ein Gefühl der Sicherheit. Er sah mich pfiffig an und rief: »Wendet sich endlich unser Geschick, da nun ein junger Ritter aus Rom freiwillig zu uns kommt und sein Glück in Britanniens Sümpfen und dunklen Wäldern sucht? Nein, nein, das kann nicht sein. Gesteh nur gleich, was du ausgefressen hast und weshalb du unter meinem Legionsadler Schutz suchst, dann werden wir uns von Anfang an besser verstehen.«

Als er sich genau nach meiner Familie und meinen Beziehungen in Rom erkundigt hatte, dachte er eine Weile nach und meinte dann offenherzig, daß ihm meine Anwesenheit weder zum Vorteil noch zum Nachteil gereiche. Gutmütig, wie er von Natur aus war, beschloß er, mich langsam, Schritt für Schritt, an den Schmutz, die Rauheit und die Mühen des Soldatenlebens zu gewöhnen. Er nahm mich zunächst auf seine Inspektionsreisen mit, damit ich das Land kennenlernte, und diktierte mir seine Berichte an Aulus Plautius, da er selbst zum Schreiben zu faul war. Als er sich vergewissert hatte, daß ich wirklich reiten konnte und auch nicht über mein Schwert stolperte, übergab er mich einem der Baumeister der Legion, damit ich lernte, wie man Holzbefestigungen baut.

Unsere weit abgelegene Garnison bestand aus nicht einmal einer ganzen Manipel. Ein Teil von uns ging auf die Jagd und sorgte für die Verköstigung, ein anderer fällte Bäume und ein dritter baute Schanzen. Bevor Vespasian wieder davonritt, ermahnte er mich, darauf zu achten, daß die Männer ihre Waffen sorglich pflegten und daß die Wachtposten ordentlich aufpaßten und nicht faulenzten, denn, so sagte er, Faulheit im Waffendienst ist die Mutter aller Laster und untergräbt die Zucht.

Nach ein paar Tagen war ich es müde, im Lager umherzuwandern und mir die unverschämten Witzeleien der alten Legionare anzuhören. Ich nahm eine Axt und begann Bäume zu fällen. Beim Einrammen der Pfähle griff ich mit ins Zugseil der Ramme und stimmte in den Gesang der anderen ein. Die beiden Zenturionen und den Baumeister lud ich abends zum Wein, den man zu unverschämten Preisen vom Händler des Lagers kaufen konnte, aber oft gesellte ich mich auch zu den narbenbedeckten unteren Dienstgraden am Lagerfeuer und teilte mit ihnen Grütze und Pökelfleisch. Ich wurde kräftiger, härter und rauher, ich lernte fluchen und machte mir nichts mehr daraus, wenn man mich fragte, wann ich eigentlich von der Mutterbrust entwöhnt worden sei.

Zu unserer Garnison gehörten zwanzig gallische Reiter. Als deren Führer merkte, daß ich es nicht darauf anlegte, ihm das Kommando abzunehmen, sagte er, es sei an der Zeit, daß ich meinen ersten Briten erschlüge, und nahm mich auf einen Beutezug mit. Wir setzten über den Fluß und ritten auf einer langen Straße zu einer Stadt, deren Bewohner darüber geklagt hatten, daß ein Nachbarstamm sie bedrohe. Sie hatten ihre Waffen versteckt, aber die Veteranen, die uns zu Fuß nachfolgten, wußten sie in den Erdböden der runden Hütten und den Abfallhaufen davor zu finden. Nachdem sie die Waffen ausgegraben hatten, plünderten sie die Stadt und nahmen alles Getreide und einen Teil des Viehs an sich. Die Männer, die ihre Habe zu verteidigen versuchten, machten sie erbarmungslos nieder, da die Briten, wie sie mir versicherten, nicht einmal zu Sklaven taugten. Die Frauen, die sich nicht in den Wäldern versteckt hatten, vergewaltigten sie freundlich grinsend und mit der Selbstverständlichkeit, mit der man Gewohntes tut.

Diese wahnwitzige, zwecklose Zerstörung erschreckte mich, aber der Führer der Reiterabteilung lachte nur und bat mich, ruhig Blut zu bewahren und die Waffen bereitzuhalten. Die Bitte der Stadt um Schutz sei nur eine der üblichen Fallen gewesen, sagte er, das bewiesen ja die Waffen, die wir gefunden hatten. Tatsächlich setzten beim Morgengrauen die blaubemalten Briten von allen Seiten her laut brüllend zum Angriff auf die Stadt an.

Sie hatten gehofft, uns zu überrumpeln, aber wir waren auf der Hut gewesen und hielten den leicht bewaffneten Barbaren, die nicht die starken Schilde unserer Legionare hatten, ohne weiteres stand. Die Veteranen, die tags zuvor die Stadt verwüstet hatten und denen ich die Bluttaten, die ich mit eigenen Augen angesehen hatte, nie verzeihen wollte, nahmen mich fürsorglich in ihre Mitte und schützten mich. Als die Briten flohen, ließen sie einen Krieger zurück, der am Knie verwundet war. Er schrie wild, stützte sich auf seinen Lederschild und schwang sein Schwert. Die Veteranen stießen mich nach vorn und riefen lachend: »Da hast du einen! Nun töte deinen Briten, kleiner Freund!«

Es war mir ein leichtes, mich gut zu decken und den Verwundeten trotz seiner Körperkraft und seinem Schwert zusammenzuschlagen. Als ich ihm aber zuletzt mein langes Reiterschwert in die Kehle gestoßen hatte und er röchelnd und aus vielen Wunden blutend auf dem Boden lag, mußte ich mich abwenden und mich erbrechen. Voll Scham über meine Schwäche sprang ich rasch in den Sattel und schloß mich den Galliern an, die den fliehenden Feind in den Wald hinein verfolgten, bis das Horn sie zurückrief. Wir verließen die Stadt und bereiteten uns auf einen zweiten Angriff vor, denn unser Zenturio war überzeugt, daß die Briten sich noch nicht geschlagen gaben. Wir hatten einen beschwerlichen Weg vor uns, denn wir mußten das Vieh treiben und das Korn in Weidenkörben schleppen. Die Briten unternahmen mehrere Überraschungsangriffe, und ich fühlte mich ein wenig besser, als ich mich selbst meiner Haut erwehren mußte und sogar versuchen konnte, andere vom Pferd aus zu schützen, aber eine ehrenhafte Kriegführung schien mir das dennoch nicht zu sein.

Als wir endlich im Schutz unserer Befestigungen den Fluß überquert hatten, stellten wir fest, daß wir zwei Mann und ein Pferd verloren hatten und daß viele verwundet worden waren. Todmüde ging ich in meine Hütte, um zu schlafen, aber immer wieder schrak ich auf und glaubte aus den Wäldern das Kriegsgeheul der Briten zu hören.

Am nächsten Tag mochte ich nichts von der Beute annehmen, aber der Führer der Reiterabteilung rühmte mich laut und rief, ich hätte mich vortrefflich geschlagen, gewaltig mit dem Schwert um mich gehauen und vor Angst fast ebenso laut gebrüllt wie die Briten. Daher hätte ich dasselbe Recht auf Beute wie die anderen. Da stießen die Veteranen ein halbwüchsiges Britenmädchen mit gefesselten Händen vor mich hin und sagten: »Hier hast du deinen Anteil an der Beute, damit du dich nicht langweilst und uns wieder verläßt, du tapferes Ritterknäblein.«

Ich rief entsetzt, ich dächte nicht daran, mich mit einer Sklavin abzuplagen, aber die Veteranen grinsten nur und versicherten mir mit unschuldsvollen Mienen: »Wenn einer von uns sie nimmt, steckt sie ihm bloß einen Dolch in die Gurgel, sobald sie die Hände frei hat. Du aber bist ein vornehmer Jüngling mit feinen Manieren und kannst sogar Griechisch. Du gefällst ihr bestimmt besser.«

Sie versprechen mir bereitwillig, mir mit gutem Ruf zu helfen und mir zu zeigen, wie man sich so eine Sklavin zieht. Zu allererst einmal müsse ich sie jeden Morgen und jeden Abend prügeln, um ihr die Mucken auszutreiben, sagten sie und gaben mir noch andere Ratschläge, die ich aber nicht auf sauberem Papier niederschreiben mag. Als ich mich immer noch weigerte, spielten sie die Betrübten, schüttelten traurig die Köpfe und sagten: »Dann bleibt uns nichts anderes übrig, als sie für ein paar Denare an den Händler zu verschachern. Wie es ihr dort ergeht, kannst du dir selber ausmalen.«

Ich hätte es mir nie verzeihen können, wenn dieses verschreckte Kind mit Peitschenhieben zur Lagerhure gemacht worden wäre. Widerwillig erklärte ich mich daher bereit, die Britin als meinen Anteil an der Beute anzunehmen. Ich geleitete die Veteranen aus meiner Hütte, setzte mich ihr gegenüber nieder und starrte sie an. Ihr kindliches Gesicht war voll blauer Flecke, und ihr rotleuchtendes Haar hing ihr in wirren Strähnen in die Stirn. Sie erinnerte mich an eines der kleinen britischen Fohlen, wie sie da unter den Haaren hervor nach mir schielte.

Ich begann zu lachen, zerschnitt mit meinem Messer ihre Fesseln und forderte sie durch Gesten auf, sich das Gesicht zu waschen und das Haar zu kämmen. Sie rieb sich die geschwollenen Handgelenke und starrte mich argwöhnisch an. Zuletzt holte ich den Baumeister, der ein wenig von der Sprache der Briten verstand, und bat ihn, mir zu helfen. Er lachte über meine Verlegenheit und stellte fest, daß das Mädchen wenigstens gesund war und gerade Glieder hatte. Als sie ihre eigene Sprache hörte, schien sie Mut zu fassen. Die beiden schwatzten eine Weile lebhaft miteinander, dann erklärte mir der Baumeister: »Sie will sich weder waschen noch kämmen, weil sie deinen Absichten mißtraut. Wenn du sie anrührst, bringt sie dich um, das schwört sie bei der Hasengöttin.«

Ich versicherte, der Gedanke, das Mädchen anzurühren, läge mir fern, und der Baumeister meinte, es wäre das Vernünftigste, ihr Wein zu trinken zu geben. »Sie wird schnell betrunken sein, denn die unzivilisierten Briten sind den Wein nicht gewohnt, und dann kannst du mit ihr machen, was du willst. Paß nur auf, daß du selbst dich nicht betrinkst, denn sie ist imstande und schneidet dir die Kehle durch, wenn sie wieder nüchtern wird. So ist es einem unserer Gerber ergangen, der unvorsichtig genug war, sich in Gesellschaft einer ungezähmten Britin einen Rausch anzutrinken.«

Ich wiederholte ungeduldig, daß ich nicht die Absicht hatte, dem Mädchen etwas anzutun, aber der Baumeister meinte, ich sollte sie lieber fesseln, sonst würde sie bei der ersten besten Gelegenheit zu den Ihren fliehen. »Ich wünsche mir nichts Besseres«, sagte ich. »Erkläre ihr, daß ich sie heute nacht an den Posten vorbeibringe und laufenlasse.«

Der Baumeister schüttelte den Kopf und gestand mir, er habe mich schon für verrückt gehalten, als er sah, wie ich freiwillig mit den Legionaren schuftete, aber daß es so schlecht mit mir stehe, hätte er sich nicht gedacht. Er sprach wieder eine Weile mit dem Mädchen, dann sagte er: »Sie traut dir nicht. Sie glaubt, du willst sie nur in den Wald führen, um sie dir dort gefügig zu machen, und selbst wenn sie dir aus den Händen schlüpfte wie eine Häsin, sagt sie, würden Briten von anderen Stämmen sie einfangen und als Geisel festhalten, da sie nicht aus dieser Gegend stammt. Sie heißt übrigens Lugunda.«

Auf einmal bekam der Baumeister so seltsame Augen. Er schleckte sich über die Lippen, während er das Mädchen musterte, und schlug mir vor: »Hör einmal, ich gebe dir zwei Silberstücke für sie, da bist du sie los.«

Das Mädchen sah seinen Blick, stürzte auf mich zu und packte mich fest am Arm, als wäre ich ihr einziger Schutz auf dieser Welt. Gleichzeitig stieß sie ein paar Sätze in ihrer zischenden Sprache hervor. Der Baumeister lachte laut auf und übersetzte mir, was sie sagte: »Sie behauptet, wenn du ihr unziemlich nahe trittst, wirst du als ein Frosch wiedergeboren werden. Zuvor aber werden ihre Stammesgenossen dir den Bauch aufschlitzen, deine Gedärme auf den Boden herauszerren und dir einen glühenden Spieß durch den Mastdarm in den Leib bohren. Wenn du gescheit bist, trittst du das Mädchen zu einem angemessenen Preis an einen erfahreneren Mann ab.«

Einen Augenblick hatte ich gute Lust, sie dem Baumeister zu schenken, aber dann versicherte ich ihm nur noch einmal geduldig, daß ich Lugunda nichts tun, sondern sie wie ein britisches Fohlen pflegen wolle. Diesen kämmt man ja auch die Stirnfransen, und in kalten Nächten legt man ihnen eine Decke über. Ich wollte es den alten Legionaren gleichtun, die sich die Langeweile mit allerlei Tieren vertrieben, die sie verhätschelten, und das Mädchen war immer noch besser als ein Hund, denn sie konnte mir die Sprache der Briten beibringen.

All das sagte ich dem Baumeister, und ich weiß nicht, wie er dem Mädchen meine Worte verdolmetschte oder ob seine Sprachkenntnis überhaupt ausreichte, um wiederzugeben, was ich meinte. Ich habe den Verdacht, daß er Lugunda erklärte, ich wolle sie ebensowenig anrühren, wie ich daran dächte, mit einer Stute oder einer Hündin Unzucht zu treiben. Jedenfalls ließ sie meinen Arm los, stürzte an den Holzzuber und begann sich hastig das Gesicht zu waschen, so als wollte sie mir beweisen, daß sie weder eine Stute noch eine Hündin war.

Ich bat den Baumeister zu gehen, und gab Lugunda ein Stück Seife. Dergleichen hatte sie noch nie gesehen, und ich selbst hatte die Seife, um die Wahrheit zu sagen, auch erst auf dem Weg nach Britannien kennengelernt, als ich in der gallischen Stadt Lutetia das elende Badehaus aufsuchte. Es war am Todestag meiner Mutter, also an meinem Geburtstag gewesen, und ich war in Lutetia siebzehn Jahre alt geworden, ohne daß jemand mir Glück wünschte.

Der magere Badesklave wusch mich mit etwas, was meine Verwunderung erregte, denn es war weich und mild und reinigte vorzüglich. Um wieviel angenehmer war das, als sich die Haut mit Bimsstein zu scheuern! Ich kaufte den Sklaven samt seinen Seifen um drei Goldstücke. Am Morgen, bevor ich Lutetia verließ, gab ich ihn vor den Behörden der Stadt frei, bezahlte die Freilassungssteuer für ihn und erlaubte ihm, den Namen Minutius zu führen. Ein paar Stück Seife, die er mir zum Dank geschenkt hatte, hielt ich vor den Legionaren versteckt, nachdem ich bemerkt hatte, daß sie dieses »neumodische Zeug« verachteten.

Als ich nun Lugunda zeigte, wie sie die Seife gebrauchen mußte, faßte sie Zutrauen und wusch und kämmte sich. Ich rieb ihr die geschwollenen Handgelenke mit einer guten Salbe ein, und als ich sah, wie übel ihr Gewand von den Dornen zerrissen war, ging ich zum Händler und kaufte ihr ein Untergewand und einen Mantel aus Wolle. Danach folgte sie mir treu wie ein Hündchen, wohin ich ging.

Bald mußte ich jedoch einsehen, daß es für mich leichter war, Lugunda Latein zu lehren, als selbst die fauchende Sprache der

Barbaren zu erlernen. An den langen dunklen Abenden, wenn wir vor dem Feuer saßen, versuchte ich sogar, ihr das Lesen beizubringen. Ich ritzte Buchstaben in den Sand und forderte sie auf, sie nachzuzeichnen. Die einzigen Bücher, die es in der Garnison gab, waren das Jahrbuch der Zenturionen und ein ägyptisch-chaldäisches Traumbuch, das dem Händler gehörte. Ich hatte es daher schon seit langem bereut, daß ich mir nichts zu lesen mitgebracht hatte, aber nun ersetzten mir die Unterrichtsstunden mit Lugunda das Vergnügen der Lektüre.

Über die vielen unanständigen Scherze, die ich von den Legionaren wegen des Mädchens in meiner Hütte zu hören bekam, lachte ich nur, denn ich wußte, daß sie nicht bös gemeint waren. Die Männer fragten sich, was für Zauberkünste ich angewandt haben mochte, um das wilde Mädchen so rasch zu zähmen. Natürlich glaubten sie, ich schliefe bei ihr, und ich ließ sie in dem Glauben, obwohl ich Lugunda trotz ihrer dreizehn Jahre nicht anrührte.

Während ein eiskalter Regen niederging und die schon bei günstiger Witterung schlechten Wege sich in bodenlosen Morast und Tümpel verwandelten, auf denen jeden Morgen eine krachende Eisdecke lag, wurde das Leben in der Garnison immer ruhiger und eintöniger. Einige junge Gallier, die sich hatten anwerben lassen, um nach dreißig Dienstjahren das römische Bürgerrecht zu erhalten, machten es sich zur Gewohnheit, still in meiner Holzhütte zu erscheinen, wenn ich Lugunda unterrichtete. Sie hörten mit offenen Mündern zu und sprachen laut die lateinischen Wörter nach, und ehe ich noch wußte, wie mir geschah, unterwies ich auch sie in der lateinischen Sprache und den Anfangsgründen der Schreibkunst. Wer in der Legion aufrücken will, muß zumindest ein wenig lesen und schreiben können, denn ohne Wachstafeln läßt sich nun einmal kein Krieg führen.

Eines Tages, als ich gerade vor meiner torfgedeckten Hütte Unterricht hielt, stand unversehens Vespasian hinter uns, der zur Inspektion gekommen war. Seiner Gewohnheit treu, hatte er sich nicht angemeldet und auch den Wachtposten verboten, Alarm zu blasen, da er ohne Aufsehen im Lager umhergehen und das alltägliche Treiben beobachten wollte. Er war der Ansicht, daß man auf diese Weise ein besseres Bild von dem Geist bekam, der in der Legion herrschte, als durch eine im voraus festgesetzte Musterung.

Ich las gerade laut und deutlich aus dem schon arg zerfetzten Traumbuch vor, was es bedeutet, wenn man von Flußpferden träumt, und zeigte mit dem Finger auf jedes einzelne Wort, das ich aussprach, während Lugunda und die jungen Gallier dicht aneinandergedrängt und Kopf an Kopf in die Buchrolle starrten und die lateinischen Wörter wiederholten. Vespasian begann zu lachen, daß ihm die Tränen kamen. Er hockte sich nieder und schlug sich auf die Schenkel. Wir fielen beinahe vor Schreck in Ohnmacht, als er so plötzlich hinter uns auftauchte, sprangen auf und nahmen Haltung an, und Lugunda versteckte sich hinter meinem Rücken. An Vespasians Lachen merkte ich jedoch, daß er nicht ernstlich erzürnt war.

Als er sich endlich wieder gefaßt hatte, musterte er uns streng mit gerunzelten Brauen. Er erkannte gewiß an der guten Haltung und den sauber gewaschenen Gesichtern, daß meine jungen Gallier tadellose Soldaten waren, und sagte schließlich, es gefalle ihm, daß sie in ihrer kurzen Freizeit die lateinische Sprache und die Lesekunst erlernten, anstatt sich mit Wein vollaufen zu lassen. Ja, er setzte sich sogar zu uns und erzählte, er habe zu Kaiser Gajus' Zeiten im Amphitheater in Rom mit eigenen Augen solch ein Flußpferd gesehen, und das sei ein ganz gewaltiges Tier gewesen. Die Gallier glaubten freilich, er flunkere uns etwas vor, und lachten scheu, aber Vespasian nahm es ihnen nicht übel, sondern befahl ihnen nur, ihre Sachen für die Musterung in Ordnung zu bringen.

Ich bat ihn ehrerbietig, in meine Hütte zu treten, und fragte, ob ich es wagen dürfe, ihm Wein anzubieten. Er antwortete mir, daß er sich gern eine Weile bei mir ausruhen wolle. Die Garnison habe er nun ja besichtigt und die Männer überall bei der Arbeit angetroffen. Ich holte meinen Holzbecher hervor, der mir von meinen Trinkgefäßen das beste zu sein schien. Vespasian drehte ihn verwundert in der Hand hin und her und sagte: »Du hast doch das Recht, den Goldring zu tragen?«

Ich erwiderte, daß ich zwar einen silbernen Becher besäße, den hölzernen aber höher achtete, weil ich ihn von meiner Mutter geerbt hatte. Vespasian nickte zustimmend und sagte: »Es ist recht, daß du das Andenken deiner Mutter ehrst. Ich selbst habe von meiner Großmutter einen buckligen Silberbecher geerbt und trinke aus ihm an allen Festtagen, ohne mich um die Mienen der Leute zu scheren.«

Er trank gierig von meinem Wein, und ich schenkte ihm freigebig nach, obwohl ich mich schon so sehr an das ärmliche Soldatenleben gewöhnt hatte, daß ich mir unwillkürlich im stillen ausrechnete, wieviel er sich ersparte, indem er meinen Wein trank. Nicht aus Geiz dachte ich daran, sondern weil ich gelernt hatte, daß ein Legionar es fertigbringen muß, mit zehn Kupfermünzen oder, anders gesagt, zweieinhalb Sesterze im Tag sich zu verköstigen, seine Kleidung instand zu halten und noch einen Beitrag für die Legionskasse zu erübrigen, damit er im Falle von Krankheit oder Verwundung eine kleine Rücklage hatte.

Vespasian schüttelte langsam seinen breiten Kopf und sagte: »Bald kommt der Frühling und zerstreut Britanniens Nebel. Das kann eine schwere Zeit für uns werden. Aulus Plautius macht sich bereit, nach Rom zu reisen, um seinen Triumph zu feiern, und er nimmt die verdientesten, mithin die erfahrensten Truppen mit. Kluge Veteranen ziehen allerdings die Geldablösung vor und ersparen sich den mühseligen Marsch nach Rom, den ein paar Tage Festesrausch und Trunkenheit nicht aufwiegen. Von den Unterfeldherren wäre ich derjenige, der am ehesten das Recht hätte, ihn zu begleiten, da ich mir durch die Eroberung der Insel Vectis die höchsten Verdienste erworben habe, aber einer muß ja in Britannien nach dem Rechten sehen, bis der Kaiser einen Nachfolger für Aulus Plautius ernannt hat. Aulus hat mir versprochen und geschworen, mir mindestens ein Triumphzeichen zu verschaffen, wenn ich mich bereit erkläre, hierzubleiben.«

Er rieb sich nachdenklich die Stirn und fuhr fort: »Wenn es nach mir geht, haben nun die Beutezüge ein Ende, und wir betreiben eine Politik des Friedens. Das bedeutet aber, daß wir von den Unterworfenen und den Bundesgenossen um so höhere Steuern für den Unterhalt der Legionen einheben müssen, was wiederum zu neuem Aufruhr führt. Allerdings wird es diesmal eine Weile dauern, denn Aulus Plautius nimmt natürlich Könige, Heerführer und andere vornehme Gefangene als Kriegsbeute nach Rom mit. Dort werden sie sich an die Bequemlichkeiten eines zivilisierten Lebens gewöhnen, und ihre Kinder wird man in der Schule des Palatiums erziehen, aber was hilft's! Ihre Stämme werden sich einfach von ihnen lossagen. Wir bekommen nur eine Atempause, während die Familien, die hier um die Macht kämpfen, ihre Zwistigkeiten austragen. Wenn die Briten aber rasch genug handeln, bricht schon in der kürzesten Nacht der

Aufstand los, denn das ist ihr größtes Fest. Sie opfern in dieser Nacht in bestem Einvernehmen ihre Gefangenen auf einen Steinaltar, der ihr gemeinsames Heiligtum ist. An sich ist das verwunderlich, denn ihre höchste Verehrung gilt sonst unterirdischen Göttern und der Göttin der Dunkelheit mit dem Eulengesicht. Die Eule ist ja übrigens auch der Vogel der Minerva.«

Er dachte eine Weile über diese heiligen Dinge nach und sagte dann: »Genaugenommen wissen wir viel zuwenig über Britannien und seine verschiedenen Stämme, Sprachen, Sitten und Götter. Gut kennen wir nur die Straßen, die Flüsse und Furten, die Berge und Pässe, die Wälder, Weiden und Viehtränken, denn darüber verschafft sich ein guter Feldherr als erstes Auskunft. Es gibt ja Kaufleute, die unbehelligt zwischen einander feindlich gesinnten Stämmen hin und her reisen, während andere ausgeplündert werden, sobald sie den näheren Bereich der Legion verlassen. Auch gibt es zivilisierte Briten, die Gallien bereist haben und sogar in Rom waren und ein wenig Latein radebrechen, aber diese Männer verstanden wir nicht so zu behandeln, wie es ihr Rang erfordert hätte. In einer Zeit wie dieser könnte es Rom mehr als die Unterwerfung eines ganzen Volkes nützen, wenn einer daranginge, das Wissenswerteste über die Briten, ihre Bräuche und ihre Götter zu sammeln und ein zuverlässiges Buch über Britannien zu schreiben. Der Gott Julius Caesar wußte nicht viel über dieses Land, sondern verließ sich auf allerlei haltloses Geschwätz. Er nahm es ja selbst mit der Wahrheit nicht so genau, als er, um sich herauszustellen, sein Buch über den Gallischen Krieg schrieb, in dem er seine Siege vergrößerte und seine Fehler verschwieg.«

Vespasian trank wieder aus meinem Holzbecher und fuhr fort, indem er sich immer mehr ereiferte: »Natürlich müssen sich die Briten römische Sitten und römische Bildung aneignen, aber ich frage mich, ob wir sie nicht leichter zivilisieren könnten, wenn wir ihre eigenen Sitten und vor allem ihre Vorurteile besser verständen, denn damit, daß wir sie totschlagen, ist niemandem geholfen. Gerade jetzt wäre es der rechte Augenblick, etwas dergleichen zu versuchen, denn wir brauchen Frieden, während unsere besten Truppen aus Britannien abgezogen sind und wir auf einen neuen, unerfahrenen Oberbefehlshaber warten. Aber du hast ja auch schon einen Briten erschlagen und wirst an Aulus Plautius' Triumph teilnehmen wollen. Deine Herkunft und deine rote Borte berechtigen dich jedenfalls dazu, und ich lege gern ein Wort für dich ein, wenn du willst. Da weiß ich dann wenigstens, daß ich einen wirklichen Freund in Rom habe.«

Der Wein stimmte ihn wehmütig. »Zwar habe ich ja meinen Sohn Titus, der als Spielkamerad des gleichaltrigen Britannicus im Palatium aufwächst und die gleiche Erziehung wie dieser erhält. Er wird es einmal besser haben als ich. Vielleicht wird er Britannien endlich den Frieden geben.«

»Dann habe ich deinen Sohn bestimmt bei den Reiterübungen vor der Jahrhundertfeier in Gesellschaft des Britannicus gesehen«, warf ich ein. Vespasian sagte, er selbst habe seinen Sohn seit vier Jahren nicht mehr gesehen und werde ihn so bald auch nicht zu sehen bekommen. Seinen zweiten Sohn, Domitian, hatte er noch nicht einmal auf seine Knie gesetzt, denn der Kleine war eine Frucht des Triumphes des Claudius, und Vespasian hatte gleich nach Beendigung der Feiern wieder nach Britannien zurückkehren müssen.

»Viel war der ganze Triumph nicht wert«, sagte er bitter. »Eine wahnwitzige Verschwendung zum Gaudium des Pöbels. Ich will nicht abstreiten, daß ich selbst gern einmal mit dem Lorbeerkranz auf dem Haupt die Stufen zum Kapitol hinaufgekrochen wäre. Wer träumt nicht davon, wenn er jahrelang eine Legion geführt hat! Aber saufen kann man auch in Britannien, und billiger obendrein!«

Ich sagte, ich würde gern unter seinem Befehl in Britannien bleiben, wenn er glaubte, mich brauchen zu können, denn ich hätte kein Verlangen danach, ohne wirkliches Verdienst an einem Triumph teilzunehmen. Vespasian betrachtete dies als einen großen Vertrauensbeweis und war sichtlich gerührt. »Je länger ich aus deinem Holzbecher trinke, desto besser gefällst du mir«, sagte er mit Tränen in den Augen. »Mein Sohn Titus soll so werden wie du, das wünsche ich mir. Ich will dir ein Geheimnis verraten.«

Er gestand mir, daß er einen Opferpriester der Briten gefangengenommen hatte, den er vor Aulus Plautius verbarg, denn dieser sammelte nun Gefangene für den Triumph und die Kämpfe im Amphitheater. Um dem Volk etwas Besonderes zu bieten, hätte er gern einen echten Priester gehabt, der bei einer Vorstellung einige Gefangene opfern sollte. »Aber ein wirklicher Druide würde sich nie dazu hergeben«, sagte Vespasian. »Es ist viel einfacher für Aulus, irgendeinen Briten als Priester zu verkleiden.

Die Römer merken den Unterschied nicht. Sobald Aulus abgereist ist, will ich den Priester freigeben und zum Zeichen meiner guten Absichten zu seinem Stamm zurückschicken. Wenn du Mut hast, Minutus, kannst du ihn begleiten und dich mit den Sitten der Briten vertraut machen. Dank seiner Hilfe könntest du mit vornehmen Jünglingen Freundschaftsbande knüpfen. Er würde dein Leben beschützen, denn ich habe den heimlichen Verdacht, daß unsere erfolgreichen Kaufleute sich um schweres Geld freies Geleit von den Druiden erkauft haben, auch wenn sie es nicht zugeben wollen.«

Ich hatte wenig Lust, mich mit fremden und abschreckenden Religionen einzulassen, und fragte mich im stillen, was für ein Fluch mich verfolgte, da ich schon in Rom gezwungen gewesen war, mit dem Aberglauben der Christen Bekanntschaft zu schließen. Vertrauen für Vertrauen, dachte ich und berichtete Vespasian, wie ich eigentlich ausgerechnet nach Britannien gekommen war. Die Vorstellung, daß die Gattin eines Triumphators von diesem wegen schändlichen Aberglaubens abgeurteilt werden sollte, belustigte ihn über alle Maßen. Um mir aber zu zeigen, daß er sehr wohl wußte, was in Rom geklatscht wurde, erzählte er mir: »Ich kenne Paulina Plautia persönlich. Soviel ich weiß, verlor sie den Verstand, nachdem sie einem jungen Philosophen – ich glaube, er hieß Seneca – Gelegenheit gegeben hatte, Julia, die Schwester des Kaisers Gajus, heimlich in ihrem Haus zu treffen. Die beiden wurden deshalb aus Rom verbannt, und Julia starb schließlich. Paulina Plautia nahm sich die Anklage wegen Kuppelei so zu Herzen, daß sie verrückt wurde. Sie legte Trauerkleider an und zog sich in die Einsamkeit zurück. Eine solche Frau kommt natürlich auf wunderliche Gedanken.«

Lugunda war während dieses Gesprächs in einem Winkel der Hütte gekauert und hatte uns aufmerksam beobachtet. Wenn ich lächelte, lächelte auch sie, machte ich aber ein ernstes Gesicht, so wurde sie unruhig. Vespasian hatte sie manchmal zerstreut angeblickt und sagte nun zu meiner Überraschung: »Frauen haben überhaupt seltsame Dinge im Kopf. Ein Mann kann nie genau sagen, was sie vorhaben. Der Gott Caesar hielt ja nicht viel von den Frauen der Briten, aber er hatte im großen ganzen keine allzu gute Meinung von den Frauen. Ich selbst bin der Ansicht, daß es gute und schlechte Frauen gibt, bei den Barbaren wie bei den zivilisierten Völkern. Das größte Glück für einen Mann ist die

Freundschaft einer guten Frau. Deine Wilde da sieht noch wie ein Kind aus, aber sie kann dir mehr nützen, als du glaubst. Du kannst nicht wissen, daß der Stamm der Icener sich an mich gewandt hat und das Mädchen zurückkaufen will. Das pflegen die Briten im allgemeinen nicht zu tun, denn sie betrachten Stammesgenossen, die uns Römern in die Hände fallen, als für alle Zeit verloren.«

Er sprach mit Lugunda mühsam ein paar Worte in der Sprache der Icener, und ich verstand nur wenig von dem, was sie sagten. Lugunda sah ihn jedoch verwirrt an und trat dann an meine Seite, wie um bei mir Schutz zu suchen. Sie antwortete Vespasian zuerst sehr scheu und dann ein wenig freimütiger, bis er den Kopf schüttelte und sich wieder an mich wandte: »Es ist schwer, sich mit den Briten zu verständigen. Die Küstenbewohner im Süden sprechen eine andere Mundart als die Stämme weiter landeinwärts, und die Leute im Norden verstehen von der Sprache der südlichen Stämme nicht ein Wort. Ich kann dir jedoch sagen, daß deine Lugunda schon als kleines Kind von den Druiden als Hasenpriesterin auserwählt worden ist. Wenn ich die Sache richtig verstanden habe, trauen sich die Druiden zu, schon einem Kind anzumerken, ob es für ihre Zwecke taugt und zum Priester erzogen werden kann. Das ist notwendig, da es Druiden der verschiedensten Grade und Ränge gibt und sie ihr ganzes Leben lang lernen müssen. Bei uns ist das Priesteramt mehr eine politische Ehrenstellung, aber bei den Briten sind die Priester zugleich Ärzte, Richter und sogar Dichter, sofern Barbaren so etwas wie eine Dichtkunst kennen.«

Ich kam immer mehr zu der Überzeugung, daß Vespasian keineswegs so ungebildet war, wie er selbst gern vorgab. Ich glaube, er spielte den groben Klotz, um andere dazu zu verleiten, ihre ganze Überheblichkeit und Eitelkeit zu verraten. Daß Lugunda zur Priesterin auserkoren war, hatte ich nicht geahnt. Ich hatte zwar bemerkt, daß sie kein Hasenfleisch essen konnte, ohne sich zu erbrechen, und sie duldete auch nicht, daß ich Hasen mit der Schlinge fing, aber ich hatte das nur für eine Barbarenlaune gehalten, da ich wußte, daß die vielen Sippen und Stämme der Briten die verschiedensten Tiere heilig hielten, ähnlich wie der Dianapriester bei uns in Nemi kein Pferd berühren oder auch nur ansehen durfte.

Vespasian sprach noch einmal mit Lugunda, und plötzlich lachte er laut auf und rief: »Sie will nicht zu den Ihren zurückkehren, sondern bei dir bleiben, und sie behauptet, du lehrst sie Zauberkunststücke, die nicht einmal ihre Priester kennen. Beim Herkules, sie glaubt, du seist ein Heiliger, weil du nie versucht hast, sie zu nehmen!«

Ich sagte zornig, daß ich kein Heiliger, sondern nur durch ein gewisses Gelübde gebunden und daß Lugunda ja noch ein Kind sei. Vespasian sah mich pfiffig an, rieb sich die breiten Backenknochen und meinte, keine Frau sei ganz und gar ein Kind. Dann dachte er eine Weile nach und sagte schließlich: »Ich kann sie nicht zwingen, zu ihrem Stamm zurückzukehren. Ich glaube, ich muß sie ihr Hasenorakel befragen lassen.«

Tags darauf hielt Vespasian die übliche Musterung im Lager ab. Er sprach zu den Soldaten auf seine grobe Art und erklärte ihnen, sie müßten sich hinfort damit begnügen, sich gegenseitig die Schädel einzuschlagen, und die Briten in Ruhe lassen. »Habt ihr das begriffen, ihr Tölpel?« brüllte er. »Jeder Brite ist euer Vater oder Bruder, jedes alte Britenweib ist eure Mutter, jedes noch so leckere Jüngferlein eure liebe Schwester. Behandelt sie danach. Wedelt freundlich mit grünen Zweigen, wenn ihr sie seht, macht ihnen Geschenke und gebt ihnen zu essen und zu trinken. Ihr wißt, daß das Kriegsgesetz eigenmächtige Plünderung mit dem Scheiterhaufen ahndet. Darum gebt acht, daß ich euch nicht die Schwarte ansengen muß! Aber wartet nur, wie ich euch einheize, wenn ihr euch auch nur ein einziges Pferd, ein einziges Schwert von einem Briten stehlen laßt! Denkt daran, daß die Briten Barbaren sind. Gütig und voll Nachsicht müßt ihr sie eure Sitten lehren. Bringt ihnen also bei, zu würfeln, Wein zu saufen und bei den römischen Göttern zu fluchen. Das ist der erste Schritt zur höheren Bildung. Wenn euch ein Brite auf die eine Backe schlägt, dann haltet ihm auch die andere hin. Meiner Treu, ich habe mir sagen lassen, es gibt da jetzt so einen neuen, gefährlichen Aberglauben, der verlangt, daß man's so macht, ob ihr es glauben wollt oder nicht. Aber haltet die andere Backe jedenfalls nicht zu oft hin, sondern tragt eure Meinungsverschiedenheiten lieber auf britische Art durch Ringkämpfe, Hindernisläufe oder Ballspiele aus.«

Selten habe ich die Legionare so herzlich lachen gehört wie bei Vespasians Ansprache. Die Glieder wankten vor Gelächter, und einer ließ sogar seinen Schild in den Schlamm fallen. Zur Strafe prügelte ihn Vespasian eigenhändig mit einem Befehlsstab, den er sich von einem Zenturio ausborgte, was noch mehr Heiterkeit auslöste. Zuletzt aber opferte Vespasian auf dem Legionsaltar nach dem vorgeschriebenen Ritual so feierlich und fromm, daß keiner mehr zu lachen wagte. Er opferte so viele Kälber, Schafe und Schweine, daß alle wußten, daß sie sich einmal umsonst mit geröstetem Fleisch mästen konnten, und wir verwunderten uns alle laut über die günstigen Vorzeichen.

Nach der Musterung befahl mir Vespasian, von einem Veteranen, der zu seinem Vergnügen nach Art der Briten in einem Käfig Hasen züchtete, einen lebenden Hasen zu kaufen. Vespasian nahm den Hasen unter den Arm, und dann gingen wir drei, er, Lugunda und ich, aus dem Lager und tief in den Wald hinein. Er nahm keine Leibwache mit, denn er war ein furchtloser Mann, und außerdem trugen wir beide nach der Musterung noch unsere Rüstungen und Waffen. Drinnen im Wald packte er den Hasen bei den Löffeln und reichte ihn Lugunda, die ihn geschickt unter ihren Mantel steckte und sich nach einem geeigneten Ort umsah. Ohne ersichtlichen Grund führte sie uns so lange in die Kreuz und in die Quere, daß ich schon an einen Hinterhalt der Briten zu glauben begann. Ein Rabe flog krächzend vor uns auf, wandte sich aber zum Glück nach rechts.

Bei einer mächtigen Eiche blieb Lugunda endlich stehen, blickte sich um, zeichnete mit einer Hand die vier Himmelsrichtungen in die Luft, warf eine Faustvoll fauler Eicheln in die Höhe, beobachtete, wie sie fielen, und begann dann mit eintöniger Stimme eine Beschwörung herzusagen. Sie sprach und sang so lange, daß ich schon schläfrig wurde, dann aber zog sie plötzlich den Hasen unter ihrem Mantel hervor, warf ihn in die Höhe und starrte ihm vornübergebeugt und mit vor Erregung dunklen Augen nach. Der Hase floh in langen Sätzen genau nach Nordwesten und verschwand im Gehölz. Lugunda begann zu weinen, schlang mir die Arme um den Hals und drückte sich schluchzend an mich.

Vespasian sagte bedauernd: »Du hast den Hasen selbst ausgewählt, Minutus. Ich habe mit der Sache nichts zu tun. Wenn ich aber den Hasen recht verstanden habe, will er, daß sie unverzüglich zu ihrem Stamm zurückkehrt. Wäre er sitzen geblieben und hätte er den Kopf in einen Busch gesteckt, so würde das ein ungünstiges Vorzeichen gewesen sein und bedeutet haben, daß sie bleiben soll. So viel glaube ich vom Hasenorakel der Briten zu verstehen.«

Er klopfte Lugunda freundlich auf die Schulter und redete mit ihr in der Sprache der Icener, indem er auf mich zeigte. Lugunda beruhigte sich, lächelte, ergriff meine Hand und küßte sie mehrere Male.

»Ich habe ihr nur versprochen, daß du sie sicher ins Land der Icener geleiten wirst«, sagte Vespasian ungerührt. »Aber nun wollen wir noch einige andere Orakel befragen, um zu erfahren, ob es nicht genügt, wenn ihr erst ein wenig später aufbrecht, damit du noch Gelegenheit hast, den Druiden kennenzulernen, den ich gefangenhalte. Ich habe den Eindruck, du bist verrückt genug, um als umherziehender Sophist auftreten zu können, der in den verschiedensten Ländern Wissen und Weisheit sammelt. Ich schlage vor, du kleidest dich in Ziegenhäute. Das Mädchen kann bezeugen, daß du ein Heiliger bist, und der Druide wird dein Leben beschützen. Sie halten ihr Versprechen, wenn sie sie auf eine bestimmte Art beim Namen einer ihrer unterirdischen Götter abgelegt haben, und sollten sie sie nicht halten, dann müssen wir uns etwas anderes ausdenken, um ein friedliches Zusammenleben zu sichern.«

So begleiteten Lugunda und ich Vespasian, als er von seiner Musterungsreise wieder ins Hauptlager der Legion zurückkehrte. Als wir aufbrachen, bemerkte ich zu meiner Verwunderung, daß viele Männer der Garnison mich während des langen Winters ins Herz geschlossen hatten, so spöttisch sie mir anfangs auch entgegengetreten waren. Sie gaben mir kleine Abschiedsgeschenke, sagten, ich dürfe nie die Brust beißen, die mich gesäugt habe, und versicherten mir, daß in meinen Adern echtes Wolfsblut rinne, wenn ich auch Griechisch könne. Es tat mir weh, sie zu verlassen.

Als wir im Hauptlager ankamen, vergaß ich, den Legionsadler nach Vorschrift zu grüßen. Vespasian brüllte vor Zorn, befahl mir, die Waffen abzulegen, und schickte mich in den Kerker. Diese Strenge verwirrte mich, bis ich erkannte, daß er mich auf diese Weise nur mit dem gefangenen Druiden zusammenbringen wollte. Dieser Mann war noch keine dreißig, aber in jeder Hinsicht bemerkenswert. Er gestand offen, daß er auf der Heimreise aus Westgallien gefangengenommen worden war, als ein Sturm sein Schiff an einen von den Römern bewachten Küstenstrich trieb.

»Dein Legat Vespasian ist ein schlauer Fuchs«, sagte er lächelnd. »Kein anderer von euch hätte in mir den Druiden erkannt oder mich auch nur für einen Briten gehalten, da ich mir das Gesicht nicht blau bemale. Er hat versprochen, mir den qualvollen Tod im Amphitheater in Rom zu ersparen, aber deshalb werde ich ihm doch nicht zu Willen sein. Ich tue nur, was meine Wahrträume mir zu tun gebieten. Vespasian führt ohne sein Wissen einen höheren Willen als den seinen aus, wenn er mein Leben schont. Doch ich fürchte nicht einmal einen qualvollen Tod, da ich ein Eingeweihter bin.«

Ich hatte mir einen Splitter in den Daumenballen gerissen, und meine Hand schwoll an. Der Druide zog den Splitter heraus, ohne daß ich etwas spürte, denn er preßte mir mit der anderen Hand das Handgelenk zusammen. Als er den Splitter mit einer Nadel entfernt hatte, hielt er meine heiße, schmerzende Hand lang zwischen den seinen. Am nächsten Morgen war der Schmerz verschwunden, und meine Hand war so gut geheilt, daß man nicht einmal mehr die Wunde sah.

An diesem Tag kam der Druide wieder auf Vespasian zu sprechen. »Er begreift vielleicht besser als andere Römer, daß dieser Krieg ein Krieg zwischen den Göttern der Briten und den Göttern der Römer ist«, sagte er. »Deshalb versucht er, einen Waffenstillstand zwischen den Göttern herbeizuführen, und handelt damit unvergleichlich klüger, als wenn er versuchen wollte, unsere Stämme zu einem politischen Bündnis mit Rom zu bewegen. Unseren Göttern kann die Waffenruhe recht sein, denn sie sind unsterblich. Dagegen sagen uns zuverlässige Vorzeichen, daß die Götter Roms sterben werden. Deshalb wird Rom Britannien nie ganz in seine Gewalt bekommen, so schlau Vespasian es auch anzustellen meint. Aber ein jeder muß freilich an seine eigenen Götter glauben.«

Der Druide versuchte sogar, die scheußlichen Menschenopfer zu verteidigen, die sein Glaube forderte, und erklärte mir: »Leben muß mit Leben erkauft werden. Wird ein Vornehmer krank, so opfert er einen Verbrecher oder einen Sklaven, um geheilt zu werden. Für uns bedeutet der Tod nicht dasselbe wie für euch Römer, denn wir wissen, daß wir früher oder später wiedergeboren werden. Der Tod ist daher nur ein Wechsel von Zeit und Ort. Ich wage nicht zu behaupten, daß alle Menschen wiedergeboren werden, aber der Eingeweihte weiß, daß er mit einem Rang, der seinem Wert entspricht, zurückkehrt. Darum ist der Tod für ihn nur ein tiefer Schlaf, aus dem er wieder erwacht.«

Vespasian gab den Druiden, den er zu seinem Sklaven gemacht hatte, in der durch das Gesetz vorgeschriebenen Form frei, bezahlte aus eigener Tasche die Freilassungssteuer in die Legionskasse und erlaubte ihm, seinen zweiten Familiennamen, Petro, zu tragen. Dann führte er ihm streng die Pflichten vor Augen, die ein Freigelassener seinem früheren Herrn gegenüber hat. Danach schenkte er uns drei Maulesel und schickte uns über den Fluß ins Land der Icener. Im Kerker hatte ich mein Haar und meinen hellen Flaumbart wachsen lassen, und als wir das Lager verließen, kleidete ich mich wirklich in Ziegenhäute, obwohl Petro über diese Vorsichtsmaßregel lachte.

Kaum befanden wir uns im Schutz des Waldes, da warf er seinen Freilassungsstab in die Büsche und stieß den markerschütternden Schlachtruf der Briten aus. In kürzester Zeit waren wir von einer Schar bewaffneter, blaubemalter Icener umgeben, doch geschah weder mir noch Lugunda etwas Böses.

Zusammen mit Petro und Lugunda reiste ich auf Eselsrücken von den ersten Frühlingstagen bis in den dunklen Winter hinein zwischen den verschiedenen Stämmen der Briten hin und her und sogar ins Land der Briganter. Petro unterrichtete mich nach bestem Vermögen in den Sitten und Glaubensvorstellungen der Briten, nur von den Geheimnissen der Eingeweihten erfuhr ich nichts. Ich brauche keine Einzelheiten über diese Reise zu berichten, denn ich habe alles in meinem Buch über Britannien geschildert, wo man es nachlesen kann.

Eines muß ich jedoch bekennen, nämlich daß mir erst mehrere Jahre später klarwurde, daß ich damals in einer Art Verzauberung umherwanderte. Übte Petro oder Lugunda einen heimlichen Einfluß auf mich aus, oder war nur meine Jugend daran schuld? Ich weiß es nicht. Ich glaube, ich sah alles schöner, als es in Wirklichkeit war, und fand Gefallen an Bräuchen und an Menschen, die ich später nicht mehr auf dieselbe Weise zu schätzen vermochte. Gleichwohl sah und lernte ich in dem einen Sommer so viel, daß ich mich nach einem halben Jahr bedeutend älter fühlte, als ich der Zahl meiner Jahre nach war.

Lugunda blieb bei ihren Stammesgenossen im Land der Icener, um Hasen zu züchten. Ich dagegen verbrachte die dunkelste Winterszeit in der Stadt Londinium im römisch besetzten Teil des

Landes, um aufzuzeichnen, was ich auf meiner Reise erlebt und erfahren hatte. Lugunda hatte mich unbedingt begleiten wollen, aber Petro wünschte, daß ich ins Land der Icener zurückkehrte, und überzeugte sie davon, daß dies um so sicherer zu erwarten sei, wenn sie bei ihrer eigenen Familie blieb, die übrigens für britische Verhältnisse vornehm war.

Vespasian erkannte mich nicht wieder, als ich ihm mit blauen Streifen im Gesicht und goldenen Ringen in den Ohren und in kostbares Pelzwerk gekleidet gegenübertrat. Ich redete ihn in der Sprache der Icener an und machte mit der Hand das einfachste der geheimen Zeichen der Druiden, das zu gebrauchen Petro mir erlaubt hatte, damit ich bei meiner Rückkehr nicht in Gefahr geriet.

Ich sagte: »Ich bin Ituna aus dem Land der Briganter, der Blutsbruder des Römers Minutus Lausus Manilianus, von dem ich dir Botschaft bringe. Er ließ sich von den Druiden in Todesschlaf versenken, um ein günstiges Vorzeichen für dich zu erspähen. Nun kann er nicht mehr in seiner eigenen Gestalt zur Erde zurückkehren, aber ich habe versprochen, ihm eine Gedenktafel in römischer Schrift zu stiften. Kannst du mir einen guten Steinmetzen empfehlen?«

»Bei allen Göttern der Unterwelt und Hekate dazu!« fluchte Vespasian. »Minutus Manilianus ist tot! Was soll ich nun seinem Vater schreiben!«

»Als mein kluger Blutsbruder für dich starb, sah er im Traum ein Flußpferd«, fuhr ich fort. »Das bedeutet ein stetiges Anwachsen deiner Macht, das keine Gewalt verhindern kann. Flavius Vespasian, die Götter Britanniens bezeugen, daß du vor deinem Tod noch Kranke durch Handauflegen heilen und im Land der Ägypter zum Gott erhoben werden wirst.«

Erst da erkannte mich Vespasian wieder, weil er sich des ägyptisch-chaldäischen Traumbuchs erinnerte, und begann zu lachen. »Mich hat vor Schreck beinah der Schlag getroffen!« rief er. »Aber was faselst du da für ungereimtes Zeug?«

Ich erzählte ihm, daß ich wirklich einen Traum dieser Art gehabt hatte, als ich mich von einem der höchsten Druiden im Land der Briganter in einen todesähnlichen Schlaf versenken ließ. »Ob es aber etwas zu bedeuten hat, weiß ich nicht«, sagte ich nüchtern. »Vielleicht habe ich mich zu sehr erschreckt, als ich damals Lugunda und den Galliern aus dem Traumbuch von dem Flußpferd vorlas und du plötzlich hinter mir standest. Daher kehrte das Flußpferd in meinem Traum wieder, und gleichzeitig träumte ich von Ägypten. Ich sah alles so deutlich, daß ich den Platz und den Tempel beschreiben könnte, vor dem sich die Szene abspielte. Du saßest dick und kahlköpfig auf einem Richterstuhl. Um dich herum standen viele Menschen. Ein Blinder und ein Lahmer flehten dich an, sie zu heilen. Zuerst wolltest du nicht, aber dann spucktest du dem Blinden in die Augen und tratest den Lahmen gegen das Bein. Der Blinde konnte wieder sehen und der Lahme wieder gehen. Als das Volk das sah, brachte es dir Opferkuchen und ernannte dich zum Gott.«

Vespasian lachte herzlich, aber doch auch ein wenig gezwungen. »Sprich mir ja nicht zu anderen von solchen Träumen, nicht einmal im Scherz«, warnte er mich. »Ich verspreche dir, daß ich an diese Heilmittel denken werde, wenn ich wirklich einmal in eine solche Klemme geraten sollte. Es erscheint mir allerdings glaubhafter, daß ich Rom noch als zahnloser Greis als Unterfeldherr in Britannien dienen werde.«

Er konnte dies jedoch nicht ganz ernst meinen, denn ich sah, daß er ein Triumphzeichen trug. Ich beglückwünschte ihn dazu, aber seine Miene verdüsterte sich, und er berichtete mir als Neuestes aus Rom, daß Kaiser Claudius seine junge Gemahlin Messalina hatte ermorden lassen und dann vor den Prätorianern weinend und schreiend geschworen hatte, er werde sich nie mehr vermählen.

»Ich weiß aus zuverlässigem Munde, daß Messalina sich von Claudius trennte, um den Konsul Silius zu heiraten, mit dem sie es schon lange getrieben hatte«, berichtete Vespasian. »Sie gingen die Ehe ein, als Claudius sich einmal aus der Stadt entfernt hatte. Ihr Plan war, entweder die Republik wiedereinzuführen oder Silius mit der Zustimmung des Senats zum Kaiser zu machen. Was wirklich geschah, ist schwer in Erfahrung zu bringen. Jedenfalls ließen Claudius' Freigelassene, Narcissus, Pallas und die übrigen Schmarotzer, Messalina im Stich und redeten Claudius ein, sein Leben sei in Gefahr, was vermutlich auch stimmte. Beim Hochzeitsgelage begingen die Verschwörer in ihrer Siegesfreude jedoch den Fehler, sich zu betrinken. Claudius, der in die Stadt zurückgekehrt war, bekam die Prätorianer auf seine Seite. Darauf wurde eine beträchtliche Anzahl Senatoren und Ritter hingerichtet, und nur wenigen wurde die Gnade gewährt, Selbstmord zu begehen. Die Verschwörung hatte weite Kreise gezogen und war offensichtlich gründlich vorbereitet worden.«

»Was für eine wahnsinnige Geschichte!« rief ich. »Ich hörte zwar schon, kurz bevor ich Rom verließ, daß es die Freigelassenen des Kaisers mit der Angst bekamen, als Polybius auf Messalinas Befehl verurteilt wurde, aber ich habe nie recht glauben können, was über Messalina erzählt wurde. Ich hatte vielmehr den Verdacht, daß man absichtlich boshafte Gerüchte in Umlauf setzte, um ihren Ruf zu untergraben.«

Vespasian kratzte sich seinen großen Schädel, zwinkerte mir listig zu und sagte: »Ich bin nur ein einfacher Unterfeldherr und lebe hier draußen wie in einem Ledersack. Ich sehe und weiß nicht, was wirklich vorgeht. Was soll ich dir also sagen? Es heißt jedenfalls, daß fünfzig Senatoren und einige Hundert Ritter im Zusammenhang mit der Verschwörung hingerichtet wurden. Am meisten sorge ich mich um meinen Sohn Titus, der sich in Messalinas Obhut befand, um zusammen mit Britannicus zu einem römischen Edlen erzogen zu werden. Wenn Claudius gegen die Mutter seiner Kinder so übel gesinnt war, daß er sie beiseite schaffen ließ, kann der launische Alte sich eines Tages auch gegen die Kinder wenden.«

Danach sprachen wir nur noch über die Stämme und Könige Britanniens, die ich dank Petro kennengelernt hatte. Vespasian befahl mir, einen genauen Bericht zu verfassen, gab mir aber weder für ägyptisches Papier, Tinte und Rohrfedern noch für meinen Aufenthalt in Londinium Geld. Sold bezog ich auch keinen und war nicht einmal mehr in der Rolle meiner Legion geführt, weshalb ich mir während des ganzen bitter kalten und nebligen Winters wie ein Ausgestoßener vorkam.

Ich mietete einen Raum im Hause eines gallischen Kornhändlers und begann zu schreiben, mußte mir aber bald eingestehen, daß es mir schwerer von der Hand ging, als ich geglaubt hatte. Ich sollte ja nicht ein bereits geschriebenes Werk kommentieren oder bearbeiten, sondern meine eigenen Erlebnisse aufzeichnen. Ich verdarb viel kostbares Binsenpapier und wanderte oft, durch Pelze und Wollkleider gegen den eisigen Wind geschützt, am Ufer des großen Flusses Tamesa auf und ab. Als Vespasian von einer Musterungsreise zurückkehrte, ließ er mich rufen und sich vorlesen, was ich geschrieben hatte. Nach der Vorlesung schien er ein wenig verwirrt zu sein und sagte: »Ich bin nicht fähig, über

Literatur zu urteilen, und hege auch zuviel Achtung vor gelehrten Männern, um mich zu ihrem Richter aufzuwerfen, aber mir scheint, du hast da einen größeren Bissen in den Mund genommen, als du schlucken kannst. Du schreibst sehr schön, nur meine ich, du solltest dir zuerst einmal darüber klarwerden, ob du ein Gedicht schreiben willst oder einen sachlichen Bericht über Britannien. Es ist zwar angenehm zu lesen, wie die Wiesen so grün sind, wie der Weißdorn blüht und wie die Vögel zwitschern, wenn der Sommer naht, aber ich frage dich: was nützt es einem Krieger oder Handelsmann, dergleichen zu erfahren? Außerdem ist mir aufgefallen, daß du dich zu sehr auf die Erzählungen der Druiden und vornehmen Briten verläßt, wenn du von der Geschichte der Stämme und der göttlichen Abstammung der Könige berichtest. Du beschreibst ihre Taten und Tugenden so begeistert, als hättest du vergessen, daß du Römer bist. Ich würde an deiner Stelle lieber nicht mit britischer Zunge den Gott Julius Caesar lästern und behaupten, er habe Britannien nie erobern können, sondern sei unverrichteter Dinge von den Küsten dieses Landes geflohen. Diese an und für sich nicht ganz unbegründete Behauptung ist zwar sehr schmeichelhaft für Claudius, dem es dann dank den Fehden unter den britischen Stämmen gelang, einen so großen Teil des Landes zu befrieden, aber du mußt einsehen, daß es nicht angeht, den Gott Julius Caesar öffentlich zu beleidigen.«

Als er so väterlich mit mir redete, begann mein Herz lauter zu klopfen, und ich begriff, daß ich mich während des Schreibens aus dem dunklen Winter und meiner eigenen finsteren Einsamkeit in einen traumhaften Sommer geflüchtet, daß ich alle Mühsal und Gefahr vergessen und mich nur des Schönen erinnert hatte. Ich hatte mich beim Schreiben nach Lugunda gesehnt und mich eingedenk der Blutsbrüderschaft, die ich bei den Brigantern geschlossen hatte, mehr als Brite denn als Römer gefühlt. Gleichwohl nahm ich Vespasians Tadel nach der Weise aller Schriftsteller übel und antwortete gekränkt: »Schade, daß ich deine Hoffnungen enttäuscht habe. Es ist wohl das beste, ich packe meine Sachen und kehre nach Rom zurück, sofern es bei den Winterstürmen möglich ist, nach Gallien überzusetzen.«

Vespasian legte mir seine große Hand auf die Schulter und sagte begütigend: »Du bist noch jung, und deshalb verzeihe ich dir deine Empfindlichkeit. Es wird dir guttun, mich auf einer Musterungsreise in die Veteranenstadt Comulodunum zu begleiten.

Dann gebe ich dir eine Kohorte, damit du dir die nötige militärische Erfahrung erwirbst. Deine britischen Blutsbrüder werden dich darum nur um so höher achten, wenn du im Sommer zu ihnen zurückkehrst. Im Herbst kannst du dann dein Buch neu schreiben.«

Auf diese Weise erhielt ich noch in demselben Jahr den Rang eines Kriegstribuns, obwohl ich erst achtzehn war. Dies schmeichelte meiner Eitelkeit, und ich tat mein Bestes, mich meiner Aufgabe würdig zu erweisen, obwohl sich während des Winters der Dienst auf Musterungen in der Garnison, Bauarbeiten und Übungsmärsche beschränkte. Ein wenig später erhielt ich von meinem Vater eine ansehnliche Summe Geldes und folgenden Brief: »Marcus Mecentius Manilianus grüßt seinen Sohn Minutus Lausus. Du wirst gehört haben, daß sich in Rom mancherlei verändert hat. Um Tullias Verdienste um die Aufdeckung der Verschwörung zu belohnen, und nicht so sehr um meiner eigenen Verdienste willen, hat Kaiser Claudius mir als besonderes Privileg den Purpurstreifen gewährt. Ich habe nun also einen Sitz in der Kurie. Benimm dich danach. Ich schicke dir eine Zahlungsanweisung nach Londinium. Hier wird berichtet, die Briten hätten Claudius zum Gott erhöht und ihm einen Tempel mit spitzem Dach errichtet. Du handelst klug, wenn du diesem Tempel ein passendes Geschenk machst. Tante Laelia geht es, soviel ich weiß, gut. Dein Freigelassener Minutius wohnt bei ihr. Er stellt eine gallische Seife her, die er gut verkauft. Meine Gattin Tullia läßt dich grüßen. Trink auf mein Andenken aus dem Holzbecher deiner Mutter.«

Mein Vater war also tatsächlich Senator geworden, woran ich nie geglaubt hatte, und ich brauchte mich nun nicht mehr darüber zu wundern, daß Vespasian mich so schnell zum Kriegstribun befördert hatte. Er erfuhr immer viel rascher als ich, was in Rom vorging. Ich empfand eine gewisse Bitterkeit und konnte den Senat nicht mehr so hoch achten wie zuvor.

Dem Rat meines Vaters folgend, reiste ich zu dem Holztempel, den die Briten Claudius in der Veteranenstadt errichtet hatten, und stiftete ein buntbemaltes Holzbildwerk. Etwas Kostbareres wagte ich nicht zu schenken, da die Tempelgaben der Briten einfache, billige Gegenstände waren: Schilde, Waffen, Gewebe und Tonkrüge. Vespasian hatte nur ein abgebrochenes Schwert gestiftet, um die britischen Könige nicht durch eine zu kostbare Gabe zu beleidigen. Dies ist jedenfalls der Grund, den er selbst anführte.

Als der Sommer kam, legte ich froh meine Rangabzeichen und meine römische Rüstung ab, malte mir blaue Streifen auf die Wangen und legte mir den bunten Ehrenmantel der Briganter um die Schultern. Vespasian meinte zwar, er könne unmöglich den Sohn eines römischen Senators in die Wälder ziehen lassen, wo die wilden Briten nur darauf warteten, ihn zu erschlagen, aber er wußte in Wirklichkeit sehr gut, daß ich unter dem Schutz der Druiden in den Ländern Britanniens sicherer umhergehen konnte als daheim auf den Straßen Roms.

Übermütig bestätigte ich ihm, daß ich auf eigene Rechnung und Gefahr reiste. Ich hätte gern aus reiner Eitelkeit mein Pferd mitgenommen, um vor den vornehmen britischen Jünglingen damit zu prahlen, doch das verbot mir Vespasian mit Nachdruck, indem er wie üblich die Zähigkeit der Maulesel und ihre besondere Tauglichkeit für die britischen Geländeverhältnisse rühmte. Er hatte ja sogar einen Pferdehändler kreuzigen lassen, der eine Schiffsladung Pferde aus Gallien einschmuggeln und den Briten zu Wucherpreisen verkaufen wollte. Mein Hengst, meinte er, wäre eine allzu große Versuchung für sie, denn sie bemühten sich, ihre kleinen einheimischen Pferde zu veredeln, seit sie schmerzhaft am eigenen Leibe hatten erfahren müssen, daß die römische Reiterei ihren Streitwagen eindeutig überlegen war.

Ich beschränkte mich also darauf, Geschenke für meine Gastfreunde zu kaufen. Vor allem belud ich meine Maulesel mit Weinkrügen, denn die britischen Edlen waren dem Wein womöglich noch mehr ergeben als die Legionare.

In diesem Sommer nahm ich in der kürzesten Nacht in einem Rundtempel aus mächtigen Steinen an einer Sonnenanbetung teil, fand Goldschmuck und Bernstein in einem Grab aus grauer Vorzeit und machte eine Reise zu den Zinngruben, deren Hafen vor Jahrhunderten die Karthager regelmäßig aufgesucht hatten, um Zinn zu kaufen. Die größte Überraschung aber war für mich Lugunda, die während des Winters zur jungen Frau herangewachsen war. Ich traf sie in ihrem Hasenhof. Sie trug den weißen Mantel der Hasenpriesterinnen und ein silbernes Band im Haar. Ihre Augen leuchteten wie die einer Göttin. Als wir uns zur Begrüßung umarmt hatten, traten wir beide bestürzt einen Schritt zurück und wagten nicht mehr, einander zu berühren. Ihr Stamm erlaubte ihr in diesem Jahr nicht, mich auf meinen Reisen zu begleiten, und ich floh geradezu vor ihr, als ich das Land der Icener verließ. Doch ihr Bild begleitete mich auf allen meinen Wanderungen. Als letztes am Abend und als erstes am Morgen dachte ich an sie.

Früher als ich beabsichtigt hatte, kehrte ich zu ihr zurück, aber viel Freude sollte ich davon nicht haben. Wir waren zwar froh, wieder beisammen zu sein, aber sehr bald bekamen wir mit oder ohne Grund Streit und kränkten einander so tief, daß ich sie aus ganzem Herzen haßte und sie nie wiederzusehen wünschte. Als sie dann aber wieder zu mir kam, mich anlächelte und mir ihren Lieblingshasen zu halten gab, schmolz mein Zorn, und ich war willenlos wie das Wasser. Es fiel mir schwer, mich daran zu erinnern, daß ich römischer Ritter und Sohn eines Senators war und das Recht hatte, den roten Mantel der Kriegstribunen zu tragen. Rom schien mir nur ein Traum, als ich in der Wärme des britischen Sommers im Grase saß und den zappelnden Hasen zwischen meinen Knien hielt.

Plötzlich trat Lugunda zu mir, legte ihre Wange an meine, riß dann aber den Hasen an sich und beschuldigte mich mit blitzenden Augen, ich hätte das Tier absichtlich gequält. Den Hasen im Arm haltend und mit erhitzten Wangen sah sie mich so spöttisch an, daß ich bedauerte, sie nicht durchgeprügelt zu haben, als sie sich im Lager noch in meiner Gewalt befunden hatte.

An anderen Tagen war sie freundlich und führte mich durch den ungeheuren Besitz ihrer Eltern. Sie zeigte mir die Viehherden, die Felder und Dörfer. Wir gingen sogar in das Vorratshaus, und ich durfte ihre Stoffe, ihren Schmuck und die Erinnerungsstücke sehen, die in ihrer Familie von der Mutter auf die Tochter weitervererbt wurden.

»Gefällt dir das Land der Icener nicht?« fragte sie neckend. »Ist seine Luft nicht leicht zu atmen? Schmeckt dir unser Gerstenbrot und unser dickes Bier nicht? Mein Vater würde dir viele Gespanne mit kleinen Pferden und silbernen Wagen geben, und Land könntest du so viel haben, wie du an einem Tag zu umfahren vermagst, wenn du ihn nur darum bätest.«

Doch ein andermal sagte sie: »Erzähl mir von Rom. Ich möchte auf steingepflasterten Straßen gehen, große Tempel mit Säulenhallen und Kriegstrophäen aus allen Ländern sehen und mit Frauen Bekanntschaft schließen, die anders sind als ich, um ihre

Sitten zu lernen, denn so bin ich ja in deinen Augen nur ein ungebildetes Icenermädchen.«

Wenn sie aber ganz aufrichtig war, sagte sie: »Weißt du noch, wie du mich in einer kalten Winternacht in deiner Hütte in den Armen hieltst, um mich mit deinem eigenen Körper zu wärmen, als ich Heimweh hatte? Nun bin ich daheim, und die Druiden haben mich zur Hasenpriesterin gemacht. Du verstehst nicht, was für eine große Ehre das ist, aber jetzt möchte ich lieber in deiner Holzhütte sitzen, meine Hand in deine legen und deinen Belehrungen lauschen.«

So unerfahren war ich noch, daß ich meine eigenen Gefühle und das, was zwischen uns geschah, nicht verstand. Ich mußte erst von dem Druiden Petro darüber aufgeklärt werden, der bei Herbstbeginn von einer geheimnisvollen Insel jenseits des tückischen alivernischen Meeres zurückkehrte, wo er in einen noch höheren Priesterrang eingeweiht worden war. Er sah uns eines Tages, ohne daß ich es bemerkte, bei unseren Spielen zu und trat plötzlich zu uns, setzte sich auf den Boden, deckte sich die Augen mit den Händen zu, legte das Haupt auf die angezogenen Knie und versank in heilige Verzückung. Wir wagten nicht, ihn zu wecken, denn wir wußten beide, daß er in seinen Träumen in Gesellschaft der Unterirdischen wandelte. Bald vergaßen wir jedoch unsere Neckereien, setzten uns ihm gegenüber auf einen Rasenhöcker und warteten darauf, daß er erwachte.

Als er wieder zu sich kam, sah er uns an wie aus einer anderen Welt und sagte: »Du, Minutus Lausus, hast ein großes Tier an deiner Seite, das wie ein Hund mit einer Mähne aussieht, und Lugunda hat als einzigen Beschützer ihren Hasen.«

»Das ist kein Hund«, sagte ich beleidigt. »Das ist ein richtiger Löwe, aber solch ein edles Tier hast du freilich noch nie gesehen, und deshalb verzeihe ich dir deinen Irrtum.«

»Dein Hund«, fuhr Petro ungerührt fort, »wird noch den Hasen töten. Da wird Lugunda das Herz brechen, und sie wird sterben, wenn ihr nicht zur rechten Zeit auseinandergeht.«

Ich versicherte ihm verwundert: »Ich will Lugunda nichts Böses. Wir spielen ja miteinander wie Bruder und Schwester.«

»Wie sollte so ein Römer mir das Herz brechen«, sagte Lugunda verächtlich. »Und seinem Hund jage ich den Atem aus dem Leib. Ich halte nichts von bösen Träumen, Petro, und Ituna ist nicht mein Bruder.«

Petro sagte mit starrem Blick: »Es ist besser, ich spreche mit jedem von euch allein, zuerst mit dir, Ituna Minutus, und dann mit dir, Lugunda. Du magst einstweilen nach deinen Hasen sehen.«

Lugunda blitzte uns aus zorngelben Augen an, wagte sich aber dem Befehl des Druiden nicht zu widersetzen. Petro legte seine Beine übers Kreuz, nahm einen Zweig in die Hand und begann damit zerstreut Zeichen in den Boden zu ritzen.

»Eines Tages werden die Römer ins Meer zurückgeworfen«, sagte er. »Britannien ist das Land der unterirdischen Götter, und die himmlischen Götter können die unterirdischen nicht besiegen, solange die Erde steht. Die Römer mögen unsere heiligen Haine niederhauen, die heiligen Steine umwerfen, ihre Straßen bauen und die unterworfenen Stämme den römischen Ackerbau lehren, um sie zu ihren Steuersklaven zu machen: eines Tages, wenn die Zeit reif ist, werden sie doch ins Meer geworfen. Es bedarf dazu nur eines Mannes, der die Stämme zu gemeinsamem Kampf aufzurufen vermag und die Kriegskunst der Römer beherrscht.«

»Darum haben wir ganze vier Legionen hier stehen«, erwiderte ich. »Nach ein oder zwei Geschlechtern wird Britannien ein zivilisiertes Land sein und den römischen Frieden haben.«

Als wir auf diese Weise unsere Ansichten dargelegt hatten, gab es darüber nichts mehr zu sagen. Da fragte mich Petro unvermittelt: »Was willst du von Lugunda, Ituna Minutus?«

Er sah mich so finster an, daß ich beschämt zu Boden blickte.

»Denkst du daran, sie nach britischem Brauch zur Gattin zu nehmen und ihr ein Kind zu machen?« fragte Petro. »Sei ohne Furcht. Eine solche Ehe wäre nach römischem Recht ungültig und würde dich nicht hindern, Britannien wieder zu verlassen, wann immer du willst. Lugunda behielte das Kind zum Gedenken an dich. Wenn du aber nur mit ihr spielst, wird ihr das Herz brechen, sobald du sie verläßt.«

Der bloße Gedanke an ein Kind entsetzte mich, obwohl ich in diesem Augenblick in meinem Herzen erkannte, was ich von Lugunda wollte. »In Rom sagt man: ›Wo du bist, da bin auch ich‹«, erklärte ich Petro. »Ich bin kein abenteuernder Seemann oder umherziehender Händler, der bald hier, bald dort eine Ehe schließt, wenn er anders seinen Willen nicht bekommt. Das will ich Lugunda nicht antun.«

»Lugunda würde sich vor ihren Eltern oder Stammesgenossen nicht zu schämen brauchen«, erwiderte Petro. »Dein einziger Fehler ist, daß du Römer bist, aber du bist immerhin ein vornehmer Römer, und das ist der Unterschied. Bei uns hat die Frau große Macht. Es steht ihr frei, den Gatten selbst zu wählen, ja sogar ihn wieder fortzuschicken, wenn sie mit ihm nicht zufrieden ist. Eine Hasenpriesterin ist keine Vestalin, die geloben muß, sich niemals zu vermählen, wie es in Rom der Fall sein soll.«

»Ich will bald aufbrechen und heim zu den Meinen reisen«, sagte ich steif. »Britannien wird mir sonst zu eng.«

Aber Petro sprach auch mit Lugunda. In der Dämmerung kam sie zu mir, schlang mir die Arme um den Hals, sah mich mit ihren bernsteinfarbenen Augen zärtlich an und sagte, in meinen Armen zitternd: »Ituna Minutus, du weißt, daß ich dir gehöre. Petro sagt mir, du willst uns verlassen und nie mehr zurückkehren. Wäre es wirklich so eine Schande für dich, wenn du mich nach britischem Brauch zur Frau nähmst?«

Ich verspürte selbst ein Frösteln und antwortete ihr mit zitternder Stimme: »Nein, Schande wäre es keine, aber es wäre unrecht an dir gehandelt.«

»Recht oder unrecht«, sagte Lugunda. »Was bedeutet mir das, da ich doch spüre, wie dein Herz in deiner Brust ebenso laut pocht wie das meine.«

Ich legte ihr die Hände auf die Schultern, schob sie von mir und sagte: »Ich bin so erzogen worden, daß ich es als eine größere Tugend ansehe, sich zu beherrschen, als sich gehenzulassen und ein Sklave seiner Begierden zu werden.«

Lugunda entgegnete starrsinnig: »Ich bin deine Kriegsbeute und deine Sklavin. Du kannst mit mir tun, was du willst. Du hast ja letzten Sommer nicht einmal das Lösegeld von meinen Eltern angenommen.«

Als ich nur den Kopf schüttelte, ohne ein Wort hervorzubringen, bat Lugunda: »Nimm mich mit, wenn du fortgehst. Ich folge dir, wohin du willst. Ich verlasse meinen Stamm und sogar meine Hasen. Ich bin deine Dienerin, deine Sklavin, was du willst.«

Sie sank vor mir auf die Knie nieder, so daß sie mein Gesicht nicht mehr sah, und flüsterte: »Wenn du wüßtest, was diese Worte mich kosten, würdest du erschrecken, Römer.«

Ich aber glaubte, daß ich als Mann, als der stärkere von uns beiden, Lugunda gegen meine eigene Schwachheit schützen mußte, und versuchte ihr das zu erklären, doch meine Redekunst war machtlos gegen ihr gesenktes Haupt. Zuletzt stand sie auf, starrte mich an wie einen Fremden und sagte kalt: »Du wirst nie wissen, wie sehr du mich beleidigt hast. Von dieser Stunde an hasse ich dich und bete um deinen Tod.«

Das traf mich so tief, daß mein Magen zu schmerzen begann und ich nichts mehr essen mochte. Am liebsten wäre ich sofort aufgebrochen, aber die Ernte war eben beendet worden, und im Hause wurde nach altem Brauch das Erntefest gefeiert. Ich konnte daher nicht Abschied nehmen, ohne Lugundas Eltern zu kränken. Außerdem wollte ich die Bräuche beim Erntefest aufzeichnen und in Erfahrung bringen, wie die Icener ihr Korn verstecken.

Am nächsten Abend war Vollmond. Ich war schon betrunken von dem Bier der Icener, als die vornehmen Jünglinge aus der näheren und weiteren Umgebung mit ihren Gespannen auf einem Stoppelfeld auffuhren und an dessen Rand ein großes Feuer anzündeten. Ohne jemanden um Erlaubnis zu fragen, wählten sie ein Kalb aus dem Viehbestand des Hofes aus und opferten es unter Scherzen und Gelächter. Ich begab mich zu ihnen, da ich einige gut kannte, aber sie begegneten mir nicht so freundlich und neugierig wie sonst, ja sie begannen sogar, mich zu schmähen. »Wasch dir die blauen Streifen aus dem Gesicht, verfluchter Römer. Zeig uns lieber deinen schmutzigen Schild und dein mit Britenblut beflecktes Schwert!«

Einer fragte mich: »Stimmt es, daß die Römer in warmem Wasser baden und dadurch ihre Manneskraft verlieren?«

Und ein anderer antwortete: »Es ist die reine Wahrheit. Daher legen sich die Frauen in Rom zu ihren Sklaven. Ihr Kaiser mußte seine eigene Gattin töten, weil sie auf diese Weise hurte.«

Diese Verunglimpfung enthielt so viel Wahres, daß ich zornig wurde. »Ich selbst will mir die Scherze meiner Freunde gern gefallen lassen, vor allem wenn diesen das Bier zu Kopf gestiegen ist und sie sich mit gestohlenem Kalbfleisch mästen«, sagte ich. »Aber ich dulde nicht, daß über den Kaiser in Rom, meinen obersten Feldherrn, unziemend gesprochen wird.«

Sie schielten einander böse an und sagten unter sich: »Wir wollen mit ihm ringen. Da werden wir sehen, ob ihm im heißen Wasser die Hoden zergangen sind wie den anderen Römern.«

Ich erkannte, daß sie mit Absicht Streit suchten, aber ich konnte nicht mehr zurück, da sie in Kaiser Claudius' Bett gespuckt hatten. Nachdem sie sich gegenseitig Mut gemacht hatten, ging der Tapferste auf mich los, aber nicht, um mit mir nach den

Kunstregeln zu ringen, sondern nur, um mit den Fäusten auf mich einzudreschen. Ich war in der Legion zu einem guten Ringer ausgebildet worden, und es fiel mir daher nicht schwer, mit ihm fertigzuwerden, zumal er betrunkener war als ich. Ich warf ihn auf den Rücken, und als er immer noch strampelte und sich nicht für besiegt erklären wollte, setzte ich ihm den Fuß auf die Kehle. Da stürzten sich alle miteinander auf mich, schlugen mich nieder und hielten mich an Armen und Beinen fest.

»Was machen wir mit dem Römer?« fragten sie einander, und einer schlug vor: »Schlitzen wir ihm den Bauch auf, und sehen wir nach, was seine Eingeweide prophezeien.« Aber ein anderer sagte eifrig: »Nein, wir wollen ihn lieber verschneiden, damit er nicht mehr wie ein Hase um unsere Mädchen herumspringt.« Und ein dritter meinte: »Das beste ist, wir werfen ihn ins Feuer, dann sehen wir, wieviel Hitze so eine Römerhaut aushält.«

Ich wußte nicht, ob es ihnen damit ernst war oder ob sie nur nach Art der Betrunkenen ihren Scherz mit mir trieben. Die Schläge, die ich bekommen hatte, waren jedenfalls kein Scherz gewesen, aber mein Stolz verbot mir, um Hilfe zu rufen. Als sie sich nun aber gegenseitig aufhetzten und immer mehr in Wut gerieten, begann ich für mein Leben zu fürchten.

Plötzlich verstummten sie und rückten ein wenig zur Seite. Ich sah Lugunda auf mich zukommen. Sie blieb stehen, legte den Kopf schräg und sagte höhnisch: »Ein Römer liegt gedemütigt und hilflos auf der Erde. Ich genieße diesen Anblick und hätte beinahe Lust, deine Haut und dein Fleisch ein wenig mit der Messerspitze zu versuchen, wenn es mir nicht verboten wäre, mich mit Menschenblut zu besudeln.«

Sie schnitt eine häßliche Fratze und streckte mir die Zunge heraus. Dann aber redete sie besänftigend auf die jungen Briten ein, die sie alle beim Namen nannte, und sagte: »Tötet ihn lieber nicht. Sein Blut würde nach neuem Blut schreien. Schneidet mir eine Rute aus Birkenreisern, dreht ihn auf den Bauch und haltet ihn gut fest, dann will ich euch zeigen, wie man mit Römern umgeht.«

Die Burschen waren froh, daß sie sich nicht mehr selbst auszudenken brauchten, was sie mit mir anfangen sollten. Sie schnitten Birkenzweige und rissen mir das Gewand vom Leibe. Lugunda trat dicht neben mich und versetzte mir mit der Rute einen vorsichtigen, gleichsam prüfenden Hieb auf den Rücken. Dann schlug sie unbarmherzig und mit aller Kraft auf mich ein. Ich biß die Zähne zusammen und gab keinen Laut von mir, was sie erst recht zur Raserei brachte. Sie peitschte mich, daß mein ganzer Körper zuckte und mir vor Schmerz die Tränen in die Augen sprangen.

Als ihre Arme endlich erlahmten, warf sie die Rute fort und rief: »So, nun sind wir quitt, Römer.«

Die mich festhielten, ließen mich los und traten aus Angst, ich könnte mich auf sie stürzen, mit erhobenen Fäusten zurück. Mein Schädel dröhnte, ich blutete aus der Nase, und mein Rücken war ein einziges Feuer, aber ich schwieg und leckte mir nur das Blut von den Lippen. Dennoch hatte ich etwas an mir, was die Briten erschreckte, denn sie verspotteten mich nicht mehr, sondern machten mir Platz. Ich hob mein zerrissenes Gewand vom Boden auf und ging, doch nicht auf das Haus zu, sondern aufs Geratewohl in den vom Mondlicht erhellten Wald hinein, und im Gehen dachte ich dunkel, daß es für uns alle das beste war, wenn niemand etwas von meiner Schmach erfuhr. Weit kam ich jedoch nicht. Ich begann bald zu stolpern und sank schließlich auf einen kühlen Mooshügel nieder. Eine Weile später löschten die Briten ihr Feuer. Ich hörte sie nach ihren Gespannen pfeifen und im Galopp davonfahren, daß der Boden unter den Rädern donnerte.

Der Mond schien gespenstisch hell, und unheimlich tief waren die Schatten des Waldes. Ich wischte mir mit einer Handvoll Moos das Blut aus dem Gesicht, rief meinen Löwen und sagte zu ihm: »Wenn du da bist, Löwe, so brülle und stürze ihnen nach, sonst glaube ich nicht mehr an dich.«

Aber ich sah nicht einmal den Schatten eines Löwen. Ich war allein, bis auf einmal Lugunda geschlichen kam. Sie duckte sich unter den Zweigen hindurch und suchte nach mir. Ihr Gesicht war im Mondlicht ganz weiß. Als sie mich entdeckt hatte, trat sie zu mir, legte mir die Hände auf den Rücken und fragte: »Wie geht es dir, und hat es sehr weh getan? Es ist dir recht geschehen!«

Eine wilde Lust packte mich, die Hände um ihren schlanken Hals zu klammern und sie zu Boden zu werfen und sie zu peinigen, wie ich selbst gepeinigt worden war. Ich beherrschte mich jedoch, weil ich einsah, daß das nun niemandem mehr nützte, und fragte sie nur: »Ist das alles auf deinen Befehl geschehen, Lugunda?«

»Glaubst du, sie hätten es sonst gewagt, sich an einem Römer zu vergreifen?« fragte sie mich statt einer Antwort.

Dann kniete sie neugierig neben mir nieder, tastete ohne Scham meinen Leib ab, bevor ich sie daran hindern konnte, und fragte besorgt: »Sie haben dir doch nicht wirklich die Hoden zerquetscht? Es wäre schade, wenn du nicht mehr mit einem vornehmen römischen Mädchen Kinder zeugen könntest!«

Da vermochte ich mich nicht mehr zu beherrschen. Ich schlug sie auf beide Wangen, riß sie unter mich und drückte sie mit meinem Gewicht zu Boden, obwohl sie mit beiden Fäusten auf meine Schultern trommelte, mit den Beinen trat und mich in die Brust biß. Sie rief nicht um Hilfe. Plötzlich erlahmte ihr Widerstand, und sie nahm mich auf. Meine Lebenskraft ergoß sich in ihren Schoß, und ich empfand eine so heiße Wollust, daß ich laut stöhnte. Dann fühlte ich nur noch, wie sie meine Wangen zwischen ihren Händen hielt und mich unaufhörlich küßte. Erschrocken befreite ich mich aus ihrer Umarmung und setzte mich auf. Im gleichen Augenblick richtete sich auch Lugunda auf und begann zu lachen.

»Was ist nur mit uns geschehen?« fragte sie spöttisch.

Ich war so verstört, daß ich keine Antwort fand, und rief nur: »Du blutest ja!«

»Daß du das wenigstens bemerkt hast, du Dummkopf«, sagte sie verschämt, und als ich immer noch stumm dasaß, lachte sie wieder und sagte: »Petro riet es mir. Selbst wäre ich nie darauf gekommen. Es hat mir keine Freude gemacht, dich so erbarmungslos zu peitschen, aber Petro meinte, bei einem schüchternen, dickhäutigen Römer helfe kein anderes Mittel.«

Sie stand auf, nahm meine Hand und sagte: »Wir gehen zu Petro. Er hält gewiß Wein und einen Napf Mehl für uns bereit.«

»Was soll das heißen?« fragte ich mißtrauisch.

»Du hast mich ja mit Gewalt genommen, obwohl ich mich so lange wehrte, wie es mir meine Selbstachtung gebot«, antwortete Lugunda verwundert. »Willst du etwa, daß mein Vater das Schwert von der Wand nimmt und seine verlorene Ehre in deinen Eingeweiden sucht? Dazu hat er laut Gesetz das Recht, und es ist ein Gesetz, das sogar die Römer achten. Glaub mir, es ist das vernünftigste, wir lassen uns von Petro das Haar mit Mehl und Öl einreiben. Er kann mir aber auch nach römischer Sitte einen Ring auf den Finger stecken, wenn du unbedingt willst.«

»Du kannst nicht mit mir nach Rom gehen, Lugunda, ja nicht einmal nach Londinium!« rief ich bestürzt.

»Ich habe nicht die Absicht, dir nachzulaufen«, sagte Lugunda schroff. »Hab keine Angst. Du kannst zu mir zurückkehren, wenn du willst, aber ebensogut kann es geschehen, daß ich des Wartens müde werde, die Hochzeitsschale zerschlage und deinen Namen zu Asche verbrenne. Dann bin ich wieder frei und ledig. Sagt dir nicht deine eigene Vernunft, daß es besser für dich ist, dich nach den Sitten meines Volkes zu richten, als einen Skandal hervorzurufen, von dem man sogar in Rom sprechen wird? Weißt du, was es heißt, mitten im Frieden eine Hasenpriesterin zu schänden? Oder willst du etwa leugnen, daß du das getan hast? Du hast dich auf mich gestürzt wie ein wildes Tier und meinen Widerstand mit Gewalt gebrochen.«

»Du hättest um Hilfe rufen sollen«, sagte ich bitter. »Und du hättest mich nicht so schamlos an meiner empfindlichsten Stelle streicheln dürfen, als ich von den Mißhandlungen ohnehin schon von Sinnen war.«

»Ich war nur um dein Zeugungsvermögen besorgt«, log sie unbekümmert. »Und ich konnte doch nicht ahnen, daß eine leichte Berührung nach den Regeln der Liebeskunst dich gleich zur Raserei bringen werde.«

Meine aufrichtige Reue änderte nichts an dem Geschehenen. Wir gingen an einen Bach und wuschen uns sorgfältig, dann kehrten wir Hand in Hand zu der aus Pfählen errichteten Halle zurück, in der Lugundas Eltern uns schon ungeduldig erwarteten. Petro hatte aus Mehl und Öl einen Brei geknetet. Er strich uns diesen Brei aufs Haupt und gab uns Wein aus einer Tonschale zu trinken, die Lugundas Vater danach sorgsam in einer Truhe verwahrte. Dann führte uns dieser zu einem Hochzeitslager, stieß mich über Lugunda und deckte uns mit einem großen Lederschild zu.

Als die anderen die Hochzeitskammer taktvoll verlassen hatten, warf Lugunda den Schild auf den Boden und fragte mich demütig, ob ich ihr nun nicht in aller Zärtlichkeit und Freundschaft das tun wolle, was ich ihr in meinem wilden Zorn im Wald getan hatte. Der Schaden sei ja nun geschehen und nicht wiedergutzumachen.

Wir umarmten uns also zärtlich, nachdem ich sie zuerst nach römischer Sitte auf den Mund geküßt hatte. Danach erst stand

Lugunda auf und holte lindernde Salben, mit denen sie vorsichtig meinen Rücken bestrich. Ich hatte, nun da ich wieder daran denken konnte, wirklich große Schmerzen.

Gerade als ich in den tiefsten Schlaf meines Lebens versank, kam mir der Gedanke, daß ich nun dem Versprechen untreu geworden war, das ich Claudia gegeben hatte, aber ich schob das auf den Vollmond und die Zauberkünste der Druiden. Niemand entgeht seinem Schicksal, dachte ich, sofern ich überhaupt noch fähig war, vernünftig zu denken.

Am nächsten Tag begann ich mich ohne weitere Umstände auf meine Reise vorzubereiten, aber Lugundas Vater bat mich, ihn auf einer Fahrt durch seine Besitztümer zu begleiten und mir die Herden, Weiden und Wälder anzusehen, die er Lugunda und ihren Erben zu vermachen gedachte. Wir brauchten dazu drei Tage, und bei unserer Rückkehr schenkte ich Lugunda meine goldene Kriegstribunenkette.

Ihr Vater betrachtete das als eine zu geringe Hochzeitsgabe, und als Lugunda sich das Haar aufgesteckt hatte, nahm er einen goldenen Halsring, so dick wie das Handgelenk eines Kindes, und legte ihn seiner Tochter um den Hals. Dergleichen Ringe werden nur von den Königinnen und den vornehmsten Frauen der Briten getragen.

An alledem erkannte ich Dummkopf endlich, daß Lugunda von edlerer Herkunft war, als ich gedacht hatte, ja daß ihr Geschlecht so vornehm war, daß ihr Vater es nicht einmal nötig hatte, davon zu reden. Petro erklärte mir schließlich, daß ich, wäre ich nicht römischer Ritter und Sohn eines Senators gewesen, ohne Zweifel ein Schwert in den Leib bekommen hätte und nicht, auf dem Hochzeitslager, den Kriegerschild des Geschlechts über meinen wundgepeitschten Rücken.

Und nur dem Einfluß meines Schwiegervaters und Petros Stellung als Opferpriester, Arzt und Richter hatte ich es zu verdanken, daß ich nicht obendrein noch wegen Zauberei angeklagt wurde, denn der vornehme junge Brite, der mich aus Eifersucht als erster angegriffen hatte, brach sich noch am selben Vollmondabend das Genick, weil seine Pferde in vollem Galopp vor einem unbekannten Tier scheuten, so daß er mit dem Kopf voran gegen einen Stein geschleudert wurde.

Manchmal quälten mich der Gedanke an das Claudia gegebene Versprechen, das ich ohne meinen Willen gebrochen hatte, und die peinliche Empfindung, daß Lugunda eher meine Beischläferin als meine gesetzliche Gattin sei, denn ich konnte die Trauung nach der Sitte der Icener nicht als rechtskräftig betrachten. Doch ich war jung. Mein so lange in harter Zucht gehaltener Körper erlag Lugundas Liebkosungen, so daß ich meine Rückkehr nach Comulodunum Tag um Tag aufschob.

Aber mehr als alle Selbstbeherrschung ermüdet einen die übermäßige Befriedigung der Sinne, und bald trat eine ständige Gereiztheit zwischen Lugunda und mich. Wir wechselten harte Worte und waren uns nur noch im Bett einig. Als ich endlich zu den Meinen zurückkehrte, war mir, als fielen Ketten von mir ab, als erwachte ich aus einer Verzauberung. Wie ein Vogel, der aus dem Bauer fliegt, fühlte ich mich, und ich machte mir keine Vorwürfe, weil ich Lugunda verließ. Sie hatte nur ihren eigenen Willen durchgesetzt und konnte nun zufrieden sein, fand ich.

Vespasian befreite mich wieder von den Waffenübungen und dem Stabsdienst, den ich als Tribun hätte leisten müssen. Ich schrieb mein Buch über Britannien noch einmal neu. Die traumgleiche Verzauberung des ersten Sommers war dahin, und ich beschrieb alles so sachlich und so knapp ich konnte. Ich sah die Briten nicht mehr in dem gleichen vorteilhaften Licht und machte mich sogar über einige ihrer Bräuche lustig. Ich anerkannte die Verdienste des Gottes Julius Caesar um die Zivilisierung Britanniens, wies aber unter anderem darauf hin, daß die Bundesgenossenschaft des Gottes Augustus mit den Brigantern in den Augen der letzteren in nichts anderem bestand als im freundlichen Austausch von Geschenken.

Dagegen zollte ich Kaiser Claudius uneingeschränkte Anerkennung für die Eingliederung des südlichen Britannien ins Römische Reich und rühmte die Verdienste des Aulus Plautius um die Befriedung dieses Reichsteiles. Vespasian bat mich, seine Leistungen nicht allzusehr herauszustreichen. Er wartete noch immer vergeblich auf einen neuen Prokurator oder Oberbefehlshaber und wollte mit seinem Kriegsruhm niemanden in Rom gegen sich aufbringen. »Ich bin schlau oder, wenn du es lieber so nennen willst, unaufrichtig genug, um mich den veränderten Gegebenheiten anzupassen, und bleibe lieber still und bescheiden hier in Britannien, als daß ich nach Rom und in meine frühere Armut zurückkehre«, sagte er.

Ich wußte bereits, daß Kaiser Claudius den Eid gebrochen hatte, den er bei der Göttin Fides mit in ein weißes Tuch gebundener rechter Hand vor den Prätorianern geschworen hatte. Einige Monate nach Messalinas Tod hatte er nämlich erklärt, er könne nicht länger unbeweibt sein, und sich die vornehmste aller Frauen Roms zur Gattin genommen: seine eigene Nichte Agrippina, dieselbe, deren Sohn Lucius Domitius einst meine Freundschaft gesucht hatte.

Zu dieser Ehe war freilich ein neues Gesetz erforderlich gewesen, das die Blutschande gestattete, aber dieses Gesetz hatte der Senat nur zu gern erlassen, und einige besonders weitblickende Senatoren hatten Claudius sogar weinend und auf den Knien gebeten, sein heiliges Gelübde zurückzunehmen und sich zum Wohle des Staates erneut zu vermählen. Binnen kürzester Zeit war in Rom das Oberste zuunterst gekehrt worden, und Vespasian hütete sich wohlweislich, sich an dieser Suppe zu verbrennen.

»Agrippina ist eine schöne, kluge Frau«, sagte er heuchlerisch. »Gewiß hat sie aus den bitteren Erfahrungen ihrer Jugend und aus ihren beiden früheren Ehen viel gelernt. Ich hoffe nur, sie wird Britannicus eine gute Stiefmutter sein und sich auch meines Sohnes Titus annehmen, obwohl ich den Fehler begangen habe, ihn bei Messalina zu lassen, als ich in den Krieg zog.«

Vespasian sah ein, daß ich, als mein Buch beendet war, von Britannien genug hatte und mich nach Rom sehnte. Ich selbst war unruhig und unsicher. Immer öfter dachte ich an Lugunda, als der Frühling über Britannien kam.

Nach dem Fest der Flora erhielt ich in Londinium einen Brief, der in mangelhaftem Latein auf Birkenrinde geschrieben war. Man hoffe, hieß es darin, ich würde auf raschestem Wege ins Land der Icener zurückkehren, um meinen neugeborenen Sohn auf die Knie zu setzen. Diese überraschende Nachricht bereitete meiner Sehnsucht nach Lugunda augenblicklich ein Ende, und ich wünschte mir nun erst recht, Rom so bald wie möglich wiederzusehen. So jung war ich noch, daß ich glaubte, mich von aller Schuld befreien zu können, indem ich den Aufenthaltsort wechselte.

Vespasian gab mir freundlich ein Kurierschild und einige Briefe, die ich in Rom übergeben sollte. Ohne den heftigen Wind zu fürchten, schiffte ich mich ein und spie unterwegs das ganze Britannien in den Gischt dieses salzigen Meeres. Mehr tot als lebendig ging ich in Gallien an Land, und damit endet meine Erzählung über Britannien. Ich nahm mir vor, nie wieder dorthin zu reisen, ehe ich es nicht trockenen Fußes tun könnte, und dies ist einer der wenigen Vorsätze meines Lebens, denen ich treu geblieben bin.

IV

CLAUDIA

Es ist herrlich, achtzehn Jahre alt zu sein, sich den Kriegstribunenrang selbst verdient zu haben, zu wissen, das man überall gern gesehen ist, und sein Erstlingswerk einer sachverständigen Zuhörerschaft ohne Stottern vorlesen zu können. Mir war, als erlebte ganz Rom mit mir zusammen seinen schönsten Frühsommer. Ein frischerer Wind wehte in der Stadt, seit nach der allzu jungen Messalina die vornehme, edle Agrippina Kaiser Claudius' Gemahlin geworden war.

Man versuchte nicht mehr, einander an Ausschweifungen zu überbieten. Die Sitten waren reiner geworden, denn Agrippina ließ sich die Listen des Ritterstandes und der Senatoren bringen und tilgte unbarmherzig die Namen all derer, die durch einen unsittlichen Lebenswandel von sich reden machten oder sonst irgendeine Schuld auf sich geladen hatten. Claudius, der immer noch das Amt des Zensors ausübte und unter seinen Pflichten seufzte, nahm die Vorschläge einer so guten, politisch erfahrenen Frau dankbar an.

Agrippina zuliebe versuchte sogar er selbst, sich ein wenig aufzuraffen. Seine Freigelassenen, an erster Stelle der Sekretär Narcissus und der Verwalter der Staatskasse, Pallas, waren wieder in Gnaden aufgenommen worden, und es hieß, der von seinem anstrengenden Amt erschöpfte Pallas müsse Nacht für Nacht mit der unermüdlichen, willensstarken Agrippina über den Staatshaushalt beraten.

Als ich selbst zum erstenmal wieder mit Agrippina zusammentraf, schien sie mir sanftmütiger und strahlender geworden zu sein. Sie nahm sich die Mühe, mich in die Knabenschule des Palatiums zu führen. Sie rief Vespasians achtjährigen Sohn Titus zu sich und strich ihrem Stiefsohn Britannicus zärtlich übers Haar. Britannicus wirkte für seine neun Jahre zu mürrisch und verschlossen, aber das war, nachdem er seine schöne Mutter auf so schmerzliche Weise verloren hatte, kaum verwunderlich. Eine Stiefmutter kann wohl selbst durch die hingebungsvollste Zärtlichkeit die wirkliche Mutter nicht ersetzen. Als wir wieder gingen, sagte Agrippina bedauernd, daß Britannicus zum großen Kummer seines Vaters an der Fallsucht leide und daher keine körperlichen Übungen vertrüge. Besonders bei Vollmond sei er sehr unruhig und müsse überwacht werden.

Dann aber führte mich Agrippina voll Eifer in einen sonnigen Teil des Palatiums, um ihren eigenen Sohn, den schönen, verwegenen Lucius Domitius, zu besuchen, und stellte mich auch dessen Lehrer vor. Es war der Philosoph Annaeus Seneca, den Agrippina gleich nach ihrem Machtantritt aus der Verbannung zurückgeholt und mit der Erziehung ihres Sohnes beauftragt hatte. Der Aufenthalt auf Korsika war Seneca gut bekommen, und er war sogar von seiner Schwindsucht geheilt worden, so bitter er sich auch in seinen Briefen über die Verbannung beklagt hatte. Seneca, ein beleibter Mann, der mich freundlich begrüßte, war etwa fünfundvierzig Jahre alt. An seinen weichen roten Stiefeln erkannte ich, daß er sogar zum Senator ernannt worden war.

Lucius Domitius überraschte mich, indem er auf mich zustürzte und mich auf beide Wangen küßte, als sähe er einen lang entbehrten Freund endlich wieder. Er hielt mich an der Hand, setzte sich neben mich, fragte mich nach meinen Erlebnissen in Britannien aus und wunderte sich darüber, daß die Ritterschaft meinen Tribunenrang so rasch bestätigt hatte.

Von so viel Gunst verwirrt, erdreistete ich mich, mein kleines Buch zu erwähnen und Seneca zu bitten, es zu prüfen, bevor ich es öffentlich vorlas, um vor allem die Sprache zu verbessern. Er erklärte sich freundlich dazu bereit, und ich suchte den Palast aus diesem Anlaß noch mehrere Male auf. Nach seiner aufrichtigen Meinung mangelte es meiner Darstellung an Schwung, aber er räumte ein, daß ein straffer, trockener Stil durchaus am Platze sei, da ich ja hauptsächlich die Landesnatur und Geschichte Britanniens sowie die Sitten und Gebräuche der britischen Stämme, ihren Aberglauben und ihre Kampfweise beschrieb. Lucius Domitius las mir laut aus meinem Werk vor, um mir zu zeigen, wie man es vortragen müsse. Er hatte eine ungewöhnlich schöne Stimme und vermochte sich so in das Gelesene einzuleben, daß er mich mitriß und ich beinahe den Eindruck gewann, mein Buch sei außerordentlich verdienstvoll und bemerkenswert.

Ich sagte daher: »Wenn du es vorläsest, wäre mir der Erfolg gewiß.«

In der verfeinerten Atmosphäre des Palastes wurde mir erst so recht bewußt, wie überdrüssig ich des trostlosen Lagerlebens und der rohen Sitten der Legionare geworden war. Entzückt und voll Bewunderung folgte ich den Belehrungen des Lucius Domitius, der mir die angenehmen Gebärden beibrachte, die einem Schriftsteller anstehen, der sein Werk vorliest. Auf seinen Rat ging ich öfter ins Theater, und zusammen spazierten wir durch die Gärten des Lucullus auf dem Pincius, die seine Mutter nach Messalina geerbt hatte. Lucius Domitius sprang und tollte umher wie ein Kind, war aber dennoch stets auf die Schönheit seiner Bewegungen bedacht. Hin und wieder blieb er plötzlich wie in tiefe Gedanken versunken stehen und sagte etwas so Kluges, daß ich mich fragte, ob ich wirklich mit einem Knaben sprach, der noch nicht einmal den Stimmbruch hatte. Man mußte einfach Gefallen an ihm finden, wenn er es darauf anlegte, zu gefallen, und es war, als empfände er nach seiner freudlosen Kindheit das Bedürfnis, jeden Menschen, mit dem er zusammentraf, und sogar die Sklaven für sich einzunehmen. Seneca hatte ihn übrigens gelehrt, daß auch die Sklaven Menschen seien. Dasselbe hatte mir mein Vater schon in Antiochia gesagt.

Es war, als hätte der Geist, der in diesen denkwürdigen Tagen im Palatium herrschte, ganz Rom ergriffen. Sogar Tullia empfing mich freundlich in ihrem prunkvollen Haus und hinderte mich nicht daran, meinen Vater zu besuchen, sooft ich wollte. Sie kleidete sich würdig und einfach, wie es sich für die Gattin eines römischen Senators mit den Rechten einer Mutter von drei Kindern ziemte, und trug nicht mehr so viel Schmuck wie früher.

Mein Vater überraschte mich angenehm. Er war nicht mehr so aufgedunsen, kurzatmig und mißmutig wie vor meiner Abreise nach Britannien. Tullia hatte ihm einen griechischen, in Alexandria ausgebildeten Arzt gekauft, den mein Vater selbstverständlich sofort freigelassen hatte. Dieser Arzt verordnete ihm Bäder und Massagen, verbot ihm den unmäßigen Weingenuß und hieß ihn jeden Tag eine Weile spielen, so daß mein Vater nun seinen breiten Purpurstreifen beinahe mit Würde trug. Er stand in dem Ruf, ebenso gütig wie reich zu sein, und daher fanden sich jeden Morgen zahlreiche Klienten und Bittsteller bei ihm ein. Er half vielen, weigerte sich aber, irgend jemanden für die Verleihung der Bürgerrechte zu empfehlen, wozu er als Senator berechtigt gewesen wäre.

Doch ich muß von Claudia berichten, die ich schuldbewußt und widerstrebend aufsuchte. Äußerlich hatte sie sich nicht im geringsten verändert, und dennoch war sie mir anfangs fremd. Sie lächelte mich strahlend an, dann aber kniff sie die Lippen zusammen, und ihre Augen wurden dunkel.

»Ich habe böse Träume gehabt«, sagte sie. »Und jetzt sehe ich, daß sie die Wahrheit sprachen. Du bist nicht mehr derselbe wie früher, Minutus.«

»Wie sollte ich noch derselbe sein, nachdem ich zwei Jahre in Britannien gelebt, ein Buch geschrieben, Barbaren erschlagen und mir den roten Helmbusch verdient habe!« entgegnete ich aufgebracht. »Du lebst hier auf dem Lande, fern von aller Welt, wie eine Ente auf ihrem Teich, aber du kannst nicht dasselbe von mir verlangen!«

Claudia sah mir in die Augen, hob die Hand, um meine Wange zu streicheln, und sagte: »Du weißt sehr gut, was ich meine, Minutus. Aber ich war dumm. Ich hätte dir nicht ein Versprechen abverlangen dürfen, das offenbar kein Mann halten kann.«

Es wäre gewiß das klügste gewesen, wenn ich ihre Worte zum Anlaß genommen hätte, gleich bei diesem ersten Wiedersehen mit ihr zu brechen. Es ist ja so leicht, sich zu erzürnen, wenn man sich im Unrecht weiß. Als ich aber ihre bittere Enttäuschung sah, riß ich sie in meine Arme, küßte und streichelte sie und wurde von dem unwiderstehlichen Drang ergriffen, wenigstens einem Menschen von Lugunda und meinen Erlebnissen in Britannien zu erzählen.

Wir setzten uns bei ihrer Quelle auf eine Steinbank unter einem alten Baum, und ich berichtete, so aufrichtig ich es vermochte, wie Lugunda in meine Hände geraten war, wie ich sie lesen gelehrt hatte und von welch großem Nutzen sie mir auf meinen Reisen unter den Briten gewesen war. Dann begann ich ein wenig zu stottern und mußte zu Boden blicken. Claudia ergriff mit beiden Händen meinen Arm, riß mich zu sich herum, sah mir in die Augen und bat mich, weiterzuerzählen. Ich gestand ihr also, was meine Selbstachtung mir zuzugeben gestattete, wagte aber trotz allem nicht, Claudia zu sagen, daß Lugunda mir einen Sohn geboren hatte. Dagegen prahlte ich mit meiner Mannheit und Lugundas Unberührtheit.

Zu meiner Verwunderung kränkte es Claudia am meisten, daß Lugunda Hasenpriesterin war. »Ich bin es nun auch müde geworden, vom Vatikanischen Hügel aus den Vogelflug zu beobachten«, sagte sie. »Ich glaube nicht mehr an Vorzeichen. Roms Götter sind mir nur noch machtlose Statuen. Die bösen Mächte, die gibt es freilich, und es wundert mich nicht, daß du in deiner Unerfahrenheit in einem fremden Land behext werden konntest. Wenn du aber deinen Sündenfall aufrichtig bereust, kann ich dir einen neuen Weg zeigen. Der Mensch braucht mehr als Zauberei, Vorzeichen und Statuen aus Stein. Ich habe, während du fort warst, Dinge erfahren, von denen ich nie gedacht hätte, daß sie je einem Menschen offenbart werden könnten.«

Nichts Böses ahnend, bat ich sie eifrig, zu erzählen, aber das Herz sank mir, als ich erkannte, daß ihre Tante Paulina sie dazu mißbrauchte, die Verbindung mit ihren Freunden aufrechtzuerhalten, und sie damit noch tiefer als mich in die schändliche Geheimnistuerei der Christen hineingezogen hatte.

»Sie haben die Macht, Kranke zu heilen und die Sünden zu vergeben«, sagte Claudia verzückt. »Ein Sklave oder der ärmste Handwerker ist bei ihren heiligen Mählern den Reichsten und Vornehmsten gleich. Wir begrüßen uns mit einem Kuß zum Zeichen der Liebe, die uns verbindet. Wenn der Geist über die Versammlung kommt, wird sie von einem heiligen Beben ergriffen, ungebildete Menschen beginnen in fremden Zungen zu reden, und die Gesichter der Heiligen leuchten in der Dunkelheit.«

Ich sah sie mit dem gleichen Entsetzen an, mit dem man einen Schwerkranken betrachtet, aber Claudia nahm meine Hände und bat: »Verurteile sie nicht, bevor du sie nicht kennengelernt hast. Gestern war der Tag des Saturn und der Sabbat der Juden. Heute haben die Christen ihren Feiertag, denn am Tage nach dem Sabbat ist ihr König von den Toten auferstanden. Jeden Tag aber kann sich der Himmel auftun, und er kehrt zur Erde zurück und gründet sein tausendjähriges Reich, in dem die Letzten die Ersten sein werden und die Ersten die Letzten.«

Claudia war schön wie eine Seherin, als sie so sprach, und ich glaube, daß in diesem Augenblick wirklich eine unwiderstehliche Macht durch ihren Mund zu mir redete, meinen Willen lähmte und meinen Verstand verdunkelte, denn als sie sagte: »Komm, gehen wir sogleich zu ihnen«, da stand ich auf und folgte ihr willenlos. Da sie meinte, ich hätte Angst, versicherte sie mir, ich brauchte nichts zu tun, was ich nicht selbst wolle. Ich brauchte nur zu sehen und zu lauschen. Vor mir selbst redete ich mich damit heraus, daß ich alle Ursache hätte, diese neuen Sitten in Rom kennenzulernen, nachdem ich doch auch versucht hatte, mich in den Glauben der Druiden in Britannien einzuleben.

Als wir den jüdischen Stadtteil Transtiberina erreichten, herrschten dort Lärm und Unruhe. Schreiende Frauen kamen uns entgegengelaufen, und an den Straßenecken schlugen die Menschen mit Fäusten, Steinen und Knüppeln aufeinander ein. Sogar würdige grauhaarige Juden mit Quasten auf ihren Mänteln beteiligten sich an der Prügelei, und die Männer des Stadtpräfekten waren offenbar machtlos. Gelang es ihnen wirklich, eine der kämpfenden Gruppen mit ihren Stöcken auseinanderzutreiben, so wurde die Schlägerei eine Gasse weiter fortgesetzt.

»Was, bei allen Göttern Roms, geht hier vor?« fragte ich einen der atemlosen Ordnungswächter, der sich die blutende Stirn wischte.

»Es gibt da einen entflohenen Sklaven namens Christus, der die Juden gegeneinander aufhetzt«, erklärte er. »Wie du siehst, kommt das Gesindel aus anderen Stadtteilen über alle Brücken herüber und rottet sich hier zusammen. Du gehst mit deinem Mädchen am besten einen anderen Weg. Gleich werden die Prätorianer da sein, und dann gibt es blutige Köpfe.«

Claudia sah sich eifrig um, stieß einen freudigen Ruf aus und sagte: »Gestern jagten die Juden alle, die Christus anerkennen, aus ihren Synagogen und schlugen sie. Jetzt zahlen es ihnen die Christen zurück, und sie werden sogar von Christen unterstützt, die keine Juden sind.«

Durch die engen Gassen zogen wirklich ganze Scharen kräftiger Sklaven, Schmiede und Schauerleute vom Tiberstrand, die die verschlossenen Läden der Geschäfte aufbrachen und in die Häuser eindrangen, aus denen man ein klägliches Gejammer hörte. Aber die Juden sind furchtlose Streiter, wenn sie für ihren unsichtbaren Gott kämpfen. Sie versammelten sich vor den Synagogen und wehrten alle Angriffe ab. Eigentliche Waffen sah ich bei ihnen keine, denn es war ihnen, ebenso wie dem anderen Pöbel, der aus allen Himmelsrichtungen, meist aber aus dem Osten, nach Rom strömt, verboten, Waffen zu besitzen.

Da und dort tauchten ältere Männer auf und riefen mit erhobenen Armen: »Friede, Friede um Jesu Christi willen!« Einige senkten wirklich ihre Knüppel oder ließen ihre Steine fallen, schlichen aber dann nur in die nächste Gasse, um sich dort erneut ins Gewühl zu stürzen. Die würdevollen älteren Juden ergrimmten über diese Rufe so sehr, daß sie sich mitten vor der schönen Synagoge Julius Caesars die Bärte zu raufen und die Kleider zu zerreißen begannen und die Friedensmittler laut der Ketzerei bezichtigten.

Ich hatte alle Mühe, Claudia zu beschützen und sie davon abzuhalten, sich an der Schlägerei zu beteiligen, denn sie wollte unbedingt das Haus betreten, in dem ihre Freunde an diesem Abend ihre Mysterien feiern sollten. Vor dem Haus stand aber ein aufgehetzter Haufe glaubenseifriger Juden, und diese schlugen alle nieder, die sich dem Haus näherten, und schleppten andere, die sich darin versteckt hatten, auf die Gasse heraus. Sie zerrissen die Bündel dieser armen Menschen, stülpten ihre Eßkörbe um und trampelten die Speisen in den Kot und schlugen sie schonungsloser, als sie Schweine geschlagen hätten. Wer zu fliehen versuchte, wurde zu Boden gerissen und ins Gesicht getreten.

Ich weiß nicht mehr, wie es zu dem Folgenden kam. Ergriff mich plötzlich der dem Römer eingeborene Drang, die Ordnung aufrechtzuerhalten, oder wollte ich die Schwächeren gegen die Roheit der Angreifer schützen, oder hetzte Claudia mich auf? Jedenfalls wurde ich auf einmal gewahr, daß ich einen hochaufgewachsenen Juden bei seinem Bart packte und ihm mit einem Ringergriff den Stock aus der Hand wand, da er mit heiligem Eifer auf ein Mädchen eindrosch, das er zu Boden geworfen hatte, und eh ich wußte, wie mir geschah, befand ich mich mitten im dichtesten Handgemenge – offenbar auf der Seite der Christen, denn Claudia feuerte mich, vor Eifer glühend, im Namen ihres Jesus von Nazareth an, alle Juden, die ihn nicht als den Gesalbten anerkannten, grün und blau zu schlagen.

Ich kam erst wieder zur Besinnung, als Claudia mich ins Haus zog, und ließ rasch einen blutigen Knüppel fallen, den ich irgendwo aufgelesen hatte. Entsetzt machte ich mir klar, was mir bevorstand, wenn man mich festnahm und der Einmischung in die Glaubenszwistigkeiten der Juden anklagte. Ich hatte nicht nur meinen Kriegstribunenrang zu verlieren, sondern auch die schmale rote Borte auf meiner Tunika. Claudia führte mich in ein großes trockenes Kellergewölbe, in dem eine ganze Anzahl Judenchristen laut schreiend darüber stritt, wer die Schlägerei angestiftet hatte, während weinende Frauen damit beschäftigt waren, Wunden zu verbinden und Salben auf Beulen zu streichen. Vom Gästeraum über uns kamen einige Greise herunter, die vor Angst schlotterten, und Männer, die, der Kleidung nach zu urteilen, keine Juden waren. Sie schienen ebenso verwirrt wie ich zu sein und fragten sich vermutlich, wie sie sich aus dieser Klemme ziehen könnten.

Mit ihnen kam ein Mann, in dem ich erst, als er sich das Blut und den Schmutz aus dem Gesicht gewaschen hatte, den Zeltmacher Aquila erkannte. Er war übel zugerichtet, denn die Juden hatten ihm das Nasenbein zerschlagen und ihn dann in eine Kloake gerollt. Trotzdem ergriff er erregt das Wort und rief: »O ihr Verräter, die ich nicht einmal mehr meine Brüder zu nennen wage. Dient euch die Freiheit in Christus nur dazu, eure Schlechtigkeit zu bemänteln! Wo ist euer Duldermut! Ist uns nicht aufgetragen worden, uns der Ordnung und dem Gesetz der Menschen zu unterwerfen und den Spöttern mit guten Taten den Mund zu verschließen!«

Einige wandten heftig ein: »Es geht jetzt nicht darum, ohne Tadel unter den Heiden zu leben, damit sie lernen, Gott zu preisen, wenn sie unsere guten Taten sehen. Nein, es geht nun um die Juden, die uns schlagen und unseren Herrn Christus verhöhnen. Um seinetwillen und ihm zu Ehren haben wir dem Bösen Widerstand geleistet, nicht um unser eigenes erbärmliches Leben zu verteidigen.«

Ich drängte mich an ihnen vorbei, ergriff Aquila am Arm und flüsterte ihm zu, daß ich diesen Ort so rasch wie möglich verlassen müßte. Als er mich wiedererkannte, verklärte sich sein Gesicht vor Freude. Er segnete mich und rief: »Minutus, Sohn des Marcus Manilianus, hast auch du den einzigen Weg gewählt!«

Er umarmte mich, küßte mich auf den Mund, geriet in Verzückung und begann zu predigen: »Christus hat auch für dich gelitten. Warum nimmst du ihn nicht zum Vorbild und wandelst auf seinen Spuren? Er schmähte nicht, die ihn schmähten, und er drohte niemandem, da er litt. Vergilt auch du nicht Böses mit Bösem. Wenn du um Christi willen leiden darfst, so preise Gott dafür!«

Ich erinnere mich nicht mehr, was er noch alles daherfaselte, denn er kümmerte sich nicht um meine Einwände, sondern redete und redete, aber seine Verzückung riß die anderen mit. Nach und nach begannen sie alle um Vergebung ihrer Sünden zu beten, wenngleich einige noch zwischen den Zähnen murmelten, daß das Reich gewiß nicht kommen werde, solange die Juden die Untertanen Christi ungestraft beleidigen, unterdrücken und mißhandeln durften.

Währenddessen wurden draußen zahllose Verhaftungen vorgenommen, ohne daß man darauf sah, ob es sich um rechtgläubige Juden, Christen oder anderes Pack handelte. Da die Prätorianer alle Brücken bewachten, flohen viele in Booten. Andere machten die Lastkähne am Kai los, so daß sie mit der Strömung davontrieben. Da alle Ordnungstruppen ins Judenviertel geschickt worden waren, war die Stadt selbst ohne Schutz. Der Pöbel rottete sich in den Gassen zusammen und schrie als Losungswort den Namen Christus, den er jenseits des Tibers aufgeschnappt hatte. Er plünderte Läden und legte Feuer an einige Häuser, so daß der Stadtpräfekt, kaum daß im Judenviertel die Ordnung einigermaßen wiederhergestellt war, seine Leute eilends in die eigentliche Stadt zurückziehen mußte. Das war meine Rettung, denn er hatte schon Befehl gegeben, das Judenviertel Haus für Haus zu durchsuchen, um den Aufwiegler Christus zu fassen.

Es wurde Abend. Ich saß, den Kopf in die Hände gestützt, verzweifelt auf dem Boden des Kellers und wurde immer hungriger. Die Christen sammelten, was ihnen an Speisen geblieben war, und begannen es unter sich zu verteilen, so daß keiner leer ausging. Sie hatten Brot und Öl, Zwiebeln, gedünstete Erbsen und sogar Wein. Aquila segnete nach der Art der Christen das Brot und den Wein als den Leib und das Blut des Jesus von Nazareth. Ich nahm, was man mir anbot, und teilte eines der Brote der Armen mit Claudia. Auch ein kleines Stück Käse und einen Bissen Dörrfleisch bekam ich. Den Wein trank ich aus demselben Becher wie alle anderen, als die Reihe an mich kam. Als sich alle satt gegessen hatten, küßten sie einander zärtlich. Claudia küßte mich und rief: »O Minutus, wie bin ich froh, daß auch du sein Fleisch gegessen und sein Blut getrunken hast, um der Vergebung der Sünden und des ewigen Lebens teilhaftig zu werden. Fühlst du nicht den Geist in deinem Innern brennen, als hättest du die zerlumpten Hüllen deines früheren Lebens von dir geworfen und dich in ein neues Gewand gekleidet!«

Ich entgegnete bitter, das einzige, was in mir brenne, sei der billige saure Wein. Dann erst verstand ich ganz, was sie meinte, und erkannte, daß ich am geheimen Mahl der Christen teilgenommen hatte. Ich erschrak so heftig, daß ich mich am liebsten erbrochen hätte, obwohl ich genau wußte, daß ich nicht wirklich Blut aus dem Becher getrunken hatte.

»Dummes Geschwätz!« sagte ich erbost. »Brot ist Brot, und Wein ist Wein. Wenn ihr nichts anderes und nichts Schlimmeres treibt als dies, dann verstehe ich nicht, warum über eueren Aberglauben soviel unsinnige Geschichten verbreitet werden, und noch unbegreiflicher ist mir, daß man sich dergleichen harmloser Dinge wegen die Schädel einschlägt.«

Ich war zu müde, um lang mit ihr zu streiten, und sie war auch noch viel zu erregt, aber zuletzt brachte sie mich doch dazu, daß ich mich bereit erklärte, mich mit der Lehre der Christen näher bekannt zu machen, vorausgesetzt, daß an ihr überhaupt etwas Vernünftiges war. Ich konnte an sich nichts Böses darin sehen, daß sie sich gegen die Juden zur Wehr setzten, aber ich war der Überzeugung, daß sie bestraft werden mußten, wenn die Unruhen nicht aufhörten, gleich, ob die Schuld bei ihnen oder den rechtgläubigen Juden lag.

Aquila erklärte mir, daß es schon früher zu Streitigkeiten und Schlägereien gekommen war, wenn auch nicht in dem Ausmaße wie jetzt. Er versicherte, daß die Christen ohnehin versuchten, so wenig Aufmerksamkeit wie möglich zu erregen und böse Worte mit guten zu vergelten, daß aber andrerseits die Judenchristen das Recht hätten, in die Synagogen zu gehen, um der Lesung der Schriften zu lauschen. Viele von ihnen hätten sogar selbst zum Bau der neuen Synagogen beigesteuert.

Ich begleitete Claudia in der warmen Sommernacht aus der Stadt hinaus und am Vatikanischen Hügel vorbei zu ihrer Hütte. Auf der anderen Seite des Flusses sahen wir Brände lodern und hörten das Geschrei der Menge. Unzählige Wagen und Karren, die Gemüse und Früchte zum Markt brachten, warteten dicht gedrängt auf der Straße. Die Landleute fragten einander besorgt, was in der Stadt geschehen sei, und plötzlich ging das Gerücht von Mann zu Mann, ein gewisser Christus habe die Juden zum Morden und Brennen angestiftet. Kein einziger hatte über die Juden ein gutes Wort zu sagen.

Als wir weitergingen, begann ich zu hinken, mein Kopf schmerzte, und ich wunderte mich darüber, daß ich die Hiebe, die ich bei der Schlägerei abbekommen hatte, erst jetzt spürte. Als wir endlich Claudias Hütte erreichten, war mir so elend zumute, daß sie mich nicht gehen ließ, sondern mich bat, über Nacht bei ihr zu bleiben. Trotz meinen Einwänden bettete sie mich beim Schein einer Öllampe auf ihr eigenes Lager, wirtschaftete dann aber geräuschvoll in ihrer Hütte herum und seufzte so tief, daß ich sie schließlich fragte, was ihr fehle.

»Ich bin weder rein noch ohne Sünde«, gestand sie mir. »Wie Feuer brennt in meinem Herzen jedes Wort, das du mir über dieses schamlose Britenmädchen berichtet hast, an dessen Namen ich mich nicht einmal erinnern mag.«

Ich bat sie aufrichtig: »Versuche mir zu verzeihen, daß ich mein Versprechen nicht zu halten vermochte.«

»Was kümmert mich noch dein Versprechen«, klagte Claudia. »Ich verfluche mich selbst. Ich bin Fleisch von meiner Mutter Fleisch, und der liederliche Claudius ist mein Vater. Ich kann nicht dafür, daß eine gefährliche Unruhe in mir glüht, wenn ich dich so in meinem Bett liegen sehe.«

Sie hatte jedoch eiskalte Hände, als sie die meinen ergriff, und kalt waren auch ihre Lippen, als sie sich zu mir niederbeugte, um mich zu küssen.

»Ach Minutus«, flüsterte sie. »Ich bin noch nicht dazu gekommen, dir zu gestehen, daß mein Vetter Gajus mich geschändet hat, als ich noch ein Kind war. Er tat es zum Spaß, nachdem er der Reihe nach bei allen seinen Schwestern gelegen war, und ich habe seither die Männer gehaßt. Nur dich konnte ich nicht hassen, denn du wolltest mich zur Freundin haben, ohne zu wissen, wer ich bin.«

Was soll ich noch viel erklären? Um sie zu trösten, zog ich sie zu mir ins Bett. Sie zitterte vor Kälte und vor Scham. Ich will mich nicht damit herausreden, daß sie fünf Jahre älter als ich war, sondern gebe gern zu, daß mir immer heißer wurde, bis sie mich lachend und weinend umarmte, und ich wußte, daß ich sie liebte.

Als wir am Morgen erwachten, waren wir so glücklich, daß wir nur noch an uns beide denken mochten, und Claudia, die vor Freude und Glück strahlte, war in meinen Augen trotz ihren groben Gesichtszügen und dichten Brauen schön. Lugunda verblaßte zu einem Schatten. Claudia war eine reife Frau, Lugunda dagegen ein kindlich, launisches Mädchen.

Wir tauschten kein Versprechen aus und wollten nicht an die

Zukunft denken. Wenn mich wirklich ein dunkles Schuldbewußtsein drückte, so sagte ich mir, daß Claudia wissen mußte, was sie tat. Zumindest hatte sie nun an etwas anderes zu denken als an die abergläubischen Mysterien der Christen, und das war gut so.

Als ich nach Hause kam, sagte Tante Laelia giftig, sie habe sich meinetwegen große Sorgen gemacht, da ich die ganze Nacht bis in den Vormittag hinein ausgeblieben sei, ohne ihr vorher ein Wort zu sagen. Sie musterte mich mit ihren rotgeränderten Augen und sagte vorwurfsvoll: »Dein Gesicht leuchtet, als hättest du ein schändliches Geheimnis. Du hast dich doch nicht am Ende in ein syrisches Bordell verirrt?« Sie schnupperte mißtrauisch an meinen Kleidern. »Nein, nach Bordell riechst du nicht, aber irgendwo mußt du ja die Nacht verbracht haben. Laß dich nur nicht auf irgendeine unwürdige Liebschaft ein. Das würde dir und anderen nur Verdruß bringen.«

Am Nachmittag besuchte mich mein Freund Lucius Pollio, dessen Vater in diesem Jahr Konsul war, und erzählte mir aufgeregt: »Die Juden werden im Schutze ihrer Privilegien immer frecher. Der Präfekt hat den ganzen Vormittag die Festgenommenen verhören lassen und eindeutige Beweise dafür erhalten, daß ein Jude namens Christus die Sklaven und den Pöbel aufwiegelt. Er ist jedoch nicht, wie seinerzeit Spartacus, ein ehemaliger Gladiator, sondern ein Staatsverbrecher, der in Jerusalem zum Tode verurteilt wurde, dann aber auf irgendeine merkwürdige Weise die Kreuzigung lebend überstand. Der Präfekt läßt ihn suchen und hat einen Preis auf seinen Kopf ausgesetzt, aber ich fürchte, der Kerl hat sich aus der Stadt geschlichen, nachdem der Aufruhr mißglückt war.«

Ich hatte gute Lust, dem Bücherwurm Lucius Pollio zu erklären, daß die Juden mit Christus den Messias meinten, an den sie glaubten, aber ich durfte mir nicht anmerken lassen, daß ich von dieser neuen, aufrührerischen Lehre allzuviel wußte. Wir gingen zusammen noch einmal mein Buch durch, da ich eine möglichst reine Sprache anstrebte. Lucius Pollio versprach, mir einen Verleger zu finden, wenn das Buch die Feuerprobe der öffentlichen Vorlesung bestand. Seiner Meinung nach konnte es einen recht guten Absatz finden. Claudius gedachte gern seiner eigenen erfolgreichen Kriegszüge in Britannien. Man konnte sich bei ihm einschmeicheln, indem man Interesse für Britannien bekundete, und dazu war mein Buch, Lucius Pollio zufolge, gut geeignet.

Die Meinungsverschiedenheiten hinsichtlich des Eigentumsrechts an den Synagogen, die der erste Anlaß zu den Judenunruhen gewesen waren, versuchte der Stadtpräfekt durch die Bestimmung zu schlichten, daß alle jene die Synagogen benützen durften, die zu ihrer Errichtung beigetraten hatten. Sowohl die strenggläubigen, engstirnigen Juden wie auch die freisinnigeren hatten ja ihre eigenen Synagogen. Sobald aber die Juden, die Christus anerkannten, eine Synagoge für sich in Anspruch nahmen, holten die strenggläubigen Juden die kostbaren Schriftrollen aus ihrem heiligen Schrein und steckten die Synagoge in Brand, um sie nur ja nicht den verhaßten Christen überlassen zu müssen. Daraus entstanden neue Unruhen, und zuletzt begingen die rechtgläubigen Juden in ihrer Unverschämtheit einen schweren politischen Fehler, indem sie sich an den Kaiser selbst wandten.

Claudius war bereits über die Schlägereien aufgebracht, die sein neues Eheglück störten. Er geriet außer sich, als der jüdische Rat ihn daran zu erinnern wagte, daß er ohne die Unterstützung der Juden niemals Kaiser geworden wäre. Es verhielt sich nämlich tatsächlich so, daß Claudius' Zechkumpan Herodes Agrippa von den reichen Juden Roms das Geld geborgt hatte, das Claudius brauchte, um nach der Ermordung Gajus Caligulas die Prätorianer zu bestechen. Claudius mußte für dieses Geld Wucherzinsen zahlen und mochte an diese Sache, die seine Eitelkeit kränkte, nicht erinnert werden.

Sein Säuferschädel begann vor Wut zu zittern, und noch ärger stotternd als sonst, befahl er den Juden, ihm aus den Augen zu verschwinden, ja er drohte ihnen, er werde sie allesamt aus Rom verbannen, wenn er noch einmal von Streit und Schlägerei zu hören bekäme.

Die Judenchristen und das Gesindel, das sich ihnen anschloß, hatten sogar ihre Führer. Zu meinem Entsetzen stieß ich bei meinem Vater in Tullias Haus auf den eifrig disputierenden, schiefnasigen Aquila, seine Frau Prisca und einige andere offenbar durchaus achtbare Bürger, deren einziger Fehler darin bestand, daß sie sich zu der Mysterienlehre der Christen hingezogen fühlten. Ich war gekommen, um mit meinem Vater unter vier Augen über Claudia zu sprechen. Ich besuchte sie nun zweimal in der Woche und blieb über Nacht bei ihr, und ich fühlte mich verpflichtet, irgend etwas in unserer Sache zu unternehmen, obgleich sie selbst keine Forderungen an mich gestellt hatte.

Als ich überraschend bei meinem Vater eintrat und die Versammlung störte, sagte dieser: »Bleib, Minutus«, und fuhr zu den anderen gewandt fort: »Ich kenne den König der Juden und weiß einiges über ihn, denn ich wanderte nach seiner Kreuzigung in Galiläa umher und konnte mich sogar selbst vergewissern, daß er aus seinem Grabe auferstanden war. Seine Jünger wiesen mich zwar ab, aber ich kann bezeugen, daß er niemals das Volk aufgewiegelt hat, wie es nun hier in Rom geschieht.«

All das hatte ich schon früher gehört, und ich wunderte mich darüber, daß mein Vater, der sonst so vernünftig war, nun in der Weisheit des Alters noch immer die gleiche alte Geschichte wiederkäute. Der schiefnasige Aquila verteidigte sich: »Wir mögen tun, was wir wollen: immer nimmt man Anstoß. Man haßt uns mehr als die Götzenanbeter. Nicht einmal unter uns selbst vermögen wir Liebe und Demut zu bewahren, sondern ein jeder will es besser wissen als die anderen, und am eifrigsten wollen jene die anderen belehren, die eben erst auf den Weg gefunden und Christus anerkannt haben.«

Und Prisca fügte hinzu: »Es wird jedenfalls behauptet, daß er selbst einen Feuerbrand über die ganze Erde schleuderte, den Mann von seinem Weibe trennte und die Kinder sich gegen ihre Eltern erheben hieß, und gerade das geschieht eben jetzt in Rom, obwohl wir nur das Beste wollen. Wie freilich Liebe und Demut zu Streit, Uneinigkeit, Haß, Groll und Neid führen können, das begreife ich nicht.«

Als ich dies alles gehört hatte, ergriff mich ein gerechter Zorn, und ich rief: »Was wollt ihr von meinem Vater? Was setzt ihr ihm so zu, daß er mit euch streiten muß? Mein Vater ist ein guter, sanftmütiger Mann. Ich dulde nicht, daß ihr ihn in eure unsinnigen Zwistigkeiten mit hineinzieht!«

Mein Vater richtete sich auf und bat mich zu schweigen. Dann blickte er lange in die Vergangenheit und sagte zuletzt: »Im allgemeinen schafft ein Gespräch Klarheit, aber dieses unbegreifliche Ding wird um so verworrener, je länger man darüber spricht. Da ihr mich aber um Rat gefragt habt, sage ich euch: bittet um Aufschub. Zu Kaiser Gajus' Zeiten hatten die Juden in Antiochia großen Nutzen von diesem Rat.«

Sie starrten meinen Vater an und verstanden ihn nicht. Er lächelte gedankenverloren. »Trennt euch von den Juden, verlaßt die Synagogen, zahlt die Tempelsteuer nicht mehr. Baut euch eigene

Versammlungshäuser, wenn ihr wollt. Es gibt Reiche unter euch, und vielleicht könnt ihr auch große Zuwendungen von solchen Männern und Frauen erhalten, die glauben, sich ein ruhiges Gewissen dadurch zu erkaufen, daß sie diese und jene Götter unterstützen. Fordert die Juden nicht heraus. Schweigt, wenn man euch verhöhnt. Bleibt auf eurer Seite, so wie ich auf meiner Seite bleibe, und versucht niemanden zu kränken.«

Da riefen sie wie aus einem Munde: »Das sind harte Worte. Wir müssen für unseren König Zeugnis ablegen und das Kommen seines Reiches verkünden, wenn wir seiner würdig sein wollen.«

Mein Vater hob abwehrend beide Hände, seufzte tief und sagte: »Sein Reich läßt auf sich warten, aber ohne Zwiefel seid ihr es, die an seinem Geiste teilhaben, und nicht ich. Tut also, wie ihr meint. Wenn die Sache vor den Senat kommt, werde ich versuchen, ein Wort für euch einzulegen. Darum seid ihr ja zu mir gekommen. Wenn es euch aber nichts ausmacht, will ich von dem Reich lieber nicht sprechen, denn das könnte böses Mißtrauen gegen euch erwecken.«

Damit gaben sie sich zufrieden und gingen gerade zur rechten Zeit, denn Tullia kam eben von ihren Besuchen zurück. Sie begegnete ihnen noch unter den Säulen und rief unwillig, als sie eintrat: »Wie oft, Marcus, habe ich dich schon davor gewarnt, diese zweifelhaften Juden bei dir zu empfangen. Ich habe nichts dagegen, daß du zu Philosophen gehst, und wenn es dich freut, magst du meinetwegen auch den Armen helfen, deinen Arzt zu bedürftigen Kranken schicken und elternlosen Mädchen eine Mitgift schenken. Mit irgend etwas muß der Mensch ja seine Zeit hinbringen. Aber, bei allen Göttern, halte dich von diesen Juden fern, wenn dir dein eigenes Wohlergehen lieb ist!«

Nachdem sie auf diese Weise ihrem Ärger Luft gemacht hatte, richtete sie ihre Aufmerksamkeit auf mich, tadelte mein schlechtes Schuhwerk, die ungeschickt gelegten Falten in meinem Mantel und mein plump geschnittenes Haar und sagte böse: »Du bist hier nicht mehr unter rohen Kriegern. Du mußt deinem Vater zuliebe besser auf dein Äußeres achten. Ich werde dir einen Barbier und einen Kleiderpfleger schenken müssen, denn Tante Laelia ist zu altmodisch und zu kurzsichtig, um sich ordentlich um dich kümmern zu können.«

Ich antwortete verdrossen, ich hätte schon einen Barbier, denn ich wollte nicht, daß einer von Tullias Sklaven jeden meiner Schritte überwachte. Es stimmte auch, daß ich an meinem Geburtstag einen Barbiersklaven gekauft und gleich freigelassen hatte, obwohl es eigentlich schade um ihn war, und daß ich ihm in Suburra eine eigene Barbierstube eingerichtet hatte. Er taugte schon recht gut dazu, Frauenperücken zu verkaufen und die üblichen Kuppelgeschäfte zu besorgen. Nun erklärte ich Tullia, es würde Tante Laelia zutiefst kränken, wenn ein fremder Sklave ins Haus käme, um für meine Kleidung zu sorgen. »Außerdem hat man mit Sklaven mehr Ärger als Freude«, sagte ich zuletzt.

Tullia meinte darauf, es käme nur auf die rechte Zucht und Ordnung an, und dann fragte sie mich: »Was willst du eigentlich mit deinem Leben anfangen, Minutus? Ich habe mir sagen lassen, du treibst dich ganze Nächte in den Bordellen herum und schwänzt die Leseübungen bei deinem Rhetor. Wenn du wirklich im Winter dein Buch vorlesen willst, mußt du deinem zügellosen Körper Zwang antun und hart arbeiten. Außerdem ist es höchste Zeit, daß du eine standesgemäße Ehe schließt.«

Ich erwiderte, daß ich meine Jugend noch eine Weile zu genießen gedächte und daß ich immerhin noch nicht ein einziges Mal wegen Trunkenheit oder irgendwelcher dummen Streiche, wie sie bei den jungen Rittern an der Tagesordnung waren, mit den Behörden in Konflikt geraten sei. »Ich sehe mich um«, sagte ich. »Ich beteilige mich an den Reitübungen, ich höre mir Prozesse an, wenn ein wirklich interessanter Fall verhandelt wird. Ich lese Bücher, und Seneca selbst, der Philosoph, hat mir große Freundlichkeit erwiesen. Ich denke freilich daran, mich früher oder später um eine Quästur zu bewerben, aber noch bin ich zu jung und unerfahren, obwohl ich eine Sondergenehmigung erhalten könnte.«

Tullia betrachtete mich mitleidig. »Du mußt begreifen, daß es für deine Zukunft das Wichtigste ist, mit den richtigen Leuten bekannt zu werden«, sagte sie. »Ich habe dir Einladungen in vornehme Häuser verschafft, aber man hat sich darüber beklagt, daß du mürrisch und maulfaul bist und Freundschaft nicht mit Freundschaft vergelten magst.«

Dafür hatte ich meine guten Gründe. »Liebe Stiefmutter«, sagte ich daher, »ich weiß dein kluges Urteil zu schätzen, aber alles, was ich in Rom gehört und gesehen habe, warnt mich davor, gute Beziehungen zu Leuten anzuknüpfen, die im Augenblick gerade die richtigen zu sein scheinen. Einige hundert Ritter, von den Senatoren ganz zu schweigen, wurden hingerichtet oder begingen Selbstmord, nur weil sie einmal die richtigen waren oder die richtigen allzugut kannten.«

»Dank Agrippina ist das jetzt alles anders geworden«, wandte Tullia mit verdächtigem Eifer ein, aber meine Worte machten sie doch nachdenklich, und nach einer kleinen Weile meinte sie: »Das Klügste, was du tun könntest, wäre, dich den Wagenrennen zu widmen und dich einer der Farbparteien anzuschließen. Das ist eine ganz unpolitische Beschäftigung, die doch zu wertvollen Freundschaftsverbindungen führt. Ein Pferdenarr bist du ja.«

»Man kann auch von Pferden genug bekommen«, erwiderte ich.

»Sie sind jedenfalls weniger gefährlich als Frauen«, sagte Tullia giftig. Mein Vater sah sie nachdenklich an und gab zu, daß sie dieses eine Mal recht hatte. Um sich zu rächen, sagte sie: »Es würde unnötiges Aufsehen erregen, wenn du dir gleich ein eigenes Gespann zulegtest, obwohl dir dein Vater dabei behilflich sein könnte. Sobald der neue Hafen in Ostia fertig ist, wird der Getreideanbau in Italien zum reinen Verlustgeschäft. Es ist zwar nur eine Frage der Zeit, bis aus den Äckern wieder Weiden geworden sind, aber du taugst wohl kaum zum Pferdezüchter. Begnüge dich damit, bei den Wagenrennen Wetten abzuschließen.«

Meine Tage waren aber auch ohne den Zirkus angefüllt. Ich hatte ja mein eigenes Haus auf dem Aventin, ich mußte mich um den bärbeißigen alten Barbus kümmern und Tante Laelia besänftigen, und dazu kam ein Prozeß, den die Nachbarn meinem gallischen Freigelassenen anhängten, weil seine Seifensiederei nicht eben angenehm duftete. Ich verteidigte ihn vor Gericht, und es war keine große Kunst vonnöten, einen Freispruch zu erwirken, da ich darauf hinweisen konnte, daß die Werkstätten der Gerber und Färber, in die man die Urinfässer von den Straßenecken brachte, einen noch abscheulicheren Gestank verbreiteten. Schwieriger war es, die Behauptung zu widerlegen, der Gebrauch von Seife anstelle von Bimsstein verweichliche den Körper und widerspreche dem Geist der Väter. Der Anwalt der Nachbarn meines Galliers versuchte sogar zu erreichen, daß die Seifenherstellung in Rom grundsätzlich verboten werde, indem er sich auf unsere Väter und Vorväter zurück bis Romulus berief, die sich alle damit begnügt hatten, sich mit dem gesunden, abhärtenden Bimsstein zu reinigen.

In der Verteidigungsrede für meinen Freigelassenen rühmte ich Rom als Reich und Weltmacht. »Romulus verbrannte auch keinen Weihrauch aus dem Osten vor seinen Götterbildern!« rief ich stolz. »Unsere Vorväter ließen sich auch keinen Störrogen vom jenseitigen Ufer des Schwarzen Meeres kommen und keine seltenen Vögel aus den Steppen, keine Flamingozungen und keine indischen Fische. Rom ist ein Schmelztiegel vieler Völker und Sitten. Es wählt sich von allem das Beste aus und veredelt fremde Sitten, indem es sie zu seinen eigenen macht.«

Der Gebrauch der Seife wurde in Rom nicht verboten, und mein Freigelassener verbesserte seine Ware dadurch, daß er seinen Seifen wohlriechende Essenzen beimengte und ihnen schöne Namen gab. An der echt ägyptischen Kleopatraseife, die in einer Seitengasse in Suburra hergestellt wurde, verdienten wir ein kleines Vermögen. Ich muß allerdings gestehen, daß die besten Kunden außer den Römerinnen Griechen und Fremde aus den Ländern des Ostens waren, die in Rom wohnten. In den öffentlichen Bädern galt der Gebrauch von Seife nach wie vor als unsittlich.

Ich war vollauf beschäftigt, und doch geschah es mir des Abends, bevor ich einschlief, oft, daß ich von einer unbestimmten Ruhelosigkeit ergriffen wurde und mich fragte, wozu ich auf der Welt sei. Bald freute ich mich über meine kleinen Erfolge, bald war ich niedergeschlagen, weil ich mir allzu unbedeutend vorkam. Der Zufall und Fortuna herrschten über die Gegenwart, und am Ende sah ich den Tod, das traurige Los aller Menschen. Zwar lebte ich unbeschwert und hatte Glück in allem, was ich unternahm, aber immer, wenn ich etwas erreicht hatte, wurde meine Freude rasch schal, und ich war mit mir selbst unzufrieden.

Als es auf den Winter zuging, kam endlich der Tag, auf den ich mich so eifrig vorbereitet hatte. Ich durfte mein Buch im Vorlesungssaal der kaiserlichen Bibliothek auf dem Palatin vortragen. Durch meinen Freund Lucius Domitius ließ mich Kaiser Claudius wissen, daß er selbst am Nachmittag anwesend sein werde. Das hatte zur Folge, daß alle, die nach der Gunst des Kaisers strebten, um die Plätze im Saal kämpften.

Unter den Zuhörern befanden sich Offiziere, die in Britannien gedient hatten, Mitglieder des Senatsausschusses für britische Fragen und sogar der Feldherr und Triumphator Aulus Plautius. Viele, die die Lesung hören wollten, mußten vor den Türen bleiben und beklagten sich später bei Claudius, weil sie ungeachtet ihres, wie sie behaupteten, ungeheuren Interesses für das Thema keinen Platz bekommen hatten.

Ich begann mit der Vorlesung am frühen Vormittag, und trotz meiner begreiflichen Erregung las ich ohne zu stottern und geriet, während ich las, immer mehr in Feuer, wie es allen Schriftstellern ergeht, die auf die Vollendung ihres Werkes genug Mühe und Sorgfalt verwendet haben. Es störte mich auch niemand und nichts, wenn ich von Lucius Domitius absehe, der ständig flüsterte und mir Zeichen machte, um mir zu bedeuten, wie ich zu lesen hätte. Zu Mittag wurde ein allzu köstliches Mahl aufgetragen, das Tullia angeordnet und mein Vater bezahlt hatte. Als ich danach weiterlas und zu den Göttern und Mysterien der Briten kam, nickten viele meiner Zuhörer ein, obwohl dies meiner Ansicht nach der interessanteste Teil des Buches war.

Bald darauf mußte ich unterbrechen, denn Claudius hielt sein Wort und erschien wirklich. Mit ihm kam Agrippina. Sie ließen sich auf der Ehrenbank nieder und nahmen Lucius Domitius in ihre Mitte. Der Vorlesungssaal war plötzlich gedrängt voll, und Claudius rief denen, die keinen Platz mehr bekamen, gereizt zu: »Wenn das Buch wert ist, gehört zu werden, wird man es noch einmal vorlesen. Seht zu, daß ihr dann dabei seid. Jetzt aber geht, sonst haben wir anderen keine Luft zum Atmen.«

Er war, um die Wahrheit zu sagen, leicht angetrunken und rülpste oft laut. Ich hatte kaum ein paar Zeilen gelesen, als er mich auch schon unterbrach und sagte: »Mein Gedächtnis ist schlecht. Erlaube mir darum, daß ich als Roms erster Bürger auf Grund meines Ranges und meines Alters dich immer gleich unterbreche und dartue, worin du recht hast und worin du irrst.«

Er begann seine eigene Auffassung von den Menschenopfern der Druiden langatmig darzulegen und sagte, er habe in Britannien vergeblich nach den großen Weidenkörben gefragt, in die man angeblich die Gefangenen sperrt, um sie bei lebendigem Leibe zu verbrennen. »Ich glaube natürlich, was mir zuverlässige Zeugen berichten, aber mehr noch verlasse ich mich auf meine eigenen Augen. Daher schlucke ich diese deine Behauptung nicht ungekaut. Doch sei so gut und fahre fort, junger Lausus.«

Ich war nicht viel weitergekommen, als ihm schon wieder etwas einfiel, was er in Britannien gesehen hatte und den anderen sogleich mitteilen mußte. Das laute Gelächter der Zuhörer verwirrte mich, und ich bekam einen heißen Kopf. Claudius machte allerdings auch einige sachliche Anmerkungen zu meinem Buch.

Plötzlich begann er mit Aulus Plautius ein lebhaftes Gespräch über gewisse Einzelheiten seines Feldzugs. Die Zuhörer feuerten die beiden an und riefen: »Hört! Hört!« Ich mußte schweigen, aber eine beruhigende Geste Senecas ließ mich meinen Ärger rasch vergessen. Ein Senator namens Ostorius, der alles besser wissen wollte, mischte sich ins Gespräch. Er behauptete, der Kaiser habe einen politischen Fehler begangen, indem er den Feldzug abbrach, ehe ausnahmslos alle britischen Stämme unterworfen waren.

»Die Briten unterwerfen, das ist leichter gesagt als getan!« schnaubte Claudius, mit Recht gekränkt. »Zeig ihm deine Narben, Aulus. Aber du erinnerst mich daran, daß in Britannien zur Zeit alles stillsteht, weil ich noch keinen Nachfolger für Aulus Plautius ernennen konnte. Zum Glück haben wir dich, Ostorius. Ich glaube, ich bin nicht der einzige hier im Saal, der deine ewige Besserwisserei satt hat. Geh nach Hause und bereite deine Reise vor. Narcissus schreibt dir noch heute die Vollmacht aus.«

Ich glaube, mein Buch hatte den Zuhörern schon vor Augen geführt, daß es kein Leichtes war, Britannien zu zivilisieren, denn alle lachten nun. Nachdem Ostorius den Saal gedemütigt verlassen hatte, konnte ich in Ruhe meinen Vortrag beenden. Claudius gestattete mir wohlwollend, bei Lampenlicht weiterzulesen, da er selbst mich ständig unterbrochen und viel Zeit vergeudet hatte. Als er zuletzt klatschte, brach ein ganzer Beifallssturm im Saale los. Niemand hatte mehr irgendwelche Berichtigungen vorzubringen, denn zu dieser späten Stunde waren alle hungrig geworden.

Ein Teil der Zuhörer begleitete mich nach Hause, wo Tullia ein Festmahl hatte vorbereiten lassen, denn ihr Koch war berühmt. Über mein Buch wurde nicht mehr viel gesprochen. Seneca stellte mich seinem eigenen Verleger vor. Der fein gebildete, alte Mann, bleich, gebückt und kurzsichtig vom vielen Lesen, erklärte sich gern bereit, mein Buch anzunehmen und fürs erste in einer Auflage von fünfhundert Stück herauszubringen. »Zwar hast du gewiß die Mittel, dein Buch selbst zu veröffentlichen«, meinte er freundlich, »aber der Name eines bekannten Verlegers ist dem Absatz eines Buches doch sehr dienlich. Mein Freigelassener verfügt über einhundert kundige Schreibsklaven, die nach einem einzigen Diktat jedes beliebige Buch rasch und leidlich fehlerfrei nachschreiben.«

Seneca lobte diesen Mann mit vielen Worten, der ihn auch in den Tagen der Verbannung nicht im Stich gelassen, sondern die Buchhändler treu mit den vielen Schriften beliefert hatte, die aus Korsika nach Rom gesandt worden waren. Der Verleger sagte sanft: »Am meisten verdiene ich selbstverständlich mit den Übersetzungen und Bearbeitungen griechischer Liebesgeschichten und Reiseschilderungen, aber ich habe noch bei keinem Werk Senecas zusetzen müssen.«

Ich verstand den Wink und erklärte, ich sei bereit, mich an den Kosten der Herausgabe meines Buches zu beteiligen, war es doch eine große Ehre für mich, daß er mit seinem geachteten Namen für die Güte meines Werkes bürgen wollte. Dann mußte ich ihn verlassen, um mich anderen Gästen zu widmen. Es waren so viele, daß ich bald nicht mehr wußte, wo mir der Kopf stand. Zuviel Wein trank ich außerdem, und zuletzt ergriff mich tiefe Mutlosigkeit, da ich erkannte, daß keinem der Anwesenden wirklich an mir und meiner Zukunft gelegen war. Mein Buch war ihnen nur ein Vorwand. Sie waren gekommen, um seltene Gerichte zu essen, die besten Weine Kampaniens zu trinken, einander zu beobachten und zu bemäkeln und sich im stillen über die Erfolge meines Vaters zu verwundern, für die ihm in ihren Augen alle persönlichen Voraussetzungen fehlten.

Ich sehnte mich immer mehr nach Claudia, die mir der einzige Mensch auf der ganzen Welt zu sein schien, der mich wirklich verstand und auf mein Wohl bedacht war. Sie hatte natürlich nicht gewagt, zur Vorlesung zu kommen, aber ich wußte, wie sehr sie darauf brannte, zu erfahren, wie alles abgelaufen war, und ich ahnte, daß sie in dieser Nacht keinen Schlaf fand. Ich stellte mir vor, wie sie vor ihre Hütte trat, zu den Sternen des Winterhimmels emporblickte und dann nach Rom herüberstarrte, während nicht weit von ihr in der Stille der Nacht die Gemüsekarren rumpelten und das Schlachtvieh brüllte. Ich hatte mich in den Nächten bei Claudia so sehr an diese Laute gewöhnt, daß ich sie liebte, und nun führte mir der bloße Gedanke an polternde Karrenräder Claudia so lebendig vor Augen, daß mein Blut unruhig wurde.

Es gibt wohl kaum einen bedrückenderen Anblick als das Ende eines großen Festes. Die niedergebrannten Fackeln beginnen zu schwelen. Die Sklaven führen die letzten Gäste zu ihren Sänften, die Lampen verlöschen, vergossener Wein wird von den glänzenden Mosaikböden aufgewischt, andere Diener waschen das Erbrochene von den Marmorwänden der Abtritte. Tullia war selbstverständlich von der gelungenen Feier entzückt und unterhielt sich angeregt mit meinem Vater über den einen oder andern Gast und berichtete, was dieser und jener gesagt oder getan hatte. Ich selbst fühlte mich alldem sehr fern.

Wäre ich erfahrener gewesen, so würde ich gewußt haben, daß dies allein auf der Nachwirkung des Weins beruhte, aber jung, wie ich war, nahm ich meine Empfindungen ernst. Daher lockte mich nicht einmal die Gesellschaft meines Vaters, denn er und Tullia erfrischten sich mit leichtem Wein und Meeresfrüchten, während die Sklaven und Diener die großen Säle aufräumten. Ich dankte ihnen und ging, allein und ohne an die Gefahren des nächtlichen Roms zu denken, ganz von meiner Sehnsucht nach Claudia erfüllt.

Ihre Hütte war warm, und ihr Bett roch gut nach Wolle. Sie füllte das Glutbecken nach, damit ich nicht fror. Zuerst behauptete sie, sie habe nicht damit gerechnet, daß ich nach meinem großen Erfolg von der vornehmen Gesellschaft weg zu ihr kommen würde, aber sie hatte Tränen in ihren schwarzen Augen, als sie zärtlich flüsterte: »Ach Minutus, jetzt erst glaube ich, daß du mich wirklich liebst.«

Nach langen Freuden und einem kurzen, unruhigen Schlaf schlich kalt der Wintermorgen in die Hütte. Die Sonne war nicht zu sehen, und wir empfanden den grauen Winter wie einen tiefinnerlichen Schmerz, als wir einander bleich und müde anblickten.

»Was soll aus dir und mir werden, Claudia?« fragte ich. »Bei dir bin ich ganz aus der Wirklichkeit gefallen, in einer fremden Welt, unter anderen Sternen. Glücklich bin ich nur hier. Doch es kann so nicht weitergehen.«

Selbstsüchtig hoffte ich insgeheim wohl, sie würde sich beeilen, mir zu versichern, daß alles gut sei, wie es war, und bleiben könne wie bisher, da wir anderes nicht erhoffen durften. Aber Claudia seufzte erleichtert auf und rief: »Jetzt liebe ich dich noch mehr als je zuvor, Minutus, weil du selbst von dieser heiklen Sache als erster sprichst. Nein, es kann wirklich nicht so weitergehen. Du als Mann wirst kaum verstehen, mit wieviel Angst ich jedesmal auf meine Monatsblutung warte, und du kannst einer echten Frau auch nicht zumuten, daß sie immerzu geduldig harrt, bis es dir beliebt, sie aufzusuchen. Mein Leben ist nichts als Angst und qualvolles Warten.«

Ihre Worte verletzten mich. »Diese Gefühle hast du aber gut zu verbergen gewußt«, sagte ich gehässig. »Bisher hast du mir immer zu verstehen gegeben, daß du dich über mein Kommen freust. Was schlägst du vor?«

Sie packte meine beiden Hände mit festem Griff, sah mir starr in die Augen und sagte: »Es gibt nur eine Möglichkeit, Minutus. Verlassen wir Rom. Verzichte auf alle Ämter. Irgendwo auf dem Land oder weit fort auf der anderen Seite des Meeres können wir ohne Furcht zusammen leben, bis Claudius tot ist.«

Ich konnte ihr nicht in die Augen sehen und entzog ihr meine Hände. Claudia zuckte zusammen. »Es hat dir Freude gemacht, die Schafe zu halten, wenn ich sie schor, und Reisig für unser Feuer zu brechen«, sagte sie. »Und du hast das Wasser aus meiner Quelle gelobt und mir versichert, meine einfachen Speisen schmeckten dir besser als das, was du bisher gekostet hast. Dieses bescheidene Glück können wir in jedem Erdenwinkel finden, der nur weit genug von Rom entfernt ist.«

Ich dachte eine Weile nach und antwortete ernst: »Ich leugne nichts und nehme meine Worte nicht zurück, aber dies ist ein folgenschwerer Entschluß. Wir können nicht auf einen bloßen Einfall hin freiwillig in die Verbannung gehen.« Und aus reiner Bosheit fügte ich hinzu: »Was soll dann aus dem Reich werden, auf das du wartest, und aus den geheimen Mählern, an denen du teilnimmst?«

Claudia sah mich traurig an und sagte: »Ich sündige ohne Unterlaß mit dir und fühle nicht mehr dasselbe Feuer wie früher, wenn ich bei ihnen bin. Mir ist, als sähen sie in mein Herz und sorgen sich um meinetwillen, und bei jedem Zusammentreffen drückt mich meine Schuld schwerer. Deshalb gehe ich ihnen am liebsten aus dem Weg. Du nimmst mir meinen Glauben und meine Hoffnung, wenn alles bleibt, wie es bisher war.«

Als ich zum Aventin zurückging, fühlte ich mich wie mit kaltem Wasser übergossen. Ich begriff, daß ich unrecht handelte, wenn ich Claudia ausnützte wie eine Hure, die ich nicht einmal bezahlte, aber die Ehe dünkte mich doch ein allzu hoher Preis für die bloße Befriedigung des Fleisches, und ich mochte auch Rom nicht verlassen, da ich mich viel zu gut erinnere, wie ich mich als Knabe in Antiochia und als Mann in Britanniens Wintern nach dieser Stadt gesehnt hatte.

Ich besuchte Claudia fortan nur noch selten und fand immer etwas anderes, Wichtigeres zu tun, bis die Unruhe in meinem Körper mich wieder zu ihr trieb. Glücklich waren wir nur noch im Bett. Sonst quälten wir einander so lange, bis ich wieder Ursache hatte, sie im Zorn zu verlassen.

Im nächsten Frühjahr verbannte Claudius die Juden aus Rom, da nicht ein einziger Tag mehr ohne Streit und Schlägereien verging, so daß schließlich die Zwietracht der Juden die ganze Stadt in Unruhe versetzte. In Alexandria rauften die Juden mit den Griechen, und in Jerusalem zettelten jüdische Aufwiegler so schwere Unruhen an, daß Claudius zuletzt die Geduld riß.

Seine einflußreichen Freigelassenen unterstützten seinen Beschluß mit Eifer, da sich nun die Gelegenheit bot, den reichsten Juden, die der Ausweisung entgehen wollten, zu hohen Preisen Ausnahmebewilligungen zu verschaffen. Claudius legte seinen Beschluß nicht einmal dem Senat vor, obwohl viele Juden seit mehreren Geschlechtern in Rom ansässig waren und sich das Bürgerrecht erworben hatten. Der Kaiser war der Ansicht, ein einfacher Erlaß genüge, da er ja niemandem das Bürgerrecht nahm, und außerdem ging das Gerücht, die Juden hätten zu viele Senatoren bestochen.

Auf diese Weise leerten sich die Häuser jenseits des Tibers, und die Synagogen wurden geschlossen. Viele Juden, die nicht das Geld hatten, sich freizukaufen, versteckten sich irgendwo in Rom, und die Vorsteher der einzelnen Stadtteile hatten alle Hände voll zu tun, sie aufzuspüren. Die Männer des Stadtpräfekten hielten sogar verdächtig erscheinende Bürger auf offener Straße an und zwangen sie, das Glied zu entblößen, um sich zu vergewissern, daß sie nicht beschnitten waren.

Einige wurden in den öffentlichen Bedürfnisanstalten gefaßt, denn die Römer mochten die Juden im allgemeinen nicht und beteiligten sich gern an der Jagd. Sogar die Sklaven waren ihnen übel gesinnt. Die gefangenen Juden schickte man zum Hafenbau nach Ostia oder in die Bergwerke Sardiniens, was freilich eine sinnlose Verschwendung kostbarer Arbeitskraft war, denn die meisten waren geschickte Handwerker. Aber Claudius kannte kein Erbarmen.

Unter den Juden selbst wurde der Haß noch größer. Nun stritten sie nämlich darüber, welche Partei an der Verbannung schuld sei. Auf den Straßen in der Umgebung Roms fand man zahllose erschlagene Juden, ob Christen oder Rechtgläubige, das ließ sich nicht feststellen. Ein toter Jude ist ein toter Jude, und die Straßenaufseher sahen nichts und wußten von nichts, sofern der Mord nicht gerade vor ihren Augen geschah. »Der beste Jude ist ein toter Jude«, scherzten sie untereinander, wenn sie der Ordnung halber untersuchten, ob die mißhandelte Leiche, auf die sie stießen, beschnitten war oder nicht.

Die unbeschnittenen Christen waren über den Auszug ihrer Lehrmeister tief bekümmert und folgten ihnen eine Strecke Wegs, um sie gegen die Übermacht zu schützen. Es waren ungebildete, arme Menschen, viele von ihnen Sklaven, und die vielen erlittenen Enttäuschungen hatten sie bitter gemacht. In der Verwirrung, die auf die Austreibung der Juden folgte, waren sie wie eine Herde ohne Hirt.

Es war rührend anzusehen, wie sie sich nun noch enger zusammenschlossen und ihre armseligen Mähler abhielten. Aber es gab auch Männer unter ihnen, die die anderen lehrten, so daß sie bald wieder in streitende Gruppen gespalten waren. Die älteren hielten sich allein an das, was sie mit eigenen Ohren über Jesus von Nazareths Leben und Lehren gehört hatten. Dagegen standen aber andere auf und sagten: »Nein, nein, so war es nicht, sondern vielmehr so ...« und hielten starrsinnig an ihrer Meinung fest.

Die kühnsten erprobten ihre Kräfte, indem sie sich in Ekstase steigerten und durch Handauflegen zu heilen versuchten, was ihnen jedoch selten gelang. Simon der Zauberer wurde nicht ausgewiesen, und ich weiß nicht, ob er sich freikaufte oder als Samariter nicht für einen Juden gehalten wurde. Tante Laelia berichtete mir, daß er noch immer Kranke heilte, und zwar mit gutem Glück, weil er, wie sie sagte, göttliche Kräfte besaß. Ich für mein Teil glaubte eher, er versuchte seine Kunst überhaupt nur an solchen, die sich ihm völlig unterwarfen. Ich suchte ihn nicht mehr auf, aber er hatte Anhänger unter den Christen, hauptsächlich wohlhabende, neugierige Frauen. Sie glaubten lieber ihm als denjenigen, die Demut, eine schlichte Lebensweise, Liebe und die Wiederkunft des Gottessohnes auf einer Wolke predigten. Durch diese Menschen bestärkt, versuchte Simon der Zauberer wieder zu fliegen. Er verschwand vor den Augen seiner ihm ergebenen Zuschauer und wurde an einem anderen Ort wieder sichtbar.

Barbus machte mir Sorgen, denn er versäumte oft seine Türhüterpflichten und ging seine eigenen Wege. Tante Laelia hatte Angst vor Einbrechern und verlangte, daß ich Barbus zurechtwies. Er rechtfertigte sich mit den Worten: »Ich bin ein Bürger wie jeder andere und liefere bei der Austeilung meinen Korb Getreide an den Haushalt ab. Du weißt, daß ich mich nie viel um die Götter gekümmert habe. Bei besonderen Gelegenheiten opferte ich bestenfalls Herkules. Aber wenn das Alter naht, möchte man sein Haus versorgt wissen. Einige Männer von der Feuerwache und andere alte Krieger haben mich in eine geheime Gesellschaft aufgenommen, und ich habe nun die frohe Gewißheit, daß ich nie sterben werde.«

»Dunkel sind die Gefilde der Unterwelt«, sagte ich. »Die Schatten müssen damit vorlieb nehmen, das Blut um die Opferaltäre aufzuschlecken. Aber ist es nicht das klügste, sein Schicksal hinzunehmen und sich mit Schatten und Asche zu begnügen, wenn einmal die Zeit des Lebens vorüber ist?«

Barbus schüttelte nur den Kopf und erwiderte: »Ich darf die Geheimnisse der Eingeweihten nicht preisgeben, aber soviel kann ich dir sagen: Der neue Gott heißt Mithras. Ein Berg hat ihn geboren. Hirten fanden ihn und beugten sich vor ihm. Er tötete den Urstier und schuf alles, was gut ist. Denn Eingeweihten, die mit Blut getauft sind, gelobte er Unsterblichkeit. Wenn ich die Sache recht verstanden habe, erhalte ich nach dem Tode neue Gliedmaßen und komme in eine prachtvolle Kaserne, wo der Dienst leicht ist und Wein und Honig nie zu Ende gehen.«

»Barbus!« sagte ich tadelnd. »Ich dachte, du seist nun alt und lebenserfahren genug, um solche Ammenmärchen nicht mehr zu glauben. Du solltest eine Wasserkur machen, denn ich fürchte, du siehst vor lauter Trunkenheit schon Gespenster.«

Barbus hob seine zitternden Hände und schwor: »Nein, nein. Wenn die Worte ausgesprochen sind, das Licht von seiner Krone die Dunkelheit erhellt und das heilige Glöckchen erklingt, beginnt man tief innen im Leib zu erzittern, die Haare stellen sich einem auf, und selbst der Kleingläubige ist von seiner göttlichen Kraft überzeugt. Danach, und vor allem wenn ein alter Zenturio die Bluttaufe erhalten hat, nehmen wir ein heiliges Mahl ein, gewöhnlich aus Ochsenfleisch, und nachdem wir Wein getrunken haben, singen wir zusammen.«

»Wir leben in einer wunderlichen Zeit«, sagte ich. »Tante Laelia sucht ihr Heil bei einem Zauberer aus Samaria, mein eigener Vater bangt um die Christen, und ein alter Krieger wie du läßt sich von irgendwelchen Mysterien aus dem Osten einfangen.«

»Im Osten geht die Sonne auf«, entgegnete Barbus ernst. »In gewissem Sinne ist der Stiertöter auch der Sonnengott und somit der Gott der Pferde. Niemand, weißt du, blickt hochmütig auf einen armseligen alten Marschierer wie mich herab, und niemand hindert dich daran, dich selbst über unseren Gott belehren zu lassen, wenn du nur zu schweigen versprichst. Es finden sich unter uns einige ältere und jüngere Ritter, denen die üblichen Opfer und Götterbilder nichts mehr bedeuten.«

Als ich dieses Gespräch mit Barbus führte, war ich der Wagenrennen und Wetten und des seichten Lebensgenusses in Gesellschaft eitler, selbstgefälliger Schauspieler längst ebenso überdrüssig geworden wie des Bücherwurms Lucius Pollio und der endlosen Gespräche seiner Freunde über Philosophie und die neue Dichtkunst. Ich versprach daher Barbus gern, ihn zu einem der Gastmähler zu Ehren des neuen Gottes zu begleiten. Er freute sich und war sehr stolz, und zu meiner Verwunderung fastete er wirklich, wusch sich sorgfältig, zog reine Kleider an und wagte keinen Wein zu trinken.

Gegen Abend führte er mich durch krumme, stinkende Gassen zu einem unterirdischen Tempel im Tal zwischen dem Esquilin und dem Caelius. Als wir eine Treppe zu einem spärlich erhellten Saal mit Steinwänden hinabschritten, wurden wir von einem Mithraspriester mit einem Löwenfell um die Schultern empfangen, der keine unnötigen Fragen stellte und mir bereitwillig erlaubte, an den Mysterien teilzunehmen.

»Es gibt nichts, dessen wir uns zu schämen hätten«, sagte er. »Wir fordern Sauberkeit, Ehrlichkeit und Männlichkeit von denen, die sich zu unserem Gott Mithras bekennen, um den inneren Frieden und ein gutes Leben nach dem Tode zu finden. Du hast ein offenes Gesicht und eine gute Haltung. Deshalb glaube ich, daß dir unser Gott gefallen wird. Sprich aber nicht ohne guten Grund zu anderen über ihn.«

Im Saal war bereits eine große Schar alter und jüngerer Männer versammelt. Unter ihnen erkannte ich zu meiner Verblüffung einige Kriegstribunen und Zenturionen von der Prätorianergarde. Viele waren Veteranen und Invaliden. Sie trugen alle reine Kleidung und das heilige Zeichen des Mithras je nach dem Einweihungsgrad, den sie erreicht hatten. Militärischer Rang und persönliches Vermögen schienen nicht viel zu bedeuten. Barbus erklärte mir, daß die reicheren Eingeweihten den Ochsen stifteten, wenn ein tapferer, unbescholtener Veteran mit Ochsenblut eingeweiht wurde. Er selbst begnügte sich mit dem Grad des Raben, weil er nicht immer ein Leben ohne Tadel geführt und es mit der Wahrheit oft nicht allzu genau genommen hatte.

Es war so dämmerig in dem unter der Erde gelegenen Saal, daß ich viele Gesichter nicht erkennen konnte. Ich sah jedoch einen Altar mit dem Bild eines Gottes, der einen Stier tötete. Er trug eine Krone auf dem Haupt. Dann wurde es still. Der Älteste der Versammlung begann heilige Texte herzusagen, die er auswendig konnte. Er sprach lateinisch, und ich verstand nur die Bedeutung einiger der heiligsten Worte nicht, begriff aber, daß nach dieser Lehre ein ständiger Kampf zwischen Licht und Dunkelheit, Gut und Böse ausgetragen wurde. Schließlich verlosch auch das letzte Licht. Ich vernahm ein geheimnisvolles Plätschern und ein silbrig klingendes Glöckchen. Viele seufzten tief, und Barbus packte mich am Arm. Licht, das aus verborgenen Öffnungen in den Wänden fiel, erhellte die Krone des Gottes und dann das ganze Bild.

Mehr will ich über die Mysterien nicht berichten. Ich überzeugte mich davon, daß die Mithrasanbeter voll ernster Frömmigkeit waren und fest an ein künftiges Leben glaubten. Nach dem Sieg des Lichts und der guten Mächte wurden die Fackeln im Saal wieder angezündet, und wir nahmen ein anspruchsloses Mahl ein. Die Anwesenden waren heiter und wie von einer Last befreit, ihre Gesichter leuchteten vor Freude, und sie sprachen freundlich und ohne Rücksicht auf Rang oder Einweihungsgrad miteinander. Das Mahl bestand aus zähem Ochsenfleisch und dem billigen, sauren Wein, den man in den Lagern bekommt.

Den frommen Gesängen und dem übrigen Gerede entnahm ich, daß diese ehrlichen, wenn auch einfachen Männer aufrichtig nach einem untadeligen Leben strebten. Die meisten waren Witwer oder unverehelicht und suchten Trost und Schutz bei ihrem siegreichen Sonnengott und im Beisammensein mit Gleichgesinnten.

Zumindest fürchteten sie keine Zauberei und glaubten an keine anderen Vorzeichen als an ihre eigenen.

Ich fand, daß diese Gesellschaft Barbus nur nützen konnte, aber mich selbst sprachen diese Zeremonien nicht an. Vielleicht fühlte ich mich zu gebildet und zu jung unter diesen ernsten, älteren Männern. Zuletzt begannen sie übrigens Geschichten zu erzählen, aber es waren die gleichen Geschichten, die man auch ohne Zeremonien an allen Grenzen des Römischen Reiches an den Lagerfeuern zu hören bekommt. Ich suchte den Tempel nicht mehr auf.

Doch die Unruhe verließ mich nicht. Bisweilen nahm ich den schäbigen Holzbecher aus meiner verschlossenen Truhe, streichelte ihn und dachte an meine griechische Mutter, die ich nicht gekannt hatte. Zuletzt trank ich, um ihrer zu gedenken, ein wenig Wein aus dem Becher und errötete dabei über meinen Aberglauben. Es war mir in solchen Augenblicken, als fühlte ich die gute, zärtliche Nähe meiner Mutter, aber ich scheute mich, mit jemandem darüber zu sprechen.

Ich begann mich mit schonungslosen Reitübungen zu quälen, denn ich glaubte, größere Befriedigung zu verspüren, wenn ich ein schwer zu reitendes Pferd unter mir hatte, als wenn ich eine Nacht bei Claudia zubrachte und ohne Unterlaß mit ihr stritt. Jedenfalls konnte ich so mein schlechtes Gewissen und meine Selbstvorwürfe zum Schweigen bringen.

Der junge Lucius Domitius zeichnete sich nach wie vor auf dem Reitfeld aus, aber sein höchstes Glück war es, auf einem gut dressierten Pferd schön zu reiten. Er war der Erste unter den jungen Rittern, und Agrippina zuliebe beschlossen wir anderen Mitgliedern des Ritterstandes, ihm zu Ehren eine neue Goldmünze prägen zu lassen. Claudius hatte ihn übrigens noch vor Ablauf eines Jahres adoptiert.

Auf die eine Seite der Münze ließen wir sein feingeschnittenes Knabenprofil prägen und um das Bildnis herum seinen neuen Adoptivnamen: »Für Nero Claudius Drusus und zur Erinnerung an seinen Großvater Germanicus, den Bruder des Claudius.« Die Inschrift auf der anderen Seite lautete: »Die Ritterschaft freut sich ihres Führers.« In Wirklichkeit bezahlte Agrippina diese Münze, die als Erinnerungsgabe in allen Provinzen ausgeteilt wurde, zugleich aber, wie alle im Tempel der Juno Moneta geprägten Goldmünzen, vollgültiges Zahlungsmittel war.

Natürlich verstand es Agrippina, eine kleine politische Demonstration zugunsten ihres Sohnes zu veranstalten. Von ihrem zweiten Gatten, Pasienus Crisus, der nur kurze Zeit Lucius Domitius' Stiefvater gewesen war, hatte sie ein Vermögen von zweihundert Millionen Sesterze geerbt, das sie in ihrer Stellung als Gemahlin des Kaisers und Vertraute des Verwalters der Staatskasse geschickt zu vermehren wußte.

Der Zuname Germanicus war älter und ehrenvoller als der des Britannicus, den wir seiner Fallsucht und Pferdescheu wegen nicht mochten. Sogar über seine Geburt gingen gewisse Geschichten um, da Kaiser Gajus seinerzeit die siebzehnjährige Messalina gar zu rasch mit dem verlebten Claudius vermählt hatte.

Als Freund des Lucius Domitius nahm ich an dessen Adoptionsfest und den damit verbundenen Opferfeiern teil. Ganz Rom war der Meinung, daß er seine neue Stellung auf Grund seiner kaiserlichen Abstammung und seines eigenen angenehmen Wesens verdiente. Wir nannten ihn von diesem Tage an nur noch Nero. Den Adoptivnamen wählte Claudius zur Erinnerung an seinen eigenen Vater, den jüngeren Bruder des Kaisers Tiberius.

Lucius Domitius oder Nero war von allen jungen Römern, die ich kannte, der begabteste. Er war sowohl körperlich als auch geistig reifer als seine Altersgenossen. Er rang gern und besiegte alle, obgleich gesagt werden muß, daß es, bei der allgemeinen Bewunderung, die er genoß, niemand ernstlich darauf anlegte, ihn zu besiegen, um sein empfindliches Gemüt nicht zu kränken. Nero konnte noch immer zu weinen beginnen, wenn seine Mutter oder sein Rhetor Seneca ihn zu streng tadelten. Er wurde von den vornehmsten Lehrern Roms unterrichtet, und sein Lehrer in der Redekunst war Seneca. Ich mochte meinen jungen Freund Nero gut leiden, obwohl ich oft genug bemerkte, daß er geschickt und durchaus glaubwürdig log, wenn er etwas angestellt hatte, was Seneca tadelnswert fand. Doch wer tut das nicht! Außerdem war es nicht möglich, Nero lange böse zu sein.

Agrippina sorgte dafür, daß Nero an den offiziellen Mählern des Claudius teilnahm und im gleichen Abstand wie Britannicus am Fußende von dessen Liegesofa saß. Auf diese Weise konnten die Vornehmen Roms wie auch die Gesandten aus den Provinzen ihn kennenlernen und die beiden Knaben miteinander vergleichen: den aufgeweckten, liebenswürdigen Nero und den mürrischen Britannicus.

Agrippina lud die Söhne der vornehmen Familien Roms der Reihe nach an den Tisch der beiden Knaben. Nero übernahm die Rolle des Gastgebers, und Seneca leitete die Unterhaltung, indem er jedem ein Thema stellte, über das er zu reden hatte. Ich glaube, er gab Nero sein Thema im voraus und half ihm bei der Ausarbeitung, denn Nero zeichnete sich jedesmal durch seine gewandte, schöne Sprache aus.

Ich wurde oft eingeladen, denn mindestens die Hälfte der Gäste trug schon die Toga, und Nero schien mich aufrichtig gern zu haben. Bald war ich es jedoch müde, immer wieder zu hören, wie die Redner ihren Vortrag mit denselben abgedroschenen Versen des Vergil oder Horaz oder mit Zitaten aus den Werken griechischer Dichter aufputzten. Deshalb begann ich mich auf diese Einladungen dadurch vorzubereiten, daß ich Senecas Werke las und mir seine Lieblingssentenzen über die Beherrschung des Zorns, die Kürze des Lebens und die unerschütterliche Ruhe des Weisen unter allen Schicksalsschlägen einprägte.

Als ich Seneca kennenlernte, empfand ich hohe Achtung vor ihm, denn es gab nichts auf der Welt, worüber er nicht mit seiner vorzüglich geschulten Stimme ein paar kluge, wohlüberlegte Worte zu sagen wußte. Nun wollte ich jedoch erproben, ob die Unerschütterlichkeit des Weisen auch größer war als die natürliche Eitelkeit des Menschen.

Selbstverständlich durchschaute Seneca mein Spiel, denn er war nicht dumm, aber es gefiel ihm offensichtlich, seine eigenen Gedanken im Verein mit denen der Großen der Vergangenheit ausgesprochen zu hören. Ich war noch dazu so durchtrieben und nannte nie seinen Namen, wenn ich ihn zitierte, denn das wäre eine gar zu grobe Schmeichelei gewesen, sondern sagte nur: »Ich las unlängst irgendwo ...« oder: »Ich muß immer an folgenden Ausspruch denken ...«

Nero machte den Stimmbruch durch, unter dem er sehr litt, und erhielt mit vierzehn Jahren die Toga. Das Opfer für Jupiter vollzog er als ein ganzer Mann, und er sagte die Opferlitaneien auf, ohne zu stottern und sich zu wiederholen. Die Leberschau ergab nur die günstigsten Vorzeichen. Nero lud die Jugend Roms zu einem großen Gastmahl, und der Senat beschloß einstimmig, daß er den Konsulsrang erhalten sollte, sobald er zwanzig war. Damit, nämlich als zukünftiger Konsul, bekam er unmittelbar Sitz und Stimme im Senat.

Von Rhodos, der berühmten Insel der Philosophen, kamen Gesandte und baten um die Wiederherstellung der Freiheit und Selbstverwaltung der Insel. Ich weiß nicht, ob Claudius nicht ohnehin schon milder gegen die Bewohner von Rhodos gestimmt war. Jedenfalls war Seneca der Ansicht, daß dies die denkbar günstigste Gelegenheit für Nero sei, seine erste Rede in der Kurie zu halten. Mit Senecas Hilfe bereitete sich Nero in aller Heimlichkeit sorgfältig vor.

Mein Vater erzählte mir, daß er seinen Ohren nicht traute, als Nero nach der Rede der Gesandten und einigen sarkastischen Bemerkungen von seiten der Senatoren plötzlich aufstand und »Ehrwürdige Väter!« rief. Alle wachten auf und blickten ihn erwartungsvoll an. Als Claudius durch ein Kopfnicken seine Zustimmung gegeben hatte, stieg Nero auf die Rednertribüne und sprach mit leidenschaftlicher Begeisterung von der ruhmreichen Geschichte der Insel Rhodos, ihren berühmten Philosophen und den großen Römern, die auf Rhodos ihre Bildung vollendet hatten. »Hat nicht die rosenduftende Insel der Weisen, der Gelehrten, der Dichter und Redner genug für ihren Irrtum gebüßt, und wird dieser nicht durch ihre Berühmtheit wiedergutgemacht!« Und so fort.

Als er geendet hatte, sahen alle Claudius an wie einen Verbrecher, da er es ja gewesen war, der dieser Insel die Freiheit geraubt hatte. Claudius fühlte sich schuldbewußt, und Neros Beredsamkeit hatte ihn erschüttert. »Starrt mich nicht an wie Kühe einen neuen Zaun«, knurrte er unwillig. »Faßt einen Beschluß. Ihr seid ja der römische Senat.«

Man schritt zur Abstimmung, und Neros Begnadigungsantrag erhielt nahezu fünfhundert Stimmen. Mein Vater meinte, am besten habe ihm Neros Bescheidenheit gefallen, denn als Antwort auf alle Glückwünsche sagte er nur: »Lobt nicht mich. Lobt meinen Lehrer.« Mit diesen Worten trat er auf Seneca zu und umarmte ihn. Seneca lächelte und sagte so laut, daß es alle hörten: »Nicht einmal der beste Rhetor könnte aus einem unbegabten Jüngling einen guten Redner machen.«

Die älteren unter den Senatoren lehnten jedoch Seneca ab, einmal wegen seines weltmännischen Auftretens und zum andernmal, weil sie meinten, der strenge Stoizismus der Alten sei in seinen Schriften zu eitler Schaumschlägerei geworden. Es hieß auch, er sei gar zu sehr darauf bedacht, schöne Knaben als Schüler zu gewinnen, doch das lag, glaube ich, nicht an Seneca allein, denn Nero verabscheute die Häßlichkeit in dem Grade, daß ein entstelltes Gesicht oder ein auffälliges Muttermal ihm die Eßlust verderben konnte. Mir selbst trat Seneca jedenfalls niemals nahe, und er verbot sogar dem zärtlichkeitsbedürftigen Nero, ihn zu küssen.

Nach seiner Ernennung zum Prätor führte Seneca hauptsächlich Zivilprozesse, die an sich beschwerlicher und schwieriger waren als Strafprozesse, da es dabei zumeist um Grundstücke, Besitzrechte, Scheidungen und Testamente ging. Er selbst sagte, es gehe ihm wider die Natur, einen Menschen zur Prügelstrafe oder zum Tode zu verurteilen. Als er bemerkte, daß ich mir jeden seiner Prozesse anhörte, sprach er mich eines Tages nach einer Verhandlung an und sagte: »Du bist begabt, Minutus Lausus. Du beherrscht neben der lateinischen Sprache die griechische und bekundest für Rechtsfragen das Interesse, das einem echten Römer ansteht. Möchtest du nicht mein Gehilfe werden und beispielsweise unter meiner Anleitung im Archiv Präjudizfälle und vergessene Verordnungen heraussuchen?«

Ich errötete vor Freude und Eitelkeit und antwortete, ein solcher Auftrag wäre mir eine große Ehre. Seneca machte eine säuerliche Miene und bemerkte: »Du verstehst, hoffe ich, daß mancher ein Auge aus seinem Kopf dafür geben würde, wenn er eine solche Gelegenheit erhielte, sich vor seinen Mitbewerbern um Beamtenstellen auszuzeichnen.«

Das verstand ich natürlich, und ich versicherte ihm, daß ich ihm für diese unvergleichliche Gunst ewig Dank wissen werde. Er schüttelte den Kopf. »Du weißt, daß ich für römische Begriffe kein reicher Mann bin. Ich baue mir gerade ein Haus, und wenn es fertig ist, will ich mich wieder verheiraten, um den Verleumdungen ein Ende zu machen. Du verfügst ja wohl selbst über dein Eigentum und kannst mir ein Entgelt für meine juristischen Belehrungen zahlen?«

Ich rang vor Verblüffung nach Atem und bat ihn, mir meinen Unverstand zu verzeihen. Auf meine Frage, wieviel er verlange, lächelte Seneca, klopfte mir auf die Schulter und sagte: »Es ist vielleicht das klügste, du berätst dich mit deinem reichen Vater Marcus Mecentius.«

Ich suchte meinen Vater unverzüglich auf und fragte ihn, ob beispielsweise zehn Goldstücke ein unziemlich großes Geschenk für einen Philosophen seien, der die Genügsamkeit und ein einfaches Leben liebt. Mein Vater lachte hellauf und rief: »Ich kenne Senecas bescheidene Gewohnheiten. Laß mich nur machen, und kümmere dich nicht mehr um die Sache.« Später hörte ich, daß er Seneca tausend Goldstücke oder, mit anderen Worten, einhunderttausend Sesterze schickte, was für meine Begriffe eine ungeheuerliche Summe war. Seneca nahm jedoch keinen Anstoß, ja er behandelte mich womöglich noch freundlicher als zuvor, um zu zeigen, daß er meinem Vater diese geschmacklose Übertreibung, die nur einem Emporkömmling einfallen konnte, verzieh.

Ich arbeitete mehrere Monate als Senecas Gehilfe im Prätorium. Er war unbedingt gerecht in seinen Urteilen, die genau überlegt waren. Keinem Advokaten gelang es, ihn durch Beredsamkeit irrezuführen, denn er war selbst der hervorragendste Redner seiner Zeit. Trotzdem streuten einige, die ihren Prozeß verloren hatten, das Gerücht aus, er habe sich bestechen lassen; doch das wird freilich jedem Prätor nachgesagt. Seneca selbst versicherte, er habe niemals vor dem Urteilsspruch Geschenke angenommen. »Andererseits«, meinte er, »ist es ganz natürlich, daß sich der Gewinner eines Prozesses, in dem es etwa um das Besitzrecht an einem Grundstück im Werte von einer Million Sesterze ging, dem Richter erkenntlich zeigt, denn kein Beamter kann vom bloßen Prätorensold leben und während seiner Amtszeit auch noch Gratisvorstellungen im Theater bezahlen.«

Es war wieder Frühling geworden. Das frische Grün, die wärmende Sonne und die Zitherklänge lenkten unsere Gedanken von den trockenen, geschraubten juristischen Texten ab und zu den leichtsinnigen Versen des Ovid und des Properz hin, und ich sann immer häufiger darüber nach, was ich mit Claudia beginnen sollte. Nach und nach kam ich zu der Überzeugung, daß Agrippina der einzige Mensch sei, der eine gute und gerechte Lösung finden könnte. Mit Tante Laelia konnte ich nicht über Claudia sprechen, und noch weniger mit Tullia. An einem schönen Abend, als die Wolken über Rom goldrot glühten, bot sich mir endlich die erhoffte Gelegenheit. Nero nahm mich in die Gärten auf dem Pincius mit, und dort trafen wir seine Mutter, die den Gärtnern Anweisungen für die Frühjahrsarbeit gab. Ihr Gesicht strahlte vor Freude, wie immer, wenn sie mit ihrem schönen Sohn zusammentraf. Mich fragte sie mütterlich: »Was drückt dich, Minutus Manilianus? Du siehst aus, als hättest du einen heimlichen Kummer. Dein Blick ist unstet, und du wagst mir nicht in die Augen zu sehen.«

Ich wagte es doch, und ihre Augen waren so klar und allwissend wie die einer Göttin. Ich fragte stammelnd: »Erlaubst du wirklich, daß ich von einer großen Sorge mit dir spreche?«

Sie führte mich freundlich ein Stück von den Gärtnern und den zur Erde gebückten Sklaven fort und bat mich, aufrichtig und ohne Furcht zu sprechen. Ich erzählte ihr von Claudia, aber schon bei meinen ersten Worten richtete sie sich steif auf, obwohl sich kein Muskel in ihrem ruhigen Antlitz verzog.

»Plautia Urgulanillas Ruf war bedenklich«, erinnerte sie sich. »In meiner Kindheit kannte ich sie sogar, obgleich ich wünsche, ich hätte sie nie gesehen. Wie ist es möglich, daß du mit so einem Mädchen bekannt werden konntest? Soviel ich weiß, darf sie sich nicht innerhalb der Stadtmauern blicken lassen. Hütet denn dieser Bastard nicht irgendwo auf Aulus Plautius' Gütern die Ziegen?«

Ich berichtete, wie wir zusammengetroffen waren, aber als ich mehr erzählen wollte, unterbrach mich Agrippina ständig mit neuen Fragen, um, wie sie sagte, der Sache ganz auf den Grund zu kommen. Zuletzt gelang es mir aber doch noch zu gestehen: »Wir lieben uns und möchten heiraten, wenn wir nur wüßten, wie wir es anfangen sollen.«

»Minutus, solche Mädchen heiratet man nicht«, sagte Agrippina kurz.

Ich versuchte, Claudias gute Eigenschaften zu loben, aber Agrippina hörte kaum zu. Mit Tränen in den Augen starrte sie in die blutrot über Rom untergehende Sonne, so als hätten meine Worte sie tief betrübt. Schließlich unterbrach sie mich und fragte: »Seid ihr beisammen gelegen? Sage es, wie es ist.«

Ich durfte die Wahrheit nicht verschweigen, beging jedoch den Fehler, zu sagen, daß wir miteinander glücklich waren und uns gut verstanden, was allerdings, seit wir so oft Streit hatten, nicht mehr ganz stimmte, und dann fragte ich schüchtern, ob es nicht möglich wäre, daß eine unbescholtene Familie Claudia adoptierte.

»Armer Minutus, worauf hast du dich da eingelassen?« antwortete Agrippina mitleidig. »In ganz Rom wirst du keine achtbare Familie finden, die um einen noch so hohen Preis bereit wäre, sie zu adoptieren. Und ließe wirklich eine Claudia ihren

Namen tragen, so würde das nur beweisen, daß sie nicht achtbar ist.«

Ich versuchte, meine Worte so wohl zu setzen, wie ich nur vermochte, aber Agrippina war unerschütterlich. »Als Beschützerin des Ritterstandes ist es meine Pflicht, an dein Bestes zu denken und nicht nur an das arme leichtfertige Mädchen. Du bist dir nicht recht im klaren darüber, in was für einem Ruf sie steht, und ich will nichts weiter dazu sagen, da du mir in deiner Verblendung ohnehin nicht glauben würdest. Ich verspreche dir aber, daß ich über euch nachdenken werde.«

Ich sagte verwirrt, sie müsse mich falsch verstanden haben. Claudia sei weder leichtfertig noch verderbt, sonst hätte ich nie daran gedacht, mich mit ihr zu vermählen. Ich muß gestehen, daß Agrippina viel Geduld mit mir hatte. Sie fragte mich genau aus, was Claudia und ich miteinander getan hatten, lehrte mich den Unterschied zwischen Tugend und Lasterhaftigkeit im Bett und gab mir zu verstehen, daß Claudia in dieser Sache offenbar erfahrener war als ich.

»Der Gott Augustus selbst verbannte Ovid, der mit seinen sittenlosen Büchern zu beweisen versuchte, daß die Liebe eine Kunst sei«, sagte sie. »Du zweifelst doch wohl nicht an seinem Urteil! Solche Spiele gehören ins Hurenhaus, und der beste Beweis dafür ist, daß du mir nicht in die Augen sehen kannst, Minutus, ohne zu erröten.«

Ich fühlte mich trotz allem von einer schweren Bürde befreit, da ich mich der klugen, edlen Agrippina anvertraut hatte, und eilte froh aus der Stadt, um Claudia sogleich zu berichten, daß unser Schicksal in guten Händen lag. Ich hatte ihr zuvor nichts von meiner Absicht gesagt, um nicht Hoffnungen in ihr zu erwecken, die sich am Ende vielleicht als trügerisch herausstellten.

Als ich ihr aber nun von meiner Unterredung mit Agrippina berichtete, wurde sie vor Schreck so bleich, daß die Sommersprossen links und rechts von ihrer kräftigen Nase braun und häßlich auf der weißen Haut hervortraten. »Minutus, Minutus, was hast du da angerichtet!« jammerte sie. »Bist du denn wirklich ganz und gar von Sinnen?«

Ich war tief gekränkt, weil sie mich einer Sache wegen tadelte, die ich glaubte vortrefflich angepackt zu haben und auf die ich mich zudem nur ihr zuliebe eingelassen hatte. Es hatte nicht wenig Mut dazu gehört, mit Roms erster Dame über so heikle Dinge zu sprechen. Ich fragte Claudia, was sie gegen eine so edle Frau wie Agrippina habe, aber sie antwortete mir nicht, sondern saß nur da wie gelähmt, die Hände auf den Knien, und sah mich nicht einmal an.

Auch durch Zärtlichkeiten gelang es mir nicht, sie zum Sprechen zu bringen. Sie wies mich schroff ab, und zuletzt konnte ich mir ihr Verhalten nicht anders erklären als damit, daß sie etwas auf dem Gewissen hatte, was sie mir nicht sagen konnte oder wollte. Das einzige, was ich endlich von ihr zu hören bekam, war, daß es keinen Sinn habe, mir irgend etwas zu erklären, wenn ich so einfältig sei, einer Frau wie Agrippina zu vertrauen.

Ich verließ Claudia im Zorn, denn sie selbst hatte unserem für mich so angenehmen Verhältnis durch ihr ständiges Gerede von der Zukunft und von der Ehe ein Ende bereitet. Als ich schon ein Stück gegangen war, erschien sie in der Tür ihrer Hütte und rief mir nach: »Sollen wir so auseinandergehen, Minutus? Hast du kein gutes Wort für mich? Wir sehen uns vielleicht nie wieder.«

Ich war enttäuscht, weil sie sich nicht, wie bei früheren Versöhnungen, meinen Liebkosungen ergeben hatte, und antwortete zornig: »Beim Herkules, ich hoffe, ich brauche dich nie wiederzusehen!«

Als ich an der Tiberbrücke angekommen war, bereute ich meine Worte, aber mein Stolz hinderte mich daran, zu ihr zurückzukehren.

Ein Monat verging, ohne daß sich etwas Besonderes ereignete. Eines Tages nahm Seneca mich beiseite und sagte: »Du bist nun zwanzig Jahre alt, Minutus Lausus, und es ist an der Zeit, daß du dich, im Hinblick auf deine spätere Laufbahn, mit der Provinzverwaltung vertraut machst. Mein jüngerer Bruder wurde, wie du wissen dürftest, auf Grund seiner Verdienste für einige Jahre mit der Verwaltung der Provinz Achaia betraut. Nun schreibt er mir, daß er zu seiner Unterstützung jemanden braucht, der gesetzeskundig ist und militärische Erfahrungen besitzt. Du bist zwar noch jung, aber ich glaube dich zu kennen. Außerdem hat sich dein Vater mir gegenüber so freigebig erwiesen, daß ich meine, du vor allen anderen solltest diese ausgezeichnete Gelegenheit erhalten, dich zu verbessern. Du reist am besten so bald wie möglich. Nach Brundisium kannst du sofort fahren, und dort nimmst du das erste Schiff nach Korinth.«

Ich verstand, daß dies nicht nur ein Gunstbeweis, sondern ein

Befehl war, aber ein junger Mann wie ich konnte kaum in eine bessere Provinz geschickt werden. Korinth ist eine lebensfrohe Stadt, und nicht weit davon liegt das alte Athen. Ich konnte auf meinen Inspektionsreisen all die erinnerungsträchtigen Stätten Hellas' besuchen. Nach meiner Rückkehr in einigen Jahren durfte ich vielleicht schon auf ein Amt hoffen, auch ohne die Altersgrenze von dreißig Jahren erreicht zu haben. Daher dankte ich Seneca voll Ehrerbietung und begann mich augenblicklich auf meine Reise vorzubereiten.

Im Grunde kam mir dieser Auftrag so günstig gelegen wie nur möglich. Man wußte in Rom, daß sich die britischen Stämme wieder erhoben hatten, um zu sehen, wie weit sie es mit Ostorius treiben konnten. Vespasian wußte, woran er war, aber Ostorius war mit den Verhältnissen in Britannien noch nicht vertraut. Daher hatte ich schon befürchtet, ich könnte wieder dorthin geschickt werden, und dazu verspürte ich wenig Neigung. Sogar die Icener, bisher die friedlichsten und treuesten Bundesgenossen Roms, hatten begonnen, Ausfälle über ihren Grenzfluß zu unternehmen, und es wäre mir Lugundas wegen schwergefallen, gegen sie Krieg zu führen.

Ich glaubte, nicht reisen zu dürfen, ohne mich von Claudia verabschiedet zu haben, so schlecht sie mich auch behandelt hatte. Daher ging ich eines Tages auf die andere Tiberseite hinüber, aber Claudias Hütte war verriegelt und leer, niemand antwortete auf mein Rufen, und ihre Schafherde war fort. Ich lief verwundert zum Gut des Aulus Plautius hinüber, um mich nach ihr zu erkundigen. Dort wurde ich kühl empfangen, und niemand schien etwas über Claudia zu wissen. Es war, als dürfte man nicht einmal ihren Namen nennen.

Beunruhigt eilte ich in die Stadt zurück und suchte Tante Paulina in Plautius' Haus auf. Die ständig in Trauer gekleidete alte Frau empfing mich noch verweinter als sonst, wollte mir aber keine Auskunft über Claudia geben.

»Je weniger du davon sprichst, desto besser«, sagte sie und musterte mich feindselig. »Du hast Claudia ins Verderben gestürzt, aber vielleicht wäre es früher oder später auch ohne dich so gekommen. Du bist noch jung, und ich kann nicht glauben, daß du weißt, was du getan hast, aber verzeihen kann ich dir darum doch nicht. Ich will zu Gott beten, daß er dir verzeiht.«

Vor so viel Geheimnistuerei befielen mich Angst und böse Ahnungen. Ich wußte nicht, was ich denken sollte. Ich fühlte mich schuldlos, da alles zwischen Claudia und mir aus ihrem eigenen freien Willen geschehen war. Doch ich hatte keine Zeit zu verlieren.

Nachdem ich mich umgekleidet hatte, eilte ich zum Palatium, um von Nero Abschied zu nehmen, der mir sagte, er beneide mich aufrichtig, weil ich an Ort und Stelle die Bildung des alten Griechenland kennenlernen dürfe. Dann nahm er mich zum Zeichen seiner Freundschaft an der Hand und führte mich zu seiner Mutter, obwohl Agrippina gerade mit dem finsteren Pallas über den Büchern der Staatskasse saß. Pallas galt als der reichste Mann in ganz Rom. Er war so hochfahrend, daß er nie mit seinen Sklaven redete, sondern seine Wünsche nur durch Handbewegungen zu erkennen gab, die alle sofort verstehen mußten.

Die Störung kam Agrippina offensichtlich ungelegen, aber wie immer erhellte sich ihre Miene, als sie Nero erblickte. Sie wünschte mir Erfolg, warnte mich vor dem Leichtsinn und sagte, sie hoffe, ich würde mir von der griechischen Bildung das Beste aneignen, aber als guter Römer zurückkehren.

Ich stammelte etwas, sah ihr in die Augen und machte eine bittende Gebärde. Sie verstand auch ohne Worte, was ich wollte. Der vornehme Freigelassene Pallas würdigte mich nicht eines Blickes, sondern raschelte nur ungeduldig mit seiner Papyrusrolle und schrieb ein paar Zahlen auf eine Wachstafel. Agrippina forderte Nero auf, zu seinem Nutzen zuzusehen, wie geschickt Pallas hohe Zahlen addierte, und führte mich in einen anderen Saal. »Es ist besser, wenn Nero nicht hört, wovon wir reden«, sagte sie. »Er ist noch ein unschuldiger Knabe, wenn er auch schon die Toga trägt.«

Das war nicht wahr, denn Nero selbst hatte sich damit gebrüstet, daß er mit einer Sklavin geschlafen und es spaßeshalber auch mit einem Knaben versucht hatte, aber das konnte ich seiner Mutter nicht sagen. Agrippina betrachtete mich mit ihrem klaren, ruhigen Blick, seufzte und sagte: »Du willst von Claudia hören. Ich möchte dich nicht enttäuschen, denn ich weiß selbst, wie schwer man diese Dinge nimmt, wenn man jung ist, und doch ist es besser für dich, man öffnet dir beizeiten die Augen, wenn es auch schmerzt. Ich habe Claudia überwachen lassen. Um deinetwillen mußte ich ja die Wahrheit über ihren Lebenswandel in Erfahrung bringen. Es kümmert mich nicht, daß sie gegen das ausdrückliche Verbot verstoßen und die Stadt betreten hat, und es ist mir auch gleichgültig, daß sie zusammen mit Sklaven an gewissen geheimen Mählern teilgenommen hat, bei denen es nicht ganz schicklich zugegangen sein soll, aber es ist unverzeihlich, daß sie sich außerhalb der Stadtmauern und ohne die unerläßliche Gesundheitsüberwachung für ein paar schäbige Münzen an Fuhrleute, Hirten und dergleichen verkaufte.«

Diese schreckliche, unglaubliche Beschuldigung verschlug mir den Atem. Agrippina sah mich mitleidig an und fuhr fort: »Der Fall wurde ohne großes Aufsehen vor dem Ordnungsgericht verhandelt, und es gab genug Zeugen, die ich dir jedoch lieber nicht nennen will, damit du dich nicht zu sehr schämen mußt. Aus Barmherzigkeit wurde Claudia nicht nach Vorschrift bestraft. Man hat sie nicht ausgepeitscht und ihr nicht einmal das Haar geschnitten. Sie wurde in ein geschlossenes Haus in einer kleinen Landstadt gebracht, wo sie bessere Sitten lernen kann. Ich sage dir nicht, wo es ist, damit du mir keine Dummheiten machst. Wenn du sie nach deiner Rückkehr aus Griechenland sehen willst, kann ich es einrichten, vorausgesetzt, daß sie sich gebessert hat, aber du mußt mir versprechen, daß du vorher keinen Versuch unternehmen wirst, mit ihr in Verbindung zu treten. Das bist du mir schuldig.«

Ihre Worte waren mir so unfaßbar, daß mir schwindelte, und ich fühlte, wie meine Knie nachgaben. Unwillkürlich erinnerte ich mich an alles, was mir an Claudia ungewöhnlich vorgekommen war, und ich dachte an ihre Erfahrenheit und Heißblütigkeit. Agrippina legte ihre schöne Hand auf meinen Arm, schüttelte den Kopf und ermahnte mich: »Prüfe dich selbst, Minutus. Allein deine jugendliche Eitelkeit hindert dich daran, augenblicklich zu erkennen, wie grausam du hintergangen wurdest. Zieh die Lehre aus dem Geschehenen, und schenke verderbten Frauen und ihren Einflüsterungen nicht mehr soviel Glauben. Es war dein Glück, daß du dich noch rechtzeitig aus ihrer Umgarnung retten konntest, indem du dich an mich wandtest. Wenigstens darin hast du klug gehandelt.«

Ich starrte sie an und versuchte, in ihrem schönen Gesicht mit der zarten Haut und in ihren klaren Augen das geringste Anzeichen von Unsicherheit zu entdecken. Sie streichelte meine Wange und bat: »Sieh mir in die Augen, Minutus Lausus. Wem glaubst du mehr: mir oder diesem gewöhnlichen Mädchen, das dein blindes Vertrauen so grausam enttäuschte?«

Sowohl meine gesunde Vernunft als auch meine verwirrten Gefühle sagten mir, daß ich dieser gütigen Frau, der Gemahlin des Kaisers, mehr glauben müsse als Claudia. Ich senkte den Kopf, denn heiße Tränen der Enttäuschung stiegen mir in die Augen. Agrippina drückte mein Gesicht an ihren weichen Busen, und plötzlich spürte ich bei all meinem überschwenglichen Schmerz ein heißes Zittern in meinem Körper und errötete noch mehr über mich selbst.

»Ich bitte dich, mir nicht jetzt zu danken, obwohl ich viel für dich in einer Sache getan habe, die mich anekelte«, flüsterte sie mir ins Ohr, so daß ich ihren warmen Atem fühlte und noch heftiger zu zittern begann. »Ich weiß, du wirst mir später danken, wenn du Zeit gehabt hast nachzudenken. Ich habe dich aus der schlimmsten Gefahr errettet, die einem Jüngling an der Schwelle zum Mannesalter begegnen kann.«

Aus Furcht vor Augenzeugen schob sie mich von sich und schenkte mir noch einmal ein warmes Lächeln. Mein Gesicht war so heiß und von Tränen naß, daß ich es niemandem zeigen mochte. Agrippina schickte mich durch eine Hintertür aus dem Palast. Ich ging mit gesenktem Kopf und über die weißen Pflastersteine stolpernd die steile Gasse der Siegesgöttin hinunter.

V

KORINTH

Korinth ist eine Weltstadt – von allen Städten der Welt die lebhafteste und lebensfrohste, wie die Korinther selbst versichern. Mummius zerstörte sie vor zweihundert Jahren bis auf die Grundmauern, aber in unseren Tagen hat diese aus der Asche auferstandene Stadt dank der klugen Voraussicht des Gottes Julius Caesar wieder eine halbe Million Einwohner, die aus allen Ländern der Welt stammen. Von der Akropolis aus sieht man die Straßen bis in die späte Nacht hinein in hellem Licht erstrahlen, und mit seinem bunten Treiben ist Korinth für einen jungen Mann, der bitter über seine eigene Leichtgläubigkeit nachgrübelt, ein heilsamer Erholungsort.

Mein Diener Hierax dagegen muß es oft bereut haben, daß er mich auf dem Sklavenmarkt in Rom mit Tränen in den Augen flehentlich gebeten hat, ihn zu kaufen. Er konnte lesen und schreiben, massieren, kochen und mit den Händlern feilschen und sprach Griechisch und gebrochen Latein. Er bat mich, den Preis nicht allzusehr zu drücken, da sein Hausvater sich nur widerstrebend und der Not gehorchend von ihm trennte, weil er auf Grund eines ungerechten Gerichtsurteils in Geldschwierigkeiten geraten war. Ich begriff, daß Hierax eine Provision erhielt, wenn es ihm durch seine Zungenfertigkeit gelang, den Preis in die Höhe zu treiben, aber in meiner damaligen Gemütsverfassung war ich ohnehin nicht zum Feilschen aufgelegt.

Hierax hoffte natürlich, einen jungen, freundlichen Herrn zu bekommen, und fürchtete, er könnte in ein sparsam geführtes Haus voll alter Geizkrägen geraten. Mein Trübsinn und meine Schweigsamkeit lehrten auch ihn schweigen, so schwer es ihn ankam, denn er war ein echt griechischer Schwätzer. Mich konnte nicht einmal die Schiffsreise zerstreuen, und ich mochte mit niemandem sprechen. Daher gab ich Hierax meine Anweisungen nach der Art des Pallas nur mit Gesten. Er diente mir nach bestem Vermögen, vermutlich weil er fürchtete, hinter meinem finsteren Äußeren verberge sich ein im Grunde grausamer Herr, der sein Vergnügen daran fand, einen Sklaven zu züchtigen.

Hierax war als Sklave geboren und erzogen worden. Kräftig war er nicht, aber ich kaufte ihn, um nicht länger suchen zu müssen und weil er kein sichtbares Gebrechen hatte. Sogar seine Zähne waren gesund, obwohl er schon dreißig Jahre alt war. Natürlich nahm ich an, daß er irgendeinen anderen, verborgenen Fehler hatte, da er wieder verkauft worden war, aber in meiner Stellung konnte ich nicht ohne Diener reisen. Anfangs war er mir eine rechte Plage. Sobald ich ihn aber gelehrt hatte, zu schweigen und ebenso düster dreinzublicken wie ich selbst, kümmerte er sich ordentlich um mein Reisegepäck, meine Kleidung und meine Mahlzeiten, und er verstand es sogar, mir meinen immer noch weichen Bart zu scheren, ohne mich allzu oft zu schneiden.

In Korinth war er früher schon einmal gewesen, und er verschaffte uns Unterkunft in einer Herberge in der Nähe des Neptuntempels, die den Namen »Schiff und Laterne« führte. Es entsetzte ihn, daß ich nicht unverzüglich in den Tempel eilte, um ein Dankopfer für den glücklichen Ausgang der gefährlichen Seereise darzubringen, sondern als erstes zum Forum ging, um mich beim Prokonsul zu melden.

Der Sitz des Prokonsuls in Achaia war ein stattliches Gebäude mit einem Säulenportal. Der äußere Hof war von einer Mauer mit einem Wachhaus umgeben. Die beiden Legionare, die vor dem Tor auf Posten standen, stocherten sich in den Zähnen, schwatzten mit den Vorübergehenden und hatten Schild und Lanze an die Mauer gelehnt. Sie schielten spöttisch nach meiner schmalen roten Borte, ließen mich aber ohne Fragen ein.

Der Prokonsul Lucius Annaeus Gallio empfing mich auf griechische Art gekleidet, nach Salben duftend und mit einem Blütenkranz auf dem Haupt, als wäre er im Begriff, zu einem Fest zu gehen. Er machte mir einen gutmütigen Eindruck und ließ sofort Wein aus Samos bringen, während er den Brief seines älteren Bruders Seneca und das andere Schreiben las, das ich ihm als Kurier des Senats überreicht hatte. Ich ließ meinen Glasbecher halb geleert stehen und verlangte nicht nach mehr Wein, da ich die ganze Welt, in der ich zu meinem Unglück geboren worden war, tief verachtete und überhaupt von den Menschen nichts Gutes mehr glauben mochte.

Als Gallio seine Briefe gelesen hatte, sah er mich ernst und aufmerksam an. »Ich glaube, du trägst die Toga am besten nur bei den Gerichtssitzungen«, schlug er mir vorsichtig vor. »Wir müssen bedenken, daß Achaia Achaia ist. Seine Zivilisation ist älter oder jedenfalls in unvergleichlich höherem Maße geistig als die römische. Die Griechen leben nach ihren eigenen Gesetzen und sorgen selbst für die Aufrechterhaltung der Ordnung. Rom verfolgt in Achaia eine Politik der Nichteinmischung. Wir lassen den Dingen ihren Lauf, solange man uns nicht ausdrücklich bittet einzuschreiten. Verbrechen gegen das Leben sind eine Seltenheit. Am meisten machen uns, wie in allen Hafenstädten, die Diebe und Betrüger zu schaffen. Amphitheater gibt es in Korinth keines, aber einen prächtigen Zirkus mit Wagenrennen. Die Theater sind jeden Abend geöffnet, und alle anderen Vergnügungen, die für einen anständigen jungen Mann in Frage kommen, gibt es im Übermaß.«

Ich antwortete verdrossen: »Ich bin nicht nach Korinth gekommen, um mich zu unterhalten, sondern um mich auf die Beamtenlaufbahn vorzubereiten.«

»Gewiß, gewiß«, stimmte Gallio mir bei. »Mein Bruder

schreibt es mir in seinem Brief. Vielleicht meldest du dich zuerst einmal beim Kohortenführer unserer Garnison. Er ist ein Rubrius, behandle ihn also höflich. Im übrigen kannst du dafür sorgen, daß der Waffendienst wieder ernstgenommen wird. Die Leute sind unter seinem Kommando nachlässig geworden. Später gehst du dann auf Reisen und inspizierst die anderen Garnisonen. Viel sind es ohnehin nicht. Athen und gewisse andere heilige Städte betritt man aber tunlichst nicht in militärischem Aufzug. Die zerlumpte Kleidung des Philosophen ist dort eher am Platze. Einmal in der Woche halte ich hier vor dem Haus Gericht, und da mußt du natürlich zugegen sein. Die Sitzungen beginnen nicht zeitig am Vormittag, sondern am Nachmittag. Man muß sich an die Sitten des Landes halten, in das man kommt. Aber jetzt will ich dich durch das Haus führen und dich mit meinen Kanzleivorstehern bekanntmachen.«

Freundlich plaudernd stellte er mich seinem Kassenverwalter und seinem Juristen, dem Vorsteher der Steuerbehörde für Achaia und dem römischen Handelsdelegierten vor.

»Ich würde dich gern in meinem Haus wohnen lassen«, sagte Gallio, »aber es ist für Rom vorteilhafter, wenn du dir in der Stadt eine Bleibe suchst, entweder in einer guten Herberge oder in einem eigenen Haus. Du kommst auf diese Weise mit der Bevölkerung in Berührung und lernst ihre Sitten, ihre Wünsche und Beschwerden kennen. Denk immer daran, daß wir Achaia äußerst behutsam anfassen müssen. Ich erwarte gerade einige Gelehrte und Philosophen zum Mittagessen und würde dich gern mit einladen, aber ich sehe, daß du von der Reise erschöpft bist und daß das Essen dir nicht schmecken würde, nachdem dir nicht einmal mein Wein zugesagt hat. Ruhe dich zuerst von deinen Anstrengungen aus, lerne die Stadt ein wenig kennen und melde dich dann bei Rubrius, wann es dir beliebt. Es eilt keineswegs.«

Zuletzt stellte mich Gallio auch seiner Gattin vor. Sie war in einen goldgestickten griechischen Mantel gekleidet und trug Sandalen aus vergoldetem Leder an den Füßen und einen Goldreif in ihrem kunstvoll aufgesteckten Haar. Sie blickte schelmisch zuerst mich und dann Gallio an, wurde ernst und begrüßte mich mit einer so trüb und düster klingenden Stimme, als drückten sie alle Sorgen der Welt, schlug sich plötzlich die Hand vor den Mund, kicherte und lief davon.

Ich fand, daß die aus Spanien gebürtige Helvia bei all ihrer

Schönheit doch noch sehr kindisch war. Gallio unterdrückte ein Lächeln, blickte seiner Gattin erst nach und bestätigte mir meine eigene Meinung: »Ja, Lausus, sie ist zu jung und kann die Pflichten, die ihre Stellung ihr auferlegt, noch nicht ernst nehmen. Zum Glück ist das hier in Korinth nicht weiter von Bedeutung.«

Tags darauf überlegte ich lange, ob ich eine Nachricht in die Garnison schicken sollte, um für meinen Antrittsbesuch ein Reitpferd und eine Ehrenwache zu bekommen, worauf ich selbstverständlich ein Recht hatte. Da ich aber meinen Vorgesetzten Rubrius noch nicht kannte, hielt ich es zuletzt doch für das beste, eher bescheiden aufzutreten. Ich legte daher nur nach Vorschrift meinen Brustharnisch mit dem silbernen Adler an, zog die eisenbeschlagenen Schuhe und die Beinschienen an und setzte den Helm mit dem roten Federbusch auf. Um die Schultern legte mir Hierax den kurzen roten Kriegstribunenmantel.

Mein Aufzug erweckte so viel Aufsehen in der Herberge, daß sogar die Köche und die Putzweiber sich in der Tür drängten, um einen Blick zu erhaschen. Als ich mit klirrender Rüstung ein Stück marschiert war, begannen die Leute hinter und neben mir herzulaufen und zu gaffen. Die Männer zeigten auf meinen Helmbusch und riefen etwas, was ich nicht verstand, die Frauen betasteten meinen Brustharnisch, und einige Straßenjungen gingen schreiend und grölend im Gleichschritt neben mir her. Es dauerte dennoch eine Weile, bis ich endlich begriff, daß man mich verspottete.

Ich empfand meine Lage als so peinlich, daß ich am liebsten mein langes Reiterschwert gezogen und mit der flachen Klinge um mich gehauen hätte, sagte mir jedoch, daß das nur zu noch größerem Aufruhr führen würde, und wandte mich mit rotem Kopf an einen Ordnungswächter. Der verjagte mit seinem Rohrstock die Gassenjungen, um mir einen Weg zu bahnen. Trotzdem folgten mir noch immer mindestens hundert Menschen bis zum Tor der Garnison.

Die Posten nahmen hastig Schild und Lanze von der Mauer, und der eine blies auf seinem Horn Alarm, als er den johlenden Volkshaufen auf die Kaserne zukommen sah. Die Leute dachten jedoch nicht daran, den Bereich der Garnison zu betreten und sich dafür ein paar Stockhiebe einzuhandeln. Sie hielten im Halbkreis vor den Lanzenspitzen der Soldaten, riefen mir Glückwünsche zu und beteuerten, sie hätten seit Jahren keinen so erhebenden Anblick mehr genossen.

Der Oberzenturio der Kohorte kam im Untergewand auf mich zugerannt. Eine Handvoll mit Lanze und Schild bewaffneter Legionare rottete sich zu einem formlosen Haufen auf dem Hof zusammen. Man möge mir verzeihen, daß ich sie in der Dummheit meiner Jugend anbrüllte und ihnen Befehle erteilte, wozu ich gar nicht berechtigt war, da ich mich noch nicht bei Rubrius gemeldet hatte. Ich jagte sie im Laufschritt zur Mauer und wieder zurück und befahl ihnen, ordentlich anzutreten, dann bat ich den Zenturio, den Befehl zu übernehmen. Er stand breitbeinig vor mir, die Arme in die Seiten gestemmt und mit langen Bartstoppeln im Gesicht, und antwortete verblüfft: »Rubrius schläft noch nach einer schweren Nachtübung, und es geht nicht an, ihn zu wecken. Auch die Mannschaft ist müde von der Übung. Wie wäre es, wenn du erst einmal einen Schluck Wein mit mir tränkest und mir sagtest, wer du bist, woher du kommst und warum du stirnrunzelnd und zähneknirschend auf uns niederfährst wie der Kriegsgott selbst?«

An seinem Gesicht und seinen narbenbedeckten Oberschenkeln erkannte ich, daß ich einen alten Veteranen vor mir hatte, und ich mußte seiner Aufforderung wohl nachkommen. Ein junger Ritter wie ich konnte von so einem alten Zenturio leicht einen Nasenstüber bekommen, und ich wollte nach der soeben erlittenen Schmach nicht auch noch vor der Mannschaft gedemütigt werden, von der bereits einige langsam auf uns zuschlenderten.

Der Zenturio führte mich in seine Kammer, die nach Leder und Metallputzmitteln roch, und wollte mir aus einem Tonkrug Wein einschenken. Ich lehnte ab und sagte, ich dürfe auf Grund eines Gelübdes nur Wasser und Gemüse zu mir nehmen. Er sah mich erstaunt an und meinte: »Korinth gilt im allgemeinen nicht als Verbannungsort. Du mußt aus einer sehr vornehmen Familie stammen, wenn man dich für das, was du in Rom angestellt hast, hierherschickt.«

Er kratzte sich am Kinn, daß die Bartstoppeln raschelten, gähnte herzhaft und trank dann selbst von dem Wein. Auf meinen Befehl holte er schließlich wenigstens Rubrius' Schreiber und die Kohortenrolle und erklärte: »In der Stadt hier haben wir nur vor dem Hof des Prokonsuls und an den Toren der meistbenützten Straßen Posten stehen. In Kenchreae und Lykaion – das sind, wie du wissen dürftest, Häfen – befinden sich ständige Garnisonen, die ihre eigenen Unterkünfte haben, so daß die Männer nicht zwischen Hafen und Kaserne hin und her zu laufen brauchen. Laut Rolle sind wir eine vollzählige Kohorte samt Zeugmeistern und anderen Spezialisten, so daß wir im Bedarfsfall eine selbständige Feldeinheit bilden können.«

Ich fragte nach der Reiterei, und der Zenturio antwortete: »Genaugenommen haben wir im Augenblick nicht einen einzigen Berittenen. Rubrius und dem Statthalter stehen natürlich Pferde zur Verfügung, aber sie benützen lieber eine Sänfte. Du kannst dir ja ein Pferd nehmen, wenn du unbedingt eines haben mußt. Im übrigen hat uns die korinthische Reiterei auf Befehl beizustehen.«

Als ich mich nach der Tageseinteilung, dem Exerzieren, Waffenputzen und dergleichen erkundigte, warf er mir einen mißtrauischen Blick zu und sagte: »Darüber sprichst du am besten mit Rubrius selbst. Ich bin nur sein Untergebener.«

Um Zeit zu gewinnen, besichtigte ich die leeren Unterkünfte, die voller Unrat und Spinnweben waren, die Waffenkammer, die Küche und den Altar. Die Garnison hatte keinen eigenen Adler, sondern nur eines der üblichen Kohortenfeldzeichen mit Quasten und Gedenkschildern. Ich war nach dieser Besichtigungsrunde ebenso verblüfft wie entsetzt.

»Wo stecken denn die Kerle alle?« rief ich laut. »Was tun wir, wenn wir plötzlich ausrücken und kämpfen müssen?«

Der Zenturio verlor allmählich die Geduld mit mir und antwortete übellaunig: »Das fragst du am besten auch deinen unmittelbaren Vorgesetzten Rubrius.«

Zu Mittag ließ mich Rubrius endlich rufen. Er bewohnte einen auf griechische Art sehr geschmackvoll eingerichteten Raum, und ich sah mindestens drei recht junge Frauen, die ihn bedienten. Er hatte eine Glatze, ein aufgedunsenes Gesicht mit geplatzten Äderchen und bläuliche Lippen. Ich bemerkte, daß er beim Gehen den linken Fuß nachzog. Er empfing mich herzlich, umarmte mich und blies mir seinen nach Wein riechenden Atem ins Gesicht und forderte mich auf, mich sogleich niederzulassen und mich so frei und ungezwungen zu benehmen, als wäre ich bei mir zu Hause.

»Du kommst aus Rom und wunderst dich gewiß über unser faules, bequemes Leben«, sagte er. »Es ist wirklich an der Zeit, daß einmal ein junger Ritter erscheint und uns Beine macht. Ach ja, du bist ja Kriegstribun und hast dir den Rang in Britannien erworben! Ich verstehe! Daß man dich hierherschickte, ist also eine Auszeichnung!«

Ich bat ihn um Dienstanweisungen. Er zögerte mit der Antwort und meinte schließlich: »Wir brauchen uns in Korinth nicht in Kriegsbereitschaft zu halten; im Gegenteil, der Rat der Stadt und die Einwohner würden das nur als eine Beleidigung auffassen. Die meisten Legionare sind verheiratet. Ich habe ihnen erlaubt, bei ihren Familien in der Stadt zu wohnen, ein Handwerk auszuüben oder Handel zu treiben. Ab und zu, an römischen Festtagen, halten wir natürlich Musterung, aber nur innerhalb unserer Mauern, um kein unnötiges Aufsehen zu erregen.«

Ich erkühnte mich, darauf hinzuweisen, daß die Soldaten, die ich gesehen hatte, faul und zuchtlos waren, daß in der Waffenkammer der Staub fingerdick lag und daß die Unterkünfte vor Schmutz starrten. »Wohl möglich«, gab Rubrius zu. »Ich habe mich schon seit einer Weile nicht mehr so recht um die Leute kümmern können. Das Gesellschaftsleben hier in Korinth fordert einen hohen Zoll von einem betagten Manne wie mir. Zum Glück habe ich einen zuverlässigen Oberzenturio, der für alles verantwortlich ist. An sich wärst du der nächste nach mir, aber es würde ihn kränken, wenn ich ihn zurücksetzte. Vielleicht könnt ihr euch miteinander einigen und euren Dienst sozusagen als Gleichgestellte tun, nur kommt mir nicht und beschwert euch einer über den andern. Ich habe in meinem Leben genug Verdruß gehabt und möchte meine restliche Zeit in Ruhe abdienen. Es sind ohnehin nur noch ein paar Jahre.« Plötzlich sah er mich scharf an und fügte anscheinend zerstreut hinzu: »Weißt du übrigens, daß meine Schwester Rubria die älteste der Vestalinnen in Rom ist?«

Danach gab er mir noch einige vorsichtige Ratschläge: »Denk immer daran, daß Korinth eine griechische Stadt ist, wenn sie auch von Menschen aus vielen anderen Ländern bewohnt wird. Militärische Verdienste gelten hier nicht viel. Wichtiger ist es, die richtigen Umgangsformen zu haben. Sieh dich erst einmal um und stelle dann selbst eine Dienstordnung auf, aber strenge mir meine Leute nicht über Gebühr an.«

Damit wurde ich entlassen. Auf dem Hof stand der Zenturio und fragte mich mit einem gehässigen Blick: »Nun, hast du Bescheid bekommen?«

Ich sah zwei Legionare aus dem Tor bummeln, die ihre Schilde auf dem Rücken und die Lanzen über der Schulter trugen, und hörte den Zenturio zu meinem Entsetzen mit aller Ruhe erklären, dies sei eine Wachablösung.

»Sie sind ja nicht einmal gemustert worden!« rief ich. »Sollen sie denn wirklich so gehen, wie sie sind: mit schmutzigen Beinen und langen Haaren und ohne Begleitabteilung?«

»Hier in Korinth halten wir keine Wachparaden ab«, sagte der Zenturio ruhig. »Ich möchte dir außerdem raten, deinen Federbusch an den Nagel zu hängen und dich an den Landesbrauch zu gewöhnen.«

Er ließ mich jedoch gewähren, als ich die unteren Dienstränge zu mir rief und dafür zu sorgen befahl, daß die ganze Kaserne gereinigt und die Waffen geputzt wurden und daß die Männer sich die Bärte schoren und im übrigen wieder einmal versuchten, wie Römer auszusehen. Am nächsten Morgen bei Sonnenaufgang wollte ich zurück sein und Musterung halten, und ich ordnete an, den Kerker zu scheuern und frische Ruten bereitzulegen. Die kampferprobten Veteranen sahen verwundert bald mich, bald den grimmige Fratzen schneidenden Zenturio an, entschieden sich aber dafür, den Mund zu halten. Ich nahm mir immerhin den Rat, den ich erhalten hatte, zu Herzen, ließ meine Paraderüstung in der Rüstkammer und kehrte in einfachem Lederzeug und mit dem runden Übungshelm in meine Herberge zurück.

Hierax hatte für mich Kohl und Bohnen dünsten lassen. Ich trank Wasser dazu und zog mich so niedergeschlagen in mein Zimmer zurück, daß ich nicht die geringste Lust verspürte, die Sehenswürdigkeiten Korinths kennenzulernen.

Als ich in der Morgendämmerung wieder zur Kaserne ging, bemerkte ich gleich, daß während meiner Abwesenheit einiges geschehen war. Die Posten am Tor nahmen Haltung an, streckten die Lanzen und grüßten mich mit einem lauten Ruf. Der Oberzenturio war übungsmäßig gekleidet. Er jagte die verschlafenen Männer zur Morgenwäsche an die Wassertröge und brüllte sie mit heiserer Stimme an. Der Barbier war vollauf beschäftigt, auf dem rußigen Altar prasselte ein Feuer, und der Hof roch wieder nach Militär und nicht mehr wie ein Schweinestall.

»Verzeih, daß ich kein Signal blasen ließ, als du kamst«, sagte der Zenturio spöttisch. »Rubrius legt Wert auf einen ungestörten Morgenschlaf. Nun übernimmst du wohl am besten den Befehl, und ich sehe zu. Die Männer warten schon auf ein Opfer. Ich denke, du stiftest ein paar Schweine, wenn dir ein Ochse zu teuer ist?«

Ich hatte auf Grund meiner Ausbildung wenig Erfahrung mit Schlachtopfern und fürchtete, mich der Lächerlichkeit auszusetzen, wenn ich quiekende Schweine abstach. »Das Opfer hat noch Zeit«, antwortete ich daher zornig. »Zuerst will ich sehen, ob es sich überhaupt lohnt, daß ich bleibe, oder ob ich den Auftrag nicht am besten gleich ablehne.«

Als ich sie exerzieren ließ, bemerkte ich, daß die kleine Mannschaft die Übungen beherrschte und ordentlich marschieren konnte, wenn sie nur wollte. Beim Laufschritt ging den Männern zwar bald der Atem aus, aber sie warfen ihre Speere immerhin wenigstens in die Nähe der Strohsäcke. Bei den Fechtübungen mit stumpfer Waffe fielen mir einige wirklich geschickte Fechter auf. Als zuletzt alle keuchten und schwitzten, meinte der Zenturio: »Willst du uns nicht auch deine eigene Fechtkunst vorführen? Ich bin zwar schon recht dick geworden und auch nicht mehr der Jüngste, aber ich möchte dir gern zeigen, wie wir in Pannonien das Schwert führten. Dort bekam ich nämlich den Zenturionenstab, in Carnuntum.«

Zu meiner Überraschung machte er mir schwer zu schaffen, und er würde mich zuletzt vermutlich an die Mauer gedrückt haben, obwohl ich das längere Schwert hatte, wenn ihm nicht vorzeitig der Atem ausgegangen wäre. Die Bewegung und der helle Sonnenschein brachten mich endlich wieder ein wenig zu mir, und ich begann mich meiner früheren Gereiztheit zu schämen. Ich sagte mir, daß diese Männer alle älter waren als ich und einige Jahrzehnte länger gedient hatten. Fast alle hatten einen Dienstgrad, denn es gab in einer Legion von der üblichen Stärke an die siebzig verschiedene Soldstufen, die den Zweck hatten, zu größerem Diensteifer anzuspornen.

Ich versuchte mich daher mit dem Oberzenturio auszusöhnen und sagte: »Nun bin ich bereit, einen Jungstier zu opfern. Außerdem komme ich für einen Widder auf, den du selbst opfern magst, und der älteste der Veteranen soll ein Schwein opfern. Es wird mir wohl keiner ernstlich darum grollen, daß ich eine kleine Übung abgehalten habe, damit wir uns aneinander gewöhnen!«

Der Zenturio musterte mich vom Kopf bis zu den Füßen, seine Miene hellte sich auf, und er sagte: »Ich schicke sofort meine besten Leute auf den Viehmarkt und lasse sie die Opfertiere auswählen. Und ein wenig Wein wirst du gewiß auch spendieren wollen?«

Ich konnte mich natürlich nicht weigern, am Opfermahl teilzunehmen. Die Männer wetteiferten darin, mir die besten Fleischstücke aus den Tontöpfen zu fischen, und ich mußte auch Wein trinken. Nach den Anstrengungen dieses Tages fühlte ich mich vom Fleisch allein schon berauscht, und der Wein ging mir in die Kniekehlen, da ich solange enthaltsam gelebt hatte. Nach Einbruch der Dunkelheit kam eine Anzahl Frauen in den Hof geschlichen, und ich konnte über ihr Gewerbe nicht im Zweifel sein, obwohl einige von ihnen noch verhältnismäßig jung und hübsch waren. Ich erinnere mich noch, daß ich bitterlich weinte und dem Zenturio klagte, man könne nicht einer einzigen Frau auf der ganzen Welt trauen, weil jede ein Ausbund von Falschheit und eine Falle sei. Weiter erinnere ich mich noch, daß die Soldaten mich auf ihren Schultern rund um den Hof trugen und mir zu Ehren die alten unanständigen Lobgesänge der pannonischen Legion grölten. Was dann kam, weiß ich nicht mehr.

Gegen Morgen, zur Zeit der letzten Nachtwache, erwachte ich davon, daß ich mich erbrechen mußte. Ich lag auf einer harten Holzpritsche in einer der Kammern, stand auf, preßte die Hände an den Kopf und ging auf zitternden Beinen hinaus. Die Männer lagen über den ganzen Hof verstreut, ein jeder, wo er gerade hingefallen war. Ich war in einer so elenden Verfassung, daß die Sterne am Morgenhimmel vor meinen Augen tanzten, als ich hinaufblickte. Ich wusch mich, so gut es ging, und schämte mich so über meine Aufführung, daß ich mich vielleicht in mein Schwert gestürzt hätte, wenn nicht am Abend zuvor alle scharfen Waffen weggeschlossen worden wären.

Ich schwankte durch Korinths Straßen mit ihren verlöschenden Fackeln und Pechpfannen und erreichte endlich meine Herberge. Hierax hatte die ganze Nacht gewacht und voller Sorge auf mich gewartet. Als er sah, daß ich mich kaum auf den Beinen zu halten vermochte, zog er mich aus, rieb mir die Glieder mit einem feuchten Tuch, flößte mir ein bitteres Getränk ein, bettete mich auf mein Lager und deckte mich mit einer dicken Wolldecke zu. Als ich wieder erwachte, gab er mir behutsam einige Löffel mit Wein verquirltes Eigelb ein, und ehe ich noch an mein Gelübde denken konnte, hatte ich schon eine große Portion kräftig gewürztes gedünstetes Fleisch verschlungen.

Hierax seufzte erleichtert und sagte: »Ich danke allen Göttern, bekannten und unbekannten, vor allem aber deiner eigenen Glücksgöttin! Ich war in großer Sorge um dich und fürchtete schon für deinen Verstand. Es ist weder recht noch natürlich, daß ein junger Mann von deinem Rang den Kopf hängen läßt und nur noch Kohl essen und Wasser trinken will. Deshalb fiel mir eine schwere Last von meinem Rücken, als du plötzlich, nach Wein und Erbrochenem stinkend, vor mir standest, und ich erkannte, daß du dich in das Los des Menschen gefügt hast.«

»Ich fürchte, ich darf mich in Korinth nicht mehr blicken lassen«, jammerte ich. »Wenn mich meine Erinnerung nicht trügt, habe ich sogar mit den einfachen Legionaren zusammen den griechischen Bockstanz getanzt. Der Prokonsul Gallio wird mir einen Abschiedsbrief in die Hand drücken und mich mit Schimpf und Schande nach Rom zurückschicken, wo ich dann Schreiber oder Advokat werden kann.«

Hierax überredete mich jedoch, mit ihm auszugehen, und beteuerte, die Bewegung werde mir guttun. Wir besichtigten zusammen die Sehenswürdigkeiten Korinths, den morschen Steven des Argonautenschiffes im Neptuntempel, die Quelle des Pegasus und dessen Hufabdruck auf dem Fels daneben und anderes mehr. Hierax versuchte sogar, mich zu einem Besuch des berühmten Venustempels oben auf dem Berg zu verleiten, aber so viel Vernunft hatte ich noch, daß ich mich dem entschieden widersetzte.

Statt dessen betrachteten wir das korinthische Wunder: eine mit Talg geschmierte Holzbahn, auf der sogar große Schiffe zwischen Kenchreae und Lykaion hin- und hergeschleppt werden konnten. Man hätte meinen sollen, daß dazu Unmengen von Sklaven und unzählige Peitschenhiebe nötig seien, aber die griechischen Schiffsreeder hatten eine klug erdachte Vorrichtung aus Winden und Zahnrädern bauen lassen, mit deren Hilfe sich das Schleppen so einfach bewerkstelligen ließ, daß es aussah, als glitten die Schiffe ganz von selbst über die Bahn. Ein Seemann, der unser Interesse bemerkte, schwor bei den Nereiden, daß es bei vollem Rückenwind genüge, die Segel zu hissen. Nach dieser Wanderung fühlte ich mich erleichtert, mein Kummer verschwand allmählich, und als Hierax mir einige Abenteuer aus seinem Leben berichtete, konnte ich sogar ein paarmal lachen.

Dennoch war ich verlegen, als ich am nächsten Tag wieder in die Kaserne ging. Zum Glück war nach der Orgie alles säuberlich aufgeräumt worden, die Posten standen in guter Haltung auf ihren Plätzen, und der Dienst nahm seinen gewohnten Gang. Rubrius ließ mich zu sich rufen und erteilte mir eine schonungsvolle Verwarnung: »Du bist noch jung und unerfahren. Es besteht kein Grund, diese alten narbenbedeckten Männer dazu anzustiften, sich zu schlagen und dann die ganze Nacht hindurch betrunken zu grölen. Ich hoffe, das wird nicht mehr vorkommen. Du mußt versuchen, deine angeborene römische Roheit zu zügeln und, so gut es dir gelingt, die verfeinerten Sitten Korinths anzunehmen.«

Der Oberzenturio nahm mich, wie er es versprochen hatte, mit, um die Männer zu besuchen, die in der Kohortenrolle geführt wurden, aber in der Stadt wohnten und ein Gewerbe betrieben. Sie waren Schmiede, Gerber, Weber und sogar Töpfer, aber viele hatten einfach auf Grund ihres durch langjährigen Dienst erworbenen römischen Bürgerrechts in reiche Kaufmannsfamilien eingeheiratet und sicherten diesen besondere Vorrechte und sich selbst damit ein angenehmes Leben im Überfluß. Die Riemen ihrer Rüstung waren von Ratten zernagt, die Lanzenspitzen verrostet, die Schilde waren seit Menschengedenken nicht mehr blank geputzt worden, und nicht ein einziger war imstande, seine gesamte Ausrüstung vollständig vorzulegen.

Wohin wir kamen, bot man uns Wein und Speisen und sogar Silberstücke an. Ein Legionar, der sich auf den Parfümhandel verlegt hatte und seinen Schild nicht finden konnte, versuchte mich in ein Zimmer zu schieben, in dem ein leichtes Mädchen wartete. Als ich ihn wegen seiner Nachlässigkeit und seines unverschämten Benehmens tadelte, sagte er bitter: »Gut, gut. Ich weiß schon, was du willst. Aber wir bezahlen Rubrius schon so viel für das Recht, ein freies Gewerbe auszuüben, daß ich für deinen Beutel nicht mehr viele Drachmen übrig habe.«

Erst da verstand ich den Zusammenhang und versicherte ihm rasch, daß ich nicht gekommen war, um Bestechungsgelder zu erpressen, sondern nur, um meine Pflicht zu tun und mich zu vergewissern, daß alle in der Kohortenrolle geführten Männer wehrfähig waren und ihre Waffen bereithielten. Der Parfümhändler beruhigte sich und versprach, bei nächster Gelegenheit auf dem Trödelmarkt einen neuen Schild zu kaufen. Er erklärte sich sogar bereit, zu den Übungen zu erscheinen, wenn ich wollte, und meinte, ein wenig körperliche Betätigung würde ihm nur guttun, da er bei seinem Beruf den ganzen Tag sitzen müsse und zuviel Fett ansetze.

Ich sah ein, das es das klügste für mich war, mich nicht allzu sehr in die Angelegenheiten meines Vorgesetzten Rubrius einzumengen, vor allem da seine Schwester die vornehmste Priesterin Roms war. Der Oberzenturio ließ mit sich reden. Wir stellten zusammen eine Dienstordnung auf, die zumindest den Anschein erweckte, als wären die Männer beschäftigt. Nach der Inspektion der Wachtposten kamen wir überein, daß sie in Zukunft nach der Sonnen- und der Wasseruhr abgelöst werden sollten. Auch sollten sie nicht mehr sitzen oder liegen dürfen, und sie mußten vorschriftsmäßig gekleidet und ausgerüstet sein. Ich verstand zwar nicht, was die Doppelposten an den Stadttoren eigentlich bewachten, aber der Zenturio erklärte mir, daß die Tore seit hundert Jahren ihre Wache hatten und daß man diese nicht plötzlich abziehen konnte, ohne die Korinther zu verärgern, die durch ihre Steuern für den Unterhalt der römischen Garnison in ihrer Stadt aufkamen.

Ich kam allmählich zu der Überzeugung, daß ich meine Kriegstribunenpflichten in Korinth aufs beste versah. Die Legionare hatten ihren ersten Groll gegen mich überwunden und grüßten mich freundlich. Als der Prokonsul Gerichtstag hielt, meldete ich mich bei ihm in der Toga. Ein griechischer Schreiber unterrichtete ihn im voraus über die zu verhandelnden Fälle, und Gallio befahl gähnend, den Richterstuhl vor das Haus zu stellen.

Als Richter war er mild und gerecht. Er fragte uns Beisitzer nach unserer Meinung, machte ab und zu einen Scherz, vernahm selbst mit aller Gründlichkeit die Zeugen und schob jeden Fall auf, der seiner Ansicht nach durch die Beweisführung der Advokaten und die Zeugenaussagen nicht völlig eindeutig geklärt wurde. Bei Streitigkeiten um Dinge, die ihn allzu geringfügig dünkten, weigerte er sich, ein Urteil zu fällen, und forderte Kläger und Beklagte auf, sich im guten zu einigen, sofern sie nicht wollten, daß er ihnen wegen Mißachtung des Gerichtes eine Geldbuße auferlegte. Nach der Gerichtssitzung lud er zu einem guten Mahl ein und erklärte mir einiges über die korinthischen Bronzen, die zu der Zeit in Rom eifrig gesammelt wurden.

Als ich, trotz allem ein wenig verstimmt wegen Gallios nüchterner Klügelei und der Gewöhnlichkeit dieses Gerichtes, in meine Herberge zurückkehrte, machte mir Hierax einen Vorschlag:

»Ohne Zweifel hast du die Mittel, zu leben, wie du willst, aber es ist eine sinnlose Verschwendung, ein ganzes Jahr lang in einer Herberge zu wohnen. Korinth ist eine blühende Stadt. Du legst dein Geld am sichersten an, indem du ein eigenes Haus auf eigenem Grund erwirbst. Wenn du nicht genug Bargeld hast, kannst du als römischer Beamter bestimmt so viel Kredit bekommen, wie du die Stirn hast zu verlangen.«

Ich antwortete ihm unwillig: »Ein Haus muß ständig repariert werden, mit den Dienern hat man nichts als Ärger, und als Grundbesitzer bin ich in Korinth steuerpflichtig. Warum sollte ich mir so viel Sorgen einhandeln? Es ist viel einfacher, mir eine billigere Herberge zu suchen, wenn ich wirklich glaube, daß man mir hier die Haut vom Leibe zieht.«

»Bin ich als dein Sklave nicht dazu da, dir alle deine Sorgen abzunehmen?« wandte Hierax ein. »Gib mir nur eine Vollmacht, und ich ordne alles zu deinem Besten. Du brauchst nichts anderes zu tun, als die Urkunde im Merkurtempel eigenhändig zu unterzeichnen. Schließlich wirst du Gastfreundschaft mit Gastfreundschaft erwidern müssen, und bedenke nur, was dich ein Mahl für beispielsweise sechs Personen mit Weinen hier in der Herberge kostet! Wenn du ein eigenes Haus hast, besorge ich selbst die Einkäufe auf dem Markt, kaufe den Wein zum Großhandelspreis und berate deine Köchin. Außerdem brauchst du nicht mehr gleichsam vor aller Augen zu leben, so daß jeder Fremde genau sagen kann, wann du dein Wasser abschlägst oder dir die Nase schneuzt.«

Es war viel gesunde Vernunft in dem, was Hierax sagte, und einige Tage später war ich plötzlich Eigentümer eines recht großen zweistöckigen Hauses mit einem Garten. Der Empfangssaal hatte einen schönen Mosaikboden, und Innenräume standen mir mehr zur Verfügung, als ich benötigte. Ich bemerkte, daß ich unversehens auch eine Köchin und einen griechischen Türhüter hatte. Das ganze Haus war mit alten bequemen Möbeln eingerichtet, so daß nichts neu oder neureich wirkte. Sogar ein paar griechische Hausgötter standen in Nischen zu beiden Seiten des vor Alter rußigen und öligen Altars, und Hierax war so weit gegangen, bei einer Versteigerung einige Wachsmasken für Ahnenbilder zu erstehen, aber ich sagte ihm, ich wolle keine fremden Ahnen.

Meine ersten Gäste waren Rubrius, der Oberzenturio und Gallios griechischer Jurist. Hierax stellte einen griechischen Gelehrten an, der den Gästen Gesellschaft leisten sollte, und eine Tänzerin sowie einen Flötenspieler für die leichtere Unterhaltung. Die Speisen waren vorzüglich zubereitet. Um Mitternacht verabschiedeten sich meine Gäste im Zustand gesitteter Trunkenheit, aber später erfuhr ich, daß sie sich auf geradem Wege ins nächste Bordell hatten tragen lassen, denn von dort aus ließen sie mir eine gesalzene Rechnung schicken, um mich zu lehren, was in Korinth Brauch und Sitte sei. Ich war unvermählt, und deshalb hätte ich für jeden meiner Gäste eine Tischgenossin vom Tempelberg einladen müssen; doch in solche Sitten wollte ich mich nicht finden.

Ich weiß nicht, wie es mir noch ergangen wäre, denn Hierax tat sein Bestes, um mich behutsam und in aller Stille zu dem Hausvater zu erziehen, den er sich wünschte. Es kam jedoch der nächste Gerichtstag. Gallio hatte sich, übernächtigt von einem Fest, gerade gesetzt und die Toga über seinen Knien in gefällige Falten gelegt, als plötzlich ein hundertköpfiger Haufe Juden heranstürmte und zwei Männer, die ebenfalls Juden waren, vor den Richterstuhl stieß. Nach jüdischer Art schrien sie alle durcheinander, bis Gallio, der zuerst eine Weile lächelte, die Stimme erhob und rief, einer möge für alle sprechen. Sie berieten eine Weile, um ihre Anklage in allen Punkten festzulegen, dann trat der Vornehmste vor und sagte: »Dieser Mann verführt das Volk, Gott auf gesetzwidrige Weise zu ehren.«

Ich erschrak, weil ich befürchten mußte, auch hier, und noch dazu als Mitglied eines Gerichtes, in die Streitigkeiten der Juden mit hineingezogen zu werden. Der Angeklagte, den ich genau betrachtete, hatte einen stechenden Blick und große Ohren und bewahrte in seinem schäbigen Ziegenhaarmantel eine stolze Haltung.

Wie in einem Traum erinnerte ich mich, daß ich ihn vor vielen Jahren einmal im Hause meines Vaters in Antiochia gesehen hatte, und erschrak noch mehr, denn in Antiochia hatte er solchen Aufruhr verursacht, daß sogar die Juden, die sich zu Christus bekannten, es vorgezogen hatten, ihn aus der Stadt zu schicken, damit er anderswo Zwietracht unter den Juden säe.

Der Mann öffnete schon den Mund, um sich zu verteidigen, aber Gallio, der wohl wußte, was er zu erwarten hatte, bedeutete ihm zu schweigen und sagte zu den Juden: »Ginge es um ein Verbrechen oder eine Missetat, so würde ich euch gern geduldig anhören. Wenn ihr euch aber über euer Gesetz und eure Lehre streitet und darüber, wie ihr diese nennen wollt, so macht das unter euch aus. In dieser Sache sitze ich nicht zu Gericht.«

Dann befahl er den Juden, sich zu entfernen, wandte sich an uns Beisitzer und erklärte: »Wenn ich den Juden den kleinen Finger reichte, würde ich sie nie wieder los.«

Allem Anschein nach ließen sie ihm aber auch so keine Ruhe. Er lud uns nach der Sitzung wieder zum Essen ein, war jedoch zerstreut und versank in endlose Grübeleien. Zuletzt nahm er mich beiseite und sagte mir im Vertrauen: »Ich kenne den Mann sehr gut, den die Juden anklagen wollten. Er hält sich seit einem Jahr in Korinth auf, ist ein Zeltmacher und führt ein untadeliges Leben. Er heißt Paulus, und es wird behauptet, er habe, um seine Vergangenheit zu verbergen, seinen alten Namen abgelegt und den neuen nach dem früheren Statthalter auf Kypros, Sergius Paulus, angenommen. Auf Sergius machte seine Lehre damals tiefen Eindruck, und Sergius ist kein Narr, wenngleich er sich mit der Sterndeuterei versuchte und einen Zauberer bei sich wohnen ließ. Paulus muß daher ein bedeutender Mann sein. Ich hatte das Gefühl, daß seine stechenden Augen mitten durch mich hindurch in eine andere Welt blickten, als er da so furchtlos vor mir stand.«

»Er ist unter allen Juden der schlimmste Unruhestifter«, sagte ich. »Schon in Antiochia, als ich noch ein Kind war, versuchte er, meinen gutmütigen Vater für seine Sache zu mißbrauchen.«

»Du warst damals zweifellos noch zu jung, um seine Lehre zu verstehen«, sagte Gallio. »Bevor er nach Korinth kam, hat er auf dem Markt in Athen gesprochen. Die Athener machten sich die Mühe, ihn anzuhören, und erklärten sogar, sie wären nicht abgeneigt, ihn ein zweites Mal zu hören. Du willst doch wohl nicht klüger sein als die Athener? Ich würde ihn gern einmal heimlich zu mir bitten, um seine Lehre von Grund auf kennenzulernen, aber das könnte zu bösem Gerede Anlaß geben und die reichen Juden Korinths verärgern. Ich bin ja gezwungen, mich streng unparteiisch zu verhalten. Soviel ich weiß, hat er eine eigene Synagoge oder etwas dergleichen neben der Synagoge der Juden gegründet und unterscheidet sich von diesen zumindest dadurch angenehm, daß er sich nicht für mehr als andere hält und jeden ohne Ansehen der Person unterrichtet – Griechen sogar noch lieber als Juden.«

Gallio hatte über diese Dinge offenbar viel nachgedacht, denn er fuhr fort: »Als ich noch in Rom war, glaubte ich diese einfältige Geschichte von dem entsprungenen Sklaven namens Christus nie. Wir leben in einer Zeit, in der unsere Gedanken überall ins Leere stoßen. Von den Göttern will ich nicht reden, denn in ihrer überlieferten Gestalt sind sie nichts als Gleichnisse, mit denen sich schlichte Gemüter unterhalten mögen. Aber auch die Weisheitslehren machen den Menschen nicht besser, noch vermögen sie ihm den Frieden zu geben, das haben die Stoiker und Epikureer gezeigt. Vielleicht hat dieser elende Jude wirklich irgendein göttliches Geheimnis erfahren. Wie sollte seine Lehre sonst so viel Streit, Haß und Eifersucht unter den Juden erwecken?«

Ich will nicht alles wiedergeben, was Gallio mir in seiner Katerstimmung noch sagte. Zuletzt gab er mir aber den Befehl: »Geh zu diesem Mann, Minutus, und mache dich mit seiner Lehre bekannt. Du hast dazu die besten Voraussetzungen, denn du hast ihn schon in Antiochia kennengelernt. Im übrigen nehme ich an, daß du einiges über den Jahve der Juden und ihre Sitten und Gebräuche weißt, denn dein Vater soll in Antiochia mit großem Erfolg zwischen den Juden und dem Rat der Stadt vermittelt haben.«

Ich saß in einer Falle und kam nicht wieder heraus. Gallio hatte für alle meine Einwände taube Ohren. »Du mußt deine Vorurteile überwinden«, sagte er. »Wer die Wahrheit sucht, muß ehrlich und aufrichtig sein, sofern politische Rücksichten ihn nicht daran hindern. Zeit hast du genug, und du kannst sie dir auf schlechtere Weise vertreiben als damit, daß du das geheime Wissen dieses armen Juden und Welterlösers zu ergründen suchst.«

»Und wenn er mich durch Zauberei in seine Gewalt bringt?« fragte ich verbittert, aber Gallio fand meine Frage nicht einmal einer Antwort wert.

Ein Befehl ist ein Befehl, und ich mußte ihn nach bestem Vermögen ausführen. Es konnte für Gallio tatsächlich von Vorteil sein, volle Klarheit darüber zu erlangen, was dieser gefährliche und einflußreiche Aufwiegler lehrte. Am Tag des Saturn kleidete ich mich daher in ein einfaches griechisches Gewand, suchte die Synagoge der Juden und trat dann in das Haus nebenan. Ich sah, daß es gar keine richtige Synagoge war, sondern ein stilles Haus, das ein Stoffhändler der von Paulus gegründeten Gemeinde zur Verfügung gestellt hatte.

Der Gästeraum im oberen Stockwerk war gedrängt voll. Ich

sah lauter einfache Menschen. Frohe Erwartung leuchtete in aller Augen. Sie begrüßten einander freundschaftlich und hießen auch mich willkommen, ohne nach meinem Namen zu fragen. Die meisten waren Handwerker, kleine Händler oder Sklaven, aber es gab da auch eine ganze Anzahl alter Frauen, die sich mit Silberschmuck behängt hatten. Der Kleidung nach zu urteilen, waren nur wenige der Anwesenden Juden.

Paulus erschien in Gesellschaft mehrerer Jünger. Er wurde mit Huldigungsrufen begrüßt wie der Bote eines wirklichen Gottes. Einige Frauen weinten vor Freude, als sie ihn erblickten. Er sprach mit hallender, durchdringender Stimme und steigerte sich durch seine eigenen Worte in einen solchen Eifer, daß es wie ein glutheißer Wind durch die schwitzende, dichtgedrängte Zuhörerschar ging.

Seine bloße Stimme ließ einen bis ins Mark erschauern. Ich hörte ihm aufmerksam zu und machte mir Anmerkungen auf einer Wachstafel, denn er wies gleich zu Anfang auf die heiligen Schriften der Juden hin, um durch Zitate daraus zu beweisen, daß Jesus von Nazareth, den man in Jerusalem gekreuzigt hatte, wirklich der Messias oder der Gesalbte war, dessen Kommen die Propheten vorausgesagt hatten.

Am meisten fesselte mich, daß er offen von seiner eigenen Vergangenheit sprach. Er war ohne Zweifel hoch begabt, denn er hatte in der bekannten Philosophenschule in seiner Heimatstadt Tarsos und später in Jerusalem bei berühmten Lehrern studiert. Schon in seiner Jugend war er in den höchsten Rat der Juden gewählt worden. Er berichtete, daß er ein leidenschaftlicher Anhänger des Gesetzes und Verfolger der Jünger Jesu gewesen war und sogar die Kleider der Steiniger bewacht und damit an der ersten gesetzwidrigen Hinrichtung eines Mitgliedes der Gemeinde der Armen teilgenommen hatte. Er hatte mehrere, die den neuen Weg wandelten, verfolgt, gebunden und vor den Richter geschleppt und zuletzt auf eigenes Begehren die Vollmacht erhalten, die Anhänger des Nazareners festzunehmen, die vor der Verfolgung nach Damaskus geflohen waren.

Auf dem Weg nach Damaskus hatte ihn aber plötzlich ein so überirdisches Licht umleuchtet, daß er davon geblendet wurde. Jesus selbst hatte sich ihm offenbart. Von dieser Stunde an war er ein anderer. In Damaskus legte ihm einer von denen, die sich zu Jesus bekannten, ein gewisser Ananias, die Hände auf und gab ihm das Augenlicht zurück, da Jesus von Nazareth ihm zeigen wollte, wieviel er dafür leiden müsse, daß er Christi Namen verkündete.

Und gelitten hatte er. Viele Male war er mit Ruten geschlagen worden, und einmal hatte man ihn beinahe zu Tode gesteinigt. Er trug, wie er behauptete, die Narben Christi an seinem Leib. All das hatten die Anwesenden schon oft gehört, aber sie lauschten ihm dennoch aufmerksam und brachen immer wieder in Freudenrufe aus.

Paulus bat sie, sich umzusehen und sich mit eigenen Augen davon zu überzeugen, daß sich unter ihnen nicht viele auf Menschenart Weise, Mächtige oder Vornehme befanden. Das war nach seiner Meinung ein Beweis dafür, daß Gott die Niedrigen und Verachteten erwählt hatte, um die Weisen zu beschämen. Ja, Gott erwählte die Törichten und Schwachen anstelle der Weisen, da er die Weisheit der Welt in Torheit verwandelt hatte.

Paulus sprach auch von einer Prüfung durch einen Geist und von einem Wettläufer, und dann redete er über die Liebe und sagte Dinge, wie ich sie noch nie zuvor vernommen hatte. Ein jeder müsse seinen Nächsten wie sich selbst lieben, und wenn einer anderen Gutes tue ohne Liebe, so helfe es ihm nichts. Ja, er sagte ausdrücklich, daß es einem Menschen nicht nütze, wenn er all seine Habe den Armen gäbe und seinen Leib verbrennen ließe, ohne wahre Liebe zu empfinden.

Diese Worte prägten sich mir tief ein. Auch Gallio hatte gesagt, daß Weisheit allein den Menschen nicht zu bessern vermöge. Ich begann darüber nachzugrübeln und achtete nicht mehr so genau auf Paulus' Worte, die wie Sturmgebraus an mir vorüberzogen. Er redete ohne Zweifel in göttlicher Verzückung und sprach von dem einen und dem andern, ganz wie der Geist ihm die Worte in den Mund legte. Dabei schien er jedoch genau zu wissen, was er sagte, und darin unterschied er sich von den Christen, denen ich in Rom begegnet war und von denen der eine dies, der andere das behauptete. Alles, was ich bis dahin gehört hatte, war wie das Lallen eines Kindes, verglichen mit dieser kraftvollen Rede.

Ich versuchte das Wesentliche, den Kern seiner Lehre, zu erkennen und schrieb mir einige strittige Punkte auf, um später nach der Art der Griechen mit ihm diskutieren zu können, aber ich vermochte ihm kaum zu folgen, denn er eilte wie vom Winde getragen von einer Sache zur nächsten. Und obwohl ich ihm in meinem Innern widersprach, mußte ich doch zugeben, daß er ein bedeutender Mann war.

Zuletzt schickte er alle fort, die nicht getauft oder Mitglieder seines inneren Kreises waren. Einige baten ihn inniglich, sie zu taufen und ihnen die Hände aufs Haupt zu legen, aber er weigerte sich und gebot ihnen, die Taufe von ihren eigenen Lehrern entgegenzunehmen, denen die Gnade gegeben war. Er hatte, als er gerade erst nach Korinth gekommen war, den Fehler begangen, einige zu taufen, und dann hören müssen, daß diese sich damit brüsteten, in Pauli Namen getauft und damit seines Geistes teilhaftig zu sein. Eine solche Irrlehre wollte er nicht verbreiten, da er sich selbst zu gering erachtete.

In tiefe Gedanken versunken, ging ich heim und schloß mich in mein Zimmer ein. Ich glaubte nicht, was dieser Mensch behauptete, und dachte darüber nach, wie ich ihn widerlegen könnte. Als Mensch fesselte mich Paulus jedoch, und ich mußte widerwillig zugeben, daß er etwas Unerklärliches erlebt hatte. Wie wäre sonst sein Leben so von Grund auf verändert worden?

Zu seinen Gunsten sprach, daß er nicht den Vornehmen und Reichen nach dem Munde redete und Geschenke von ihnen annahm, wie es die wandernden Isispriester und andere zu tun pflegten, die es darauf anlegten, den Menschen den Kopf zu verdrehen. Der einfache Sklave, ja sogar ein Schwachsinniger, war ihm gleich viel, wenn nicht mehr wert als ein Weiser und Vornehmer. Daß Sklaven Menschen seien, lehrte zwar auch Seneca, aber Seneca ließ sich darum doch nicht mit Sklaven ein. Er suchte sich einen anderen Umgang.

Ich wurde zuletzt gewahr, daß ich bei all meinen Grübeleien mehr Argumente gegen Paulus als für ihn zu finden suchte. Ein mächtiger Geist mußte aus ihm sprechen, da ich nicht ungerührt abseits zu stehen und kalt und klar über seinen wahnwitzigen Aberglauben nachzudenken vermochte, um dann Gallio lächelnd Bericht zu erstatten. Meine Vernunft sagte mir, daß ich nicht einen so tiefen Widerwillen gegen die Selbstsicherheit dieses Paulus empfinden würde, wenn seine Gedanken mich nicht trotz allem beeindruckt hätten.

Ich mochte nicht mehr über ihn nachdenken und verspürte wieder einmal das Bedürfnis, aus dem alten Holzbecher meiner Mutter zu trinken, der meinem Vater so teuer gewesen war und den ich lange nicht mehr in der Hand gehalten hatte. Es wurde dämmerig in meinem Zimmer. Ich zündete jedoch keine Lampe an, sondern holte nur den Becher aus der Truhe, goß Wein ein und trank. Und plötzlich glitten meine Gedanken ins Bodenlose.

Die auf reine Vernunft gegründete Philosophie unserer Tage versagt dem Menschen alle Hoffnung. Er mag selbst entscheiden, ob er sein Dasein in vollen Zügen genießen oder ob er ein sittenstrenges Leben führen und dem Staate dienen will. Eine Seuche, ein fallender Ziegel, ein Loch im Boden kann seinem Leben von einem Augenblick zum andern ein Ende machen. Der Weise wählt den Selbstmord, wenn ihm das Leben unerträglich wird. Pflanze, Stein, Tier und Mensch sind nichts als ein blindes Spiel der Atome ohne jeden tieferen Sinn. Es ist ebenso vernünftig, ein böser Mensch zu sein wie ein guter. Götter, Opfer, Vorzeichen sind nur ein staatlich genehmigter Aberglaube, der Frauen und einfache Menschen befriedigt.

Zwar gibt es Männer wie Simon den Zauberer oder die Druiden, die besondere geistige Kräfte entwickeln und einen Menschen in todesähnlichen Schlaf versenken oder einen schwächeren Willen beherrschen können, aber diese Kräfte kommen aus ihnen selbst und fliegen ihnen nicht von außen zu. Das ist meine feste Überzeugung, wenngleich die Druiden glauben, sie seien wirklich in der Unterwelt gewandert und hätten dort wahre Gesichte gehabt.

Der Weise kann durch seine Worte und sein Leben anderen ein Beispiel geben und, indem er ruhig und gefaßt stirbt, beweisen, daß Leben und Tod gleich unbedeutend sind. Doch ich glaube nicht, daß Weisheit dieser Art so sehr erstrebenswert sei.

Ich saß im Dunkeln, meine Gedanken gingen im Kreis, und auf eigentümliche Weise empfand ich die barmherzige Gegenwart meiner Mutter, als ich den abgenutzten Holzbecher in meinen Händen hielt. Auch an meinen Vater dachte ich, der ernstlich glaubte, der König der Juden sei nach der Kreuzigung auferstanden, und sich einredete, er habe ihn gesehen, als er mit meiner Mutter durch Galiläa wanderte. Schon als Knabe hatte ich immer befürchtet, er werde sich in den Augen aller anständigen Menschen unmöglich machen, indem er solch unsinnige Dinge äußerte. Doch was bedeutete mir eigentlich die Meinung der Anständigen oder über mir Stehenden, wenn das Leben sinnlos war? Es war freilich ein angenehmes Gefühl, als vornehmer junger Ritter einem Reich zu dienen, dessen Ziel es war, der Welt den Frieden und die römische Ordnung zu schenken, aber sind gute Straßen, prächtige Aquädukte, große Brücken und unvergängliche Steinhäuser wirklich das Letzte und Höchste, was der Mensch erstreben kann? Wozu lebe ich, Minutus Lausus Manilianus, und wozu bin ich da? Das fragte ich mich damals, und das frage ich mich noch heute, hier in der Wasserheilanstalt, wo man meine Durchblutungsstörungen behandelt und ich zum Zeitvertreib die Ereignisse meines Lebens aufzeichne – für Dich, mein Sohn, der Du unlängst erst die Toga angelegt hast.

Am folgenden Tag überwand ich meinen Stolz und verließ das Haus, um Paulus im Viertel der Zeltmacher aufzusuchen und mit ihm unter vier Augen zu sprechen. Schließlich war er römischer Bürger und nicht nur Jude.

Der Zunftälteste wußte sogleich, wen ich meinte, lachte und sagte: »Du suchst den gelehrten Juden, der von seinem Gesetz abgefallen ist und eine neue Lehre verkündet, den Juden droht, Blut werde über ihre Häupter kommen und von ihnen verlangt, sie sollten sich nicht nur beschneiden, sondern gleich verschneiden lassen. Ein tüchtiger Kerl und ein guter Handwerker. Man braucht ihm nicht lange zuzureden. Wenn's drauf ankommt, predigt er gleich am Webstuhl. Sein Ruf schafft uns übrigens neue Kunden. Was hättest du denn gern: ein Zelt oder einen regendichten Wintermantel?«

Als ich den geschwätzigen Alten wieder losgeworden war, ging ich weiter durch das staubige, mit Ziegenhaaren übersäte Viertel und kam an eine offene Werkstatt, in der zu meiner großen Verwunderung der schiefnasige Aquila, den ich aus Rom kannte, saß und mit Paulus um die Wette webte. Seine Frau Prisca erkannte mich sofort wieder, stieß einen Freudenruf aus und erzählte Paulus, wer ich war und wie tapfer ich einmal bei einer Schlägerei jenseits des Tibers die Christen gegen die rechtgläubigen Juden verteidigt hatte.

»Diese Zeiten sind freilich vorbei«, fügte Prisca rasch hinzu. »Wir bereuen heute den blinden Eifer, der uns dazu trieb, uns über die anderen zu stellen. Wir haben gelernt, die andere Wange hinzuhalten, wenn man uns schlägt, und für die zu beten, die uns verhöhnen.«

Sie sprach noch immer so lebhaft wie früher, und Aquila war

noch immer so schweigsam wie früher und unterbrach seine eintönige Arbeit nicht, um mich zu begrüßen. Ich fragte sie über ihre Flucht aus und wie es ihnen in Korinth ergehe. Sie könnten nicht klagen, meinte Prisca, aber sie begann zu weinen, als sie der Toten gedachte, die auf der Flucht aus Rom in den Straßengräben liegengeblieben waren.

»Sie haben sich eine unvergängliche Siegespalme erworben«, versicherte sie. »Und sie starben nicht mit einem Fluch auf den Lippen, sondern priesen Jesus Christus, der sie von ihren Sünden erlöste und aus der Macht des Todes zum ewigen Leben führte.«

Ich wollte darauf nichts sagen, denn was war sie anderes als ein närrisches Judenweib, das den Ihren und den rechtgläubigen Juden in Rom großen Schaden zugefügt hatte. Ich wandte mich statt dessen voll Ehrerbietung an Paulus: »Ich habe dich gestern predigen gehört und möchte mir deine Lehre gründlich erklären lassen. Allerdings habe ich mir nach deiner Rede einige Gegenargumente zurechtgelegt, so daß wir diskutieren können, wie es sich gehört. Hier können wir nicht ungestört sprechen. Möchtest du nicht zum Abendessen zu mir kommen? Wenn ich dich recht verstanden habe, hast du, was deine Lehre angeht, nichts zu verbergen, und gewiß hindert sie dich auch nicht daran, mit einem Römer zu Tisch zu liegen?«

Zu meinem Erstaunen fühlte sich Paulus durch meine Einladung nicht geehrt. Er musterte mich mit seinem stechenden Blick und erwiderte kurz, Gottes Weisheit mache alle Argumente zuschanden. Er sei nicht berufen, zu disputieren, sondern für Jesus Christus Zeugnis abzulegen auf Grund der Offenbarung, die ihm zuteil geworden war.

»Ich habe aber gehört, daß du auf dem Markt in Athen gesprochen hast«, wandte ich ein. »Und die Athener haben dich gewiß nicht ziehen lassen, ohne mit dir zu disputieren.«

Ich hatte den Eindruck, daß Paulus nicht gern an sein Auftreten in Athen erinnert wurde. Sicherlich hatte man sich dort über ihn lustig gemacht. Er versicherte mir jedoch, einige hätten ihm geglaubt, darunter sogar ein Richter. Ob sie sich wirklich von dem fremden Redner hatten überzeugen lassen oder nur aus Feingefühl geschwiegen hatten, um diesen gläubigen Menschen nicht zu kränken, darauf wollte ich nicht näher eingehen.

»Du kannst mir aber doch einige aufrichtig gemeinte Fragen beantworten, und essen mußt du wohl wie alle anderen Menschen auch«, sagte ich, nun schon ein wenig gereizt. »Ich verspreche dir, daß ich deinen Gedankengang nicht mit rhetorischen Einwänden unterbrechen werde. Ich werde nicht disputieren, sondern nur zuhören.«

Aquila und Prisca redeten ihm beide zu, er solle die Einladung annehmen, und versicherten ihm, sie wüßten über mich nichts Böses zu berichten. Während der Unruhen in Rom hätte ich einmal, gleichsam aus Versehen, an einem Liebesmahl der Christen teilgenommen. Mein Vater helfe den Armen und trete auf wie ein gottesfürchtiger Mann. Ich glaube aber nicht, daß Paulus mir aus politischen Gründen mißtraute.

Als ich wieder daheim war, gab ich meine Anweisungen wegen des Abendessens und sah mich um. Auf seltsame Weise erschienen mir die Möbel und alle anderen Gegenstände fremd, und ein Fremder war mir auf einmal auch Hierax, den ich doch gut zu kennen glaubte. Was wußte ich eigentlich über den Türhüter oder die Köchin? Dadurch, daß ich mit ihnen sprach, vermochte ich sie nicht zu ergründen, denn sie antworteten mir nur, was mir ihrer Meinung nach gefallen mußte.

Ich hätte glücklich und mit meinem Leben zufrieden sein müssen. Ich hatte Geld, Ansehen, eine gewisse Stellung im Staatsdienst, hochgestellte Gönner und einen gesunden Körper. Die meisten Menschen brachten es in ihrem ganzen Leben nicht so weit wie ich in meinen jungen Jahren schon. Und doch konnte ich nicht froh sein.

Paulus kam mit seinen Begleitern, als der Abendstern aufging. Er hieß die anderen draußen warten und trat allein bei mir ein. Aus Höflichkeit ihm gegenüber hatte ich Tücher über meine Hausgötter gehängt, denn ich wußte, daß die Juden Menschenbilder verabscheuen, und ich ließ Hierax meinem Gast zu Ehren duftende Wachslichter anzünden.

Nach einem einfachen Gemüsegericht wurde ein Fleischgericht aufgetragen, aber ich sagte ihm, er brauche nicht davon zu kosten, wenn seine Lehre ihm verbiete, Fleisch zu essen. Paulus bediente sich lächelnd und erwiderte, er wolle mir kein Ärgernis geben und nicht einmal danach fragen, wo das Fleisch gekauft worden sei. Für Griechen wolle er Grieche sein, für Juden Jude. Er trank sogar mit Wasser vermischten Wein, bemerkte aber, daß er aus gewissen Gründen bald ein Gelübde zu tun beabsichtige.

Ich wollte ihn nicht durch verbotene Speisen oder heimtückische Fragen in Verlegenheit bringen. Als unser Gespräch frei dahinzufließen begann, versuchte ich meine Worte so vorsichtig wie möglich zu wählen. Von Gallios und Roms Standpunkt aus war es das Wichtigste, zu erfahren, wie er sich zum römischen Staat stellte.

Er versicherte mir, er rate allen, der weltlichen Obrigkeit zu gehorchen, die Gesetze zu befolgen und alles zu vermeiden, was Anstoß erregen könnte. Er hetzte die Sklaven nicht gegen ihre Herren auf, nein, denn seiner Meinung nach sollte sich ein jeder mit seiner Stellung begnügen. Ein Sklave, sagte er, müsse den Willen seines Herrn ausführen, ein Hausvater seine Diener gut behandeln und dessen eingedenk sein, daß ein Herr ist, der über allen steht.

Meinte er damit den Kaiser? Nein. Er meinte den lebendigen Gott, den Schöpfer des Himmels und der Erde, und Jesus Christus, seinen Sohn, der nach seinen eigenen Worten wiederkehren wird, um die Lebenden und die Toten zu richten.

Ich mochte nicht länger bei dieser heiklen Sache verweilen, sondern fragte ihn, welche Vorschriften für das tägliche Leben er denen gab, die er bekehrte. Darüber hatte er offenbar viel nachgedacht, aber er begnügte sich damit, zu sagen: »Tröstet die Kleinmütigen, tragt die Schwachen, seid geduldig gegen jedermann. Vergeltet nicht Böses mit Bösem, sondern trachtet, einander Gutes zu tun. Seid allezeit fröhlich. Betet ohne Unterlaß. Seid dankbar in allen Dingen.«

Er sagte mir auch, daß er seine Brüder auffordere, ein stilles Leben zu führen und mit ihren Händen zu arbeiten, daß er es ihnen aber verwiesen habe, die Hurer, die Geizigen, die Räuber und Götzendiener dieser Welt zu tadeln, denn das sei nicht ihre Sache, und sie müßten sich sonst selbst aus der Welt begeben. Wenn sich aber einer ihnen zugesellt habe und erweise sich als ein Hurer oder Geiziger oder Götzendiener oder Lästerer oder Trunkenbold oder Räuber, so müsse er zurechtgewiesen werden. Besserte er sich danach nicht, so dürfe man mit ihm nichts mehr zu schaffen haben und auch nicht mit ihm essen.

Ich fragte lächelnd: »Du verurteilst mich also nicht, obgleich ich in deinen Augen gewiß ein Götzendiener, Hurer und Trunkenbold bin?«

»Du stehst draußen«, antwortete er. »Es kommt mir nicht zu,

dich zu richten. Wir richten nur, die drinnen sind. Dich wird Gott richten.«

Er sagte das so ernst, daß es klang, als stellte er eine eindeutige Tatsache fest, und ich in meinem Innern erbebte. Und obwohl ich mir vorgenommen hatte, ihn nicht zu kränken, konnte ich es mir doch nicht versagen, ihn spöttisch zu fragen: »Wann wird, nach den Auskünften, die du offenbar erhalten hast, Gerichtstag sein?«

Paulus erwiderte, es stehe ihm auch nicht zu, diesen Tag oder einen anderen vorauszusagen, aber der Tag des Herrn werde unerwartet kommen wie der Dieb in der Nacht. Ich entnahm seinen Worten, daß er glaubte, sein Herr werde noch zu seinen Lebzeiten wiederkehren.

»Wie wird das alles zugehen? Erklär mir das«, bat ich ihn.

Paulus stand plötzlich auf. »Der Herr wird vom Himmel niedersteigen, und die in Christus gestorben sind, werden als erste auferstehen. Dann wird man uns, die wir noch am Leben sind, mit ihnen zusammenführen, damit wir oben unter den Wolken dem Herrn gegenübertreten, und wir werden immer in der Nähe des Herrn weilen.«

»Und das Gericht, von dem du soviel sprichst?« fragte ich.

»Der Herr Jesus wird sich in einer Flamme am Himmel offenbaren mit den Engeln seiner Macht«, verkündete er. »Und er wird alle richten, die Gott nicht kennen und die Freudenbotschaft unseres Herrn Jesus nicht hören. Zur Strafe werden sie auf ewiglich aus dem Antlitz des Herrn und dem Glanz seiner Macht verdammt sein.«

Ich mußte zugeben, daß er sich zumindest nicht verstellte, sondern offen sagte, was seine Meinung war. Seine Worte rührten mich, denn er war aufrichtig in seinem Glaubenseifer. Ohne daß ich ihn danach fragte, berichtete er von Engeln und den Mächten des Bösen, von seinen Reisen in verschiedene Länder und von den Vollmachten, die ihm die Ältesten der Gemeinde in Jerusalem gegeben hatten. Am meisten verwunderte ich mich darüber, daß er nicht darauf aus war, mich zu seiner Lehre zu bekehren. Zuletzt hörte ich kaum noch, was er sagte, sondern unterwarf mich ganz der Kraft und Sicherheit, die aus ihm zu reden schien.

Ich spürte deutlich seine Nähe, ich roch den Duft der Wachslichter und der Speisen und nahm den Geruch von Weihrauch und reinem Ziegenhaar wahr. Es war gut, mit ihm zusammen zu sein, und doch strebte ich in meinem Halbschlaf von ihm fort. Ich fuhr aus meiner Betäubung auf und rief: »Wie kannst du dir einbilden, alles so genau und besser als andere Menschen zu wissen?«

Er breitete die Hände aus und sagte schlicht: »Ich bin Gottes Mitarbeiter.«

Und das war keine Lästerung, sondern er war ganz von seinen Worten überzeugt. Ich schlug die Hand vor die Stirn, sprang auf und lief wie behext im Zimmer hin und her. Wenn dieser Mann die Wahrheit sprach, konnte ich von ihm den Sinn all dessen, was geschah, erfahren. Ich gestand mit zitternder Stimme: »Ich verstehe nicht, was du sagst. Lege deine starken Hände auf mein Haupt, da es nun einmal so Sitte ist unter euch, damit dein Geist in mich eingeht und ich verstehe.«

Er rührte mich jedoch nicht an. Statt dessen versprach er, er werde für mich beten, daß Jesus sich auch mir zu erkennen gebe und mein Christus werde, denn die Zeit sei kurz und die Gestalt dieser Welt vergehe schon.

Als er gegangen war, dünkte mich plötzlich alles, was er gesagt hatte, der reine Wahnwitz. Ich schrie laut auf, schalt mich selbst für meine Leichtgläubigkeit, trat den Tisch um und zerschlug die Tontöpfe auf dem Boden.

Hierax stürzte ins Zimmer. Als er sah, in welchem Zustand ich mich befand, rief er den Türhüter zu Hilfe, und zusammen brachten sie mich ins Bett. Ich weinte laut, und plötzlich drängte sich ein wahnsinniger Schrei über meine Lippen, der nicht aus mir selbst kam. Es war, als hätte eine fremde Macht meinen ganzen Körper geschüttelt und sei als fürchterlicher Schrei aus mir gefahren.

Endlich schlief ich erschöpft ein. Am Morgen schmerzten mir der Kopf und alle Glieder. Ich blieb daher liegen und schluckte müde die bitteren Arzneien, die Hierax mir mischte. Er schalt mich und sagte: »Warum hast du nur diesen berüchtigten jüdischen Zauberer eingeladen? Von den Juden kommt nichts Gutes. Sie bringen es zustande, daß vernünftige Menschen an sich selbst irre werden.«

»Er ist kein Zauberer«, erwiderte ich. »Er ist entweder von Sinnen, oder er ist der stärkste Geist, der mir je begegnet ist. Ich fürchte sehr, er ist der Vertraute eines unbegreiflichen Gottes.«

Hierax sah mich bekümmert an. Dann sagte er: »Ich bin als Sklave geboren und zum Sklaven erzogen worden. Das hat mich gelehrt, alle Dinge von unten zu sehen und zu beurteilen, aus der Sicht der Frösche. Ich bin aber auch älter als du und viel gereist, habe Gutes und Schlimmes erlebt und die Menschen kennengelernt. Wenn du willst, gehe ich zu deinem Juden und höre ihn an, und dann will ich dir meine Meinung über ihn aufrichtig sagen.«

Seine Treue rührte mich, und ich fand, ich könnte von dem, was Hierax auf seine Weise über Paulus erfuhr, nur Nutzen haben. Deshalb sagte ich: »Ja, geh du zu ihm, hör an, was er lehrt, und versuche es zu begreifen.«

Dann schrieb ich einen kurzen Bericht für Gallio und drückte mich so knapp und sachlich aus, wie ich nur konnte:

»Minutus Lausus Manilianus über den Juden Paulus.

Ich hörte ihn in der Synagoge seiner Glaubensfreunde lehren. Ich verhörte ihn unter vier Augen. Er sprach offen, verstellte sich nicht, verbarg mir nichts.

Er ist Jude und stammt von jüdischen Eltern. Studierte in Tarsos, danach in Jerusalem. Römischer Bürger von Geburt, aus vermögendem Haus.

Rabbi. Davor Mitglied des Höchsten Rates in Jerusalem. Verfolgte früher die Jünger und Anhänger des Jesus von Nazareth. Hatte eine Offenbarung. Bekannte sich in Damaskus zu Jesus als zu dem Messias der Juden. Lebte in der Wüste. Entzweite sich in Antiochia mit dem Ersten der Jünger des Nazareners, Simon dem Fischer. Später wieder mit ihm versöhnt. Erhielt das Recht, Jesus auch Unbeschnittenen als den Christus zu verkünden.

Bereiste die östlichen Provinzen. Mehrfach bestraft. Taktik: Sucht zuerst die Synagoge der Juden auf. Verkündet Jesus als den Messias. Wird geprügelt. Bekehrt die Zuhörer, die den Gott der Juden annehmen wollen, zu seiner Partei. Beschneidung wird nicht gefordert. Das jüdische Gesetz braucht nicht befolgt zu werden. Wer glaubt, daß Jesus der Christus ist, erhält Gnade und ewiges Leben.

Kein Aufwiegler. Hetzt nicht die Sklaven auf. Ermahnt zu einem stillen Leben. Mischt sich nicht in die Angelegenheiten Außenstehender, sondern hält sich an seinesgleichen. Kraftvolle Persönlichkeit. Wirkt am stärksten auf solche, die schon vom Judenglauben angesteckt sind.

Zu beachten: Ist überzeugt, daß Jesus von Nazareth wiederkehren wird, um die ganze Welt zu richten, wobei Gottes Zorn alle treffen wird, die sich nicht zu Christus bekennen. In gewissem Sinne also ein Feind der Menschheit.

Politisch völlig ungefährlich für Rom. Sät Zwietracht und Zersplitterung unter den Juden. Wirkt dadurch zum Vorteil Roms.

Ich fand nichts Tadelnswertes an diesem Mann.«

Mit diesem Bericht ging ich zu Gallio. Er las ihn, blickte mich mit halb abgewandtem Gesicht verstohlen an und sagte: »Du bist sehr lakonisch.«

»Diese Aufzeichnungen sind nur eine Gedächtnishilfe«, erwiderte ich gereizt. »Wenn du willst, kann ich dir mehr über den Mann berichten.«

»Was für ein göttliches Geheimnis besitzt er?« fragte Gallio müde.

»Das weiß ich nicht«, sagte ich aufgebracht. Dann senkte ich den Kopf, fühlte, daß ich zitterte, und sagte: »Wenn ich nicht Römer wäre, würde ich vielleicht mein Kriegstribunenzeichen ablegen, auf meine Laufbahn verzichten und ihm folgen.«

Gallio sah mich prüfend an, richtete sich auf, streckte das Kinn in die Höhe und entgegnete kurz: »Ich habe einen Fehler begangen, indem ich dich zu ihm schickte. Du bist noch zu jung.«

Er schüttelte mißmutig den Kopf und fuhr fort: »Ja, das ist es. Du bist zu jung. Die Weisheit der Welt und die Genüsse des Lebens haben dich noch nicht zermürbt. Du bist doch nicht etwa krank, da du so zitterst? Wir haben hier zwar ausgezeichnete Wasserleitungen, aber manchmal bekommt man doch schlechtes Wasser zu trinken und wird von der Klimaseuche befallen, wie die korinthische Krankheit genannt wird. Ich habe sie selbst schon gehabt. Im übrigen kannst du unbesorgt sein. Ich glaube nicht, daß ihr Jesus von Nazareth noch zu unseren Lebzeiten wiederkehrt, um die Menschheit zu richten.«

Ich glaube aber, daß Gallio sich viel mit übernatürlichen Dingen beschäftigte, da er bisweilen darüber sprach, und welcher Römer ist wohl ganz frei von Aberglauben! Um sich abzulenken, bat er mich nun, Wein mit ihm zu trinken. Er rief seine Frau, damit sie uns Gesellschaft leiste, und begann uns ein Schauspiel vorzulesen, das er nach einer griechischen Vorlage in lateinischer Sprache geschrieben und für den römischen Geschmack bearbeitet hatte. Zwischendurch las er immer wieder griechische Verse vor, um zu zeigen, wie gut sich unsere Sprache den griechischen Rhythmen fügte, wenn man es nur richtig anpackte.

Das Schauspiel handelte vom Trojanischen Krieg und hätte mich interessieren müssen, da die Troer ja durch Aeneas die Vorfahren der Römer sind. Nachdem ich ein wenig Wein getrunken hatte, sagte ich jedoch: »Die griechische Buchsprache ist schön, aber heute klingt sie für meine Ohren merkwürdig tot. Paulus spricht die lebendige Sprache des Volkes.«

Gallio sah mich mitleidig an und erklärte: »In der Volkssprache kann man nur die allergröbsten Satyrspiele schreiben, weil sie an und für sich komisch wirkt. Daher bedienen sich ja auch die oskischen Schauspieler in Rom der Sprache des Marktes. Aber Philosophie in der Volkssprache? Du bist nicht bei Sinnen, Minutus!«

Er wurde plötzlich rot im Gesicht, rollte seine Handschrift zusammen und sagte: »Es wird Zeit, daß wir dir die jüdischen Giftdämpfe aus dem Kopf vertreiben. Du warst noch nicht in Athen. Wir haben einen kleinen Grenzstreit in Delphi, der eine Besichtigung am Platz erfordert, und in Olympia wird man sich wegen der Wettspiele nicht einig. Mach dich auf den Weg. Mein Vortragender in der Kanzlei gibt dir alle Auskünfte, die du brauchst, sowie eine Vollmacht.«

Die schöne Helvia strich ihm mit den Fingerspitzen über die Schläfe und die eine seiner feisten Wangen und sagte mitleidig: »Warum willst du einen begabten jungen Mann zu unaufhörlicher Wanderschaft verdammen? Die Griechen werden schon noch mit ihren Streitigkeiten zu dir kommen. Wir sind hier in Korinth. Die Freundschaft einer reifen Frau würde ihm gewiß mehr nützen als alles Umherziehen.«

Sie sah mich an Gallio vorbei lächelnd an und bedeckte ihre weiße Schulter, die sich unversehens entblößt hatte. Ich verstehe nicht genug von dergleichen Dingen, um den kunstvollen Faltenwurf ihres Gewandes, ihre Haartracht und den seltenen indischen Schmuck, den sie trug, zu beschreiben. Ich riß meine Blicke von ihr los, sprang auf, stellte mich breitbeinig in vorschriftsmäßiger Haltung vor Gallio auf und murmelte: »Wie du befiehlst, Prokonsul!«

Auf diese Weise hatte der jüdische Unruhestifter Paulus auch Gallio und mich entzweit. Ich ließ mein Haus in der Obhut meines Sklaven Hierax zurück und ritt mit einigen Männern der Kohorte und einem griechischen Führer aus der Stadt.

Über Delphi, Olympia und Athen gibt es so viele begeisterte Reiseschilderungen, daß ich ihre unvergleichlichen Sehenswürdigkeiten nicht eigens zu erwähnen brauche. Nicht einmal Rom ist es bisher geglückt, aus diesen Städten mehr als einen geringen Teil der Kunstschätze fortzuschleppen, obwohl zugegeben werden muß, daß wir seit Sulla unser Bestes getan haben, Rom auf Kosten des griechischen Wunders zu bereichern.

Aber sosehr ich mich auch bemühte, alles Sehenswerte in mich aufzunehmen, erschien mir doch die Schönheit, die ich allenthalben sah, im Grunde nichtssagend. Weder der bemalte Marmor noch das Elfenbein noch das Gold der schönsten Statuen, die je geschaffen wurden, sprach zu meinem Herzen.

Mit dem Grenzstreit in Delphi befaßte ich mich gründlich und ließ mich der Gerechtigkeit halber von beiden Parteien zum Mahl einladen. In Delphi selbst sah ich mit eigenen Augen die Pythia in ihrem Rausch. Aus ihren unverständlichen Worten formte ihr Priester ein paar für mich schmeichelhafte Orakelverse, die es nicht wert sind, hier wiedergegeben zu werden.

Nahe bei Olympia gibt es einen heiligen Bezirk mit einem Tempel, den der Feldherr Xenophon vor mehr als vierhundert Jahren der Göttin Artemis weihte.

Ein Zehntel von allem, was dort geerntet wurde, war früher für das Erntefest der Bewohner dieses Landstrichs verwendet worden, und in den uralten Obstgärten durfte jeder so viel Früchte pflücken, wie er nur wollte.

Im Laufe der Jahre waren jedoch viele Grenzsteine verrückt worden, und der Tempel war verfallen. Zu Pompejus' Zeiten hatte man sogar die Statue der Göttin nach Rom entführt. Die Bewohner der Gegend führten nun darüber Klage, daß der Mann, der das der Göttin geweihte Land in Besitz genommen hatte, die ursprünglich aufgestellten Bedingungen nicht mehr erfüllte. Sie bewahrten eine alte Steintafel auf, worauf noch deutlich zu lesen war: »Dies Land ist Artemis geweiht. Wer es besitzt, opfere jährlich einen zehnten Teil. Vom Verbleibenden unterhalte er den Tempel. Versäumt er diese Pflicht, die Göttin wird es ihm nicht vergessen.«

In der Volksversammlung berichteten einige Greise langatmig von ihren Erinnerungen aus früheren Zeiten, da zum Artemisfest

Wein, Mehl und süßes Backwerk ausgeteilt worden waren. Ein jeder hatte auf dem heiligen Boden im Namen der Artemis jagen dürfen. Ich ließ sie alle ausreden. Der Besitzer des Landes gelobte, er werde den alten Brauch beim Erntefest wieder einführen, erklärte aber, es übersteige sein Vermögen, den Tempel instand zu halten.

In meinem Urteilsspruch sagte ich hierzu: »Dies ist nicht Sache Roms. Macht es mit der Göttin aus, wie es hier auf der Steintafel steht.«

Mit dieser Entscheidung war niemand zufrieden. Später, während meines Aufenthalts in Olympia, hörte ich, daß der Besitzer bei einer Rehjagd in eine Schlucht gestürzt war. Artemis hatte sich das Ihre geholt. Er hatte keine Leibeserben, weshalb die Bewohner der Gegend das heilige Land unter sich aufteilten. Ich nahm mir vor, mir diese Geschehnisse gut zu merken, um sie, falls ich noch einmal mit ihm zusammentreffen sollte, Claudius zu berichten. Der Kaiser liebte alte Denkmäler und Inschriften und konnte den Tempel leicht wieder instand setzen lassen.

Zuletzt kam ich nach Athen. Wie es die gute Sitte verlangt, legte ich meine Rüstung am Stadttor ab, zog einen weißen Mantel an, setzte mir einen Kranz auf und ging zu Fuß und nur von meinem griechischen Führer begleitet in die Stadt. Die Soldaten schickte ich auf Urlaub nach dem Piräus, wo sie sich im Schutz der römischen Garnison ein paar vergnügte Tage machen mochten.

Es stimmt, was man mir berichtet hatte; daß man nämlich in Athen mehr Götterbilder als Menschen sieht. Es gibt dort prachtvolle Bauten, die Könige aus dem Osten haben aufführen lassen, und auf dem Forum wandeln von morgens bis abends die Philosophen mit ihren Schülern umher. In jedem Winkel stößt man auf einen der Andenkenläden, in denen der billigste Kram verkauft wird, aber auch kostbare kleine Nachbildungen der Tempel und Götterbilder der Stadt.

Nachdem ich pflichtgemäß die Besuche im Rathaus und im Versammlungshaus des Areopags hinter mich gebracht hatte, zog ich in die beste Herberge und wurde dort mit allerlei jungen Leuten aus Rom bekannt, die in Athen ihre Bildung vervollkommneten, bevor sie die Beamtenlaufbahn antraten. Der eine lobte mir seinen Lehrer, ein anderer zählte mir die Namen und Preise berühmter Hetären auf, und wieder ein anderer nannte mir die besten Speisehäuser, in denen ich seiner Meinung nach unbedingt essen mußte.

Zahlreiche Führer wollten mir die Sehenswürdigkeiten Athens zeigen, aber als ich ein paar Tage auf dem Markt umhergegangen war und verschiedene Lehrer angehört hatte, kannte man mich und ließ mich in Ruhe. Ich fand bald heraus, daß alle Philosophen Athens darin wetteiferten, andere die Kunst zu lehren, wie man Gleichmut und unerschütterliche Seelenruhe erlangt. Sie redeten feurig und schnell, wandten treffende Gleichnisse an und disputierten gern miteinander.

Es befanden sich auch einige langhaarige, in Ziegenhäute gekleidete Philosophen unter ihnen. Diese wandernden Lehrer brüsteten sich damit, daß sie Indien oder Äthiopien bereist und geheime Kenntnisse erworben hätten. Sie berichteten so unglaubliche Lügen, daß sich die Zuhörer vor Lachen krümmten. Einige der schamlosesten Lügenmäuler soll der Areopag zwar aus der Stadt verwiesen haben, aber im übrigen konnte sich dort hinstellen, wer wollte, und reden, was ihm einfiel, solange er nicht die Götter lästerte oder sich in politische Dinge einmischte.

Ich aß und trank und versuchte mein Leben zu genießen. Es war angenehm, an einem sonnigen Tag nach einem guten Mahl auf einer warmen Marmorbank zu sitzen und die Schattenbilder zu betrachten, die die Vorübergehenden auf die Marmorfliesen des Marktes warfen. Der attische Witz ist scharf und feingeschliffen. In einem Disput gewinnt, wer die Lacher auf seine Seite bekommt. Aber das attische Lachen dünkte mich unfroh, und die Gedanken, die sich dahinter verbargen, prägten sich mir nicht so tief ein, wie sie es getan haben würden, wenn sie wirklich weise gewesen wären. Ich glaube, was in unseren Tagen in Athen gelehrt wird, ist eher eine verfeinerte Lebenskunst als Gegengewicht zur Ungeschliffenheit der Römer denn eine eigentliche Philosophie.

Aus reinem Trotz beschloß ich dennoch, in Athen zu bleiben und zu studieren, bis der Prokonsul Gallio mich nach Korinth zurückbeorderte. Doch in der Gemütsverfassung, in der ich mich befand, vermochten die Bücher in den Bibliotheken mich nicht zu fesseln, und ich fand auch keinen Lehrer, dessen Schüler ich werden wollte. Eine immer tiefere Bedrücktheit bemächtigte sich meiner, und ich fühlte mich in Athen als Fremder. Einige Male aß und trank ich mit den jungen Römern, nur um das unbarmherzige klare Latein anstelle des schwülstigen Griechisch sprechen zu können.

Eines Tages ging ich mit ihnen in das Haus einer berühmten Hetäre, hörte Flötenmusik und sah die Vorführungen von Tänzerinnen und Akrobaten. Ich glaubte unserer lächelnden Gastgeberin gern, als sie sagte, sie könne den Sinnengenuß zur schönen Kunst erheben. Sie trat mir jedoch nicht nahe, und keiner, der ihr Haus besuchte, war gezwungen, die Kunst des Sinnengenusses mit Hilfe einer ihrer angelernten Sklavinnen zu erlernen. Sie selbst unterhielt sich lieber mit ihren Gästen, als daß sie sich zu ihnen legte, und von denen, die mit ihr das Lager teilen wollten, verlangte sie einen so wahnwitzigen Preis, daß nur die reichsten alten Lebemänner ihn bezahlen konnten. Sie war daher so vermögend, daß sie uns junge Römer nicht dazu verleiten wollte, unser Reisegeld zu verschwenden.

Zu mir sagte sie schließlich: »Vielleicht ist meine Schule der Sinne nur etwas für die schon verlebten Alten, obgleich ich auf meine Kunst stolz bin. Du bist noch jung. Du weißt, was Hunger und Durst ist. Harziger Wein und trocken Brot schmecken deinem hungrigen Munde besser als zyprischer Wein und Flamingozungen einem ermüdeten Gaumen. Wenn du dich in eine Jungfrau verliebst, erregt der Anblick einer entblößten Schulter deine Sinne mehr als die Erfüllung deiner Begierde. Streich die Falten aus deiner Stirn, und freue dich deines Lebens, da du noch jung bist.«

»Berichte du mir lieber von göttlichen Geheimnissen, denn du dienst Aphrodite mit deiner Kunst«, bat ich sie.

Sie sah mich aus ihren schön geschwärzten Augen an und sagte zerstreut: »Aphrodite ist eine launische und unbarmherzige, aber auch herrliche Göttin. Wer am eifrigsten nach ihrer Gunst strebt und ihr am meisten opfert, bleibt unbefriedigt. Sie ist aus dem Schaum des Meeres geboren und ist selbst wie Schaum. Wer gierig nach ihren makellosen Gliedern greift, vor dem löst sie sich in Luft auf.«

Sie runzelte selbst ihre glatte Stirn, hob beide Hände und betrachtete gedankenverloren ihre hellrot gefärbten Nägel.

»Ich könnte dir an einem Beispiel zeigen, wie launisch die Göttin ist«, fuhr sie fort. »Unserer Zunft gehörte eine Frau an, die noch nicht sehr alt ist. Sie hat noch keine Runzeln oder andere Makel. Früher stand sie Bildhauern Modell und gewann damit großen Ruhm. Die Göttin blies ihr die Laune ein, daß sie alle berühmten Philosophen verführen müsse, die nach Athen kamen, um die Tugenden und die Kunst der Selbstbeherrschung zu lehren. Sie wollte in ihrer Eitelkeit die Weisheit dieser Männer zuschanden machen und sie so weit bringen, daß sie in ihren Armen weinten, und es gelang ihr auch. Zuerst hörte sie Abend für Abend demütig ihre Belehrungen an. Die Philosophen priesen sie als die weiseste aller Frauen, denen sie je begegnet seien, da sie so aufmerksam zuzuhören verstand. Aber nicht auf ihre Weisheit war sie aus, sondern sie verwandte ihre ganze Kunst darauf, ihre Tugend zu Fall zu bringen. Kaum war ihr das geglückt, da jagte sie die Männer spöttisch davon und wollte mit ihnen nichts mehr zu schaffen haben, obwohl sie vor ihrer Tür auf den Knien lagen und einer von ihnen sich sogar auf ihrer Schwelle das Leben nahm. Eines Tages aber, anderthalb Jahre mag es nun her sein, kam ein gelehrter Jude nach Athen.«

»Ein Jude!« rief ich und fuhr auf. Meine Kopfhaut begann zu prickeln, daß sich mir die Haare aufstellten. Die Hetäre mißverstand mein Erschrecken und fuhr fort: »Ja, ich weiß. Die Juden sind mächtige Zauberer, aber dieser war anders. Er sprach auf dem Markt und wurde, wie es der Brauch ist, vor dem Areopag über seine Lehre befragt. Er war kahlköpfig, hatte eine schiefe Nase und krumme Beine, aber er war voll Feuer. Die Frau, von der ich dir berichtete, verspürte unwiderstehliche Lust, auch die Lehre dieses Juden zuschanden zu machen. Sie lud ihn zusammen mit anderen Gästen in ihr Haus, um ihn anzuhören, kleidete sich sittsam und verhüllte ihm zu Ehren ihr Haupt. Aber wie sie es auch anstellte, es gelang ihr nicht, diesen Juden zu verführen oder ihn auch nur die Versuchung empfinden zu lassen. Zuletzt gab sie die Hoffnung auf und begann, ihm ernsthaft zuzuhören. Als er Athen wieder verlassen hatte, verfiel sie in tiefe Betrübnis, schloß ihr Haus für alle Gäste und pflegt nun nur noch Umgang mit einigen wenigen Athenern, die sich von der Lehre des Juden beeindrucken ließen; und solche gibt es, denn in Athen findet auch der närrischste Philosoph noch seine Anhänger. Auf diese Weise strafte die Göttin sie für ihre Eitelkeit, obwohl sie Aphrodite großen Ruhm eingebracht hatte. Ich für mein Teil habe daraus den Schluß gezogen, daß der Jude gar kein wirklicher Weisheitslehrer war, sondern von der Göttin selbst gefeit, so daß er allen Versuchungen widerstand. Unsere Freundin aber ist über ihre Niederlage so verbittert, daß sie aus unserer Zunft austreten und in aller Bescheidenheit von ihren Ersparnissen leben will.«

Sie lachte laut auf und warf mir einen Blick zu, der mich aufforderte, in ihr Lachen einzustimmen, doch danach war mir nicht zumute. Sie wurde wieder ernst und sagte: »Die Jugend flieht rasch dahin, die Schönheit vergeht, aber die Macht zu bezaubern kann man sich durch die Gnade der Göttin bis ins hohe Alter hinein bewahren. Dafür hatten wir ein Beispiel in der seinerzeit ältesten Angehörigen unserer Zunft, die noch mit siebzig Jahren jeden Jüngling zu verführen vermochte.«

»Wie heißt sie, und wo finde ich sie?« fragte ich.

»Sie ist schon Asche. Die Göttin ließ sie in ihrem Bett an einem Herzschlag sterben, als sie zum letztenmal ihre Kunst ausübte«, antwortete die Hetäre.

»Ich meine nicht sie, sondern die andere, die der Jude bekehrte«, sagte ich.

»Sie heißt Damaris, und den Weg zu ihrem Haus kannst du leicht erfragen, aber ich sagte dir schon, daß sie sich wegen ihres Versagens schämt und keine Gäste mehr empfängt. Was gefällt dir denn nicht hier bei mir?«

Ich besann mich darauf, was die Höflichkeit erforderte, lobte ihr Haus, die Vorführungen, die sie ihren Gästen bot, ihren duftenden Wein und ihre eigene unvergleichliche Schönheit, bis sie sich beruhigte und ihren Unmut vergaß. Nach einer Weile erhob ich mich, legte meine Gabe auf die Platte und kehrte in der düstersten Stimmung in meine Herberge zurück. Es war wie ein Fluch, daß ich nicht einmal in Athen dem Juden Paulus entging, denn von ihm war die Rede gewesen.

Ich konnte lange nicht einschlafen. Ich lag und lauschte auf die nächtlichen Geräusche der Herberge, bis durch die Ritzen im Fensterladen das erste Morgenlicht in mein Zimmer fiel und ich mir wünschte, ich wäre tot oder nie geboren worden. Ich hatte über nichts zu klagen. Ich hatte mehr erreicht als die meisten meiner Altersgenossen, und ich war gesund, wenn man von einem leichten Hinken absah, das mich nicht behinderte, es sei denn, ich hätte Pontifex in einem römischen Priesterkollegium werden wollen. Warum war alle Freude von mir genommen worden? Warum hatte Claudia meine Leichtgläubigkeit so grausam ausgenutzt? Warum war ich jedesmal so verzweifelt, wenn ich auf den Juden Paulus stieß?

Zuletzt versank ich in einen tiefen Schlaf, aus dem ich erst um die Mittagszeit wieder erwachte. Ich hatte etwas Schönes geträumt, konnte mich aber nicht mehr erinnern, was es war, und nach den düsteren Gedanken der Nacht fühlte ich plötzlich die Gewißheit, daß ich nicht aus bloßem Zufall von der Hetäre Damaris erfahren hatte, sondern daß darin eine tiefere Bedeutung lag. Diese Überzeugung machte mich so froh, daß ich mit großer Lust aß und sodann zu einem Barbier ging, um mir Locken kämmen und meinen griechischen Mantel in die kunstvollsten Falten legen zu lassen.

Ich fand das schöne Haus der Damaris leicht. Der Türklopfer war eine korinthische Bronze in Gestalt einer Eidechse. Ich klopfte viele Male. Ein Mann, der vorbeiging, machte eine unanständige Gebärde und schüttelte den Kopf, um mir zu bedeuten, daß ich vergeblich Einlaß begehrte. Endlich öffnete mir eine verweinte junge Sklavin, die, als sie mich erblickte, die Tür gleich wieder schließen wollte, aber ich setzte meinen Fuß dazwischen und sagte, was mir als erstes einfiel: »Ich habe in Korinth den Juden Paulus getroffen. Über ihn will ich mit deiner Herrin sprechen. Ein anderes Begehren habe ich nicht.«

Das Mädchen ließ mich zögernd in einen Saal eintreten, in dem sich viele bemalte Statuen, bequeme Ruhelager und orientalische Wandteppiche befanden. Nach einer kleinen Weile erschien, nur halb bekleidet und barfuß, Damaris. Ihr Gesicht leuchtete in froher Erwartung, sie hieß mich mit erhobenen Händen eifrig willkommen und fragte: »Wer bist du, Fremder? Hast du mir wirklich Grüße von dem Boten Paulus zu überbringen?«

Ich versuchte ihr zu erklären, daß ich vor einiger Zeit in Korinth mit Paulus zusammengetroffen war und eine lange Unterredung mit ihm gehabt hatte, die mir unvergeßlich geblieben war. Nun hätte ich gehört, sagte ich, daß sie, Damaris, wegen der Lehre dieses wandernden Juden in Schwierigkeiten geraten sei, und sogleich den Entschluß gefaßt, mit ihr darüber zu sprechen.

Während ich dies sagte, betrachtete ich Damaris und sah, daß sie das beste Alter schon überschritten hatte. Die Freude auf ihrem Gesicht erlosch, und sie trat ein wenig zurück. Gewiß war sie einmal schön gewesen, und ihre schlanke Gestalt war noch immer ohne Fehl. Aufreizend gekleidet und schön gekämmt und geschminkt hätte sie, zumindest bei schwacher Beleuchtung, noch auf jeden Mann Eindruck machen können.

Sie ließ sich müde auf einem Ruhebett nieder und gab auch mir ein Zeichen, mich zu setzen. Dann schien sie meinen forschenden Blick zu bemerken, denn sie strich sich nach Frauenart übers Haar, ordnete ihr Gewand und zog die nackten Füße unter die Falten ihres Mantels. Mehr als dies tat sie jedoch nicht für ihre äußere Erscheinung, sondern sah mich nur mit großen Augen fragend an. Plötzlich wurde mir so sonderbar wohl in ihrer Gesellschaft. Ich lächelte und sagte: »Diesem schrecklichen Juden verdanke ich es, daß ich mir vorkomme wie die Maus in der Falle. Ergeht es dir nicht ebenso, Damaris? Laß uns zusammen darüber nachdenken, wie wir aus der Falle herauskommen und unseres Lebens wieder froh werden können.«

Nun lächelte auch sie, hob aber abwehrend die Hand und sagte: »Wovor fürchtest du dich? Paulus ist der Bote des auferstandenen Christus und verbreitet die Botschaft der Freude. Erst seit ich ihn kenne, weiß ich, daß ich nie zuvor in meinem Leben wahre Freude empfunden habe.«

»Bist wirklich du das, die die Weisesten zu Fall gebracht hat?« rief ich verwundert. »Du sprichst, als wärst du von Sinnen.«

»Meine früheren Freunde glauben, ich hätte den Verstand verloren«, gestand sie offenherzig. »Aber lieber bin ich um der neuen Lehre willen von Sinnen, als daß ich mein früheres Leben fortsetze. Er war ganz anders als die liederlichen weißbärtigen Philosophen und durchschaute mich bis auf den Grund. Ich schämte mich und erschrak über das, was ich zuvor gewesen war. Durch seinen Herrn erhielt ich Vergebung für meine Sünden. Ich wandle den neuen Weg mit geschlossenen Augen, als leitete mich der Geist.«

Enttäuscht sagte ich: »Wenn es so ist, haben wir einander nicht mehr viel zu sagen.«

Sie hielt mich jedoch zurück, legte die eine Hand über ihre Augen und bat: »Geh nicht. Es hat eine Bedeutung, daß du gekommen bist. Du hast einen Stoß in deinem Herzen erhalten, sonst hättest du mich nicht aufgesucht. Wenn du willst, mache ich dich mit den Brüdern bekannt, die ihn anhörten und der Freudenbotschaft glaubten.«

Auf diese Weise lernte ich Damaris und einige Griechen kennen, die gegen Abend durch die Hintertür ihr Haus betraten, um über Paulus und die neue Lehre zu sprechen. Sie hatten sich schon früher durch die Neugier verführen lassen, die Synagogen zu besuchen und sich über den Gott der Juden zu unterrichten, und hatten sogar die heiligen Schriften der Juden gelesen. Der gelehrteste unter ihnen war Dionysos, ein Richter im Areopag, der von Amts wegen mit Paulus über dessen Lehre gesprochen hatte.

Aufrichtig gesagt, war die Rede des Dionysos so verworren und gelehrt, daß nicht einmal seine Freunde ihn ganz verstanden, und um so weniger ich. Er meinte es jedoch sicherlich gut. Damaris lauschte ihm mit dem gleichen abwesenden Lächeln, mit dem sie vermutlich den anderen Weisen zugehört hatte.

Nach der Unterhaltung lud uns Damaris immer zu einem einfachen Mahl ein. Wir brachen das Brot miteinander und tranken den Wein in Christi Namen, wie Paulus es sie gelehrt hatte. Aber selbst einem einfachen Liebesmahl dieser Art mußten die Athener eine vierfache Bedeutung unterlegen. Es war zugleich wirklich und symbolisch, sittlich erhebend und ein mystisches Streben nach Vereinigung mit Christus.

Während des Gesprächs betrachtete ich zumeist Damaris, und nach dem Mahl küßte ich sie gern, wie es die Sitte der Christen verlangt. Ich hatte noch keine Frau gesehen, die so anziehend und zugleich so natürlich war wie Damaris. Jede ihrer Bewegungen war schön, ihre Stimme war lieblich, so daß man mehr ihrem Klang lauschte als den Worten. Was sie auch tat, sie tat es so schön, daß man ihr mit unendlichem Wohlbehagen zusah, und dieses Wohlbehagen wurde zu warmer Freude, wenn ich zum Zeichen der Freundschaft ihre weichen Lippen küßte.

Paulus hatte den Griechen offensichtlich einige Nüsse zu knacken gegeben, und sie genossen ihre Diskussionen. Im wesentlichen glaubten sie wohl Paulus, aber ihre eigene Gelehrsamkeit gab ihnen doch allerlei Vorbehalte ein. Von Damaris bezaubert, begnügte ich mich damit, sie zu betrachten, und ließ all die vielen eitlen Worte an mir vorüberfliegen.

Sie waren sich zunächst einig, daß jedem Menschen eine Sehnsucht nach der Klarheit Gottes innewohne, begannen dann aber sogleich zu erörtern, ob und wieweit dieselbe Sehnsucht nicht auch Steinen, Pflanzen und Tieren eigen sei, die sich doch alle aus ursprünglich einfachen Formen weiterentwickelt hatten. Dionysos versicherte, Paulus besitze überraschend große geheime Kenntnisse von den Geistesmächten, glaubte aber selbst noch mehr von

Rang und Ordnung dieser Mächte zu wissen. Für mich waren derlei Reden wie rinnendes Wasser.

Ich machte es mir zur Gewohnheit, Damaris ein kleines Geschenk mitzubringen, Blumen oder eingelegte Früchte, Backwerk oder reinsten Veilchenhonig vom Hymettos. Sie sah mich, wenn sie die Geschenke entgegennahm, mit ihren klaren, wissenden Augen so aufmerksam an, daß ich mir jung und tolpatschig vorkam. Binnen kurzem wurde ich gewahr, daß ich sie ständig in meinen Gedanken trug und nur auf die Stunde wartete, da ich wieder zu ihr gehen konnte.

Ich glaube, sie lehrte mich bei unseren Gesprächen durch ihr bloßes Verhalten mehr als durch ihre Worte, und es kam der Tag, an dem ich mir eingestehen mußte, daß ich blind in sie verliebt war. Ich sehnte mich nach ihr, nach ihrer Nähe, ihrer Berührung, ihrem Kuß mehr, als ich mich je zuvor nach irgend etwas gesehnt hatte. Meine früheren Liebeserlebnisse erschienen mir bedeutungslos, verglichen mit dem, was ich in ihren Armen glaubte finden zu können, und es war mir, als sei allein dadurch, daß ich an sie dachte, alles in mir zu Asche verbrannt worden.

Ich erschrak über mich selbst. War es mir wirklich vorbestimmt, für den Rest meines Lebens eine Hetäre zu lieben, die zwanzig Jahre älter als ich war und die Spuren all dessen in sich trug, was sie an Bösem erlitten hatte? Ich wäre am liebsten aus Athen geflohen, als mir die Wahrheit aufging, aber ich vermochte es schon nicht mehr. Ich verstand die Weisen, die nach ihr geschmachtet hatten, ja, ich verstand sogar den Philosophen, der auf ihrer Schwelle aus dem Leben geschieden war, als er das Hoffnungslose seines Begehrens erkannt hatte.

Ich konnte nicht fliehen. Ich mußte zu ihr gehen. Als wir wieder beisammensaßen und ich sie betrachtete, preßte ich die Lippen zusammen, und die heißen Tränen der Begierde stiegen mir in die Augen. »Vergib mir, Damaris«, flüsterte ich. »Ich fürchte, daß ich dich bis zum Wahnsinn liebe.«

Damaris sah mich mit ihrem klaren Blick an und fuhr mir mit den Fingerspitzen über die Hand. Mehr bedurfte es nicht, daß ein schreckliches Zittern durch meinen ganzen Körper lief. Meine Lust befreite sich in einem tiefen Seufzer.

»Auch ich habe mich davor gefürchtet«, gestand Damaris. »Ich habe es kommen sehen. Zuerst war es nur eine unschuldige weiße Wolke am Horizont, aber nun ist es ein schwarzes Gewitter in dir. Ich hätte dich zur rechten Zeit fortschicken sollen, aber ich bin trotz allem nur eine Frau.«

Sie stützte das Kinn in die Hand, so daß sich die Falten an ihrem Hals glätteten, starrte vor sich hin und fragte finster: »So geht es immer. Der Mund trocknet, die Zunge bebt, die Augen tränen.«

Sie hatte recht. Die Zunge zitterte mir in meinem ausgetrockneten Mund, so daß ich nicht ein einziges Wort hervorbrachte. Ich warf mich vor ihr auf die Knie und versuchte die Arme um sie zu schlingen, aber Damaris wich mir aus und sagte: »Bedenke, daß man tausend Goldstücke für eine einzige Nacht mit mir geboten hat. Ein reicher Emporkömmling verkaufte um meinetwillen ein Silberbergwerk und begann sein Leben von neuem als armer Mann.«

»Ich kann dir tausend, ja zweitausend Goldstücke verschaffen, wenn du mir Zeit gibst, mit meinen Bankiers zu sprechen«, gelobte ich.

»Manchmal, wenn ich an einem schönen Jüngling Gefallen fand, gab ich mich auch mit einem Veilchen zufrieden«, sagte Damaris neckend. »Doch darüber wollen wir nun nicht sprechen. Ich will von dir kein Geschenk. Ich will dir selbst eines geben, und dieses Geschenk ist die traurige Gewißheit, die mir aus all meinen Erfahrungen wurde, daß die Genüsse des Fleisches eine Qual sind. Die Befriedigung der Sinne ist keine wirkliche Befriedigung, sondern weckt nur die Begierde nach noch schrecklicherer Befriedigung. Sich in die fleischliche Liebe stürzen, das ist wie sich auf glühende Kohlen werfen. Mein Feuer ist niedergebrannt. Ich gedenke, nicht mehr zu eines anderen Menschen Untergang die Opferflamme zu entzünden. Verstehst du nicht, daß ich mich meines früheren Lebens schäme?«

»Du hast mit deinen Fingern meine Hand gestreichelt«, flüsterte ich mit gesenktem Kopf, und die Tränen aus meinen Augen tropften auf den Marmorboden nieder.

»Das war unrecht«, gab Damaris zu. »Aber ich wollte dich so berühren, daß du mich nie mehr vergißt. Minutus, mein Geliebter, die Sehnsucht bedeutet so viel mehr als die Erfüllung. Das ist eine schmerzliche, aber süße Wahrheit. Glaub mir, Minutus, mein Lieber. Wenn wir nun voneinander scheiden, bewahren wir beide eine schöne Erinnerung und brauchen nie Böses voneinander zu denken. Ich habe einen neuen Weg gefunden, aber es gibt viele

Wege. Vielleicht wird dich dein Weg eines Tages zu der gleichen Seligkeit führen wie mich der meine.«

Doch ich wollte sie nicht verstehen. »Predige mir nicht, verfluchtes Weib!« rief ich mit vor Begierde heiserer Stimme. »Ich habe dir versprochen, zu bezahlen, was du verlangst.«

Damaris richtete sich steif auf und sah mir eine Weile unverwandt ins Gesicht. Dann erbleichte sie und sagte spöttisch: »Wie du willst. Komm morgen abend zu mir, so daß ich mich vorbereiten kann. Aber gib später nicht mir die Schuld!«

Ihr Versprechen machte mich schwindeln, obwohl der Klang ihrer Worte nichts Gutes verhieß. Die Knie zitterten mir, als ich ihr Haus verließ. Von Ungeduld verzehrt, wanderte ich in der Stadt umher, stieg zur Akropolis hinauf und blickte auf das weinfarbene Meer nieder. Tags darauf ging ich in ein Bad und machte durch körperliche Übungen meine Glieder geschmeidig, obwohl mir bei jeder Bewegung, und beim Gedanken an Damaris, ein verzehrendes Feuer durch den ganzen Körper flammte.

Endlich senkte sich taubenblau die Dämmerung nieder, und der Abendstern leuchtete auf. Ich klopfte laut an Damaris' Tür, aber niemand öffnete mir. Ich dachte schon, sie habe ihren Sinn geändert und gedenke ihr Versprechen nicht zu halten, und tiefe Enttäuschung ergriff mich, doch dann drückte ich gegen die Tür und erkannte zu meiner Freude, daß sie nicht versperrt war. Ich trat ein und sah, daß der Gästesaal hell erleuchtet war.

Meine Nase nahm jedoch einen widerlichen Gestank wahr. Über die Ruhebetten waren zerlumpte Decken geworfen, die Lampen hatten die Wände berußt, der Geruch von altem Weihrauch nahm mir den Atem. Ich blickte mich verständnislos in dem sonst so schönen Raum um, schlug dann aber ungeduldig mit der Faust auf die für die Geschenke bestimmte Platte, und die Schläge hallten durchs ganze Haus. Kurz darauf erschien Damaris mit schleppendem Schritt. Ich starrte sie entsetzt an. Das war nicht die Damaris, die ich kannte.

Sie hatte sich die Lippen grell und grob bemalt, ihr Haar war ungekämmt und strähnig wie das einer Hafendirne, und sie war in Lumpen gekleidet, die nach Wein und Erbrochenem stanken. Um die Augen hatte sie unheimliche schwarze Ringe gemalt, und mit demselben Pinsel hatte sie jede Falte in ihrem Gesicht nachgezogen, so daß ich ein liederliches altes Weib vor mir sah.

»Hier bin ich, Minutus. Deine Damaris«, sagte sie gleichgültig.

»Hier bin ich, so wie du mich haben willst. Nimm mich also. Zum Lohn will ich nicht mehr als fünf Kupferscherflein.«

Ich verstand, was sie meinte. Alle Kraft verließ mich, so daß ich vor ihr auf die Knie fiel. Ich beugte den Kopf zu Boden und weinte über mein ohnmächtiges Verlangen. Zuletzt sagte ich: »Vergib mir, Damaris, meine Geliebte.«

»Du verstehst also, Minutus«, sagte sie mit weicherer Stimme. »Das wolltest du aus mir machen. Dazu wolltest du mich erniedrigen. Die Sache ist dieselbe, ob sie nun nach gebildeter Menschen Art in einem duftenden Bett geschieht oder im Hafen, zwischen stinkendem Schweinemist und Urin an eine Mauer gelehnt.«

Ich legte meinen Kopf auf ihre Knie und weinte meine Enttäuschung aus. Meine Begierde war erloschen. Sie streichelte mir tröstend übers Haar und flüsterte zärtliche Worte. Zuletzt ließ sie mich allein, ging fort und wusch sich, zog ein reines Gewand an und kam mit gekämmtem Haar zurück. Auf ihrem Gesicht leuchtete eine so innige Freude, daß ich mit zitternden Lippen ihr Lächeln erwidern mußte.

»Ich danke dir, Minutus, Lieber«, sagte sie. »Im letzten Augenblick hast du mich doch verstanden, obwohl es in deiner Macht lag, mich in meine Vergangenheit zurückzustoßen. Ich werde dir, solange ich lebe, für deine Güte dankbar sein und dafür, daß du mir nicht die Freude nahmst, die ich endlich erleben durfte. Eines Tages wirst du verstehen, daß meine Freude durch Christus wunderbarer ist als alle Freuden der Welt.«

Wir saßen lange Hand in Hand und sprachen miteinander wie Schwester und Bruder oder, besser, wie Mutter und Sohn. Ich versuchte ihr vorsichtig zu erklären, daß vielleicht doch nur das wirklich ist, was wir mit unseren Augen sehen, und alles andere Täuschung und Einbildung, aber Damaris lächelte nur und sagte: »Bald bin ich tief betrübt, bald froh, aber in guten Stunden erlebe ich eine Freude, die alles Irdische hinter sich läßt. Das ist meine Gnade, meine Wahrheit und meine Barmherzigkeit. Nichts anderes brauche ich zu glauben oder zu verstehen.«

Als ich in meine Herberge zurückkehrte, noch immer wie gelähmt vor Enttäuschung und ohne zu wissen, was ich hinfort noch glauben oder hoffen sollte, erwartete mich dort einer der Männer aus meinem Gefolge. Er war in einen schmutzigen Mantel gekleidet und trug kein Schwert. Ich konnte mir vorstellen, wie er sich erschrocken und die weltberühmte athenische Allwissenheit abergläubisch fürchtend an den unzähligen Statuen und Götterbildern vorbeigedrückt haben mochte. Nun warf er sich vor mir auf die Knie und bat: »Verzeih, daß ich gegen deinen ausdrücklichen Befehl handle, Tribun, aber meine Kameraden und ich, wir halten das Leben im Hafen nicht mehr aus. Dein Pferd siecht dahin vor Langeweile und wirft uns alle aus dem Sattel, wenn wir ihm ein bißchen Bewegung verschaffen wollen, wie du befahlst. Mit der Hafengarnison haben wir ständig Streit wegen des Verpflegungsgeldes. Vor allem aber machen diese verfluchten attischen Windbeutel mit uns, was sie wollen. Wir sind wie gebundene Schafe in ihren Händen und sind doch von den Gaunern in Korinth einiges gewohnt. Der Schlimmste von allen ist ein Sophist, der sich über uns lustig macht, indem er uns eindeutig beweist, daß Achill einen Wettlauf mit einer Schildkröte nie gewinnen kann. In Korinth haben wir über die Taschenspieler gelacht, die eine winzige Kugel unter einem von drei Weinbechern verstecken und die Leute raten lassen, unter welchem, aber dieser Mensch hält uns zum Narren, denn wer würde nicht wetten, daß Achill schneller läuft als eine Schildkröte! Er teilt aber die Strecke in die Hälfte und die Hälfte wiederum in die Hälfte und so weiter ohne Ende und beweist, daß Achill immer noch ein kleines Stückchen bis zum Ziel zu laufen hat und es nicht vor der Schildkröte erreichen kann. Wir sind selbst mit einer Schildkröte um die Wette gelaufen und haben sie natürlich leicht besiegt, aber damit konnten wir seinen Beweis nicht widerlegen, als wir ihn noch einmal aufsuchten und ein zweites Mal mit ihm wetteten. Herr, ich flehe dich an bei allen römischen Adlern: führ uns nach Korinth zurück, bevor wir den Verstand verlieren.«

Der Mann sprudelte seine Klage so rasch hervor, daß ich nicht zu Worte kam. Ich tadelte ihn wegen seines unwürdigen Benehmens, aber in der Stimmung, in der ich mich befand, hatte ich keine Lust, ihm das Rätsel mit Achill und der Schildkröte zu lösen. Zuletzt hieß ich ihn mein Reisegepäck auf den Rücken nehmen, beglich meine Rechnung mit dem Herbergswirt und verließ Athen, ohne mich von jemandem zu verabschieden und in solcher Eile, daß ich zwei Untergewänder vergaß, die ich noch in der Wäsche hatte und nie zurückbekam.

Wir brachen tief bedrückt vom Piräus auf und brauchten drei Tage für eine Strecke, die ich allein an einem bewältigt hätte. Die erste Nacht verbrachten wir in Eleusis, die zweite in Megara. Die Männer erholten sich so weit, daß sie sangen und lärmten, als wir endlich in Korinth einzogen.

Ich übergab sie dem Oberzenturio und meldete mich bei Rubrius. Er empfing mich in einem weinfeuchten Untergewand und mit einem Kranz aus Weinlaub schief auf dem Kopf. Offenbar erkannte er mich nicht wieder, denn er fragte mich mehrere Male nach meinem Namen. Er erklärte mir seine Zerstreutheit damit, daß er ein älterer Mann sei, der an den Folgen einer Kopfverletzung litt, die er in Pannonien erhalten hatte, und der nun nur noch darauf wartete, in den Ruhestand treten zu können.

Danach ging ich zum Haus des Prokonsuls. Gallios Sekretär berichtete mir, daß die Bewohner von Delphi sich mit ihrem Grenzstreit an den Kaiser gewandt und Einspruch erhoben hatten. Andrerseits führten die Bewohner des der Artemis geweihten Bezirks schriftlich Klage gegen mich und behaupteten, ich hätte die Göttin gelästert und dadurch den plötzlichen Tod des Besitzers herbeigeführt. Das taten sie natürlich, um ihre eigene Haut zu retten, da sie das Land unter sich aufgeteilt hatten und den Tempel weiter verfallen ließen. Aus Athen war zum Glück kein Bericht über mich eingegangen.

Ich war niedergeschlagen, aber Gallio empfing mich trotz allem freundlich, umarmte mich sogar und lud mich zu Tisch. »Du bist gewiß zum Platzen voll von athenischer Weisheit«, meinte er. »Aber wir wollen zuerst über die Angelegenheiten Roms sprechen.«

Während wir aßen, erzählte er mir, sein Bruder Seneca habe ihm geschrieben, daß der junge Nero erstaunliche Fortschritte mache und Senatoren und einfachen Rittern gegenüber so würdig auftrete, daß man ihn die Freude und das Entzücken der Menschheit nenne. Claudius hatte ihn, um seiner geliebten Agrippina zu gefallen, mit seiner achtjährigen Tochter Octavia verheiratet, deren Mutter Messalina war.

Juristisch gesehen war das Blutschande, da ja Claudius Nero sogar als seinen Sohn adoptiert hatte, aber dieses kleine Hindernis wurde auf die Weise beseitigt, daß ein Senator Octavia vor der Eheschließung adoptierte.

Britannicus blieb weit hinter Nero zurück und zeichnete sich nicht besonders aus. Er hielt sich meist in seinen eigenen Räumen im Palatium auf und begegnete seiner Stiefmutter Agrippina schroff und unfreundlich. Zum einzigen Befehlshaber der Prätorianer anstelle der früheren zwei Prätoren hatte man den einarmigen alten Haudegen Burrus ernannt, der ein guter Freund Senecas war und besondere Hochachtung für Agrippina hegte, weil sie die Tochter des großen Germanicus war.

»Dem Kaiser geht es gut«, sagte Gallio mit einem Blick in seinen Brief und ließ ein wenig Wein aus seinem Becher auf den Boden tropfen. »Er tritt so stattlich auf wie eh und je und leidet nur gelegentlich an einem harmlosen Sodbrennen. Die wichtigste Neuigkeit auf wirtschaftlichem Gebiet ist, daß der Hafen in Ostia endlich fertiggestellt wurde. Die Getreideschiffe können dort nun bequem gelöscht werden. Wie viele Millionen Goldstücke liegen nicht im Schlick und in den Sandbänken Ostias begraben! Aber nun braucht man in Rom nie mehr Unruhen wegen verspäteter Getreideausteilungen zu befürchten. Es geschah Claudius einmal, daß er auf dem Forum von einem wütenden Volkshaufen so hart gegen eine Mauer gedrückt wurde, daß er schon für sein Leben fürchtete. Im übrigen sinken die Preise für Korn aus Ägypten und Afrika, und es lohnt sich nicht mehr, in Italien Getreide anzubauen. Die umsichtigen Senatoren sind schon dazu übergegangen, Schlachtvieh zu züchten, und verkaufen ihre Sklaven auf Versteigerungen ins Ausland.«

Während Gallio so väterlich mit mir sprach, zerstreute sich meine Unruhe, und ich begriff, daß ich keinen Tadel wegen meines zu langen Aufenthalts in Athen zu befürchten brauchte. Dann aber sah mich Gallio forschend an und fuhr in dem gleichen leichten Ton fort: »Du bist blaß, und deine Augen blicken starr. Aber das Studium in Athen hat schon so manchem ehrenwerten jungen Römer den Kopf verwirrt. Ich habe gehört, du hast dich von einer klugen Frau belehren lassen. Das ist natürlich sehr anstrengend und kostet obendrein viel Geld, und ich hoffe nur, du hast dich nicht in allzu hohe Schulden gestürzt. Weißt du, mein lieber Minutus, ich glaube, ein bißchen Seeluft würde dir guttun.«

Ehe ich noch zu überflüssigen Erklärungen ansetzen konnte, hob er warnend die Hand und sagte lächelnd: »Deine persönlichen Angelegenheiten gehen mich nichts an. Wichtig ist nur, daß der junge Nero und die schöne Agrippina dich durch meinen Bruder grüßen lassen. Nero vermißt dich. Man kann nur Roms Glücksgöttin dafür preisen, daß eine so willensstarke und wirklich kaiserliche Frau wie Agrippina Claudius zur Seite steht und ihm einen Teil seiner Last abnimmt. Du sollst Agrippina einen schönen korinthischen Bronzebecher geschickt haben. Sie hat sich über deine Aufmerksamkeit sehr gefreut.«

Für einen kurzen Augenblick faßte mich eine tiefe Sehnsucht nach Rom, wo mir das Leben so viel einfacher und an eine feste Ordnung gebunden zu sein schien. Gleich darauf sagte ich mir jedoch, daß ein bloßer Ortswechsel mir auch keine Erleichterung verschaffen konnte, und seufzte.

Gallio fuhr zerstreut lächelnd fort: »Ich höre, du hast dich auf deiner Reise mit Artemis verfeindet. Es wäre wohl das klügste, wenn du ihr persönlich im Tempel zu Ephesus eine Opfergabe darbrächtest. Ich habe einen vertraulichen Brief an den Prokonsul in Asia. Wenn du mit ihm zusammentriffst, kannst du ihm auch gleich berichten, wie begabt Nero ist, wie bescheiden er in der Kurie auftritt und wie klug Agrippina ihn erzieht. Neros Ehe mit Octavia hat eine gewisse politische Bedeutung, wie du bei einigem Nachdenken selbst erkennen wirst. Natürlich leben die beiden noch nicht zusammen, denn Octavia ist ja noch ein Kind.«

Mein Kopf war so umnebelt, daß ich nur einfältig zu nicken vermochte. Gallio hielt es für nötig, mir zu erklären: »Unter uns gesagt, ist die Abstammung von Britannicus und Octavia wegen Messalinas schlechtem Ruf, gelinde ausgedrückt, zweifelhaft, aber Claudius betrachtet sie als seine eigenen Kinder, was sie vor dem Gesetz ja auch sind, und nicht einmal Agrippina wagt es, an so heikle Dinge zu rühren und seine männliche Eitelkeit zu kränken.«

Ich gab zu, daß ich in Rom vor meiner Reise nach Britannien allerlei Gerüchte vernommen hatte, fügte aber offenherzig hinzu: »Damals hatte es den Anschein, als brächte man absichtlich so furchtbare Dinge über Messalina in Umlauf. Ich konnte das Gerede nicht ernst nehmen. Sie war jung, schön und genußsüchtig, und Claudius war, verglichen mit ihr, ein Greis. Trotzdem mag ich über sie nicht das Schlimmste denken.«

Gallio schwenkte ungeduldig seinen Becher. »Vergiß nicht, daß wegen Messalinas Leichtfertigkeit fünfzig Senatoren und einige hundert Ritter den Kopf verloren oder sich selbst die Pulsadern aufschneiden durften. Dein Vater hätte sonst wohl kaum den Purpurstreifen bekommen.«

»Wenn ich dich recht verstanden habe, Prokonsul«, sagte ich

zögernd, »so meinst du, daß Claudius einen kranken Magen und einen schwachen Kopf hat. Einmal wird er die Schuld eines jeden Menschen bezahlen müssen, soviel wir auch seinem Genius opfern.«

»Wer wird ihm Schlimmes voraussagen wollen!« rief Gallio. »Es soll sein, als hättest du diese Worte nie laut ausgesprochen. Claudius hat Rom trotz seiner Schwächen so gut regiert, daß der Senat ihn nach seinem Tode getrost zum Gott erhöhen kann, obgleich das nicht wenig Spott und Gelächter geben wird. Wer vorausblickt, fragt sich eben nur zur rechten Zeit, wer an seine Stelle treten soll.«

»Nero Imperator«, flüsterte ich träumend. »Aber Nero ist ja noch ein Knabe.« Zum erstenmal dachte ich an diese Möglichkeit, und der Gedanke entzückte mich, da ich schon Neros Freund gewesen war, bevor seine Mutter sich mit Claudius vermählte.

»Dieser Gedanke braucht dich nicht zu erschrecken, Tribun Minutus«, sagte Gallio. »Es ist nur gefährlich, ihn offen auszusprechen, solange Claudius noch lebt und atmet. Um aber die Fäden des Schicksals und des Zufalls zu entwirren und in die Hand zu bekommen, wäre es gewiß sehr nützlich, wenn dieser vortreffliche Gedanke auch in die Köpfe führender Männer in anderen Provinzen Eingang fände. Ich hätte nichts dagegen, wenn du dich von Ephesus nach Antiochia begäbst. Das ist ja deine alte Heimatstadt. Die Freigelassenen deines Vaters sollen dort Reichtümer und großen Einfluß erworben haben. Du brauchst nur gut über Nero zu reden, sonst nichts. Nur keine Andeutungen über die Zukunft in klaren Worten – davor mußt du dich hüten! Ein jeder, mit dem du sprichst, mag seine eigenen Schlüsse ziehen. Es gibt im Osten mehr klug berechnende politische Vernunft, als man in Rom zu glauben geneigt ist.«

Er ließ mich eine Weile nachdenken, bevor er fortfuhr: »Natürlich mußt du für die Kosten deiner Reise selbst aufkommen, wenngleich ich dir der Form halber ein paar Handschreiben mitgebe. Was du sagst, das sagst du aus eigenem, freiem Willen, nicht in meinem Auftrag. Du hast ein so offenes Wesen und bist noch so jung, daß dich kaum einer für einen politischen Ränkeschmied halten wird. Und das bist du ja auch auf keinen Fall, nicht wahr? Es gibt eine ganze Anzahl Römer, die nur um einer Laune des Kaisers willen die Qualen der Verbannung erleiden müssen, und diese Männer haben Freunde in Rom. Geh ihnen nicht aus dem Weg, denn sobald Claudius tot ist, werden alle Verbannten, auch die Juden, begnadigt. Das verspricht mein Bruder, der selbst acht Jahre lang die Verbannung geschmeckt hat. Du kannst das Magenleiden des Kaisers erwähnen, darfst aber nicht vergessen hinzuzufügen, daß es sich gewiß nur um ganz harmlose Blähungen handelt, und dann magst du darauf hinweisen, daß man ähnliche Beschwerden auch bei Magenkrebs hat. Unter uns gesagt: Agrippina macht sich wegen Claudius' Gesundheitszustand große Sorgen. Er ist ein Leckermaul und will keine vernünftige Diät halten.«

Ich mußte unwillkürlich glauben, daß Gallio der Wein zu Kopf gestiegen war. Hätte er sonst gewagt, mir solche Dinge laut zu sagen? Vermutlich überschätzte er meinen Ehrgeiz, weil er den Ehrgeiz für eine jedem Römer angeborene Eigenschaft hielt, und auch ich habe ja Wolfsblut in meinen Adern. Jedenfalls hatte er mir den Kopf heiß gemacht, und ich hatte nun über anderes nachzudenken als nur über Damaris in Athen.

Zuletzt bat er mich, die Sache in Ruhe zu überschlafen, und schickte mich nach Hause. Es war sehr spät geworden. Trotzdem brannte in dem Ring neben der Tür meines Hauses eine Fackel, und von drinnen hörte ich Gesang und Geschrei. Ich fragte mich, ob Hierax von meiner Ankunft gehört und vielleicht irgendeinen festlichen Empfang vorbereitet hatte. Als ich eintrat, erblickte ich eine große Menge Menschen, Männer und Frauen, die sich gerade von einem gemeinsamen Mahl erhoben. Offensichtlich waren alle schwer bezecht. Einer tanzte herum und verdrehte die Augen, ein anderer schwatzte ununterbrochen in einer Sprache, die ich nicht verstand. Hierax ging als Gastgeber umher und küßte seine Gäste der Reihe nach mit großer Zärtlichkeit. Als er mich endlich bemerkte, blieb er verwirrt stehen, gewann jedoch rasch die Fassung wieder und rief: »Gesegnet sei dein Eingang und dein Ausgang, Herr! Wie du siehst, üben wir uns gerade in heiligen Gesängen. Auf deinen Befehl habe ich mich mit der neuen Lehre der Juden bekannt gemacht. Sie paßt einem einfachen Sklaven wie ein Handschuh.«

Der Türhüter und die Köchin wurden rasch nüchtern und warfen sich vor mir auf die Knie. Als Hierax sah, wie mein Gesicht vor Zorn rot anlief, zog er mich beiseite und erklärte eilig: »Ärgere dich nicht, Herr. Es ist alles in guter Ordnung. Der strenge Paulus hat aus dem einen oder anderen Grunde plötzlich den

Mut verloren. Er schnitt sich das Haar und segelte nach Asia und Jerusalem, um den Ältesten Rechenschaft abzulegen. Als er fort war, begannen wir Christen darum zu streiten, wer nun die anderen lehren solle. Die Juden glauben, sie wüßten alles besser als andere, selbst wo es sich um Christus handelt. Deshalb versammeln wir Unbeschnittenen uns hier in deinem Haus, wo wir, so gut wir es verstehen, die neue Lehre ausüben und auch ein wenig besser essen können als bei den gemeinsamen Mählern, zu denen immer viel zu viele arme, nicht zahlende Gäste kommen. Dieses Mahl hier bezahle ich selbst. Ich habe nämlich diese vermögende und noch recht ansehnliche Witwe dort drüben an der Angel. Unter den Christen habe ich überhaupt lauter nützliche Bekanntschaften geschlossen. Das ist bei weitem die beste geheime Gesellschaft, der ich je angehört habe.«

»Bist du Christ geworden und hast dich taufen lassen, und hast du Buße getan und was sonst noch alles dazugehört?« fragte ich entsetzt.

»Du hast es mir selbst befohlen«, verteidigte Hierax sich. »Ohne deine Erlaubnis hätte ich mich nicht darauf eingelassen, da ich doch nur dein Sklave bin. Aber unter den Christen habe ich mein sündiges Sklavenkleid abgelegt. Nach ihrer Lehre sind wir, du und ich, vor Christus gleich. Du mußt gütig und sanft gegen mich sein, und ich werde dir wie bisher nach bestem Vermögen dienen. Wenn wir nur einmal die hochmütigsten und engstirnigsten Juden losgeworden sind, wird unser Liebesbund ganz Korinth zur Zierde gereichen.«

Am nächsten Morgen war Hierax wieder klar im Kopf und weit bescheidener. Er machte jedoch ein langes Gesicht, als ich ihm sagte, ich müsse nach Asia reisen und ihn mitnehmen, da ich auf einer so langen Reise natürlich nicht ohne Diener auskommen könne.

»Das ist unmöglich!« jammerte Hierax und raufte sich die Haare. »Ich habe doch gerade erst hier Fuß gefaßt und auf deine Rechnung allerhand nützliche Geschäfte angeknüpft. Wenn du dich nun plötzlich aus allen laufenden Unternehmungen zurückziehen mußt, so fürchte ich, daß du sehr viel Geld verlieren wirst. Außerdem kann ich die Christen in Korinth nicht einfach ihrem Schicksal überlassen, nun da Paulus abgereist ist und Streit und Zersplitterung unter ihnen herrscht. Und wer wird sich um die Witwen und die Waisen kümmern, wie es ihre Lehre verlangt, da ich doch der einzige bin, der mit Geld umzugehen versteht, oder jedenfalls einer der wenigen aus der ganzen Gemeinde? Ich habe eine lehrreiche Geschichte gehört von einem Herrn, der seinen Knechten pfundweise Gold gab und sie dann aufforderte, Rechenschaft abzulegen, wie sie es vermehrt hätten. Ich will am Tag der Abrechnung nicht als ein untauglicher Knecht dastehen.«

Hierax hatte während meiner Abwesenheit Fett angesetzt und sich eine großsprecherische Art angewöhnt. Auf längeren und beschwerlichen Reisen hätte er mir nichts mehr genützt. Er hätte nur geschnauft und gejammert und sich nach dem bequemen Leben in Korinth zurückgesehnt. Ich sagte daher: »Bald jährt sich der Todestag meiner Mutter. Ich werde dich freilassen, so daß du in Korinth bleiben und dich um das Haus kümmern kannst. Ich sehe ein, daß ich nur Verluste erleiden würde, wenn ich alles verkaufte, was ich mir hier zu meiner Bequemlichkeit geschaffen habe.«

»Eben das wollte ich dir vorschlagen«, sagte Hierax eifrig. »Bestimmt hat dir der Gott der Christen diesen Gedanken eingegeben. Ich habe mir einiges erspart, so daß ich die Hälfte meiner Freilassungssteuer selbst bezahlen kann. Ich habe mich auch schon auf Umwegen bei einem bekannten Rechtsgelehrten im Rathaus erkundigt, was für mich ein geziemender Preis wäre. So dick, wie ich nun geworden bin, tauge ich nicht mehr zu körperlicher Arbeit, und außerdem habe ich einige Fehler, die ich zwar vor dir verbergen konnte, die aber meinen Wert senken würden, wenn ich noch einmal verkauft werden sollte.«

Ich nahm sein Anerbieten nicht an, da ich der Meinung war, daß er seine geringen Ersparnisse selbst brauchte, um in dem gierigen Korinth auf die Beine zu kommen und Erfolg zu haben. Ich erlegte also das Lösegeld für ihn und drückte ihm selbst den Freilassungsstab in die Hand. Zugleich stellte ich ihm eine behördlicherseits bestätigte Vollmacht aus, mein Haus und meinen übrigen Besitz in Korinth zu verwalten. Ich war im Grunde recht froh, auf diese Weise sowohl ihn als auch alle lästigen Pflichten loszuwerden. Die Leichtfertigkeit, mit der er die Sache der Christen betrieb, gefiel mir nicht, und ich wollte daher keine andere Verantwortung für ihn tragen als die, die einer für seinen Freigelassenen übernimmt.

Hierax Lausius begleitete mich bis Kenchreae, wo ich an Bord eines Schiffes ging, das nach Ephesus segelte. Er dankte mir noch einmal dafür, daß ich ihm erlaubt hatte, sich Lausius zu nennen, denn dieser Name dünkte ihn vornehmer und würdevoller als Minutius. Seine Abschiedstränen waren wohl aufrichtig, obwohl ich annehme, daß er erleichtert aufseufzte, als das Schiff auslief und er einen allzu jungen und unberechenbaren Herrn losgeworden war.

VI

SABINA

Troxobores, ein Bandenführer aus dem Bergvolk der Kliter, machte sich die Unruhen in Armenien, welche die syrischen Legionen banden, zunutze, um ein geübtes Kriegsheer im Innern Kilikiens aufzustellen, und stieß von dort zur Küste nieder, wo er die Häfen plünderte und mit seinen Ruderschiffen die Seefahrt störte. Der kilikische Bundeskönig, der bejahrte Antiochus, war machtlos, da seine Hilfstruppen in Armenien standen. In ihrer Frechheit belagerten die Kliter zuletzt sogar die Hafenstadt Anemurium. Ich stieß auf dem Wege von Ephesus nach Antiochia auf eine Abteilung syrischer Reiterei unter dem Präfekten Curtius Severus, die Anemurium entsetzen wollte, und erachtete es in dieser Notlage für meine Pflicht, mich Severus anzuschließen.

Wir erlitten vor den Mauern Anemuriums eine schwere Niederlage, da das Gelände für die Bergbewohner des Troxobores günstiger war als für unsere Reiterei. Zum Teil hatte auch Severus Schuld daran, denn er glaubte, eine kampfungewohnte Räuberbande einfach dadurch in die Flucht schlagen zu können, daß er die Hörner blasen ließ und in vollem Galopp angriff, ohne vorher das Gelände und die wirkliche Stärke des Troxobores erkunden zu lassen.

Ich wurde in der Seite, an einem Arm und an einem Fuß verwundet. Mit einem Strick um den Hals und hinter dem Rücken gefesselten Händen wurde ich in die unzugänglichen Berge der Kliter hinaufgeführt, und dort war ich zwei Jahre lang Gefangener des Troxobores. Die Freigelassenen meines Vaters in Antiochia hätten mich auf der Stelle freigekauft, aber Troxobores war ein listiger, kriegslüsterner Mann und wollte lieber einige hochgestellte Römer in der Hand haben, als in seinen Schlupfwinkeln Lösegelder ansammeln.

Der syrische Prokonsul und König Antiochus verkleinerte in seinen Berichten an den Senat die Bedeutung dieses nicht enden wollenden Aufstandes in den Bergen, um ihn mit eigener Kraft niederwerfen zu können, und auch weil er, nicht ohne Grund, den Zorn des Kaisers fürchtete.

Troxobores sagte: »Mit dem Rücken an der Wand kann ich mir um Gold mein Leben nicht erkaufen, aber euch römische Ritter kann ich zuletzt immer noch kreuzigen lassen, um mit einem stattlichen Gefolge in die Unterwelt einzuziehen.«

Er behandelte uns Gefangene, wie es seine Laune ihm eingab, bald gut, bald schlecht. Er konnte uns zu seinen rohen Mahlzeiten einladen, uns zu essen und zu trinken geben und uns mit Tränen in den Augen seine Freunde nennen, aber nach dem Mahl schloß er uns in eine schmutzige Höhle ein, ließ die Öffnung zumauern und uns durch ein faustgroßes Loch gerade so viel trocken Brot reichen, daß wir mit knapper Not am Leben blieben. Zwei von uns begingen Selbstmord, indem sie sich mit einem Steinsplitter die Halsschlagader aufschnitten.

Meine Wunden entzündeten sich und quälten mich. Sie wässerten, und ich glaubte sterben zu müssen. In diesen zwei Jahren lernte ich, in der tiefsten Erniedrigung zu leben, stets auf die Folter oder den Tod gefaßt. Mein Sohn Julius, mein einziger Sohn, wenn Du dies nach meinem Tode liest, sollst Du wissen, daß die tiefen Narben, die ich in meinem Gesicht trug und von denen ich Dir, als Du noch klein warst, in meiner Eitelkeit sagte, sie stammten von meinen Kämpfen in Britannien, nicht das Werk der Briten sind. Ich bekam sie viele Jahre vor Deiner Geburt in einer kilikischen Höhle, wo ich zu Demut und Geduld erzogen wurde und vor Scham mein Gesicht in die rauhe Felswand drückte. Denk manchmal daran, wenn Du so eifrig Deinen habsüchtigen und altmodischen toten Vater kritisierst.

So viele Männer, wie Troxobores, als er noch Erfolg hatte, um sich zu sammeln und zu Kriegern auszubilden vermochte, so viele ließen ihn nach seiner ersten Niederlage im Stich. Er beging nämlich den Fehler, sich auf eine offene Feldschlacht einzulassen, der seine nicht genug geübten Truppen nicht gewachsen waren.

König Antiochus behandelte seine Gefangenen freundlich. Er ließ sie frei und schickte sie in die Berge hinauf, wo sie allen Begnadigung versprachen, die von Troxobores abfielen. Die meisten seines Volkes waren der Ansicht, das Spiel habe, da sie genug

Kriegsbeute gesammelt hatten, lang genug gedauert. Sie flohen zu ihren Heimstätten zurück, um den Rest ihres Lebens als für kilikische Begriffe reiche Männer zu verbringen. Troxobores ließ die Flüchtigen verfolgen und töten, was viel böses Blut unter seinen eigenen Stammesfreunden machte.

Zuletzt waren seine nächsten Vertrauten seiner Grausamkeiten und Launen müde und nahmen ihn gefangen, um sich selbst die Begnadigung zu verdienen. Das geschah gerade noch zur rechten Zeit, denn schon rückte König Antiochus heran, Sklaven rissen die Mauer vor unserer Höhle nieder, und draußen waren schon die Pfähle für unsere Hinrichtung in den Boden gerammt worden. Meine Mitgefangenen verlangten, daß Troxobores an unserer Stelle gekreuzigt werde, aber König Antiochus ließ ihm unverzüglich den Kopf abschlagen, um einer peinlichen Geschichte so rasch wie möglich ein Ende zu machen.

Ich schied von meinen Mitgefangenen ohne Bedauern. In der Dunkelheit der Höhle und in unserem Hunger und Elend hatten wir einander zuletzt nicht mehr ausstehen können. Während sie nach Antiochia zurückkehrten, bekam ich in Anemurium einen Platz an Bord eines römischen Kriegsschiffes, das nach Ephesus bestimmt war. König Antiochus entschädigte uns großzügig für die ausgestandenen Leiden, damit wir stillschwiegen.

In Ephesus wurde ich von dem damaligen Prokonsul in Asia, Junius Silanus, freundlich empfangen. Er lud mich auf sein Landgut vor der Stadt ein und stellte mir seinen eigenen Arzt zur Verfügung. Silanus war etwa fünfzig Jahre alt, ein vielleicht etwas schwerfälliger, aber so redlicher Mann, daß man ihn zu Kaiser Gajus' Zeiten wegen seiner unermeßlichen Reichtümer einen vergoldeten Schafskopf genannt hatte.

Als ich auf Agrippina und Nero zu sprechen kam, verbot er mir streng, in seiner Gegenwart auch nur ein einziges Wort über das Magenleiden des Kaisers zu sagen. Einige hochgestellte Männer waren unlängst deshalb aus Rom verbannt worden, weil sie einen Astrologen ausgefragt hatten, wie lange Claudius noch zu leben habe. Danach hatte der Senat eine Verordnung erlassen, derzufolge alle Chaldäer Rom verlassen mußten.

Silanus schien der eigentümlichen Auffassung zu sein, Agrippina sei am Tode seines Bruders Lucius schuld, ganz so, wie er auch meinte, daß Messalina seinerzeit Verderben über Appius Silanus gebracht habe, indem sie Schlimmes über ihn träumte. Sein unsinniges Mißtrauen ärgerte mich. »Wie kannst du so über die erste Dame Roms denken!« sagte ich aufgebracht. »Agrippina ist eine edle Frau. Ihr Bruder Gajus war Imperator, und sie selbst die Gemahlin des Imperators und stammt vom Gott Augustus ab.«

Silanus lächelte dümmlich und sagte: »Nicht einmal die vornehmste Abstammung scheint einem in Rom noch etwas zu nützen. Du erinnerst dich gewiß an Domitia Lepida, Neros Tante, die Nero aus Freundschaft in ihre Obhut nahm, als Agrippina wegen ihres unzüchtigen Lebenswandels und Hochverrats verbannt worden war. Domitia hat sich seiner immer zärtlich angenommen, wenn er unter Agrippinas Strenge allzusehr zu leiden hatte. Vor kurzem wurde sie zum Tode verurteilt, weil sie angeblich Agrippina durch Zauberei zu schaden versuchte und ihre Sklaven in Kalabrien nicht im Zaun hielt. Auch Domitia stammte aus dem Geschlecht des Augustus.«

Silanus blinzelte mich listig an und fuhr fort: »Wenn Claudius' Zeit wirklich einmal abgelaufen ist, doch darüber dürfen wir nicht laut sprechen, so ist zu bedenken, daß auch ich im vierten Glied vom Gott Augustus abstamme. Es sollte mich nicht wundernehmen, wenn der Senat in Rom einen Mann gesetzten Alters einem halbwüchsigen Knaben vorzöge. Mein Ruf ist untadelig, und ich habe keine Feinde.«

Darin hatte er recht, denn wer hätte wohl Ursache gehabt, den einfältigen Silanus zu hassen? Seine Einbildung erstaunte mich jedoch so sehr, daß ich entsetzt fragte: »Denkst du im Ernst daran, Imperator zu werden?«

Junius Silanus errötete verschämt. »Du darfst darüber mit niemandem sprechen. Die Entscheidung steht dem Senat zu. Ich will dir aber im Vertrauen sagen, daß ich Nero nicht unterstützen kann. Schon sein Vater hatte einen üblen Ruf und war so grausam, daß er einmal einem römischen Ritter auf dem Forum ein Auge ausquetschte, nur weil dieser ihm nicht ehrerbietig genug Platz gemacht hatte.«

Dank seinem Reichtum trat Silanus in Asia wie ein König auf. Ich erfuhr übrigens von ihm, daß Gallio nach Ablauf seiner Amtszeit an dem Familienübel der Annaeer, der Schwindsucht, erkrankt und nach Rom zurückgekehrt war, um Rechenschaft abzulegen, bevor er sich in das trockene Klima Ägyptens begab, um seine Gesundheit wiederzuerlangen.

Ich hatte den Verdacht, daß er nicht nur seiner Gesundheit wegen nach Ägypten gereist war, aber ihm konnte ich nun von den wahnwitzigen Hoffnungen des Prokonsuls Silanus nicht mehr berichten, und doch erschien es mir wichtig, nach Rom zu melden, daß Nero in den Provinzen nicht auf die Unterstützung rechnen durfte, die seine Mutter und Seneca offenbar als selbstverständlich voraussetzten.

Nach langer Überlegung schrieb ich an Seneca selbst und berichtete ihm von meiner Gefangenschaft. Zuletzt schrieb ich: »Der Prokonsul Junius Silanus erweist mir große Gastfreundschaft und will nicht, daß ich heimreise, ehe nicht meine Wunden vollständig ausgeheilt sind, die noch eitern. Es betrübt mich, daß er nicht ebenso gut wie ich von Agrippina und Nero denkt, sondern sich damit brüstet, daß er aus dem Geschlecht des Augustus stammt, und viele Freunde im Senat zu haben glaubt. Ich erwarte Deinen Rat, ob ich nach Rom zurückkehren oder einstweilen noch hier bleiben soll.«

Die Gefangenschaft hatte mich abgestumpft und entkräftet. Ich ließ die Zeit gedankenlos verrinnen. Manchmal ging ich mit Silanus zu den Wagenrennen und setzte mit gutem Erfolg auf sein Gespann. Auch ein prächtiges Theater gab es in Ephesus, und wenn einem nichts anderes einfiel, konnte man immer noch in den Tempel gehen, der eines der Wunder der Welt ist und von Sehenswürdigkeiten überquillt.

Allmählich erlangte ich dank der guten Kost, einem bequemen Bett und der Geschicklichkeit des Arztes meine Gesundheit wieder. Ich begann wieder zu reiten und nahm an Wildschweinjagden teil, die Silanus' Kriegstribunen veranstalteten.

Der griechische Arzt des Silanus war auf Kos ausgebildet worden. Als ich ihn nach seinen Einkünften fragte, antwortete er lachend: »Ein Arzt kann, um seine Kunst auszuüben, keinen elenderen Ort finden als Ephesus. Die Artemispriester betreiben Wunderheilungen, und daneben gibt es Hunderte von Zauberern aus aller Herren Länder. Den meisten Zulauf hat zur Zeit ein Jude, der durch Handauflegen Kranke heilt und Tobsüchtige beruhigt. Seine Schweißtücher und Schürzen werden im ganzen Lande als Heilmittel gegen so gut wie jede Krankheit verkauft. Aber das genügt ihm noch immer nicht. Er hat die Schule des Tyrannos gemietet, um seine Kräfte andere zu lehren. Noch dazu ist er eifersüchtig auf seine Berufsgenossen und spricht geringschätzig von Zauberbüchern und heilenden Götterbildern.«

»Von den Juden kommt aller Unfriede, weil sie sich nicht mehr damit begnügen, unter sich zu bleiben und im Schutz ihrer besonderen Rechte ihren Gott zu verehren, sondern nun auch die Griechen anstecken«, sagte ich bitter.

Der jonische Herbst ist mild. Helius, ein Freigelassener des Junius Silanus, der dessen Besitz in Asia verwaltet, war in allem auf meine Bequemlichkeit bedacht. Er ließ zu den Mahlzeiten Schauspiele und Pantomimen aufführen, und manchmal, wenn er glaubte, daß ich mich langweilte, schickte er mir auch eine schöne Sklavin in mein Bett. Die goldenen Tage und die dunkelblauen Nächte flossen ruhig dahin. Ich glaubte nichts anderes mehr zu wünschen als die kleinen Freuden des Alltags. Eine andere Hoffnung hatte ich nicht mehr, eine andere Zukunft sah ich nicht mehr vor mir. Ich ließ mich willenlos treiben.

Kurz vor Winteranfang traf ein römischer Schnellruderer in Ephesus ein, an dessen Bord sich Publius Celer, ein betager Ritter, befand. Er brachte die Nachricht, daß Kaiser Claudius, wie man seit langem erwartete, seiner Magenkrankheit erlegen war. Afranius Burrus, der Präfekt der Prätorianer, hatte Nero ins Prätorianerlager tragen lassen. Nero hatte eine außerordentliche Rede gehalten und den Männern das übliche Geldgeschenk versprochen. Darauf war er unter allgemeinem Jubel zum Imperator ausgerufen worden, und der Senat hatte den Beschluß einstimmig bekräftigt.

Junius Silanus prüfte die Erlässe und Vollmachten, die Celer mitgebracht hatte, genau. Publius Celer war ein für sein Alter rüstiger Mann, der genau zu wissen schien, was er wollte. Ein Schwerthieb hatte eine Narbe in dem einen Mundwinkel hinterlassen, die den Mund schief zog, so daß er stets spöttisch zu grinsen schien.

Mir überbrachte er Grüße von Seneca, der für meinen Brief dankte und mich aufforderte, nach Rom zurückzukehren, da Nero, nun er seine freisinnige Regierung antrat, seine Freunde um sich brauchte. Die Vergehen, Streitigkeiten und Fehler vergangener Tage waren vergessen und vergeben. Die Verbannten durften nach Rom zurückkehren. Von den Vätern in der Kurie unterstützt, hoffte Nero der ganzen Menschheit ein Glücksbringer werden zu können.

Die üblichen offiziellen Maßnahmen wurden getroffen. Die Verwaltungsbehörde beschloß, bei dem bekanntesten Bildhauer Roms eine Statue Neros zu bestellen. Junius Silanus aber gab trotz seines Reichtums kein öffentliches Mahl zu Neros Ehren, was eigentlich seine Pflicht gewesen wäre, sondern lud nur seine nächsten Freunde auf sein Landgut ein, so daß wir nicht mehr als dreißig bei Tisch waren. Nachdem er Kaiser Claudius, der durch Senatsbeschluß zum Gott erhoben worden war, ein Trankopfer dargebracht hatte, wandte sich Junius Silanus mit rotem Kopf an Celer und sagte böse: »Wir haben genug dummes Zeug geschwatzt. Sag mir jetzt, was in Rom wirklich geschehen ist.«

Publius Celer hob die Brauen und fragte mit einem schiefen Lächeln: »Haben deine Pflichten dich überanstrengt? Worüber ereiferst du dich? Dein Alter und deine körperliche Verfassung vertragen keine unnötigen Gemütsbewegungen.«

Junius Silanus atmete wirklich schwer und war gereizt wie jeder, der eine Enttäuschung erlitten hat. Aber Publius Celer berichtete in scherzendem Tonfall: »An Claudius' Begräbnistag hielt Nero als sein Sohn die übliche Gedenkrede auf dem Forum. Ob er sie ganz allein entworfen oder ob Seneca ihm geholfen hatte, wage ich nicht zu sagen. Nero hatte trotz seiner Jugend schon Beweise seiner eigenen dichterischen Begabung abgelegt. Jedenfalls sprach er mit weithin hallender Stimme und schönen Gebärden. Die Väter, die Ritter und das Volk lauschten fromm, als Nero das berühmte Geschlecht des Claudius und die Triumphe seiner Väter, seine eigene Gelehrsamkeit und seine Regierungszeit pries, in der der Staat von allen äußeren Gefahren verschont geblieben war. Dann aber wechselte Nero geschickt den Tonfall und lobte, widerwillig und gleichsam nur durch Schick und Brauch gezwungen, auch des toten Claudius' Klugheit, Güte und Staatskunst. Da vermochte keiner mehr an sich zu halten. Gewaltiges Gelächter unterbrach immer wieder Neros Rede. Man lachte sogar, als er von seinem eigenen unersetzlichen Verlust und großen Kummer sprach. Der Begräbniszug war eine einzige Narrenposse, und niemand verbarg mehr seine Erleichterung darüber, daß Rom endlich der Willkür eines grausamen, genußsüchtigen und schwachsinnigen Prassers entronnen war.«

Junius Silanus schlug seinen goldenen Becher so heftig gegen die Kante seines Liegesofas, daß mir der Wein ins Gesicht spritzte, und brüllte: »Claudius war so alt wie ich, und ich dulde nicht, daß man sein Andenken beschimpft. Sobald die Väter zur Vernunft kommen, werden sie wohl einsehen, daß der siebzehnjährige Sohn einer machtlüsternen Mutter nicht über die Welt herrschen kann.«

Celer nahm diese Worte ruhig auf. »Claudius ist zum Gott erhöht worden«, sagte er. »Wer kann von einem Gott schlecht sprechen! In Elysiums Blumengefilden steht Claudius göttlich erhaben über aller Kritik und Verunglimpfung; das müßtest du doch begreifen, Prokonsul. Senecas Bruder Gallio scherzte gewiß nur, als er sagte, Claudius sei mit einem Haken unterm Kinn zum Himmel hinaufgezogen worden, so wie wir die Leichen der Staatsverbrecher von Tullianum zum Tiber schleifen. Ein solcher Scherz beweist aber nur, daß man in Rom wieder offen zu lachen wagt.«

Als Junius Silanus immer noch vor Zorn und Atemlosigkeit schnaubte, schlug Publius Celer einen anderen Ton an und sagte warnend: »Es ist besser, du trinkst auf das Wohl des Imperators und vergißt deinen Groll, Prokonsul.«

Auf seinen Wink brachte Helius einen neuen Goldbecher und reichte ihn Celer. Celer mischte vor aller Augen den Wein, schenkte ein, trank selbst aus dem Becher und reichte ihn Silanus, der ihn nach seiner Gewohnheit in wenigen Zügen leerte, da er wohl oder übel auf den neuen Kaiser trinken mußte.

Als er den Becher wieder niedergesetzt hatte, wollte er offensichtlich noch eine bissige Bemerkung anbringen, aber plötzlich schwollen seine Schläfenadern, er fuhr sich mit den Händen an den Hals und stöhnte nur, während sein Gesicht blau anlief. Wir starrten ihn erschrocken an, und noch ehe einer von uns einer einzigen Bewegung fähig war, stürzte er schwer zu Boden. Sein Körper zuckte noch einige Male, und dann tat er vor unser aller Augen seinen letzten Atemzug.

Wir waren entsetzt aufgesprungen, und keiner vermochte ein Wort zu sagen. Nur Publius Celer bewahrte die Fassung und ließ sich in ruhigem Tonfall vernehmen: »Ich warnte ihn davor, sich aufzuregen. Die Pflichten, die diese unerwarteten Veränderungen mit sich brachten, haben ihn überanstrengt, und er nahm vor dem Mahl ein zu heißes Bad. Wir wollen aber diesen Herzschlag eher als ein gutes Vorzeichen betrachten denn als ein böses. Ihr habt alle gehört, welch bitteren Groll er gegen den Imperator und dessen Mutter hegte. Aus Groll nahm sich seinerzeit auch sein jüngerer Bruder Lucius das Leben, nur um Claudius und Agrippina den Hochzeitstag zu verderben, nachdem Claudius seine Verlobung mit Octavia gelöst hatte.«

Wir begannen alle durcheinanderzureden und bezeugten, daß wir gesehen hatten, wie plötzlich das Herz eines zu dicken Mannes vor Ärger brechen kann. Helius holte den Arzt des Silanus, der sich an die gesunden Lebensregeln der Bewohner von Kos hielt und schon früh schlafen gegangen war. Er eilte erschrocken herbei, wandte die Leiche um, bat um mehr Licht und blickte mißtrauisch in den Hals des Toten. Dann verhüllte er, ohne ein Wort zu sagen, sein Haupt.

Als Publius Celer ihm einige Fragen stellte, bekannte er, daß er seinen Herrn oft vor der Prasserei gewarnt hatte, und bestätigte, daß alle Anzeichen auf einen Herzschlag deuteten.

»Über diesen Vorfall muß ein ärztliches Zeugnis und ein amtliches Dokument ausgestellt werden, das wir alle als Zeugen unterzeichnen«, sagte Publius Celer. »Wenn eine bekannte Persönlichkeit eines plötzlichen Todes stirbt, geraten rasch die Lästerzungen in Bewegung. Deshalb muß auch bezeugt werden, daß ich selbst von dem Wein kostete, den ich ihm reichte.«

Wir sahen einander verwirrt an. Es hatte zwar so ausgesehen, als hätte Celer selbst aus dem Becher getrunken, aber er konnte uns auch getäuscht haben, wenn der Becher wirklich Gift enthielt. Ich habe hier alles so berichtet, wie es sich zutrug, denn später hieß es, Agrippina habe Celer mit dem ausdrücklichen Auftrag entsandt, Silanus zu vergiften, und dieser starb ja auch genau zum richtigen Zeitpunkt.

Das Gerücht behauptete, Celer habe sowohl Helius als auch den Arzt bestochen. Sogar mein Name wurde in diesem Zusammenhang genannt, und es fielen einige böse Andeutungen des Sinnes, daß ich ein guter Freund Neros sei. Der Prozeß, der auf Verlangen des Senats gegen Celer eingeleitet wurde, um der Sache auf den Grund zu gehen, wurde so lange verschleppt, bis Celer schließlich an Altersschwäche starb. Ich hätte jederzeit gern zu seinen Gunsten ausgesagt. Helius bekam später eine hervorragende Stellung im Dienste Neros.

Das plötzliche Hinscheiden des Prokonsuls erregte verständlicherweise Aufsehen in Ephesus und der ganzen Provinz Asia. Um die Bevölkerung nicht zu beunruhigen, wurde kein großes Begräbnis angesetzt, sondern wir verbrannten die Leiche in seinem eigenen geliebten Garten auf dem Landgut. Als der Scheiterhaufen niedergebrannt war, sammelten wir seine Asche in eine kostbare Urne, die wir in das in letzter Zeit rasch sich füllende Mausoleum seiner Familie in Rom schickten. Publius Celer übernahm, auf seine Vollmachten gestützt, das Amt des Prokonsuls in Asia, bis der Senat aus den Reihen der Bewerber, die ein Anrecht auf diese Stellung hatten, einen neuen ordentlichen Prokonsul ausloste. Die Amtszeit des Silanus wäre übrigens ohnehin bald abgelaufen gewesen.

Der Herrschaftswechsel führte in Ephesus zu den üblichen Unruhen, die diesmal, durch den plötzlichen Tod des Prokonsuls, noch heftigere Formen als sonst annahmen. Die unzähligen Wahrsager, Wunderheiler, Verkäufer von Zauberbüchern und vor allem Silberschmiede, die kleine Nachbildungen des Artemistempels als Reiseandenken verkauften, nutzten die Gelegenheit, um auf den Straßen Lärm zu schlagen und die Juden zu mißhandeln.

Schuld daran war selbstverständlich wieder einmal Paulus, der, wie ich jetzt erst erfuhr, seit einigen Jahren Uneinigkeit in Ephesus stiftete. Ihn hatte der Arzt des Silanus gemeint, und ich hatte es nicht erraten. Paulus hatte seine Anhänger dazu überredet, alle ihre astrologischen Kalender und Traumbücher im Wert von insgesamt ein paar Hunderttausend Sesterze auf dem Forum der Stadt zusammenzutragen und zu verbrennen, um seine, des Paulus, Gegner öffentlich zu beleidigen. Diese Bücherverbrennung hatte im abergläubischen Ephesus viel böses Blut gemacht, und auch die Gebildeten, die nichts auf Horoskope und Traumdeutung gaben, hielten es für unrecht, Bücher zu verbrennen, und fürchteten, man könnte nach der Sterndeuterei die Philosophie und die Dichtung zum Scheiterhaufen verdammen.

Ohnmächtiger Zorn ergriff mich, als mir wieder einmal Paulus als Friedensstörer genannt wurde. Ich hätte Ephesus am liebsten augenblicklich verlassen, aber Publius Celer verlangte von mir, daß ich den Befehl über die römische Garnison und die Reiterei der Stadt übernahm. Er fürchtete neue Aufstände.

Tatsächlich vergingen kaum ein paar Tage, als uns auch schon der Rat der Stadt die beunruhigende Nachricht sandte, daß durch alle Straßen der Stadt große Volkshaufen zum griechischen Theater zogen, um dort eine gesetzwidrige Versammlung abzuhalten. Die Silberschmiede hatten zwei der Weggefährten des Paulus auf offener Straße ergriffen, aber seine anderen Jünger hinderten Paulus mit Gewalt daran, sich selbst zum Theater zu begeben. Sogar die Väter der Stadt sandten ihm eine Warnung und legten ihm nahe, sich nicht unter die Menge zu mischen, denn das hätte zu Mord führen können.

Als es offenbar wurde, daß der Rat der Stadt der Lage nicht mehr Herr war, befahl mir Publius Celer, die Reiterei herauszuführen, und stellte selbst eine Kohorte Fußvolk an den Eingängen des Theaters auf. Er lächelte mit kühlen Augen und schiefem Mund und sagte, er warte schon seit einiger Zeit auf eine günstige Gelegenheit dieser Art, um diesem streitsüchtigen Volk einmal beizubringen, was römische Zucht und Ordnung sei.

Zusammen mit einem Hornisten und dem Kohortenführer betrat ich das Theater, um ein Zeichen zu geben, falls es zu Gewalttätigkeiten kam. In dem riesigen Theater herrschten Lärm und Unruhe, und viele der Anwesenden wußten offenbar nicht einmal, worum es ging, sondern waren einfach nach Art der Griechen mitgelaufen, um wieder einmal aus vollem Hals zu brüllen. Bewaffnet schien keiner zu sein, aber ich konnte mir vorstellen, was für eine Panik ausbrechen würde, falls das Theater mit Gewalt geräumt werden sollte.

Der Zunftälteste der Silberschmiede versuchte die Volksmenge zu beruhigen, um sprechen zu können. Zuvor hatte er sich jedoch solche Mühe gegeben, die Leute aufzuhetzen, daß er heiser geworden war und sich kaum verständlich zu machen vermochte. Ich begriff immerhin so viel, daß er den Juden Paulus beschuldigte, er habe nicht nur in Ephesus, sondern in der ganzen Provinz Asia das Volk zu dem Glauben verführt, die von Menschenhand gemachten Götter seien keine wirklichen Götter.

»Der Tempel der Artemis wird sein Ansehen verlieren und sie selbst, sie, die in Asia und der ganzen Welt verehrt wird, ihre Macht!« schrie er mit gebrochener Stimme.

Die gewaltige Zuhörermenge brüllte aus vollem Hals: »Groß ist die Artemis der Epheser!« Das Gebrüll währte so lange, daß mein Hornist unruhig wurde und schon blasen wollte, aber ich schlug seinen Arm nieder.

Einige Juden mit Quasten an den Mänteln drängten sich zur Bühne, stießen einen Kupferschmied nach vorn und riefen: »Laßt Alexander sprechen!« Ich nehme an, dieser Alexander wollte erklären, daß die rechtgläubigen Juden nichts mit Paulus zu schaffen hatten und daß dieser nicht einmal unter den Christen in Ephesus volles Vertrauen genoß.

Als die Zuhörer aber an seiner Kleidung erkannten, daß er Jude war, wollten sie ihn nicht zu Wort kommen lassen, und sie hatten insofern recht, als ja auch die rechtgläubigen Juden die Götterbilder und deren handwerkliche Anfertigung verurteilten. Um ihn am Reden zu hindern, brach das Volk wieder in den Ruf aus: »Groß ist die Artemis der Epheser!« Nun dauerte das Gebrüll, ich übertreibe nicht, volle zwei Striche auf der Wasseruhr.

Auf einmal stand Publius Celer mit blankem Schwert neben mir und herrschte mich an: »Warum läßt du nicht das Signal blasen? Wir jagen die ganze Versammlung im Handumdrehen auseinander!«

Ich sagte warnend: »In dem Gedränge würden einige Hundert Menschen niedergetrampelt werden.« Der Gedanke schien ihm zu behagen, deshalb fügte ich rasch hinzu: »Sie preisen ihre eigene Artemis. Es wäre sowohl eine Lästerung als auch eine politische Dummheit, eine Versammlung aus diesem Grunde auseinanderzutreiben.«

Als der oberste Richter der Stadt uns an einer der Eingangstüren stehen und zögern sah, winkte er uns verzweifelt zu und bedeutete uns, zu warten. Sein Ansehen war so groß, daß das Volk sich allmählich beruhigte, als er die Bühne betrat, um zu sprechen.

Nun wurden die beiden Christen nach vorn gestoßen. Man hatte sie geschlagen und ihnen die Kleider zerrissen, aber Schlimmeres war ihnen nicht geschehen. Die Juden bespuckten sie, um zu zeigen, was sie von ihnen hielten. Der Richter ermahnte jedoch das Volk, nicht unüberlegt zu handeln, und erinnerte es daran, daß die Stadt Ephesus das vom Himmel herabgefallene Abbild der Göttin Artemis zu verehren habe und keine anderen. Seiner Meinung nach waren die Anhänger des Juden Paulus weder Tempelschänder noch auch nur Lästerer.

Die Vernünftigsten unter den Zuhörern schielten nach meinem roten Helmbusch und dem Hornisten und begannen sich einen Weg aus dem Theater zu bahnen. Einen Augenblick stand alles auf des Messers Schneide, dann aber erinnerten sich viele der Gebildeteren abschreckender Beispiele aus der Geschichte und beeilten sich, das Theater zu verlassen. Publius Celer knirschte mit den Zähnen. Wenn es ihm vergönnt gewesen wäre, einen scheinbaren Aufstand niederzuschlagen, hätte er nach alter römischer Sitte einen Brand legen und die Werkstätten der Silberschmiede plündern können. So blieb ihm nichts anders übrig, als das Theater zu besetzen und die letzten der Aufwiegler und der Juden, die noch nicht gehen wollten, verprügeln zu lassen. Das war aber auch alles, was an diesem Tag geschah.

Später machte er mir bittere Vorwürfe und sagte: »Wir könnten beide steinreich sein, wenn du nicht so unentschlossen gewesen wärst. Nach der Niederwerfung eines Aufstandes stünden wir obenan auf der Rolle des Ritterstandes. Als Ursache des Aufruhrs hätten wir die schlappe Regierung des Silanus angeben können. Man muß die Gelegenheit im Flug ergreifen, sonst versäumt man sie für alle Zeit.«

Paulus hielt sich eine Weile versteckt und mußte dann aus der Stadt fliehen. Nachdem ich ihm auf Umwegen eine ernste Warnung hatte zugehen lassen, hörten wir, daß er nach Makedonien gereist war. Nach seinem Fortgang wurde es allmählich ruhig in der Stadt, und die Juden hatten an anderes zu denken. Es befanden sich unter ihnen übrigens viele aus Rom verbannte Handwerker, die auf Grund der allgemeinen Begnadigung bei Frühjahrsbeginn zurückzukehren gedachten.

Einstweilen tobten die Winterstürme, und im Hafen lag nicht ein einziges Schiff, das bereit gewesen wäre, nach Italien abzusegeln. Publius Celer hatte jedoch einen tiefen Groll gegen mich gefaßt. Um nicht bleiben und mit ihm streiten zu müssen, suchte ich weiter und machte schließlich ein kleines Schiff ausfindig, das, mit Götterbildern schwer befrachtet, unter dem Schutz der Artemis die Fahrt nach Korinth anzutreten wagte. Wir hatten das Glück, den Nordstürmen zu entgehen, mußten aber unterwegs mehrere Male in Inselhäfen Schutz suchen.

Hierax Lausius hatte mich als tot betrauert, da er so lange nichts von mir gehört hatte. Er war noch dicker geworden, trug den Kopf sehr hoch und hatte sich beim Sprechen einen feierlichen Tonfall angewöhnt. Er war mit der fülligen griechischen Witwe verheiratet und hatte zwei elternlose Knaben ins Haus genommen, um für ihre Erziehung zu sorgen und ihr Eigentum zu verwalten. Stolz zeigte er mir seinen Fleischladen, der im Sommer durch Quellwasser aus dem Berg kühl gehalten wurde. Er hatte auch Anteile an Schiffen erworben und kaufte handwerklich ausgebildete Sklaven, um eine eigene Bronzegießerei zu gründen.

Als ich ihm von den Unruhen in Ephesus erzählte, nickte er verständnisvoll und sagte: »Ja, wir haben auch hier unsere Zwistigkeiten. Du erinnerst dich gewiß, daß Paulus nach Jerusalem reiste, um vor den Ältesten Rechenschaft abzulegen. Sie fanden seine Lehre zu verworren und verweigerten ihm, soviel wir hörten, ihre Zustimmung. Kein Wunder, daß er nun in seinem Zorn noch hitziger predigt. Es ist vielleicht wirklich etwas von der Kraft Christi auf ihn übergegangen, da er ja einige Wunderheilungen zustande gebracht hat, aber die vernünftigen Christen halten sich lieber von ihm fern.«

»Du bist also immer noch Christ?« fragte ich verwundert.

»Ich glaube sogar, ich bin ein besserer Christ als je zuvor«, antwortete Hierax. »Ich habe den Frieden in meiner Seele, eine gute Frau und Erfolge in meinen Unternehmungen. Es kam übrigens ein Bote, der Apollos heißt, hierher nach Korinth. Er hat die Schriften der Juden in Alexandria studiert und ist in Ephesus von Aquila und Prisca unterrichtet worden. Er ist ein hinreißender Redner und gewann sich viele Anhänger. Wir haben daher nun eine Apollos-Partei, die ihre eigenen Versammlungen und Mähler abhält und nicht mit den übrigen Christen verkehrt. Prisca hatte so gut von ihm gesprochen, daß er hier herzlich empfangen wurde, und später erst erkannten wir, wie machtlüstern er ist. Zum Glück weilt auch Kephas unter uns, der Erste der Jünger Christi. Er ist viel umhergereist, um die Gemüter zu beruhigen, und gedenkt im Frühling Rom aufzusuchen, um dafür zu sorgen, daß nicht der alte Streit wieder ausbricht, wenn die verbannten Juden zurückkehren. Ich glaube ihm mehr als allen anderen, denn was er lehrt, das hat er aus dem Munde Christi selbst gehört.«

Hierax sprach so ehrerbietig von Kephas, daß ich Lust bekam, ihn zu sehen, obwohl mir Juden wie Christen schon bis zum Halse standen. Ich erfuhr, daß Kephas ursprünglich ein galiläischer Fischer gewesen war, den Jesus von Nazareth etwa fünfundzwanzig Jahre vor meiner Geburt gelehrt hatte, Menschen zu fischen. Kephas hatte da gewiß eine schwere Bürde auf sich genommen, denn er war ein ungebildeter Mann aus dem Volke und sprach mit knapper Not ein paar Worte Griechisch. Er mußte daher immer einen Dolmetsch mitführen. Ich glaubte jedoch allen Grund zu haben, einen Mann kennenzulernen, dem es gelungen war, Hierax fromm zu machen, denn dieses Wunder hatte nicht einmal

Paulus mit all seiner jüdischen Gelehrsamkeit und seinem Glaubenseifer bewirken können.

Kephas wohnte bei einem der Juden, die sich zu Christus bekannten. Dieser Jude betrieb einen Handel mit in Öl eingelegtem Fisch und war kein vermögender Mann. Als ich sein Haus, zu dem Hierax mich geführt hatte, betrat, rümpfte ich die Nase. Es stank nach Fisch, und unter meinen Schritten knirschte der Sand, den die vielen Besucher ins Haus gebracht hatten. Ich befand mich in einem kleinen, schlecht beleuchteten Raum. Der jüdische Wirt des Kephas begrüßte uns verlegen und mißtrauisch, so als fürchtete er, meine Anwesenheit könnte seine Wohnstatt verunreinigen.

Er gehörte offenbar zu jenen Juden, die zwar Christus gewählt hatten, dabei aber immer noch versuchten, das jüdische Gesetz einzuhalten und die Berührung mit unbeschnittenen griechischen Christen zu vermeiden. Er befand sich in einer schwierigeren Lage als die Griechen, da die rechtgläubigen Juden ihn als Abtrünnigen mit besonderem Haß verfolgten, und zudem litt er ständig Gewissensqualen wegen des Gesetzes.

Der Jude Kephas trug Quasten an seinem Mantel. Er war ein hochgewachsener Mann mit dichtem Haupthaar und Silberfäden im Bart. Seinen breiten, kräftigen Händen sah man an, daß er früher einmal schwere körperliche Arbeit verrichtet hatte. Sein Blick war gelassen und furchtlos, und als er mich betrachtete, glaubte ich, in seinen Augen eine gewisse Bauernschläue zu erkennen, die mich für ihn einnahm. Er strahlte Ruhe und Sicherheit aus.

Ich muß gestehen, daß ich von unserem Gespräch nicht viel behalten habe. Meist sprach Hierax, auf eine schmeichlerische Art, und wir hatten unsere Not mit dem Dolmetsch, einem schmächtigen Juden, der Marcus hieß und viel jünger als Kephas war. Kephas sprach ein träges Aramäisch in kurzen Sätzen. Ich erinnerte mich meiner Kindheit in Antiochia und versuchte zu verstehen, was er sagte, bevor der Dolmetsch übersetzte, doch das verwirrte mich nur. Im Grunde aber fand ich, daß Kephas eigentlich nichts Bemerkenswertes zu sagen hatte. Er wirkte am stärksten durch die versöhnliche Wärme, die von ihm ausging.

Kephas versuchte auf eine etwas kindliche Art seine Gelehrsamkeit zu beweisen, indem er aus den Schriften der Juden zitierte. Er wies die Schmeicheleien des Hierax würdevoll zurück und ermahnte ihn, nur Jesu Christi Gott und Vater zu preisen, der ihn, Hierax, in seiner Barmherzigkeit zu lebendiger Hoffnung wiedergeboren hatte.

Hierax hatte plötzlich Tränen in den Augen und bekannte aufrichtig, daß er zwar eine Art Wiedergeburt in seinem Herzen wahrgenommen habe, daß aber sein Körper noch immer ein Tummelplatz selbstsüchtiger Begierden sei. Kephas tadelte ihn nicht, sondern betrachtete ihn nur mit einem zugleich milden und schlauen Blick, so als durchschaute er ihn zwar in seiner ganzen menschlichen Schwäche, sähe aber doch auch eine Spur echten Strebens nach dem Guten in seiner abgefeimten Sklavenseele.

Hierax bat Kephas eifrig, zu berichten, wie er König Herodes entronnen war und welche Wunder er in Jesu Christi Namen getan hatte. Der aber hatte begonnen, mich aufmerksam zu mustern, und mochte nicht mit seinen Wundertaten prahlen. Statt dessen trieb er ein wenig Spott mit sich selbst und sagte uns, wie wenig er Jesus von Nazareth verstanden hatte, als er vor dessen Kreuzigung noch mit ihm wanderte. Er berichtete uns sogar, daß es ihm nicht einmal gelungen war, wach zu bleiben, während Jesus in der letzten Nacht seines Erdenlebens betete. Als Jesus gefangengenommen worden war, war er ihm nachgegangen und hatte draußen im Hof beim Kohlenfeuer dreimal geleugnet, daß er ihn kannte, ganz wie Jesus es ihm vorausgesagt hatte, als er, Kephas, sich damit brüstete, daß er bereit sei, mit ihm zu leiden.

Ich kam allmählich zu der Überzeugung, daß des Kephas eigentliche Stärke gerade solche einfachen Geschichten waren, die er Jahr für Jahr so oft wiederholt hatte, daß er sie fließend vorzutragen vermochte. Er, der ungelehrte und des Schreibens unkundige Fischer, trug Christi eigene Worte und Lehrsprüche genau im Gedächtnis und versuchte durch seine Demut und Bescheidenheit anderen Christen ein Vorbild zu sein, die sich, wie Hierax, im Namen Christi wie Kröten aufblasen konnten.

Kephas hatte nichts Abstoßendes an sich, aber ich ahnte, daß er schrecklich aussehen konnte, wenn er sich erzürnte. Auch er machte keinen Versuch, mich zu bekehren, als er mich eine ganze Weile prüfend betrachtet hatte, und das kränkte mich ein wenig.

Auf dem Heimweg gab mir Hierax seine eigene Auffassung offenherzig zu erkennen: »Wir Christen betrachten einander als Brüder. Wie aber alle Menschen ungleich sind, so sind es auch wir Christen. Deshalb gibt es nun eine Partei des Paulus, eine

Partei des Apollos, eine Partei des Kephas und andere, die sich, wie ich, einfach an Christus halten und tun, was sie selbst für gut finden, und unsere gegenseitige Unduldsamkeit und Eifersucht machen uns viel zu schaffen. Die Neubekehrten schreien und zanken sich am lautesten im Namen des Geistes und tadeln die friedsameren wegen ihrer Lebensweise. Ich für mein Teil halte mich, seit ich mit Kephas zusammengetroffen bin, nicht für vortrefflicher und weniger tadelnswert als andere.«

Mein erzwungener Aufenthalt in Korinth machte mich unruhig, und ich fühlte mich in meinem eigenen Hause nicht wohl. Ich kaufte ein Geschenk für Nero: ein aus Elfenbein schön geschnitztes Viergespann, denn ich erinnerte mich, daß er als Kind, als seine Mutter ihn noch nicht zu den richtigen Wagenrennen gehen ließ, mit etwas Ähnlichem gespielt hatte.

Die Saturnalien waren längst vorüber, als ich endlich nach einer stürmischen Überfahrt über Puteoli nach Rom heimkehrte.

Tante Laelia war vor Alter krumm und zänkisch geworden und schimpfte mich aus, weil ich mir fast drei Jahre lang nicht die Mühe genommen hatte, ihr zu schreiben. Nur Barbus freute sich aufrichtig, mich wiederzusehen, und berichtete, daß er Mithras für mein Wohlergehen einen ganzen Stier geopfert hatte, und als ich ihm meine Erlebnisse erzählte, war er überzeugt, daß mich nur das Opfer aus der Gefangenschaft in Kilikien errettet hatte.

Ich wollte als erstes auf den Viminal gehen, um meinen Vater zu begrüßen, so fremd ich mich ihm gegenüber auch fühlte, aber Tante Laelia, die sich wieder beruhigt hatte, zog mich beiseite und sagte: »Du gehst am besten nirgendshin, solange du noch nicht weißt, was alles in Rom geschehen ist.«

Sie kochte vor boshaftem Eifer und behauptete, Claudius habe in seinen letzten Tagen beschlossen, Britannicus trotz dessen Jugend die Toga zu geben, und in betrunkenem Zustand von Agrippinas Herrschsucht gesprochen. Deshalb habe ihm Agrippina giftige Pilze zu essen gegeben. Ganz Rom spreche davon, und Nero habe von der Sache gewußt und gesagt, ein Pilzgericht könne einen Menschen zum Gott machen. Claudius war, wie ich schon wußte, zum Gott erhöht worden, und Agrippina ließ ihm einen Tempel errichten. Bisher hatten sich aber noch nicht viele zum Priesterkollegium gemeldet.

»Rom ist also noch das gleiche Klatschnest wie früher«, sagte ich bitter. »Man weiß doch schon seit Jahren, daß Claudius an

Magenkrebs litt, wenn er es sich selbst auch nicht eingestehen wollte. Willst du mir mit Absicht die Freude verderben? Ich kenne Agrippina und bin ein Freund Neros. Wie sollte ich so Schlimmes von den beiden denken!«

»Der Sekretär Narcissus hat auch einen Stoß abbekommen, der ihn in den Hades beförderte«, fuhr Tante Laelia fort, ohne auf meine Worte zu achten. »Zu seiner Ehre muß allerdings gesagt werden, daß er vor seinem Selbstmord das Geheimarchiv des Claudius verbrannte, das Agrippina um jeden Preis haben wollte. Auf diese Weise rettete er so manchem Mann im Staate das Leben. Agrippina mußte sich mit hundert Millionen Sesterze begnügen, die sie aus seiner Hinterlassenschaft forderte. Glaub, was du willst, aber ich sage dir, daß es in Rom ein Blutbad gegeben hätte, wenn es Agrippina gelungen wäre, ihren Willen durchzusetzen. Zum Glück sind Seneca und Burrus, der Präfekt der Prätorianer, vernünftige Männer und hinderten sie daran. Seneca wurde zum Konsul gewählt, nachdem er, um dem Senat zu gefallen, eine so böse Satire über Claudius geschrieben hatte, daß niemand mehr von dessen Göttlichkeit hören kann, ohne einen Lachanfall zu bekommen. An sich war das ja nur eine Rache für die Verbannung. Wer sich in Rom ein wenig auskennt, weiß, daß Seneca wegen der Liebschaft mit Agrippinas Schwester in die Verbannung geschickt wurde. Das arme Mädchen mußte deshalb sterben. Ich weiß nicht, ob wir viel Gutes zu erwarten haben, wenn ein schönrednerischer Philosoph die Staatsgeschäfte wahrnimmt. Die Zeiten haben sich geändert. Die jungen Leute lassen sich sogar nach Art der Griechen unanständig gekleidet auf der Straße blicken, nun da Claudius sie nicht mehr zwingt, die Toga zu tragen.«

Tante Laelia schwatzte noch viel, bis ich ihr endlich entkam. Während ich zum Haus meines Vaters auf dem Viminal eilte, bemerkte ich, daß man sich auf den Straßen Roms viel freier benahm als früher. Die Menschen wagten zu lachen. Die unzähligen Statuen auf dem Forum waren mit Spottversen vollgekritzelt, die unter allgemeiner Heiterkeit laut vorgelesen wurden. Niemand machte sich die Mühe, sie wegzukratzen. Obwohl es noch früher Nachmittag war, sah ich eine ganze Anzahl betrunkener und auf der Zither klimpernder langhaariger Jünglinge.

Tullias Atrium war wie üblich gedrängt voll von Menschen, die empfangen werden wollten, um irgendeine Gunst zu erbitten, diensteifrige Klienten und zu meinem Leidwesen auch Juden, die meinen Vater offenbar nie in Ruhe ließen. Tullia brach ihr eifriges Gespräch mit zwei vornehmen Klatschbasen ab, kam mir zu meiner Verwunderung entgegengestürzt und umarmte mich herzlich. Ihre fetten Finger glitzerten vor lauter Ringen, und die schlaffe Haut ihres Halses versuchte sie mit einem breiten Halsband zu verbergen, das mit Juwelen in mehreren Farben besetzt war.

»Es ist höchste Zeit, daß du von deinen Irrfahrten nach Rom heimkehrst, Minutus!« rief sie. »Als dein Vater hörte, daß du verschwunden warst, wurde er krank vor Unruhe und Sorge, obwohl ich ihn daran erinnerte, wie er selbst sich in seiner Jugend aufgeführt hatte. Zum Glück sehe ich nun, daß du frisch und gesund bist, du schlechter Kerl! Aber hast du dich in Asia mit Betrunkenen geprügelt, weil du so häßliche Narben im Gesicht hast? Ich fürchtete schon, dein Vater sorgt sich deinetwegen noch zu Tode.«

Mein Vater war gealtert, benahm sich aber in seiner Eigenschaft als Senator würdevoller als zuvor. Als ich ihn nach so langer Zeit zum erstenmal wiedersah, fiel mir auf, daß er die traurigsten Augen hatte, die ich je bei einem Menschen bemerkt hatte. Wir konnten nicht unbeschwert miteinander reden, so froh er gewiß über meine Heimkehr war. Ich begnügte mich damit, von meinen Erlebnissen zu berichten, und tat die Zeit meiner Gefangenschaft mit ein paar Worten ab.

Zuletzt fragte ich ihn, mehr im Scherz als im Ernst, was denn die Juden noch immer von ihm wollten.

Mein Vater erklärte mir schuldbewußt: »Prokurator in Judäa ist jetzt Felix, der Bruder des Pallas. Du wirst dich erinnern: Felix, der sich mit einer Enkelin Kleopatras vermählte. Seine Habsucht gibt ständig zu Klagen Anlaß, oder vielleicht verhält es sich ganz einfach so, daß den Juden, diesen ewigen Streithammeln, nichts gut genug ist. Nun hat wieder einmal irgendeiner irgendwo irgendeinen erschlagen. Ich glaube, ganz Judäa ist in den Händen einer Räuberbande. Das ist ein Morden und Brennen ohne Ende, und Felix ist offenbar nicht imstande, die Ordnung aufrechtzuerhalten. Die Juden wollen die Sache vor den Senat bringen, aber wer möchte sich da einmischen! Pallas ist viel zu mächtig, und keiner will sich mit ihm verfeinden. Außerdem hat der Senat genug wirkliche Sorgen mit Armenien und Britannien.

Wir treten jetzt im Palast zusammen, weil Agrippina hinter einem Vorhang den Besprechungen des Senats lauschen will. Bequemer haben wir es dort allerdings als in der entsetzlichen Kurie, wo einige von uns stehen mußten, wenn der Senat einmal durch ein Wunder vollzählig versammelt war, und wo man sich im Winter die Füße erfror.«

»Und Nero?« fragte ich eifrig. »Was hältst du von ihm?«

»Ich weiß, daß Nero wünschte, er hätte nie schreiben gelernt, als er zum erstenmal ein Todesurteil durch seine Unterschrift bestätigen mußte«, erwiderte mein Vater. »Vielleicht ist er wirklich die Hoffnung der Menschheit, wie einige aufrichtig glauben. Jedenfalls hat er einen Teil seiner richterlichen Gewalt den Konsuln und dem Senat übertragen. Ob er es tat, um uns Vätern seine Achtung zu erweisen oder um sich selbst einem angenehmeren Zeitvertreib widmen zu können, das weiß ich nicht.«

Mein Vater redete offensichtlich nur, um irgend etwas zu sagen. Er runzelte die Stirn, blickte zerstreut an mir vorbei und schien sich nicht im geringsten für die Staatsgeschäfte zu interessieren. Plötzlich sah er mir forschend in die Augen und fragte: »Minutus, mein Sohn, was gedenkst du mit deinem Leben anzufangen?«

»Ich habe zwei Jahre lang gedemütigt und elender als ein Sklave in einer finsteren Höhle gehaust«, erwiderte ich trotzig. »Zwei Jahre hat mir eine Laune der Glücksgöttin von meinem Leben genommen. Wenn ich überhaupt etwas denke, so das, daß ich mir einmal diese zwei Jahre zurückholen und mich wie ein Mensch meines Lebens freuen will, ohne mich mit unnötigen Dingen zu beschweren und mir die Gaben des Lebens zu versagen.«

Mein Vater zeigte auf die glattpolierten Wände, und seine Gebärde schloß gleichsam die ganze Pracht des Hauses ein. »Vielleicht lebe auch ich in einer finsteren Höhle«, sagte er mit abgrundtiefer Trauer in der Stimme. »Ich unterwerfe mich Pflichten und Ehren, um die ich nicht gebeten habe. Du aber bist Blut von deiner Mutter Blut und darfst nicht verlorengehen. Hast du den Becher deiner Mutter noch?«

»Er ist nur aus Holz, und deshalb hielten es die kilikischen Räuber nicht der Mühe wert, ihn mir abzunehmen«, sagte ich. »Wenn wir mehrere Tage kein Wasser bekamen, die Zunge am Gaumen klebte und unser Atem stank wie Raubtieratem, hielt ich den Becher an die Lippen und bildete mir ein, er sei voll. Doch das war er nicht. Ich glaubte es nur in meinem Wahn.«

Ich hütete mich, meinem Vater von Paulus und Kephas zu erzählen, denn ich wollte sie aus meinem Gedächtnis streichen, als hätte ich sie nie gesehen. Mein Vater sagte jedoch: »Ich wollte, ich wäre ein Sklave und arm, um mein Leben von neuem zu beginnen. Aber für mich ist es zu spät. Die Fesseln sind mir schon ins Fleisch eingewachsen.«

Der Traum der Philosophen vom einfachen Leben bedeutete mir nichts. Seneca hatte die Segnungen der Armut und der Sinnesruhe in schönen, wohlgesetzten Worten gepriesen, er selbst aber ließ sich von Macht, Ehre und Reichtum bezaubern und erklärte, diese könnten den Weisen ebensowenig erschüttern wie Armut und Verbannung.

Zuletzt sprachen wir über finanzielle Dinge. Nachdem er sich mit Tullia beraten hatte, beschloß mein Vater, mir zunächst einmal eine Million Sesterze zur Verfügung zu stellen, damit ich standesgemäß leben, Gäste einladen und nützliche Verbindungen anknüpfen konnte. Er versprach mir für später noch mehr, da es ihm, wie er sagte, unmöglich war, sein Geld aufzubrauchen, sosehr er sich auch bemühte.

»Dein Vater braucht etwas, was ihn befriedigen und sein Leben ausfüllen würde«, klagte Tullia. »Er macht sich nicht einmal mehr etwas aus den Vorlesungen, obwohl ich ein eigenes Auditorium im Haus einrichten ließ, weil ich annahm, du würdest dich vielleicht ganz dem Schreiben widmen. Er sollte alte Musikinstrumente oder griechische Malereien sammeln und dadurch berühmt werden. Manche legen Wasserbecken an, in denen sie seltene Fische züchten, oder bilden Gladiatoren aus, und er hätte sogar die Mittel, sich Rennpferde zu halten. Das ist der kostspieligste und vornehmste Zeitvertreib, den ein Mann in mittleren Jahren sich leisten kann. Aber nein, er ist ja so starrsinnig. Bald läßt er irgendeinen Sklaven frei, bald teilt er Geschenke an wertloses Gesindel aus. Er könnte sich freilich auch noch einen schlimmeren Zeitvertreib einfallen lassen, und im allgemeinen kommen wir ja ganz gut miteinander aus, nachdem jeder gelernt hat, ein wenig nachzugeben.«

Ich hätte bis zum Abend bleiben sollen, glaubte aber, mich so rasch wie möglich im Palast anmelden zu müssen, bevor die Kunde von meiner Ankunft auf anderen Wegen dorthin gelangt war.

Für so wichtig hielt ich mich. Die Wachtposten ließen mich eintreten, ohne mich auf Waffen zu durchsuchen, so sehr hatten sich die Zeiten geändert, aber wie verwunderte ich mich, als ich sah, was für eine Menge von Glücksrittern in den Arkaden herumlungerte und auf eine günstige Gelegenheit wartete! Ich wandte mich an mehrere Höflinge, aber Seneca war so beschäftigt, daß er mich nicht empfangen konnte, und Kaiser Nero selbst hatte sich eingeschlossen, um zu dichten, und durfte nicht gestört werden, wenn die Musen bei ihm weilten.

Ich war bedrückt, als ich erkannte, wie groß die Zahl derer war, die auf irgendeine Weise die Gunst des jungen Kaisers zu erlangen trachteten. Als ich schon wieder gehen wollte, kam einer der unzähligen Sekretäre des Pallas und führte mich zu Agrippina. Sie schritt erregt auf und ab und trat die kostbaren orientalischen Teppiche zur Seite.

»Warum läßt du dich nicht sofort bei mir melden?« fragte sie zornig. »Hast auch du alle Achtung und Verehrung für mich abgelegt? Undank ist der Welt Lohn. Ich glaube nicht, daß es eine Mutter gibt, die so viel für ihren Sohn und seine Freunde getan hat wie ich.«

»Augusta, Mutter des Vaterlandes«, rief ich, obwohl ich wußte, daß sie diesen Ehrentitel nicht erhalten hatte, denn sie war nur Priesterin des Gottes Claudius. »Wie kannst du mir Undank vorwerfen! Ich wagte es nur nicht, dich mit meinen unwichtigen Angelegenheiten in deiner großen Trauer und Sorge zu stören.«

Agrippina ergriff meine Hand, drückte ihren vollen Busen gegen meinen Arm und atmete mir einen aufdringlichen Veilchenduft ins Gesicht. »Es ist gut, daß du zurückgekommen bist, Minutus Lausus«, sagte sie. »Du bist nicht leichtsinnig, obwohl du einst in deiner Unerfahrenheit einen Fehltritt begangen hast. Nero braucht jetzt seine wirklichen Freunde. Er ist unentschlossen und allzu leicht zu beeinflussen. Vielleicht habe ich ihn zu streng behandelt, ich weiß es nicht, aber ich glaube nun zu bemerken, daß er mir mit Absicht ausweicht, obwohl er anfangs immer neben mir in der Sänfte saß oder ihr höflich folgte. Du weißt vielleicht, daß mir der Senat das Recht zugesprochen hat, im Wagen bis zum Kapitol hinaufzufahren, wenn ich will. Nero verschwendet wahnwitzige Summen für unwürdige Freunde, Zitherspieler, Schauspieler, Wagenlenker und Verfasser aller erdenklichen Huldigungsschriften, so als hätte er vom Wert des Geldes keine Vorstellung. Pallas ist sehr besorgt. Ihm ist es zu danken, daß zu Lebzeiten des armen Claudius wenigstens noch eine gewisse Ordnung in den Staatsfinanzen herrschte. Die kaiserliche Handkasse war streng von der Staatskasse getrennt, aber diesen Unterschied will Nero nicht begreifen. Noch dazu hat er sich in eine Sklavin vergafft. Es ist nicht zu fassen: Nero zieht ein weißhäutiges Mädchen seiner eigenen Mutter vor! Das ist ein Benehmen, wie es sich für einen Kaiser nicht ziemt, und noch dazu hat er betrügerische Freunde, die ihn zu allerlei unsittlichen Dingen verführen.«

Die willensstarke, schöne Agrippina, die sonst so beherrscht und erhaben wie eine Göttin auftrat, war so erregt, daß sie, in allzu großem Vertrauen auf meine Freundschaft, ihrer Enttäuschung vor mir Luft machte!

»Seneca hat mein Vertrauen auf die gemeinste Weise mißbraucht!« rief sie. »Dieser verfluchte glattzüngige Heuchler! Ich war es, die ihn aus der Verbannung zurückholte. Ich war es, die ihn als Lehrer für Nero anstellte. All seine Erfolge hat er mir zu danken. Du weißt, wie es in Armenien aussieht. Als Nero Gesandte von dort empfangen sollte, ging ich in den Saal, um meinen rechtmäßigen Platz an seiner Seite einzunehmen. Seneca aber bat Nero, mich hinauszuführen, behutsam und ganz als liebender Sohn. Es war eine Beleidigung in aller Öffentlichkeit. Die Frau soll sich nicht in die Staatsgeschäfte einmischen, ja, aber es gibt eine Frau, die Nero zum Kaiser gemacht hat!«

Ich konnte mir vorstellen, was die armenischen Gesandten gedacht haben würden, wenn sie eine Frau öffentlich neben dem Kaiser hätten auftreten sehen, und fand, daß Nero in dieser Sache mehr Verstand bewiesen hatte als Agrippina, aber das konnte ich ihr nicht sagen. Ich betrachtete sie erschrocken, wie man eine verwundete Löwin betrachtet, und begriff, daß ich gerade rechtzeitig zurückgekehrt war, um die Entscheidung in dem Kampf darum mitzuerleben, wer in Rom herrschen sollte: Agrippina oder die Ratgeber Neros. Ich war überrascht, denn ich wußte, wie abhängig Nero einst von seiner Mutter gewesen war.

Verwirrt versuchte ich etwas von meinen eigenen Erlebnissen zu berichten, aber Agrippina hatte nicht die Geduld, mir zuzuhören. Erst als ich den Herzschlag des Prokonsuls Silanus erwähnte, merkte sie auf, nickte und sagte: »Es war das beste so, sonst wären wir eines Tages gezwungen gewesen, ihn wegen Verrats zu verurteilen. Alle Silvaner waren giftige Ottern in ihrem Familienstolz.«

In diesem Augenblick kam ein Diener herbeigeeilt und meldete, daß Nero sich, verspätet wie üblich, zu Tisch begeben hatte. Agrippina gab mir einen Schlag auf die Schulter und sagte: »Lauf, du Dummkopf! Lauf, und laß dich von niemandem aufhalten.«

So bezwingend war ihr Wille, daß ich mich wirklich halb laufend auf den Weg machte und allen Dienern, die mich aufhalten wollten, zu verstehen gab, ich sei zum Abendtisch des Kaisers geladen. Nero hielt in dem kleineren Speiseraum des Palastes Tafel, der nur etwa fünfzig Gäste faßte und schon so voll war, daß die Liegesofas nicht mehr ausreichten und je drei sich eines teilten. Mehrere Gäste mußten sogar sitzen. Nero war erhitzt und nachlässig gekleidet, aber sein angenehmes Jünglingsgesicht strahlte vor Freude. Er starrte mich zuerst kurzsichtig an, umarmte mich dann aber und ließ mir einen Stuhl neben seinen eigenen Ehrenplatz stellen.

»Die Musen waren mir gewogen!« rief er. Dann beugte er sich vor und flüsterte mir ins Ohr: »Minutus, Minutus, hast du je erfahren, was es heißt, aus ganzer Seele zu lieben? Lieben und geliebt werden, was kann der Mensch sich Schöneres wünschen!«

Er aß rasch und gierig, während er einem gewissen Terpnus Anweisungen gab. Man mußte mir erst sagen, daß Terpnus der berühmteste Zitherspieler jener Tage war, so ungebildet war ich noch. Während des Mahls komponierte er eine Weise zu den Liebesversen, die Nero am Nachmittag gedichtet hatte, und sang sie dann den atemlos lauschenden Gästen vor.

Seine Stimme war gut geschult und so kräftig, daß sie einem in die Eingeweide fuhr. Nach seinem Gesang zur Zither brachen wir alle in tosenden Beifall aus. Ich weiß nicht, wie kunstfertig Neros Verse waren und ob oder wieweit er andere Dichter nachahmte, aber so, wie Terpnus sie vortrug, machten sie einen großen Eindruck. Nero dankte mit gespielter Verschämtheit für den Beifall, nahm Terpnus das Instrument aus der Hand, schlug sehnsüchtig die Saiten an, wagte aber nicht zu singen, obwohl viele ihn darum baten.

»Eines Tages werde ich singen«, sagte er bescheiden. »Aber erst muß Terpnus meine Stimme ausbilden und kräftigen. Ich weiß wohl, daß aus meiner Stimme etwas werden kann, und wenn ich einmal singe, will ich nur mit den Besten in Wettstreit treten. Das ist mein einziger Ehrgeiz.«

Immer wieder bat er Terpnus, zu singen, und wurde es nicht müde, ihm zu lauschen. All denen, die sich bei ihren Bechern halblaut zu unterhalten versuchten, warf er zornige Blicke zu. Mir selbst fiel es zuletzt, offen gestanden, schwer, das Gähnen zu unterdrücken. Ich betrachtete die anderen Gäste und stellte fest, daß Nero bei der Wahl seiner Freunde nicht sonderlich auf Geburt und Rang achtete, sondern sich ganz von seinen persönlichen Neigungen leiten ließ.

Der vornehmste der Gäste war Marcus Otho, der wie mein Vater von den etruskischen Königen abstammte und dessen Vater der Senat eine Statue errichtet hatte. Er hatte jedoch wegen seiner Verschwendungssucht und Unverschämtheit einen schlechten Ruf, und ich erinnerte mich, gehört zu haben, daß sein Vater ihn noch züchtigte, als er schon die Toga trug. Auch Claudius Senecio war anwesend, dessen Vater nur ein Freigelassener des Kaisers Gajus war. Die beiden waren stattliche junge Männer, die allen zu gefallen vermochten, wenn sie nur wollten. Einer der Gäste war ein reicher Verwandter Senecas, Annaeus Serenus, und Nero unterhielt sich flüsternd mit ihm, wenn Terpnus schwieg und seine Stimme mit Eiern glättete.

Wenn Nero dem Gesang lauschte, versank er in Träumerei und sah mit seinen schönen Zügen und dem rötlichen Haar wie ein marmorner Endymion aus. Zuletzt sandte er die meisten Gäste fort und behielt nur etwa zehn zurück. Auch ich blieb, da er mich nicht zu gehen bat. In seiner jugendlichen Lebenslust hatte er den Abend noch nicht genug genossen und schlug uns vor, wir sollten uns verkleiden und den Palast heimlich verlassen, um uns in der Stadt zu unterhalten.

Er selbst legte Sklavenkleidung an und zog sich eine Kapuze über den Kopf. Wir waren allesamt so betrunken, daß wir alles spaßig fanden. Lachend und johlend schwankten wir die steile Straße zum Forum hinunter, und nur als wir am Haus der Vestalinnen vorbeikamen, geboten wir einander zu schweigen. Otho machte einige unflätige Bemerkungen, die bewiesen, daß er völlig gottlos war.

In der Straße der Goldschmiede stießen wir auf einen betrunkenen Ritter, der darüber klagte, daß er seine Gesellschaft verloren hatte. Nero suchte Streit mit ihm und schlug ihn nieder, als er handgreiflich werden wollte. Er war sehr kräftig für seine achtzehn Jahre. Otho zog seinen Mantel aus, und mit diesem prellten wir den Ritter hoch in die Luft. Zuletzt stieß Senecio ihn in eine Kloakenöffnung, aber wir zogen ihn wieder heraus, denn ertrinken sollte er doch nicht. Dann trommelten wir mit den Fäusten gegen die geschlossenen Läden der Geschäfte und rissen die Schilder los, die wir als Triumphzeichen mitnahmen, und schließlich erreichten wir die stinkenden Gassen Suburras.

Dort drangen wir in eine kleine Schenke ein, warfen die Gäste hinaus und zwangen den Wirt, uns Wein anzubieten. Der Wein war, wie nicht anders zu erwarten, schlecht, und zur Strafe zerschlugen wir alle Krüge, so daß das elende Gesöff über den Boden und hinaus auf die Straße rann. Als der Wirt in seiner Machtlosigkeit zu weinen begann, versprach ihm Serenus jedoch, er werde ihm den Schaden ersetzen. Nero war sehr stolz auf eine Platzwunde auf der einen Wange und verbot uns streng, den Ochsentreiber aus Latium zu bestrafen, der sie ihm geschlagen hatte, ja er nannte den grobschlächtigen Flegel auch noch einen Ehrenmann.

Senecio war dafür, irgendein Bordell aufzusuchen, aber Nero sagte traurig, er dürfe seiner strengen Mutter wegen nicht einmal mit den besten Dirnen verkehren. Serenus machte eine geheimnisvolle Miene, beschwor uns zu schweigen und führte uns zu einem schönen Haus auf dem Hang des Palatins. Er erzählte uns, daß er es für die schönste Frau der Welt gekauft und eingerichtet habe. Nero gab sich schüchtern und verwirrt und fragte mehrere Male: »Dürfen wir sie wohl so spät noch stören?« und: »Was meinst du, werde ich ihr vielleicht ein Gedicht vortragen dürfen?«

All das war Verstellung, denn in dem Haus wohnte niemand anders als die freigelassene griechische Sklavin Acte, in die Nero sich bis über beide Ohren verliebt hatte. Serenus war nur zum Schein ihr Liebhaber, um ihr in seinem Namen die zahllosen Geschenke Neros übergeben zu können. Ich muß zugeben, daß Acte mit ihren reinen Zügen bewundernswert schön war, und offensichtlich war auch sie wirklich verliebt, denn sie war außer sich vor Freude, als sie da gegen Morgen geweckt wurde, um den betrunkenen Nero und seine Zechkumpane zu empfangen.

Nero schwor, daß Acte von König Attalus abstamme, was er eines Tages der ganzen Welt zu beweisen gedachte. Mir gefiel es nicht, daß er uns das Mädchen unbedingt nackt zeigen wollte, um mit ihrer schneeweißen Haut zu prahlen. Das wohlerzogene Mädchen weigerte sich zuerst auch, aber Nero hatte nur sein Vergnügen daran, daß sich ihre Wangen vor Scham röteten, und sagte, er könne seinen Freunden nichts vorenthalten, und sie müßten selbst sehen, daß er der glücklichste und beneidenswerteste Mann der Welt sei.

So begann mein neues Leben in Rom, und es war kein ehrbares Leben. Nach einiger Zeit bot mir Nero seine Fürsprache an, falls ich irgendein Amt wünschte, ja er war sogar bereit, dafür zu sorgen, daß ich eine Kohorte der Prätorianergarde bekam. Ich lehnte ab und sagte, ich wollte nur sein Freund und Begleiter sein, um die Lebenskunst zu erlernen. Das gefiel ihm, und er antwortete mir: »Du wählst klug, Minutus. Jedes noch so leichte Amt ist eine Zeitvergeudung.«

Zu Neros Ehre muß ich sagen, daß er gerecht und bedachtsam urteilte, wenn er in Angelegenheiten zu Gericht sitzen mußte, die er nicht auf den Stadtpräfekten oder den Präfekten der Prätorianer, Burrus, abschieben konnte. Er beschränkte die Suada der Advokaten auf das nötige Maß und forderte von den anderen Richtern schriftliche Gutachten an, um ihren Schmeicheleien zu entgehen. Nachdem er die verschiedenen Gutachten gelesen hatte, fällte er am nächsten Tag nach eigenem Gutdünken das Urteil. Er verstand es trotz seiner Jugend, würdevoll in der Öffentlichkeit aufzutreten, obwohl er nach Künstlerart nachlässig gekleidet ging und das Haar lang trug.

Ich beneidete ihn nicht um sein Los. Es ist nicht einfach, mit siebzehn Jahren zum römischen Imperator ausgerufen zu werden und, ständig von einer eifersüchtigen und machtlüsternen Mutter bedrängt, über die Welt zu herrschen. Ich glaube, nur seine innige Liebe zu Acte bewahrte ihn davor, Agrippinas Einfluß zu unterliegen. Daß sie ihn auch von seiner Mutter entfernte, bereitete ihm Kummer, aber er konnte ihre gehässigen Worte über Acte nicht ertragen, und er hätte gewiß eine schlechtere Wahl treffen können, denn Acte mischte sich nicht in die Politik ein und verlangte nicht einmal Geschenke von ihm, wenngleich sie sich über die freute, die sie bekam.

Allmählich und ohne daß er es merkte, gelang es Acte auch, in Nero die Wildheit der Domitier zu zügeln. Sie verehrte Seneca, und Seneca begünstigte daher insgeheim auch diese Liebschaft. Er war der Meinung, daß es für Nero viel gefährlicher wäre, wenn er sich in eine vornehme, geburtsstolze römische Jungfrau oder junge Matrone verliebte. Neros Ehe mit Octavia war eine reine Formsache. Er hatte Octavia noch nicht beigewohnt, da sie noch zu kindlich war. Außerdem verabscheute er sie darum, daß sie die Schwester des Britannicus war, und ich muß selbst sagen, daß Octavia nicht viel Einnehmendes an sich hatte. Sie war ein verschlossenes hochmütiges Mädchen, mit dem man kaum ein vernünftiges Wort reden konnte, und hatte leider nichts von der Schönheit und dem Zauber ihrer Mutter Messalina geerbt.

Agrippina war zu klug, um nicht letzten Endes einzusehen, daß ihre Vorwürfe und Zornausbrüche Nero nur abstießen. Sie wurde wieder die zärtliche Mutter, streichelte und küßte ihn und bot ihm an, ihr Schlafgemach zu teilen, damit sie seine engste Vertraute werden könne. Auf Grund all dessen plagte ihn nun ständig das Gewissen. Einmal, als er aus dem Kleider- und Schmuckvorrat des Palatiums ein Geschenk für Acte auswählte, legte er, von seinem schlechten Gewissen getrieben, in aller Unschuld das schönste Kleid und einen Juwelenschmuck für Agrippina zur Seite, aber Agrippina geriet darüber in maßlosen Zorn und schrie, daß alle Kostbarkeiten des Palastes ohnehin ihr gehörten, da sie sie nach Claudius geerbt hatte, und daß Nero nur dank ihrem stillschweigenden Einverständnis darüber verfügen durfte.

Auch ich zog mir den Zorn Agrippinas zu, weil ich ihr nach ihrer Meinung nicht aufrichtig genug berichtete, was Nero und seine Freunde anstellten und welche politischen Ansichten sie hegten. Es war, als hätte diese durch ihre Erfahrungen bitter gewordene Frau plötzlich jeden Halt verloren, als sie zu begreifen begann, daß sie nicht durch ihren Sohn über Rom herrschen konnte. Ihre Züge verkrampften sich zu abstoßender Häßlichkeit, ihre Augen starrten wie die der Medusa, und ihre Sprache wurde so grob und unflätig, daß es einem schwerfiel, ihr zuzuhören. Ich dachte nicht mehr gut von ihr.

Ich glaube, der eigentliche Grund dafür, daß Nero sich mit seiner Mutter nicht vertrug, war der, daß er sie zu sehr liebte, mehr liebte, als ein Sohn seine Mutter lieben soll, und daran war Agrippina selbst schuld. Er fühlte sich zugleich zu ihr hingezogen und von ihr abgestoßen und flüchtete deshalb in Actes Arme oder tobte sich bei nächtlichen Schlägereien in den Gassen Roms aus. Andrerseits verhielt es sich wohl so, daß Senecas Tugendlehre seinem innersten Wesen Zwang auferlegte und Nero sich wenigstens nach außen hin als ein würdiger Schüler zu erweisen versuchte. Agrippina aber beging in ihrer rasenden Eifersucht den Fehler, die Beherrschung zu verlieren.

Ihre einzige, dafür aber um so kräftigere Stütze war der griechische Freigelassene Pallas, der von sich behauptete, er stamme von den sagenhaften arkadischen Königen ab, und der, nachdem er dem Staat unter drei Kaisern gedient hatte, so schlau und vorsichtig geworden war, daß er niemals mit seinen Sklaven sprach, damit ihm keiner seine Worte verdrehe, sondern alle Befehle schriftlich gab. Ich für mein Teil glaube, daß er selbst das Gerücht ausstreute, Agrippina habe ein Verhältnis mit ihm. Jedenfalls war es Pallas gewesen, der Claudius als erster geraten hatte, sich mit ihr zu vermählen, und es war verständlich, daß die Freundschaft, die sie ihm, dem ehemaligen Sklaven, öffentlich erwies, ihm schmeichelte.

Nero behandelte er, als wäre er ein unvernünftiger Knabe, und er nutzte jede Gelegenheit, zu beweisen, wie unentbehrlich seine Erfahrungen dem Staate waren. Als Nero die Steuern senken wollte, um dem Volk und den Provinzen zu gefallen, stimmte ihm Pallas scheinbar bereitwillig zu, fragte dann aber spöttisch, wo der Herrscher die Einkünfte hernehmen wolle, die der Staat brauchte, und bewies mit eindeutigen Zahlen, daß dem Reich der Bankrott drohte, wenn die Steuern gesenkt würden. So begabt Nero in vielen anderen Dingen war: von Zahlen verstand er nichts, und im übrigen war er der Ansicht, daß das Rechnen eines Kaisers nicht würdig, sondern Sache der Sklaven sei.

Pallas war ein furchtloser Mann. Vor einem Vierteljahrhundert hatte er ohne Zögern sein Leben aufs Spiel gesetzt und war nach Capri geeilt, um die Verschwörung des Sejanus aufzudecken. Sein Vermögen war ungeheuer – man sprach von dreihundert Millionen Sesterze –, und ebenso groß war sein Einfluß. Britannicus und Octavia achtete er als Kinder des Claudius, und an Messalinas erbärmlichem Tod war er nicht unmittelbar mitschuldig. Als er sich seinerzeit bereit erklärte, die Staatsfinanzen zu übernehmen, hatte Claudius ihm versprechen müssen, daß er nie Rechenschaft von ihm fordern werde, und das gleiche Versprechen hatte Pallas auch Nero am Tag seines Machtantritts abverlangt, als er die Gelder, die Nero den Prätorianern versprochen hatte, aus der Staatskasse zahlte.

Er war jedoch ein alternder, müder Mann, und die Verwaltung

der Staatsfinanzen hatte, wie man von allen Seiten hören konnte, mit der gewaltigen Entwicklung Roms nicht Schritt gehalten, sondern war in alten Traditionen erstarrt. Trotzdem betrachtete sich Pallas als unentbehrlich. Jedesmal wenn er mit Nero Streit hatte, drohte er, von seinem Amt zurückzutreten, was, wie er sagte, den unmittelbaren Zusammenbruch der Finanzen zur Folge haben würde, und spöttisch fügte er hinzu: »Frag nur deine Mutter, wenn du mir nicht glaubst.«

Seneca, der für seine eigene Stellung fürchtete, unternahm an Neros Stelle den entscheidenden Schritt. Mit Hilfe der geschicktesten Bankiers Roms arbeitete er in allen Einzelheiten einen Plan für die Verwaltung der Staatsfinanzen und eine gründliche Erneuerung des Steuerwesens zum Nutzen für den Staat und die Wirtschaft aus. Dann beriet er sich mit Burrus und ließ die Prätorianer das Palatium und das Forum bewachen. Zu Nero sagte er: »Bist du der Kaiser, oder bist du es nicht? Ruf Pallas zu dir und sag ihm, daß er zu gehen hat.«

Nero fürchtete und verehrte Pallas so sehr, daß er fragte: »Soll ich ihm nicht lieber einen schriftlichen Befehl schicken, wie er selbst es zu tun pflegt?«

Aber Seneca wollte Nero hart machen und verlangte, er müsse Pallas selbst gegenübertreten, so schwer es ihn auch ankomme. Pallas hatte natürlich schon von der Neuordnung gehört, aber er verachtete den Schulmeister und Philosophen Seneca zu sehr, um die Gerüchte ernst zu nehmen. Nero wollte seine Freunde um sich haben, um ihren Beifall einzuheimsen, wenn er als Herrscher auftrat, allerdings aber auch, weil er ihren Beistand nötig hatte, und so kam es, daß auch ich dieses unangenehme Ereignis mit eigenen Augen bezeugen mußte.

Als Pallas die Aufforderung erhielt, vor Nero zu erscheinen, stand er bereits unter Bewachung, so daß es ihm nicht mehr möglich war, Agrippina zu benachrichtigen. Er trat stolz und furchtlos vor Nero hin, und nicht eine Miene rührte sich in seinem von Sorge und Verantwortung gefurchten Gesicht, als dieser mit schönen Gebärden eine wohlklingende Rede zu seinen Ehren hielt, ohne die arkadischen Könige zu vergessen, und ihm gerührt für die Dienste dankte, die er dem Staat geleistet hatte.

»Ich kann es nicht länger ertragen, dich vor der Zeit altern und unter dem Gewicht der allzu großen Verantwortung, über die du selbst so oft geklagt hast, zusammenbrechen zu sehen«, schloß

Nero. »Als besondere Gunst gestatte ich dir, dich unverzüglich auf dein Landgut zurückzuziehen, von dessen Pracht das Gerücht zu berichten weiß, um bis zum Ende deiner Tage die Reichtümer zu genießen, die du angesammelt hast, ohne daß das geringste Mißtrauen deinen Ruf befleckt.«

Pallas antwortete darauf nur: »Du erlaubst doch wohl, daß ich, bevor ich gehe, den Reinigungseid im Kapitol ablege, wie es mir in meiner Stellung zukommt.«

Nero erwiderte, daß er sein Versprechen halten und einem so treuen, zuverlässigen Diener des Staates einen solchen Eid nicht abverlangen wolle. Wenn aber Pallas, um sein Gewissen zu erleichtern, darauf bestände, so habe er, Nero, nichts dagegen einzuwenden; im Gegenteil: der Eid würde den Gerüchten ein Ende machen, die über die Habgier des Pallas im Umlauf seien.

Wir drückten alle durch eifriges Klatschen, Gelächter und Zurufe unseren Beifall aus. Nero reckte sich in seinem purpurnen Imperatorenmantel wie ein Hahn und lächelte zufrieden vor sich hin. Pallas begnügte sich damit, uns der Reihe nach kalt in die Augen zu blicken, und ich werde diesen Blick nie vergessen, so voll eisiger Verachtung für uns, die besten Freunde Neros, war er. Später gestand ich mir beschämt, daß ein Vermögen von dreihundert Millionen Sesterze keine übermäßig reichliche Entschädigung für die ordentliche Verwaltung der ungeheuren Finanzen des römischen Reiches durch volle fünfundzwanzig Jahre war. Seneca hatte, als Wiedergutmachung für seine Verbannung, ebensoviel in nur fünf Jahren eingestrichen, und ich schweige von meinem eigenen Vermögen, dessen Umfang Du, mein Sohn Julius, nach meinem Tode anhand des Nachlaßverzeichnisses ermitteln wirst. Ich selbst habe mir seit Jahren nicht mehr die Mühe genommen, es auch nur annähernd abzuschätzen.

Das Ausrücken der Prätorianer brachte ganz Rom auf die Beine, und das Volk versammelte sich auf dem Forum und den anderen Plätzen. Die Nachricht, daß Pallas in Ungnade gefallen war, löste allgemeine Freude aus, denn was verschafft der Masse größere Genugtuung als der Sturz eines vermögenden und allzu einflußreichen Mannes! Bald äfften umherziehende Gaukler die großartigen Gebärden des Pallas an allen Straßenecken nach und dichteten Spottlieder auf ihn.

Als aber Pallas mit einem Gefolge von achthundert Freigelassenen und Helfern vom Palatin herabgeschritten kam, verstummte der Volkshaufe und machte seinem feierlichen Zuge ehrerbietig Platz. Pallas verließ sein Amt wie ein orientalischer König. Sein Gefolge funkelte vor kostbaren Stoffen, Silber und Juwelen. Niemand treibt mehr Aufwand mit seiner Kleidung als ein ehemaliger Sklave, und Pallas hatte allen befohlen, in ihren besten Gewändern zu erscheinen.

Selbst trug er nur einen einfachen weißen Mantel, als er den Kapitolinischen Hügel hinaufstieg, zuerst zur Münze im Tempel der Juno Moneta und von dort zur Staatskasse im Saturntempel. Vor den Götterbildern in beiden Tempeln legte er den Reinigungseid ab, den er danach im Jupitertempel noch einmal bekräftigte.

Um Verwirrung zu stiften, nahm Pallas alle seine Freigelassenen mit, die er im Lauf der Jahre für die verschiedenen Aufgaben ausgebildet hatte. Vermutlich hoffte er, Nero werde gezwungen sein, ihn nach wenigen Tagen zurückzurufen. Seneca hatte diesen Fall jedoch vorausgesehen. Fünfhundert geschickte Sklaven, die von den Bankiers zur Verfügung gestellt worden waren, besetzten unverzüglich das Amtsgebäude des Pallas auf dem Palatin, und mehrere Untergebene des Pallas kehrten bereitwillig zu ihren früheren Beschäftigungen zurück, sobald dieser die Stadt verlassen hatte. Seneca behielt sich selbst die höchste Verfügungsgewalt vor und gründete eine Art Staatsbank, die auf seine Rechnung große Summen an Ägypten und die britischen Stammeskönige auslieh. Auf diese Weise arbeitete das Geld und trug Seneca Zinsen ein.

Nero wagte mehrere Tage nicht vor seine Mutter zu treten. Agrippina fühlte sich tödlich beleidigt, schloß sich in ihren Gemächern im Palatium ein und rief Britannicus mit seinem Gefolge und seinen Lehrern zu sich, um zu zeigen, an wen sie sich hinfort zu halten gedachte. Zum Gefolge des Britannicus gehörte Vespasians Sohn Titus und eine Zeitlang auch Annaeus Lucanus, dessen Vater ein Vetter Senecas war und der selbst viel zu gute Verse machte, um Nero gefallen zu können. Denn Nero umgab sich zwar gern mit Dichtern und Künstlern und ordnete ab und zu sogar einen Wettstreit unter den Dichtern an, aber er mochte nie zugeben, daß ein anderer ihm überlegen sei.

Nero glaubte seine Rolle bei der Absetzung des Pallas sehr geschickt gespielt zu haben, aber sein Gewissen ließ ihm keine Ruhe, wenn er an seine Mutter dachte. Gleichsam zur Buße übte er nun unter der Anleitung des Terpnus seine Stimme mit Eifer und Ausdauer, fastete und lag stundenlang mit einer Bleiplatte auf der Brust auf dem Rücken. Seine Stimmbildungsübungen hörten sich kläglich an, und wir schämten uns, offen gestanden, für ihn und achteten darauf, daß nicht etwa ein alter Senator oder ein Gesandter, der sich gerade im Palatium aufhielt, ihn hörte.

Die guten Nachrichten, die zu dieser Zeit aus Armenien eintrafen, stärkten in gewissem Sinne sein Selbstbewußtsein. Auf Senecas und Burrus' Rat hatte Nero Corbulo, den berühmtesten Feldherrn Roms, aus Germanien zurückberufen und nach Armenien geschickt, damit er dort die Unruhen niederschlage. Daß dieser Pufferstaat von den Parthern besetzt worden war, stellte nach römischer Überlieferung einen ausreichenden Kriegsgrund dar.

In gegenseitigem Wettstreit um den Oberbefehl hatten Corbulo und der Prokonsul in Syrien nach Eilmärschen das Ufer des Euphrat besetzt und so viel Entschlossenheit bewiesen, daß die Parther es für angezeigt hielten, Armenien zu räumen, ohne daß es zu regelrechten Kampfhandlungen gekommen wäre. Der Senat beschloß, in Rom ein Dankfest zu feiern, erteilte Nero das Triumphrecht und ließ sein Liktorenbündel mit Lorbeer umwinden.

Diese Geschehnisse waren ganz dazu angetan, die Öffentlichkeit wieder zu beruhigen. Viele hatten nämlich befürchtet, Neros Entschlossenheit könne zu einem Krieg mit den Parthern führen, und das Geschäftsleben Roms war durch die Kriegsgerüchte empfindlich gestört worden.

Die Saturnalien wurden in diesem Jahr vier Tage lang und ausgelassener denn je zuvor gefeiert. Einer versuchte den andern an kostbaren Geschenken zu überbieten, und man lachte über die geizigen Alten, die am überlieferten Brauch festhalten wollten und nur Tonfiguren und Festbrot austauschten. Im Palatium füllte sich ein ganzer großer Saal mit Geschenken für Nero, denn die Vornehmen und Reichen in den Provinzen hatten sich kostbare und ungewöhnliche Geschenke ausgedacht, und alle diese Geschenke, ihr Wert und ihre Spender mußten genau verzeichnet werden, da Nero es seiner Stellung schuldig zu sein glaubte, jede Gabe mit einer noch wertvolleren zu vergelten.

In den Straßen fanden Narrenumzüge statt, überall wurde auf der Zither gespielt, gesungen und gejohlt. Sklaven stolzierten in den Gewändern ihrer Herren einher, und diese bedienten gutmütig ihre Sklaven und führten ihre Befehle aus, denn in diesen Tagen hob Saturn den Unterschied zwischen Herren und Sklaven auf.

Nero lud wie üblich die vornehmsten jungen Männer Roms in den Palast. Bei der Auslosung wurde er der Saturnalienkönig, der die Macht hatte, von den anderen die ausgefallensten Tollheiten zu verlangen. Wir hatten bereits so viel Wein getrunken, daß die schwächeren schon die Wände anspien, als Nero auf den Gedanken verfiel, Britannicus müsse uns etwas vorsingen. Zweifellos sollte er gedemütigt werden, und Britannicus mußte dem Festkönig gehorchen, obwohl seine Lippen zitterten. Wir bereiteten uns auf ein großes Gelächter vor, aber zu unserer Überraschung ergriff Britannicus entschlossen die Zither und sang ergreifend das traurigste aller Klagelieder, das mit den Worten beginnt: »O Vater, o Land der Väter, o Priamos' Reich . . .«

Wir lauschten aufmerksam und ohne einander anzusehen. Als Britannicus dieses Lied vom sterbenden Troja beendet hatte, herrschte eine beklemmende Stille im ganzen Saal. Wir konnten ihm nicht Beifall spenden, denn er hatte durch dieses Klagelied gezeigt, daß er sich als übergangen und widerrechtlich der Macht beraubt betrachtete. Wir konnten aber auch nicht lachen, denn zu tief war die Trauer, die sein Lied ausdrückte.

Die schöne Stimme und das geglückte Auftreten des Britannicus waren eine unangenehme Überraschung für Nero, aber er verbarg seine wahren Gefühle und lobte seine Begabung mit schmeichelhaften Worten. Nach einer Weile verließ uns Britannicus, da er sich, wie er sagte, nicht wohl fühlte. Ich glaube, er fürchtete nach der Aufregung einen seiner Anfälle. Auch seine Freunde gingen, und einige streng erzogene junge Männer nutzten die Gelegenheit und schlossen sich ihnen an. Nero legte das, mit oder ohne Grund, als eine Kundgebung gegen ihn selbst aus und raste vor Zorn.

»Dieses Lied bedeutet Bürgerkrieg!« rief er. »Erinnert euch, daß Pompejus erst achtzehn und der Gott Augustus neunzehn Jahre alt war, als sie im Bürgerkrieg eine Legion befehligten. Wir brauchen also nicht mehr lange zu warten! Wenn Rom lieber einen übellaunigen fallsüchtigen Knaben zum Herrscher hat als mich, lege ich die Macht nieder und gehe nach Rhodos. Nie werde ich den Staat in die Greuel eines Bürgerkrieges stürzen. Es ist besser, sich die Pulsadern aufzuschneiden oder Gift zu nehmen, als zuzulassen, daß dem Vaterland dies geschieht!«

Wir erschraken über diese Worte, so betrunken wir auch waren. Einige verabschiedeten sich und gingen. Wir anderen rühmten Nero und versuchten ihm zu erklären, daß Britannicus gegen ihn machtlos sei. Aber Nero sagte: »Zuerst Mitregent. Damit droht mir meine Mutter. Dann Bürgerkrieg. Wer weiß, was für eine Proskriptionsliste Britannicus im stillen schon aufgestellt hat. Ihr steht vielleicht alle schon darauf.«

Der bloße Gedanke war schrecklich. Nero hatte recht, wenn wir auch zu lachen versuchten und meinten, als Saturnalienkönig dürfe er so grimmig scherzen, wie er nur wolle. Er nahm das Spiel wieder auf und erteilte uns freche Aufträge. Einer mußte den einen Schuh einer Vestalin herbeischaffen. Senecio erhielt den Befehl, die alte Hofdame, der er es verdankte, daß er trotz seiner niedrigen Geburt in den Palast Eingang gefunden hatte, zu wecken und herbeizuholen. Doch Nero war dieser einfältigen Streiche bald müde und wollte etwas Unmögliches. Es waren nur noch wenige von uns übrig, als er plötzlich rief: »Meinen Lorbeerkranz dem, der mir Locusta bringt!«

Die anderen schienen zu wissen, wen er meinte, aber ich fragte in aller Unschuld: »Wer ist Locusta?«

Niemand wollte mir antworten. Da sagte Nero selbst: »Locusta ist eine Frau, die viel gelitten hat und ein Pilzgericht für Götter zuzubereiten versteht. Vielleicht gelüstet es mich heute abend nach einer Götterspeise, da ich so blutig gekränkt worden bin.«

Ohne auf seine dunklen Worte zu achten, rief ich: »Gib mir deinen Kranz. Ich habe von dir noch keinen Auftrag bekommen.«

»Ja, du, Minutus Lausus, mein bester Freund, sollst den schwersten Auftrag bekommen«, sagte Nero. »Minutus soll unser Saturnalienheld sein.«

»Und nach uns das Chaos«, sagte Otho.

»Nein, nicht nach uns, jetzt!« rief Nero. »Warum sollten wir es unversucht lassen!«

In diesem Augenblick kam die alte Hofdame, halbnackt, betrunken wie eine Bacchantin und Myrtenzweige um sich streuend, während Senecio, dem die Schamröte ins Gesicht stieg, sie zurückzuhalten versuchte. Diese Frau wußte alles, was in Rom vorging, und ich fragte sie, wo Locusta zu finden sei. Meine Frage verwunderte sie nicht. Sie hielt sich nur die Hand vor den

Mund, kicherte und sagte, ich solle mich in der Gegend des Caelius nach ihr erkundigen. Ich machte mich eilig auf den Weg. Die Stadt war hell erleuchtet. Ich brauchte nicht lang zu fragen und stand auch schon vor Locustas kleinem Haus. Auf mein Klopfen öffnete mir zu meiner Verwunderung ein zorniger Prätorianer, der mir einzutreten verbot. Erst als er meinen schmalen roten Streifen sah, wurde er höflicher und erklärte: »Locusta ist wegen schwerer Verbrechen verurteilt worden und steht unter Bewachung. Sie darf mit niemandem sprechen. Ihretwegen komme ich um die Freuden der Saturnalien.«

Ich eilte zum Prätorianerlager, um mit seinem Vorgesetzten zu sprechen, und dieser war zum Glück Julius Pollio, ein Bruder meines Jugendfreundes, des Bücherwurms Lucius Pollio. Er war nun Kriegstribun bei der Prätorianergarde. Er widersetzte sich dem Befehl des Saturnalienkönigs nicht, sondern nutzte die Gelegenheit, selbst vor Nero zu erscheinen und sagte: »Ich bin für die Frau verantwortlich. Deshalb muß ich mitgehen und Locusta bewachen.«

Locusta war noch nicht alt, aber ihr Gesicht glich einer Totenmaske, und das eine ihrer Beine war auf der Folter so schwer verstümmelt worden, daß wir eine Sänfte herbeischaffen mußten, um sie ins Palatium zu bringen. Unterwegs sprach sie nicht ein einziges Wort, sondern starrte nur mit bitterer Miene vor sich hin. Sie hatte etwas Furchteinflößendes.

Nero war mit den letzten noch übrigen Gästen in den kleinen Saal gegangen und hatte die Sklaven fortgeschickt. Zu meiner Verwunderung hatten sich Seneca und Burrus mitten in der Nacht der Gesellschaft angeschlossen. Ich weiß nicht, ob Nero selbst nach ihnen geschickt oder ob Otho, den Neros Stimmung erschreckte, es getan hatte. Von der fröhlichen Festeslaune war nichts mehr zu spüren. Jeder wich dem Blick des andern aus, als hätte er vor irgend etwas Angst.

Als Seneca Locusta erblickte, sagte er zu Nero: »Du bist der Herrscher. Du entscheidest. So hat es das Schicksal bestimmt. Mir aber erlaube zu gehen.« Er verhüllte sich das Haupt mit einem Zipfel seines Mantels und ging.

Als Burrus zögerte, sagte Nero heftig: »Soll ich schwächer sein als meine Mutter? Ich werde doch wohl mit dieser treuen Freundin meiner Mutter sprechen und sie nach der Speise der Götter fragen dürfen.«

In meiner Unschuld dachte ich, Locusta sei vielleicht eine der früheren Köchinnen des Palastes. Burrus erwiderte finster: »Du bist der Herrscher. Du weißt selbst am besten, was du tust.« Auch er verließ mit gesenktem Kopf die Gesellschaft. Sein verkrüppelter Arm hing schlaff an seiner Seite nieder.

Nero sah sich mit starrem Blick um und befahl: »Geht alle und laßt mich allein mit der lieben Freundin meiner Mutter. Wir müssen uns über allerlei wichtige Fragen der Kochkunst unterhalten.«

Ich führte Julius Pollio in den nun leeren großen Saal, wo er Wein trinken und von den Resten des Mahls essen konnte. »Wessen ist Locusta angeklagt, und was hat sie mit Agrippina zu tun?« fragte ich neugierig.

Julius Pollio sah mich verwundert an und fragte seinerseits: »Weißt du denn nicht, daß Locusta Roms geschickteste Giftmischerin ist? Sie hätte längst nach der Lex Julia abgeurteilt werden sollen, aber dank Agrippina ist die Verhandlung immer wieder aufgeschoben worden, und nach dem für Giftmischer üblichen peinlichen Verhör wurde sie nur in ihrem eigenen Haus unter Bewachung gestellt. Ich glaube, sie hatte so viel zu sagen, daß die Männer, die sie verhörten, es mit der Angst zu tun bekamen.«

Ich war entsetzt und unfähig, ein Wort zu sagen. Julius Pollio zwinkerte mir zu, nahm einen Schluck Wein und fragte: »Hast du nicht einmal von dem Pilzgericht gehört, das Claudius zum Gott machte? Ganz Rom weiß, daß Nero es nur der geschickten Zusammenarbeit seiner Mutter und Locustas zu verdanken hat, daß er Imperator wurde.«

»Ich habe mich in den Provinzen aufgehalten und glaube nicht alles, was in Rom geredet wird«, sagte ich heftig, während mir die wildesten Gedanken durch den Kopf gingen. Zuerst dachte ich, Nero wolle sich Gift verschaffen, um seinem eigenen Leben ein Ende zu machen, wie er es an diesem Abend angedroht hatte, aber dann sah ich klarer.

Ich glaubte nun zu verstehen, warum Seneca und Burrus gekommen waren, nämlich wenn es sich wirklich so verhielt, daß Nero, durch das trotzige Auftreten des Britannicus gekränkt, Locusta selbst ins Verhör nehmen wollte, um seine Mutter des Giftmordes an Claudius anzuklagen. Wenn er Agrippina damit drohte, brachte er sie zum Schweigen oder konnte sogar erreichen, daß sie nach einem geheimen Prozeß aus Rom verbannt wurde. Öffentlich anklagen konnte er seine Mutter nicht, und dieser Gedanke beruhigte mich, obwohl ich nicht glauben mochte, daß Agrippina Claudius ermordet hatte. Ich hatte ja schon einige Jahre vor seinem Tod gehört, daß er an Magenkrebs litt.

Nachdem ich eine Weile nachgedacht hatte, sagte ich: »Es ist wohl für uns beide das beste, über alles, was heute nacht geschehen ist, den Mund zu halten.«

Julius Pollio lachte und antwortete: »Ich habe nichts zu befürchten. Ein Soldat gehorcht ohne Widerspruch dem Befehl.«

Ich schlief schlecht in dieser Nacht und hatte Träume, die Schlimmeres voraussagten. Am Morgen hielt es mich nicht in Rom. Ich reiste auf das Landgut meines Vaters bei Caere und nahm nur Barbus mit. Es war eisigkalt und die dunkelste Zeit des Jahres, aber ich wollte in ländlicher Ruhe und Ungestörtheit versuchen, einen lang gehegten Plan auszuführen und ein Buch über meine Erlebnisse in Kilikien zu schreiben.

Zum Dichter taugte ich nicht, das hatte ich wohl bemerkt. Einen eigentlichen historischen Bericht über den Aufstand der Kliter konnte ich auch nicht schreiben, wenn ich den König in Kilikien und den Prokonsul in Syrien nicht in ein schlechtes Licht stellen wollte. Ich erinnerte mich der griechischen Abenteuergeschichten, die ich bei Silanus gelesen hatte, um mir die Zeit zu vertreiben, und beschloß, eine der üblichen derb-komischen Räubergeschichten zu schreiben. Ich wollte die lächerlichen Seiten meiner Gefangenschaft herausstreichen und meine Leiden mit ein paar Worten übergehen. Einige Tage lang vertiefte ich mich so eifrig in diese Arbeit, daß ich Zeit und Ort vergaß. Ich glaube, es gelang mir, mich von den bedrückenden Erlebnissen meiner Gefangenschaft zu befreien, indem ich mich scherzend über sie hinwegsetzte.

Als ich gerade die letzten Zeilen schrieb, daß die Tinte spritzte, erhielt ich aus Rom die überraschende Nachricht, daß Britannicus während eines Versöhnungsmahles im Kreise der kaiserlichen Familie einen schweren Anfall erlitten hatte. Man hatte ihn zu Bett gebracht, und dort hatte er kurz darauf den Geist aufgegeben. Niemand hatte auch nur ahnen können, daß es so weit mit ihm kommen würde, denn sonst hatte er sich immer rasch von seinen Anfällen erholt.

Mit dem Hinweis auf die Sitte der Väter, schmerzliche Geschehnisse zu verbergen, hatte Nero die Leiche des Britannicus noch in derselben Nacht im winterlichen Regen auf dem Marsfeld verbrennen und seine Gebeine ohne Lobrede oder öffentlichen Umzug in das Mausoleum des Gottes Augustus schaffen lassen. In seiner Rede an den Senat und das Volk erklärte er, seine einzige Hoffnung und Zukunft sei nun das Vaterland, nachdem er die Hilfe und den Beistand seines Bruders bei der Regierung des Reiches auf so unerwartete Weise verloren habe.

Der Mensch glaubt gern, was er hofft. Daher empfand ich zunächst nichts als eine ungeheure Erleichterung. Der plötzliche Tod des Britannicus löste meiner Meinung nach alle politischen Konflikte auf die für Nero und ganz Rom glücklichste Weise. Agrippina konnte nun nicht mehr auf Britannicus verweisen, wenn sie Nero wegen seines Undanks tadelte, und das Gespenst des Bürgerkriegs verblaßte.

Auf dem Grunde meiner Gedanken lauerte jedoch ein heimlicher Zweifel, wenn ich es mir auch nicht eingestehen wollte. Daher mochte ich nicht nach Rom zurückkehren und blieb in Caere, obwohl ich nur meine Zeit vergeudete. Ich hörte, daß Nero das große Vermögen, das er nach Britannicus erbte, unter seine Freunde und die einflußreichsten Senatoren aufteilte, und es hatte den Anschein, als werfe er mit Geschenken um sich, weil er sich die Gunst aller erkaufen wollte. Ich selbst mochte an dem Erbe nach Britannicus keinen Anteil haben.

Als ich zu Frühjahrsbeginn endlich nach Rom zurückkehrte, hatte Nero Agrippina die Ehrenwache genommen und ihr selbst befohlen, den Palast zu verlassen und in das verfallene Haus Antonias, der verstorbenen Mutter des Claudius, zu übersiedeln. Dort besuchte er sie ab und zu, aber nie ohne Zeugen, deren Gegenwart sie zwang, ihren Zorn zu meistern.

Agrippina hatte befohlen, dem Claudius auf dem Caelius einen Tempel zu errichten, und man hatte auch schon mit den Arbeiten begonnen. Nero ließ die Gerüste wieder niederreißen und sagte, er brauche den Baugrund für seine eigenen Zwecke. Er hatte große Pläne für die Erweiterung des Palastes. Auf diese Weise verlor Agrippinas Rang einer Claudiuspriesterin jede Bedeutung. Von Tante Laelia hörte ich, daß sie wieder ebenso einsam war wie während ihrer schwersten Zeit, als Messalina noch lebte.

Titus, der Sohn Vespasians und Freund und ständige Begleiter des Britannicus, war krank seit dem verhängnisvollen Mahl, bei dem Britannicus den Anfall gehabt hatte, der zu seinem Tode führte. Ich beschloß, ihn zu besuchen, da ich seinen Vater gut kannte. Titus selbst war ich allerdings ausgewichen, seit ich mich dem Freundeskreis um Nero angeschlossen hatte.

Titus war noch sehr bleich und mager, und er betrachtete mich mißtrauisch, als ich so unerwartet mit Geschenken bei ihm erschien. Durch sein kantiges Gesicht, sein Kinn und seine Nase verriet er deutlicher als sein Vater die etruskische Abstammung der Flavier. Man brauchte ihn nur einen Augenblick mit einer etruskischen Grabskulptur zu vergleichen, und da ich gerade aus Caere kam, fiel mir die Ähnlichkeit besonders auf.

Ich sagte: »Ich habe mich seit den Saturnalien in Caere aufgehalten und eine Räubergeschichte geschrieben, aus der ich vielleicht ein Schauspiel machen werde. Ich weiß daher nicht, was in Rom geschehen ist, aber ich habe böse Gerüchte gehört. Sogar mein eigener Name soll mit dem plötzlichen Tod des Britannicus in Verbindung gebracht worden sein. Du kennst mich gut genug, um mir nichts Böses zuzutrauen. Sag mir die Wahrheit. Wie starb Britannicus?«

Titus erwiderte meinen Blick ohne Furcht und sagte: »Britannicus war mein bester und einziger Freund. Eines Tages werde ich ihm eine goldene Statue unter den kapitolinischen Göttern errichten, und sobald ich wieder gesund bin, reise ich zu meinem Vater nach Britannien.

Ich saß beim Mahl neben Britannicus. Nero erlaubte uns Knaben nicht, bei Tisch zu liegen. Es war ein kühler Abend, und wir nahmen heiße Getränke zu uns. Britannicus' Mundschenk bot ihm einen so heißen Becher an, daß er selbst sich beim Vorkosten die Zunge verbrannte. Britannicus ließ sich ein wenig kaltes Wasser in den Becher gießen, trank und verlor auf der Stelle die Sprache und das Sehvermögen. Ich nahm seinen Becher und kostete, und im gleichen Augenblick packte mich ein heftiger Schwindel, und vor meinen Augen verschwamm alles. Zum Glück erbrach ich mich. Seither bin ich krank, aber ich wäre wahrscheinlich auch gestorben, wenn ich das Gift nicht wieder von mir gegeben hätte.«

Ich traute meinen Ohren nicht. »Du glaubst wirklich, daß er vergiftet wurde und daß du selbst von dem Gift gekostet hast?« fragte ich.

Titus sah mich ernst an und antwortete: »Ich glaube es nicht, ich weiß es. Frag mich nicht, wer der Schuldige ist. Agrippina war es nicht, denn sie entsetzte sich zu sehr, als es geschah.«

»Wenn das wahr wäre, könnte ich auch glauben, daß sie Claudius vergiftete, wie das Gerücht noch immer hartnäckig behauptet.«

Seine Mandelaugen blickten mich mitleidig an. »Wußtest du nicht einmal das?« fragte er. »Sogar die Hunde Roms scharten sich um Agrippina und heulten Tod, als sie zum Forum niederstieg, nachdem die Prätorianer Nero zum Imperator ausgerufen hatten.«

»Dann ist die Macht gefährlicher, als ich je glaubte«, sagte ich.

»Die Macht ist zu schwer, um von einem einzigen Manne getragen zu werden, so klug auch seine Ratgeber sein mögen«, stimmte mir Titus bei. »Keiner der Herrscher Roms hat sie ertragen, ohne durch sie verdorben zu werden. Ich habe während meiner Krankheit Zeit genug gehabt, über diese Dinge nachzudenken, und doch denke ich immer noch eher gut als schlecht von den Menschen. Auch von dir will ich gut denken, da du zu mir gekommen bist, um mich offen nach der Wahrheit zu fragen. Ein Mann kann sich zwar verstellen, aber ich glaube nicht, daß du im Auftrag Neros gekommen bist, um mich auszuhorchen, was ich vom Tode meines besten Freundes denke. Ich kenne Nero. Er glaubt, er habe durch seine Bestechungsgeschenke alle seine Freunde dazu gebracht, zu vergessen, was geschehen ist, und er möchte selbst am liebsten vergessen. Ich habe ein Messer bereitgehalten für den Fall, daß du gekommen wärst, um mir zu schaden.«

Er zog einen Dolch unter dem Kissen hervor und schleuderte ihn fort, um mir zu zeigen, daß er mir vertraute, aber er sprach im folgenden zu vorsichtig und überlegt, als daß ich hätte glauben können, daß er mir ganz traute. Wir zuckten gleichsam schuldbewußt zusammen, als plötzlich eine schöngekleidete junge Frau eintrat, der eine Sklavin mit einem Korb folgte. Sie war schlank und breitschultrig wie Diana, ihr Gesicht war feingeschnitten, aber hart, und ihr Haar war auf griechische Art zu kleinen Locken gekräuselt. Sie sah mich mit ihren grünschillernden Augen fragend an, und diese Augen kamen mir so bekannt vor, daß ich dumm zurückstarrte.

»Kennst du meine Base Flavia Sabina nicht?« fragte Titus. »Sie bringt mir jeden Tag die Speisen, die mir der Arzt verordnet und deren Zubereitung sie selbst überwacht hat. Möchtest du mir nicht als mein Freund beim Mahl Gesellschaft leisten?«

Ich begriff, daß das Mädchen die Tochter des Flavius Sabinus, des Präfekten von Rom und älteren Bruders Vespasians war. Vielleicht hatte ich sie schon einmal bei irgendeinem großen Mahl oder bei einem festlichen Umzug gesehen, da sie mir so bekannt vorkam. Ich grüßte sie voll Ehrerbietung, aber die Zunge wurde mir trocken in meinem Munde, und ich starrte wie verzaubert ihr Gesicht an.

Ohne die geringste Verlegenheit tischte sie mit ihren eigenen Händen ein spartanisch einfaches Mahl auf. Es gab nicht einmal Wein zu trinken. Ich aß aus Höflichkeit mit, aber die Bissen blieben mir im Halse stecken, wenn ich sie ansah. Ich sagte mir, daß noch keine Frau beim allerersten Anblick einen solchen Eindruck auf mich gemacht hatte.

Nach dem Grund fragte ich mich vergeblich. Sie selbst schien keine Lust zu verspüren, mit mir zu liebäugeln. Sie war kühl, verschlossen, schweigsam und stolz, ganz die Tochter des Stadtpräfekten, und während ich aß, quälte mich immer stärker die Empfindung, daß das Ganze ein Traum sei. Wir tranken nur Wasser, und dennoch fühlte ich mich leicht berauscht. Schließlich fragte ich: »Warum ißt du selbst nichts?«

Sie antwortete spöttisch: »Ich habe das Essen zubereitet. Ich bin nicht euer Mundschenk und habe auch keine Ursache, mit dir Brot und Salz zu teilen, Minutus Manilianus. Ich kenne dich.«

»Wie willst du mich kennen, wenn ich dich nicht kenne?« fragte ich gekränkt.

Flavia Sabina streckte ohne Umstände ihren schlanken Zeigefinger aus und betastete mein linkes Auge. »Deinem Auge ist jedenfalls nichts geschehen, Narbengesicht«, sagte sie bedauernd. »Wenn ich ein wenig geschickter gewesen wäre, hätte ich dir den Daumen hineingedrückt. Ich hoffe, du hast von meinem Fausthieb wenigstens ein blaues Auge gehabt.«

Titus horchte überrascht auf und fragte: »Habt ihr miteinander gerauft, als ihr Kinder wart?«

»Nein, ich wohnte als Kind in Antiochia«, antwortete ich zerstreut, aber plötzlich glomm eine Erinnerung auf, und ich bekam vor Scham einen roten Kopf. Sabina sah mich forschend an, genoß meine Verwirrung und rief: »Aha, jetzt ist es dir wieder eingefallen! Du warst mit einer Bande von Sklaven und Strolchen unterwegs, ihr wart betrunken und verrückt und triebt euren Unfug auf offener Straße. Wir haben sehr wohl in Erfahrung gebracht, wer du bist, aber mein Vater wollte dich aus Gründen, die du selbst am besten kennst, nicht vor Gericht bringen.«

Ich erinnerte mich nur zu gut. Im letzten Herbst, auf einem von Neros nächtlichen Streifzügen, hatte ich versucht, ein Mädchen einzufangen, das uns entgegenkam, aber ich hatte von ihrer kleinen Faust einen solchen Schlag aufs Auge bekommen, daß ich auf den Rücken fiel, und hatte eine Woche lang ein blaues Auge gehabt. Ihre Begleiter griffen uns an, und Otho hatte später das Gesicht voll Brandblasen von einem Schlag mit einer brennenden Fackel. Ich war in jener Nacht so betrunken, daß ich kaum wahrnahm, was geschah.

»Ich habe dir nichts Böses getan. Ich nahm dich nur in die Arme, als wir im Dunkeln zusammenstießen«, verteidigte ich mich nun. »Wenn ich gewußt hätte, wer du bist, würde ich mich gleich am nächsten Tag bei dir entschuldigt haben.«

»Du Lügner«, entgegnete sie. »Versuche nur ja nicht noch einmal, mich zu umarmen. Es könnte dir noch schlechter ergehen als beim letzten Mal.«

»Ich würde es nie wagen«, versuchte ich zu scherzen. »In Zukunft ergreife ich die Flucht, wenn ich dich von weitem sehe, so übel bist du mit mir umgesprungen.«

Ich ergriff jedoch nicht die Flucht, sondern begleitete Sabina bis zum Haus des Stadtpräfekten. Ihre grünschillernden Augen waren voll Gelächter, und ihre nackten Arme waren glatt wie Marmor. Eine Woche später sammelte mein Vater ein Gefolge von zweihundert Klienten und ließ sich zum Haus des Flavius Sabinus tragen, um für mich um die Hand seiner Tochter anzuhalten.

Tullia und Tante Laelia hätten noch andere Partien für mich gewußt, aber diese Verlobung war nicht die schlechteste. Daß die Flavier arm waren, fiel bei dem Vermögen meines Vaters nicht ins Gewicht.

Auf Sabinas Wunsch wurden wir nach der längeren Formel getraut, obwohl ich nicht die Absicht hatte, in irgendein Priesterkollegium einzutreten, aber Sabina sagte, sie wolle eine Ehe fürs ganze Leben schließen und sich nicht gleich wieder scheiden lassen. Ich tat, was sie wollte, und wir waren noch nicht lange verheiratet, als ich bemerkte, daß ich ihr in noch so manchen anderen Dingen ihren Willen tat.

Die Hochzeit war ein großes Fest. Auf Kosten meines Vaters und im Namen des Stadtpräfekten wurden nicht nur der Senat und die Ritterschaft, sondern auch das ganze Volk zum Mahl geladen. Nero war ebenfalls anwesend und wollte unbedingt als Brautführer auftreten und zur Flötenbegleitung eine unanständige Hochzeitshymne singen, die er selbst gedichtet hatte. Zuletzt aber schwenkte er höflich seine Fackel auf und nieder und ging wieder, ohne einen Streit anzufangen.

Ich nahm Sabina den feuerroten Schleier vom Haupt und den gelben Hochzeitsmantel von den Schultern. Als ich aber die beiden festen Knoten in ihrem Leinengürtel lösen wollte, setzte sie sich mit grünfunkelnden Augen zur Wehr und rief: »Ich bin eine Sabinerin! Nimm mich zum Raube, wie die Sabinerinnen geraubt wurden!«

Ich hatte kein Pferd und taugte im übrigen auch nicht zu der Art Raub, den sie sich wünschte. Ich verstand nicht einmal recht, was sie eigentlich wollte, da mich mein Verhältnis mit Claudia an Zärtlichkeit und gegenseitiges Nachgeben gewöhnt hatte.

Sabina war enttäuscht. Sie schloß die Augen, ballte die Fäuste und ließ mich mit ihr tun, was ich wollte und wozu uns der rote Schleier verpflichtete. Zuletzt schlang sie ihre starken Arme um meinen Hals, gab mir einen hastigen Kuß und wandte mir den Rücken zu, um zu schlafen. Ich bildete mir ein, wir seien beide so glücklich, wie zwei hochzeitsmüde junge Menschen nur sein können, und schlief mit einem Seufzer der Zufriedenheit ein.

Erst viel später erkannte ich, was Sabina von der fleischlichen Liebe erwartete. Sie hatte mich wegen der Narben in meinem Gesicht für etwas ganz anderes gehalten, als ich wirklich war, und unsere erste Begegnung auf der nächtlichen Straße hatte sie in dem Glauben bestärkt, daß ich ihr geben könnte, wonach sie verlangte.

Ich hege keinen Groll gegen sie. Ich habe sie mehr enttäuscht als sie mich. Wie und warum sie so wurde, wie sie war, weiß ich nicht zu erklären. Venus ist eine launische und oft grausame Göttin. Juno ist, was die Familie angeht, zuverlässiger, aber in anderen ehelichen Dingen auf die Dauer eher langweilig.

VII

AGRIPPINA

Wir verbrachten die heißeste Sommerszeit an der Küste bei Caere. Meine Gattin Flavia Sabina suchte sich einen Auslauf für ihren Betätigungsdrang und ließ ein neues Sommerhaus an Stelle der alten, mit Schilf gedeckten Fischerhütte errichten. Sie beobachtete mich und meine Schwächen, ohne daß ich dessen gewahr wurde, und vermied es, mich über meine Zukunftspläne auszufragen, da sie bemerkt hatte, daß mich die bloße Erwähnung der Beamtenlaufbahn schon verstimmte. Sobald wir aber in die Stadt zurückgekehrt waren, sprach sie mit ihrem Vater über mich, worauf der Stadtpräfekt Flavius Sabinus mich zu sich rufen ließ.

»Das neue hölzerne Amphitheater geht der Fertigstellung entgegen, und Nero wird beim Eröffnungsfest selbst anwesend sein«, erklärte er mir. »Was mir Sorgen macht, sind die wertvollen wilden Tiere, die von allen Enden der Welt herbeigebracht werden. Der alte Tiergarten an der Via Flaminia ist zu klein. Außerdem stellt Nero besondere Forderungen. Er will dressierte Tiere haben, die noch nie gesehene Kunststücke vorführen. Senatoren und Ritter sollen in der Arena ihre Jagdkünste zeigen, und dazu brauchen wir Tiere, die nicht zu wild sind. Andrerseits müssen die Tiere, die gegeneinander kämpfen, den Zuschauern etwas bieten. Was wir brauchen, ist ein zuverlässiger Tiergartenvorsteher, der sich um die Tiere kümmert und diesen Teil des Festprogramms entwirft. Nero ist gewillt, dir diesen Posten zu übertragen, da du Erfahrungen im Umgang mit Raubtieren hast. Er bietet dir damit ein Ehrenamt im Dienste des Staates an.«

Ich war selbst schuld, denn ich hatte oft damit geprahlt, daß ich als Knabe in Antiochia einen Löwen lebend eingefangen hatte und unter den Räubern in Kilikien meinen Mitgefangenen einmal das Leben rettete, als man uns in eine Bärenhöhle stieß, um sich an unserem Entsetzen zu weiden. Aber für Hunderte von wilden Tieren sorgen und Vorführungen im Amphitheater veranstalten, das schien mir eine so schwere, verantwortungsvolle Aufgabe zu sein, daß ich mich ihr nicht gewachsen fühlte. Als ich das meinem Schwiegervater erklärte, antwortete er in scharfem Ton: »Du bekommst die nötigen Geldmittel aus der kaiserlichen Kasse. Die erfahrensten Tierbändiger aller Länder werden sich darum reißen, in den Dienst Roms zu treten. Von dir wird weiter nichts verlangt als Urteilsvermögen und guter Geschmack bei der Zusammenstellung des Programms. Sabina wird dir helfen. Sie hat sich schon als Kind ganze Tage im Tiergarten aufgehalten und liebt die Dressur.«

Mein Schicksal verfluchend, kehrte ich nach Hause zurück und beklagte mich bitter bei Sabina. »Lieber wäre ich Quästor geworden, um dir zu Willen zu sein, als Tierbändiger!«

Sabina betrachtete mich abschätzend mit zur Seite geneigtem Kopf und sagte: »Nein, zum Konsul wärst du letzten Endes doch nie gewählt worden, du Armer. Als Tiergartenvorsteher hast du wenigstens ein abwechslungsreiches Leben, und im übrigen ist dieser Posten noch nie mit einem Ritter besetzt gewesen.«

Ich erklärte ihr, daß meine Neigungen mehr den Büchern galten, aber Sabina fiel mir ins Wort und rief: »Was für Ehren gewinnst du schon in einem Vorlesungssaal, wo fünfzig oder hundert gelangweilte Menschen zum Dank dafür, daß du endlich zu lesen aufgehört hast, Beifall klatschen! Du bist faul. Du hast keinen wirklichen Ehrgeiz.«

Sabina war so aufgebracht, daß ich mich hütete, sie noch mehr zu reizen, obwohl ich mich fragte, was für Ehren wohl unter stinkenden Raubtieren zu holen seien. Wir begaben uns unverzüglich in den Tiergarten, und auf einem kurzen Rundgang stellte ich fest, daß es noch schlechter um ihn stand, als der Stadtpräfekt angedeutet hatte.

Die Tiere kamen ausgehungert an und fanden kein passendes Futter vor. Der wertvollste Tiger war am Verenden, und niemand wußte recht, was die unter großen Kosten aus Afrika geholten Nashörner fraßen, da sie den einzigen, der es hätte sagen können, ihren afrikanischen Wärter, zertrampelt hatten. Das Trinkwasser war faulig. Die Elefanten nahmen ihr Futter nicht an. Die Käfige waren zu eng und schmutzig. Die Giraffen gingen vor Angst ein, weil sie in einem Gehege unmittelbar neben den Löwenkäfigen untergebracht waren.

Die kranken, Hunger und Durst leidenden Tiere brüllten, fauchten und kreischten, daß mir der Schädel dröhnte, und mir wurde übel von dem Gestank der Raubtiere. Keiner der Aufseher und Sklaven wollte für irgend etwas verantwortlich sein. »Das gehört nicht zu meinen Aufgaben«, war die übliche Antwort auf meine Fragen Man hielt mir sogar entgegen, daß ausgehungerte und verschreckte Tiere am besten in der Arena kämpfen. Man mußte sie eben nur bis zur Vorführung irgendwie am Leben erhalten.

Sabina fand besonderen Gefallen an zwei riesigen, dicht behaarten Affen, die größer als ein Mensch waren und aus einer unbekannten Gegend Afrikas nach Rom gebracht worden waren. Sie rührten das Fleisch nicht an, das ihnen in den Käfig geworfen wurde, und wollten nicht einmal trinken.

»Die ganze Anlage muß umgebaut werden«, beschloß ich. »Die Tierbändiger müssen genug Platz für die Dressur bekommen. Die Käfige müssen so groß sein, daß die Tiere sich bewegen können. Fließendes Wasser muß eingeleitet werden. Jede Tierart muß von eigenen Wärtern gefüttert und gepflegt werden, die ihre Lebensgewohnheiten kennen.«

Der Aufseher, der mich begleitete, schüttelte den Kopf und wandte ein: »Wozu soll das gut sein? Die Tiere sind doch für die Arena bestimmt!«

Da ich nach der Art schwacher Menschen keine Einwände ertrug, schleuderte ich einen Apfel, in den ich gerade gebissen hatte, in den Käfig der Riesenaffen und schrie: »Muß ich als erstes euch alle auspeitschen lassen, um euch euer Handwerk zu lehren!«

Sabina legte mir die Hand auf den Arm, um mich zu beruhigen, und deutete gleichzeitig mit einer Kopfbewegung in die Richtung des Affenkäfigs. Ich sah verwundert, wie sich ein haariger Arm nach dem Apfel ausstreckte und das Tier die furchtbaren Zähne entblößte, um die Frucht mit einem einzigen Biß zu zermalmen. Ich runzelte die Stirn, sah, wie ich hoffte, grimmig drein und sagte: »Gebt ihnen einen Korb Früchte und frisches Wasser in einem sauberen Gefäß.«

Der Tierwärter lachte und antwortete mir: »Solche wilden Tiere sind Fleischfresser. Das sieht man doch an den Zähnen.«

Sabina riß ihm die Peitsche aus der Hand, zog sie ihm übers Gesicht und schrie zornig: »Wie redest du mit deinem Herrn!«

Der Mann erschrak und starrte uns böse an, holte aber, um mich vor den anderen lächerlich zu machen, einen Korb voll Früchte und leerte ihn in den Affenkäfig. Die ausgehungerten Tiere erwachten zum Leben und fraßen im Nu alles auf. Zu meiner eigenen Verwunderung ließen sie nicht einmal die Weintrauben übrig, die sich unter den Früchten befanden. Das war in den

Augen der Tierwärter etwas so Unerhörtes, daß sich alle um den Käfig versammelten und zusahen, und keiner lachte mehr über meine Befehle.

Ich merkte bald, daß es den Leuten nicht so sehr an Erfahrung mangelte, sondern daß die Hauptfehler Gleichgültigkeit, Habgier und Unordnung waren. Alle, von den Aufsehern bis zum letzten Sklaven, betrachteten es als ihr selbstverständliches Recht, einen Teil der für die Versorgung der Tiere zur Verfügung stehenden Mittel für sich auf die Seite zu schaffen.

Der Baumeister, der Neros Amphitheater entworfen und die Bauarbeiten beaufsichtigt hatte, fand es unter seiner Würde, sich Tierkäfige und Freigehege auszudenken. Erst als er meine Zeichnungen sah und Sabinas Erklärungen entnahm, worum es in Wirklichkeit ging, nämlich darum, einen ganzen neuen Stadtteil zu errichten, erwachte sein Ehrgeiz.

Ich entließ oder versetzte alle, die die Tiere quälten oder sich zu sehr vor ihnen fürchteten. Sabina und ich dachten uns eine einheitliche Kleidung für die vielen Hundert Angestellten des Tiergartens aus, und außerdem bauten wir uns ein Haus auf dem Gelände des Tiergartens, denn ich erkannte bald, daß ich Tag und Nacht zur Stelle sein mußte, wenn ich mich wirklich um die vielen wertvollen Tiere kümmern wollte.

Es gab für uns kein Gesellschaftsleben mehr. Wir widmeten uns ganz den Tieren, und Sabina hielt sogar ein paar Löwenjunge, deren Mutter an einem Fieber eingegangen war, nachdem sie sie geworfen hatte, in unserem Ehebett und zwang mich, sie mit einem Horn zu säugen. Unser eigenes Eheleben vergaßen wir vor lauter Geschäftigkeit, denn die Leitung eines Tiergartens ist unleugbar eine fesselnde, verantwortungsvolle Aufgabe.

Sobald der Tiergarten sauber war und die Tiere richtig gefüttert wurden und tüchtige, aufmerksame Wärter hatten, mußten wir uns die Programmnummern für die große Vorführung ausdenken, denn der Tag der Eröffnung des Amphitheaters rückte rasch näher.

Ich hatte gerade so viele Tierkämpfe gesehen, daß ich wußte, wie man die Jagden in der Arena so leitete, daß sie für die Jäger ungefährlich waren und dabei doch für die Zuschauer atemberaubend wirkten. Schwieriger war es, zu bestimmen, welche Tiere gegeneinander gehetzt werden sollten, denn die Zuschauer waren die merkwürdigsten Zusammenstellungen gewohnt. Am meisten versprach ich mir von den Kunststücken der gezähmten Tiere, und da sich mir wirklich ständig kundige Tierbändiger aus allen Ländern antrugen, hatte ich Erstaunliches zu bieten.

Es war jedoch nicht leicht, diese Dressurakte bis zum Fest geheimzuhalten, denn der Tiergarten war von Besuchern überlaufen. Zuletzt verfiel ich darauf, eine Eintrittsgebühr zu verlangen. Das Geld, das auf diese Weise zusammenkam, verwendete ich zum Nutzen des Tiergartens, obgleich ich es ruhig hätte für mich behalten dürfen, denn ich selbst war ja auf diesen Gedanken gekommen. Kinder und Sklaven hatten übrigens freien Zutritt, wenn der Andrang nicht zu groß war.

Eine Woche vor dem Eröffnungstag besuchte mich ein hinkender, bärtiger Mann. Erst als er mich anredete, erkannte ich in ihm Simon den Zauberer wieder. Das Verbot der Sterndeuterei war noch immer in Kraft, daher durfte er seinen prächtigen chaldäischen Mantel mit den Sternbildern darauf nicht tragen. Er wirkte heruntergekommen, sein Blick irrte unruhig hin und her, und er brachte ein so sonderbares Begehren vor, daß ich annehmen mußte, er habe den Verstand verloren. Er wollte im Amphitheater seine Flugkünste zeigen, um seinen alten Ruf wiederzuerlangen!

Ich entnahm seiner verworrenen Erzählung, daß seine Heilkräfte im Schwinden waren und daß er keinen Zulauf mehr hatte. Seine Tochter war, wie er behauptete, durch die Ränke feindselig gesinnter Zauberer ums Leben gekommen. Vor allem aber verfolgten ihn die Christen in Rom mit solchem Haß, daß er vollends zu verarmen drohte und nicht mehr wußte, wovon er im Alter leben sollte. Daher wollte er nun vor allem Volk seine göttlichen Kräfte beweisen.

»Ich weiß, daß ich fliegen kann«, sagte er. »Ich bin vor Jahren geflogen und vor den Augen der Menge aus einer Wolke aufgetaucht, aber dann kamen die Christen mit ihren Beschwörungen, und ich stürzte auf das Forum nieder und zerschlug mir die Kniescheibe. Ich will den anderen und mir selbst beweisen, daß ich noch fliegen kann. In einer der letzten Nächte habe ich mich vom Turm auf dem Aventin in einen brausenden Sturm geworfen und meinen Mantel als Schwingen ausgebreitet. Ich bin geflogen und unbeschadet wieder auf die Füße zu stehen gekommen.«

»Ich glaube, du bist nie wirklich geflogen«, sagte ich mißtrauisch. »Du blendest mit deiner Macht den Leuten die Augen, so daß sie glauben, sie sähen dich fliegen.«

Simon der Zauberer rang die Hände, raufte sich den Bart und sagte: »Mag sein, daß ich den Leuten die Augen blendete, aber ich dachte mit solcher Kraft, daß ich fliege, daß ich noch immer glaube, wirklich geflogen zu sein. Doch ich strebe nicht mehr nach den Wolken. Es genügt mir, wenn es mir gelingt, ein- oder zweimal um das Amphitheater zu fliegen. Dann glaube ich wieder an meine Macht und daran, daß mich meine Engel in der Luft unter den Armen halten.«

Er hatte nur noch diesen einen Gedanken im Kopf, zu fliegen. Schließlich fragte ich ihn, wie er es anstellen wollte. Er meinte, man könnte mitten im Amphitheater einen hohen Mast errichten und ihn in einem Korb hinaufhissen, so daß er genug Luft unter sich bekam. Vom Boden könne er sich nicht erheben, wenn hunderttausend Menschen zusahen, sagte er. Er starrte mich mit seinem stechenden Blick an und sprach so überzeugend, daß mir schwindelte, und ich dachte mir, dergleichen sei jedenfalls noch nie in einem Theater gezeigt worden. Wenn er sich unbedingt den Hals brechen wollte, so war das schließlich seine Sache; und wer weiß, vielleicht glückte ihm der kühne Versuch wirklich.

Nero befand sich im Amphitheater, um einigen griechischen Jünglingen zuzusehen, die einen Schwerttanz übten. Es war ein glühendheißer Herbsttag. Nero trug nur ein schweißgetränktes Untergewand. Er feuerte die Griechen an und lobte sie und nahm ab und zu selbst an dem Tanz teil, um ihnen ein Beispiel zu geben. Als ich ihm von dem Vorschlag Simons des Zauberers berichtete, war er entzückt, meinte jedoch: »Das Fliegen ist an sich merkwürdig genug, aber wir müssen einen künstlerischen Rahmen finden, um eine wirklich sehenswerte Nummer daraus zu machen. Er könnte Ikarus darstellen, und wir sollten auch Dädalus und sein Meisterwerk haben, und warum nicht auch Pasiphae?«

Seine Einbildung begann so lebhaft zu arbeiten, daß ich froh war, als ich ihm endlich wieder entkam. Wir waren übereingekommen, daß Simon der Zauberer sich den Bart scheren und als griechischer Jüngling verkleiden mußte. Auf dem Rücken sollte er goldschimmernde Flügel tragen.

Als ich Simon die Forderungen des Kaisers überbrachte, weigerte er sich zuerst, sich den Bart abzunehmen, und behauptete, er würde dadurch alle Kraft verlieren. Gegen die Flügel hatte er nichts einzuwenden.

Ich erzählte ihm von Dädalus und der hölzernen Kuh, aber darauf berichtete er mir von einer jüdischen Sage, derzufolge ein gewisser Simson alle Kraft verlor, als ihm eine fremde Frau die Haare abschnitt. Erst als ich sagte, er glaube wohl selbst nicht an seine Kunst, ging er auf die Forderung ein. Ich fragte ihn, ob ich den Mast gleich aufstellen lassen solle, damit er üben könne, aber er antwortete mir, daß das Üben nur an seinen geheimen Kräften zehren würde. Er halte es für besser, zu fasten und in der Einsamkeit Beschwörungen zu sprechen und seine Kräfte für die Vorführung aufzusparen.

Nero hatte vorgeschrieben, daß die Vorführungen im Amphitheater die Zuschauer sowohl unterhalten als auch veredeln müßten. Zum erstenmal in geschichtlicher Zeit sollte eine so gewaltige Vorstellung stattfinden, ohne daß absichtlich Menschenblut vergossen wurde. Dafür mußte das Volk zwischen den aufregenden und künstlerisch wertvollen Nummern soviel wie möglich zu lachen haben, und in den unumgänglichen Pausen sollten Geschenke unter die Zuschauer geworfen werden: gebratene Vögel, Früchte, Backwerk und kleine Lostäfelchen aus Elfenbein, mit denen dann Getreide, Kleider, Silber, Gold, Zugochsen, Sklaven und sogar ganze Landgüter verlost werden sollten.

Nero wollte keine Berufsgladiatoren verwenden. Statt dessen befahl er, um den besonderen Wert seiner Vorstellung zu betonen, daß das Spiel durch einen Kampf zwischen vierhundert Senatoren und sechshundert Rittern eingeleitet werden sollte, und tatsächlich erheiterte es das Volk über alle Maßen, vornehme Männer von untadeligem Ruf mit stumpfen Lanzen und Holzschwertern aufeinander einhauen zu sehen. Zuletzt aber herrschte allgemeines Mißvergnügen darüber, daß niemand zu Schaden kam, und die Leute begannen laut zu murren. Die Wachsoldaten machten sich daran, zu tun, was ihre Pflicht war, aber Nero ließ kundmachen, daß die Soldaten sich zurückzuziehen hätten, denn das römische Volk müsse sich an die Freiheit gewöhnen.

Diese Worte weckten Beifall und allgemeines Entzücken. Die Unzufriedenen beherrschten sich, um sich des Vertrauens des Kaisers würdig zu erweisen. Ein Zweikampf mit Netz und Dreizack zwischen zwei feisten, kurzatmigen Senatoren war außerdem so komisch, daß die Leute in nicht enden wollendes Gelächter ausbrachen. Die beiden würdigen Männer wurden nämlich so böse aufeinander, daß sie einander sicherlich verwundet hätten, wenn die Dreizacke gespitzt oder die Netze mit den üblichen Bleikugeln bestückt gewesen wären.

Man entsetzte sich über drei Männer, die Riesenschlangen vorführten und sich von den Tieren ganz umschlingen ließen, aber Nero machte ein saures Gesicht, weil niemand ohne Erklärung verstand, daß die Männer Laokoon und seine Söhne darstellten. Die Jagd auf Löwen, Tiger und Auerochsen verlief zur großen Enttäuschung der Zuschauer ohne Unglücksfälle, wofür die jungen Ritter, die als Jäger auftraten, mir und den Schutztürmen, die an verschiedenen Stellen in der Arena errichtet worden waren, danken konnten. Mir selbst mißfiel diese Vorführung, denn ich hatte meine Tiere so liebgewonnen, daß ich sie nicht sterben sehen mochte.

Großen Beifall erhielt eine Löwenbändigerin, eine schlanke, biegsame Frau, die plötzlich aus einem dunklen Tor stürzte und, von drei Löwen verfolgt, quer durch die Arena lief. Ein Rauschen ging durch die Zuschauermenge, aber plötzlich drehte sich die Frau um und trieb die Löwen mit der Peitsche zurück. Die Tiere gehorchten ihren Befehlen, machten Männchen wie folgsame Hunde und sprangen durch große Reifen.

Das Gemurmel und der Beifall reizten jedoch die Löwen. Als die Frau ihr gewagtestes Kunststück vorführte und den Kopf in den offenen Rachen des größten Löwen steckte, klappte dieser plötzlich die Kiefer zusammen und biß ihr den Kopf ab. Diese unvorhergesehene Wendung weckte so gewaltigen Jubel und solche Beifallsstürme, daß ich Zeit hatte, die Löwen zu retten. Eine Kette von Sklaven, die mit Fackeln und rotglühenden Eisenstangen ausgerüstet waren, umkreiste sie und trieb sie durch die Pforte in ihre Käfige zurück. Sonst hätten nämlich die reitenden Bogenschützen sie getötet, und ich war um meine kostbaren gezähmten Löwen so besorgt, daß ich selbst unbewaffnet in die Arena sprang und den Sklaven meine Befehle erteilte.

Ich war so zornig, daß ich dem Löwen mit meinem eisenbeschlagenen Stiefel unter das Kinn trat, um ihn zu zwingen, den Kopf seiner Herrin auszuspucken. Er brüllte nur böse, war aber offenbar selbst so erschrocken über das, was er angerichtet hatte, daß er mich nicht angriff.

Nachdem ein Trupp bemalter Neger ein Nashorn gehetzt hatte, stellte man eine Kuh aus Holz mitten in die Arena, und der Pantomimiker Paris stellte die Geschichte von Dädalus und Pasiphae so lebendig dar, während ein riesiger Stier die hölzerne Kuh bestieg, daß die meisten Zuschauer glaubten, in der hohlen Kuh habe sich wirklich Pasiphae versteckt.

Simon der Zauberer mit seinen großen golden glänzenden Flügeln war eine Überraschung für alle. Paris versuchte ihn durch Gesten zu einigen Tanzschritten zu verlocken, aber Simon wies ihn mit einem Schlag der prächtigen Flügel stolz ab. Einige Seeleute hißten ihn im Handumdrehen zu einer Plattform auf der Spitze des schwindelnd hohen Mastes hinauf. Ein paar Juden in den obersten Reihen stießen Flüche und Verwünschungen aus, aber die anderen Zuschauer brachten sie zum Schweigen, und Simon der Zauberer wandte sich grüßend in alle Richtungen, als er da in der größten Stunde seines Lebens oben auf dem Mast stand. Ich glaube, er war bis zum letzten Augenblick überzeugt, daß er alle seine Widersacher besiegen werde.

Dann schlug er noch einmal mit den Flügeln und sprang, zur Loge des Kaisers gewandt, in die Luft. Er stürzte so kurz vor der Loge nieder, daß einige Blutstropfen bis zu Nero hinaufspritzten, und war auf der Stelle tot. Später stritt man sich darüber, ob er wirklich geflogen sei oder nicht. Einige behaupteten, gesehen zu haben, daß der linke Flügel beschädigt worden war, als man ihn im Korb zur Mastspitze hinaufzog. Andere wieder glaubten, die Verwünschungen der Juden hätten seinen Absturz bewirkt. Vielleicht wäre er geflogen, wenn er seinen Bart hätte behalten dürfen.

Die Vorstellung mußte weitergehen. Die Seeleute spannten nun ein mannsdickes Tau zwischen dem Fuß des Mastes und der untersten Reihe, und zur ungeheuren Überraschung und Verwunderung der Zuschauer schritt ein Elefant langsam und vorsichtig über dieses Tau. Auf seinem Nacken saß ein Ritter, der in ganz Rom für seine Dummdreistigkeit bekannt war. Natürlich hatte nicht er den Elefanten gelehrt, auf dem Tau zu gehen — das tat das Tier auch ohne Führer —, aber er heimste den Schlußbeifall für seine Vorstellung ein, wie man dergleichen bis dahin nicht gesehen hatte.

Ich glaube, das Volk war im großen ganzen recht zufrieden. Besonders der Todessprung Simons des Zauberers und der Tod der Löwenbändigerin waren Glanznummern gewesen, und das einzige, was man daran auszusetzen hatte, war, daß sie zu rasch ausgeführt worden waren. Die Senatoren und Ritter, die als Jäger auftreten mußten, waren zufrieden, weil kein Unglück geschehen war, und nur die altmodischsten Zuschauer klagten, daß kein Menschenblut zu Ehren der römischen Götter geflossen war, und gedachten wehmütig der grausamen Spiele, die Claudius geboten hatte.

Die meisten verbargen jedoch ihre Enttäuschung recht tapfer, denn Nero hatte in den Pausen wirklich kostbare Geschenke verteilen lassen. Auch die Abberufung der Prätorianer gefiel dem Volk, das sich etwas auf seine ererbte Freiheit einbildete, und bei der Schlägerei um die Elfenbeinlose hatten keine hundert Zuschauer ernsthaftere Verletzungen erlitten.

Octavia, die Gemahlin des Kaisers, nahm es schweigend hin, daß Nero die schöne Acte der Vorstellung in der Kaiserloge beiwohnen ließ, wo sie allerdings hinter einer eigenen Wand mit einem Guckloch verborgen war. Agrippina hatte keinen Platz erhalten. Nero ließ verkünden, es gehe seiner Mutter nicht gut. Irgend jemand soll gerufen haben, ob Agrippina vielleicht gar Pilze gegessen habe. Ich selbst hörte diesen Ruf nicht, und Nero sagte, er sei glücklich, daß das Volk in seiner Gegenwart im Amphitheater von seiner Redefreiheit ohne Furcht Gebrauch mache.

Mein Tierbestand war auf betrübliche Weise verringert worden, aber ein gewisser Stamm war selbstverständlich übriggeblieben, und ich entwarf einen Plan, demzufolge der Tiergarten in Zukunft ständig mit wilden Tieren aus allen Ländern aufgefüllt werden sollte, so daß die Vorstellungen nicht mehr vom Zufall abhingen. Es mußte möglich sein, innerhalb kurzer Frist gute Vorführungen zustande zu bringen, wenn Nero es für notwendig erachtete, das Volk an irgendeinem Festtag zu unterhalten. Und da ich Neros Launen kannte, hielt ich es für klug, sich auf politische Ereignisse vorzubereiten, die es erforderlich machten, dem Volk Unterhaltung zu bieten, um es unangenehme Dinge vergessen zu lassen.

Die Fußballen der getöteten Nashörner hatten die ganze Nacht in Kochgruben nach afrikanischer Art geschmort und waren am nächsten Tag zu einer durchsichtigen, wabbelnden Masse erstarrt. Ich bereitete mich darauf vor, diesen seltenen Leckerbissen, der, soviel ich weiß, bis dahin Rom noch unbekannt gewesen war, auf den Tisch des Kaisers zu bringen. Wehmütig betrachtete ich die leeren Käfige, die Sklaven, die zu ihren täglichen Verrichtungen zurückgekehrt waren, und das bescheidene Haus, in dem Sabina und ich einen anstrengenden, aber, wie ich nun glaubte, glücklichen Lebensabschnitt verbracht hatten.

»Sabina!« rief ich dankbar. »Ohne deine Erfahrung im Umgang mit Tieren und deine unermüdliche Arbeitslust wäre es mir wohl nicht gelungen, mich dieses Auftrags ehrenvoll zu entledigen. Trotz allen Schwierigkeiten, die wir überwinden mußten, werden wir bestimmt gern an diese Zeit zurückdenken, wenn wir wieder ein gewöhnliches Leben führen.«

»Ein gewöhnliches Leben führen?« fragte Sabina schroff und blickte mich streng an. »Wie soll ich das verstehen?«

»Ich habe meinen Auftrag ausgeführt, und zwar, wie ich hoffe, zur Zufriedenheit deines Vaters und des Kaisers«, antwortete ich gut gelaunt. »Nun gehe ich mit diesem Gericht zu Nero, und unser Verwalter macht die Abrechnung mit der kaiserlichen Kasse. Nero versteht nichts von Geldangelegenheiten, und mir selbst ist unsere Buchführung, offen gestanden, auch viel zu schwierig. Ich hoffe aber, sie ist in Ordnung, und trauere dem verlorenen Geld nicht nach. Vielleicht gibt Nero mir auch eine Belohnung, aber mein schönster Lohn ist der Beifall des Volkes. Mehr als das begehre ich nicht, und im übrigen hätte ich diese ständigen Aufregungen auch nicht mehr lange ausgehalten.«

»Wer von uns beiden hat wohl am meisten aushalten müssen?« fragte Sabina lebhaft. »Ich traue meinen Ohren nicht! Du hast ja erst den ersten Schritt getan. Meinst du denn, du könntest die Löwen, die nun keine Wärterin mehr haben, einfach im Stich lassen, oder diese beinahe menschlichen Riesenaffen, von denen der eine so hustet, daß es einem ins Herz schneidet — von den anderen Tieren ganz zu schweigen? Nein, Minutus, ich will annehmen, daß du nur müde und schlecht gelaunt bist. Mein Vater hat versprochen, daß du deine jetzige Stelle unter meiner Aufsicht behalten darfst. Das erspart ihm viele Sorgen, weil er nicht mehr um die ohnehin knapp bemessenen Mittel zu streiten braucht, die der Senat dem Tiergarten bewilligt.«

Nun war ich derjenige, der seinen Ohren nicht traute. »Flavia Sabina«, sagte ich, »ich gedenke nicht, mein ganzes Leben lang Tierwärter zu sein, so teuer und schön die Tiere auch sein mögen. Ich erinnere dich daran, daß ich in der väterlichen Linie ebenso wie Otho oder sonst einer von den etruskischen Königen in Caere abstamme.«

Sabina fauchte zornig: »Deine Abstammung ist, gelinde ausgedrückt, zweifelhaft, und von deiner griechischen Mutter wollen wir lieber nicht reden. Die schäbigen Wachsmasken im Haus deines Vaters sind Tullias Erbgut. Unter den Flaviern hat es zumindest Konsuln gegeben. Wir leben in einer neuen Zeit. Begreifst du nicht, daß der Vorsteher des Tiergartens eine politische Stellung innehat, um die man ihn beneiden kann, auch wenn das noch nicht allen einleuchtet?«

»Ich habe keine Lust, mit Stallburschen und Zitherspielern in Wettbewerb zu treten«, entgegnete ich steif. »Dagegen kann ich dir ein paar vornehme ältere Männer nennen, die sich schon jetzt einen Zipfel ihrer Toga vor die Nase halten, wenn sie mir begegnen, um den Raubtiergestank nicht riechen zu müssen. Vor fünfhundert Jahren konnte sich der vornehmste Patrizier damit brüsten, daß er nach Dung roch, aber diese Zeiten sind vorbei. Außerdem möchte ich, ehrlich gesagt, auch keine jungen Löwen mehr in unserem Ehebett haben, für die du mehr Zärtlichkeit übrig zu haben scheinst als für mich.«

Sabinas Gesicht wurde gelb vor Zorn. »Ich habe von deinen Eigenschaften als Ehemann nie gesprochen, weil ich dich nicht verletzen wollte«, sagte sie böse und beherrschte sich mit Mühe. »Ein klügerer, rücksichtsvollerer Mann hätte längst seine Schlüsse gezogen. Wir sind nicht aus demselben Holz, aber eine Ehe ist eine Ehe, und das Bett ist nicht das Wichtigste. An deiner Stelle würde ich mich freuen, daß deine Frau eine andere Beschäftigung gefunden hat, die ihr leeres Leben ausfüllt. Wir behalten den Tiergarten, das ist mein fester Entschluß, und mein Vater stimmt mir zu.«

»Mein Vater könnte da anderer Meinung sein, und er hat wohl auch noch ein Wort mitzureden«, erwiderte ich kläglich. »So viel Geld hat er auch nicht, daß er ständig für den Unterhalt des Tiergartens aufkommen kann.« Das war jedoch im Grunde belanglos. Was mich am tiefsten gekränkt hatte, war Sabinas unerwarteter Vorwurf, ich hätte als Ehemann versagt.

Doch nun mußte ich dafür sorgen, daß das Gelee aus den Fußballen der Nashörner ins Palatium kam, solange es noch warm war, und deshalb brach ich unseren Streit ab, der gewiß nicht der erste, aber der bisher schwerste gewesen war.

Nero bat mich, am Mahl teilzunehmen, was ganz natürlich war, und um mir seine Gunst zu beweisen, befahl er, mir als Anerkennung für meine Leistungen eine halbe Million Sesterze auszuzahlen. Ich ersah daraus, daß er keine Vorstellung davon hatte, was der Tiergarten kostete. Es fand sich außerdem nie einer, der mir wenigstens diesen Betrag ausgezahlt hätte, und ich selbst nahm mir nicht die Mühe, danach zu fragen, denn an Kleingeld hatte mein Vater keinen Mangel.

Ich bemerkte ein wenig mürrisch, es wäre wichtiger für mich, daß der Posten des Tiergartenvorstehers unter die staatlichen Ämter aufgenommen würde, damit ich ihn auf der Liste meiner Verdienste anführen könnte, wenn ich ihn eines Tages aufgab. Mein Vorschlag löste eine scherzhafte Diskussion aus, die mein Schwiegervater damit beendete, daß er erklärte, ein so wichtiges Amt, das noch dazu ein so großes eigenes Vermögen erforderte, dürfe nicht eines Tages von dem launischen Senat mit einem untauglichen Bewerber besetzt werden. Es sei, seiner Auffassung nach, juristisch gesehen, ein Amt von Kaisers Gnaden, etwa wie das des Küchenvorstehers oder Kleiderverwalters oder Oberstallmeisters, und könne einem nur durch Ungnade des Kaisers abgesprochen werden.

»An der fröhlichen Miene unseres Herrschers erkenne ich, daß du noch sein Vertrauen besitzt«, schloß mein Schwiegervater, an mich gewandt. »Soweit es von mir als dem Stadtpräfekten abhängt, bist du der Vorsteher des Tiergartens. Und nun störe unser wichtiges Gespräch nicht mehr mit dergleichen Bemerkungen.«

Nero begann uns voll Eifer seine Pläne zu erklären. Er wollte alle fünf Jahre nach griechischem Vorbild große Spiele veranstalten, um die Bildung und den Geschmack des Volkes zu heben. »Wir können ja sagen, sie dienten dem Fortbestand des Staates«, meinte er. »Ich selbst möchte es dahin bringen, daß diese Spiele als die größten aller Zeiten betrachtet werden. Fürs erste könnte man sie ganz bescheiden Neronische Festspiele nennen, um das Volk daran zu gewöhnen. Wir unterteilen sie in musische Spiele, athletische Spiele und die üblichen Wagenrennen. Zu den athletischen Spielen will ich die Vestalinnen als Zuschauerinnen einladen, denn ich habe gehört, daß in Griechenland die Cerespriesterinnen den olympischen Spielen beiwohnen. Auf diese Weise wird man ganz von selbst meine Spiele mit den olympischen vergleichen. Alle edlen Wettkämpfe werden in Zukunft in Rom ihre Heimstatt haben, und das ist politisch betrachtet nicht mehr als recht und billig, denn wir verwalten das Erbe Griechenlands und wollen uns dessen würdig erweisen.«

Ich vermochte mich für diese großen Pläne nicht zu begeistern, denn die gesunde Vernunft sagte mir, daß solche Spiele nach griechischem Vorbild nur das Ansehen der Tiervorführungen und damit den Wert meines eigenen Amtes mindern konnten. Ich kannte freilich das Volk von Rom und wußte, daß es stets mehr Vergnügen an den Vorstellungen im Amphitheater finden würde als an Gesang, Musik und dem Wettstreit der Athleten, aber Neros künstlerische Neigungen und hochfliegende Pläne verwandelten das Amphitheater gleichsam in einen Ort niedriger, sittlich zweifelhafter Vergnügungen.

Als ich in unser Haus im Tiergarten zurückkehrte, war ich nicht bei bester Laune, und zu meinem Unglück traf ich dort auch noch Tante Laelia an, die sich mit Sabina stritt. Sie war gekommen, um die Leiche Simons des Zauberers zu holen, die sie nach der abergläubischen Juden Weise unverbrannt bestatten wollte, da Simon nach seinem Unglück keinen anderen Freund mehr hatte, der ihm diesen letzten Dienst erwiesen hätte. Die Juden und ihresgleichen ließen draußen vor der Stadt unterirdische Höhlen graben und bestatteten darin ihre Toten, ohne sie zu verbrennen. Tante Laelia hatte viel Zeit verloren, bis es ihr endlich gelungen war, diese halb und halb geheimgehaltenen Begräbnisstätten ausfindig zu machen.

Ich ging der Sache nach und erfuhr, daß niemand rechtzeitig nach der Leiche Simons des Zauberers gefragt hatte. Sie war daher, wie die Leichen von im Tiergarten verunglückten Sklaven, den Raubtieren zum Fraß vorgeworfen worden. Ich war mit diesem Brauch selbst nicht ganz einverstanden, aber natürlich sparte man auf diese Weise Futterkosten, und man mußte nur darauf sehen, daß das Fleisch nicht verdorben war. Ich hatte es daher meinen Untergebenen verboten, Menschen zu verfüttern, die an Krankheiten gestorben waren.

In diesem Fall hatte Sabina wohl voreilig gehandelt. Simon der Zauberer war immerhin ein in seinen eigenen Kreisen geachteter Mann gewesen und hatte eine Bestattung nach der Sitte seines Volkes verdient. Ein benagter Schädel und ein paar Knochen waren alles, was die Sklaven noch retten konnten, als sie die Löwen mit Besenstielen von ihrer Mahlzeit verjagten.

Ich ließ die Reste in eine schnell herbeigeholte Urne legen und übergab diese Tante Laelia mit der Bitte, sie um ihrer eigenen Gemütsruhe willen nicht zu öffnen. Sabina ließ sich deutlich ihre Verachtung für unsere Gefühlsduselei anmerken.

Von diesem Abend an schliefen wir in getrennten Räumen, und trotz meiner Bitterkeit schlief ich besser als seit langem, da ich mich nicht mehr der Löwenjungen zu erwehren brauchte, die auf mir herumgeklettert waren und in letzter Zeit schon nadelscharfe Zähne bekommen hatten.

Nach dem Tod Simons des Zauberers verlor Tante Laelia in kürzester Zeit ihren Lebenswillen und das Restchen Verstand, das ihr noch geblieben war. Sie war zwar schon lange eine alte Frau mit allen Eigenheiten einer solchen gewesen, aber während sie bisher immer noch versucht hatte, es durch Kleider, Perücken und Schminke zu verbergen, ließ sie sich nun gehen und versteckte sich die meiste Zeit in meinem Haus, murmelte vor sich hin und erzählte von längst vergangenen Zeiten, an die sie sich besser erinnerte als an alles, was zuletzt geschehen war.

Als ich bemerkte, daß sie nicht einmal mehr zu sagen vermochte, wer Kaiser war, und mich mit meinem Vater verwechselte, hielt ich es für angebracht, so oft wie möglich in meinem alten Haus auf dem Aventin zu übernachten. Sabina hatte nichts dagegen einzuwenden. Im Gegenteil, es schien ihre Herrschsucht zu befriedigen, daß sie im Tiergarten schalten und walten durfte, wie sie wollte.

Sabina verstand sich ausgezeichnet mit den Tierbändigern, obwohl diese trotz ihrer gewiß achtenswerten beruflichen Geschicklichkeit zumeist ungebildete Menschen waren und über nichts anderes zu reden wußten als über ihre Tiere. Sabina überwachte auch das Ausladen der Tiere von den Schiffen und verstand es viel besser als ich, die Preise herunterzuhandeln. Vor allem aber hielt sie unter den Angestellten des Tiergartens unerbittlich Zucht und Ordnung.

Ich mußte mir bald eingestehen, daß ich eigentlich nicht mehr viel zu tun hatte und Sabina nur die nötigen Mittel zur Verfügung zu stellen brauchte. Die Zuwendungen aus der kaiserlichen Kasse reichten bei weitem nicht für den Unterhalt und die Neuanschaffungen. Deswegen hatte man mir ja auch zu verstehen gegeben, daß die Leitung des Tiergartens ein Ehrenamt sei, das beträchtliche eigene Mittel voraussetze.

Ich hatte Einkünfte aus dem Seifenhandel meines gallischen

Freigelassenen, einer meiner ägyptischen Freigelassenen stellte teure Hautsalben für Frauen her, und Hierax sandte mir reiche Geschenke aus Korinth. Meine Freigelassenen steckten ihre Gewinne gern in neue Unternehmungen. Der Seifensieder hatte seine Verbindungen in allen großen Städten des Reiches, und Hierax betrieb in Korinth Grundstückspekulationen. Nur der Tiergarten brachte mir nichts ein.

Um die Wohnraumnot zu lindern, ließ ich auf einem durch Brand zerstörten Grundstück, das ich dank meinem Schwiegervater billig erwerben konnte, einige siebenstöckige Mietshäuser errichten. Ein wenig verdiente ich auch dadurch, daß ich Fangexpeditionen nach Thessalien, Armenien und Afrika ausrüstete und überschüssige Tiere in Provinzstädte verkaufte. Die besten behielt ich natürlich selbst.

Bald verdiente ich auch das erste Geld an den Schiffen, die vom Roten Meer nach Indien segelten und an denen ich – um seltene Tiere aus Indien herbeischaffen zu können – Anteile hatte erwerben dürfen. Die Waren wurden über Alexandria nach Rom befördert. Es war die Zeit, in der handwerkliche Erzeugnisse aus Gallien und kampanische Weine nach Indien ausgeführt wurden.

Dank einem Übereinkommen mit den arabischen Fürsten erhielt Rom einen Stützpunkt mit einer ständigen Garnison am südlichen Ende des Roten Meeres. Das war notwendig, weil die Nachfrage nach Luxuswaren mit dem steigenden Wohlstand des Reiches immer größer wurde und die Parther die römischen Karawanen nicht durch ihr Gebiet ziehen lassen, sondern selbst als Zwischenhändler an den Waren verdienen wollten.

Alexandria gewann durch die neue Ordnung, aber große Handelsstädte wie Antiochia und Jerusalem erlitten Verluste, weil die Preise der Waren aus Indien sanken. Daher ließen die mächtigen syrischen Handelsherren durch Mittelsmänner in Rom die Auffassung verbreiten, ein Krieg gegen Parthien sei früher oder später unerläßlich, um dem Handel einen Landweg nach Indien zu eröffnen.

Sobald in Armenien Ruhe eingetreten war, hatte Rom Beziehungen zu den Hyrkanern angeknüpft, die das salzige Kaspische Meer nördlich des Partherreiches beherrschten. Auf diese Weise erhielt man unter Umgehung der Parther einen Handelsweg nach China und konnte Seide und andere Waren über das Schwarze Meer nach Rom bringen. Ich hatte davon, offen gestanden, recht unklare Vorstellungen, und wie mir erging es den anderen. Es wurde zum Beispiel behauptet, man brauche zwei Jahre, um die Waren auf Kamelrücken von China an die Küste des Schwarzen Meeres zu schaffen, aber die meisten vernünftigen Menschen glaubten nicht, daß irgendein Land so weit entfernt liegen könne, sondern meinten, die Behauptung sei eine reine Erfindung der Karawanenkaufleute, die ihre unverschämten Wucherpreise rechtfertigen wollten.

Wenn Sabina recht schlecht gelaunt war, forderte sie mich auf, selbst auf Reisen zu gehen und Tiere heimzubringen, Tiger aus Indien, Drachen, von denen die Sagen berichten, aus China oder Nashörner aus dem dunkelsten Nubien. In meiner Verbitterung hatte ich manchmal wirklich Lust, eine so lange Reise anzutreten, aber zuletzt siegte doch immer wieder die Vernunft, und ich sagte mir, daß erfahrenere Männer als ich besser dazu taugten, wilde Tiere einzufangen und die Mühen der Reisen zu bestehen.

Ich ließ daher alljährlich am Todestag meiner Mutter einen der Sklaven des Tiergartens frei und rüstete ihn für eine Reise aus. Einen meiner abenteuerlustigen griechischen Freigelassenen schickte ich nach Hyrkanien. Er sollte versuchen, nach China zu gelangen, und da er des Schreibens kundig war, hoffte ich, von ihm einen brauchbaren Reisebericht zu bekommen, aus dem ich ein neues Buch hätte machen können. Ich hörte jedoch nie mehr von ihm.

Nach dem Tod des Britannicus und meiner Vermählung war ich Nero mehr oder weniger aus dem Weg gegangen. Wenn ich heute darüber nachdenke, will mir scheinen, daß meine Ehe mit Sabina in gewissem Sinne eine Flucht aus dem Kreis um Nero war. Vielleicht habe ich mich deshalb so plötzlich und auf so vernünftige Weise in sie verliebt.

Als ich wieder mehr Zeit für mich selbst hatte, begann ich römische Schriftsteller in mein Haus einzuladen. Annaeus Lucanus, der Sohn eines Vetters Senecas, hielt sich gern in meiner Gesellschaft auf, weil ich seine dichterische Begabung ohne Hemmungen lobte. Petronius, der einige Jahre älter als ich war, fand Gefallen an dem kleinen Buch, das ich über die Räuber in Kilikien geschrieben hatte, vor allem wegen der absichtlich volkstümlichen Sprache.

Petronius war ein fein gebildeter Mann, der es – nächst der Erfüllung seiner politischen Pflichten – als sein Lebensziel ansah, aus dem Leben selbst ein Kunstwerk zu machen. Er war insofern ein recht anstrengender Freund, als er gern tagsüber schlief und des Nachts wachte, weil ihn, wie er behauptete, der nächtliche Verkehrslärm Roms nicht schlafen ließ.

Ich begann ein Handbuch über wilde Tiere, ihren Fang, ihre Beförderung, Pflege und Dressur zu schreiben. Um es für die Zuhörer genießbar zu machen, berichtete ich von vielen merkwürdigen Ereignissen, die ich selbst mit angesehen oder von anderen gehört hatte, und machte fleißig Gebrauch von dem Recht eines jeden Schriftstellers, zu übertreiben, um das Interesse wachzuhalten. Petronius meinte, es könnte ein ausgezeichnetes Buch von bleibendem Wert werden, und entlehnte daraus für seine eigenen Schriften einige grobe Wendungen, wie sie in der Sprache des Amphitheaters üblich sind.

An den nächtlichen Streifzügen Neros in die verrufenen Viertel Roms nahm ich nicht mehr teil, da mein Schwiegervater der Stadtpräfekt war, und ich handelte klug, denn diese wilden Vergnügungen nahmen ein trauriges Ende.

Nero war nie böse, wenn er Prügel bekam. Er nahm das nur als ein Zeichen dafür, daß ehrlich gekämpft worden war. Eines Nachts versetzte ihm ein Senator, der die Ehre seiner Gattin verteidigte, einen kräftigen Hieb über den Schädel, und als er zu seinem Entsetzen erfuhr, wen er geschlagen hatte, schrieb er in seiner Dummheit Nero einen Brief, in dem er sich demütig entschuldigte. Darauf blieb Nero nichts anderes übrig, als sich darüber zu verwundern, daß ein Mann, der seinen Herrscher geschlagen hatte, noch am Leben war und sich obendrein in schamlosen Briefen mit seiner Missetat brüstete. Der Senator ließ sich von einem Arzt die Pulsadern öffnen.

Seneca nahm diese Sache sehr übel auf und fand, Nero müsse seine Wildheit auf andere Weise austoben. Er ließ daher den Zirkus des Kaisers Gajus am Rand des Vatikanischen Hügels instand setzen und stellte ihn Nero zur Verfügung. Dort konnte sich dieser nun endlich, mit zuverlässigen Freunden als Zuschauer, nach Herzenslust in der Kunst üben, ein Viergespann zu lenken.

Agrippina schenkte ihm dazu ihre Gärten, die sich bis zum Janiculum erstreckten. Seneca hoffte, daß die Wettkämpfe, in denen sich Nero mehr oder weniger heimlich übte, seine für einen Kaiser übertriebene Vorliebe für Musik und Gesang aufs rechte

Maß zurückführen würden. Binnen kurzer Zeit wurde Nero ein kühner, unerschrockener Wagenlenker. Er hatte ja die Pferde schon als Kind geliebt.

Um die Wahrheit zu sagen, brauchte er sich freilich auf der Rennbahn selten umzusehen oder zu befürchten, daß andere seinen Wagen umwarfen, aber es gehört doch einiges dazu, ein iberisches Viergespann im Zirkus zu wenden, ohne die Herrschaft über die Pferde zu verlieren, und so mancher hat sich schon auf der Rennbahn den Hals gebrochen oder ist fürs Leben zum Krüppel geworden, weil er vom Wagen stürzte und die um den Leib geschlungenen Zügel nicht rechtzeitig zu kappen vermochte.

In Britannien hatte sich Flavius Vespasian ernstlich mit Ostorius überworfen, und er erhielt den Befehl, zurückzukehren. Der junge Titus hatte sich in seinem Dienst ausgezeichnet, indem er eines Tages mutig den Befehl über eine Abteilung Reiterei übernahm und seinem von Briten umzingelten Vater zu Hilfe eilte. Vespasian meinte allerdings, er hätte sich auch ohne fremde Hilfe herausgehauen.

Seneca betrachtete den ständigen Kleinkrieg in Britannien als nutzlos und gefährlich und vertrat die Ansicht, daß die Anleihen, die er den britischen Königen gewährt hatte, eher dazu angetan seien, den Frieden im Lande herzustellen, als Straffeldzüge, die nur die Staatskasse belasten. Nero ließ Vespasian ein paar Monate lang das Konsulsamt ausüben, machte ihn zum Mitglied eines hochgestellten Priesterkollegiums und ließ ihn danach für die übliche Amtsdauer zum Prokonsul in Afrika wählen.

Als wir in Rom zusammentrafen, musterte er mich eine Weile, lächelte dann verschmitzt und sagte: »Du hast dich in diesen Jahren sehr verändert, Minutus Manilianus, und ich meine nicht nur die Narben in deinem Gesicht. Als du noch in Britannien warst, hätte ich mir nicht träumen lassen, daß wir eines Tages miteinander verwandt sein würden, weil du meine Nichte geheiratet hast. Aber ein junger Mann bringt es in Rom natürlich viel weiter, als wenn er sich in Britannien einen Rheumatismus fürs Leben holt und sich bald hier, bald dort nach der Sitte der Briten verheiratet.«

Ich hatte meine Ehe im Land der Icener beinahe schon ganz vergessen, und Vespasian erinnerte mich nun zu meinem Unbehagen an die peinlichen Dinge, die ich dort erlebt hatte. Ich flehte ihn an, darüber zu schweigen, und er sagte tröstend: »Welcher

Legionar hat nicht irgendwo einen Bankert! Aber deine Hasenpriesterin Lugunda hat nicht wieder geheiratet. Sie erzieht deinen Sohn nach römischer Art, so zivilisiert sind die vornehmsten Icener nun schon.«

Diese Worte schmerzten mich, denn Sabina zeigte keine Neigung, mir ein Kind zu gebären, und wir waren schon lange nicht mehr mit dieser Absicht beieinandergelegen. Ich verjagte jedoch die störenden Gedanken an Lugunda, wie ich es bisher getan hatte. Vespasian versprach bereitwillig, meine britische Ehe geheimzuhalten, da er, wie er sagte, das herbe Wesen seiner Nichte Sabina kannte.

Auf einem Fest, das mein Schwiegervater zu Ehren seines Bruders Vespasian gab, traf ich zum erstenmal Lollia Poppaea. Es hieß, ihre Mutter sei einst die schönste Frau Roms gewesen und habe die Aufmerksamkeit des Claudius in solchem Maße erregt, daß Messalina es für angebracht hielt, sie aus der Zahl der Lebenden verschwinden zu lassen. Doch was wurde nicht alles über Messalina geredet!

Poppaeas Vater Lollius hatte als junger Mann dem Freundeskreis des Verschwörers Sejanus angehört und war deshalb in ewige Ungnade gefallen. Lollia Poppaea war mit einem ziemlich unbedeutenden Ritter namens Crispinus vermählt und hatte den Namen ihres Großvaters mütterlicherseits, Poppaeus Sabinus, angenommen, da der Name ihres Vaters einen schlechten Klang hatte. Dieser Großvater hatte den Konsulsrang innegehabt und seinerzeit sogar einen Triumph gefeiert.

Poppaea war also mit Flavius Sabinus verwandt, wenn auch auf eine so verzwickte Weise, daß mir nie recht klargeworden ist, wie. Tante Laelias Gedächtnis hatte schon sehr gelitten. Sie brachte die verschiedensten Personen durcheinander und konnte mich auch nicht aufklären. Als ich Poppaea begrüßte, sagte ich zu ihr, ich bedauerte, daß meine Gattin Sabina mit ihr leider nur den Namen gemeinsam habe.

Poppaea sperrte unschuldsvoll ihre großen rauchgrauen Augen auf, die, wie ich später bemerkte, die Farbe je nach Stimmung und Beleuchtung wechselten, tat, als hätte sie nicht verstanden, was ich meinte, und fragte: »Findest du, ich sei nach einem einzigen Kindbett so alt und unansehnlich geworden, daß ich mich nicht mehr mit der jungfräulichen Artemis Sabina vergleichen kann? Wir sind gleichalt, deine Sabina und ich.«

Mir wurde heiß, als ich ihr in die Augen sah, und ich sagte rasch: »Nein, ich meine, daß du die züchtigste verheiratete Frau bist, die mir in Rom begegnet ist, und ich muß deine Schönheit bewundern, nun da ich dich zum erstenmal ohne Schleier sehe.«

Poppaea erwiderte mit einem scheuen Lächeln: »Ich muß in der Sonne immer einen Schleier tragen, weil meine Haut so empfindlich ist. Ich beneide deine Sabina, die kräftig und braungebrannt wie eine Diana mit der Peitsche in der Hand im Sonnenglast in der Arena stehen kann.«

»Sie ist nicht meine Sabina, wenn wir auch nach der längeren Formel getraut sind«, sagte ich bitter. »Sie ist eher die Sabina der Löwen und der Tierbändiger. Sie kennt keine Scham, ihre Lieblingsgesellschaft ist nicht anständig, und ihre Sprache wird von Jahr zu Jahr gröber.«

»Vergiß nicht, daß wir miteinander verwandt sind, sie und ich«, mahnte mich Poppaea Sabina. »Aber abgesehen davon bin ich nicht die einzige Frau in Rom, die sich darüber wundert, daß ein fein empfindender Mann wie du sich ausgerechnet Sabina ausgesucht hat, obwohl er andere hätte haben können.«

Ich wies mit finsterer Miene auf meine Umgebung und deutete an, daß es noch mehr Gründe für eine Ehe gebe als nur gegenseitige Zuneigung. Flavia Sabinas Vater war Präfekt von Rom, und ihr Onkel hatte das Triumphrecht. Ich weiß nicht, wie es kam, aber Poppaeas scheue Gegenwart erregte mich, und ich begann von diesem und jenem zu plaudern. Es dauerte nicht lang, und Poppaea gestand mir errötend, wie sehr sie unter der Ehe mit einem eitlen Prätorianerzenturio litt.

»Von einem wirklichen Mann verlangt man ja mehr als nur ein hochfahrendes Wesen, einen blinkenden Brustharnisch und einen roten Helmbusch«, sagte sie beziehungsvoll. »Ich war ein unschuldiges Kind, als ich mit ihm vermählt wurde. Ich bin, wie du siehst, sehr zart, und meine Haut ist so empfindlich, daß ich mein Gesicht jeden Tag mit in Eselsmilch getunktem Weizenbrot behandeln muß.«

Ganz so zart, wie sie behauptete, war sie auch wieder nicht; das fühlte ich, als sie, ohne es zu bemerken, ihre eine Brust in meine Armbeuge drückte. Ihre Haut war so strahlend weiß, daß ich dergleichen nie zuvor gesehen hatte. Ich wußte nicht, womit ich sie vergleichen sollte, denn ich bin kein Dichter. Ich murmelte etwas von Gold und Elfenbein, aber ich glaube, daß mein Blick deutlicher als alles andere ausdrückte, wie sehr mich ihre junge Schönheit bezauberte.

Wir konnten nicht so lange miteinander plaudern, wie ich gern gewollt hätte, da ich meinen Pflichten als Schwiegersohn nachkommen mußte. Ich tat es jedoch zerstreut und vermochte an nichts anderes zu denken als an Poppaeas rauchgraue Augen und schimmernde Haut, und als ich die Schutzgeister des Hauses anrief und die uralten Beschwörungen hersagte, geriet ich ins Stottern.

Zuletzt zog mich meine Gattin Sabina beiseite und sagte spitz: »Du hast ganz glasige Augen und ein rotes Gesicht, dabei ist doch fast noch gar kein Wein getrunken worden. Laß dich nicht von Poppaea umgarnen. Sie ist eine berechnende kleine Hündin. Sie hat freilich ihren Preis, aber ich fürchte, der ist zu hoch für einen Dummkopf wie dich.«

Ich nahm ihr diese Worte sehr übel, denn Poppaea war so bescheiden, und ihr Benehmen war so unschuldsvoll, daß man sich unmöglich täuschen konnte. Zugleich aber erregte mich Sabinas gehässige Behauptung und weckte in mir den Gedanken, daß ich vielleicht gewisse Möglichkeiten hätte, wenn es mir nur gelänge, mich Poppaea behutsam und taktvoll genug zu nähern.

Als ich mich für eine Weile meiner Pflichten entledigt hatte, knüpfte ich daher ein neues Gespräch mit ihr an, was nicht schwer war, da die anderen Frauen ihre Gesellschaft offenbar mieden. Die Männer ihrerseits hatten sich um den Ehrengast versammelt, der, ohne sich ein Blatt vor den Mund zu nehmen, von seinen Kriegserlebnissen in Britannien berichtete.

Meinen verblendeten Augen erschien Poppaea wie ein kleines verlassenes Mädchen, so stolz sie auch ihren blonden Kopf in die Höhe reckte. Eine große Zärtlichkeit ergriff mich. Als ich aber wie unbeabsichtigt ihren nackten Arm berührte, fuhr sie auf, rückte ein Stück von mir ab und sah mich an mit einem Blick, in dem sich die tiefste Enttäuschung spiegelte.

»Willst du nur das, Minutus?« flüsterte sie. »Bist du gleich wie alle anderen Männer, obwohl ich hoffte, in dir einen Freund zu finden? Verstehst du nun, warum ich lieber mein Gesicht hinter einem Schleier verberge, als daß ich es allen lüsternen Blicken aussetze? Denk daran, daß ich verheiratet bin. Nur wenn ich die Scheidung bekäme, könnte ich mich frei fühlen.«

Ich verwahrte mich gegen ihre Verwürfe und versicherte, ich würde mir lieber die Pulsadern öffnen, als sie kränken. Sie bekam feuchte Augen und lehnte sich gegen mich, so daß ich ihre Wärme spürte. Ihren weiteren Worten entnahm ich, daß sie kein Geld für einen Scheidungsprozeß hatte und daß ihre Ehe eigentlich nur durch den Kaiser selbst aufgelöst werden konnte, da sie Patrizierin war. Sie kannte jedoch nicht genug einflußreiche Personen im Palast, um ihre Angelegenheit Nero vortragen zu lassen.

»Ich habe die ganze Gemeinheit der Männer erfahren müssen«, sagte sie. »Wenn ich mich an einen Fremden wende und um Hilfe bitte, versucht er nur, meine Wehrlosigkeit auszunützen. Hätte ich nur einen einzigen wahren Freund, der sich mit meiner ewigen Dankbarkeit begnügte, ohne Dinge von mir zu verlangen, die zu gewähren meine Schamhaftigkeit mir verbietet!«

Das Ende vom Lied war, daß ich sie vom Fest nach Hause begleitete. Ihr Gatte Crispinus erlaubte es mir gern, um selbst in Ruhe und Frieden weitertrinken zu können. Die beiden waren so arm, daß sie nicht einmal eine eigene Sänfte besaßen. Ich bot Poppaea die meine an. Sie zögerte zuerst, setzte sich dann aber neben mich, so daß ich während des ganzen Weges ihre Nähe fühlte.

Wir ließen uns jedoch nicht gleich zum Prätorianerlager tragen, denn die Nacht war schön und sternenklar, und Poppaea verspürte ebensowenig Sehnsucht nach dem Schweißgeruch des Lagers wie ich nach dem Gestank des Tiergartens. Zuerst genossen wir vom nächsten Hügel die Aussicht über den erleuchteten Markt, und kurz darauf befanden wir uns auf einmal in meinem Haus auf dem Aventin, weil Poppaea Tante Laelia nach irgend etwas fragen wollte, was ihren armen Vater betraf. Tante Laelia war natürlich schon schlafen gegangen, und Poppaea brachte es nicht über sich, sie wecken zu lassen. Wir waren also allein und tranken ein wenig Wein, während wir zusahen, wie über dem Palatin der Morgen heraufzog. Und wir träumten, wie es sein könnte, wenn sie und ich frei wären.

Poppaea lehnte sich vertrauensvoll gegen mich und gestand mir, daß sie sich schon immer nach einer reinen, selbstlosen Freundschaft gesehnt und sie nie gefunden habe. Nachdem ich sie recht herzlich gebeten hatte, erlaubte sie mir, ihr eine ansehnliche Summe zu leihen, damit sie die Scheidung einreichen konnte.

Um ihr Mut zu machen, erzählte ich ihr von Neros seltener Menschenfreundlichkeit, seinem Edelmut gegenüber seinen

Freunden und noch so manchen anderen Eigenschaften, denn Poppaea war nach Frauenart neugierig und noch nie selbst mit Nero zusammengetroffen. Auch von Acte erzählte ich ihr, von ihrer Schönheit und ihrem untadeligen Auftreten, und von anderen Frauen, mit denen Nero zu tun gehabt hatte. Ich versicherte ihr, daß Nero seine Ehe mit Octavia noch nicht vollzogen hatte, da sie ihm sowohl als die Schwester des Britannicus wie auch als seine eigene Halbschwester zuwider war.

Poppaea Sabina verstand es, mir zu schmeicheln, und verleitete mich durch so geschickte Fragen dazu, immer mehr zu erzählen, daß ich ihren Verstand nicht minder als ihre Schönheit zu bewundern begann. Es dünkte mich erstaunlich, daß eine so liebliche, empfindsame Frau, die schon einen Sohn geboren hatte, noch immer wie ein unberührtes Mädchen wirken und in ihrer Unverderbtheit tiefen Widerwillen gegen die Laster des Hofes fühlen konnte, und ich bewunderte sie darum nur noch um so mehr. Je deutlicher ich ahnte, wie unnahbar sie war, desto begehrenswerter wurde sie für mich.

Als wir uns bei Sonnenaufgang, kurz bevor die Hörner erklangen, trennten, erlaubte sie mir, ihr einen Freundschaftskuß zu geben, und als ich ihre weichen Lippen unter den meinen schmelzen fühlte, ergriff mich ein solches Entzücken, daß ich schwor, alles zu tun, was in meiner Macht stand, um sie aus ihrer unwürdigen Ehe zu befreien.

An den folgenden Tagen lebte ich wie im Traum. Alle Farben leuchteten stärker als je zuvor, die Sonne strahlte heller, die Dunkelheit der Nächte erschien mir warm und weich. Ich war wie berauscht und versuchte sogar Gedichte zu schreiben. Wir trafen uns im Minervatempel und taten, als betrachteten wir die Gemälde und Skulpturen der griechischen Meister.

Poppaea Sabina sagte mir, daß sie mit ihrem Gatten gesprochen habe. Crispinus sei mit der Scheidung einverstanden, sofern man ihm eine angemessene Entschädigung zahle. Mit hinreißend klarer Vernunft bewies mir Poppaea, daß es besser sei, das Geld Crispinus zu geben, als es für die Advokaten hinauszuwerfen und gegenseitige Beschuldigungen zu erfinden, die dann wieder bewiesen werden müßten und letzten Endes nur zu einem öffentlichen Skandal führen würden.

Der bloße Gedanke, daß sie noch mehr Geld von mir annehmen sollte, entsetzte sie jedoch. Sie hatte ja noch kostbaren

Schmuck, den sie verkaufen könnte, sagte sie. Es handelte sich zwar um Familienerbstücke, die ihr teuer waren, aber noch teurer war ihr die Freiheit.

Ich schämte mich förmlich, als ich Poppaea dennoch zwang, eine Zahlungsanweisung auf meinen Bankier anzunehmen. Nun brauchte also nur noch Neros Zustimmung zur Auflösung der Ehe eingeholt zu werden, die er als oberster Pontifex jederzeit geben konnte, denn dieses Amt stand ihm zu, wenn er es auch nicht ausüben wollte, weil, wie er sagte, die religiösen Pflichten seine ohnehin schwere Arbeitslast vollends unerträglich gemacht hätten.

Ich fürchtete etwas zu verderben, wenn ich selbst mit Nero sprach, denn er hätte mich unlauterer Absichten verdächtigen können, da ich ja selbst nach der längeren Formel getraut war. Außerdem hatte Nero des öfteren spöttisch bemerkt, es sei besser, wenn ich mich an die Angelegenheiten des Tiergartens hielte, auf die ich mich verstünde, und mich nicht in Gespräche über Philosophie oder Musik einmischte, und das grämte mich.

Ich suchte nach einem Mittelsmann und verfiel zuletzt auf Otho, der Neros bester Freund war und so viel Geld und Einfluß hatte, daß er es wagte, mit ihm zu streiten, wenn es ihm dafürstand. Otho tat sich einiges auf seine zarte, glatte Gesichtshaut zugute, die er sorgsam pflegte, und das gab mir Gelegenheit, eines Tages ganz beiläufig zu erwähnen, daß ich eine Frau kannte, die ihre empfindliche Haut mit Eselsmilch behandelte.

Otho zeigte sich sofort interessiert und sagte mir, daß er selbst sich auch manchmal, nach durchwachten Nächten und Zechgelagen, das Gesicht mit Weizenbrot abrieb, das er in Milch aufweichte. Ich berichtete ihm im Vertrauen von Poppaea Sabina und ihrer unglücklichen Ehe. Er wollte sie selbstverständlich selbst kennenlernen, bevor er mit Nero über sie sprach.

Und ich Dummkopf führte Poppaea in Othos prachtvolles Haus. Ihre Schönheit, ihre Zurückhaltung und ihre schimmernde Haut machten einen solchen Eindruck auf ihn, daß er sich gern bereit erklärte, ihr Fürsprecher bei Nero zu sein. Zu diesem Zweck aber mußte er natürlich alle Umstände genau kennen.

Daher fragte er Poppaea freundlich lächelnd nach allen Einzelheiten ihrer Ehe aus, und als er bemerkte, daß ich verlegen wurde und nicht wußte, wohin ich blicken sollte, meinte er taktvoll, ich sollte mich vielleicht besser entfernen. Das tat ich gern, denn ich sah ein, daß die scheue Poppaea über derlei Dinge am liebsten ohne Zuhörer mit dem erfahrenen, verständnisvollen Otho sprach.

Sie berieten hinter verschlossenen Türen bis spät am Nachmittag. Zuletzt kam Poppaea wieder zu mir heraus, nahm mich an der Hand und schlug die rauchgrauen Augen scheu nieder. Otho dankte mir dafür, daß ich ihn mit einer so bezaubernden Frau bekannt gemacht hatte, und versprach, sein Bestes zu tun, um die Scheidung zu erwirken. Poppaea hatte bei dem Gespräch mit ihm rote Flecke auf ihrem weißen Hals bekommen – so empfindlich war ihre Haut.

Otho hielt sein Versprechen. Nero löste in Gegenwart zweier Richter und gestützt auf gewisse Dokumente, die man ihm vorgelegt hatte, die Ehe zwischen Poppaea und Crispinus auf. Poppaea durfte ihren Sohn behalten, und Otho vermählte sich mit ihr einige Wochen später in aller Stille, ohne die üblichen neun Monate abzuwarten. Ich wollte es zuerst nicht glauben, als ich es erfuhr. Mir war, als stürzte der Himmel auf mich nieder, vor meinen Augen wurde es dunkel, und ich bekam so heftige Kopfschmerzen, daß ich mich mehrere Tage in einen dunklen Raum einschließen mußte.

Als ich wieder Herr meiner Sinne war, verbrannte ich die Gedichte auf dem Hausaltar und beschloß, nie wieder welche zu schreiben. Diesem Vorsatz bin ich auch treu geblieben. Ich konnte Otho keine Vorwürfe machen, denn ich kannte Poppaeas Zauber selbst nur zu gut. Ich hatte nur geglaubt, Otho, der wegen seiner zahllosen Liebeshändel mit Frauen und Jünglingen berüchtigt war, könne sich niemals in eine so schüchterne, unerfahrene Frau wie Poppaea verlieben. Doch vielleicht wollte er sein Leben ändern. Vielleicht konnte die sittsame Poppaea einen günstigen Einfluß auf sein verderbtes Gemüt ausüben.

Ich bekam eine Einladung zur Hochzeit von Poppaeas eigener Hand und sandte im voraus als Hochzeitsgabe einen Satz silberner Trinkgefäße, die schönsten, die ich fand. Auf dem Fest selbst glich ich wohl einem Schatten aus der Unterwelt und trank mehr als gewöhnlich, und zuletzt sagte ich zu Poppaea, während mir die Tränen aus den Augen stürzten, ich selbst hätte vielleicht auch die Scheidung bewilligt bekommen.

»O Minutus, warum hast du das aber auch mit keinem Wort angedeutet!« rief Poppaea wehmütig aus. »Aber nein, das hätte ich Flavia Sabina nie antun können. Otho hat natürlich seine Fehler. Er ist ein wenig weibisch und zieht beim Gehen das eine Bein nach, während man dein Hinken kaum bemerkt. Er hat mir aber fest versprochen, daß er sich bessern und die schlechten Freunde verlassen will, die ihn zu gewissen Lastern verführt haben, über die ich mit dir nicht einmal sprechen kann. Der arme Otho ist so feinfühlig und läßt sich so leicht von anderen beeindrucken, aber ich hoffe, mein Einfluß wird einen neuen Menschen aus ihm machen.«

»Und außerdem ist er reicher als ich, aus uraltem Geschlecht und der engste Vertraute des Kaisers«, sagte ich, ohne meine Bitterkeit zu verbergen.

Poppaea sah mich tadelnd an und flüsterte mit zitternden Lippen: »So schlecht denkst du von mir, Minutus? Ich dachte, du habest verstanden, daß mir Name und Reichtum nichts bedeuten, wenn ich mich für jemanden entscheide. Ich blicke ja auch nicht auf dich herab, obwohl du nur Tiergartenvorsteher bist.«

Sie war so gekränkt und so schön, daß ich ihr nicht länger böse sein konnte und sie um Vergebung bat. Otho war eine Zeitlang wie verwandelt. Er hielt sich Neros Gelagen fern, und wenn er wirklich erschien, weil Nero nach ihm geschickt hatte, verabschiedete er sich früh und sagte, er könne seine schöne Gattin nicht so lange warten lassen. Von Poppaeas Schönheit und Liebeskunst sprach er so offenherzig, daß Nero immer neugieriger wurde und Otho schließlich bat, seine junge Frau ins Palatium mitzubringen.

Otho erwiderte darauf, Poppaea sei zu scheu und zu stolz. Er fand noch andere Ausflüchte und sagte dann wieder, nicht einmal Venus selbst könne, als sie aus dem Meerschaum geboren wurde, schöner gewesen sein als Poppaea, wenn sie des Morgens ihr Bad in Eselsmilch nahm. Otho hatte einen ganzen Stall voll Eselinnen angeschafft, die für sie gemolken wurden. Sie pflegten beide mit gleicher Hingabe ihre zarte Haut, sofern ihnen die Liebe dafür Zeit ließ.

Ich litt solche Eifersuchtsqualen, daß ich alle Zusammenkünfte mied, bei denen ich Otho hätte antreffen können. Meine Freunde verspotteten mich wegen meiner finsteren Miene, aber allmählich tröstete ich mich mit dem Gedanken, daß ich Poppaea, wenn ich sie wirklich liebte, nur das Beste wünschen durfte, und zumindest dem äußeren Anschein nach hatte sie die günstigste Partie gemacht, die in Rom überhaupt möglich war.

Sabina aber war mir fremder geworden denn je zuvor. Wir konnten nicht mehr zusammen sein, ohne zu streiten, und ich begann ernstlich die Scheidung zu erwägen, obwohl ich wußte, daß ich mir dadurch den Haß des ganzen flavischen Geschlechts zuziehen mußte. Ich vermochte mir allerdings die herbe, schroffe Sabina nicht recht als Ehebrecherin vorzustellen, zumal sie mich deutlich genug merken ließ, daß ich ihr einen tiefen Abscheu gegen die Freuden des Bettes eingeflößt hatte.

Ihr machte es nichts aus, daß ich mich dann und wann zu einer liebeskundigen Sklavin legte, solange ich nur sie in Frieden ließ. Es gab somit keinen stichhaltigen Grund, eine nach der längeren Formel eingegangene Ehe zu lösen, und ich wagte nicht einmal mehr andeutungsweise von Scheidung zu sprechen, so außer sich vor Zorn war Sabina das eine Mal gewesen, da ich die Sache zur Sprache gebracht hatte — wohl weil sie fürchtete, ihre geliebten Tiere zu verlieren. So blieb mir nur die Hoffnung, daß die Löwen sie eines Tages zerrissen, wenn sie ihnen ihren starken Willen aufzwang und sie, von dem erfahrenen Löwenbändiger Epaphroditus unterstützt, unglaubliche, nie zuvor gesehene Kunststücke ausführen ließ.

Auf diese Weise vergingen für mich die ersten fünf Jahre der Regierung Neros. Wahrscheinlich war dies die glücklichste Zeit, die die Welt je erlebt hat und erleben wird. Ich selbst aber fühlte mich wie in einen Käfig eingesperrt. Ich begann allmählich mein Äußeres zu vernachlässigen, mochte nicht mehr reiten und setzte übermäßig viel Fett an.

Gleichwohl unterschied ich mich nicht sehr von den anderen jungen Männern Roms. Man sah damals viele ungepflegte, langhaarige Männer auf den Straßen, die schweißtriefend, singend und klimpernd den Einzug eines neuen Geschlechts verkündeten, das die strengen Sitten der Alten verachtete. Mir selbst war alles gleichgültig, da der beste Teil meines Lebens unbemerkt und ungenutzt an mir vorübergeglitten war, obwohl ich freilich noch keine dreißig war.

Dann entzweiten sich Nero und Otho. Nur um Nero zu reizen, nahm Otho eines Tages Poppaea ins Palatium mit. Nero verliebte sich blind in sie. Nach der Art verwöhnter Kinder war er gewohnt, alles zu bekommen, was er haben wollte. Poppaea wies ihn mit aller Entschiedenheit ab und sagte ihm, er könne ihr nicht mehr bieten als Otho.

Nach dem Mahl ließ Nero eine Flasche seines teuersten Parfüms öffnen, und alle Gäste durften sich mit einigen Tropfen davon betupfen. Als Nero kurz darauf bei Otho zu Gast war, ließ dieser das gleiche Parfüm aus dünnen Silberröhrchen über alle Anwesenden regnen.

Es wurde behauptet, Nero habe sich einmal in seiner Liebeskrankheit mitten in der Nacht zu Othos Haus tragen lassen und vergeblich ans Tor geklopft. Otho ließ ihn nicht ein, weil Poppaea den Zeitpunkt für einen Besuch unpassend fand. Ein andermal soll Otho in Gegenwart von Zeugen zu Nero gesagt haben: »In mir siehst du den künftigen Kaiser.«

Ich weiß nicht, ob Otho dergleichen geweissagt worden war oder aus welchem Grunde sonst er sich diesen Wahn in den Kopf gesetzt hatte. Nero lachte nur laut auf und sagte höhnisch: »In dir sehe ich nicht einmal einen künftigen Konsul.«

Eines strahlenden Wochentags, als in den Gärten des Lukull auf dem Pincius die Kirschbäume blühten, ließ mich Poppaea zu sich rufen. Ich glaubte sie schon vergessen zu haben, aber sie war mir wohl doch nur scheinbar gleichgültig gewesen, denn ich kam ihrer Aufforderung sofort, vor Eifer zitternd, nach. Poppaea war schöner, als ich sie je gesehen hatte. Sie hatte ihren kleinen Sohn bei sich und trat auf, wie es einer Mutter geziemt. Sie trug ein seidenes Gewand, das die lockende Schönheit ihrer Gestalt mehr entblößte als verhüllte.

»O Minutus!« rief sie. »Wie habe ich dich vermißt! Du bist der einzige selbstlose Freund, den ich habe. Ich brauche dringend deinen Rat.«

Ich wurde mißtrauisch, denn ich erinnerte mich, wie es mir beim letztenmal als Ratgeber ergangen war. Poppaea lächelte mich aber so unschuldsvoll an, daß ich nichts Schlechtes von ihr denken konnte.

»Du wirst gehört haben, in was für eine peinliche Lage ich durch Nero geraten bin«, sagte sie. »Ich begreife nicht, wie es dazu kommen konnte, denn ich habe ihm nicht den gerinsten Anlaß gegeben. Du kennst mich ja. Nero verfolgt mich mit seinen Anträgen, und Otho wird noch in Ungnade fallen, nur weil er meine Tugend beschützt.«

Sie betrachtete mich aufmerksam. Ihre rauchgrauen Augen wurden plötzlich veilchenblau. Sie hatte sich ihr goldblondes Haar so schön um den Kopf legen lassen, daß sie wie die Statue einer Göttin aussah: lauter Gold und Elfenbein.

Sie rang ihre schmalen Hände und gestand mir: »Das schrecklichste ist, daß ich Nero gegenüber nicht ganz gleichgültig bleiben kann. Er ist ein schöner Mann. Sein rötliches Haar und seine heftigen Gefühle entzücken mich. Er ist edelmütig und ein großer Künstler. Wenn ich ihn spielen und singen höre, bin ich so verzaubert, daß ich den Blick nicht von ihm wenden kann. Wäre er so selbstlos wie du, würde er versuchen, mich vor meinen eigenen Gefühlen zu schützen, anstatt sie anzufachen. Aber vielleicht weiß er gar nicht, was für Empfindungen seine Nähe in mir weckt. Ja, Minutus, ich zittere an allen Gliedern, wenn ich ihn nur sehe. Zum Glück konnte ich es bisher verbergen und ihm aus dem Weg gehen, soweit dies meine Stellung zuläßt.«

Sie sprach zurückhaltend und zugleich träumerisch, und ich glaube, sie wußte nicht, wie sehr ich litt. »Du bist in großer Gefahr, Poppaea«, sagte ich erschrocken. »Du mußt fliehen. Bitte Otho, daß er versucht, sich zum Prokonsul in irgendeiner Provinz ernennen zu lassen. Bleib nicht in Rom!«

Poppaea sah mich an, als wäre ich nicht ganz bei Sinnen. »Wie sollte ich anderswo leben können als in Rom? Ich würde vor Sehnsucht sterben. Es gibt aber etwas noch Schlimmeres und Merkwürdigeres, und ich würde nicht wagen, mit dir darüber zu sprechen, wenn ich nicht wüßte, daß ich mich auf deine Verschwiegenheit verlassen darf. Denk dir, ein jüdischer Wahrsager — du weiß ja, daß die Juden sich auf derlei Dinge verstehen — hat mir gesagt, daß ich eines Tages — du darfst mich aber nicht auslachen —, daß ich eines Tages die Gemahlin eines Kaisers sein werde!«

»Liebe Poppaea«, sagte ich begütigend. »Hast du nicht gelesen, was Cicero über die Weissagungen schreibt? Zerbrich dir über solchen Unfug nicht deinen hübschen Kopf.«

Sie warf mir einen bösen Blick zu und fragte beleidigt: »Warum nennst du das einen Unfug? Othos Geschlecht ist uralt, und er hat viele Freunde unter den Senatoren. Nero könnte diese Weissagung nur dadurch zunichte machen, daß er unsere Ehe auflöste. Er selbst hat ja seine Octavia. Er schwört freilich, er habe es noch nie über sich gebracht, sich zu ihr zu legen — so groß ist seine Abneigung gegen dieses einfältige Mädchen. Aber andrerseits kann ich nicht begreifen, daß ein junger Herrscher wie er eine freigelassene Sklavin zur Bettgenossin hat und haben will. Das ist in meinen Augen etwas so Niedriges und Verachtenswertes, daß mein Blut kocht, wenn ich nur daran denke!«

Ich schwieg und dachte nach, und schließlich fragte ich mißtrauisch: »Was willst du eigentlich von mir?«

Poppaea tätschelte meine Wange, seufzte und blickte mir zärtlich in die Augen. »Ach Minutus, du bist wirklich nicht sehr durchtrieben«, klagte sie. »Aber vielleicht mag ich dich deshalb so gern. Eine Frau braucht ja einen Freund, mit dem sie über alles ganz aufrichtig sprechen kann. Wenn du wirklich mein Freund bist, dann gehst du zu Nero und sagst ihm alles. Er wird dich bestimmt anhören, wenn er erfährt, daß du von mir kommst. Er ist schon so verliebt, daß ich ihn gleichsam in der Zange habe.«

»Wie soll ich das verstehen?« fragte ich. »Gerade eben erst hast du auf meine Verschwiegenheit angespielt!«

Poppaea ergriff verlegen meine willenlose Hand, drückte sie gegen ihre Hüfte und sagte: »Er soll mich in Ruhe lassen, weil ich schwach werde, wenn ich ihn sehe. Ich bin nur eine Frau, und er ist unwiderstehlich. Das sollst du ihm sagen. Wenn ich aber in meiner Schwachheit seinen Verführungskünsten erliege, muß ich mir das Leben nehmen, um mir meine Selbstachtung zu bewahren. Ehrlos kann ich nicht leben. Sag ihm das. Erzähl ihm auch von der Weissagung. Ich ertrage den Gedanken nicht, daß Otho ihm Schaden zufügen könnte. Ich habe Otho in meiner Dummheit von der Weissagung berichtet und bereue es tief. Ich ahnte ja nicht, wie machtlüstern er in seinem Innersten ist.«

Es widerstrebte mir, noch einmal für Poppaea den Boten zu spielen, aber ihre Nähe lähmte meinen Willen, und daß sie sich so auf mich verließ, sprach mein männliches Bedürfnis an, die Schwachen zu beschützen. Zwar begann ich dunkel zu ahnen, daß Poppaea vielleicht gar nicht so schutzbedürftig sei, aber wie sollte ich ihr scheues unschuldiges Wesen anders auslegen als zu ihren Gunsten? Sie würde sich gewiß nicht so vertrauensvoll auf mich gestützt und mir erlaubt haben, sie zu umarmen, wenn sie gewußt hätte, was für Gefühle das in meinem schamlosen Leib weckte.

Nach langem Suchen fand ich Nero endlich im Zirkus des Gajus. Er übte sich mit seinem Viergespann und fuhr mit dem aus der Verbannung zurückgekehrten Gajus Sophonius Tigellinus um die Wette, den er zu seinem Stallmeister gemacht hatte. Der

Form halber standen zwar Wachen an den Toren, aber es hatte sich trotzdem eine ganze Menge Volks auf den Zuschauerbänken versammelt, um Nero anzufeuern und ihm Beifall zu rufen.

Ich mußte lange warten, bis Nero endlich, staubig und verschwitzt, den Schutzhelm abnahm und sich die Leinenbinden abwickeln ließ, die seine Beine schützten. Tigellinus lobte seine raschen Fortschritte, tadelte ihn dann aber scharf wegen eines Fehlers, den er beim Wenden begangen hatte. Nero nahm den Tadel demütig entgegen. Er wußte, daß er gut daran tat, Tigellinus in allem, was Pferde und Gespanne betraf, ohne Einwände zu gehorchen.

Tigellinus fürchtete niemanden. Er war gewohnt, seinen Willen durchzusetzen, und behandelte seine Sklaven grausam. Groß und kräftig, mit schmalem Gesicht, so stand er da und blickte sich hochmütig um wie einer, der sagen will, daß sich mit Gewalt alles im Leben erzwingen läßt. Er hatte einmal alles verloren, was er besaß, und hatte sich in der Verbannung durch Fischfang und Pferdezucht ein neues Vermögen geschaffen. Es hieß, daß keine Frau und kein Knabe vor ihm sicher seien.

Ich gab Nero durch Mienen und Gesten zu verstehen, daß ich ihn in einer wichtigen Angelegenheit zu sprechen wünschte, und er erlaubte mir, ihm zum Badehaus im Garten zu folgen. Als ich ihm Poppaea Sabinas Namen ins Ohr flüsterte, schickte er alle anderen fort und ließ mich gnädig seinen untersetzten Körper mit Bimsstein abreiben, während er mich eifrig ausfragte und nach und nach alles erfuhr, was Poppaea mir gesagt hatte. Zuletzt bat ich ihn ernsthaft: »Laß sie also in Ruhe. Das ist alles, was sie sich wünscht, um nicht ständig zwischen ihren eigenen, einander widersprechenden Gefühlen hin und her gerissen zu werden. Sie will nur eine ehrbare Gattin sein. Du kennst ihre Unschuld und ihre Zurückhaltung.«

Nero lachte laut auf, wurde aber gleich wieder ernst, nickte mehrere Male und sagte: »Lieber hätte ich es freilich gesehen, wenn du mit dem Lorbeerkranz auf der Speerspitze zu mir gekommen wärst, Bote. Ich kann mich nur wundern, wie gut du die Frauen kennst. Ich aber habe genug von ihren Launen. Es gibt noch andere Frauen außer Lollia Poppaea, und ich will sie in Ruhe lassen. Sie soll nur selbst aufpassen, daß sie mir nicht mehr so oft vor die Augen kommt wie bisher. Grüße sie und sage ihr, ihre Bedingungen sind mir zu hoch.«

»Sie hat doch gar keine Bedingungen gestellt«, wandte ich verwirrt ein.

Nero betrachtete mich mitleidig und sagte: »Es ist das beste, du kümmerst dich um deine wilden Tiere und deine eigene Gattin. Schick mir Tigellinus, damit er mir das Haar wäscht.«

So ungnädig entließ er mich. Doch ich verstand ihn gut. Er liebte Poppaea und war nun enttäuscht, weil sie ihn abwies. Ich eilte mit meiner guten Nachricht froh zu Poppaea zurück, aber zu meiner Verwunderung war Poppaea nicht zufrieden, ja sie zerschlug sogar eine kleine Glasbüchse, so daß die kostbare Salbe auf den Boden tropfte und mir von dem betäubenden Duft ganz wirr im Kopf wurde. Ihr Gesicht verzerrte sich zu einer häßlichen Fratze, und sie schrie: »Wir werden sehen, wer zuletzt gewinnt, er oder ich!«

Ich erinnere mich noch gut an den Tag im darauffolgenden Herbst, an dem ich beim Aufseher über die Aquädukte saß und starrsinnig durchzusetzen versuchte, daß neue und größere Bleileitungen zum Tiergarten gelegt würden. Wir hatten schon tagelang jenen heißen Wind gehabt, der roten Staub mit sich führt und Kopfschmerzen verursacht.

Wegen der Wasserverteilung gab es ständig Streit, weil die Reichen und Vornehmen ihre eigenen Leitungen von den Aquädukten zu ihren Thermen, Gärten und Teichen legen ließen. Durch den raschen Bevölkerungszuwachs herrschte in Rom Wassermangel. Der Aufseher über die Aquädukte befand sich daher in einer schwierigen Lage. Er war nicht um sein Amt zu beneiden, obwohl einer, der bedenkenlos genug war, sich während seiner Amtszeit bereichern konnte. Ich war jedoch der Ansicht, daß der Tiergarten eine Sonderstellung einnahm und daß ich keine Ursache hatte, ihm Geld zu geben, um meine berechtigten Forderungen durchzusetzen.

Ich forderte, er lehnte ab. Wir kamen keinen Schritt weiter, und es gelang uns gerade noch, eine rein äußerliche Höflichkeit zu bewahren. Ich hätte am liebsten aufgegeben und die Sache auf sich beruhen lassen, aber ich fürchtete den Zorn Sabinas. Schließlich sagte ich gereizt: »Ich kenne die Verordnungen der Ädilen und den Senatsbeschluß über das Wasser auswendig. Ich kann mich an Nero selbst wenden, obwohl er mit solchen Kleinigkeiten nicht gern belästigt werden will, und ich fürchte, die Sache geht für dich schlechter aus als für mich.«

Der Aufseher, ein langweiliger Mensch, lächelte spöttisch und entgegnete mir: »Tu nur, was du für richtig hältst. Ich an deiner Stelle würde aber Nero nicht ausgerechnet in diesen Tagen mit dem Streit wegen der Wasserverteilung behelligen.«

Ich hatte mich lange nicht mehr um den Klatsch in der Stadt gekümmert und fragte daher, was denn Besonderes geschehen sei. »Weißt du es wirklich nicht, oder tust du nur so, als hättest du noch nichts gehört?« fragte er mißtrauisch. »Otho ist zum Prokonsul in Lusitanien ernannt und aufgefordert worden, so rasch wie möglich zu reisen. Heute morgen hat Nero seine Ehe aufgelöst, selbstverständlich auf Ansuchen Othos. Alle anderen Angelegenheiten wurden aufgeschoben, weil sich Nero natürlich zuerst einmal der armen, schutzbedürftigen Poppaea annehmen mußte, die ins Palatium übersiedelte.«

Es war wie ein Keulenschlag auf meinen ohnehin schmerzenden Kopf. »Ich kenne Poppaea Sabina!« rief ich. »Sie würde so etwas nie aus freiem Willen getan haben. Nero hat sie mit Gewalt ins Palatium bringen lassen.«

Der Aufseher schüttelte seinen grauen Kopf. »Ich fürchte, wir bekommen eine neue Agrippina an Stelle der alten, die übrigens Antonias Haus verlassen und sich aufs Land zurückziehen muß, nach Antium.«

Ich achtete nicht auf seine gehässigen Andeutungen. Das Einzige, was ich klar erfaßte, war der Name Agrippina. Ich vergaß meine durstigen Tiere und das ausgetrocknete Becken der Flußpferde. Agrippina war, so glaubte ich, die einzige, die Poppaea Sabina vor Neros verruchten Absichten zu retten vermochte. So viel Einfluß mußte eine Mutter auf ihren Sohn haben, daß sie ihn daran hindern konnte, die schönste Frau Roms öffentlich zu schänden. Ich mußte Poppaea beschützen, da sie offenbar nicht mehr imstande war, sich selbst zu schützen.

Vor Erregung ganz von Sinnen, eilte ich zu dem alten Haus der Antonia auf dem Palatin, wo des Umzugs wegen ein großes Durcheinander herrschte, so daß mir niemand den Zutritt verwehrte. Agrippina raste vor Zorn. Octavia war bei ihr, das schweigsame Mädchen, dessen einzige Freude ihre Stellung als Gemahlin des Kaisers war. Auch ihre schöne Halbschwester Antonia, die Tochter des Claudius aus dessen erster Ehe, war anwesend und mit ihr ihr zweiter Gatte, der gleichgültige, schwerfällige Faustus Sulla. Als ich unerwartet unter sie trat, verstummten sie plötzlich. Agrippina begrüßte mich und rief mit schriller Stimme: »Was für eine Freude und Überraschung nach so vielen Jahren! Ich glaubte schon, du habest alles vergessen, was ich für dich getan habe, und seist ebenso undankbar wie mein Sohn. Desto mehr freue ich mich nun darüber, daß du als einziger Ritter in ganz Rom gekommen bist, um von einer armen Verbannten Abschied zu nehmen.«

Ich rief verzweifelt: »Es mag sein, daß ich unsere Freundschaft vergessen habe, aber darüber können wir ein andermal reden. Rette Poppaea Sabina aus Neros lüsternen Händen und stelle sie unter deinen Schutz! Dein Sohn macht nicht nur die unschuldige Poppaea, sondern auch sich selbst in ganz Rom unmöglich.«

Agrippina starrte mich an, schüttelte den Kopf und sagte: »Ich habe getan, was möglich war, ich habe geweint und geflucht, um meinen Sohn aus den Händen dieses liederlichen, niederträchtigen Weibes zu retten. Zur Belohnung bekam ich den Befehl, Rom zu verlassen. Poppaea hat ihren Willen durchgesetzt und beißt sich nun fest wie eine Laus.«

Ich versuchte ihr zu erklären, daß Poppaea lediglich wünsche, in Ruhe gelassen zu werden, aber Agrippina lachte nur höhnisch. Sie konnte von anderen Frauen nur das Schlimmste glauben.

»Dieses Weib hat Nero mit seinen schamlosen Künsten um den Verstand gebracht«, sagte sie. »Nero ist so veranlagt, und ich habe bisher mein Bestes getan, um es zu verbergen. Wer er wirklich ist, das zeigt seine unglückselige Neigung für niedrige, gemeine Vergnügungen. Ich habe begonnen, meine Erinnerungen zu schreiben, und werde sie in Antium beenden, und ich gedenke nichts zu verschweigen. Ich habe alles für meinen Sohn geopfert und sogar ein Verbrechen begangen, das nur er selbst mir vergeben kann. Ja, ich will es nun offen aussprechen, da es doch alle wissen.«

Ihr Blick wurde eigentümlich starr, und sie hob die Hände, wie um Geister abzuwehren. Dann betrachtete sie Octavia, streichelte ihr die Wangen und weissagte: »Ich sehe schon den Todesschatten über deinem Gesicht. Deine Wangen sind kalt. Aber noch kann alles vorübergehen, wenn nur Nero von seinem Wahn geheilt wird. Nicht einmal der Kaiser kann der Meinung des Senats und des Volkes trotzen. Die glatthäutige kleine Hure hat sich verrechnet. Auf Nero kann sich niemand verlassen. Er ist ein gemeiner Heuchler, ein Schauspieler durch und durch.«

Als ich die trotz ihrer Blässe schöne Antonia betrachtete, tauchte ein Schatten aus der Vergangenheit in meiner Erinnerung auf. Ich dachte an ihre Halbschwester Claudia, die ihren Spott mit meiner Liebe zu ihr getrieben hatte. Ich muß durch Agrippinas unsinnige Anklagen gegen Poppaea völlig verwirrt gewesen sein, denn plötzlich sagte ich, ohne mich zu bedenken, zu ihr: »Du hast deine Erinnerungen erwähnt. Erinnerst du dich noch an Claudia? Was ist mit ihr? Hat sie sich gebessert?«

Ich glaube, Agrippina wäre stillschweigend über meine Frage hinweggegangen, wenn der Zorn sie nicht völlig um die Beherrschung gebracht hätte. »Frag im Flottenbordell in Misenum nach ihr!« antwortete sie höhnisch. »Ich habe dir ja versprochen, deine Claudia in ein geschlossenes Haus zu schicken, um ihre Erziehung zu vollenden. Ein Bordell ist gerade der richtige Ort für einen Bankert.«

Sie starrte mich an wie die Medusa und fügte hinzu: »Du bist der leichtgläubigste Dummkopf, der mir je begegnet ist. Du hast mich mit offenem Munde angestarrt und alle falschen Beweise für ihre angebliche Hurerei geschluckt. Aber mir genügte es, daß sie es ohne Erlaubnis gewagt hatte, sich mit einem römischen Ritter einzulassen. Hätte ich gewußt, wie undankbar du bist, ich würde mir nicht die Mühe gemacht haben, dich daran zu hindern, in dein eigenes Verderben zu rennen!«

Antonia lachte laut auf und fragte: »Hast du Claudia wirklich in ein Bordell gesteckt, liebe Stiefmutter? Ich habe mich darüber gewundert, daß sie auf einmal verschwunden war und mich nicht mehr damit belästigte, daß ich sie als meine Schwester anerkennen solle.« Antonias Nasenflügel zitterten. Sie fuhr sich mit der Hand über ihren zarten Hals, wie um etwas wegzuwischen. Ihre ganze schlanke Gestalt strahlte in diesen Augenblicken eine eigentümliche Schönheit aus.

Ich war unfähig, ein Wort zu sagen. Erschrocken bis ins Herz hinein, starrte ich diese beiden Ungeheuer an. Und plötzlich sah ich alles wie von einem Blitz erhellt vor mir und glaubte all das Böse, das ich je über Agrippina gehört hatte.

Ja, ich erkannte nun auch, daß Poppaea Sabina meine Freundschaft rücksichtslos ausgenutzt hatte, um ihre eigenen Pläne zu verwirklichen. Es überkam mich in einem Augenblick wie eine Offenbarung, und mir war, als wäre ich plötzlich um Jahre gealtert und hart, sehr hart geworden. Vielleicht war ich dieser Verwandlung unbewußt seit langem entgegengereift. Ein Käfig wurde niedergerissen, und ich stand als freier Mann unter freiem Himmel. So empfand ich es.

Es war die größte Dummheit meines Lebens gewesen, mit Agrippina über Claudia zu sprechen. Nein, es war mehr als eine Dummheit. Es war ein Verbrechen an Claudia, und dieses Verbrechen mußte gesühnt werden. Ich mußte in meine Vergangenheit zurückkehren und mein Leben von dem Tage an neu beginnen, da Agrippina mir das Gift einträufelte und meine Liebe zu Claudia zerstört hatte.

Ich mußte vorsichtig sein und reiste unter dem Vorwand nach Misenum, zu untersuchen, ob es nicht möglich wäre, mit Schiffen der Kriegsflotte Tiere aus Afrika herüberzuholen. Der Befehlshaber der Flotte war Anicetus, ein ehemaliger Barbier und der erste Lehrer Neros. Es ist eine ganz eigene Sache mit der Flotte. Kein römischer Ritter mag auf See dienen. Während ich dies schreibe, hat den Oberbefehl ein Verfasser von Nachschlagewerken inne, ein gewisser Plinius, der die Kriegsschiffe dazu verwendet, seltene Pflanzen und Steine aus fernen Ländern zu holen, was freilich nicht die schlechteste Art ist, die Seeleute zu beschäftigen. Sie kommen in der Welt herum und können Barbarenvölker mit Wolfsblut veredeln.

Der Emporkömmling Anicetus empfing mich achtungsvoll. Ich war von guter Herkunft, Ritter und Sohn eines Senators. Außerdem hatten die Klienten meines Vaters mit den Docks zu tun, und Anicetus erhielt von ihnen ansehnliche Bestechungsgelder. Nachdem er eine Weile mit seiner griechischen Bildung, seinen Gemälden und Kunstgegenständen geprahlt hatte, bekam er einen Rausch und begann unanständige Geschichten zu erzählen, wobei er mir seine eigene Lasterhaftigkeit offen eingestand.

»Jeder Mensch hat ein besonderes Laster«, sagte er. »Das ist natürlich und begreiflich, und es braucht sich dessen niemand zu schämen. Die Tugend ist nur Verstellung. Diese Wahrheit habe ich Nero beizeiten eingetrichtert. Ich hasse niemanden so sehr wie einen Menschen, der den Tugendhaften spielt. Was für eine hättest du denn gern: eine Dicke oder eine Magere, eine Schwarze oder eine Blonde? Oder soll's ein Knabe sein? Ich kann dir besorgen, was du wünschst, ein junges, aber geschicktes Mädchen oder eine alte Vettel, einen Akrobaten oder eine unberührte

Jungfrau. Möchtest du bei einer Geißelung zusehen, oder möchtest du selbst gegeißelt werden? Wenn du willst, lasse ich ein Dionysosmysterium nach allen Regeln feiern. Sag mir ein Wort, gib mir einen Wink, und ich befriedige um der Freundschaft willen deine geheimsten Wünsche. Wir sind hier in Misenum, und hier ist nicht viel los, verstehst du, aber es ist nicht weit nach Baiae, Puteoli und Neapolis, wo du alle Laster Alexandrias finden kannst. Auf Capri lebt in diesen Dingen noch der ganze Einfallsreichtum des Gottes Tiberius fort, und in Pompeji gibt es ein paar prächtige Bordelle. Sollen wir uns hinrudern lassen?«

Ich gab mich ein wenig befangen, sagte dann aber, um mich seines Vertrauens würdig zu erweisen: »Vor Jahren hat es mir das größte Vergnügen gemacht, mich zu verkleiden und mit deinem begabten Schüler Nero des Nachts durch Suburra zu streifen. Ich glaube, ich habe nirgends größere Wollust empfunden als in den elenden Hurenhäusern, die von den Sklaven aufgesucht werden. Du verstehst, was ich meine: man hat bisweilen die Leckereien satt und freut sich an grobem Brot und ranzigem Öl. Als ich dann heiratete, gab ich diese Gewohnheiten auf, aber jetzt hätte ich Lust, das Flottenbordell kennenzulernen, das du, wie man mir sagte, tadellos eingerichtet hast.«

Anicetus grinste liederlich, nickte verständnisvoll und erklärte: »Wir haben drei Häuser, das beste für die Dienstgrade, das zweite für die Mannschaft und das dritte für die Rudersklaven. Ob du mir's glaubst oder nicht: ich bekomme manchmal Besuch von vornehmen Frauen aus Baiae, denen es anders keinen Spaß mehr macht und die eine Nacht in einem Bordell arbeiten wollen. Die älteren gehen am liebsten zu den Rudersklaven und übertreffen unsere erfahrensten Huren an Bereitwilligkeit. Aus Gründen der Wirtschaftlichkeit habe ich es so eingerichtet, daß die Neuen zuerst einmal die Dienstgrade bedienen, dann die Mannschaft und nach drei Jahren die Rudersklaven. Manche halten diesen anstrengenden Beruf zehn Jahre aus, aber ich möchte behaupten, daß im allgemeinen fünf Jahre reichen. Einige hängen sich natürlich schon vorher auf, ein gewisser Teil wird krank und untauglich, und andere fangen an zu saufen, daß sie zu nichts mehr zu gebrauchen sind. Wir bekommen aber ständig Nachschub aus Rom und anderen italienischen Städten. Die Flottenbordelle sind nämlich Strafanstalten für solche, die wegen unsittlichen Lebenswandels abgeurteilt werden, das heißt, weil sie einen Kunden bestohlen oder irgendeinem Grobian einen Weinkrug über den Schädel gehauen haben.«

»Was geschieht mit denen, die ihre Dienstzeit überleben?« fragte ich.

»Für die Ruderer ist so ein Weib noch lange gut genug«, antwortete Anicetus. »Sei unbesorgt. Keine verläßt meine Häuser lebend. Zuletzt finden sich immer gewisse Männer, die kein größeres Vergnügen kennen, als auf irgendeine viehische Art ein Weibsbild abzumurksen, und die können sich hier austoben. Meine Häuser haben ja unter anderem den Zweck, die anständigen Frauen und Mädchen der Umgebung vor den Seeleuten zu schützen. Ich habe da zum Beispiel einen Ehrenmann auf meiner Liste, der einmal im Monat Blut aus der Halsschlagader einer Frau saugen muß. Wegen dieser kleinen Schwäche ist er an die Ruderbank gekettet. Das spaßigste ist, daß er es hinterher immer bitter bereut und darum bittet, totgeschlagen zu werden.«

Ich glaubte nicht alles, was mir Anicetus erzählte. Er prahlte und wollte mich mit seiner Lasterhaftigkeit erschrecken, weil er im Innern ein schwacher, unzuverlässiger Mensch war. Außerdem hatte er von den Seeleuten das Flunkern gelernt.

Er führte mich zuerst zu einem kleinen runden Venustempel, von dem aus man das glitzernde Meer unter sich liegen sah und der, um alles unnötige Aufsehen zu vermeiden, durch einen unterirdischen Gang mit den Unterkünften der Seeleute verbunden war. Die ersten beiden Häuser, die mit einer Mauer umgeben waren, unterschieden sich in nichts von den sauberen, ordentlichen Lupanaren Roms. Sie hatten sogar fließendes Wasser. Das Haus für die Rudersklaven glich dagegen eher einem Gefängnis. Ich ertrug kaum den Anblick seiner Bewohnerinnen, so verkommen und vertiert waren sie.

So genau ich aber alle Frauen musterte, Claudia befand sich nicht unter ihnen. Ich entdeckte sie erst am folgenden Tag im Quartier der Seewache in Puteoli. Sie war gealtert. Die Haare und die Augenbrauen hatte man ihr des Ungeziefers wegen geschoren. Sie trug einen zerlumpten Sklavinnenmantel, denn sie verrichtete Sklavenarbeit in der Küche.

Nur ihre Augen sagten mir, daß ich Claudia vor mir hatte. Sie selbst erkannte mich auf den ersten Blick wieder, ließ es sich aber nicht anmerken. Es war nicht schwer, sie gegen einen Beutel Silber auszutauschen. Ich hätte sie auch umsonst haben können, um aber die Spuren zu verwischen, hielt ich es für das beste, mir durch das Bestechungsgeld Stillschweigen zu erkaufen.

Als wir uns in der besten Herberge der Stadt allein gegenüberstanden, waren Claudias erste Worte: »Du hast bestimmt sehr eifrig nach mir gesucht, mein lieber Minutus, sonst hättest du mich nicht so schnell gefunden. Seit unserem letzten Zusammensein sind ja erst sieben Jahre vergangen. Was willst du von mir?«

Auf meine inständigen Bitten erklärte sie sich endlich bereit, ordentliche Kleider anzuziehen, eine Perücke aufzusetzen und sich mit Augenschwärze Brauen auf die Stirn zu malen. Sie war, dank der Beschäftigung in der Küche, ziemlich dick geworden und sehr gesund.

Von ihren Erlebnissen in Misenum wollte sie nicht sprechen. Ihre Hände waren hart wie Holz, und sie hatte eine dicke Hornhaut auf den Fußsohlen. Die Sonne hatte sie dunkelbraun gebrannt, und man sah trotz der Kleidung und der Perücke auf den ersten Blick, daß sie eine Sklavin war. Je länger ich sie betrachtete, desto fremder wirkte sie auf mich.

Zuletzt sagte ich verzweifelt: »Agrippina, niemand anders als Agrippina ist an deinem Schicksal schuld. Ich wollte dein Bestes und wandte mich in meiner Dummheit an sie, um ein Wort für dich einzulegen.«

»Habe ich mich beklagt?« fragte Claudia scharf. »Alles, was mir angetan wurde, geschah mit Gottes Willen, um meinen Hochmut zu strafen und mich zu demütigen. Glaubst du, ich wäre noch am Leben, wenn nicht Christus meinem Herzen Kraft gegeben hätte?«

Wenn der Aberglaube der Christen ihr geholfen hatte, die Erniedrigung und den Sklavendienst zu ertragen, wollte ich ihr nicht widersprechen. Ich begann daher vorsichtig von mir selbst zu erzählen, und um ihr Vertrauen wiederzugewinnen, berichtete ich von meiner Begegnung mit Paulus und Kephas in Korinth und von meinem Freigelassenen Hierax Lausius, der Christ geworden war und großen Einfluß unter den anderen Christen hatte. Claudia hörte mir, den Kopf in die Hand gestützt, aufmerksam zu. Ihre dunklen Augen hellten sich auf, und sie sagte lebhaft: »Wir sind hier in Puteoli mehrere Brüder und Schwestern, die Jesus als den Christus anerkennen. Auch unter den Seeleuten gibt es Brüder, die sich bekehrten, als sie hörten, daß Jesus von

Nazareth über das Wasser gegangen ist. Ich wäre sonst nicht aus dem geschlossenen Haus in Misenum herausgekommen.«

»Das Leben der Seeleute ist voller Gefahren«, sagte ich. »In Puteoli und Neapolis wird alles abgeladen, was aus dem Osten kommt. Es wundert mich daher nicht, daß die Juden auch den neuen Glauben hierhergebracht haben.«

Claudia sah mich forschend an: »Und du, Minutus?« fragte sie. »Glaubst du an etwas?«

Ich dachte eine Weile nach, schüttelte den Kopf und bekannte: »Nein, Claudia. Ich glaube an nichts mehr. Ich bin verhärtet.«

»Dann muß ich dir den rechten Weg zeigen«, sagte sie entschlossen und preßte ihre harten Handflächen gegeneinander. »Deshalb bist du hierhergeführt worden, deshalb hast du mich nach so vielen Jahren gesucht, um mich von der Sklaverei loszukaufen. Nach Misenum war die Sklaverei gewiß die größte Gnade, die Gott mir zuteil werden ließ.«

»Ich bin von niemandem geführt worden«, wandte ich gereizt ein. »Ich habe aus eigenem freiem Willen nach dir zu suchen begonnen, sobald ich aus Agrippinas Mund hörte, wie grausam sie mich getäuscht hatte.«

Claudia sah mich mitleidig an und sagte: »Minutus, du hast keinen eigenen Willen und hast nie einen gehabt, sonst wäre alles anders gekommen. Ich verlasse die Christen in Puteoli nicht gern, aber ich sehe ein, daß ich mit dir nach Rom gehen und Tag und Nacht auf dich einwirken muß, bis du deinen Hochmut ablegst und Untertan in Christi heimlichem Reiche wirst. Sieh mich nicht so entsetzt an. Bei ihm allein findet man wahren Frieden und wahre Freude in dieser verworrenen Welt, die bald untergehen wird.«

Ich dachte mir, daß Claudia nach all dem Schweren, das sie erlebt hatte, wohl nicht mehr ganz bei Sinnen war, und widersprach ihr deshalb nicht. Wir reisten zusammen auf einem Frachtschiff, das wilde Tiere an Bord hatte, nach Antium und von dort aus nach Ostia. In Rom angekommen, führte ich sie heimlich in mein Haus auf dem Aventin. Ich stellte sie als Dienerin an, und Tante Laelia gewann sie lieb und hielt sie für ihre einstige Amme. Sie war in ihren Gedanken ganz in ihre Kindheit zurückgekehrt und am glücklichsten, wenn sie mit Puppen spielen durfte.

Es verging jedoch kein Tag, an dem Claudia mir nicht mit ihrem Jesus von Nazareth in den Ohren lag. Ich floh in mein Haus im Tiergarten. Dort machte mir wieder Sabina mit ihrer Bosheit das Leben unerträglich. Sie wurde immer hochmütiger, seit einer ihrer Verwandten eine führende Stellung in der Finanzverwaltung erhalten hatte, wodurch sie nicht mehr so sehr auf mein Geld angewiesen war. Sie war in Wirklichkeit die Vorsteherin des Tiergartens, sie bestimmte, was für Tiere gekauft werden mußten, und plante die Vorführungen im Amphitheater. Sie trat sogar selbst öffentlich auf, um zu zeigen, was für eine geschickte Löwenbändigerin sie war.

Ich glaube, Neros Leben war damals ebenso unerträglich wie meines. Als er seine Mutter nach Antium verbannte und Lollia Poppaea als seine Geliebte ins Palatium holte, kam er vom Regen in die Traufe. Das Volk nahm ihm die Zurücksetzung Octavias übel, und Poppaea weinte und jammerte und verlangte, er solle sich von Octavia trennen. Sie erschreckte ihn durch die Behauptung, Agrippina zettle eine Verschwörung gegen ihn an, was vielleicht nicht ganz frei erfunden war. Jedenfalls mußte Nero Antonias Gatten Faustus Sulla nach Massilia verbannen. Antonia folgte ihm, und es vergingen fünf Jahre, ehe ich sie wiedersah.

Seneca sprach sich mit Nachdruck gegen eine Scheidung aus, und der alte Burrus sagte öffentlich, wenn Nero sich von Octavia trenne, dann müsse er auch auf die Mitgift verzichten, das heißt auf den Rang des Imperators. Und Poppaea hatte kein Verlangen danach, mit Nero nach Rhodos zu gehen und dort ihr Leben als Gattin eines Künstlers zu beschließen.

Agrippina beschwor vielleicht durch ihre Machtlüsternheit und Eifersucht ihr Schicksal selbst herauf. Sie besaß Reichtümer genug, die sie nach ihrem zweiten Gatten und nach Claudius geerbt hatte, und war trotz der Verabschiedung des Pallas noch immer sehr einflußreich. Wirkliche Freunde hatte sie freilich keine mehr, aber mehr als eine politische Verschwörung fürchtete Nero, sie könnte in ihrer Unbesonnenheit tatsächlich ihre Erinnerungen veröffentlichen, die sie in Antium mit eigener Hand niederschrieb, weil sie nicht einmal dem zuverlässigsten Sklaven zu diktieren wagte. Agrippina hatte selbst dafür gesorgt, daß man in Rom von diesen Erinnerungen wußte, und es gab daher so manchen, der ihr den Tod wünschte, weil er auf die eine oder andere Art mit in ihre Machenschaften verwickelt gewesen war.

Ich selbst klagte Agrippina in meinen Gedanken dessen an,

daß sie mein Leben zerstört hatte, als ich noch jung war und Claudia liebte. Alles Schlimme, das mir widerfahren war, legte ich ihr zur Last. Einmal besuchte ich die alte Locusta in ihrem kleinen Haus. Sie lächelte mich an, soweit eine Totenmaske zu lächeln vermag, und sagte offenherzig, daß ich nicht der erste sei, der sie in dieser Sache zu sprechen wünsche. Vor mir waren schon andere bei ihr gewesen.

Sie hatte nichts dagegen, auch für Agrippina ein Gift zu mischen, nein, durchaus nicht. Es kam nur darauf an, wieviel man zu zahlen bereit war. Dann aber schüttelte sie den Kopf und behauptete, sie habe bereits alle Mittel versucht. Agrippina sei viel zu vorsichtig. Sie bereite ihre Speisen selbst zu und pflücke nicht einmal Früchte von ihren eigenen Bäumen, da sich diese besonders leicht vergiften ließen. Ich schloß daraus, daß auch Agrippina ihres Lebens nicht froh werden konnte, obwohl die Niederschrift ihrer Erinnerungen gewiß ihre Rachegelüste befriedigte.

Nero konnte erst mit Poppaea Frieden schließen, als er den festen Entschluß gefaßt hatte, seine Mutter zu ermorden. Agrippinas Tod war für ihn aus politischen Gründen ebenso notwendig wie seinerzeit der Tod des Britannicus. Ich hörte jedenfalls nichts davon, daß Seneca sich diesem Mord auch nur mit einem einzigen Wort widersetzt hätte, wenngleich er selbst freilich nichts damit zu tun haben wollte.

Die Frage war nur, wie der Mord so ausgeführt werden konnte, daß man allgemein an einen Unglücksfall glauben mußte. Neros Phantasie begann zu arbeiten. Er verlangte möglichst dramatische Umstände und beriet sich mit seinen vertrautesten Freunden.

Tigellinus, der gewisse persönliche Gründe hatte, Agrippina zu hassen, wollte sie mit einem Viergespann überfahren, sofern es gelang, sie in Antium auf die Straße zu locken. Ich dachte an Raubtiere, aber wie sollten wir diese in Agrippinas sorgfältig bewachten Garten bringen?

Nero glaubte, ich stünde ihm und Poppaea zuliebe auf seiner Seite, und ahnte nicht, daß mich allein meine Rachsucht leitete. Agrippina verdiente tausendfachen Tod für alle ihre Verbrechen, und ich betrachtete es als einen Beweis für die Gerechtigkeit des Schicksals, daß sie ihn durch ihren eigenen Sohn finden sollte. Auch Du, mein Sohn Julius, hast Wolfsblut in Deinen Adern, echteres als ich. Versuche es besser im Zaum zu halten, als es Dein Vater vermochte.

Wir verdankten es eigentlich Sabina, daß wir zuletzt eine brauchbare Lösung fanden. Ein griechischer Techniker hatte ihr den Entwurf zu einem kleinen Schiff gezeigt, das dazu bestimmt war, wilde Tiere aufzunehmen, und dessen Teile so miteinander verbunden waren, daß sie durch den Druck auf einen einzigen Hebel auseinanderfielen.

Sabina wollte diesen Entwurf unbedingt ausführen, um auch in dem neuen Theater, in dem ganze Seeschlachten vorgeführt werden konnten, ein Wort mitzureden. Ich selbst lehnte Meerestiere wegen der hohen Kosten ab, aber zuletzt siegte Sabinas Herrschsucht. Die neue Erfindung erregte schon im voraus so viel Aufsehen, daß Anicetus eigens zur Vorstellung aus Misenum nach Rom gereist kam.

Das Schiff bildete den Höhepunkt der Vorführungen. Es zerfiel wie geplant, die Tiere stürzten ins Wasser, und die Zuschauer sahen Auerochsen und Löwen mit Seeungeheuern kämpfen oder an Land schwimmen, wo sie von mutigen Jägern erlegt wurden. Nero klatschte begeistert Beifall und rief Anicetus zu: »Kannst du mir so ein Schiff bauen, aber größer und so prunkvoll, daß es der Mutter eines Kaisers würdig ist?«

Ich versprach bereitwillig, Anicetus wenigstens einen Teil der geheimen Zeichnungen des Griechen zu beschaffen, obwohl ich der Meinung war, daß dieser Plan zu viele Mithelfer erforderte, um geheimgehalten werden zu können.

Zum Lohn lud Nero mich zu dem Fest in Baiae ein, wo ich Gelegenheit haben sollte, die besondere Vorstellung mit anzusehen, die er sich ausgedacht hatte. In Gesellschaft und vor dem Senat begann er nun den reumütigen Sohn zu spielen, der sich mit seiner Mutter aussöhnen wollte. Mit ein wenig gutem Willen auf beiden Seiten lassen sich alle Zerwürfnisse beseitigen, erklärte er.

Agrippinas Kundschafter meldeten diese Worte unverzüglich nach Antium, und sie war daher weder sonderlich überrascht noch mißtrauischer als gewöhnlich, als sie von Nero einen in schönen Worten abgefaßten Brief erhielt, in dem sie zum Minervafest nach Baiae eingeladen wurde. Daß Nero das Minervafest für die Begegnung gewählt hatte, war an sich schon eine deutliche Anspielung, denn Minerva ist ja auch die Göttin der Schulknaben, und es erschien ganz natürlich, daß er die Versöhnung fern von Rom und der zänkischen Poppaea feiern wollte.

Am Tag der Minerva darf kein Blut vergossen werden, und es ist verboten, Waffen sichtbar zu tragen. Nero hatte anfangs vorgehabt, Agrippina mit dem neuen Prunkschiff aus Antium holen zu lassen, um mit dieser Ehrung zu bekunden, daß er seiner Mutter ihren früheren Rang zurückzugeben beabsichtigte. Wir errechneten jedoch mit Hilfe einer Wasseruhr, daß das Schiff in diesem Fall am hellichten Tag hätte versenkt werden müssen.

Zudem war Agrippina bekanntermaßen so mißtrauisch, daß sie die Ehrung vielleicht dankend abgelehnt hätte und zu Lande gereist wäre. Sie kam daher auf einer Trireme in Misenum an, die von ihren eigenen treuen Sklaven gerudert wurde. Nero empfing sie mit großem Gefolge, und um den politischen Charakter der Versöhnungshandlungen zu betonen, hatte er sogar Seneca und Burrus an seine Seite gerufen.

Ich mußte seine glänzende schauspielerische Begabung unwillkürlich bewundern. Gebrochen vor Rührung, eilte er seiner Mutter entgegen, umarmte sie und begrüßte sie als die edelste aller Mütter. Auch Agrippina hatte sich Mühe gegeben. Sie war schön gekleidet und hergerichtet, so daß sie wie die schlanke, der dick aufgetragenen Schminke wegen aber recht ausdruckslose Statue einer Göttin wirkte.

Es herrschte allgemein eine freudige Frühlingsstimmung am Tag der Minerva, weshalb das Volk, das von politischen Dingen nicht viel versteht, Agrippina zujubelte, als sie von ihrem Landgut Bauli am Lucrinersee geleitet wurde. An den Landebrücken am Meeresufer lagen mehrere wimpelgeschmückte Kriegsschiffe vertäut. Unter ihnen befand sich das Prunkschiff, das Anicetus auf Neros Geheiß Agrippina zur Verfügung stellte. Sie zog es jedoch am nächsten Morgen vor, sich wieder in der Sänfte nach Baiae tragen zu lassen, denn der Weg ist kurz, und sie wollte die Huldigungen des Volkes genießen.

Bei den Feiern zu Ehren der Minerva in Baiae ließ Nero Agrippina den Vorrang und hielt sich wie ein schüchterner Schuljunge abseits. Durch das Mittagsmahl mit den hohen Beamten der Stadt und die vielen Reden sowie die Ruhe danach zogen sich die Festlichkeiten so in die Länge, daß die Dunkelheit schon eingebrochen war, als Neros abendliches Gelage begann, an dem auch Seneca und Burrus teilnahmen. Agrippina lag auf dem Ehrenplatz. Nero saß zu ihren Füßen und unterhielt sich eifrig mit ihr. Man trank reichlich Wein. Als Agrippina bemerkte, daß es schon spät sei, setzte Nero eine ernste Miene auf und begann, sie mit gesenkter Stimme in verschiedenen Staatsangelegenheiten um Rat zu fragen.

Soweit ich dem Gespräch zu folgen vermochte, ging es darum, welche Stellung Poppaea in Zukunft innehaben solle. Agrippina war unerbittlich. Durch Neros Bescheidenheit ermutigt, erklärte sie, sie verlange nur das eine, daß Nero Poppaea nach Lusitanien, zurück zu Otho, schicke. Danach dürfe er wieder auf ihre Hilfe und Mutterliebe zählen. Sie wolle für ihren Sohn nur das Beste.

Nero preßte ohne große Mühe ein paar Zornestränen hervor, gab dann aber zu verstehen, daß seine Mutter ihm lieber sei als jede andere Frau der Welt. Er sagte sogar einige Verse auf, die er zu Ehren Agrippinas gedichtet hatte.

Agrippina war vom Wein und von ihrem Erfolg berauscht, da der Mensch gern glaubt, was er hofft. Ich bemerkte aber, daß sie sich trotz allem hütete, den Weinbecher anzurühren, bevor nicht Nero daraus getrunken hatte, oder von einer Speise zu kosten, solange nicht Nero oder ihre Freundin Acerronia sich aus derselben Schüssel bedient hatte. Ich glaube jedoch, daß Agrippina in diesen Stunden kein Mißtrauen hegte, sondern nur einer jahrelangen, tief eingewurzelten Gewohnheit gehorchte.

Auch Anicetus erwies sich als ein begabter Schauspieler, als er plötzlich verstört herbeigeeilt kam, um zu melden, daß Agrippinas Trireme von zwei Kriegsschiffen, die an den Festvorführungen teilgenommen hatten, versehentlich gerammt und so übel zugerichtet worden sei, daß sie nicht nach Antium zurückkehren könne, aber zum Glück liege ja das mit tüchtigen Seeleuten bemannte Prunkschiff bereit.

Wir geleiteten Agrippina zum festlich beleuchteten Hafen. Beim Abschied küßte Nero ihre Augen und ihre Brust. Dann führte er die vom Wein Schwankende an Bord und rief mit seiner gut geschulten Stimme: »Möge es dir wohl ergehen, meine Mutter. Aus dir bin ich geboren. Nur durch dich kann ich herrschen!«

Ich muß ehrlich sagen, daß ich diesen Abschiedsgruß übertrieben und eines so guten Schauspielers unwürdig fand. Die Nacht war still und sternklar. Als das Schiff aus dem Lichterkreis des Hafens verschwand, begaben sich Seneca und Burrus in ihre Nachtquartiere. Wir Verschwörer feierten weiter.

Nero war schweigsam. Plötzlich wurde er leichenblaß und ging hinaus, um sich zu erbrechen. Wir glaubten schon, Agrippina sei es gelungen, ihm heimlich Gift in seinen Becher zu tun. Später erst begriffen wir, wie schwer es ihm gefallen war, sich einen ganzen Tag lang zu verstellen, und nun litt er unter der Spannung des Wartens, obgleich Anicetus ihn zu trösten versuchte und immer wieder versicherte, der Plan könne nicht fehlschlagen.

Ich hörte später von dem Seezenturio Obaritus, der das Prunkschiff befehligte, wie alles zugegangen war. Agrippina hatte sich sofort in ihre prachtvoll eingerichtete Kajüte begeben, aber keinen Schlaf gefunden. Ihr Mißtrauen erwachte wieder draußen auf dem dunklen Meer, als ihr bewußt wurde, daß sie als einzige zuverlässige Begleiter Acerronia und ihren Verwalter Crepeius Gallus bei sich hatte und der Willkür fremder Seeleute ausgesetzt war.

Sie schickte Gallus nach achtern. Er sollte verlangen, daß das Schiff Bauli anlaufe. Dort wollte sie die Nacht verbringen, um am Morgen, bei Tageslicht, nach Antium weiterzureisen. Anicetus wußte, daß Agrippina sich während ihrer Verbannung auf der Insel Pandataria durch Schwammtauchen ihren Lebensunterhalt verdient hatte. Das Schiff war daher so gebaut worden, daß es mit zwei Handgriffen zerstört werden konnte.

Durch die Bedienung des ersten Hebels stürzten die mit Blei beschwerten Decksaufbauten zusammen, und durch Druck auf den zweiten Hebel brach der Rumpf selbst auseinander. Aus Sicherheitsgründen hatte man nur einen kleinen Teil der Mannschaft eingeweiht, und die Einrichtung der Kajüte war durch Zufall Leuten anvertraut worden, die von dem Plan nichts wußten und ein Prunkbett mit hohen Giebeln aufstellten. Als das Dach einstürzte, schützten die Giebel Agrippina, und sie wurde nur an der Schulter verwundet. Acerronia, die gerade auf dem Boden kniete und ihr die Füße massierte, geschah nichts, und Gallus war der einzige, der von dem herabfallenden Dach sofort getötet wurde.

Auf dem Schiff herrschte völliges Durcheinander, als plötzlich die Aufbauten einstürzten. Nur Agrippina erfaßte die Lage sofort, denn die See war ruhig, und das Schiff war auf kein Hindernis gestoßen. Sie befahl Acerronia, aufs Deck hinauszukriechen und zu rufen: »Ich bin Agrippina. Rettet die Mutter des Kaisers!«

Der Zentrurio befahl den Eingeweihten, sie auf der Stelle mit

Rudern zu erschlagen. Dann zog und zerrte er vergeblich an dem zweiten Hebel, der sich verklemmt hatte. Daraufhin versuchte er, das Schiff zum Kentern zu bringen, das durch das herabgestürzte und mit Blei beschwerte Dach schon Schlagseite hatte. Mehrere Männer, die den Plan kannten, rannten auf die tieferliegende Seite, aber andere kletterten gleichzeitig auf die höhere, so daß das Schiff nicht kentern konnte. Währenddessen glitt Agrippina unbemerkt ins Wasser und begann auf das Land zuzuschwimmen. Trotz der Trunkenheit und der Wunde an der Schulter gelang es ihr, weite Strecken zu tauchen, so daß niemand ihren Kopf auf der von den Sternen erhellten Wasserfläche sah.

Als sie das Schiff schon aus den Augen verloren hatte, traf sie auf ein auslaufendes Fischerboot. Die Fischer zogen sie an Bord und brachten sie auf ihren Wunsch nach Bauli. Der Zenturio war ein kaltblütiger Mann. Er wäre sonst nicht von Anicetus für diese Aufgabe auserwählt worden. Als er sah, daß die Erschlagene Acerronia war und daß Agrippina selbst spurlos verschwunden war, ließ er das halb zerbrochene, krängende Schiff nach Baiae zurückrudern, um Anicetus sofort Bericht zu erstatten. In Baiae verbreiteten diejenigen der Mannschaft, die immer noch ahnungslos waren, die Nachricht von einem entsetzlichen Unglück.

Die Bewohner rannten aufgeschreckt zum Strand hinunter und wateten zu ihren Booten, um auszufahren und Agrippina zu retten. Indessen kehrten ihre wirklichen Retter zurück, die reich belohnt worden waren, und berichteten, daß sie nur leichte Verletzungen erlitten hatte und sich in Sicherheit befand. Die Menge beschloß auf der Stelle, nach Bauli zu ziehen, um Agrippina zu huldigen und zu ihrer wunderbaren Errettung zu beglückwünschen.

Nero hatte sich, zwar unruhig, aber nichts Böses ahnend, von uns treuen Freunden umgeben, bald weinend, bald lachend, darauf vorbereitet, den Tod seiner Mutter zu betrauern. Er plante Trauerfeiern im ganzen Imperium und entwarf eine Mitteilung an den Senat und das Volk von Rom.

Da ihm das Gewissen doch keine Ruhe ließ, fragte er uns, ob er wohl den Vorschlag machen dürfe, Agrippina zur Göttin zu erhöhen. Sie war schließlich die Tochter des großen Germanicus, die Schwester des Kaisers Gajus, Witwe nach Claudius und Mutter des Kaisers Nero, mithin eine Frau von noch höheren Verdiensten, als es Livia gewesen war. All dies wirkte auf eine grauenerregende Weise lächerlich, und wir begannen uns gegenseitig zu Mitgliedern des Priesterkollegiums der neuen Göttin zu ernennen.

Während wir so unsern Scherz trieben, kam plötzlich Obaritus hereingestürzt und meldete, daß das Schiff nur zur Hälfte auseinandergefallen war und daß von Agrippina jede Spur fehlte. Die Hoffnung, sie könnte ertrunken sein, erlosch, als kurz darauf an der Spitze eines jubelnden Volkshaufens die Fischer ankamen und von Agrippinas Rettung berichteten. Sie hofften, Nero werde sie belohnen, aber der verlor die Fassung und schickte nach Seneca und Burrus wie ein Schuljunge, den man bei einem Streich ertappt hat und der nun weinend zu seinem Lehrer flüchtet.

Ich behielt so viel Geistesgegenwart, daß ich Anicetus befahl, die Fischer an einem sicheren Ort einzusperren, während sie auf ihre Belohnung warteten, damit sie nicht Gerüchte verbreiteten, die die ohnehin verworrene Lage noch hätten verschlimmern können. Zum Glück für Nero hatte Agrippina den Fischern gegenüber offenbar keinen Verdacht geäußert, denn sonst würden diese nicht so froh und in aller Unschuld von der Rettung gesprochen haben.

Seneca und Burrus erschienen zur gleichen Zeit, Seneca barfuß und im Untergewand. Nero benahm sich wie ein Wahnsinniger und rannte hin und her. Anicetus berichtete kurz, was geschehen war. Von seinem schlechten Gewissen gequält, fürchtete Nero ernstlich für sein eigenes Leben, und er schrie laut hinaus, was seine erregte Phantasie ihm vorgaukelte. Agrippina bewaffnete ihre Sklaven oder wiegelte die Soldaten der Garnison gegen ihn auf, oder sie befand sich bereits auf dem Wege nach Rom, um ihn vor dem Senat des Mordversuchs anzuklagen, ihre Wunden vorzuweisen und von dem grausamen Tod ihrer Diener zu berichten.

Seneca und Burrus waren erfahrene Staatsmänner und brauchten keine langen Erklärungen. Seneca begnügte sich damit, Burrus fragend anzusehen. Burrus zuckte die Schultern und sagte: »Ich werde weder die Prätorianer noch die Germanen der Leibwache ausschicken, um die Tochter des Germanicus zu töten.« Dann wandte er sich mit einer Miene unverhohlenen Abscheus nach Anicetus um und fügte hinzu: »Anicetus soll zu Ende führen, was er begonnen hat. Ich wasche meine Hände.«

Anicetus ließ es sich nicht zweimal sagen. Er fürchtete mit gutem Grund für sein eigenes Leben. Nero hatte ihn bereits in seinem Zorn mit der Faust ins Gesicht geschlagen. Er versprach eifrig, mit Hilfe der Seeleute seinen Auftrag auszuführen. Nero starrte Seneca und Burrus mit einem irren Blick an und rief vorwurfsvoll: »Erst heute nacht werde ich der Vormundschaft ledig und wirklich zum Herrscher. Aber ich verdanke die Macht einem ehemaligen Barbier, einem freigelassenen Sklaven, nicht dem Staatsmann Seneca und nicht dem Feldherrn Burrus. Geh, Anicetus, beeile dich und nimm alle mit, die willens sind, ihrem Herrscher diesen Dienst zu erweisen.«

Er hatte kaum zu Ende gesprochen, als er plötzlich erbleichte und einen Schritt zurücktrat, denn man meldete ihm, ein Freigelassener Agrippinas, ein gewisser Agerinus, habe ihm eine Botschaft auszurichten. »Ein Mörder!« rief Nero, ergriff sein Schwert und verbarg es unter seinem Mantel.

Er hatte im Grunde nichts zu befürchten, denn die durch den Blutverlust und von der Anstrengung des Schwimmens erschöpfte Agrippina hatte ihre Möglichkeiten überdacht und eingesehen, daß ihr nichts anderes blieb, als gute Miene zum bösen Spiel zu machen und so zu tun, als ahnte sie nichts von dem Mordanschlag. Agerinus trat zitternd ein und brachte mit einem leichten Stottern seine Botschaft vor: »Die Götter und der Schutzgeist des Kaisers haben mich vor dem Tode bewahrt. Sosehr es dich erschrecken wird, von der Gefahr zu hören, die deiner Mutter drohte, sollst du mich einstweilen nicht aufsuchen. Ich brauche Ruhe.«

Als Nero erkannte, daß er von Agerinus nichts zu fürchten hatte, gewann er die Fassung zurück, ließ heimlich das Schwert dem Boten vor die Füße fallen, sprang zurück, zeigte anklagend auf die Waffe und rief: »Ich nehme euch alle zu Zeugen dafür, daß meine eigene Mutter ihren Freigelassenen geschickt hat, um mich zu ermorden!«

Wir stürzten vor und ergriffen Agerinus, ohne auf seine verzweifelten Einwände zu achten. Nero befahl, ihn gefangenzusetzen, aber Anicetus, kaum daß er mit ihm den Raum verlassen hatte, hielt es für klüger, ihm das Schwert in den Hals zu stoßen. Ich beschloß, Anicetus zu begleiten, um mich zu vergewissern, daß er seinen Auftrag auch wirklich zu Ende führte. Nero eilte uns nach, glitt im Blut des Agerinus aus und rief erleichtert: »Meine Mutter trachtet mir nach dem Leben. Niemand wird sich darüber wundern, daß sie sich selbst das Leben nahm, als ihr Verbrechen aufgedeckt wurde. Handelt danach!«

Auch Obaritus schloß sich uns an, um seinen Fehler wiedergutzumachen. Anicetus befahl seinem nächsten Untergebenen, Herculeius, in der Kaserne Alarm zu schlagen. Wir holten unsere Pferde und ritten los. Eine Schar Seesoldaten lief barfuß vor uns her und trieb brüllend und die Schwerter schwingend die Menge auseinander, die nach Bauli unterwegs war, um Agrippina zu huldigen, und uns am Vorwärtskommen hinderte.

Als wir in Bauli ankamen, graute der Morgen. Anicetus befahl seinen Leuten, das Haus zu umzingeln. Wir schlugen die Tür ein und verjagten die Sklaven, die Widerstand zu leisten versuchten. Der Schlafraum war spärlich erhellt. Agrippina lag mit einem warmen Umschlag um die eine Schulter in ihrem Bett. Eine Dienerin, die gerade nach ihr gesehen hatte, floh Hals über Kopf. Agrippina hob die Hand und rief nach ihr: »So verläßt auch du mich!«

Anicetus schloß die Tür hinter uns, damit nicht zu viele Zuschauer nachdrängten. Agrippina grüßte uns mit matter Stimme und sagte: »Wenn ihr gekommen seid, um auch nach meinem Befinden zu erkundigen, so sagt meinem Sohn, daß ich mich schon ein wenig erholt habe.«

Dann erst sah sie unsere Waffen. Ihre Stimme wurde fester, und sie rief drohend: »Wenn ihr aber gekommen seid, um mich zu töten, so glaube ich nicht, daß es auf Befehl meines Sohnes geschieht. Er würde nie einen Muttermord begehen!«

Anicetus, Herculeius und Obaritus traten an ihr Lager, standen täppisch da und wußten nicht, was sie tun sollten, so gebieterisch wirkte Agrippina noch als Kranke. Ich selbst drückte mit dem Rücken die Tür zu. Endlich versetzte Herculeius Agrippina mit seinem kurzen Befehlsstab einen Schlag auf den Kopf, jedoch so ungeschickt, daß sie nicht das Bewußtsein verlor. Er hatte die Absicht gehabt, sie bewußtlos zu schlagen, um ihr dann die Pulsadern aufzuschneiden, so daß die Behauptung, sie habe Selbstmord verübt, wenigstens den Anschein von Wahrscheinlichkeit gehabt hätte.

Agrippina gab nun alle Hoffnung auf. Sie entblößte den Unterleib, spreizte die Beine auseinander und schrie Anicetus zu: »Stoße dein Schwert in den Schoß, der Nero geboren hat!«

Der Zenturio zog sein Schwert und stieß zu. Danach hieben

und stachen auch die anderen auf Agrippina ein, so daß sie viele Wunden erhielt, ehe sie röchelnd den letzten Atemzug tat.

Als wir uns vergewissert hatten, daß sie tot war, steckten wir rasch einige kleine Gegenstände, die sich im Raum befanden, als Andenken zu uns. Anicetus befahl den Dienern, die Leiche zu waschen und für den Scheiterhaufen herzurichten. Ich selbst nahm eine kleine goldene Fortunastatue mit, die neben dem Bett stand und von der ich glaubte, sie sei dieselbe, die Kaiser Gajus seinerzeit immer bei sich gehabt hatte. Später erfuhr ich, daß sie es nicht war, und das betrübte mich.

Ein Eilbote ritt zu Nero, um ihm Agrippinas Selbstmord zu melden. Nero, der bereits mit Senecas Hilfe einen Bericht an den Senat über den auf ihn verübten Mordanschlag abgefaßt hatte, eilte sofort nach Bauli, um sich mit eigenen Augen davon zu überzeugen, daß Agrippina tot war. So wenig traute er Anicetus.

Er traf so früh ein, daß die Diener noch damit beschäftigt waren, den nackten Leichnam zu waschen und zu salben. Nero untersuchte die Wunden mit einem Finger und sagte: »Seht nur, wie schön meine Mutter bis zuletzt noch war.«

Im Garten wurde Holz zu einem Scheiterhaufen geschichtet, und Agrippinas Leichnam wurde ohne Zeremonien auf ein Liegesofa gebettet und hinaufgehoben. Als der Rauch aufzusteigen begann, bemerkte ich plötzlich, was für ein strahlender Morgen über Bauli heraufgezogen war. Das Meer leuchtete tiefblau, die Vögel zwitscherten, und im Garten blühten die Blumen des Frühlings in prächtigen Farben. Auf den Wegen war jedoch niemand zu sehen. Die Leute waren verwirrt und hielten sich in ihren Häusern verborgen, da sie nicht wußten, wie das Geschehen zu deuten sei.

Der Scheiterhaufen brannte noch, als plötzlich ein Trupp Kriegstribunen und Zenturionen in vollem Galopp heranpreschte. Nero sah die Soldaten vor den Pferden zur Seite weichen und blickte sich entsetzt nach einem Fluchtweg um. Die Reiter sprangen jedoch aus den Sätteln, stürzten auf ihn zu, drückten ihm die Hände und dankten den Göttern, daß er dem verbrecherischen Anschlag seiner Mutter entronnen war.

Die Reiter waren vom Präfekten Burrus ausgesandt worden, der dem Volk zeigen wollte, wie man sich zu verhalten habe. Er selbst kam nicht, weil er sich zu sehr schämte. Als die Überreste von Agrippinas Leichnam aus der Asche gesammelt und im Garten vergraben worden waren, ließ Nero die Erde über dem Loch glätten. Er gönnte seiner Mutter keinen Grabhügel, weil er fürchtete, ein solcher könnte zu einer Art Pilgerstätte für politisch Unzufriedene werden.

Wir stiegen zu dem Tempel in Bauli hinauf, um den Göttern ein Dankopfer für Neros wunderbare Rettung darzubringen, aber im Tempel hörte Nero plötzlich Hörner und laute Klagerufe erschallen. Er behauptete sogar, es sei dunkel geworden, obwohl die Sonne hell schien.

Agrippinas Tod war weder für den Senat noch für das Volk eine Überraschung. Man war darauf vorbereitet, daß sich etwas Außergewöhnliches ereignet hatte, denn in Agrippinas Todesnacht war ein Unwetter, wie man es seit Jahren nicht mehr erlebt hatte, über Rom niedergegangen. Der Senat hatte schon im voraus Versöhnungsopfer beschlossen. Als die Todesnachricht eintraf, wurden sie in Dankopfer verwandelt, und so tief war der seit langem gegen Agrippina aufgestaute Haß, daß der Senat beschloß, ihren Geburtstag künftig zu den Unglückstagen zu rechnen.

Nero hatte ohne Grund Unruhen befürchtet. Als er endlich aus Neapolis eintraf, wurde er wie ein Triumphator empfangen. Die Senatoren waren festlich gekleidet. Die Frauen und Kinder der vornehmsten Familien begrüßten ihn mit Lobgesängen und streuten ihm Frühlingsblumen auf den Weg. Zu beiden Seiten des Weges waren in aller Eile Schaugerüste errichtet worden.

Als Nero zum Kapitol hinaufging, um sein eigenes Dankopfer darzubringen, war es, als wäre ganz Rom aus einem Alptraum erwacht, und gern glaubten an diesem strahlenden Tag alle Senecas lügnerischem Bericht über Agrippinas Selbstmord. Den Alten war der bloße Gedanke an einen Muttermord so entsetzlich, daß sie ihn von sich wiesen.

Ich war selbst schon vor Nero nach Rom zurückgekehrt und hatte sofort Claudia rufen lassen. »Ich habe dich gerächt«, sagte ich stolz. »Agrippina ist tot. Ich war selbst mit dabei. Ihr eigener Sohn befahl, sie zu töten. Beim Herkules, ich habe meine Schuld beglichen. Du brauchst dich deiner Erniedrigung nicht mehr zu schämen.«

Zur Bekräftigung meiner Worte reichte ich Claudia die kleine Fortunastatue, die ich von Agrippinas Nachttisch genommen hatte. Claudia starrte mich jedoch an wie ein Ungeheuer, hob abwehrend beide Hände und rief entsetzt: »Ich habe dich nicht geheißen, mich zu rächen. Du hast Blut an deinen Händen, Minutus!«

Ich trug wirklich einen blutigen Verband um die eine Hand und versicherte ihr nun verlegen, daß ich meine Hände nicht mit dem Blut Agrippinas besudelt, sondern mir nur in der Eile mit meinem eigenen Schwert den Daumenballen geritzt hatte. Es half mir jedoch nichts. Claudia beschimpfte mich, drohte mir mit dem Zorn ihres Jesus von Nazareth und benahm sich alles in allem kindisch und dumm. Zuletzt konnte ich nicht mehr an mich halten und fuhr sie an: »Wenn es so ist, wie du sagst, war ich nur ein Werkzeug deines Gottes. Nimm an, Christus selbst habe Agrippina für ihre Verbrechen bestraft. Außerdem sind die Juden das rachsüchtigste Volk der Welt, das habe ich selbst in ihren heiligen Schriften gelesen. Du vergeudest deine Tränen, wenn du um Agrippina weinst.«

»Manche haben Ohren und hören nicht!« rief Claudia zornig. »Hast du wirklich nicht ein Wort von alledem begriffen, was ich dich zu lehren versuchte?«

Ich schrie wütend zurück: »Verfluchte Claudia, du bist die undankbarste Frau der Welt. Ich habe bisher dein Geschwätz über Christus geduldig ertragen, aber jetzt schulde ich dir nichts mehr. Halt deinen Mund und geh aus meinem Haus!«

»Christus, verzeihe mir mein heftiges Gemüt«, murmelte Claudia mit zusammengebissenen Zähnen. »Ich kann mich nicht mehr beherrschen.«

Sie schlug mich mit ihren harten Händen auf beide Wangen, daß es mir in den Ohren gellte, packte mich im Genick, drückte mich auf die Knie nieder und befahl: »Nun bitte den himmlischen Vater um Vergebung für deine furchtbare Sünde.«

Meine Selbstachtung hinderte mich, mit ihr handgreiflich zu werden. Außerdem waren ihre Arme von der Sklavenarbeit noch sehr kräftig. Ich kroch auf allen vieren aus dem Raum, und Claudia warf mir die Fortunastatue nach. Als ich wieder auf beiden Beinen stand, rief ich zitternd vor Zorn die Diener und befahl ihnen, Claudias Habseligkeiten zusammenzupacken und vor die Tür zu schaffen. Dann hob ich die Fortunastatue auf, deren linker Flügel verbogen war, und ging in den Tiergarten, um wenigstens vor Sabina mit meiner Tat zu prahlen.

Zu meiner Verwunderung empfing sie mich freundlich und tätschelte mir sogar die Wangen, die von Claudias Ohrfeigen geschwollen waren. Sie nahm die Fortunastatue dankbar entgegen und hörte sich willig, wenn auch etwas zerstreut, meinen Bericht über die Geschehnisse in Baiae und Bauli an.

»Du bist ein Mann, Minutus, und tapferer, als ich glaubte«, sagte sie zuletzt. »Nur darfst du nicht überall und jedem erzählen, wie alles zuging. Die Hauptsache ist, daß Agrippina tot ist. Niemand trauert ihr nach. Und die Hure Poppaea hat nun auch ausgespielt, denn nach diesem Mord wird es Nero im Leben nicht wagen, sich von Octavia zu trennen. So viel glaube ich von Politik zu verstehen.«

Ich wunderte mich über diese Behauptung, aber ehe ich noch antworten konnte, legte mir Sabina zärtlich die Hand auf meinen Mund und flüsterte: »Es ist Frühling, Minutus. Die Vögel singen, die Blumen blühen, und die Erde erzittert von dem brunftigen Gebrüll der Löwen. Es rieselt mir so heiß durch meine Glieder. Außerdem meine ich, daß wir sowohl um des Geschlechts der Flavier als auch um deiner Familie willen ein Kind haben sollten. Ich glaube nicht, daß ich unfruchtbar bin, wenngleich du mich fortwährend beleidigst, indem du meinem Bett fernbleibst.«

Ihr Vorwurf war ungerecht. Ich dachte mir jedoch, daß sie mich, nach allem, was geschehen war, vielleicht mit anderen Augen ansah oder daß die Schilderung der Bluttat ihre Sinne gekitzelt hatte, denn es gibt ja genug Frauen, die beim Anblick entsetzlicher Dinge wie Feuersbrünste oder Blut, das in den Sand rinnt, in Erregung geraten.

Ich betrachtete meine Gattin und fand an ihr nichts auszusetzen, obgleich ihre Haut nicht so weiß war wie die Poppaeas. Wir lagen ein paar Nächte beisammen, was wir lang nicht mehr getan hatten, aber das Entzücken, das ich zu Beginn unserer Ehe empfunden hatte, kehrte nicht zurück. Auch Sabina war steif und hölzern und gestand mir schließlich, daß sie nur eine Pflicht erfüllte und keine Freude daran hatte, obwohl die Löwen die Nächte hindurch dumpf brüllten.

Acht Monate später wurde unser Sohn geboren. Ich fürchtete, wir würden ihn aussetzen müssen, wie man es mit den zu früh Geborenen zu tun pflegt, aber er war gesund und wohlgestaltet, und nach der glücklichen Entbindung herrschte große Freude im

Tiergarten. Ich lud unsere vielen hundert Angestellten zu einem großen Festmahl zu Ehren meines Erstgeborenen ein, und ich hätte nie geglaubt, daß die rohen Tierbändiger zu einem Kind so sanft und zärtlich sein könnten.

Des dunkelhäutigen Epaphroditus konnten wir uns kaum erwehren. Er war ständig bei dem Kind, um es zu streicheln und zu tätscheln, versäumte darüber die Fütterung der Tiere und seine übrigen Pflichten und wollte unbedingt die Kosten für eine Amme übernehmen. Ich ging zuletzt darauf ein, weil ich begriff, daß er mich durch sein Anerbieten ehren wollte.

Claudia ließ jedoch nicht von mir ab. Als ich einige Tage nach unserem Streit nichts Böses ahnend in mein Haus auf dem Aventin zurückkehrte, fand ich dort alle Diener und sogar den alten Barbus im Atrium versammelt. Mitten unter ihnen saß der jüdische Wundertäter Kephas, der einige mir gänzlich unbekannte junge Männer mitgebracht hatte.

Einer von ihnen verdolmetschte die aramäischen Worte des Kephas. Tante Laelia tanzte entzückt umher und klatschte in die Hände. Ich fühlte einen solchen Zorn in mir aufsteigen, daß ich schon daran dachte, die Diener auspeitschen zu lassen, aber Claudia erklärte mir rasch, daß Kephas unter dem Schutz des Senators Pudens Publicola stand und in dessen Haus wohnte, so daß er nicht mit den anderen Juden jenseits des Tibers zusammentraf und neue Unruhen vermieden wurden. Pudens war ein kindischer Greis, aber ein echter Valerius, und deshalb schwieg ich.

Kephas entsann sich unserer Begegnung in Korinth und sprach mich freundlich bei meinem Namen an. Er war nicht gekommen, um mich zu seinem Glauben zu bekehren, sondern wollte, daß ich mich mit Claudia aussöhnte. Ich weiß selbst nicht, wie es zuging, aber zuletzt reichte ich Claudia zu meiner eigenen Verwunderung wirklich die Hand und und küßte sie, und dann nahm ich sogar an ihrem gemeinsamen Mahl teil, denn schließlich konnte ich in meinem eigenen Haus tun und lassen, was ich wollte.

Mehr will ich von diesem beschämenden Ereignis nicht berichten. Ich fragte Barbus später, ob er von Mithras abgefallen und Christ geworden sei. Er wollte mir nicht geradeheraus antworten, sondern murmelte nur: »Ich bin alt. In den Nächten plagt mich der Rheumatismus aus meinen Legionsjahren so fürchterlich, daß ich bereit bin, alles zu tun, um nur die Schmerzen loszuwerden, und wenn ich den früheren Fischer Kephas sehe, lassen sie jedesmal nach. Ich brauche nur von seinem Brot zu essen und von seinem Wein zu trinken, um tagelang keine Beschwerden zu haben. Die Priester des Mithras konnten mir nicht helfen, obwohl sie sich sonst besser als alle anderen auf die Krankheiten eines alten Legionars verstehen.«

ZWEITER TEIL

JULIUS MEIN SOHN

»... Um nun dem Gerede ein Ende zu bereiten, ließ er jene ob ihres Irrwahns verhaßten Menschen, die das Volk Christen nannte, fälschlich anklagen und unter den ausgesuchtesten Martern hinrichten. Christus, von dem sie ihren Namen hatten, war unter der Regierung des Tiberius von dem Prokurator Pontius Pilatus zum Tode verurteilt worden. Dadurch wurde dieser verabscheuungswürdige Aberglaube zunächst unterdrückt. Aber er brach sich von neuem Bahn, und zwar nicht nur in Judäa, seiner Wiege, sondern auch in Rom, wo alle nur erdenklichen Schändlichkeiten und Greuel aus aller Welt zusammenkommen und Anhänger finden. Zuerst faßte man jene, die sich als Christen bekannten, dann, auf deren Angabe hin, eine ungeheure Anzahl von Menschen, die zwar nicht der Brandstiftung, wohl aber des allgemeinen Menschenhasses überführt wurden. Noch bei ihrem Tode tat man ihnen Schmach an. Sie wurden in Felle wilder Tiere gesteckt, um von Hunden zerrissen zu werden, oder ans Kreuz geschlagen oder nach Eintritt der Dunkelheit angezündet, um als Fackeln zu dienen.«

Tacitus, Annalen XV, 44

»Lassen wir es genug sein an Beispielen aus der Vergangenheit, und wenden wir uns den Streitern jüngst verflossener Zeiten zu, um aus unserer eigenen Generation edle Vorbilder zu wählen. Um des Neides und der Eifersucht willen litten die Frömmsten Verfolgung und kämpften bis zum Tode. Gedenken wir vor allem unserer eige-

nen tapferen Apostel: Grundlosen Neides wegen mußte Petrus leiden, nicht nur eine oder zwei, sondern viele Martern, und, nachdem er mit seinem Blute Zeugnis abgelegt, zu der ewigen Herrlichkeit aufbrechen. Des Neides und der Zwietracht wegen gewann auch Paulus die Siegespalme des Dulders. Siebenmal war er gefangen, er mußte fliehen, ward gesteinigt, war Bote in Ost und West und erwarb sich herrlichen Ruhm durch seinen Glauben. Nachdem er alle Welt in der Frömmigkeit unterwiesen, die Grenzen der Länder im Westen erreicht und vor den Mächtigen mit seinem Blute Zeugnis abgelegt als das größte Beispiel wahren Duldermuts, wurde er von der Welt erlöst und ging ein in die Seligkeit.
Zu diesen Männern, die zu ihren Lebzeiten ganz Gott ergeben wandelten, gesellte sich eine große Schar Auserwählter, die des Neides und der Zwietracht wegen viele Kränkungen und Leibesqualen erlitten und uns dadurch die herrlichsten Vorbilder wurden. Auch viele Frauen wurden aus eifersüchtigem Haß verfolgt. Sie mußten Danaiden und die Dirke darstellen und die schrecklichste und schändlichste Mißhandlung erdulden, bis auch sie, die Schwachen, das Ziel ihres Kampfes erreichten und die herrliche Siegespalme gewannen.«

Clemens, 1. Korintherbrief 5–6

VIII

POPPAEA

Die Voraussagen meiner Gattin Sabina bewahrheiteten sich insofern, als es tatsächlich zwei Jahre dauerte, bis Nero ernstlich an eine Scheidung von Octavia zu denken wagte. Nach dem Tod seiner Mutter und seiner Rückkehr nach Rom hatte er Poppaea aus politischen Gründen aus dem Palatium geschickt und seine Nächte heimlich bei ihr zugebracht. Er begnadigte viele Verbannte, setzte verabschiedete Senatoren wieder in ihr Amt ein und teilte das unermeßliche Vermögen, das er nach Agrippina geerbt hatte, so freigiebig aus, daß jeder, der die Stirn hatte, etwas zu verlangen, seinen Anteil bekam. Agrippinas Landgüter, Wertgegenstände und Sklaven erschienen den Vornehmen Roms jedoch nicht begehrenswert, so daß Nero den größten Teil dem Volk schenkte, indem er bei den Vorstellungen im Zirkus aufs Geratewohl Loskugeln unter die Zuschauer werfen ließ.

Um sein Gewissen zu beruhigen und die Gunst des Volkes zu gewinnen, ging er sogar so weit, dem Senat die Abschaffung aller direkten Steuern vorzuschlagen. Er wußte natürlich selbst, daß dieser Vorschlag undurchführbar war, aber er erreichte auf diese Weise, daß der Senat, der ihn aus sachlichen Gründen ablehnen mußte, sich in ein ungünstiges Licht setzte, während er selbst als Wohltäter dastand.

Immerhin wurden im Steuerwesen einige spürbare Verbesserungen und Erleichterungen eingeführt. Gewisse Umsatzsteuern wurden gesenkt, und vor allem hatte in Zukunft jeder ein Recht darauf zu erfahren, warum, wie und in welcher Höhe er besteuert wurde. Die Steuereinnehmer murrten über die Neuregelung, denn es war ihnen nun nicht mehr möglich, willkürlich Zuschläge zur Deckung ihrer eigenen Ausgaben einzutreiben. Die Kaufleute dagegen waren besser gestellt als zuvor, da sie die Preise unverändert beibehalten konnten und dabei weniger Umsatzsteuern zu zahlen brauchten.

Nero beteiligte sich nun öffentlich an Wagenrennen und erklärte zu seiner Rechtfertigung, sie seien vorzeiten ein Zeitvertreib der Götter und Könige gewesen. Um den Vornehmen Roms ein Beispiel zu geben, trat er vor seinen großen Spielen nach griechischem Vorbild als Sänger auf und begleitete sich selbst auf der

Zither. Seine Stimme war seit dem Tod seiner Mutter kräftig, weittragend und blank wie Metall geworden. Sicherheitshalber schickte jedoch Burrus jedesmal eine Abteilung Prätorianer ins Theater, die für Ruhe und Ordnung zu sorgen und Nero Beifall zu spenden hatten. Er ging selbst mit gutem Beispiel voran und klatschte laut, obwohl er sich für das Benehmen seines Kaisers schämte. Vielleicht war er aber im stillen der Meinung, daß Nero auf einen noch viel schändlicheren Zeitvertreib als diesen verfallen konnte.

Die Folge von all dem war, daß die griechische Mode endgültig Rom eroberte. Ein großer Teil der Senatoren und der Ritterschaft nahm an Neros Spielen teil. Vornehme junge Mädchen führten griechische Tänze auf, und sogar zu Jahren gekommene Matronen stellten in der Arena die Geschmeidigkeit ihrer Glieder unter Beweis. Ich hatte nichts gegen die Vergnügungen, die das Volk veredeln sollten, da sie mir Mühe und Unkosten ersparten, aber das Volk selbst konnte den Vorführungen mit Ausnahme der Wagenrennen keinen Geschmack abgewinnen.

Es war der Ansicht, daß Berufskünstler – Sänger, Spielleute, Tänzer und Schauspieler – ihre Sache unvergleichlich besser machten als Laien, und es herrschte auch große Enttäuschung darüber, daß nicht einmal in den Pausen wilde Tiere vorgeführt wurden, von den Gladiatoren ganz zu schweigen. Die Älteren unter den Vornehmen waren entsetzt, weil sie meinten, daß gymnastische Übungen, heiße Bäder und weibische Musik die römische Jugend verweichlichten und ihre Kriegstüchtigkeit gerade in einem Augenblick schwächten, da Rom nicht genug hart erzogene und vorzüglich ausgebildete Kriegstribunen haben konnte.

Wie um ihnen recht zu geben, brach der Krieg in Armenien von neuem aus, und in Britannien einte eine Frau namens Boadicea die Stämme zu einer großen Erhebung gegen Rom. Eine ganze Legion wurde aufgerieben, mehrere römische Städte wurden dem Erdboden gleichgemacht, und der Prokurator verlor in dem Maße die Fassung, daß er nach Gallien floh.

Ich für meinen Teil glaube, daß die Königin Boadicea kaum so viele Anhänger in Britannien gewonnen hätte, wenn die Legionen nicht gezwungen gewesen wären, sich aus dem Lande zu ernähren, und wenn die hohen Zinsen und Rückzahlungsraten für die Anleihen, die Seneca den britischen Stammeskönigen bewilligt hatte, nicht fällig gewesen wären. Die Barbaren verstehen nichts von dem heute üblichen Geldwesen.

Die jungen Ritter zeigten keine Lust, freiwillig nach Britannien zu gehen, um sich pfählen und verbrennen zu lassen. Sie blieben lieber in Rom, klimperten auf der Zither, wanderten in der griechischen Tunika umher und ließen sich die Haare lang wachsen. Bevor die Lage noch endgültig geklärt war, gab Nero dem Senat zu bedenken, ob es nicht überhaupt das beste sei, die Legionen aus Britannien zurückzuziehen. Das Land verschlang mehr, als es einbrachte. Durch die Aufgabe Britanniens wurden drei Legionen frei — die vierte war ja vernichtet worden — und konnten im Osten den Parthern entgegengestellt werden.

Während der erregten Debatte, die auf diesen Vorschlag folgte, hielt Seneca, der Fürsprecher des Friedens und der Menschenliebe, eine glänzende Rede, in der er auf die Siege des Gottes Claudius in Britannien hinwies. Nero könne nicht auf die Eroberungen seines Adoptivvaters verzichten, sagte er, ohne seinen Namen und seinen Ruf zu verlieren. In Wirklichkeit ging es Seneca natürlich nur um die ungeheuren Geldsummen, die er in Britannien angelegt hatte.

Einer der Senatoren fragte, ob es unbedingt nötig gewesen sei, daß siebzigtausend römische Bürger und Bundesgenossen ermordet und zwei blühende Städte geplündert und niedergebrannt wurden, nur um Senecas Einkünfte zu schützen. Seneca errötete und versicherte, das Geld, das er den Briten geliehen hatte, sei dazu bestimmt, das Land zu zivilisieren und den Handel zu fördern. Dies könnten andere Senatoren bezeugen, die ihre Mittel für denselben Zweck zur Verfügung gestellt hätten. Wenn einige unzuverlässige Stammeskönige die Anleihen dazu verwendet hatten, in Saus und Braus zu leben und Waffen anzuschaffen, so sei dies nicht seine Schuld. Die Hauptursache des Krieges sei ohne Zweifel das willkürliche, politisch unkluge Verhalten der Legionen. Man müsse ihre Befehlshaber bestrafen und unverzüglich Entsatz nach Britannien schicken.

Der Senat dachte selbstverständlich nicht daran, Britannien aufzugeben, denn noch ist der alte Römerstolz nicht erloschen. Man beschloß zuletzt, neue Truppen zu entsenden. Einige ergrimmte Väter zwangen ihre erwachsenen Söhne sogar, sich das Haar schneiden zu lassen und als Kriegstribunen nach Britannien zu gehen. Sie nahmen ihre Zither mit, warfen sie aber in die Büsche, als sie die verheerten Städte sahen und das gellende Kriegsgeschrei der Briten hörten, und kämpften tapfer.

Ich habe meine besonderen Gründe, so viel über die Ereignisse in Britannien zu berichten, obwohl ich selbst in Rom blieb. Boadicea war die Königin der Icener. Als ihr Gatte starb, legten die römischen Beamten sein Testament dahingehend aus, daß sein Land römisches Erbland wurde. Das Testament war allerdings so abgefaßt, daß sogar wir selbst zu seiner Auslegung gelehrte Juristen benötigten. Als Boadicea gegen den Beschluß Einspruch erhob und geltend machte, daß sie nach altem britischem Recht als Frau erbberechtigt sei, wurde sie von Legionaren ausgepeitscht und enteignet, und ihre beiden Töchter wurden geschändet. Die Legionare verjagten überdies viele vornehme Icener von ihrem Besitz, mordeten und begingen zahllose andere Übeltaten.

Sie hatten das Recht auf ihrer Seite. Der König, der selbst des Lesens unkundig gewesen war, hatte tatsächlich ein Testament aufsetzen lassen, in dem er sein Land dem Kaiser vermachte. Er hatte geglaubt, dadurch die Stellung seiner Witwe und seiner Töchter gegenüber den eifersüchtigen icenischen Edlen zu sichern. Die Icener waren außerdem von Anfang an Bundesgenossen Roms gewesen, obwohl sie uns Römer nicht liebten.

Zur Entscheidungsschlacht kam es nach dem Eintreffen der Entsatztruppen. Die von der rachsüchtigen Königin geführten Briten wurden vernichtend geschlagen. Rom vergalt Gleiches mit Gleichem und rächte die Schandtaten, die die Icener auf Boadiceas Geheiß an römischen Frauen begangen hatten.

In Rom traf ein langer Zug britischer Sklaven ein, allerdings nur Frauen und halbwüchsige Knaben, denn erwachsene Briten taugen nicht zu Sklaven, und Nero hatte zur großen Enttäuschung des Volkes verboten, Kriegsgefangene im Amphitheater kämpfen zu lassen.

Eines Tages suchte mich ein Sklavenhändler auf, der einen etwa zehnjährigen Britenknaben an einem Strick mit sich führte. Er trat sehr geheimnisvoll auf, zwinkerte mir unablässig zu und verlangte, daß ich alle Zeugen fortschickte. Als dies geschehen war, klagte er eine Weile über die schlechten Zeiten, seine großen Ausgaben und den Mangel an willigen Käufern. Der Knabe sah sich unterdessen mit zornigen Blicken um. Endlich erklärte der Sklavenhändler: »Dieser junge Krieger versuchte mit dem Schwert in der Hand seine Mutter zu verteidigen, als unsere ergrimmten Legionare sie schändeten und erschlugen. Aus Achtung vor seiner Tapferkeit ließen sie ihn am Leben und verkauften ihn mir. Wie du an seinen geradegewachsenen Gliedern, seiner zarten Haut und seinen grünen Augen siehst, ist er von edler icenischer Abstammung. Er kann reiten, schwimmen und mit dem Bogen schießen, und ob du es glaubst oder nicht: er kann sogar ein bißchen lesen und schreiben und ein paar Brocken Latein radebrechen. Man hat mir gesagt, du wirst ihn unbedingt kaufen wollen und mir mehr bieten, als ich auf dem Sklavenmarkt für ihn bekommen kann.«

Ich fragte erstaunt: »Wer konnte dir so etwas sagen? Ich habe schon genug Sklaven. Sie machen mir das Leben unerträglich und nehmen mir meine Freiheit, ganz zu schweigen von dem wahren Reichtum, der die Einsamkeit ist.«

»Ein gewisser Petro, ein icenischer Heilkundiger im römischen Dienst, erkannte den Knaben in Londinium wieder und nannte mir deinen Namen«, antwortete der Sklavenhändler. »Er versicherte mir, du werdest mir den besten Preis für ihn zahlen. Aber wer kann einem Briten trauen. Zeig dein Buch!«

Bei diesen Worten versetzte er dem Knaben einen Schlag auf den Kopf. Der junge Brite griff unter seinen Gürtel und zog ein zerfetztes, schmutziges ägyptisch-chaldäisches Traumbuch hervor. Ich erkannte es sofort wieder, als ich es in die Hand nahm, und begann am ganzen Leibe zu zittern.

»Hieß deine Mutter Lugunda?« fragte ich, obwohl ich es bereits wußte. Allein Petros Name bewies mir, daß ich meinen eigenen Sohn vor mir hatte. Ich wollte ihn in die Arme schließen und als meinen Sohn anerkennen, obgleich keine Zeugen anwesend waren, er aber schlug mit den Fäusten auf mich ein und biß mich in die Wange. Der Sklavenhändler griff nach seiner Peitsche.

»Schlage ihn nicht«, sagte ich rasch. »Ich kaufe ihn. Nenne mir deinen Preis.«

Der Sklavenhändler betrachtete mich abschätzend, redete wieder eine Weile von seinen Auslagen und Verlusten und meinte schließlich: »Um ihn loszuwerden, lasse ich ihn dir für nur hundert Goldstücke. Er ist ja noch ungezähmt.«

Zehntausend Sesterze waren eine wahnwitzige Summe für einen halbwüchsigen Knaben, denn auf dem Markt konnte man sogar eine fürs Bett taugliche junge Frau für wenige Goldstücke bekommen. Dennoch schreckte mich der hohe Preis nicht, und ich hätte nötigenfalls noch mehr bezahlt, aber ich mußte mich zuerst einmal setzen und nachdenken, während ich meinen Sohn betrachtete. Der Sklavenhändler legte mein Schweigen falsch aus. Er begann seine Ware anzupreisen und sagte, es fände sich mehr als ein Reicher in Rom, der die Sitten und Gewohnheiten des Ostens angenommen habe und für dessen Zwecke der Knabe gerade im besten Alter sei. Er ging jedoch mit seinem Preis herunter, zuerst auf neunzig und dann auf achtzig Goldstücke.

Ich dachte währenddessen nur darüber nach, wie ich den Kauf abschließen konnte, ohne daß mein Sohn zum Sklaven wurde. Ein rechtsgültiger Kauf mußte durch einen Gerichtsschreiber beurkundet werden, und ich mußte den Knaben mit meinem Besitzzeichen MM brandmarken, worauf er zwar freigelassen, aber niemals römischer Bürger werden konnte.

Zuletzt sagte ich: »Vielleicht könnte ich ihn zum Wagenlenker ausbilden lassen. Der Petro, den du genannt hast, war wirklich ein Freund von mir, als ich in Britannien als Kriegstribun diente. Ich verlasse mich auf seine Empfehlung. Könntest du mir nicht eine schriftliche Bestätigung geben, daß Petro als Vormund des Knaben dich beauftragt hat, diesen hierherzubringen, damit ich mich seiner annehme?«

Der Sklavenhändler zwinkerte mir listig zu und sagte: »Ich muß die Umsatzsteuer für ihn zahlen, nicht du. Billiger kann ich ihn dir wirklich nicht mehr geben.«

Ich kratzte mir den Kopf. Die Sache war verzwickt und konnte leicht den Anschein erwecken, als versuchten wir nur, die hohen Steuern zu umgehen, mit denen der Sklavenhandel belegt war. Aber als Schwiegersohn des Stadtpräfekten mußte es mir doch möglich sein, einen Ausweg zu finden.

Ich legte meine Toga an, und wir gingen alle drei zum Merkurtempel. Unter den vielen, die dort herumlungerten, entdeckte ich einen Bürger, der seinen Ritterrang verloren hatte und gegen angemessene Entschädigung bereit war, den nötigen zweiten Eideszeugen abzugeben. Wir konnten also eine Urkunde aufsetzen und durch doppelten Eid bekräftigen.

Dieser Urkunde zufolge war der Knabe ein freigeborener Brite, dessen Eltern Ituna und Lugunda wegen ihrer Romfreundlichkeit erschlagen worden waren. Durch die Vermittlung des unbescholtenen Arztes Petro hatten sie ihren Sohn jedoch beizeiten nach

Rom geschickt, damit er dort von ihrem einstigen Gastfreund, dem Ritter Minutus Lausus Manilianus, erzogen werde.

In einer Zusatzklausel wurde mir als dem Vormund das Recht vorbehalten, mich um das Erbe des Knaben im Land der Icener zu kümmern, sobald in Britannien der Friede geschlossen war. Das machte meinen Schwindel glaubwürdiger, denn die Merkurpriester nahmen natürlich an, ich wollte bei der Aufteilung der Kriegsbeute meinen besonderen Vorteil herausschlagen.

»Was für einen Namen sollen wir eintragen?« fragte der Schreiber.

»Jucundus«, antwortete ich. Es war der erste Name, der mir einfiel. Alle brachen in ein befreiendes Gelächter aus, denn der finster blickende Bursche war alles andere als angenehm anzusehen. Einer der Priester meinte, ich würde noch viel Arbeit mit ihm haben, bis ein ordentlicher Römer aus ihm geworden sei.

Die Gebühren für die Erstellung und Bestätigung der Urkunde und die übliche Gabe für die Merkurpriester machten bedeutend mehr aus als die Umsatzsteuer für einen gewöhnlichen Verkauf. Der Sklavenhändler begann das Geschäft zu bereuen und hielt mich für gerissener, als ich war. Er hatte zwar schon seinen Eid geleistet, aber ich zahlte ihm zuletzt doch die hundert Goldstücke, die er ursprünglich gefordert hatte, um keinen Streit mit ihm zu bekommen.

Als wir den Merkurtempel endlich wieder verlassen hatten und auf dem Heimweg waren, schob Jucundus plötzlich seine Hand in die meine, so als fürchtete er sich in dem Lärm und Gedränge der Straßen. Ein eigentümliches Gefühl ergriff von mir Besitz, als ich seine kleine Hand hielt und ihn durch den Trubel Roms führte. Ich dachte darüber nach, wie ich ihm, wenn er einmal erwachsen war, das römische Bürgerrecht verschaffen konnte und daß ich ihn adoptieren wollte, sofern ich dazu Sabinas Zustimmung erhielt. Doch das waren Sorgen, die noch Zeit hatten.

Mein Sohn Jucundus machte mir mehr Verdruß als Freude. Er sprach anfangs nicht ein Wort, so daß ich schon glaubte, die Greuel des Krieges hätten ihn stumm gemacht. Er zerschlug viele Gegenstände im Haus und wollte die römische Knabenkleidung nicht tragen. Claudia vermochte ihn nicht zu bändigen. Als er zum erstenmal einen etwa gleichaltrigen römischen Knaben vor unserm Haus erblickte, stürzte er auf ihn los und schlug den armen Kerl, bevor Barbus eingreifen konnte, mit einem Stein auf den Kopf. Barbus war dafür, ihm eine Tracht Prügel zu verabreichen, aber ich fand, man müsse es zuerst im Guten versuchen. Daher rief ich ihn zu mir, um ihm unter vier Augen ins Gewissen zu reden.

»Du betrauerst den Tod deiner Mutter«, begann ich. »Du bist mit einem Strick um den Hals hierhergeschleppt worden wie ein Hund. Aber du bist kein Hund. Du mußt ein Mann werden. Wir wollen dir nur Gutes. Sag mir, was du am liebsten tun möchtest.«

»Römer erschlagen!« rief Jucundus lebhaft.

Ich seufzte erleichtert auf, da er zumindest sprechen konnte. »Das geht hier in Rom nicht«, erklärte ich ihm. »Du kannst hier aber die römischen Sitten und Gebräuche lernen. Eines Tages werde ich dafür sorgen, daß du Ritter wirst. Wenn du dann deine Pläne noch nicht aufgegeben hast, kannst du nach Britannien zurückkehren und dort Römer auf römische Art erschlagen. Die römische Kriegskunst ist, wie du am eigenen Leibe erfahren hast, der britischen überlegen.«

Jucundus schwieg störrisch, aber ich glaubte zu bemerken, daß meine Worte Eindruck auf ihn gemacht hatten. »Barbus ist ein alter Veteran«, fuhr ich listig fort. »Frag ihn. Er kann dir über Krieg und Kampf mehr erzählen als ich, wenn auch sein Kopf schon zittert.«

Auf diese Weise erhielt Barbus noch einmal Gelegenheit, zu berichten, wie er in voller Rüstung und mit einem verwundeten Zenturio auf dem Rücken im Eisgang über die Donau geschwommen war. Er konnte seine Narben zeigen und erklären, warum unbedingter Gehorsam und ein gestählter Körper die wichtigsten Voraussetzungen des Kriegers sind. Der Wein schmeckte ihm wieder, er ging mit dem Knaben in Rom umher, nahm ihn zum Tiberstrand mit, wo sie badeten, und brachte ihm das saftige Latein des Volkes bei.

Doch auch Barbus erschrak über seine Wildheit. Eines Tages nahm er mich beiseite und sagte: »Jucundus ist ein frecher Bursche, das steht ihm zu in seinem Alter, aber wenn er mir in allen Einzelheiten erzählt, was er einmal mit römischen Männern und Frauen anstellen will, dann kommt selbst mich alten Mann, der manches gesehen und erlebt hat, das Gruseln an. Ich fürchte, er hat entsetzliche Dinge mit ansehen müssen, als der Aufstand der Briten niedergeworfen wurde. Das schlimmste ist, daß er immerzu auf die Hügel hinaufgehen will, um Rom in seiner Barbarensprache zu verfluchen. Er verehrt heimlich unterirdische Götter und opfert ihnen Mäuse. Er ist von bösen Mächten besessen, und man kann ihn nicht erziehen, solange er nicht von seinen Dämonen befreit wird.«

»Wie sollte das zugehen?« fragte ich mißtrauisch.

»Der Kephas der Christen versteht es, Dämonen auszutreiben«, antwortete Barbus und wich meinem Blick aus. »Ich habe selbst gesehen, wie ein Tobsüchtiger auf seinen Befehl lammfromm wurde.«

Barbus fürchtete, ich könnte zornig werden, aber ich war weit davon entfernt und fragte mich vielmehr, warum ich nicht auch einmal Nutzen davon haben sollte, daß ich den Christen erlaubte, sich in meinem Haus zu versammeln, und meine Sklaven glauben ließ, was sie wollten. Als Barbus merkte, daß ich seinen Vorschlag günstig aufnahm, erzählte er mir voll Eifer, daß Kephas mit Hilfe seiner des Lateinischen kundigen Jünger die Kinder Demut und Gehorsam gegenüber den Eltern lehrte. Viele Bürger, die wegen der Zuchtlosigkeit der Jugend in großer Sorge waren, schickten ihre Kinder in eine Feiertagsschule, wo man obendrein nicht einmal etwas zu bezahlen brauchte.

Einige Wochen später kam Jucundus eines Tages ganz von selbst zu mir, ergriff mich an der Hand und zog mich in mein Zimmer hinein. »Ist es wahr, daß es ein unsichtbares Reich gibt und daß die Römer den König ans Kreuz geschlagen haben?« fragte er mich erregt. »Und stimmt es, daß er bald zurückkommen wird, um die Römer allesamt ins Feuer zu werfen?«

Ich fand es sehr vernünftig, daß er nicht einfach alles glaubte, was man ihm erzählte, sondern von mir eine Bestätigung verlangte. In diesen Dingen war ich allerdings ein schlechter Ratgeber, aber ich antwortete vorsichtig: »Es stimmt, daß die Römer ihn kreuzigten. Auf einem Schild auf dem Kreuz stand, daß er der König der Juden war. Mein Vater war damals dabei und sah alles mit eigenen Augen. Er behauptet noch heute, der Himmel habe sich verdunkelt und die Felsen seien eingestürzt, als der König starb. Die Christen glauben, er werde bald wiederkehren, und es ist nun schon hoch an der Zeit, denn seit seinem Tode sind mehr als dreißig Jahre vergangen.«

Jucundus sagte nachdenklich: »Der Lehrer Kephas ist ein Hirtendruide und mächtiger als die Druiden Britanniens, obwohl er Jude ist. Er verlangt dies und jenes von einem, ganz wie die

Druiden. Man soll sich waschen und saubere Kleider tragen, man soll beten, Beschimpfungen erdulden, dem, der einen geschlagen hat, auch die andere Wange hinhalten. Das sind Selbstbeherrschungsproben, wie sie auch Petro gefordert hat. Wir haben auch geheime Zeichen, an denen die Eingeweihten einander erkennen.«

Ich sagte darauf: »Ich bin sicher, daß Kephas dich nichts Böses lehrt. Die Übungen, die er vorschreibt, erfordern große Willenskraft. Doch du weißt gewiß selbst, daß dies Geheimnisse sind, über die man nicht mit dem nächsten besten sprechen darf.«

Dann tat ich sehr geheimnisvoll, holte den Holzbecher meiner Mutter aus der Truhe, zeigte ihn Jucundus und sagte: »Dies ist ein Zauberbecher. Der König der Juden hat selbst einmal daraus getrunken. Nun wollen wir beide zusammen daraus trinken, aber du darfst zu keinem Menschen davon sprechen, nicht einmal zu Kephas.«

Ich goß Wein und Wasser in den Becher, und wir tranken, mein Sohn und ich. In dem dämmerigen Raum schien es mir, als würde der Becher nicht leerer, aber das war gewiß nur eine Sinnestäuschung, die von der schlechten Beleuchtung herrührte. Dennoch fühlte ich plötzlich große Zärtlichkeit, und ich erkannte wie durch Offenbarung, daß ich mit meinem Vater über Jucundus sprechen mußte.

Wir machten uns unverzüglich auf den Weg zu Tullias prachtvollem Haus auf dem Viminal. Jucundus benahm sich wirklich fromm wie ein Lamm und sah sich mit großen Augen um, denn solchen Prunk hatte er noch in keinem Haus gesehen. Der Senator Pudens, der Kephas aufgenommen hatte, wohnte eher ärmlich und altmodisch, und ich selbst hatte in meinem Haus auf dem Aventin, obwohl es schon viel zu eng geworden war, keine Änderungen vornehmen lassen, weil Tante Laelia den Lärm der Bauarbeiten nicht ertragen hätte.

Ich ließ Jucundus bei Tullia, schloß mich mit meinem Vater ein und erzählte ihm offen alles über meinen Sohn. Ich hatte meinen Vater schon lange nicht mehr aufgesucht. Tiefes Mitleid ergriff mich, als ich sah, wie kahl er geworden war. Er war nun schon über sechzig. Er hörte mich an, ohne ein Wort zu sagen und ohne mir auch nur ein einziges Mal in die Augen zu sehen.

Zuletzt sagte er: »Wie doch das Schicksal der Väter sich an den Söhnen wiederholt! Deine eigene Mutter war eine Griechin von den Inseln, die Mutter deines Sohnes eine Britin vom Stamm der

Icener. Als ich jung war, wurde mein Name im Zusammenhang mit einem Giftmord und einer Testamentsfälschung genannt. Über dich habe ich so furchtbare Dinge gehört, daß ich sie nicht ganz glauben kann. Deine Ehe mit Sabina hat mir nie gefallen, mag ihr Vater auch Stadtpräfekt sein, und ich habe aus Gründen, die ich dir wohl nicht zu erklären brauche, kein Verlangen danach, mir den Sohn anzusehen, den sie dir geboren hat. Mit deinem britischen Sohn aber verhält es sich anders. Wie bist du nur auf den klugen Einfall gekommen, ihn von Kephas erziehen zu lassen? Ich kenne Kephas aus meinen Jahren in Galiläa. Er ist heute nicht mehr der Eiferer, der er damals war. Wie denkst du dir die Zukunft deines Sohnes?«

»Am liebsten möchte ich ihn in der Schule des Palatiums erziehen lassen, wo vorzügliche Rhetoren und Schüler Senecas die Söhne der Könige und Vornehmen unserer Bundesgenossen unterrichten«, erwiderte ich. »Dort würde sein schlechtes Latein nicht weiter auffallen, und er könnte nützliche Freundschaften mit Gleichaltrigen schließen, sobald Kephas ihn ein wenig gezähmt hat. Wenn Britannien einmal eine neue Verwaltung bekommt, wird man eine vom römischen Geist durchdrungene Führungsschicht brauchen, und Jucundus ist mütterlicherseits aus vornehmem icenischem Geschlecht. Aus gewissen Gründen darf ich aber Nero zur Zeit nicht unter die Augen treten, obwohl wir einmal Freunde waren.«

Mein Vater sagte nach langem Nachdenken: »Ich bin Senator und habe mir von Nero noch nie eine Gunst erbeten. Ich habe sogar bei den Senatssitzungen den Mund zu halten gelernt, was allerdings eher Tullias Verdienst ist als mein eigenes, denn in all den Jahren unseres Zusammenlebens habe ich ihr immer das letzte Wort gelassen. In Britannien herrscht zur Zeit ein vollkommenes Durcheinander, und die Archive sind zum größten Teil zerstört. Ein geschickter Jurist wird daher leicht Unterlagen herbeischaffen können, die beweisen, daß Jucundus' Eltern auf Grund ihrer Verdienste römische Bürger waren. Das kommt der Wahrheit sogar recht nahe, da du mit seiner Mutter nach britischer Sitte die Ehe geschlossen hast. Deiner eigenen Mutter hat man ja sogar in der Stadt Myrina eine Statue errichtet, und sobald Comulodunum wiederaufgebaut ist, kannst du im Claudiustempel eine Statue deiner Lugunda aufstellen lassen. Das bist du der Mutter deines Sohnes schuldig.«

Das Unglaublichste war, daß sich Tullia während unseres langen Gesprächs in Jucundus vergafft hatte und sich vor Zärtlichkeit und Entzücken nicht zu fassen wußte. Ihre üppige Schönheit begann zu verwelken, und aus ihrem rundlichen Doppelkinn war ein runzliger Beutel geworden. Als sie von dem traurigen Schicksal seiner Eltern erfuhr, brach sie in Tränen aus, schloß Jucundus in die Arme und rief: »An seinem Mund, seiner Nase, seinen Brauen, ja sogar an seinen Ohren sehe ich, daß er aus edlem Geschlecht stammt. Seine Eltern müssen alle Tugenden besessen haben, nur am Verstand hat es ihnen offenbar gefehlt, sonst hätten sie nicht einen Mann wie Minutus zu seinem Vormund gemacht. Glaubt mir. Ich kann auf den ersten Blick Gold von Messing unterscheiden.«

Jucundus ertrug ihre Küsse und Liebkosungen geduldig wie ein Opferlamm. Die Erziehung durch Kephas begann schon Früchte zu tragen. Tullia fuhr wehmütig fort: »Die Götter haben mir nie ein eigenes Kind gegönnt. In meiner Jugend, während meiner ersten beiden Ehen, hatte ich nichts als Fehlgeburten. Mein dritter Mann, Valerius, war seines hohen Alters wegen unfruchtbar, wenn sonst auch reich, und Marcus vergeudete seinen Samen in den Schoß eines griechischen Freudenmädchens. Doch genug davon, ich will deine Mutter nicht beleidigen, lieber Minutus. Aber daß dieser kleine Brite in unser Haus gekommen ist, darin sehe ich ein Zeichen. Marcus, rette den schönen Jucundus aus den Händen deines Sohnes. Sabina ist imstande und macht noch einen Tierbändiger aus ihm. Könnten wir ihn nicht adoptieren und wie unser eigenes Kind aufziehen?«

Ich war vor Verwunderung wie gelähmt, und mein Vater wußte zuerst nicht, was er sagen sollte. Wenn ich heute über dieses Geschehnis nachdenke, weiß ich mir keine andere Erklärung als die, daß dem Holzbecher meiner Mutter irgendeine übernatürliche Kraft innewohnte.

Wie dem auch war, ich wurde auf diese Weise von einer drückenden Pflicht befreit, denn ich taugte damals kaum dazu, jemanden zu erziehen. Ich tauge auch heute noch nicht dazu. Diese bittere Erkenntnis verdanke ich Dir, Julius. Ich hatte aus mancherlei Gründen einen schlechten Ruf, während man meinen Vater allgemein für einen gutmütigen Dummkopf ansah. Er hatte keinen Ehrgeiz, und niemand vermochte sich vorzustellen, daß er sich mit Absicht und Bedacht in politische Intrigen einmischen könnte.

Als Sachverständiger für orientalische Angelegenheiten hatte er der Form halber zwei Monate lang eine Prätur innegehabt, und einmal war er aus reinem Wohlwollen sogar zum Konsul vorgeschlagen worden. Als sein Adoptivsohn hatte Jucundus unvergleichlich bessere Zukunftsaussichten, und als Sohn eines Senators konnte er sich gleich unter den ersten Namen in die Ritterrolle einschreiben lassen, sobald er die Toga anlegte.

Kurz nachdem ich diese Sorge losgeworden war, erfuhr ich, daß der Prätorianerpräfekt Burrus mit einem Halsgeschwür auf den Tod darniederlag. Nero schickte ihm seinen eigenen Leibarzt. Als Burrus dies erfuhr, schrieb er sein Testament und sandte es zur Verwahrung in den Vestatempel.

Erst dann erlaubte er dem Arzt, ihm mit einer Feder, die in eine unfehlbare Arznei getaucht worden war, den Hals zu pinseln. Schon in der nächsten Nacht war er endgültig tot. Er wäre wahrscheinlich auf jeden Fall gestorben, denn die Blutvergiftung hatte sich schon ausgebreitet, und er hatte bereits im Fieber irrezureden begonnen.

Man begrub Burrus unter großen Ehrenbezeigungen. Bevor der Scheiterhaufen auf dem Marsfeld angezündet wurde, ernannte Nero Tigellinus zum Präfekten der Prätorianer. Dieser ehemalige Pferdehändler brauchte keine juristischen Erfahrungen. Mit der Behandlung von Streitsachen zwischen römischen Bürgern und Ausländern wurde ein gewisser Fenius Rufus betraut, ein Mann jüdischer Abstammung, der ehedem in seiner Eigenschaft als staatlicher Aufseher über den Getreidehandel weit gereist war.

Ich ging auf der Suche nach einem Geschenk, das ich für wertvoll genug halten durfte, durch die ganze Straße der Goldschmiede und entschied mich zuletzt für eine mehrfach geschlungene Halskette aus erlesenen Perlen. Diese sandte ich mit folgendem Brief an Poppaea:

»Minutus Lausus Manilianus grüßt Poppaea Sabina.

Venus wurde aus dem Schaum des Meeres geboren. Perlen sind eine würdige Gabe für Venus, wenngleich der Glanz der allerreinsten dieser bescheidenen parthischen Perlen nicht mit dem Schimmer Deiner Haut verglichen werden darf, den ich nicht vergessen kann. Ich hoffe, diese Perlen werden Dich an unsere Freundschaft erinnern. Gewisse Zeichen sagen mir, daß die Weissagung, von der Du mir einst sprachst, bald in Erfüllung gehen wird.«

Ich war offenbar der erste, der die Vorzeichen richtig zu deuten verstand, denn Poppaea ließ mich sogleich zu sich rufen, dankte mir für das schöne Geschenk und versuchte mich auszuhorchen, woher ich gewußt hätte, daß sie schwanger war, denn sie hatte selbst erst vor wenigen Tagen Gewißheit erhalten. Ich konnte mich nur auf mein etruskisches Erbe ausreden, dem ich bisweilen seltsame Träume verdankte. Zuletzt sagte Poppaea: »Nach dem traurigen Tod seiner Mutter war Nero eine Zeitlang nicht Herr seiner selbst und wollte sich von mir lossagen. Aber nun ist alles wieder gut. Er braucht wirkliche Freunde, die ihm zur Seite stehen und seine politischen Pläne unterstützen.«

Die brauchte Nero in der Tat, denn seit er Octavia vor dem Senat der Unfruchtbarkeit angeklagt und seine Absicht angedeutet hatte, sich von ihr scheiden zu lassen, herrschten in der Stadt gefährliche Unruhen. Er hatte versuchsweise eine Statue Poppaeas auf dem Forum, nahe dem Brunnen der Vestalinnen, aufstellen lassen. Ein Volkshaufe warf sie um, bekränzte die Standbilder Octavias und zog johlend den Palatin hinauf, so daß die Prätorianer zu den Waffen greifen mußten, um ihn auseinanderzujagen.

Ich vermutete, daß Seneca seine geschickten Finger mit im Spiel hatte, denn diese Kundgebungen schienen nach einem bestimmten Plan zu verlaufen. Nero bekam es jedoch mit der Angst zu tun und ließ Octavia zurückrufen, die auf seinen Befehl schon nach Kampanien unterwegs war. Eine jubelnde Menge folgte ihrer Sänfte, und in den Tempeln auf dem Kapitolinischen Hügel wurden Dankopfer dargebracht, als sie ins Palatium zurückgekehrt war.

Tags darauf schickte Nero nach zwei Jahren zum erstenmal wieder nach mir. Eine der Dienerinnen hatte Octavia des Ehebruchs mit einem alexandrinischen Flötenbläser namens Eucerus bezichtigt, und Tigellinus hatte sofort eine geheime Verhandlung angesetzt, bei der Octavia selbst nicht zugegen war.

Ich wurde als Zeuge vernommen, da ich Eucerus kannte, und ich konnte nichts anderes sagen, als daß der Klang der Flöte allein schon dazu angetan sei, dem Menschen leichtfertige Gedanken einzuflößen. Ich hatte mit eigenen Augen gesehen, wie Octavia Eucerus wehmütig seufzend betrachtete, als er einmal bei Tisch spielte. Aber, fügte ich um der Gerechtigkeit willen hinzu, Octavia seufzte auch bei anderen Anlässen und war überhaupt, wie jedermann wußte, meist traurig gestimmt.

Octavias Sklavinnen wurden einer peinlichen Befragung unterzogen. Mir wurde unbehaglich zumute, als ich zusah. Einige waren bereit zu gestehen, vermochten aber nicht anzugeben, wann, wo und unter welchen Umständen der Ehebruch stattgefunden habe. Tigellinus griff in das Verhör ein, das nicht nach seinem Wunsch ging, und fragte ein sehr reizvolles Mädchen ungeduldig: »Sprach denn nicht die ganze Dienerschaft über diesen Ehebruch?«

Das Mädchen erwiderte spöttisch: »Wenn man alles glauben will, was geredet wird, dann ist Octavias Scham unvergleichlich keuscher als dein Mund, Tigellinus.«

Diese Worte lösten ein solches Gelächter aus, daß das Verhör abgebrochen werden mußte. Das Laster des Tigellinus war allgemein bekannt, und nun hatte er auch noch seine Unkenntnis in juristischen Dingen unter Beweis gestellt, indem er der Sklavin durch seine plumpe Frage eine Antwort förmlich in den Mund legte, die offenkundig nicht der Wahrheit entsprach. Das Mitgefühl der Richter galt den Sklavinnen, und sie ließen nicht zu, daß Tigellinus die peinliche Befragung gegen die Gesetzesvorschriften so weit trieb, daß die armen Frauen bleibenden Schaden hätten nehmen können.

Die Verhandlung wurde auf den nächsten Tag aufgeschoben, an dem als einziger Zeuge mein alter Freund Anicetus auftrat. Mit gespielter Verlegenheit berichtete er, indem er Ort und Zeit genau angab, daß Octavia bei einem Badeaufenthalt in Baiae ein überraschendes Interesse für die Flotte gezeigt und den Wunsch geäußert hatte, die Kapitäne und Zenturionen kennenzulernen.

Anicetus hatte ihre Absicht mißverstanden und eine Annäherung gewagt, die jedoch von Octavia mit Bestimmtheit abgewiesen worden war. Da hatte er sie, von verbrecherischer Lust verblendet, mit einem Betäubungstrank eingeschläfert und mißbraucht, gleich darauf aber seine Untat bitter bereut. Das Gewissen, behauptete er, zwinge ihn nun, sein Verbrechen zu gestehen, und er könne nur noch die Barmherzigkeit des Kaisers erflehen.

Daß Anicetus ein Gewissen besaß, das hatte bis zu jenem Tage wohl nicht einmal er selbst geahnt, aber die Richter sprachen die Scheidung aus. Octavia wurde auf die Insel Pandataria verbannt, Anicetus nach Sardinien versetzt. Nero verfaßte, diesmal ohne Senecas Hilfe, eine wortreiche Mitteilung über das Geschehene an den Senat und das Volk von Rom. Er deutete darin an, Octavia habe im Vertrauen auf Burrus gehofft, die Prätorianer auf ihre Seite zu bekommen. Um sich auch der Unterstützung durch die Flotte zu versichern, habe sie deren Befehlshaber Anicetus verführt und als sie schwanger geworden war, ihre Leibesfrucht auf verbrecherische Weise abgetrieben.

Diese Mitteilung machte einen glaubwürdigen Eindruck auf alle, die Octavia nicht persönlich kannten. Ich selbst las sie mit einiger Verwunderung, denn ich war bei der geheimen Verhandlung zugegen gewesen, aber ich sagte mir, daß eine gewisse Übertreibung aus politischen Gründen nötig sein mochte, nämlich wegen der Gunst, die Octavia beim Volk genoß.

Um Kundgebungen zu vermeiden, ließ Nero unverzüglich die Standbilder Octavias in der ganzen Stadt zerstören, aber die Leute zogen sich in ihre Häuser zurück wie in Zeiten allgemeiner Trauer, und der Senat war nicht einmal beschlußfähig, so viele waren der Sitzung ferngeblieben. Im übrigen gab es über Neros Mitteilung, die ein bloßer Bericht, nicht ein Vorschlag war, keinen Beschluß zu fassen.

Zwölf Tage später vermählte sich Nero mit Poppaea Sabina, aber es wurde kein sehr frohes Fest, obwohl die Hochzeitsgeschenke einen ganzen Saal im Palatium füllten.

Nero ließ wie üblich ein genaues Verzeichnis der Geschenke anlegen und für jedes einen Dankbrief schreiben. Einem Gerücht zufolge wurden außerdem auf einer eigenen Liste alle Senatoren und Ritter vermerkt, die nichts geschickt hatten oder unter dem Vorwand, krank zu sein, der Hochzeit ferngeblieben waren. Daher trafen zugleich mit den Geschenken aus den Provinzen zahllose verspätete Hochzeitsgaben aus Rom mit vielen Erklärungen und Entschuldigungen ein. Der Rat der Juden in Rom sandte Poppaea einige mit Tauben verzierte Goldbecher im Gesamtwert von einer halben Million Sesterzen.

An Stelle der Standbilder Octavias wurden in ganz Rom Statuen Poppaeas aufgestellt. Tigellinus ließ sie Tag und Nacht durch seine Prätorianer bewachen, und mancher, der sie in aller Unschuld bekränzen wollte, erhielt zum Dank einen Stoß mit dem Schild oder einen Hieb mit der flachen Klinge.

Eines Nachts stülpte jemand der Riesenstatue Neros auf dem Kapitolinischen Hügel einen Sack über den Kopf. Am Morgen sprach ganz Rom davon, und jeder wußte, was dieser Streich zu bedeuten hatte. Nach dem Gesetz unserer Väter muß ein Vater- oder Muttermörder zusammen mit einer Schlange, einer Katze und einem Hahn in einem Sack ertränkt werden. Soviel ich weiß, war dies das erstemal, daß jemand öffentlich andeutete, Nero habe seine Mutter ermordet.

Mein Schwiegervater Flavius Sabinus war wegen der gedrückten Stimmung, die in Rom herrschte, in großer Sorge. Als er erfuhr, daß man auf einem der Marmorböden im Palatium eine lebende Kreuzotter gefunden hatte, befahl er, alle verdächtig erscheinenden Personen anzuhalten. So kam es, daß man zum Beispiel die Gattin eines wohlhabenden Ritters festnahm, die auf einem Abendspaziergang ihre Katze auf dem Arm trug, und daß ein Sklave, der mit einem Hahn, den er für die Gesundheit seines Hausvaters opfern wollte, zum Aeskulaptempel unterweg war, die Rute zu schmecken bekam. Solche Vorfälle erweckten allgemeine Heiterkeit, obwohl mein Schwiegervater gewiß in gutem Glauben handelte und nichts Böses beabsichtigte. Nero nahm ihm jedoch diese Albernheiten so übel, daß er ihn für eine Weile seines Amtes enthob.

Für uns alle, die vernünftig zu denken vermochten, gab es keinen Zweifel daran, daß die Verstoßung Octavias nur den billigen Vorwand dafür lieferte, Nero in jeder Hinsicht anzuschwärzen. Poppaea Sabina war eine schönere und klügere Frau als die verschlossene, überempfindliche Octavia, aber die Partei der Alten tat, was in ihrer Macht stand, um das Volk aufzuwiegeln.

Ich griff mir in jenen Tagen manchmal an den Hals und fragte mich, was für ein Gefühl es wohl sein mochte, wenn einem der Kopf abgeschlagen wurde. Ein Militäraufstand war täglich zu erwarten. Die Prätorianer haßten Tigellinus, der von niedriger Geburt war – ein ehemaliger Pferdehändler – und mit schonungsloser Härte auf Zucht und Ordnung sah. Er hatte sich von allem Anfang an mit seinem Amtsbruder Fenius Rufus zerstritten, so daß sie nicht mehr in demselben Raum zusammentreffen konnten, ohne daß der eine, gewöhnlich Rufus, sogleich wieder seines Weges ging.

Wir, die Freunde Neros, die aufrichtig sein Bestes wünschten, versammelten uns eines Tages zu einer ernsten Beratung im Palatium. Tigellinus war der älteste und willensstärkste unter uns, und wir verließen uns ganz auf ihn, sowenig wir ihn auch mochten. Er übernahm das Wort und redete eindringlich auf Nero ein: »Hier in der Stadt kann ich die Gewähr für Ruhe und Ordnung und deine eigene Sicherheit übernehmen. Aber in Massilia lebt der verbannte Sulla, der von Antonia gestützt wird. Er ist arm und durch die Erniedrigung vor der Zeit grau geworden. Ich habe erfahren, daß er Verbindungen mit vornehmen Kreisen in Gallien angeknüpft hat, die Antonia um ihres eigenen berühmten Namens willen und weil sie die Tochter des Claudius ist, hoch schätzen. Auch die Legionen in Germanien sind so nahe, daß Sullas bloße Anwesenheit in Massilia eine Gefahr für den Staat und das Gemeinwohl bildet.«

Nero gab dies zu und sagte verzweifelt: »Ich kann nicht begreifen, warum niemand Poppaea so liebt wie ich. Sie befindet sich zur Zeit in einem äußerst reizbaren Zustand, und alles, was sie erregen könnte, muß ihr ferngehalten werden.«

Tigellinus fuhr fort: »Noch gefährlicher für dich ist Plautus. Es war ein großer Fehler, ihn nach Asia zu verbannen, wo immer noch Unruhen herrschen. Der Vater seiner Mutter war ein Drusus. Und wer kann die Hand dafür ins Feuer legen, daß Corbulo und seine Legionen dir treu bleiben? Ich weiß aus sicherer Quelle, daß sein Schwiegervater, der Senator Lucius Antistius, einen seiner Freigelassenen zu Plautus geschickt hat, um ihn aufzuhetzen, die Gelegenheit zu nutzen. Er ist außerdem sehr reich, und das ist bei einem ehrgeizigen Manne ebenso gefährlich, wie wenn er arm wäre.«

Ich fiel ihm ins Wort: »Über die Vorgänge in Asia bin ich gut unterrichtet. Ich habe gehört, daß Plautus nur mit Philosophen verkehrt. Der Etrusker Musonius, ein guter Freund des weltberühmten Apollonius von Tyana, folgte ihm freiwillig in die Verbannung.«

Tigellinus schlug triumphierend die Hände zusammen und rief: »Da siehst du es! Die Philosophen sind die allergefährlichsten Ratgeber, wenn sie jungen Männern ihre unverschämten Ansichten über Freiheit und Tyrannei ins Ohr flüstern.«

»Wer könnte behaupten, ich sei ein Tyrann!« sagte Nero tief gekränkt. »Ich habe dem Volk mehr Freiheit gegeben als je ein

Herrscher vor mir, und ich unterbreite alle meine Vorschläge demütig und bescheiden dem Senat.«

Wir beeilten uns, zu versichern, daß er der mildeste, edelmütigste Herrscher sei, aber nun, so sagten wir, gehe es um das Wohl des Staates, und es gebe nichts Furchtbareres als einen Bürgerkrieg.

In diesem Augenblick kam Poppaea hereingestürzt, spärlich bekleidet, mit offenem Haar und tränenüberströmtem Gesicht. Sie fiel vor Nero nieder, drückte ihre Brüste gegen seine Knie und rief: »Mir liegt nichts an mir selbst oder an meiner Stellung, und ich denke nicht einmal an unser ungeborenes Kind. Aber es geht um dein Leben, Nero. Höre auf Tigellinus! Er weiß, was er sagt.«

Ihr Arzt war ihr aufgeregt gefolgt. »Poppaea wird ihr Kind verlieren, wenn sie sich nicht beruhigt«, versicherte er und versuchte, sie mit sanfter Gewalt aufzuheben.

»Wie soll ich Ruhe finden, solange dieses entsetzliche Weib auf Pandataria seine Ränke schmiedet!« klagte Poppaea. »Sie hat dein Bett entehrt, sie hat Zauberei getrieben und mich zu vergiften versucht. Ich habe mich heute vor Angst schon einige Male erbrechen müssen.«

Tigellinus sagte mit Nachdruck: »Wer einmal seinen Weg gewählt hat, darf nicht mehr zurückblicken. Wenn dir an deinem eigenen Leben nichts liegt, Nero, so denke an uns. Durch deine Unentschlossenheit bringst du uns alle in Gefahr. Wen werden die Aufrührer als erste aus dem Weg räumen? Uns, deine Freunde, die dein Bestes wollen und nicht, wie Seneca, nur auf ihren eigenen Vorteil bedacht sind. Vor dem Unvermeidlichen müssen sich selbst die Götter beugen.«

Nun wurden auch Neros Augen feucht, und er bat uns: »Seid ihr alle meine Zeugen, daß dies die schwerste Stunde meines Lebens ist. Ich gebiete meinen eigenen Gefühlen zu schweigen und unterwerfe mich der politischen Notwendigkeit.«

Tigellinus' harte Züge erhellten sich, und er hob den Arm zum Gruß. »Nun bist du ein wahrer Herrscher, Nero. Zuverlässige Prätorianer sind bereits auf dem Wege nach Massilia. Nach Asia habe ich, da wir mit bewaffnetem Widerstand rechnen müssen, eine ganze Manipel geschickt. Der Gedanke war mir unerträglich, daß deine Neider die Gelegenheit nützen könnten, dich zu stürzen und dem Vaterland zu schaden.«

Anstatt sich über diese Eigenmächtigkeit zu erzürnen, seufzte

Nero erleichtert auf und lobte Tigellinus als wahren Freund. Dann fragte er zerstreut, wie lange ein Eilbote nach Pandataria brauche.

Nur wenige Tage danach fragte mich Poppaea Sabina mit geheimnisvoller Miene: »Willst du das schönste Hochzeitsgeschenk sehen, das ich von Nero bekommen habe?«

Sie führte mich in eines ihrer Gemächer, zog ein rotbraun geflecktes Tuch von einem Weidenkorb und zeigte mir Octavias blutleeren Kopf. Sie rümpfte ihre hübsche Nase und sagte: »Pfui, er fängt schon an zu stinken und die Fliegen anzuziehen. Mein Arzt hat mir befohlen, ihn wegzuwerfen, aber wenn ich ab und zu dieses Hochzeitsgeschenk betrachte, dann weiß ich, daß ich wirklich die Gemahlin des Kaisers bin. Denk dir, als die Prätorianer sie in ein heißes Bad hoben, um ihr auf schmerzlose Art die Pulsadern zu öffnen, schrie sie wie ein Mädchen, das seine Puppe zerbrochen hat: ›Ich habe nichts getan!‹ Dabei war sie immerhin schon zwanzig Jahre alt, aber ich glaube, sie war ein wenig zurückgeblieben. Wer weiß, von wem Messalina sie hatte. Vielleicht sogar von dem verrückten Kaiser Gajus.«

Nero forderte den Senat auf, ein Dankopfer im Kapitol für die glücklich abgewendete Gefahr, die dem Staat gedroht hatte, zu beschließen. Zwölf Tage später traf aus Massilia der vorzeitig ergraute Kopf des Faustus Sulla ein, und der Senat beschloß von sich aus, mit den Dankopfern fortzufahren.

In der Stadt verbreitete sich das hartnäckige Gerücht, Plautus habe in Asia einen regelrechten Aufstand angestiftet. Man sprach von einem möglichen Bürgerkrieg und dem Verlust der ganzen Provinz. Die Folge davon war, daß Gold und Silber im Preis stiegen und viele es für angebracht hielten, Grundstücke und Ländereien zu verkaufen. Ich nutzte die Gelegenheit und schloß einige sehr günstige Geschäfte ab.

Als Plautus' Kopf endlich, mit einer gewissen Verzögerung wegen des stürmischen Wetters, aus Asia eintraf, war die allgemeine Erleichterung so groß, daß nicht nur der Senat, sondern auch einfache Bürger Dankopfer darbrachten. Nero machte sich diese Stimmung zunutze, um Rufus wieder in sein früheres Amt als Aufseher über den Getreidehandel einzusetzen und ihn zugleich zum Verwalter der staatlichen Getreidevorräte zu befördern. Tigellinus führte unter seinen Prätorianern eine Säuberung durch und schickte eine ganze Anzahl verdienter Männer vorzeitig in die Veteranenkolonie in Puteoli. Ich selbst war nach all diesen Ereignissen um, vorsichtig geschätzt, fünf Millionen Sesterze reicher.

Seneca nahm an den festlichen Umzügen und den Dankopfern teil, aber viele bemerkten, daß sein Schritt wankte und seine Hände zitterten. Er war nun schon fünfundsechzig Jahre alt und dick geworden. Sein Gesicht war aufgedunsen, und über den Backenknochen traten die Adern blau hervor. Nero wich ihm nach Möglichkeit aus und vermied es, mit ihm unter vier Augen zusammenzutreffen, weil er seine Vorwürfe fürchtete.

Eines Tages bat Seneca jedoch um eine offizielle Audienz. Nero versammelte vorsichtshalber seine Freunde um sich und hoffte, Seneca werde es nicht wagen, ihn im Beisein anderer zu tadeln. Dies war auch nicht seine Absicht gewesen. Er hielt vielmehr eine schöne Rede und pries Nero für seinen Weitblick und die Entschlossenheit, mit der er das Vaterland aus Gefahren errettet hatte, die seine, Senecas, eigenen, alt gewordenen Augen nicht mehr zu erkennen vermochten. Danach war Seneca für niemanden mehr zu sprechen. Er verabschiedete seine Ehrenwache und zog aufs Land, auf sein schönes Landgut an der Straße nach Praeneste. Als Grund gab er an, daß er leidend sei und sich im übrigen mit einem philosophischen Werk über die Freuden der Entsagung beschäftigen wolle. Er hielt angeblich strenge Diät und wich den Menschen aus, so daß er seine Reichtümer nicht zu genießen vermochte.

Mir wurde die unerwartete Ehre zuteil, mitten in einer Amtsperiode zum außerordentlichen Prätor ernannt zu werden. Das verdankte ich wahrscheinlich der Freundschaft Poppaeas, andrerseits aber auch der Tatsache, daß Tigellinus mich für willensschwach genug hielt. Nero, der unter der Stimmung litt, die durch die politischen Morde entstanden war, und sich zudem wegen Poppaeas Schwangerschaft beunruhigte, fühlte das Bedürfnis, sich als guter, tüchtiger Herrscher zu erweisen, und drang darauf, daß die vielen Prozesse, deren Akten sich im Prätorium türmten, endlich zu Ende gebracht wurden.

Sein Selbstvertrauen wurde übrigens bald durch ein seltsames Vorzeichen gestärkt. Während eines plötzlich losbrechenden Gewitters schlug ihm der Blitz einen goldenen Becher aus der Hand. Ich glaube allerdings nicht, daß der Blitz den Becher selbst getroffen, sondern eher, daß er so nahe bei Nero eingeschlagen hatte, daß diesem der Becher aus der Hand gefallen war. Man versuchte das Geschehnis geheimzuhalten, aber es wurde bald in der ganzen Stadt bekannt und selbstverständlich als böses Vorzeichen gedeutet.

Nach der uralten Blitzkunde der Etrusker ist jedoch ein Mensch, der vom Blitz getroffen wird, ohne getötet zu werden, heilig und den Göttern geweiht. Nero, der gern an Vorzeichen glaubte, betrachtete sich von dieser Stunde an als einen Heiligen und versuchte eine Zeitlang sogar dementsprechend aufzutreten, solange nämlich die aus politischen Gründen nötigen Morde sein überempfindliches Gewissen noch belasteten.

Als ich mein Amt antrat, stellte mir Tigellinus einen Raum zur Verfügung, der mit staubbedeckten Akten vollgestopft war. Sie betrafen allesamt Streitsachen, in denen sich im Ausland ansässige römische Bürger an den Kaiser gewandt hatten. Tigellinus legte einige davon zur Seite und sagte: »Ich habe ansehnliche Geschenke entgegennehmen müssen, um diese hier rascher zu erledigen. Bearbeite sie zuerst. Ich habe dich zu meinem Mitarbeiter erwählt, weil du eine gewisse Geschmeidigkeit in schwierigen Angelegenheiten bewiesen hast und weil du selbst so reich bist, daß deine Rechtschaffenheit nicht angezweifelt zu werden braucht. Die Ansichten, die bei deiner Ernennung im Senat geäußert wurden, waren übrigens nicht sehr schmeichelhaft. Sei also darauf bedacht, daß sich der Ruf unserer Rechtschaffenheit in allen Provinzen verbreitet. Wenn man dir Geschenke anbietet, so weigere dich, sie entgegenzunehmen. Du darfst aber durchblicken lassen, daß ich als Präfekt die Möglichkeit habe, eine Sache zu beschleunigen. Bedenke dabei jedoch, daß das endgültige Urteil in keinem Fall erkauft werden kann, denn es wird auf Grund unserer Vorträge von Nero selbst gefällt.«

Er wandte sich schon zum Gehen, als er noch hinzufügte: »Wir halten seit einigen Jahren einen jüdischen Zauberer gefangen. Er ist von der Schreibwut besessen und hat sogar Seneca mit seinen Briefen belästigt. Wir müssen ihn freilassen. Poppaea Sabina darf während ihrer Schwangerschaft nicht der Gefahr irgendeiner Zauberei ausgesetzt werden. Sie begünstigt diese Juden übrigens mehr als gut wäre. Unser Jude hat mehrere meiner Prätorianer schon so verhext, daß sie nicht mehr zum Wachdienst zu gebrauchen sind.«

Meine Aufgabe war nicht so schwierig, wie ich zuerst geglaubt hatte. Die meisten Prozesse stammten noch aus Burrus' Zeiten und waren von einem kundigeren Juristen, als ich es bin, mit Anmerkungen versehen worden. Nach Agrippinas Tod war Nero Burrus aus dem Wege gegangen und hatte die Prozesse aufgeschoben, um eine allgemeine Unzufriedenheit wegen der Saumseligkeit des Gerichts und damit eine feindselige Stimmung gegen Burrus zu erzeugen.

Aus Neugier nahm ich mir zuerst die Akten vor, die den jüdischen Zauberer betrafen, und stellte zu meiner Verwunderung fest, daß es sich um meinen alten Bekannten Saulus aus Tarsos handelte. Er war angeklagt, den Tempel zu Jerusalem geschändet zu haben. Nach den Unterlagen war er festgenommen worden, als Felix noch Prokurator war.

Bei der Neubesetzung der Beamtenstellen nach Agrippinas Tod war Felix seines Amtes enthoben worden, weil er ein Bruder des Pallas war. Der neue Statthalter, Festus, hatte Paulus gebunden nach Rom bringen lassen, und ich sah nun, daß er tatsächlich seit ganzen zwei Jahren gefangensaß.

Er durfte jedoch in der Stadt wohnen, da er seine Bewachung selbst bezahlte. Unter den Dokumenten fand ich ein Gutachten Senecas, das seine Freilassung befürwortete. Ich hatte nicht gewußt, daß Saulus, oder vielmehr Paulus, die Mittel besaß, sich sogar an den Kaiser selbst zu wenden.

Binnen weniger Tage hatte ich einige Prozesse ausgesondert, die Nero Gelegenheit gaben, seine Milde und seinen Edelmut zu beweisen. Mit Paulus wollte ich zunächst selbst sprechen, denn ich kannte seinen Eifer und fürchtete, er könnte vor dem kaiserlichen Gericht den Fehler begehen, Neros Zeit mit unnötigem Gerede zu verschwenden. Seine Freilassung war ja ohnehin beschlossene Sache.

Paulus wohnte recht bequem in einigen Räumen, die er im Hause eines jüdischen Händlers gemietet hatte. Er war in den letzten Jahren merklich gealtert. Sein Gesicht war tief gefurcht, sein Scheitel noch kahler als zuvor. Er trug zwar die vorgeschriebenen Ketten, aber seine Prätorianerdoppelwache erlaubte ihm, Gäste zu empfangen und Briefe zu schreiben, wohin er wollte.

Bei ihm wohnten einige seiner Anhänger. Er hatte sogar einen eigenen Arzt, einen Juden aus Alexandria, der Lucas hieß. Paulus mußte recht wohlhabend sein, daß er sich seine Gefangenschaft so angenehm einrichten konnte und nicht in eine der stinkenden

Gemeinschaftszellen des allgemeinen Gefängnisses gesteckt worden war. Das schlimmste aller Gefängnisse, die Mamertinischen Kerker, kam für ihn nicht in Frage, weil er kein Staatsverbrecher war.

In den Akten wurde er selbstverständlich als Saulus geführt, denn dies war vor dem Gesetz sein Name. Um ihn aber freundlich zu stimmen, nannte ich ihn Paulus. Er erkannte mich sofort wieder und erwiderte meinen Gruß so vertraulich, daß ich es für angebracht hielt, den Schreiber und die beiden Liktoren hinauszuschicken, denn ich wollte später bei der Verhandlung nicht der Befangenheit bezichtigt werden. »Deine Sache steht gut«, sagte ich zu ihm. »Sie wird in den nächsten Tagen verhandelt. Der Kaiser ist jetzt, vor der Geburt seines Erben, sehr milde gestimmt. Du solltest deine Zunge im Zaum halten, wenn du vor ihm stehst.«

Paulus lächelte mit der schmerzlichen Miene eines Mannes, der viel erduldet hat, und antwortete ergeben: »Ich habe den Auftrag, die gute Botschaft zu verkünden, ob nun die Stunde günstig ist oder nicht.«

Aus Neugier fragte ich ihn, warum die Prätorianer ihn als Zauberer betrachteten. Er erzählte eine lange Geschichte von einem Schiffbruch, den er und seine Reisebegleiter auf der Fahrt nach Rom erlitten hatten. Wenn er müde wurde, übernahm der Arzt Lucas das Wort. Paulus versicherte mir, die Anklage wegen Tempelschändung sei falsch oder unbegründet oder beruhe zumindest auf einem Mißverständnis. Der Prokurator Felix würde ihn ohne Zögern freigelassen haben, wenn er, Paulus, bereit gewesen wäre, genug zu zahlen.

Von den Römern wußte er nur Gutes zu sagen, denn dadurch, daß sie ihn gebunden von Jerusalem nach Caesarea führten, retteten sie ihm das Leben. Vierzig glaubenseifrige Juden hatten nämlich geschworen, weder zu essen noch zu trinken, ehe sie ihn nicht getötet hätten. Sie dürften jedoch kaum wirklich verhungert sein, meinte Paulus lächelnd und ohne Groll. Er war außerdem seinen Bewachern dankbar, denn er fürchtete, die rechtgläubigen Juden Roms würden ihn sonst ermorden.

Ich versicherte ihm, daß seine Furcht grundlos war. Unter Claudius waren die Juden streng genug verwarnt worden, und sie enthielten sich deshalb innerhalb der Mauern aller Gewalttaten gegen Christen. Auch hatte Kephas einen beruhigenden Einfluß ausgeübt und bewirkt, daß die Christen sich den Juden fernhielten. Meiner Ansicht nach war dies um so leichter gegangen, als die Anhänger des Jesus von Nazareth, deren Zahl sich dank Kephas beträchtlich vermehrt hatte, nunmehr nur noch in den seltensten Fällen beschnittene Juden waren.

Sowohl der Arzt Lucas als auch Paulus machte eine saure Miene, als ich den Namen Kephas erwähnte. Kephas hatte dem Gefangenen große Freundlichkeit erwiesen und ihm seinen besten Jünger, den griechischen Dolmetsch Marcus, zur Verfügung gestellt. Paulus aber hatte dieses Vertrauen offenkundig mißbraucht und Marcus in seinen eigenen Angelegenheiten auf lange Reisen geschickt, mit Briefen an die Gemeinden, die er gegründet hatte und für sich behalten wollte wie ein Löwe seine Beute. Deshalb wohl sah es Kephas nicht mehr gerne, wenn Christen aus seiner eigenen Herde zu Paulus gingen und dessen dunklen Reden lauschten.

Der Arzt Lucas erzählte mir, daß er zwei Jahre lang in Galiläa und Judäa umhergereist war, um aus dem Munde von Menschen, die ihn selbst gesehen und gehört hatten, alles über das Leben, die Wundertaten und die Lehre jenes Jesus von Nazareth zu erfahren. Er hatte alles genau in aramäischer Sprache aufgezeichnet und dachte nun ernstlich daran, einen eigenen Bericht in griechischer Sprache zu schreiben, um zu beweisen, daß Paulus alles ebensogut wußte wie Kephas. Ein vermögender Grieche namens Theophilus, der von Paulus bekehrt worden war, hatte schon versprochen, das Buch zu verlegen.

Ich vermutete, daß sie reiche Gaben von den Christengemeinden in Korinth und Asia erhielten, über denen Paulus eifersüchtig wachte, damit sie weder mit den rechtgläubigen Juden noch mit den anderen Parteien unter den Christen in Berührung kamen. Er verbrachte die meiste Zeit damit, ihnen Ermahnungen zu schreiben, denn in Rom hatte er nicht viele Anhänger.

Meine Ahnungen sagten mir, daß er nach seiner Freilassung am liebsten in Rom geblieben wäre. Aber ich wußte, daß es überall, wo er erschien, Streit gab. Wenn ich ihn freibekam, was zu erwarten war, zog ich selbst mir den Zorn der Juden zu, und wenn er wirklich in der Stadt blieb, kriegten sich über kurz oder lang die Christen wieder in die Haare. Deshalb sagte ich nun vorsichtig: »Für zwei Hähne ist nicht Platz auf demselben Misthaufen. Um deines eigenen Friedens und des meinen willen würdest du gut daran tun, Rom sofort nach deinem Freispruch zu verlassen.«

Paulus blickte finster vor sich hin, meinte dann aber, Christus habe ihn zu einem ewigen Wanderer gemacht, der an keinem Ort lange verweilen dürfe. Daher sei für ihn die Gefangenschaft eine harte Prüfung gewesen. Er habe den Auftrag erhalten, alle Menschen zu Anhängern Christi zu bekehren, und wolle demnächst in die Provinz Baetica in Iberien reisen. Dort gebe es mehrere Hafenstädte, die von Griechen gegründet worden seien und in denen noch hauptsächlich Griechisch gesprochen werde. Ich legte ihm aus ganzer Überzeugung nahe, womöglich bis nach Britannien zu reisen.

Trotz meiner Ermahnungen und wohlgemeinten Ratschlägen konnte Paulus natürlich nicht den Mund halten, als er im Prätorium vor Nero geführt wurde. Nero war bei guter Laune und rief, sobald er ihn sah: »Der Gefangene ist Jude! Da muß ich ihn freilassen, sonst ist Poppaea mir böse. Sie ist nun im letzten Monat, und sie achtet den Gott der Juden höher als je zuvor.«

Er ließ die Wasseruhr einstellen, um die Länge der Verteidigungsrede zu messen, und vertiefte sich in die Akten der folgenden Prozesse. Paulus pries sich glücklich, Gelegenheit zu erhalten, sich von allen Beschuldigungen reinzuwaschen, und bat Nero, ihn geduldig anzuhören, da ihm die Sitten und die Glaubenslehre der Juden vielleicht doch nicht gut genug bekannt seien. Er begann mit Moses, erzählte sein eigenes Leben und berichtete, wie Jesus von Nazareth sich ihm geoffenbart habe.

Ich schob Nero ein persönliches Gutachten zu, das der Prokurator Festus den Akten beigelegt hatte und in dem er erklärte, er selbst betrachte Paulus als einen harmlosen Toren, dem allzuviel Gelehrsamkeit den Verstand verwirrt hatte. Auch König Herodes Agrippa, der sich in den Glaubensfragen der Juden am besten auskannte, hatte, nachdem er ihn ins Verhör genommen, vorgeschlagen, man solle Paulus auf freien Fuß setzen. Nero nickte und tat, als hörte er aufmerksam zu, obwohl er, wie ich glaube, nicht ein einziges Wort verstand. Paulus konnte gerade noch sagen: »Darum mußte ich den himmlischen Gesichten gehorchen. Ach, daß auch dir die Augen geöffnet würden und du dich von der Finsternis zum Licht wendetest und von der Gewalt Satans zu Gott! Wenn du an Jesus von Nazareth glaubtest, würdest du

Vergebung deiner Sünden und ein Erbteil unter den Heiligen erhalten.«

Dann aber klirrte die Wasseruhr, und Paulus mußte schweigen. Nero sagte mit Nachdruck: »Ich verlange nicht von dir, daß du meiner in deinem Testament gedenkst. Ich bin nicht auf das Erbe anderer aus. Das ist nichts als üble Verleumdung, und das kannst du den anderen Juden sagen. Du erweist mir aber einen großen Dienst, wenn du für meine Gemahlin Poppaea Sabina zu deinem Gott betest. Die arme Frau scheint sehr fromm auf den Gott zu vertrauen, von dem du mir gerade sehr überzeugend berichtet hast.«

Er befahl, Paulus von seinen Ketten zu befreien und diese zum Zeichen seines Wohlwollens gegenüber dem Glauben der Juden als Weihgabe dem Tempel zu Jerusalem zu schicken. Ich nehme an, die Juden hatten keine große Freude daran. Die Kosten des Prozesses mußte Paulus selbst bezahlen, da er ja die Berufungsklage eingebracht hatte.

Wir erledigten in wenigen Tagen eine große Anzahl von Prozessen. Die meisten Urteile waren Freisprüche, und es wurden nur solche Prozesse aufgeschoben, bei denen es Tigellinus aus wirtschaftlichen Gründen vorteilhaft erschien, zu warten, bis die Beklagten an Altersschwäche starben, ehe sein Urteil gefällt wurde. Zwei Monate später war ich meines Amtes wieder ledig, mein Fleiß und meine Unbestechlichkeit wurden öffentlich gelobt, und man verleumdete mich nicht mehr so viel wie vorher.

Der Prozeß des Paulus war eine ganz und gar belanglose Angelegenheit. Geschichtlich bedeutsam war dagegen die Verhandlung, die auf die Ermordnung des Pedanus Secundus folgte. Wie ich schon berichtete, setzte Nero in seinem Zorn meinen Schwiegervater ab und ernannte an seiner Stelle Pedanus zum Stadtpräfekten. Nur wenige Monate später wurde dieser von einem seiner eigenen Sklaven im Bett erstochen. Der wahre Grund für diesen Mord wurde nie erforscht, aber ich kann aufrichtig versichern, daß zumindest meiner Meinung nach mein Schwiegervater nichts mit dieser Sache zu tun hatte.

Unser altes Gesetz schreibt vor, daß, wenn ein Sklave seinen Herrn ermordet, alle Sklaven unter demselben Dach das Leben verlieren müssen. Es ist ein notwendiges Gesetz, das sich auf lange Erfahrung gründet und der allgemeinen Sicherheit dient. Nun hatte aber Pedanus über fünfhundert Sklaven in seinem Haus, und das Volk versammelte sich und wollte verhindern, daß sie zur Hinrichtung geführt wurden. Der Senat mußte in aller Eile zusammengerufen werden, und wie weit unsere Sitten schon verfallen sind, ersieht man daraus, daß mehrere Senatoren allen Ernstes zu behaupten wagten, das Gesetz dürfe in diesem Fall nicht angewandt werden. Einige Freunde Senecas erklärten in aller Öffentlichkeit, ein Sklave sei ein Mensch, und es gehe nicht an, Unschuldige zusammen mit den Schuldigen zu bestrafen. Der Senator Pudens und mein Vater ergriffen ebenfalls das Wort und widersetzten sich einer solchen Grausamkeit. Man fand sogar eine Entschuldigung für den Sklaven, der sich angeblich nur für erlittenes Unrecht gerächt hatte.

Die anderen aber fragten sich mit vollem Recht, wer sich in seinem eigenen Haus noch sicher fühlen durfte, wenn die Sklaven des Pedanus wirklich begnadigt wurden. Unsere Väter hatten dieses Gesetz geschaffen und damit zu erkennen gegeben, daß sie — mit Recht — auch solchen Sklaven mißtrauten, die im Hause geboren worden waren und ihrem Herrn von Kind auf anhingen. Wir haben heute überdies Sklaven aus den verschiedensten Völkern mit fremden Sitten und fremden Göttern.

Soviel ich weiß, wurde bei dieser Gelegenheit zum erstenmal der Verdacht laut ausgesprochen, daß sich unter den Senatoren selbst Männer befänden, die einem fremden Glauben ergeben seien und nun ihre Glaubensfreunde zu verteidigen versuchten. Bei der Abstimmung siegten jedoch zum Glück für Rom die Anhänger des Gesetzes.

Die Volksmenge, die das Haus des Pedanus umringt hatte, sammelte Steine auf und drohte, die ganze Nachbarschaft in Brand zu stecken. Die Prätorianer mußten zu Hilfe geholt werden, und Nero erließ eine strenge Bekanntmachung. Längs der Straßen, durch die die fünfhundert zum Hinrichtungsplatz geführt wurden, nahmen mehrere Reihen Prätorianer Aufstellung.

Das Volk warf Steine und rief Schimpfworte, aber zu einem regelrechten Aufruhr kam es nicht. Eine beträchtliche Anzahl der Sklaven des Pedanus schien den Christen anzugehören, denn in der Menge gingen andere Christen umher und warnten vor Gewalttaten, da nach ihrer Lehre Böses nicht mit Bösem vergolten werden darf.

Die Vorfälle brachten das eine Gute mit sich, daß mein Schwiegervater wieder in sein Amt eingesetzt wurde. Der Senat und das Volk hatten einen neuen Gesprächsgegenstand, und auch Poppaeas Schwangerschaft begann nun ein gewisses Mitgefühl zu erwecken.

Nero wollte, daß sein Kind in Antium zur Welt komme, wo er selbst geboren worden war. Vielleicht dachte er, ein solches glückliches Ereignis könne das Landgut, das er nach Agrippina geerbt hatte, von allen traurigen Erinnerungen befreien. Außerdem betrachtete er das heiße, von üblen Gerüchen erfüllte sommerliche Rom als keinen gesunden Ort für die Entbindung.

Ich hatte das Glück, noch einmal mit Poppaea zusammenzutreffen, bevor sie sich nach Antium begab. Die Schwangerschaft hatte sie nicht häßlich gemacht. Ihre Augen hatten einen stillen Glanz, der dem ganzen Gesicht einen sanften, fraulichen Ausdruck verlieh.

Ich fragte sie vorsichtig: »Ist es wahr, daß du den Gott der Juden verehrst? Man behauptet es in Rom, und es heißt auch, du habest Nero dazu gebracht, die Juden auf Kosten anderer zu begünstigen?«

»Du mußt selbst zugeben, daß die Weissagung der Juden sich erfüllt hat«, antwortete Poppaea. »In meinen schwersten Stunden gelobte ich, immer ihren Gott zu verehren, der so mächtig ist, daß es nicht einmal ein Bild von ihm geben darf. Und ebenso mächtig ist Moses. Ich würde es nicht wagen, nach Antium zu reisen, um dort zu gebären, ohne einen jüdischen Arzt mitzunehmen. Auch einige alte jüdische Frauen nehme ich mit, aber vorsichtshalber natürlich auch einen gründlich ausgebildeten griechischen und einen römischen Arzt.«

»Hast du auch von Jesus von Nazareth, dem König der Juden, gehört?« fragte ich.

Poppaea schnaubte durch die Nase und sagte auf ihre launische Art: »Ich weiß, daß es unter den Juden allerlei Heilige gibt. Sie haben strenge Gesetze, aber eine gottesfürchtige Frau in meiner Stellung braucht sich nicht viel um die Gesetze zu kümmern, solange sie nur den behörnten Moses verehrt und kein Blut trinkt.«

Ich erkannte, daß sie ebenso dunkle Vorstellungen vom Glauben der Juden hatte wie alle anderen Römer, die einen Gott ohne Abbild nicht begreifen können. Mir fiel ein Stein vom Herzen. Wenn Poppaea gewußt hätte, wie sehr die Juden Paulus verabscheuten, würde sie Nero und mir kaum dafür gedankt haben, daß wir ihn freigelassen hatten, damit er weiter bittere Zwietracht unter den Juden säen konnte.

Poppaea reiste also nach Antium, und ich hoffte von Herzen, sie möge recht bald ihr Kind gebären. Nero war während der Wartezeit eine anstrengende Gesellschaft. Sang er, mußte er gelobt werden. Lenkte er sein Viergespann, mußte man seine unvergleichliche Geschicklichkeit preisen. Er trank ganze Nächte hindurch und wählte seine Freunde nicht sehr sorgfältig aus. Auch mit Acte traf er heimlich wieder zusammen, und er knüpfte Beziehungen zu vornehmen Frauen an, die es mit der Heiligkeit der Ehe nicht so genau nahmen. Tigellinus führte ihm seine Knaben zu. Als wir uns einmal darüber unterhielten, berief sich Nero auf das Vorbild der Griechen und brachte die folgende erstaunliche Rechtfertigung vor: »Als mir der Blitz den Becher aus der Hand schlug, wurde ich heilig. Es war ein Zeichen dafür, daß ich nach meinem Tode zum Gott erhöht werden soll. Die Götter sind aber zwiegeschlechtig. Ich könnte mich nicht wirklich göttergleich fühlen, wenn ich nicht zum Zeitvertreib auch hübsche Knaben lieben dürfte, und Poppaea ist es lieber, ich spiele mit Knaben als mit ehrgeizigen Frauen. Sie meint, sie braucht dann wenigstens nicht eifersüchtig zu sein und zu befürchten, ich könnte versehentlich die eine oder andere schwängern.«

Meinen Sohn Jucundus sah ich nur selten. Barbus hatte mein Haus verlassen und war zu Tullia gezogen, da er sich für den Mentor des Knaben ansah. Das war nötig, denn Tullia verwöhnte Jucundus und ließ ihn tun und treiben, was er wollte. Mir wurde er immer mehr entfremdet.

In Sabinas Haus im Tiergarten war ich nur geduldet, wenn sie gerade Geld brauchte. Der kleine Lausus war mir noch fremder als Jucundus. Seine Haut war merkwürdig dunkel und sein Haar kraus. Ich verspürte keine Lust, ihn auf meinen Schoß zu setzen und mit ihm zu spielen. Sabina machte mir deshalb Vorwürfe und nannte mich einen entarteten Vater.

Ich antwortete darauf, daß Lausus unter den Tierbändigern genug Väter zu haben schien, die mit ihm spielten, und ich hatte leider recht. Jedesmal, wenn ich meinen Sohn sehen wollte, war auch gleich Epaphroditus da und drängte sich zwischen ihn und mich, um mir zu zeigen, wie gut er sich mit ihm verstand. Sabina wurde bleich vor Zorn und verlangte, ich solle wenigstens in Gegenwart anderer solche unziemlichen Scherze unterlassen.

Sie hatte viele Freundinnen unter den vornehmen Damen, die in den Tiergarten kamen, um ihren Kindern die Tiere zu zeigen und selbst die waghalsigen Kunststücke der Tierbändiger mit begehrlichen Blicken zu bewundern. Es war damals in den vornehmen Häusern Mode, Gazellen und Geparde zu halten, und ich hatte viel Ärger mit gewissenlosen Betrügern, die mein Alleinrecht verletzten und diese Tiere selbst einführten, um sie zu einem niedrigen Preis zu verkaufen. Sogar wilde Bluthunde aus Britannien wurden eingeführt. Ich erzielte gute Preise für die Welpen.

Poppaea kam endlich mit einer wohlgestalteten Tochter nieder. Nero war ebenso entzückt, wie wenn sie ihm einen Sohn geboren hätte. Er überhäufte Poppaea mit Geschenken und benahm sich in jeder Hinsicht wie ein junger Vater, der vor Freude den Verstand verloren hat.

Der ganze Senat reiste nach Antium, um seine Glückwünsche auszusprechen, und mit dem Senat ein jeder, der in Rom jemand zu sein glaubte. Die Flußboote und die von Ostia auslaufenden Schiffe waren überfüllt, und auf dem ziemlich schlechten Landweg von Aricia nach Antium stauten sich die Wagen und Sänften, daß kein Weiterkommen war. Einer meiner Freigelassenen verdiente sich ein Vermögen, indem er entlang des Weges Behelfsherbergen und Garküchen einrichtete.

Das Neugeborene erhielt den Namen Claudia und dazu gleich den Ehrentitel Augusta. Beim Wein kam irgendein Schwachkopf auf den Einfall, Poppaea Sabina auf die gleiche Weise zu ehren, und da Nero selbst zugegen war, wagte keiner zu widersprechen. Poppaea Sabina sandte einige heilige Gegenstände aus Gold als Dankesgabe an den Tempel zu Jerusalem, und ihr jüdischer Arzt wurde zum römischen Bürger gemacht.

Ich für mein Teil hatte mich beizeiten vorbereitet, und wir führten während dieser Freudentage in dem hölzernen Theater so prächtige Tierkämpfe vor, daß wir, wie ich in aller Unbescheidenheit selbst sagen muß, wenigstens dieses eine Mal die Wagenrennen im großen Zirkus in der Gunst des Volkes ausstachen. Die Vestalinnen ehrten meine Vorführung durch ihre Anwesenheit, und man versicherte mir, es sei mir gelungen, die Tierdressur zur schönen Kunst zu erheben.

Sabina fuhr als Amazone gekleidet in einem goldenen, von vier Löwen gezogenen Wagen um die Arena und nahm den brausenden Beifall entgegen. Es war mir unter großen Schwierigkeiten gelungen, haarige Riesenaffen als Ersatz für die beiden an Schwindsucht eingegangenen aus Afrika herbeizuschaffen. Sie waren ganz klein im Tiergarten angekommen und von gelbhäutigen Zwergen gefüttert und aufgezogen worden, die im dunkelsten Afrika mit den großen Affen zusammenleben.

Diese Affen verstanden es, Steine und Knüppel als Waffen zu gebrauchen, wenn sie miteinander kämpften, und den gelehrigsten hatten wir als Gladiator verkleidet. Ein Teil der Zuschauer glaubte, sie seien Menschen und nicht Tiere. Es gab deshalb einen Streit und schließlich eine Schlägerei, bei der ein Bürger getötet wurde und einige Dutzend mehr Verletzungen davontrugen. Eine geglücktere Vorstellung hätte man sich nicht wünschen können.

Ich wurde endlich für alle meine Auslagen und Verluste entschädigt. Seneca, der so geizig über die Staatskasse gewacht hatte, war nicht mehr da. Nero verstand nichts vom Geldwesen und begriff den Unterschied zwischen der Staatskasse und der kaiserlichen Privatkasse noch immer nicht ganz. Ich stellte daher meine Forderungen an beide und legte das Geld, das ich erhielt, mit Hilfe meiner Freigelassenen in Mietshäusern in Rom und Ländereien bei Caere an.

Neros Vaterglück war jedoch nicht von langer Dauer. Der Herbst war regnerisch. Der Tiber schwoll beunruhigend an, und mit den giftigen Dünsten verbreitete sich in der Stadt eine Halskrankheit, die für Erwachsene nicht lebensgefährlich war, aber zahllose Kinder im zarten Alter hinraffte.

Auch Nero erkrankte. Er wurde so heiser, daß er nicht ein Wort hervorbrachte und schon fürchtete, seine Singstimme für alle Zeit verloren zu haben. In allen Tempeln wurden, vom Staat und von einzelnen Bürgern, Versöhnungsopfer für seine Stimme dargebracht. Doch kaum begann er zu genesen, da erkrankte seine Tochter und starb trotz den Anstrengungen der Ärzte und den Gebeten der Juden innerhalb weniger Tage. Poppaea war von den Nachtwachen und vor Kummer wie von Sinnen und machte Nero heftige Vorwürfe, weil er trotz seinem kranken Hals nicht davon abgelassen hatte, das Kind zu umarmen und zu küssen.

Nero dagegen kam zu der abergläubischen Auffassung, die öffentlichen und privaten Opfer hätten nicht ausgereicht, die Götter zu besänftigen und seine Stimme zu retten, und die Götter hätten auch noch seine Tochter gefordert. Dies bestärkte ihn in der Überzeugung, daß er ausersehen sei, der größte Künstler seiner Zeit zu werden, und linderte seinen Kummer.

Der Senat verlieh Claudia Augusta göttlichen Rang, ließ sie wie eine Göttin bestatten und einen Tempel für sie errichten und ernannte ein eigenes Priesterkollegium. Nero war insgeheim überzeugt, daß in dem neuen Tempel in Wirklichkeit seine Stimme verehrt wurde, die von den Opfern immer besser werden mußte.

Daher erhielt das neue Priesterkollegium neben den öffentlichen Opfern noch ein besonderes, geheimes Ritual aufgetragen, das keinem Außenstehenden enthüllt werden durfte. Und wirklich wurde Neros Stimme, ganz wie nach Agrippinas Tod, kräftiger. Sie klang wie Erz und süß wie Honig zugleich, so daß die Zuhörer tiefinnerlich erzitterten. In mir rührte sich allerdings nichts. Ich gebe nur wieder, was sachkundigere Beurteiler ihm versicherten.

Nero nahm zu, seine Wangen wurden feist, er mästete sich, denn man hatte ihm gesagt, ein guter Sänger müsse reichlich Fleisch auf den Knochen haben, um die Anstrengungen des Singens zu ertragen. Und Poppaea war es lieber, er vertrieb sich die Zeit mit Gesangsübungen, als daß er wieder in sein Luderleben zurückfiel.

Nach dem Tod seiner Tochter widmete sich Nero den ganzen Winter der Ausbildung seiner Stimme, und das in dem Maße, daß er die Staatsgeschäfte als eine überflüssige Sorge ansah. Er versäumte die Versammlungen des Senats, weil er fürchtete, er könnte sich auf dem eiskalten Boden der Kurie erkälten. Wenn er wirklich einmal kam, wie üblich zu Fuß, hatte er die Füße mit Wolle umwickelt. Er erhob sich auch von seinem Platz, wenn ein Konsul ihn anredete. Sobald er aber das erstemal niesen mußte, entfernte er sich eilig und überließ es dem zuständigen Senatsausschuß, die wichtigsten Angelegenheiten zu entscheiden.

Während des Winters, kurz vor dem Saturnalienfest, wollte Claudia mich einmal dringend sprechen, um, wie sie mir sagen ließ, unter vier Augen etwas Wichtiges mit mir zu erörtern. Als ich meine täglichen Geschäfte mit meinen Klienten und Freigelassenen erledigt hatte, ließ ich sie rufen, fürchtete jedoch, sie werde wieder davon anfangen, daß ich mich bessern und die Taufe der Christen annehmen müsse.

Aber Claudia rang die Hände und sagte klagend: »Ach Minutus, ich bin eine Beute meiner widerstrebenden Gefühle, und es zieht mich bald hierhin, bald dorthin. Ich habe etwas getan, was ich dir bisher noch nicht zu sagen wagte. Doch sieh mich erst einmal an. Findest du nicht, daß ich mich verändert habe?«

Sie war mir wegen ihrer unaufhörlichen Nörgelei und ihrer christlichen Neunmalklugheit seit langem so widerwärtig gewesen, daß ich sie nie hatte ansehen mögen. Nun besänftigte mich aber ihre Demut, ich betrachtete sie näher und bemerkte zu meiner Verblüffung, daß die Sonnenbräune der Sklavin aus ihrem Gesicht verschwunden war. Sie war schön gekleidet und hatte sich das Haar nach der neuesten griechischen Mode gelegt.

Ich schlug die Hände zusammen und rief aufrichtig und ohne ihr schmeicheln zu wollen: »Du siehst aus wie die vornehmste Römerin. Ich glaube gar, du wäschst dein Gesicht heimlich mit Eselsmilch!«

Claudia errötete bis zum Hals und sagte rasch: »Nicht aus Eitelkeit pflege ich mich, sondern weil du mir deinen großen Haushalt anvertraut hast. Bescheidenheit und ein schlichter Sinn sind die schönste Zierde einer Frau, aber nicht in den Augen deiner Klienten und der Fleischhändler in den Markthallen. Ich meinte jedoch etwas anderes: entdeckst du in meinem Gesicht nicht eine gewisse Ähnlichkeit mit Kaiser Claudius?«

Ich beruhigte sie: »Nein, ganz gewiß nicht. Sei ohne Sorge. Der alte Claudius brauchte sich auf sein Aussehen nichts einzubilden. Du aber bist eine schöne, reife Frau, vor allem da du dir nun, wie ich sehe, die dichten Brauen auszupfst.«

Claudia war offenbar enttäuscht. »Du irrst dich ganz bestimmt«, sagte sie verdrossen. »Tante Paulina und ich haben in aller Heimlichkeit meine Halbschwester Antonia besucht, die uns in ihrer Einsamkeit dauert. Claudius ließ ihren ersten Gatten ermorden und Nero den zweiten. Daher wagt, seit sie aus Massilia zurückgekehrt ist, niemand mit ihr Umgang zu haben. Ihre Leiden haben sie gelehrt, die Dinge anders zu betrachten als zuvor. Sie bot uns Honigwein und Obsttorten an und schenkte mir ein goldenes Haarnetz. Wie die Dinge nun stehen, wäre sie vielleicht bereit, mich öffentlich als ihre Schwester anzuerkennen. Von den echten Claudiern sind ja nur noch sie und ich übrig.«

Ich erschrak, als ich erkannte, wie sehr sie sich in ihrem weiblichen Ehrgeiz an eitle Einbildungen klammerte.

»Hast du vergessen, daß dich Agrippina auf die bloße Andeutung deiner Herkunft hin durch falsche Zeugenaussagen in Schande und Unglück stürzte?« rief ich. »Als Adoptivsohn des Claudius wird Nero kaum erfreut sein, wenn er erfährt, daß er noch eine Schwester hat!«

»Ich habe Antonia natürlich nicht gesagt, was mir widerfahren ist«, sagte Claudia verärgert. »Ich gab ihr zu verstehen, ich hätte mich aus Furcht vor Agrippina auf dem Lande versteckt, und das ist zum Teil sogar wahr. Meine bösen Erinnerungen waren wie durch Gnade ausgelöscht, sobald ich es über mich brachte, Agrippina in meinem Herzen zu verzeihen. Ich habe, wie du dich vielleicht erinnern wirst, im Sklavinnenkleid und mit geschorenen Haaren und Augenbrauen Buße getan und fühle mich rein und frei von der Sünde, an der ich nicht selbst schuld war.«

Sie sah mich mit seltsam glänzenden Augen an, seufzte so schwer, daß sich ihr fülliger Busen hob, und ergriff mit beiden Händen eine der meinen, als ich erschrocken zurückwich.

»Wie soll ich das alles verstehen, unglückliche Claudia?« fragte ich.

»Minutus«, sagte sie. »Du weißt wohl selbst, daß du nicht so weiterleben kannst. Deine Ehe mit Sabina ist keine richtige Ehe. Du bist dumm und scheinst das noch nicht begriffen zu haben. Ganz Rom lacht darüber. In deiner Jugend gabst du mir ein gewisses Versprechen. Nun bist du ein erwachsener Mann, und der Altersunterschied zwischen uns beiden ist nicht mehr so groß wie damals, ja man bemerkt ihn kaum noch. Minutus, du mußt dich um deines eigenen Ansehens willen von Sabina scheiden lassen.«

Ich fühlte mich wie ein Tier, das man in eine Ecke seines Käfigs drängt und mit glühenden Stangen bändigt. »Das kann nicht dein Ernst sein«, sagte ich. »Der Aberglaube der Christen hat deine Sinne verwirrt, was ich schon seit langem befürchte.«

Claudia starrte mich unverwandt an und sagte klagend: »Ein Christ muß die Unzucht meiden. Aber Jesus von Nazareth soll gesagt haben, wer eine Frau mit begehrlichen Blicken betrachtet, der treibt in seinem Herzen schon Hurerei mit ihr. Ich habe es unlängst erst gehört, und ich weiß, daß dieses Wort auch für eine Frau gilt. Deshalb ist mir das Leben unerträglich, denn ich sehe dich jeden Tag und fühle ein heißes Begehren in meinem Herzen.

In den Nächten werfe ich mich ruhelos in meinem Bett hin und her und beiße vor Sehnsucht in mein Kissen.«

Ich fühlte mich unwillkürlich geschmeichelt und betrachtete sie mit anderen Augen. »Warum hast du mir das nicht früher gesagt?« fragte ich. »Ich hätte ja aus reiner Barmherzigkeit die eine oder andere Nacht zu dir kommen können! Mir selbst ist es nie eingefallen, weil du immerzu mit mir gestritten hast.«

Claudia schüttelte heftig den Kopf: »Deine Barmherzigkeit brauche ich nicht. Ich würde eine große Sünde begehen, wenn ich ohne das Band der Ehe in dein Bett käme. Daß du mir so etwas vorschlägst, zeigt mir, wie verhärtet dein Herz ist und wie niedrig du mich einschätzt.«

Mein Taktgefühl verbot mir, sie daran zu erinnern, wie tief gesunken sie war, als ich sie wiederfand. Ihre Absichten waren so wahnwitzig, daß ich vor Schreck verstummte. Aber Claudia fuhr fort: »Antonia könnte vor den Vestalinnen den heiligsten Eid schwören, daß ich eine Tochter des Claudius bin und vom selben Blute wie sie. Sie wäre wahrscheinlich auch dazu bereit, und sei es nur, um Nero zu ärgern. Eine Ehe mit mir wäre dann für dich nicht ohne Vorteil. Wenn wir ein Kind hätten, wüßten die Vestalinnen von seiner hohen Geburt, und wenn sich einmal die Verhältnisse ändern, könnte dein und mein Sohn zu den höchsten Ämtern Roms aufsteigen. Antonia ist sehr unglücklich darüber, daß ihre beiden Ehen kinderlos geblieben sind.«

Ich konnte mich nicht mehr beherrschen und schrie: »Wie sollte ein verdorrter Baum frische Sprosse treiben! Denk doch, was du gewesen bist!«

»Ich bin eine Frau!« rief Claudia tief gekränkt. »Mein Leib beweist es mir jeden Monat. Ich habe dir gesagt, daß ich von meiner Vergangenheit gereinigt bin. Du kannst dich selbst davon überzeugen, wenn du willst.«

Als ich aus dem Raum zu fliehen versuchte, vertrat sie mir den Weg. Wir begannen miteinander zu ringen, und plötzlich hielt ich sie in meinen Armen. Alte Wunden jucken, und ich war lange bei keiner Frau gelegen. Ehe wir noch wußten, wie uns geschah, küßten wir uns leidenschaftlich, und Claudia verlor alle Beherrschung. Später weinte sie zwar bitter, aber sie hielt mich fest umschlungen und sagte: »Mein unzüchtiges Benehmen beweist am besten, daß ich die Tochter des lasterhaften Claudius bin. Da du mich aber zur Sünde verleitet hast, mußt du es auch wiedergutmachen. Wenn du ein Mann bist, gehst du zu Sabina und sprichst mit ihr über die Scheidung.«

»Ich habe aber einen Sohn mit ihr«, wandte ich ein. »Die Flavier würden es mir nie verzeihen. Und Sabinas Vater ist Stadtpräfekt. Ich würde meine Stellung verlieren.«

»Ich will Sabina ja nicht verleugnen«, sagte Claudia mit unschuldsvoller Miene. »Es gibt aber einige Christen unter den Angestellten des Tiergartens, und die haben mir von Sabinas sittenlosem Lebenswandel einiges berichtet.«

Ich mußte lachen. »Sabina ist eine kalte, geschlechtslose Frau«, sagte ich voll Verachtung. »Das muß ich selbst wohl am besten wissen. Nein, ich finde keinen stichhaltigen Scheidungsgrund, denn sie hat nicht einmal etwas dagegen, daß ich meine Gelüste an anderen Frauen befriedige. Vor allem aber, das weiß ich genau, wird sie sich nie von den Löwen trennen wollen. Die sind ihr lieber als ich.«

»Was hindert sie daran, im Tiergarten zu bleiben?« wandte Claudia sehr vernünftig ein. »Sie hat dort ihr eigenes Haus, das du ohnehin nur noch selten aufsuchst. Ihr könnt ja auch nach der Scheidung noch gute Freunde sein. Sag ihr, du weißt alles und willst dich ohne großes Aufsehen von ihr scheiden lassen. Der Kleine kann ja deinen Namen behalten, da du ihn nun einmal in deiner Leichtgläubigkeit und Einfalt auf deine Knie gesetzt hast und dies nicht mehr widerrufen werden kann.

»Willst du etwa andeuten, Lausus sei nicht mein Sohn?« fragte ich verwundert. »Daß du so boshaft bist, hätte ich nicht gedacht. Wo bleibt da deine christliche Nächstenliebe?«

Claudia geriet außer sich und schrie: »Es gibt nicht einen Menschen in ganz Rom, der nicht wüßte, daß er nicht dein Sohn ist. Sabina hat es mit Tierbändigern und Sklaven und bestimmt auch mit den Affen getrieben. Nero lacht über dich hinter deinem Rücken, von deinen anderen schönen Freunden ganz zu schweigen.«

Ich hob meine Toga vom Boden auf, schlang sie um mich und ordnete den Faltenwurf, so gut ich es mit meinen vor Zorn zitternden Händen vermochte.

»Nur um dir zu beweisen, was dein niederträchtiges Geschwätz wert ist, gehe ich jetzt zu Sabina und rede mit ihr!« rief ich. »Dann komme ich zurück und lasse dich vor meinen Genien auspeitschen, weil du eine untaugliche Beschließerin und ein giftspritzendes Lästermaul bist. Danach kannst du in den Lumpen, in denen du gekommen bist, zu deinen Christen gehen.«

Ich rannte wie von den Furien gehetzt mit flatternder Toga geradewegs in den Tiergarten, so daß ich weder das Gedränge auf den Straßen bemerkte noch die Grüße erwiderte, die mir allenthalben entboten wurden. Ich ließ mich nicht einmal, wie es die gute Sitte erfordert hätte, bei meiner Gattin anmelden, sondern stürzte in ihr Zimmer, ohne der Sklaven zu achten, die mich aufzuhalten versuchten.

Sabina machte sich aus Epaphroditus' Armen frei, fuhr rasend wie eine verwundete Löwin auf mich los und schrie mit flammendem Blick: »Wie führst du dich auf, Minutus! Hast du den letzten Rest Vernunft verloren? Wie du sahst, war ich gerade dabei, Epaphroditus mit der Zungenspitze ein Staubkorn aus dem Auge zu nehmen. Er ist halb erblindet und kann sich nicht einmal mehr um die Löwen kümmern, die wir unlängst aus Numidien bekommen haben.«

Ich schrie zurück: »Schweig! Ich habe mit eigenen Augen gesehen, daß vielmehr er gerade dabei war, nach einer gewissen Stelle an dir zu suchen. Reicht mir mein Schwert, daß ich diesen schamlosen Sklaven erschlage, der in mein Ehebett spuckt!«

Sabina verhüllte ihre Nacktheit, befahl den erschrockenen Sklaven, sich zu entfernen, und schloß die Tür. »Du weißt, daß wir immer so leicht gekleidet wie nur möglich üben«, sagte sie. »Wehende Kleider reizen die Löwen nur. Du hast dich geirrt. Bitte Epaphroditus sofort um Vergebung dafür, daß du ihn beleidigt und einen Sklaven genannt hast. Er hat längst den Freilassungsstab erhalten und für seine Verdienste im Amphitheater das römische Bürgerrecht aus Neros eigener Hand.«

Nur halb überzeugt, rief ich weiter laut nach meinem Schwert und sagte: »Hier und jetzt fordere ich von dir eine Erklärung, was es mit den schändlichen Gerüchten auf sich hat, die über dich in Rom verbreitet werden. Morgen bitte ich den Kaiser um die Scheidung.«

Sabina erstarrte, warf Epaphroditus einen bedeutsamen Blick zu und sagte kalt: »Erwürge ihn. Wir rollen ihn in einen Teppich und werfen ihn in den Löwenkäfig. Es ist schon so mancher verunglückt, als er mit Raubtieren spielte.«

Epaphroditus kam auf mich zu und streckte seine riesigen Hände nach mir aus. Er war kräftig gebaut und um einen ganzen

Kopf größer als ich. Trotz meinem begreiflichen Zorn begann ich für mein Leben zu fürchten und sagte hastig: »Versteh mich recht, Sabina. Warum sollte ich den Vater meines Sohnes beleidigen wollen! Epaphroditus ist römischer Bürger und mir dadurch ebenbürtig. Laß uns dies in Ruhe besprechen. Es will doch keiner von uns einen öffentlichen Skandal!«

Auch Epaphroditus sagte begütigend: »Hör auf ihn, Sabina. Ich bin ein harter Mann, aber ich möchte nur ungern deinen Gatten töten. Er hat beide Augen zugedrückt und uns tun lassen, was wir wollten. Wenn er jetzt die Scheidung verlangt, wird er wohl seine eigenen Gründe haben. Wie oft hast du nach deiner Freiheit geseufzt! Nimm Vernunft an, Sabina.«

Aber Sabina verhöhnte ihn und schrie so zornig wie zuvor: »Wirst du weich in den Knien, wenn du dieses glatte Narbengesicht siehst, du Riesenkerl! Beim Herkules, das Beste an dir ist größer als dein Mut. Begreifst du nicht, daß es klüger ist, ihn einfach zu erwürgen und zu erben, was er hat, als seinetwegen verspottet zu werden?«

Epaphroditus wich meinem Blick aus und legte mir mit einem so eisenharten Griff die Finger um den Hals, daß jeder Widerstand sinnlos war. Meine Stimme erstickte, und es wurde mir schwarz vor Augen, aber ich gab durch Zeichen zu verstehen, daß ich bereit war, um mein Leben zu handeln. Als Epaphroditus seinen Griff gelockert hatte, sagte ich röchelnd: »Es versteht sich von selbst, daß du dein Eigentum behältst und im Tiergarten bleibst, wenn wir wie vernünftige Menschen auseinandergehen. Verzeih mir meine ganz unnötige Erregung, liebe Sabina. Dein Sohn trägt selbstverständlich weiter meinen Namen und erbt nach mir, wenn einmal die Zeit gekommen ist. Um der Liebe willen, die uns einst verband, möchte ich nicht, daß du dich eines Verbrechens schuldig machst, das früher oder später doch entdeckt wird. Laß uns Wein trinken und ein Versöhnungsmahl halten, du und ich und mein Schwager, vor dessen Körperkräften ich die größte Achtung hege.«

Epaphroditus brach plötzlich in Tränen aus, umarmte mich und rief: »Nein, ich kann dich nicht erwürgen! Wir wollen Freunde sein, alle drei. Es ist eine Ehre für mich, wenn du wirklich am selben Tisch mit mir essen willst.«

Vor Schmerz und Erleichterung stiegen auch mir die Tränen in die Augen. »Das ist das mindeste, was ich tun kann«, sagte ich und legte meinen Arm um seine breiten Schultern. »Meine Gattin habe ich schon mit dir geteilt, daher ist deine Ehre auch meine Ehre.«

Als Sabina sah, wie wir uns umschlungen hielten, kam auch sie wieder zur Vernunft. Wir ließen das Beste auftragen, was das Haus zu bieten hatte, tranken Wein miteinander und riefen auch Lausus zu uns, damit Epaphroditus ihn auf den Schoß nehmen und mit ihm plaudern konnte. Ab und zu lief mir ein kalter Schauder über den Rücken, wenn ich bedachte, was beinahe durch meine Dummheit geschehen wäre, aber nach und nach beruhigte mich der gute Wein.

Als wir eine Weile getrunken hatten, wurde mir recht traurig zumute. Ich erinnerte mich vergangener Zeiten und fragte Sabina: »Wie konnte es dahin mit uns kommen, da wir doch anfangs glücklich waren? Zumindest war ich blind verliebt in dich.«

Der Wein hatte auch Sabina weich gestimmt. »Du hast mich nie wirklich verstanden, Minutus«, sagte sie. »Ich mache es dir nicht zum Vorwurf, und ich bereue meine bösen Worte, damals, als ich deine Manneskraft anzweifelte. Wenn du mir wenigstens einmal ein blaues Auge geschlagen hättest wie bei unserer ersten Begegnung, oder wenn du mich ab und zu verprügelt hättest! Glaub mir, dann wäre alles anders gekommen. Erinnerst du dich noch, wie ich dich in der Hochzeitsnacht bat, mich zu vergewaltigen? Aber du bist nicht so ein herrlicher Mannskerl, der mit einem macht, was er will, soviel man auch zappelt und strampelt und schreit.«

Ich sagte verblüfft: »Bisher habe ich immer geglaubt, eine Frau verlange von der Liebe vor allem Zärtlichkeit und Geborgenheit.«

Sabina schüttelte mitleidig den Kopf und antwortete: »Das beweist nur, wie wenig du von den Frauen verstehst.«

Nachdem wir uns über die nötigen finanziellen Maßnahmen einig geworden waren, und ich Epaphroditus zu wiederholten Malen als einen Ehrenmann und den größten Künstler in seinem Fach gepriesen hatte, ging ich, gestärkt vom Wein, zu Flavius Sabinus, um ihn davon zu unterrichten, daß wir uns scheiden lassen wollten. Ich hatte, offen gestanden, beinahe mehr Angst vor seinem Zorn als vor Sabina. Zu meiner Verwunderung zeigte er sich jedoch sehr verständnisvoll.

»Ich habe längst bemerkt, daß es mit eurer Ehe nicht zum besten steht«, sagte er und vermied es, mir in die Augen zu sehen.

»Ich hoffe aber von Herzen, daß die Scheidung an unserer Freundschaft und an der Achtung, die wir beide füreinander hegen, nichts ändern wird. Ich würde in eine üble Klemme geraten, wenn du mir beispielsweise die Anleihe kündigtest, die du mir zugesagt hast. Wir Flavier sind leider nicht so vermögend, wie es zu wünschen wäre. Mein Bruder Vespasian soll zur Zeit vom Maultierhandel leben. Als Prokonsul in Afrika ist er nur ärmer geworden, als er ohnehin schon war. Es heißt, die Leute hätten ihn mit Kohlrüben beworfen. Er wird, fürchte ich, den Senat verlassen müssen, wenn der Zensor merkt, daß er die finanziellen Voraussetzungen nicht mehr erfüllt.«

Nero war unerwartet nach Neapolis gereist, nachdem er es sich in den Kopf gesetzt hatte, daß dort sein erstes großes öffentliches Auftreten als Sänger stattfinden solle. Die Zuhörer dort sind griechischer Abstammung und kunstverständiger als die Römer. Nero fürchtete sich trotz seinem Selbstbewußtsein vor jedem Auftritt und zitterte und schwitzte so, daß er sich erst beruhigte, wenn er wußte, daß seine eigenen, bezahlten Leute sich unter die Zuschauer gemischt hatten, um diese durch stürmisches Klatschen zu den ersten befreienden Beifallsäußerungen hinzureißen.

Ich reiste ihm schleunigst nach, wozu ich allein schon durch mein Amt verpflichtet war. Das schöne Theater in Neapolis war gedrängt voll. Neros glanzvolle Stimme versetzte die Zuhörer in Ekstase. Einige Reisende aus Alexandria, die ihrem Entzücken nach der Sitte ihrer Heimat durch rhythmisches Klatschen Ausdruck verliehen, fielen besonders auf.

Während der Vorstellung wurde das Theater plötzlich durch ein Erdbeben erschüttert. Unter den Zuhörern drohte eine Panik auszubrechen, aber Nero sang weiter, als wäre nichts geschehen, und machte ihnen durch seine Unerschrockenheit Mut. Man pries ihn wegen seiner Selbstbeherrschung, er aber sagte später, er habe sich so in seine Rolle eingelebt, daß er von dem Erdbeben nichts bemerkte.

Von seinem Erfolg begeistert, trat er mehrere Tage hintereinander im Theater auf. Zuletzt mußte der Rat der Stadt seinen Gesangslehrer bestechen, damit dieser ihn warnte und seine unvergleichliche Stimme zu schonen bat, denn die täglichen Geschäfte der Stadt, der Handel und die Seefahrt kamen durch die Vorstellungen beinahe völlig zum Erliegen. Die Alexandriner belohnte Nero für ihren Kunstverstand, indem er sie zu römischen Bürgern machte und ihnen viele Geschenke gab. Auch beschloß er, so bald wie möglich nach Alexandria zu reisen, um dort vor einem Publikum aufzutreten, das seiner, wie er sagte, würdig war.

Als ich bei passender Gelegenheit für mein eigen Teil seinen glänzenden Erfolg rühmte, fragte mich Nero: »Glaubst du nicht, daß ich mir, wenn ich nicht Kaiser wäre, an jedem beliebigen Ort der Welt als Künstler mein Brot verdienen könnte?«

Ich versicherte ihm, daß er als Künstler nicht nur freier, sondern in gewissem Sinne auch reicher wäre denn als Kaiser, da er sich nicht wegen jeder kleinen Ausgabe mit seinen Verwaltern herumzustreiten brauchte. Ich erwähnte, daß es nach meiner Amtszeit als Prätor meine Schuldigkeit war, dem Volk eine Theatervorstellung zu bieten, daß es aber meiner Meinung nach in ganz Rom keinen wirklich guten Sänger gebe. Zuletzt sagte ich mit gespielter Verlegenheit: »Wenn du in meiner Vorstellung auftreten wolltest, wäre mir die Gunst des Volkes gewiß. Ich würde dir eine Million Sesterze zahlen. Das Stück dürftest du dir natürlich selbst wählen.«

Soviel ich weiß, war das das höchste Honorar, das man jemals einem Sänger für ein einziges Auftreten geboten hatte. Sogar Nero war überrascht und fragte: »Meinst du wirklich, daß meine Stimme eine Million Sesterze wert ist und daß du mit ihr die Gunst des Volkes gewinnen kannst?«

Ich versicherte ihm, daß es für mich die höchste Gunst wäre, die ich mir vorstellen könne, wenn er einwilligte. Nero runzelte die Stirn, murmelte etwas von seinen vielen Pflichten und sagte schließlich: »Ich muß als Schauspieler verkleidet auftreten, auf Kothurnen und mit einer Maske vor dem Gesicht. Dir zuliebe kann ich mir ja eine Maske anfertigen lassen, die mir ähnelt. Ich möchte einmal den Geschmack des römischen Publikums auf die Probe stellen, und deshalb dürfen wir meinen Namen erst nach der Aufführung bekanntgeben. Unter diesen Bedingungen nehme ich dein Angebot an. Ich glaube, ich werde den Orest wählen. Das ist eine Rolle, die ich schon lang einmal singen möchte, und ich traue mir zu, mit der aufgestauten Kraft meiner Empfindungen sogar das harthörige römische Publikum zu erschüttern.«

In seiner Künstlereitelkeit wollte er ausgerechnet diese Muttermörderrolle spielen, um seine eigenen Gefühle in Wallung zu versetzen. Im Grunde verstand ich ihn. Hatte ich selbst mich doch von meinen bösen Erinnerungen an die kilikische Gefangenschaft, die mich an den Rand des Wahnsinns trieben, dadurch befreit, daß ich ein komisches Buch schrieb. Für Nero war die Ermordung Agrippinas ein erschütterndes Erlebnis, das er durch den Gesang zu überwinden suchte. Ich fürchtete jedoch, daß ich mich durch mein Angebot in große Gefahr gebracht hatte. Was geschah, wenn das Publikum Nero nicht erkannte und seine Darbietung nicht zu würdigen verstand?

Ja, es konnte sogar noch schlimmer kommen. Eine Maske, die Nero ähnelte, in der Rolle des Muttermörders! Die Zuschauer faßten die Vorstellung womöglich als eine Kundgebung gegen Nero auf und ließen sich mitreißen. In dem Falle war ich verloren. Und wenn andere Zuschauer es sich angelegen sein ließen, Neros Ruf zu verteidigen, kam es zu einem Handgemenge, das sogar Menschenleben fordern konnte.

Ich wußte mir keinen anderen Rat, als heimlich die Kunde zu verbreiten, daß Nero selbst in meiner Vorstellung als Orest aufzutreten gedachte. Viele altmodisch gesinnte Senatoren und Ritter weigerten sich, zu glauben, daß ein Kaiser imstande sei, sich mit Schauspielern und Gauklern auf eine Stufe zu stellen und mit Absicht und Bedacht zum Gespött der Leute zu machen. Als sie gar noch erfuhren, was für ein Stück gewählt worden war, hielten sie das Gerücht für einen boshaften Scherz.

Zum Glück hatte auch Tigellinus in dieser Sache seinen Vorteil zu wahren. Er stellte eine Kohorte Prätorianer ab, die einerseits für Ruhe und Ordnung im Theater sorgen und andrerseits an bestimmten Stellen, dem Beispiel der von Nero selbst zu diesem Zweck gedungenen Männer folgend, klatschen mußte. Als Anführer wurden einige junge Ritter auserwählt, die ein wenig von Musik und Gesang verstanden und nicht den Fehler begingen, den Beifall im falschen Augenblick einsetzen zu lassen. Alle mußten außerdem üben, vor Entzücken zu trällern, mit zu Schalen gewölbten Händen dumpf zu klatschen und dann wieder weithin schmetternde Klatschlaute hervorzubringen und an ergreifenden Stellen schmachtend und im Takt zu seufzen.

Das Gerücht von einer politischen Kundgebung im Theater lockte ungeheure Mengen von Zuschauern an, die unter anderen Umständen wohl kaum meine Vorstellung mit ihrer Gegenwart beehrt hätten. Das Gedränge war so groß, daß bei den Eingängen einige Menschen niedergetrampelt wurden und die Sklaven so manchen alten Senators handgreiflich werden mußten, um ihren

Herrn zu den Ehrensitzen des Senats tragen zu können. Es ging zu wie bei den Wagenrennen im Zirkus, wenn etwas Besonderes zu erwarten stand.

Nero war so aufgeregt, daß er sich vor der Vorstellung mehrere re Male erbrach und seine Kehle unaufhörlich mit Getränken spülte, die sein Lehrer ihm verschrieben hatte und die die Stimmbänder kräftigen sollten. Ich muß jedoch gestehen, daß er eine glänzende Vorstellung gab, sobald er die Szene betreten hatte. Seine mächtige Stimme hallte durch das ganze Theater und erreichte die Ohren von wohl zwanzigtausend Menschen, und er stellte seine grausame Rolle so echt und ergreifend dar, daß einige empfindsamere Frauen in Ohnmacht fielen.

Das Trällern, Seufzen und Klatschen kam an den richtigen Stellen, und das gewöhnliche Publikum stimmte bereitwillig in den Beifall ein. Als Nero aber zuletzt mit blutbefleckten Händen auf die Szene stürzte, erhob sich von den Bänken der Senatoren und Ritter ein lautes Miauen, Krähen und Zischen, das selbst der stärkste Beifall nicht zu übertönen vermochte. Ich glaubte, meine letzte Stunde sei gekommen, als ich mit weichen Knien hinter die Szene ging, um zusammen mit Nero, der die Maske abgenommen hatte, hinauszutreten und zu verkünden, daß der Kaiser selbst vor seinem Volke aufgetreten war.

Zu meiner unbeschreiblichen Verwunderung fand ich jedoch einen Nero vor, der, schweißnaß und mit vor Erschöpfung verzerrtem Gesicht, vor Freude weinte.

»Hast du gesehen, hast du gehört, wie ich das Publikum mitriß?« fragte er mich. »Sie miauten und krähten sogar, um die Strafe für den Muttermord auf Orest herabzurufen! Ich glaube, es ist noch nie vorgekommen, daß die Zuschauer bei einer Aufführung so vollständig mitlebten!«

Nero trocknete sich den Schweiß ab und trat dann siegesstolz lächelnd hinaus, um den Beifall entgegenzunehmen, der zu Donnertosen anschwoll, als ich, durch einen Trichter rufend, verkündete, daß der Kaiser in eigener Person mitgespielt hatte. Das Publikum forderte wie ein Mann, er solle noch mehr singen.

Mir wurde die Ehre zuteil, Nero die Zither zu bringen. Er sang und begleitete sich selbst, um auch seine Meisterschaft als Zitherspieler zu beweisen, bis es so dunkel wurde, daß man sein Gesicht nicht mehr erkennen konnte. Erst dann hörte er widerstrebend auf, ließ aber kundmachen, daß er auch in Zukunft vor dem Volk auftreten werde, wenn dies der Wunsch des Volkes sei.

Als ich ihm die Anweisung auf eine Million Sesterze reichte, sagte ich ihm, daß ich Befehl gegeben hatte, seinem Geburtsgenius, seiner verstorbenen Tochter und zur Sicherheit auch Apoll ein Dankopfer darzubringen. »Obwohl«, fügte ich hinzu, »obwohl ich glaube, daß du Apoll bereits übertroffen hast und seine Hilfe nicht mehr brauchst.«

Während er noch vor Freude ganz außer sich war, brachte ich so beiläufig wie möglich den Wunsch vor, er möge meine Ehe in aller Stille auflösen, da wir uns, Sabina und ich, nicht vertrugen, beide die Scheidung wünschten und im übrigen auch die Einwilligung unserer Eltern hatten.

Nero begann laut zu lachen und sagte, es sei ihm schon längst klar, daß ich meine sonderbare Ehe aus reiner Lasterhaftigkeit weitergeführt hätte. Er fragte mich neugierig, ob es wahr sei, daß Sabina geschlechtlichen Umgang mit den afrikanischen Riesenaffen pflege, wie in der Stadt so hartnäckig behauptet werde. Er hätte ganz und gar nichts dagegen, sich einmal heimlich so eine Vorstellung anzusehen. Ich bat ihn, Sabina selbst danach zu fragen, und gab vor, wir seien so verfeindet, daß wir nicht einmal mehr miteinander redeten. Er stellte mir nur noch die Bedingung, daß Sabina auch nach der Scheidung zum Vergnügen des Volkes im Amphitheater auftreten müsse, und schon am nächsten Morgen erhielt ich die Scheidungsurkunde, für die ich nicht einmal die übliche Gebühr zu entrichten brauchte.

Neros Auftreten als Orest erweckte Verwunderung und endlose Diskussionen, und ich geriet in den Ruf eines kühnen, rücksichtslosen Menschen. Zu jener Zeit begannen Neros Feinde boshafte Geschichten über ihn zu erfinden, indem sie den gleichen Grundsatz befolgten, den er selbst sich zu eigen gemacht hatte, als er beispielsweise Octavias Ehebruch bekanntgab: Je größer die Lüge, desto lieber wird sie geglaubt.

Diese Wahrheit kehrte sich nun gegen Nero selbst, denn das Volk glaubte die schamlosesten Lügen mit der größten Bereitwilligkeit. Dagegen wollte niemand von dem Guten hören, das man über ihn berichtete.

Daß die Herrscher Roms das Volk belogen, war freilich nichts Neues. Denken wir nur an den Gott Julius, der durch tägliche Bekanntmachungen seinem schlechten Ruf entgegenzuarbeiten versuchte, oder an den Gott Augustus, dessen Grabinschrift auf der Mauer des Mausoleums ungezählte Verbrechen verschweigt.

Ich hatte mir unter Einsatz meines Lebens die Scheidung verschafft, aber damit waren meine Schwierigkeiten noch nicht zu Ende. Zwar bedeutete die Scheidung an sich eine Erleichterung, denn sie befreite mich von der herrschsüchtigen Sabina, aber ich konnte natürlich nicht daran denken, mich mit Claudia zu vermählen, die der Tatsache, daß wir sozusagen aus reinem Zufall, der Verlockung des Augenblicks gehorchend wie in unserer Jugend Tagen, beieinandergelegen waren, eine übertriebene Bedeutung beimaß.

Ich sagte ihr offen ins Gesicht, daß ich nicht der Meinung war, ein Mann müsse jede Frau, die sich in seine Arme warf, gleich heiraten. Unter solchen Umständen wäre ja unter den Menschen kein vernünftiges Zusammenleben mehr möglich. In meinen Augen war das Geschehene weder eine Sünde noch eine Erniedrigung für Claudia.

Nicht einmal Christus selbst hatte, während er auf Erden lebte, eine Ehebrecherin verdammen wollen, weil er diejenigen, die sie anklagten, für nicht minder schuldig hielt. Diese Geschichte hatte ich selbst gehört. Aber Claudia erboste sich und sagte, sie wisse besser als ich, was Christus gesagt und getan habe, denn sie habe es aus Kephas' eigenem Munde gehört. Nachdem sie gefallen sei und mit mir gesündigt habe, sei sie auch sündhaft und werde immer sündhafter, je öfter sie mich sehe.

Ich versuchte ihr daher nach Möglichkeit auszuweichen, damit sie mich nicht so oft zu sehen brauchte. Ich ließ mich auf neue große Geschäfte ein, um meine Stellung zu fördern und mich durch Arbeit abzulenken. Einer meiner Freigelassenen brachte mich zu der Einsicht, daß wirklich große Vermögen nur durch den Getreidehandel und die Einfuhr von Speiseöl zu verdienen waren. Der Handel mit Seide aus China, Gewürzen aus Indien und anderen Kostbarkeiten für die Reichen und Vornehmen war daneben eine ganz unbedeutende Erwerbsquelle. Dank meinen Tiereinkäufen hatte ich bereits gute Handelsverbindungen in Afrika und Iberien, und durch meine Freundschaft mit Fenius Rufus war es mir möglich, im Getreidehandel Fuß zu fassen. Mein Freigelassener reiste selbst nach Iberien, um Olivenöl aufzukaufen.

Ich hatte nun oft in Ostia zu tun und stellte fest, daß dort eine ganz neue, schön gebaute Stadt emporgewachsen war. Ich hatte mich schon lange über Claudias Vorwurf geärgert, ich verschaffte mir verbrecherische Einkünfte aus meinen Mietshäusern in Suburra und auf der dem Zirkus zugekehrten Seite des Aventins. Sie behauptete, meine Mieter wohnten unmenschlich eng, schmutzig und ungesund, aber ich wußte, daß es nur die armen Christen waren, die sich bei ihr beklagt hatten, weil ihnen die Mieten zu hoch waren.

Wenn ich aber die Mieten gesenkt hätte, würde der Andrang zu meinen Häusern noch größer geworden sein, und ich wäre überdies von allen anderen Hausherren des unlauteren Wettbewerbs bezichtigt worden. Daß die Häuser in schlechtem Zustand waren, sah ich selbst, aber an eine Instandsetzung war nicht zu denken, denn ich brauchte all mein Bargeld und mußte sogar noch Anleihen aufnehmen, um meine neuen Unternehmungen voranzubringen. Ich faßte daher einen raschen Entschluß, verkaufte mehrere Mietshäuser auf einmal und erwarb mit dem Erlös einige billige Baugründe an den Rändern Ostias.

Claudia machte mir deshalb bittere Vorwürfe und behauptete, ich hätte meine Mieter in noch ärgere Bedrängnis gebracht, denn die neuen Hausherren dachten ebensowenig daran, die Häuser instand zu setzen, und erhöhten obendrein die Mieten, um die Riesensummen wieder hereinzubringen, die sie mir bezahlt hatten. Ich warf Claudia meinerseits vor, daß sie nicht hauszuhalten verstand und mein Geld für wohltätige Zwecke verschwendete, die mir nicht einmal die Gunst der Leute eintrugen, da es die Christen für selbstverständlich hielten, daß man den Armen half, und für die Hilfe, die sie bekamen, nur Christus dankten.

Daraufhin hielt mir Claudia wiederum vor, daß ich unvergleichlich größere Summen für gottlose Theatervorstellungen hinauswürfe. Sie machte keinen Unterschied zwischen Schauspielen und Tierkämpfen im Amphitheater und wollte nichts hören, als ich ihr zu erklären versuchte, daß ich nur einer Verpflichtung nachkam, weil ich Prätor gewesen war und mein Vater einen Sitz im Senat hatte. Ein Mann in meiner Stellung brauchte die Gunst der Bürger. Die Christen sind dagegen zum größten Teil ohnehin nur Sklaven und anderes Pack, das nicht das Bürgerrecht besitzt.

Ich konnte Claudia erst den Mund stopfen, als ich sagte, sie sei offenbar keine echte Claudierin. Ihr Vater hatte nämlich an den Vorstellungen im Amphitheater so großen Gefallen gefunden, daß er nicht einmal essen gehen wollte, während die Raubtiere die zum Tode Verurteilten in Stücke rissen. Anständige Menschen halten dann Mittagsruhe und verlassen das Amphitheater für eine Weile. Der menschliche Nero hatte gleich zu Beginn seiner Regierungszeit das Verbot erlassen die Verurteilten den Tieren vorzuwerfen, und duldete nicht einmal, daß die Berufsgladiatoren bis zum letzten Atemzug kämpften.

Ich gestehe, daß ich Claudias weibliche Schwachheit ausnützte, um sie wenigstens ab und zu einmal zum Schweigen zu bringen. Ich verschloß ihr den Mund mit Küssen und streichelte sie so lange, bis sie der Versuchung nicht mehr zu widerstehen vermochte und sich mir lachend in die Arme warf. Später war sie dann freilich noch finsterer und drohte mir sogar mit dem Zorn ihrer Halbschwester Antonia. Als ob Antonias Zorn damals noch irgendeine politische Bedeutung gehabt hätte!

Ich ließ, wenn wir auf diese Weise beisammen waren, jede Vorsicht außer acht, wußte ich doch, was Claudia in Misenum erlebt hatte. Im übrigen dachte ich daran nicht gern, denn in gewissem Sinne war ich an ihrem Schicksal schuld. Wie dem auch sei: ich vertraute auf die Richtigkeit des Sprichworts, daß auf öffentlichen Wegen kein Gras wächst.

Um so größer war meine Verwunderung, ja mein Entsetzen, als Claudia mich eines Tages, da ich eben aus Ostia zurückgekehrt war, mit geheimnisvoller Miene beiseite führte und mir strahlend vor Stolz ins Ohr flüsterte, daß sie von mir schwanger sei. Ich glaubte ihr nicht und nahm vielmehr an, sie sei ein Opfer ihrer Einbildungen oder leide an einer Frauenkrankheit. Ich ließ rasch einen griechischen Arzt kommen, der in Alexandria studiert hatte, glaubte aber auch ihm nicht, als er mir versicherte, Claudia sei vollkommen gesund. Ihr Harn hatte ein Haferkorn sofort zum Keimen gebracht, was ein sicheres und untrügliches Zeichen für Schwangerschaft ist.

Als ich eines Abends, gut gelaunt und nichts Böses ahnend, in mein Haus auf dem Aventin heimkehrte, erblickte ich im Gästezimmer Antonia mit ihrem feingeschnittenen Gesicht und dazu die alte Paulina, mit der ich seit meiner Abreise nach Achaia nicht mehr zusammengetroffen war. Sie war vom vielen Fasten ganz vom Fleisch gefallen und kleidete sich noch immer in Schwarz. In ihren alten Augen leuchtete ein überirdisches Licht.

Antonia war offensichtlich verlegen, bewahrte aber ihre spöttische Haltung und musterte mich von oben herab. Während ich mich noch fragte, ob ich ihr nicht, mit einiger Verspätung zwar, mein Beileid zu dem plötzlichen Hinscheiden ihres Gatten Faustus Sulla aussprechen müsse, sagte Tante Paulina plötzlich streng: »Du hast deine Pflichten gegenüber Claudia versäumt. Ich fordere im Namen Christi, daß du sie unverzüglich zur Gattin nimmst. Wenn du Gott nicht fürchtest, so fürchte die Plautier. Es geht um das Ansehen unseres Geschlechts.«

Auch Antonia tadelte mich: »Ich kann dein Betragen gegen meine Halbschwester nicht eben bewundern, und es wäre mir lieber, sie müßte nicht einen Mann mit einem so schlechten Ruf nehmen. Doch du hast sie verführt, sie ist schwanger, und es läßt sich nicht mehr ändern.«

Vor Verwunderung außer mir, fragte ich: »Glaubst auch du, die du eine vernünftige Frau bist, die unsinnige Geschichte von ihrer Abstammung? Claudius hat sie doch nie anerkannt!«

»Aus politischen Gründen«, sagte Antonia ruhig. »Mein Vater Claudius ließ sich seinerzeit von Plautia Urgulanilla scheiden, um meine Mutter Aelia zu heiraten, die, wie du weißt, eine Adoptivschwester des Sejanus war. Claudia wurde fünf Monate nach der Scheidung geboren, und aus Rücksicht auf meine Mutter hielt es Sejanus für unziemlich, ihr die gesetzliche Stellung einer Kaisertochter zu geben. Du weißt, welchen Einfluß Sejanus damals hatte. Um seine Gunst zu gewinnen, hatte Claudius meine Mutter geheiratet. Ich erinnere mich noch gut, daß sie sich oft über das ehrlose Benehmen meines Vaters beklagte. Über Claudias Mutter erzählt man das eine und das andere. Ich war zu hochmütig, um Claudia auch nur im geheimen als meine Halbschwester anzuerkennen, aber jetzt ist von meinem Hochmut nicht mehr viel geblieben. Deshalb möchte ich das Unrecht wiedergutmachen, das ich Claudia angetan habe.«

»Bist auch du unter die Christen gegangen?« fragte ich spöttisch.

Antonia errötete über meine Frage. »Ich bin nicht eingeweiht«, sagte sie abwehrend. »Aber ich erlaube meinen Sklaven, Christus zu verehren. Das tust auch du. Und ich möchte nicht, daß das uralte Geschlecht der Claudier mit mir ausstirbt. Ich bin bereit, dein Kind zu adoptieren, wenn es sein muß. Wenigstens hätten Nero und Poppaea immer etwas, woran sie denken könnten.«

Ich begriff, daß sie mehr aus Haß gegen Nero denn aus Liebe

zu Claudia handelte. Nun mischte sich Paulina ins Gespräch und sagte: »Urgulanilla hat auf dem Totenbett den heiligsten Eid geschworen, daß Claudia wirklich die Tochter des Claudius ist. Ich war mit Urgulanilla wegen ihres lasterhaften Lebenswandels während ihrer letzten Jahre nicht mehr gut befreundet, aber ich glaube nicht, daß eine Frau in einer so ernsten Sache auf dem Totenbett einen Meineid zu schwören imstande ist. Die Schwierigkeit war von Anfang an die, daß du als Ritter dich nicht mit einer unehelich Geborenen glaubtest vermählen zu dürfen. Aus demselben Grund und aus Angst vor Claudius weigerte sich mein Gatte, Claudia zu adoptieren. Im Grunde ist Claudia jedoch sowohl römische Bürgerin als auch in der Ehe geboren. Es würde niemanden einfallen, dies zu bezweifeln, wenn sie nicht die Tochter eines Kaisers wäre.«

Claudia, die in diesen Tagen wie alle Schwangeren empfindlich war, begann zu weinen und rief: »Ich glaube nicht einmal, daß mein armer Vater mich wirklich haßte. Er ist nur so beeinflußt worden, zuerst von der unglückseligen Messalina und dann von der niederträchtigen Agrippina, daß er es nicht wagte, mich als seine Tochter anzuerkennen, selbst wenn er es gewollt hätte. In meinem Herzen habe ich ihm bereits verziehen.«

Als ich über die juristische Seite der Sache nachdachte, fiel mir ein, wie rasch ich Jucundus zum römischen Bürger gemacht hatte. »Claudia war gezwungen, sich jahrelang in einer Landstadt versteckt zu halten«, sagte ich vorsichtig. »Es ließe sich vielleicht so einrichten, daß sie in die Bürgerrolle irgendeines abgelegenen Ortes eingeschrieben wird, und zwar als Tochter eines bereits verstorbenen Vaters A und einer ebenfalls dahingeschiedenen Mutter B. Man brauchte nur eine kleine Stadt zu wählen, in der etwa ein Brand das Archiv zerstört hat. Es gibt ja Millionen römischer Bürger in den verschiedensten Ländern, und wir wissen, daß so mancher Zugewanderte behauptet, römischer Brüger zu sein, ohne zur Rechenschaft gezogen zu werden, weil es zur Zeit nicht möglich ist, ihm das Gegenteil zu beweisen. Auf diese Weise könnte ich Claudia heiraten.«

Claudia fuhr mich zornig an: »Laß mich mit deinem Alphabet in Frieden. Ich will weder A zum Vater noch B zur Mutter. Mein Vater war Tiberius Claudius Drusus, und meine Mutter war Plautia Urgulanilla. Immerhin danke ich dir dafür, daß du die Möglichkeit zu erwägen geruhst, mich zu heiraten. Ich fasse deine

Worte als eine Werbung auf, und ich habe hier zwei achtbare Zeugen.«

Paulina und Antonia beeilten sich, mich lächelnd zu beglückwünschen. Ich war in eine Falle gegangen und hatte mich doch eigentlich nur rein theoretisch zu einem juristischen Problem geäußert. Nach einigem Hin und Her kamen wir überein, eine Urkunde über Claudias Herkunft aufzusetzen, die Antonia und Paulina als Geheimdokument im Archiv der Vestalinnen hinterlegen sollten.

Die Hochzeit sollte in aller Stille stattfinden, ohne Opfer und Festlichkeiten, und in die Bürgerrolle sollte Claudia unter dem Namen Plautia Claudia Urgulanilla eingetragen werden. Daß die Behörden keine überflüssigen Fragen stellten, dafür hatte ich zu sorgen. Claudias Stellung brauchte keine Veränderung zu erfahren, denn sie stand längst mit allen Vollmachten meinem Hause vor.

Ich ging schweren Herzens auf alles ein, da mir keine andere Wahl blieb, und fürchtete, auf die übelste Art und Weise in eine politische Verschwörung gegen Nero verwickelt worden zu sein. Tante Paulina dachte gewiß an nichts dergleichen, aber Antonia sagte zuletzt ganz offen: »Ich bin einige Jahre jünger als Claudia, aber Nero erlaubt mir nicht, noch einmal zu heiraten. Und kein vornehmer Mann würde es wagen, sich mit mir zu vermählen, denn jeder weiß, wie es Faustus Sulla erging. Vielleicht wäre alles anders gekommen, wenn Sulla nicht so täppisch gewesen wäre. Er verstand es nicht, Fortuna beim Schopf zu fassen. Deshalb freute ich mich nun, daß Claudia als Tochter des Kaisers heiraten kann, wenn auch nur heimlich. Deine Durchtriebenheit, lieber Minutus, deine Rücksichtslosigkeit und dein Reichtum ersetzen vielleicht die anderen Eigenschaften, die ich mir von Claudias Gatten gewünscht hätte. Denke immer daran, daß du dich durch diese Heirat sowohl mit den Claudiern als auch mit den Plautiern verbindest.«

Paulina und Claudia baten uns, mit ihnen zusammen zu beten, daß unser Bund im Namen Christi gesegnet werde. Antonia lächelte verächtlich, sagte jedoch: »Mir ist ein Name so recht wie der andere, wenn ihr an seine Macht glaubt. Ich unterstütze seine Partei, weil ich weiß, wie sehr die Juden ihn hassen, deren Einfluß unerträglich wird. Poppaea verhilft ihnen zu Ämtern, und Nero überschüttet einen jüdischen Pantomimiker mit den kostbarsten Geschenken, obwohl der Kerl sich frech weigert, am jüdischen Sabbat aufzutreten.«

Die stolze Antonia dachte in ihrer Verbitterung offenbar an nichts anderes, als wie sie Nero und Poppaea mit allen Mitteln schaden könnte. Sie konnte gefährlich sein, obgleich sie keinen Einfluß mehr besaß, und ich war froh, daß sie so viel Verstand bewiesen hatte, erst nach Einbruch der Dunkelheit und in einer Sänfte mit geschlossenen Vorhängen in mein Haus zu kommen.

Ich war so niedergeschlagen, daß ich den letzten Rest von Stolz ablegte und mich an dem christlichen Gebet beteiligte und um Vergebung meiner Sünden bat. Ich brauchte Hilfe, einerlei woher sie kam. Kephas und Paulus und mehrere andere heilige Christen hatten immerhin in Christi Namen Wunder gewirkt. Als die Gäste gegangen waren, trank ich sogar mit Claudia aus dem Zauberbecher meiner Mutter, und dann legten wir uns, nach langem wieder miteinander ausgesöhnt, schlafen.

Wir schliefen nach diesem Tage zusammen, als wären wir schon Ehegatten, und niemand im Haus machte ein Aufhebens davon. Ich will auch nicht leugnen, daß es mir schmeichelte, das Bett mit einer Kaisertochter zu teilen. Dafür ging ich auf Claudias Wünsche ein und unterwarf mich während der Zeit der Schwangerschaft allen ihren Launen. Die Folge davon war, daß die Christen mein Haus endgültig zu ihrer Heimstatt machten. Ihre Lobpreisungen hallten von morgens bis abends so laut durch die Gegend, daß sogar die Nachbarn gestört wurden.

IX

TIGELLINUS

Es hatte, von einigen Gewittern abgesehen, lange nicht geregnet. Ganz Rom litt unter Hitze, Schmutz, üblen Gerüchen und Staub. In meinem Garten auf dem Aventin war das Laub der Bäume mit einer dicken Staubschicht bedeckt, und das Gras raschelte vor Dürre. Allein Tante Laelia genoß die Hitze. Sie, die vor Alter ständig fror, ließ sich aus den kühlen inneren Räumen in den Garten hinaustragen, sog schnuppernd die Luft ein und sagte: »Ein richtiges Brandwetter ist das.«

Sie schien für Augenblicke wieder klar im Kopf zu sein und

berichtete zum hundertsten Male lebhaft von der Feuersbrunst, die vor vielen Jahren den ganzen Aventin verheert hatte. Der Bankier meines Vaters hatte damals die verwüsteten Grundstücke billig aufgekauft und Mietshäuser darauf errichten lassen, aus denen ich meine Einkünfte bezogen hatte, bis ich sie im vergangenen Winter vorteilhaft verkaufte.

Als ich eines Tages wieder in meinem Garten war, glaubte ich einen Rauchgeruch wahrzunehmen. Ich achtete jedoch weiter nicht darauf und redete mir sogar ein, ich müsse mich getäuscht haben, da ich wußte, daß in dieser Sommerhitze die Brandwachen in allen Stadtbezirken wachsam Ausschau hielten und daß es verboten war, ohne besondere Notwendigkeit Feuer anzuzünden. Es wehte auch kein Wind. Die Luft war vom frühen Morgen an sengend heiß und stickig gewesen.

Irgendwo in der Ferne hörte ich Hornsignale und ein seltsames Brausen, aber erst als ich mich in die Stadt begab, stellte ich erschrocken fest, daß die ganze dem Palatin zugekehrte Längsseite der großen Rennbahn in hellen Flammen stand. Ungeheure Rauchwolken stiegen von den Wachs-, Weihrauch- und Tuchläden auf. Diese leicht entzündlichen kleinen Buden hatten keinerlei Brandmauern, weshalb das Feuer mit Blitzesschnelle um sich griff.

Um die große Brandstätte herum wimmelten die Menschen durcheinander wie Ameisen, und ich glaubte die Löschmannschaften von mindestens drei Stadtbezirken zu erkennen, die breite Brandgassen schlugen, um das rasende Flammenmeer einzudämmen. Eine solche Feuersbrunst hatte ich nie zuvor gesehen. Es war ein beklemmender Anblick, aber noch machte ich mir keine allzu großen Sorgen. Im Gegenteil, ich fand, die Löschmannschaft unseres eigenen Stadtteils hätte sich nicht den anderen anschließen sollen, sondern bleiben, wo sie war, und den Hang des Aventins bewachen.

Ich schickte einen meiner Begleiter zurück, um Claudia und die Hausgenossen zu warnen. Auf dem Weg zum Tiergarten ging ich kurz bei der Präfektur vorbei, um mich zu erkundigen, wie der Brand entstanden war. Man hatte einen reitenden Eilboten ausgeschickt, der meinen ehemaligen Schwiegervater von seinem Landgut holen sollte, aber der Stellvertreter des Präfekten fühlte sich seiner Aufgabe durchaus gewachsen.

Er beschuldigte die jüdischen Kramhändler und die Zirkusleute in den Läden und am Capuanischen Tor, leichtsinnig mit dem Feuer umgegangen zu sein, meinte aber, daß diese Warenlager rasch ausgebrannt sein würden und keine weitere Gefahr bestünde. Im Grunde hielt er die Aufrechterhaltung der Ordnung für dringlicher als die Bekämpfung des Brandes, denn schon waren zahllose Sklaven und anderes Gesindel herbeigeströmt, um die günstige Gelegenheit zu nutzen und die Zirkusbuden zu plündern.

Nach einem Rundgang durch den Tiergarten, der schwer unter der Hitze litt, und einer Beratung mit dem Tierarzt wegen der Aufbewahrung der leicht verderblichen Fleischvorräte ordnete ich an, die Käfige mit frischem Wasser zu übergießen und den Tieren mehr Wasser als üblich zu geben. Mit Sabina unterhielt ich mich sehr freundschaftlich, denn seit der Scheidung verstanden wir uns viel besser als während der Zeit unserer Ehe.

Sabina bat mich, den Aufseher über die Aquädukte aufzusuchen und dafür zu sorgen, daß die Leitungen zum Tiergarten nicht wegen des Brandes gesperrt wurden. Ich versicherte ihr, daß wir uns deshalb nicht zu bemühen brauchten, da gewiß schon die Hausvorsteher aller vornehmen Familien in derselben Angelegenheit beim Aufseher vorgesprochen hatten, um die Bewässerung ihrer Gärten bei diesem heißen Wetter sicherzustellen.

Tatsächlich erhielt ich den Bescheid, daß die Absperrung der Leitungen nur durch Senatsbeschluß oder auf ausdrücklichen Befehl des Kaisers aufgehoben werden konnte. Die üblichen Sparmaßnahmen mußten streng eingehalten werden. Da der Senat im Sommer nur zusammentritt, wenn der Staat in Gefahr ist, waren die meisten Senatoren nicht erreichbar, und Nero hielt sich zufällig gerade in Antium auf.

Ich kehrte wieder zum Palatin zurück, ging an dem nun im Sommer leeren Palatium vorüber und mengte mich unter die Zuschauer, die sich auf dem Hang über der Rennbahn angesammelt hatten. Es waren zumeist Sklaven, Diener und kaiserliche Gärtner. Niemand schien ernstlich besorgt zu sein, obwohl das ganze Tal unter uns eine einzige glühende, rauchende Esse war.

Die Feuersbrunst war so gewaltig, daß sich in der Luft Wirbel bildeten. Ein heißer Wind fuhr uns ins Gesicht. Funken und schwelende Tuchfetzen segelten bis zu uns herauf. Einige der Sklaven traten gleichgültig die Glut im Grase aus, und irgendeiner fluchte, weil ihm ein Funke ein Loch in sein Untergewand gebrannt hatte. Sonst aber war in den Gesichtern der Zuschauer nur die Erregung über das gewaltige Schauspiel zu lesen.

Als ich durch die Rauchwirbel zum Aventin hinüberblickte, bemerkte ich, daß der Brand schon den Fuß des Hanges erreicht hatte und langsam gegen meinen eigenen Stadtteil vorrückte. Ich mußte mich beeilen. Daher entließ ich meine Begleiter und lieh mir ein Pferd aus Neros Ställen. Ein Eilbote galoppierte vor mir her die heilige Straße zum Forum hinunter.

Dort waren die Vorsichtigeren schon dabei, ihre Läden zu verrammeln. Nur in den großen Markthallen herrschte noch die übliche Geschäftigkeit. Ich ritt zum Tiberstrand hinunter, um auf einem Umweg mein Haus zu erreichen. Unterwegs sah ich viele Männer, die schwere Lasten trugen und entweder geplündertes Gut fortschleppten oder ihre eigene Habe zu retten versuchten.

In den engen Gassen drängte sich das Volk. Mütter riefen weinend nach ihren Kindern. Familienväter standen besorgt vor ihren Türen und fragten einander unentschlossen, was sie tun sollten. Niemand wollte sein Haus leer zurücklassen, da es bei einem so großen Brand unmöglich ist, die Ordnung aufrechtzuerhalten.

Viele riefen bereits, der Kaiser müsse aus Antium zurückkehren. Auch ich fand es an der Zeit, Notstandsmaßnahmen zu ergreifen. Zum Glück lag mein Tiergarten außerhalb der Stadt, jenseits des Marsfeldes.

Als ich nach Hause kam, befahl ich sofort den Trägern, sich mit den Sänften bereitzuhalten, und forderte Claudia und Tante Laelia auf, sich mit den Hausgenossen in den vierzehnten Stadtbezirk jenseits des Tibers zu begeben. Ein jeder sollte von seiner wertvollsten Habe so viel mitnehmen, wie er zu tragen vermochte, denn Fuhrwerke standen uns unter Tage nicht zur Verfügung.

Nur dem Türhüter und dem kräftigsten der Sklaven befahl ich, zu bleiben und das Haus vor Plünderern zu schützen. Ich gab ihnen sogar Waffen, was durch die besonderen Umstände gewiß gerechtfertigt war. Wir mußten uns beeilen, denn ich nahm an, daß andere unserem Beispiel folgen und daß die engen Gassen des Aventins bald mit Flüchtlingen verstopft sein würden.

Claudia wollte jedoch nicht fliehen. Sie sagte, sie müsse zuerst ihre Freunde unter den Christen warnen und den Alten und Schwachen helfen. Sie seien durch Christus erlöst und darum mehr wert als Gefäße aus Gold und Silber. Ich zeigte auf Tante Laelia und schrie: »Da hast du eine Alte, um die du dich kümmern kannst. Und denke wenigstens an unser ungeborenes Kind!«

In diesem Augenblick erschienen Aquila und Prisca, schwitzend, keuchend und schwere Bündel schleppend, in unserem Garten. Sie baten mich, ihre Waren in meinem Haus ablegen zu dürfen, wo sie in Sicherheit wären, denn das Feuer näherte sich schon ihrer Weberei. Ihre Einfalt machte mich rasend, und zu allem Überfluß versicherte ihnen Claudia auch noch, es bestünde für uns bestimmt noch keine Gefahr. Aquila und Prisca durften sich nicht im jüdischen Stadtteil jenseits des Tibers sehen lassen. Die Juden kannten sie und verabscheuten sie wie die Pest.

Durch den Streit und das Gejammer der Weiber verloren wir kostbare Zeit. Zuletzt wußte ich mir nicht mehr anders zu helfen. Ich versetzte Tante Laelia einen Schlag auf ihr Hinterteil und stieß Claudia mit Gewalt in eine Sänfte. Endlich setzte sich unser Zug in Bewegung. Da kamen einige Christen mit rußigen Gesichtern und weißen Brandblasen auf den Armen herbeigestürzt und fragten nach Aquila.

Mit erhobenen Armen und starren Blicken riefen sie, sie hätten mit eigenen Ohren Erde und Himmel mit Donnergetöse bersten gehört, und nun werde Christus, seinem Versprechen treu, aus einer Wolke niedersteigen. Alle Christen müßten daher ihre Bürden abwerfen und sich auf den Hügeln der Stadt versammeln, um ihren Herrn und sein neues Reich zu empfangen. Der Tag des Gerichts sei gekommen.

Prisca war eine lebenskluge, vernünftige und beherrschte Frau und wollte eine solche Botschaft nicht ohne weiteres glauben. Im Gegenteil, sie gebot den Ankömmlingen zu schweigen. Ihr selbst war keine Offenbarung zuteil geworden, und im übrigen war außer den Rauchschwaden am ganzen Himmel nichts zu sehen.

Auch ich versicherte ihnen, daß Rom zwar von einem großen Unglück heimgesucht werde, daß aber Brände in zwei oder drei Stadtbezirken noch nicht den Untergang bedeuteten. Die erschrockenen Christen waren Arme und daher gewohnt, Höhergestellten zu glauben, und der schmale roten Streifen, den ich trug, überzeugte sie vollends davon, daß ich die Lage besser überschaute als sie.

Meiner Meinung nach war es nun höchste Zeit, die Prätorianer ausrücken zu lassen und in der Stadt den Notstand auszurufen. Ich war auf diesem Gebiet nicht sehr sachkundig, aber der gesunde Menschenverstand sagte mir, daß man quer über den Aventin eine möglichst breite Brandgasse schlagen mußte, ohne die Häuser zu schonen. Sodann mußte ein Gegenfeuer angezündet werden, um diejenigen Häuser aus dem Wege zu räumen, die ohnehin verloren waren. Es war menschlich verständlich, daß ich mein eigenes altes Haus zu denen rechnete, die gerettet werden konnten.

Ich ritt fort, um die Sache mit den Triumvirn meines Stadtteils zu besprechen, und schrie ihnen, als sie zögerten, ins Gesicht, daß ich bereit sei, die Verantwortung zu übernehmen. Sie schrien, kopflos, wie sie waren, zurück, ich solle mich um meine eigenen Angelegenheiten kümmern und es bestehe noch keine Notwendigkeit zu solchen Maßnahmen.

Ich ritt weiter zum Forum, wo von dem ganzen Brand weiter noch nichts zu sehen war als Rauchwolken über den Hausdächern, und ich schämte mich meiner Aufregung, als ich sah, wie die Menschen ihren gewohnten Beschäftigungen nachgingen. Man beruhigte mich mit der Versicherung, daß man die Sibyllinischen Bücher hervorgeholt habe, um nachzuforschen, welchem Gott man opfern mußte, damit sich der Brand nicht weiter ausbreitete.

Ein rußschwarzer, bekränzter Stier wurde eben in den Tempel des Vulcanus geführt. Einige alte Männer meinten, es sei, früheren Erfahrungen nach zu urteilen, das klügste, gleichzeitig auch Proserpina zu opfern. Sie waren überzeugt, daß Roms Schutzgenien und uralte Hausgötter nicht zulassen würden, daß das Feuer allzu weit um sich griff. Man brauchte nur die Sibyllinischen Bücher zu befragen, warum die Götter zürnten.

Ich glaube, es wäre ohne weiteres möglich gewesen, den Brand einzudämmen, wenn man gleich am ersten Tag zu entschlossenen und schonungslosen Maßnahmen gegriffen hätte. Es fand sich jedoch niemand, der die Verantwortung übernehmen wollte. Tigellinus' Stellvertreter schickte lediglich auf eigene Faust einige Kohorten Prätorianer aus, die die unmittelbar bedrohten Straßen räumten und leidlich für Ruhe und Ordnung sorgten.

Gegen Abend traf der Präfekt Flavius Sabinus in der Stadt ein und befahl zu allererst allen Löschmannschaften, den Palatin zu schützen, in dessen Gärten schon die Pinien lichterloh brannten. Dann forderte er Mauerbrecher und Belagerungsmaschinen an, die jedoch erst am nächsten Tag eingesetzt werden konnten, als

Tigellinus aus Antium zurückkehrte und mit kaiserlichem Auftrag entschlossen die Führung übernahm. Nero selbst wollte seinen Erholungsaufenthalt des Brandes wegen nicht abbrechen und hielt seine Anwesenheit in der Stadt nicht für notwendig, obwohl das Volk auf den Straßen seinen Namen rief.

Als Tigellinus jedoch einsah, daß die Gebäude auf dem Palatin nicht mehr zu retten waren, drang er selbst darauf, daß Nero nach Rom zurückkehrte, um das Volk zu beruhigen. Nero war wegen seiner griechischen Kunstschätze so besorgt, daß er die ganze Strecke von Antium nach Rom ohne Rast in einem einzigen Ritt zurücklegte. Auch zahlreiche Senatoren und vornehme Ritter strömten von ihren Landsitzen herbei. Es gelang Tigellinus nicht, sie zur Vernunft zu bringen. Ein jeder wollte nur sein eigenes Haus und seine eigenen Schätze retten, und sie führten sogar entgegen dem allgemeinen Verbot Ochsengespanne und Karren mit, so daß der Verkehr auf den Straßen vollends ins Stocken geriet.

Nero verlegte seine Befehlsstelle in die Gärten des Maecenas auf dem Esquilin und bewies in der Stunde der Gefahr Vernunft und Entschlossenheit. Flavius Sabinus dagegen brach zusammen und weinte. Ich selbst war, während ich die Flüchtlingsströme lenkte, einmal von den Flammen umzingelt worden und hatte mir einige Brandwunden zugezogen.

Vom Turm des Maecenas aus konnte Nero die ganze Ausdehnung des Brandes überblicken. Er zeichnete auf einer Karte nach den Anweisungen des Tigellinus die bedrohten Bezirke an, die geräumt und niedergebrannt werden mußten, sobald die Brandgassen fertig waren. Die einzelnen Maßnahmen waren nun besser aufeinander abgestimmt. Die Patrizier wurden aus ihren Häusern vertrieben, die Mauerbrecher begannen die gefährlichen Getreidespeicher niederzurammen, und bei der Anlage der Brandgassen wurden weder Tempel noch Prachtbauten geschont.

Nero hielt es für wichtiger, Menschenleben zu retten als Schätze, und sandte Hunderte von Herolden aus, die die Massen der Flüchtenden in die Bezirke und Stadtteile führten, von denen man hoffte, daß sie verschont bleiben würden. Diejenigen, die sich weigerten, die Häuser zu verlassen, die aufgegeben werden mußten, wurden mit Waffengewalt daraus vertrieben, und in den engen Gassen durften keine Möbel oder andere sperrige Gegenstände mehr befördert werden.

Nero eilte selbst, schmutzig von Rauch und Ruß, mit seiner Leibwache von Ort zu Ort, um die Verängstigten zu beruhigen und Verhaltensmaßregeln zu erteilen. Einmal nahm er ein weinendes Kind in die Arme und gab es seiner Mutter zurück, während er die Umstehenden bat, in seinen eigenen Gärten jenseits des Flusses Schutz zu suchen. Alle öffentlichen Gebäude in der Nähe des Marsfeldes wurden den Flüchtlingen zur Verfügung gestellt.

Die Senatoren, die wenigstens ihre Ahnenmasken und Penaten zu retten versuchten, konnten nicht fassen, warum die Soldaten sie mit der flachen Klinge aus ihren eigenen Häusern jagten und die Gebäude mit Fackeln in Brand steckten.

Unglücklicherweise entstand durch den ungeheuren Brand ein gewaltiger Sturm, der das Feuer über den ganzen, ein Stadion breiten Schutzstreifen trug. Die Löschmannschaften waren von den Anstrengungen der letzten Tage so erschöpft, daß es ihnen nicht mehr möglich war, die weitere Ausbreitung des Feuers zu verhindern. Manche fielen vor Müdigkeit zu Boden, schliefen ein und kamen in den Flammen um.

Um Suburra zu schützen, wurde eine neue, noch breitere Brandgasse geschlagen, aber Tigellinus war auch nur ein Mensch und versuchte die uralten Bäume in seinem eigenen Garten zu schonen. Dadurch konnte die Feuersbrunst, die am sechsten Tag beinahe am Erlöschen war, auch auf Suburra übergreifen, und sie pflanzte sich in den hohen, zum Teil aus Holz gezimmerten Häusern so rasch fort, daß die Menschen in den obersten Stockwerken oft nicht einmal mehr Zeit hatten, sich auf die Straßen zu retten. Hunderte, vielleicht Tausende verbrannten auf diese Weise.

Um diese Zeit verbreitete sich das Gerücht, Nero habe die Stadt mit Absicht in Brand stecken lassen, und dieses Gerücht war so unsinnig, daß sich sofort Leute fanden, die es glaubten. Gab es doch zahllose Zeugen, die selbst gesehen hatten, wie Soldaten mit Fackeln Feuer an die Häuser legten und ihre Bewohner vertrieben. In der allgemeinen Verwirrung, der Erregung, der Erschöpfung durch Schlafmangel und unerhörte Anstrengungen fand sogar die Behauptung der Christen, daß der Tag des Gerichts gekommen sei, da und dort Glauben.

Niemand wagte Nero zu berichten, wessen man ihn beschuldigte. Als vorzüglicher Schauspieler bewahrte er die Ruhe und ließ, während noch der Brand wütete, die besten Baumeister

Roms rufen, um den Wiederaufbau der Stadt zu planen. Er sorgte auch gleich dafür, daß aus den Nachbarstädten Lebensmittel in das notleidende Rom gebracht wurden. Wenn er aber auf seinen täglichen Rundgängen die Menschen, die alles verloren hatten, mit Versprechungen tröstete, bekam er immer öfter drohende Rufe zu hören. Man bewarf die Prätorianer mit Steinen, und einige klagten Nero an, er habe die Stadt zerstört.

Nero war bestürzt. Er beherrschte sich jedoch und sagte mitleidig: »Die armen Menschen haben den Verstand verloren.«

Er kehrte in die Gärten des Maecenas zurück und befahl endlich, die Absperrung der Aquädukte aufzuheben, obwohl dies bedeutete, daß die Bewohner der vom Feuer verschonten Stadtteile eine Zeitlang Durst leiden mußten. Ich ritt rasch zum Tiergarten, um zu veranlassen, daß alle Wasserzisternen rechtzeitig gefüllt wurden. Zugleich ordnete ich an, daß alle Tiere getötet werden mußten, wenn der Brand das Amphitheater, das aus Holz war, erreichte. Es bestand zwar noch keine wirkliche Gefahr, aber meine Augen brannten und meine Brandwunden quälten mich so sehr, daß ich den Mut verlor und es für durchaus möglich hielt, daß die ganze Stadt den Flammen zum Opfer fiel. Ich mußte um jeden Preis verhindern, daß die Tiere ausbrachen und plötzlich unter den vielen Obdachlosen frei umherliefen.

Gegen Abend wurde ich von einem Boten, der mich zu Nero rief, aus dem tiefsten Schlaf geweckt. Ich war kaum gegangen, als Sabina auch schon meinen Befehl widerrief und jedem, der den Tieren etwas antat, mit dem Tode drohte.

Als ich auf weiten Umwegen durch die vom Feuer erhellte Stadt zu den Gärten des Maecenas ging, ein nasses Tuch als Schutz um den Kopf gewickelt, ergriff mich eine trostlose Weltuntergangsstimmung. Ich dachte an die schrecklichen Prophezeiungen der Christen, aber auch an die griechischen Philosophen, die behaupteten, daß aus dem Feuer alles entstanden sei und im Feuer alles vergehen werde.

Ich begegnete grölenden, lallenden Betrunkenen, die ihren Durst in Ermangelung von Wasser in irgendeinem verlassenen Weinkeller gestillt hatten und nicht minder betrunkene Weiber mitschleppten. In dichten Haufen standen die Juden beisammen und sangen Hymnen an ihren Gott. An einer Straßenecke stieß ich mit einem verstörten Mann zusammen, dessen Bart versengt war und der mich umarmte, das geheime Zeichen der Christen machte und mich aufforderte, Buße zu tun, denn der Tag des Gerichts sei gekommen.

Am Turm des Maecenas stand Nero und erwartete ungeduldig seine Freunde. Zu meiner Verwunderung trug er den langen gelben Mantel der Sänger und einen Kranz auf dem Kopf. Tigellinus stand mit der Zither neben ihm.

Nero brauchte Zuhörer und hatte allen hochgestellten Römern, von denen er wußte, daß sie sich in der Stadt aufhielten, Boten geschickt. Überdies hatte er an die tausend Prätorianer kommen lassen, die unter den mit Wasser berieselten Bäumen im Grase lagen und gierig aßen und tranken. Unter uns glühten die brennenden, schwelenden Stadtteile wie tiefrote Inseln in der Dunkelheit, und gewaltige Rauchsäulen stiegen zum Himmel empor.

Nero vermochte sich nicht länger zu gedulden. »Vor uns liegt ein Anblick, wie er seit der Zerstörung Trojas keinem Sterblichen mehr zuteil wurde!« rief er mit weithin hallender Stimme. »Apoll selbst ist im Traum zu mir herabgestiegen, und als ich erwachte, quollen die Strophen aus meinem Herzen wie in göttlichem Wahnsinn. Ich werde euch Verse vorsingen, die ich über den Brand Trojas gedichtet habe, und mir ahnt, daß es Verse sind, die durch alle künftigen Zeiten klingen und Nero als Dichter unsterblich machen werden!«

Ein Herold wiederholte seine Worte, während Nero auf den Turm stieg. Dort war nicht für viele Platz, aber wir drängten uns alle in seine Nähe. Er begann zu singen und begleitete sich selbst. Seine kraftvolle Stimme klang laut über das Prasseln und Brausen des Brandes hinaus und erreichte die Zuhörer in den Gärten ringsumher. Er sang wie in einem Rausch, und sein Sekretär reichte ihm ständig neue Strophen, die er im Laufe des Tages diktiert hatte. Und während er sang, dichtete Nero neue dazu, die ein anderer Schreiber in Kurzschrift festhielt.

Ich war oft genug im Theater gewesen, um zu erkennen, daß er bekannte Verse frei wiedergab oder abänderte, entweder unbewußt seiner Eingebung gehorchend oder indem er bewußt von der Freiheit Gebrauch machte, die man dem Künstler in diesen Dingen zugesteht. Er sang mehrere Stunden ohne Unterbrechung. Die Zenturionen hatten alle Mühe, die erschöpften Prätorianer im Grase mit ihren Stäben wachzuhalten.

Die Sachverständigen aber konnten ihm nicht oft genug versichern, sie hätten noch nie einen so strahlenden Gesang vor einem so erhabenen Hintergrund gehört. Sie brachen in Beifallsrufe aus und sagten, was wir nun erlebten, würden wir unseren Kindern und Kindeskindern erzählen, und die Erinnerung daran werde in aller Zukunft nicht erlöschen.

Ich selbst fragte mich im stillen, ob Nero nicht am Ende wahnsinnig geworden sei. Doch ich tröstete mich mit dem Gedanken, daß ihn, empfindlich wie er war, die unsinnigen Anklagen gewiß tief gekränkt hatten und daß er in diesen Stunden die Last des Herrschens abwarf, um sich durch seine Kunst zu erleichtern und zu trösten.

Er brach seine Vorstellung erst ab, als er von dem immer dichter heranwallenden Rauch husten und sich in den Mantelsaum schneuzen mußte. Wir riefen rasch wie aus einem Munde, er möge doch seine göttliche Stimme schonen. Er war hochrot im Gesicht und schwitzte, aber er strahlte vor Triumph und versprach, am nächsten Abend weiterzusingen. Von den Rändern der Brandherde unter uns in der Stadt erhoben sich dichte Dampfwolken, als das Wasser aus den geöffneten Aquädukten zwischen den schwelenden Ruinen ausströmte.

Tullias Haus auf dem Viminal lag ziemlich nahe. Ich beschloß, mich dorthin zu begeben, um während der Morgenstunden noch ein wenig zu schlafen. Um meinen Vater hatte ich mir noch keine Sorgen gemacht, da das Haus vorerst noch sicher war. Ich wußte nicht einmal, ob er überhaupt von seinem Landaufenthalt zurück war. Unter den Senatoren, die Neros Gesang lauschten, hatte ich ihn nicht entdeckt.

Ich fand ihn einsam wachend und mit rotgeränderten Augen in Tullias beinahe völlig verlassenem und ausgeräumten Haus. Er sagte mir, daß Tullia schon am ersten Tag der Feuersbrunst mit Hilfe von tausend Sklaven alle wertvollen Gegenstände auf eines ihrer Landgüter gebracht hatte.

Jucundus, der seit dem Frühjahr einen schmalen roten Streifen auf seinem Untergewand trug, war mit einigen Kameraden aus der Palatiumschule in der Stadt umhergestreift, um das Feuer zu beobachten, und hatte sich beide Füße verbrannt, als plötzlich aus einem der brennenden Tempel ein Strom von geschmolzenem Silber und Gold auf die Straßen geronnen war. Man hatte ihn nach Hause getragen, und Tullia hatte ihn aufs Land mitgenommen. Mein Vater meinte, er werde vielleicht fürs Leben ein Krüppel bleiben, und fügte hinzu: »So braucht dein Sohn wenigstens nicht Kriegsdienst zu tun und sein Blut in den Wüsten jenseits des Euphrat zu vergießen.«

Ich bemerkte zu meiner Verwunderung, daß er zuviel Wein getrunken hatte, und nahm an, Jucundus Unglück habe ihn so erschüttert. Er erriet meine Gedanken und sagte übellaunig: »Warum sollte ich nicht ab und zu trinken! Ich fühlte, daß mein Todestag nahe ist. Wegen Jucundus mache ich mir keine Sorgen. Er hatte allzu flinke Füße, und sie haben ihn schon auf gefährliche Wege geführt. Es ist besser, als Krüppel Gottes Reich zu finden, als im Herzen verdorben zu werden. Ich selbst war ein Krüppel im Geiste, seit deine Mutter starb, Minutus.«

Mein Vater war schon weit über sechzig und kehrte in der Erinnerung gern in vergangene Zeiten zurück. Man denkt in seinem Alter mehr an den Tod als in meinem, weshalb ich seine Ahnungen nicht ernst nahm. Ich fragte vielmehr neugierig: »Was sagtest du da über die Wüsten jenseits des Euphrat?«

Mein Vater nahm einen gierigen Schluck aus seinem goldenen Becher und erzählte: »Unter Jucundus' Schulkameraden gibt es Königssöhne aus dem Osten. Deren romfreundliche Väter betrachteten die Niederwerfung Parthiens als eine Lebensnotwendigkeit, und diese jungen Männer sind römischer als die Römer selbst, was sich auch von Jucundus sagen läßt. Die Frage ist im Senat schon oft besprochen worden. Sobald es Corbulos gelingt, Armenien zu befrieden, hat Rom dort eine Stütze, und Parthien gerät in die Zange.«

»Wie kannst du an Krieg denken, da Rom von einem so großen Unglück heimgesucht wird!« rief ich. »Drei ganze Stadtbezirke sind zerstört und sechs weitere stehen noch in Flammen. Uralte Mahnmale sind vernichtet worden, der Vestatempel ist niedergebrannt, ebenso das Tabularium mit allen Gesetzestafeln. Wieviel Zeit und Geld wird es kosten, Rom wiederaufzubauen, und wie kannst du unter solchen Umständen einen Krieg überhaupt für möglich halten?«

»Gerade jetzt halte ich einen Krieg für möglich«, sagte mein Vater nachdenklich. »Ich habe weder Gesichte noch Offenbarungen, wenngleich ich in letzter Zeit Dinge träume, die mich nachdenklich stimmen. Doch reden wir nicht von Träumen. Der Wiederaufbau Roms wird eine schwere Besteuerung der Provinzen mit sich bringen, und das wird Unzufriedenheit wecken, da die Reichen und die Kaufleute die Steuern zuletzt auf das Volk abwälzen. Wenn die Unzufriedenheit um sich greift, wird man die Regierung tadeln, und nach den Regeln der Staatskunst ist ein Krieg das beste Mittel, der Unzufriedenheit im Innern des Reiches einen Auslauf zu verschaffen. Und wenn der Krieg einmal begonnen wurde, finden sich auch immer die Mittel, ihn fortzusetzen. Du weißt selbst, daß man allgemein über die Verweichlichung Roms und den Verfall seiner kriegerischen Tugenden klagt. Es ist wahr, daß die Jungen die Tugenden der Väter verspotten und Parodien auf die Werke des Livius aufführen. Deshalb haben sie aber doch Wolfsblut in den Adern.«

»Nero will keinen Krieg«, wandte ich ein. »Er war ja sogar bereit, Britannien aufzugeben. Der Lorbeer des Künstlers ist das einzige, wonach er strebt.«

»Ein Herrscher ist zuletzt gezwungen, dem Willen des Volkes zu gehorchen, sonst sitzt er nicht lange auf seinem Thron«, erwiderte mein Vater. »Das Volk als solches will natürlich keinen Krieg, sondern Brot und Zirkusspiele, aber es gibt Kräfte, die sich von einem Krieg persönlichen Gewinn versprechen. Noch nie zuvor in der Geschichte haben einzelne so große Vermögen angesammelt wie heute. Freigelassene Sklaven treiben größeren Aufwand als die Vornehmen Roms, weil sie sich nicht durch althergebrachte Sitten verpflichtet fühlen, mehr auf den Vorteil des Staates zu sehen als auf ihren eigenen. Du weißt noch nicht, Minutus, was für eine ungeheure Macht Geld hat, das sich mit Geld verbindet.«

Plötzlich unterbrach er sich und sagte: »Da wir gerade von Geld reden: es gibt zum Glück Dinge, die mehr wert sind. Ich hoffe, du hast den Holzbecher deiner Mutter gut verwahrt!«

Ich hatte den Becher während des Streits mit Claudia völlig vergessen, und da ich annahm, daß mein Haus auf dem Aventin mittlerweile niedergebrannt sei, hielt ich auch den Becher für verloren. Ich stand zornig auf und sagte: »Du bist betrunkener, als du weißt. Geh und leg dich schlafen. Ich muß zu meinen Geschäften zurückkehren. Die Furien hetzen heute nacht nicht nur dich.«

Empfindlich wie alle Betrunkenen rief mein Vater, ich solle an seine Ahnungen denken, wenn er einmal tot sei, und er werde nicht mehr lange unter den Lebenden weilen. Ich verließ sein Haus und kehrte, an den Rändern der weit ausgedehnten Brandstätten entlangirrend, zum Aventin zurück. Die Hitze zwang mich, über die Brücke in den jüdischen Stadtteil zu gehen und mich weiter oben wieder über den Fluß rudern zu lassen. Wer in diesen Tagen ein Boot besaß, verdiente sich ein Vermögen, indem er die Flüchtlinge über den Strom setzte.

Zu meiner Verwunderung schien der dem Fluß zugekehrte Hang des Aventins noch verschont geblieben zu sein. Ich ging in dem dichten Rauch jedoch mehrere Male in die Irre und sah den Tempel der Mondgöttin und dessen Umgebung in rauchenden Trümmern liegen. Mein eigenes Haus aber war unversehrt geblieben. Vermutlich hatte der Wind, der an anderen Stellen eine so verherrende Wirkung ausgeübt hatte, das Feuer von der Kuppe des Aventins ferngehalten, wo nicht einmal eine richtige Brandgasse angelegt worden war. Man hatte nur einige wenige Häuser niedergerissen.

Der achte Morgen seit Ausbruch des Brandes graute über den Ruinen. In meinem Garten lagen dicht gedrängt Hunderte von Männern, Frauen und Kindern. Sogar in den leeren Wasserbecken schliefen Menschen. Ich schritt über die auf dem Boden Liegenden hinweg zum Haus, das keiner zu betreten gewagt hatte, obwohl die Türen weit offenstanden.

Ich stürzte in mein Zimmer, fand meine verschlossene Truhe und auf ihrem Boden den alten, in ein Seidentuch eingeschlagenen Holzbecher. Als ich ihn herausnahm, wurde ich in meiner Erschöpfung von abergläubischer Furcht ergriffen, so als hielte ich einen wundertätigen Gegenstand in der Hand, und der unheimliche Gedanke schoß mir durch den Kopf, daß der geheimnisvolle Becher der Glücksgöttin vielleicht mein Haus beschützt hatte. Dann aber vermochte ich nichts mehr zu denken. Mit dem Becher in der Hand fiel ich auf das Bett nieder und versank in den tiefsten Schlaf meines Lebens.

Ich schlief, bis der Abendstern aufging, und erwachte von dem Gesang und den lauten Freudenrufen der Christen. Ich war noch so schlaftrunken, daß ich zornig nach Claudia rief, um ihr zu sagen, sie solle mit ihren Freunden leiser sein. Ich glaubte, es sei früher Morgen und meine Klienten und Freigelassenen erwarteten mich. Erst als ich in den Garten hinauseilte, erinnerte ich mich an die grauenvolle Zerstörung und alles, was geschehen war.

Der Feuerschein am Himmel sagte mir, daß in der Stadt noch immer Brände wüteten, aber das Schlimmste schien doch vorüber zu sein. Ich suchte aus den vielen Menschen meine eigenen Sklaven heraus und lobte sie, daß sie geblieben waren und mutig und ohne Rücksicht auf ihr eigenes Leben mein Haus bewacht hatten. Die übrigen Sklaven ermahnte ich, unverzüglich ihre Herren aufzusuchen, um nicht als Entlaufene bestraft zu werden.

Danach herrschte in meinem Garten nicht mehr ein so großes Gedränge, aber mehrere Kleinhändler und Handwerker, die alles, was sie besaßen, verloren hatten, baten mich flehentlich, fürs erste bleiben zu dürfen, da sie nicht wußten, wohin sie sich wenden sollten. Sie hatten Greise und Säuglinge bei sich, und ich brachte es nicht übers Herz, sie zu verjagen.

Ein Teil der Tempel auf dem Kapitolinischen Hügel reckte noch unversehrte Säulen gegen den flammend roten Himmel. Wo die Ruinen schon ausgekühlt waren, suchten Diebe unter Einsatz des Lebens nach geschmolzenem Metall. Tigellinus ließ noch am selben Tag die Brandstätten durch Soldaten absperren. Um alle Unordnung zu vermeiden, durften nicht einmal die Hauseigentümer zurückkehren und in den Ruinen graben.

Im Tiergarten mußten meine Leute zu Speer und Bogen greifen, um die Wasserbecken und die Lebensmittel- und Futtervorräte zu schützen. Aus den Freigehegen wurden mehrere Hirsche und Antilopen gestohlen und geschlachtet. Nur an die Auerochsen wagte sich niemand heran.

Da das Feuer alle Thermen vernichtet hatte, krönte Nero sein zweites Auftreten als Dichter durch ein Bad in einem der heiligen Becken. Es war ein gefährliches Unternehmen, aber er verließ sich auf seine Schwimmkunst und seine Körperkräfte. Das Volk nahm es übel auf und beschuldigte ihn im stillen, er habe, nachdem er Rom in Brand gesteckt hatte, nun auch noch das letzte Trinkwasser mit seinem Körper verunreinigt. Er war in Wirklichkeit in Antium gewesen, als das Feuer ausbrach, aber davon wollten die Aufwiegler nichts wissen.

Ich habe Rom nie so sehr bewundert wie in diesen Tagen, als ich sah, wie rasch der Bevölkerung geholfen wurde und wie planmäßig und zielbewußt man die Aufräumungsarbeiten und den Wiederaufbau der Stadt in Angriff nahm. Die Städte in der näheren und weiteren Umebung erhielten den Befehl, Hausrat und Kleider zu schicken. Für die Obdachlosen wurden Befehlsunterkünfte errichtet. Getreideschiffe, die ausgeladen wurden, mußten Schutt an Bord nehmen und in den Sümpfen vor Ostia abladen.

Der Getreidepreis wurde auf zwei Sesterze gesenkt. Das war

der niedrigste Preis, von dem man je gehört hatte. Ich erlitt dadurch keine Verluste, denn der Staat sicherte den Getreidehändlern höhere Preise zu. Täler wurden aufgefüllt, verbrannte Hügel abgetragen. Nero nahm das ganze Gebiet zwischen Palatin, Caelius und Esquilin in Besitz, wo er einen neuen Palast errichten lassen wollte, und im übrigen wurden in den Ruinenfeldern ohne Rücksicht auf den früheren Stadtplan Baugründe und breite Straßen abgesteckt.

Wer sein Haus nach den neuen Bauvorschriften wieder aufbauen konnte und wollte, erhielt eine Anleihe aus der Staatskasse, mußte aber innerhalb eines bestimmten Zeitraums bauen, wenn er nicht seines Rechts verlustig gehen wollte.

Alle Häuser mußten aus Stein errichtet werden, und die Höhe war auf drei Stockwerke begrenzt. Auf der Straßenseite war eine Arkade vorgeschrieben, und jeder Hof mußte seine eigene Wasserzisterne haben. Die Wasserverteilung wurde neu geregelt, so daß die Reichen nicht mehr so viel für ihre Gärten und Thermen verbrauchen konnten, wie sie wollten.

Diese notwendigen Zwangsmaßnahmen weckten allgemeine Verbitterung. Nicht nur die Vornehmen beklagten sich, auch das Volk murrte und behauptete, die neuen breiten, sonnigen Straßen seien viel ungesünder als die alten krummen Gassen, die im Sommer kühl und schattig waren und in den Nächten den Verliebten ein Versteck boten. Man fürchtete, die Früh- und Zwangsehen könnten überhandnehmen, wenn man sich nur noch innerhalb der vier Wände lieben durfte.

Die Städte und die Reichen in den Provinzen wetteiferten darin, Geldsummen für den Wiederaufbau Roms zu spenden. Dennoch reichten die Mittel bei weitem nicht, und man hob daher Steuerzuschläge ein, die sowohl Einzelpersonen wie ganze Städte an den Rand des Ruins brachten.

Allein der Wiederaufbau des großen Zirkus, der Tempel und Theater nach den Plänen Neros schien darauf abzuzielen, die ganze Welt bettelarm zu machen. Dazu wurde noch sein Plan bekannt, ein riesiges Bauwerk von noch nie gesehenen Ausmaßen zu errichten, und als man sah, was für ungeheure Flächen er sich mitten in der Stadt für seinen eigenen Gebrauch vorbehielt, kannte die Unzufriedenheit des Volkes keine Grenzen mehr. Nero hatte unter anderem das ganze Gebiet, auf dem die durch Mauerbrecher niedergerissenen Getreidespeicher gestanden waren, in Beschlag genommen, und man glaubte nun um so bereitwilliger, daß wirklich er selbst die Stadt hatte anzünden lassen, um Platz für sein Goldenes Haus zu schaffen.

Zu Beginn des Herbstes spülten einige heftige Gewitter den Ruß von den Ruinen. Tag und Nacht wurden auf Ochsenkarren Bausteine in die Stadt gebracht. Das unaufhörliche Klopfen und Hämmern auf den Baustellen machte den Aufenthalt unerträglich. Um die Arbeit so rasch wie möglich voranzutreiben, hielt man nicht einmal die Festtage ein. Das Volk, das an freie Mahlzeiten, Zirkusvorstellungen und andere Vergnügungen gewöhnt war, stöhnte und fand, man tue des Guten zuviel und das Leben in Rom sei noch nie so unbehaglich gewesen.

Das Entsetzen über das Ausmaß der Zerstörung, der Schrecken, die ausgestandene Lebensgefahr, all dies ließ die Bürger nicht zur Ruhe kommen. Männer mit Konsulsrang scheuten sich nicht, öffentlich zu erzählen, wie sie aus ihren Häusern gejagt worden waren und wie betrunkene Soldaten, die sich auf den Befehl des Kaisers beriefen, die Gebäude in Brand gesteckt hatten, bevor noch das Feuer in die Nähe gekommen war.

Andere wußten zu berichten, daß die Christen ihre Freude offen gezeigt und während des Brandes Dankhymnen gesungen hätten. Das gewöhnliche Volk unterschied nicht zwischen Christen und Juden. Man machte einander darauf aufmerksam, daß der jüdische Stadtteil jenseits des Tibers sowie gewisse andere von Juden bewohnte Bezirke in der Stadt selbst vom Feuer verschont worden waren.

Die Absonderung der Juden, ihre zehn selbständigen Synagogen und die eigene Gerichtsbarkeit, die der Rat der Juden ausübte, hatten das Volk schon immer gereizt. Die Juden duldeten ja nicht einmal das Bild des Kaisers in ihren Bethäusern, und über ihre Zauberkünste gingen zahllose Gerüchte um.

Wenn man auch in der ganzen Stadt, offen und versteckt, Nero als den Urheber des Brandes beschuldigte, so sah man doch ein, daß er als Kaiser nicht bestraft werden konnte. Es bereitete den Menschen eine gewisse Genugtuung, ihn anzuklagen, aber das Unglück, das Rom getroffen hatte, war so groß, daß es irgendeine Art von Sühne forderte.

Die vornehmen, uralten Familien, die ihre kostbaren Erinnerungsstücke an vergangene Zeiten und sogar die Wachsmasken ihrer Toten verloren hatten, klagten Nero mit der größten Erbitterung an. Auf ihre Seite schlugen sich alle reichen Emporkömmlinge, die ihr Vermögen durch Steuern zu verlieren fürchteten. Das Volk selbst sah nur, wie schnell seine Not gelindert worden war. Es brauchte ja für die Hilfe nichts zu bezahlen. Nach alter Sitte betrachtete es den Kaiser, der auch Volkstribun auf Lebenszeit war, als den Beschützer seiner Rechte gegenüber den Vornehmen und seine Person als unverletztlich. Daher empfand es nichts als Schadenfreude, als die Reichen ihre Grundstücke an den Kaiser abtreten und sich eine empfindliche Einschränkung ihrer Vorrechte gefallen lassen mußten. Die Sonderstellung der Juden dagegen war dem Volk seit eh und je ein Dorn im Auge gewesen.

Man behauptete, die Juden hätten den Brand vorausgesagt, und erinnerte sich gern daran, daß Claudius sie seinerzeit aus Rom vertrieben hatte. Es dauerte nicht lange, bis man zuerst andeutete und dann offen aussprach, die Juden und niemand anders hätten den Brand gelegt, damit sich ihre eigene Voraussage erfüllte und sie ihren Nutzen aus der Not des Volkes ziehen konnten.

Das waren gefährliche Behauptungen, und mehrere angesehene Juden wandten sich daher an Poppaea, um ihr — und durch ihre Vermittlung Nero — zu erklären, wie groß der Unterschied zwischen Juden und Christen sei. Sie hatten einen schweren Stand, denn Jesus von Nazareth war unleugbar Jude gewesen, und die Lehre, daß er der Christus sei, entstammte den Vorstellungen der Juden. Und wenn auch die Mehrheit der Christen in Rom nicht beschnitten war, so waren doch ihre Führer noch immer Juden, die sich von den Rechtgläubigen abgesondert hatten.

Poppaea hielt sich für eine gottesfürchtige Frau, sie verehrte den Tempel in Jerusalem und glaubte an Abraham und Moses. Über den Messias, der in den heiligen Schriften vorausgesagt wurde, hatten die Juden jedoch vorsichtshalber kaum mit ihr gesprochen. Daher vermochte sie nun ihren Erklärungen nicht zu folgen und ließ sogar mich in ihre Gemächer auf dem Esquilin rufen, damit ich ihr verständlich machte, was die Juden eigentlich wollten.

»Sie wollen, daß du ihre Glaubenszwiste schlichtest«, sagte ich im Scherz. Aber die Juden ereiferten sich.

»Mit diesen Dingen scherzt man nicht!« riefen sie. »Der Gesalbte der Christen ist nicht der Messias der Juden. Verflucht sei, wer ihn als den Christus anerkennt! Von ihm sagen wir uns los, sei er beschnitten oder unbeschnitten. Die Christen waren es, die den Tag des Gerichts voraussagten und während des Brandes Dankhymnen sangen. Ihr Verbrechen ist nicht das unsere.«

»Die Christen sind keine Verbrecher«, fiel ich ihnen rasch ins Wort. »Sie sind demütige und vielleicht ein wenig einfältige Menschen, dümmer jedenfalls als ihr. Und glauben die Juden etwa nicht an das Jüngste Gericht und das Tausendjährige Reich?«

Die Juden betrachteten mich finster, berieten eine Weile unter sich und sagten dann: »Über solche Dinge sprechen wir nicht mit Hunden. Wir wollen nur versichern, daß die Schuld der Christen nicht uns Juden anhaftet.«

Ich fühlte, daß das Gespräch, so wie es nun verlief, schlimme Folgen haben konnte, und sagte daher: »Ich sehe deinen bekümmerten Augen an, daß dein Kopf zu schmerzen beginnt, Poppaea, und will darum kurz zusammenfassen, worum es geht: Die Juden wollen mit den Christen nichts zu schaffen haben. Sie betrachten sich selbst als Fromme. Von den Christen glauben sie nur das Schlechteste, von sich selbst nur Gutes. Das ist alles.«

Als ich die haßerfüllten Blicke der Juden bemerkte, fuhr ich fort: »Es mag sein, daß sich unter den Christen ehemalige Verbrecher und Übeltäter finden, die sich gebessert haben und denen ihre Sünden vergeben wurden. Ihr König soll zu den Sündern gekommen sein, nicht zu den Frommen. Im allgemeinen aber sind die Christen sanftmütig und friedfertig. Sie speisen die Armen, helfen den Witwen und trösten die Gefangenen. Ich weiß über sie nichts Böses zu sagen.«

Poppaea fragte neugierig: »Von was für einer Schuld sprechen sie? Es ist in all dem etwas Dunkles, das ich nicht begreife.«

Ich erklärte ihr spöttisch: »Du hast gewiß gehört, was für unsinnige Gerüchte über die Ursache des großen Unglücks verbreitet werden. Ich glaube, die Juden wollen auf Umwegen zu verstehen geben, daß nicht sie es waren, die Rom anzündeten, und daß diese Behauptung ebenso vernunftwidrig sei, wie wenn man den Kaiser selbst anklagte.«

Ich hätte mir meinen Spott sparen können. Poppaea fürchtete die Zauberkünste der Juden zu sehr. Ihr Gesicht erhellte sich, und sie rief: »Jetzt verstehe ich! Geht in Frieden eures Wegs, ihr heiligen Männer! Ich werde nicht zulassen, daß man Böses von euch denkt. Ihr habt gut daran getan, mir zu sagen, daß ihr die Christen nicht als Juden anerkennt.«

Die Juden segneten sie im Namen eines Gottes, den sie Halleluja nannten, und entfernten sich. Als sie gegangen waren, sagte ich: »Du weißt sicherlich, daß die Juden die Christen nur aus Eifersucht hassen. Die Christen haben viele, die ehedem den Gott der Juden verehrten, zu ihrem Glauben bekehrt, und dadurch sind sowohl den Synagogen als auch dem Tempel zu Jerusalem viele Geschenke verlorengegangen.«

Poppaea antwortete mir jedoch: »Wenn die Juden Grund haben, die Christen zu hassen, dann sind die Christen gewiß gefährlich. Du sagtest selbst, daß sie Verbrecher und Übeltäter sind.«

Sie wollte keine Erklärungen mehr hören, die in ihrem reizenden Köpfchen ohnehin keinen Platz fanden, und ich glaube, sie ging geradewegs zu Nero, um ihm zu berichten, daß die Christen, die allesamt Verbrecher seien, Rom angezündet hätten.

Nero hörte es gern und befahl Tigellinus unverzüglich, zu untersuchen, wie man die Anklage begründen könne. Die Juden sollten jedoch aus dem Spiel gelassen werden, da ihr Glaube nur einige scheinbare Ähnlichkeiten mit der gefährlichen Lehre der Christen aufweise.

Eine solche Untersuchung wäre eigentlich Sache des Stadtpräfekten gewesen, aber Nero verließ sich mehr auf Tigellinus. Außerdem stammte ja die Lehre der Christen aus dem Osten, und die meisten ihrer Anhänger waren aus dem Osten eingewanderte Ausländer. Tigellinus war es einerlei, was die einen oder anderen glaubten. Er führte nur einen Befehl aus und hielt sich bei seinen Nachforschungen an das, was ihm der gemeinste Pöbel Roms einflüsterte.

Er hatte leichtes Spiel. Seine Handlanger suchten an einem einzigen Nachmittag mehrere Dutzend Verdächtige auf, die sich bereitwillig zu Christus bekannten und sich verwunderten, als sie auf der Stelle festgenommen und in die Kellergewölbe des Prätoriums gebracht wurden. Dort verhörte man sie streng, ob sie im letzten Sommer Rom angezündet hätten. Sie verneinten es mit aller Bestimmtheit. Darauf fragte man sie, ob ihnen noch andere Christen bekannt seien. Sie gaben in aller Unschuld alle Namen an, an die sie sich zu erinnern vermochten. Die Soldaten brauchten die genannten Männer und Frauen nur in ihren Häusern zu verhaften, und die Christen folgten ihnen ohne Einwände.

Bei Einbruch der Nacht hatte man schon an die tausend Christen beisammen, die zumeist aus den untersten Schichten des Volkes stammten. Die Soldaten berichteten, sie brauchten sich nur irgendwo unter die Menge zu mischen und zu fragen, ob Christen anwesend seien, und schon meldeten sich diese Wahnsinnigen freiwillig, um sich verhaften zu lassen.

Tigellinus wußte nicht, wie er die vielen Menschen verhören sollte, und da er überdies nicht alle unterbringen konnte, hielt er es für das beste, auf der Stelle eine grobe Auslese zu treffen. Als erste entließ er die Juden, die nachweisen konnten, daß sie beschnitten waren. Einige Angehörigen des Ritterstandes, die mit unter den Haufen geraten waren, erteilte er einen strengen Verweis. Dann ließ er sie frei, weil er meinte, man könne einen römischen Ritter nicht gut anklagen, die Stadt in Brand gesteckt zu haben.

Einige wohlhabendere Bürger waren peinlich berührt, als sie sahen, unter was für einem Gesindel sie sich befanden, und versicherten, es müsse sich um einen Irrtum handeln. Sie boten dem Präfekten Geschenke an, um das Mißverständnis aufzuklären. Tigellinus entließ sie bereitwillig, da er die gebrandmarkten Verbrecher und die entlaufenen Sklaven für die eigentlichen Schuldigen hielt. Er hatte gute Lust, Roms Unterwelt, die nun nach dem Brand in den Nächten die Stadt unsicher machte, gründlich zu säubern, und dies zeigt, wie unklar seine Vorstellung von den Christen war.

Anfangs verhielten sich die Gefangenen ruhig. Sie riefen Christus an und verstanden nicht, wessen man sie anklagte. Als sie aber sahen, daß ein Teil freigelassen wurde, und von anderen hörten, daß es darum ging, ob sie Rom angezündet hätten oder etwas von der Sache wüßten, bekamen sie es mit der Angst und begannen einander zu mißtrauen.

Daß man die Beschnittenen aussonderte, weckte den Verdacht, die Anhänger des Jacobus müßten irgendwie die Hand im Spiel haben. Diese hatten nie mit den übrigen Christen gemeinsame Sache gemacht. Sie hatten ihre eigenen jüdischen Sitten befolgt und sich für frömmer gehalten als alle anderen. Auch zwischen den Anhängern des Kephas einerseits und denen des Paulus andrerseits entstand heftiger Streit, was zur Folge hatte, daß die zurückgebliebenen Gefangenen so viele Christen aus der Gegenpartei anzeigten, wie ihnen nur einfielen. Auch die anfangs noch Besonnenen ließen sich zuletzt von Eifersucht und Rachsucht hinreißen und gaben ihre Glaubensbrüder an. Andere wieder dachten durchaus vernünftig und hielten es für das Vorteilhafteste, so viele wie nur möglich, vor allem auch hochgestellte Persönlichkeiten, anzuzeigen.

Je mehr wir sind, dachten sie zuversichtlich, desto unmöglicher wird es sein, uns vor Gericht zu stellen. Auch Paulus ist freigelassen worden, und Tigellinus wird rasch zur Vernunft kommen, wenn er sieht, wie zahlreich und einflußreich wir sind. Im Laufe der Nacht wurden daher überall in Rom ganze Familien verhaftet, und die Prätorianer waren kaum imstande, ihre Aufgabe zu bewältigen.

Tigellinus erlebte eine böse Überraschung, als er nach einer Nacht, die er sich mit Wein und Lustknaben vertrieben hatte, erwachte und auf dem ganzen großen Exerzierfeld der Prätorianer ordentlich gekleidete Menschen familienweise beisammen sitzen sah. Man zeigte ihm lange Listen von weiteren Verdächtigen und fragte, ob man auch bei Männern mit Senatoren- und Konsulsrang Hausdurchsuchungen und Verhaftungen vornehmen solle.

Er glaubte zuerst, die verbrecherischen Christen hätten aus reiner Böswilligkeit ehrenwerte Bürger verleumdet. Deshalb ging er mit einer Peitsche in der Hand drohend auf dem Feld hin und her und fragte da und dort zornig: »Seid ihr wirklich Christen?« Alle bekannten freimütig, daß sie an Christus glaubten.

Sie waren allesamt so anständige, ordentliche und unschuldige Menschen, daß er es nicht wagte, auch nur einen einzigen zu schlagen. Er nahm vielmehr an, es müsse irgendein grober Irrtum geschehen sein. Zusammen mit seinen Helfern berechnete er anhand der Listen, daß immer noch an die zwanzigtausend Menschen aus allen Gesellschaftsschichten verhaftet werden mußten. Eine solche Menge von Menschen bestrafen zu wollen war reiner Wahnsinn.

Mittlerweile hatte sich die Nachricht von der Massenverhaftung der Christen in der ganzen Stadt verbreitet, und Tigellinus war bald von ganzen Scharen neidischer und schadenfroher Zeugen belagert, die alle berichten wollten, daß sie selbst gesehen hatten, wie sich die Christen während des Brandes auf den Hügeln versammelten, um Lobeshymnen zu singen und einen Feuerregen über Rom zu prophezeien.

Im Prätorium ging alles drunter und drüber. Viele, die in den Notunterkünften auf dem Marsfeld einquartiert worden waren, nutzten die Gelegenheit und übersiedelten in die Häuser von Familien, von denen sie wußten, daß sie Christen waren, mißhandelten andere und plünderten ihre Läden, ohne lang zu fragen, ob sie es mit Christen oder Juden zu tun hatten.

Aufgehetzte Volkshaufen schleppten, ohne daß sie jemand daran hinderte, blutig geschlagene Christen und Juden zum Prätorium, um sie aburteilen zu lassen. Tigellinus hatte noch so viel Vernunft übrigbehalten, daß er die Leute streng tadelte und ihnen verbot, in ihrem, wie er sagte, begreiflichen Zorn das Gesetz selbst in die Hand zu nehmen. Er versicherte ihnen, der Kaiser werde alle Schuldigen so bestrafen, wie sie es für ihr abscheuliches Verbrechen verdienten.

Danach schickte er die Prätorianer aus, um die Ordnung in der Stadt wiederherzustellen. In diesen Vormittagsstunden befanden sich die Christen innerhalb der Mauern des Prätoriums in größerer Sicherheit als in ihren eigenen Häusern.

Schon seit dem frühen Morgen hatten sich verängstigte Flüchtlinge in meinem Haus und meinem Garten auf dem Aventin versammelt, weil sie hofften, daß ich in meiner Stellung mit meinem Rang sie schützen könnte. Die Nachbarn drohten uns, riefen Schimpfworte und warfen Steine über die Mauern in meinen Hof. Ich wagte es nicht, meinen Sklaven Waffen zu geben, damit man die Christen nicht zuletzt auch noch des bewaffneten Widerstandes anklagte, und befahl nur, das Tor so gut wie möglich zu bewachen. Ich befand mich in einer mißlichen Lage, und das einzige Gute war, daß Claudia sich schließlich doch bereit erklärt hatte, mit den Dienern auf mein Landgut bei Caere zu übersiedeln, um dort unser Kind zu gebären.

Weil ich ihretwegen beunruhigt war und auf eine glückliche Niederkunft hoffte, wollte ich ihren geliebten Christen gegenüber nicht zu hart sein. Nachdem ich die verschiedenen Möglichkeiten überdacht hatte, sprach ich ernsthaft mit ihnen und riet ihnen, sofort aus der Stadt zu fliehen, da irgendeine schwerwiegende Anklage gegen sie zu erwarten sei.

Die Christen wandten jedoch ein, es könne niemand beweisen, daß sie Böses getan hätten. Im Gegenteil, sie hätten sich bemüht, alle Laster und Sünden zu meiden und ein stilles Leben zu führen. Sie hätten in ihrer menschlichen Schwachheit vielleicht gegen Christi Gebote verstoßen, aber ganz gewiß dem Kaiser und dem Staat keinen Schaden zugefügt. Sie wollten daher Männer erwählen, die ihre gefangenen Brüder und Schwestern verteidigen und ihnen Speise und Trank bringen sollten. Zu diesem Zeitpunkt wußten wir noch nicht, was für eine ungeheure Anzahl von Menschen im Laufe der Nacht festgenommen worden war.

Um sie loszuwerden, versprach ich ihnen in meiner Verzweiflung Geld und Zuflucht auf meinen Besitzungen in Praeneste und Caere, wenn sie sich nur dorthin begeben wollten. Darauf gingen sie jedoch erst ein, als ich ihnen versprochen hatte, selbst Tigellinus aufzusuchen und die Christen, so gut ich es vermochte, in Schutz zu nehmen. Ich hatt ja den Rang eines Prätors und konnte ihnen mehr nützen als irgendein Armenadvokat von zweifelhaftem Ruf. Zuletzt verließen sie endlich zögernd und lebhaft diskutierend mein Haus und meinen Garten.

Die Christen auf dem Exerzierfeld hatten sich unterdessen um ihre Führer versammelt, die sich miteinander ausgesprochen und beschlossen hatten, ihren alten Zwist zu begraben und auf Christus zu vertrauen, dessen Geist ihnen sicherlich zu Hilfe kommen werde. Alle erschraken, als sie die Schmerzensschreie aus den Kellergewölben hörten, und nahmen zu Liedern und Gebeten Zuflucht.

Es gab auch einige Gesetzeskundige unter ihnen, die von Mann zu Mann und von Frau zu Frau gingen, um zu berichten, daß der Kaiser selbst Paulus freigesprochen hatte. Das wichtigste war nun, daß sich auch unter Androhung der schwersten Folter niemand der Brandstiftung schuldig bekannte. Ein solches falsches Geständnis könnte für alle Christen verhängnisvoll sein. Es war ihnen vorausgesagt worden, daß sie um Christi Namen willen Verfolgung leiden würden. Sie sollten sich zu Christus und zu nichts anderem bekennen.

Als ich zum Prätorium kam, entsetzte ich mich über die ungeheure Menge der Verhafteten, beruhigte mich aber sogleich wieder, da ich mir sagte, daß nicht einmal ein Wahnsinniger alle diese Menschen für Mordbrenner halten konnte. Ich traf Tigellinus in einem günstigen Augenblick an, denn er war völlig verwirrt und wußte sich nicht mehr zu helfen. Er stürzte brüllend auf mich zu und warf mir vor, ich hätte Nero über die Christen völlig falsch unterrichtet, da nur ein kleiner Teil Verbrecher zu sein schien.

Ich verwahrte mich gegen diesen Vorwurf und erwiderte, daß ich mit Nero nicht über die Christen gesprochen hatte. »Im Gegenteil«, sagte ich. »Ich weiß nur Gutes über sie. Sie sind ganz ungefährlich und streiten höchstens wegen ihres Glaubens miteinander, aber sie mischen sich nie in Staatsangelegenheiten ein und halten sich sogar den Vergnügungen des Volkes fern. Sie gehen nicht einmal ins Theater. Es ist unsinnig, diese Menschen für den Brand Roms verantwortlich zu machen.«

Tigellinus grinste, rollte eine seiner Listen auf, las mir meinen eigenen Namen vor und sagte höhnisch: »Du bist gewiß ein Sachverständiger in diesen Dingen, denn man hat dich selbst als Christen angezeigt, dich und deine Frau und dein ganzes Haus.«

Mir war, als drückten mich schwere Bleigewichte nieder, und ich vermochte nicht ein Wort zu sagen. Tigellinus begann jedoch zu lachen, versetzte mir einen Klaps mit der Rolle und rief: »Du glaubst doch nicht etwa, daß ich solche Anzeigen ernst nehme! Ich kenne dich und deinen Ruf. Und selbst wenn ich dich verdächtigen sollte, so würde es mir nie einfallen, Sabina für eine Christin zu halten. Der Angeber wußte nicht einmal, daß du von ihr geschieden bist. Nein, diese Anzeigen sind das Werk abgefeimter Verbrecher, die aus reiner Bosheit den Anschein erwecken wollen, daß auch vornehme Kreise Roms an ihrem Aberglauben teilhätten.

Jedenfalls hat die Verschwörung weiter um sich gegriffen, als irgendeiner von uns geahnt hätte, und was ich am wenigsten begreife, ist, daß alle diese Menschen freiwillig und gern bekennen, daß sie Christus als ihren Gott verehren. Sie müssen verhext sein, anders kann ich es mir nicht erklären, aber derlei Zauberei wird bald ein Ende haben. Wenn sie sehen, wie die Schuldigen bestraft werden, werden sie schnell genug von ihrem Wahn ablassen!«

Ich schlug vorsichtig vor: »Du tust vielleicht gut daran, die Listen zu vernichten. Aber was redest du da von Schuldigen?«

Tigellinus sagte zufrieden grinsend: »Du hast recht. Ob du es glaubst oder nicht: man hat mir sogar Senatoren und Konsuln genannt, die angeblich Christen sein sollen. Solche Verunglimpfungen hält man natürlich besser geheim, damit nicht Personen von Rang und Namen in den Augen des Volkes zum Gespött werden. Ich glaube, ich werde Nero nichts von diesen Verleumdungen sagen.«

Er betrachtete mich forschend, und seine grausamen Augen funkelten boshaft. Ich erriet, daß er die Absicht hatte, die Listen für seinen eigenen Gebrauch aufzubewahren und zu Erpressungen zu benutzen, denn selbstverständlich würde jeder hochgestellte Mann in Rom bereit sein, jede beliebige Summe zu zahlen, um sich von einem solchen Makel reinzuwaschen. Ich fragte noch einmal, wen er mit den Schuldigen gemeint habe.

»Ich habe genug Geständnisse«, erwiderte er selbstgefällig, und als ich ihm nicht glauben wollte, führte er mich in die Keller hinunter und zeigte mir seine jammernden, halbtoten Opfer.

»Ich habe natürlich nur gebrandmarkte Verbrecher, entlaufene Sklaven und solche, die offensichtlich etwas verschwiegen, foltern lassen«, erklärte er. »Es hat im allgemeinen genügt, sie auszupeitschen, aber in einzelnen Fällen mußten wir, wie du siehst, zu glühenden Stangen und Eisenklauen greifen. Diese Christen sind sehr dickfellig. Einige gingen mir ein, ohne gestanden zu haben. Sie riefen nur ihren Christus zu Hilfe. Andere wieder gestanden, sobald sie die Folterwerkzeuge erblickten.«

»Was gestanden sie?« fragte ich.

»Daß sie auf Christi Geheiß Rom angezündet haben«, sagte Tigellinus unverfroren und starrte mir herausfordernd in die Augen. Als er bemerkte, daß ich in Zorn geriet, fügte er beschwichtigend hinzu: »So kann man es jedenfalls auffassen. Der eine oder andere gab halb und halb zu, daß er zusammen mit den Soldaten Häuser angezündet hatte. Einen Verbrecherbund oder eine Verschwörung habe ich eigentlich nicht aufdecken können, aber mehrere im übrigen durchaus achtbare Männer haben freiwillig zugegeben, daß ihrer Ansicht nach ihr Gott die Stadt ihrer Sünden wegen durch das Feuer gestraft hat. Was willst du mehr? Andere erzählten mir, daß sie während des Brandes darauf gewartet hätten, daß ihr Gott vom Himmel niedersteige, um alle zu richten, die sich nicht zu Christus bekennen. Das deutet auf eine geheime Verschwörung gegen den Staat hin, und deshalb müssen die Christen für ihren Aberglauben bestraft werden, gleichgültig ob sie mit eigener Hand den Brand legten oder von dem grausamen Plan nichts wußten.«

Ich zeigte auf ein junges Mädchen, das mit Lederriemen gebunden auf einer blutbesudelten Steinbank lag. Sie blutete aus dem

Mund, und Brust und Glieder waren von den Eisenklauen so gräßlich zerfleischt, daß sie offenbar das Bewußtsein verloren hatte, wenn sie nicht schon an dem Blutverlust gestorben war. »Was hat dir dieses unschuldige Mädchen gestanden?« fragte ich.

Tigellinus rieb verlegen die Handflächen gegeneinander, wich meinem Blick aus und sagte: »Versuche mich ein wenig zu verstehen. Ich habe den ganzen Morgen mit einem fürchterlichen Katzenjammer hart gearbeitet. Da mußte ich mir doch auch ein kleines Vergnügen leisten! Außerdem war ich wirklich neugierig, was sie zu gestehen hatte. Ich habe aber nicht mehr aus ihr herausbekommen, als daß bald irgendeiner kommen und mich zur Strafe für meine Übeltaten ins Feuer werfen wird. Ein rachsüchtiges Mädchen! Sie reden überhaupt gern vom Feuer, diese Christen. Es gibt ja Menschen, die beim Anblick einer Feuersbrunst ganz außer sich geraten. Warum hätte Nero sonst in jener Nacht auf dem Turm des Maecenas gesungen?«

Ich tat, als betrachtete ich das Mädchen näher, obwohl es mich in der Kehle würgte, und sagte mit Absicht: »Tigellinus, sie sieht aus, als ob sie Jüdin wäre.«

Er erschrak und packte mich am Arm. »Sag Poppaea nichts davon«, bat er. »Bei allen Unterirdischen, wie soll ich denn je ein jüdisches Mädchen von einem gewöhnlichen unterscheiden! Sie tragen ja kein Merkmal an ihrem Körper wie die Männer. Eine Christin war sie aber ganz gewiß. Sie wollte ihrem Aberglauben nicht einmal abschwören, als ich ihr versprach, sie dafür laufen zu lassen.«

Zum Glück ließ Tigellinus danach die Folterungen einstellen und seine Opfer wieder zu sich bringen, damit sie die Strafe entgegennehmen konnten, die Nero für die Brandstiftung festsetzen sollte. Als wir in den Raum zurückkehrten, in dem er selbst seine Verhöre vorgenommen hatte, meldete man uns, daß der Senator Pudens Publicola, ein alter Mann aus dem Geschlecht der Valerier, in Begleitung eines älteren Juden erschienen sei und vorgelassen zu werden wünschte.

Tigellinus kratzte sich unangenehm überrascht den Kopf, sah mich hilfesuchend an und sagte: »Pudens ist ein rührseliger, vor Alter schon völlig verblödeter Greis. Was kann er gegen mich haben? Ich hoffe, ich habe nicht versehentlich einen seiner Klienten verhaften lassen! Bleib hier und steh mir bei. Du kennst ja die Juden.«

Pudens' weißhaariger Kopf zitterte vor Zorn. Zu meiner Verwunderung erkannte ich in dem Begleiter des Alten Kephas, der seinen Hirtenstab in der Hand trug und dessen bärtiges Gesicht vor Erregung rot anlief. Hinter den beiden trat, bleich vor Angst, ein gewisser Cletus ein, ein junger Mann, den ich bei früherer Gelegenheit schon als Dolmetsch des Kephas kennengelernt hatte.

Tigellinus erhob sich, um Pudens ehrerbietig zu begrüßen, aber der Alte stürzte auf ihn zu, trat mit seinem Purpurstiefel nach ihm und schrie: »Tigellinus, du verfluchter Roßtäuscher, Hurenbock und Knabenschänder! Was hast du angerichtet! Was sind das für erlogene Beschuldigungen gegen die Christen! Wie weit willst du es in deiner Unverschämtheit noch treiben!«

Tigellinus versuchte zu erklären, daß seine Lebensgewohnheiten mit seinem Amt nichts zu tun hätten, daß es in Rom noch mehr Männer gebe, die Knaben liebten, und daß er sich nicht zu schämen brauche, weil er einst in der Verbannung das Leben als Pferdezüchter gefristet habe.

»Kränke mich also nicht länger, Pudens, Liebling des Volkes«, schloß er. »Denk an deine eigene Würde und daran, daß du zu einem Diener des Staates sprichst. Wenn du eine Klage vorzubringen hast, will ich dich geduldig anhören.«

Kephas warf die Arme empor und begann laut auf aramäisch zu sprechen, ohne uns anzusehen, so als richtete er seine Worte an einen Fremden, der sich mit uns im Raum befand. Tigellinus folgte erschrocken seinem Blick und fragte: »Wer ist der Jude, was sagt er, und mit wem spricht er? Ich hoffe, er verflucht uns nicht! Hat man sich vergewissert, daß er keine Zauberbinden und gefährlichen Amulette bei sich trägt?«

Ich packte ihn am Arm, zwang ihn so, mich anzuhören, und sagte: »Dies ist der Führer der Christen, der berühmte Kephas. Er soll Tote erweckt und solche Wunder getan haben, daß Simon der Zauberer, verglichen mit ihm, ein unbeholfener Knabe war. Er steht unter dem Schutz des Senators Pudens, seit er diesen von der Wassersucht geheilt hat.«

Tigellinus spreizte zwei Finger aus, um die bösen Mächte abzuwehren, und sagte: »Er ist Jude. Mit ihm habe ich nichts zu schaffen. Bitte ihn, daß er von seinen Beschwörungen abläßt, in Ruhe seines Weges geht und seinen Zauberstab mitnimmt, ehe ich mich erzürne.«

Der Senator Pudens hatte sich mittlerweile beruhigt und sagte nun: »Der ehrwürdige Kephas ist gekommen, um selbst alle Beschuldigungen zu widerlegen, die du gegen die Christen erfunden hast. Er verlangt, daß du die anderen freiläßt und an ihrer Stelle ihn selbst festnimmst. Er ist ihr Hirte, und alle anderen, vom Geringsten bis zum Höchsten, sind nur seine Schafe.«

Tigellinus trat erbleichend an die Wand zurück und bat mit zitternden Lippen: »Führt ihn weg, bevor ich ihn mit der Geißel hinausjagen lasse. Sagt ihm, er soll am besten die Stadt verlassen. Ich untersuche auf Befehl des Kaisers die Verschwörung der Christen, deren Ziel die Zerstörung Roms war. Die Brandstifter haben schon gestanden, aber ich will meinetwegen gern zugeben, daß viele anständige Christen und vielleicht auch dieser alte Zauberer da mit seinem Stab nichts von dem entsetzlichen Plan wußten.«

Pudens lauschte mit offenem Mund und zitterndem Kinn. Dann schüttelte er mitleidig den Kopf und sagte vorwurfsvoll: »Alle Welt weiß doch, daß der Kaiser selbst Rom in Brand stecken ließ, um die Grundstücke zwischen Caelius und Esquilin für seine wahnsinnigen Bauvorhaben zu bekommen. Aber Nero irrt, wenn er glaubt, er kann seine Schuld auf Unschuldige abwälzen. Möge er sich vor dem Zorn des Volkes hüten, wenn dies bekannt wird!«

Tigellinus blickte sich um, als fürchtete er, die Wände könnten Ohren haben, und sagte warnend: »Du bist ein alter Mann, Pudens, und schon wirr im Kopf. Du darfst nicht einmal im Scherz sagen, was wir soeben aus deinem Munde gehört haben. Oder bist du vielleicht selbst Christ und in deiner Torheit in diese Sache verwickelt? Nimm dich in acht! Du gehörst zu denen, die man mir angezeigt hat, aber ich nehme eine solche unsinnige Beschuldigung natürlich nicht ernst. Ein römischer Senator kann wohl nicht Christ sein!«

Er versuchte zu lachen, starrte aber unverwandt auf Kephas und zuckte jedesmal zusammen, wenn dieser eine Bewegung machte. Pudens erinnerte sich seines Rangs und seiner Stellung und sah ein, daß er zu weit gegangen war. Daher sagte er nun begütigend: »Es mag sein, daß es Hitzköpfe und Schwärmer unter den Christen gibt und sogar falsche Propheten. Vielleicht hat sich auch ein Wolf in Schafskleidern unter sie gemengt. Kephas aber wird bei einem öffentlichen Prozeß für sie alle einstehen, und ich hoffe nur, daß er nicht auf Geheiß des Geistes Worte sagt, die Nero erschrecken.«

Tigellinus beruhigte sich ein wenig und erwiderte: »Ich bin ein Mensch, der mit sich reden läßt und jederzeit bereit ist, anderen auf halbem Wege entgegenzukommen. Aber dein jüdischer Zauberer kann in dieser Sache für niemanden einstehen. Er hat seine Rechte und seine Sonderstellung wie alle diese verfluchten Juden. Nero hat mir ausdrücklich befohlen, die Finger von den Juden zu lassen, denn in ihrem Augiasstall könnte nicht einmal Herkules selbst die Rechtgläubigen von den Irrgläubigen scheiden. Meiner Meinung nach wäre Rom ohne die Juden besser daran, aber das ist nur meine persönliche Ansicht, die nicht ins Gewicht fällt. Ich muß dem Kaiser gehorchen.«

Ich erklärte Cletus, der meine Worte für Kephas ins Aramäische übersetzte, in aller Kürze den juristischen Sachverhalt. Kephas bekam wieder einen roten Kopf, versuchte anfangs beherrscht zu sprechen, ereiferte sich dann aber und schrie zuletzt mit Donnerstimme. Cletus versuchte zu dolmetschen, ich selbst mischte mich gleichfalls ein, Pudens redete dazwischen, was ihm gerade einfiel, und keiner verstand, was der andere sagte.

Tigellinus hob abwehrend beide Hände, bat uns zu schweigen und sagte: »Laßt es genug sein. Aus Achtung vor deinem weißen Haupt, Pudens, und um die Gunst dieses mächtigen Zauberers zu gewinnen, bin ich bereit, zehn oder zwanzig oder sagen wir hundert Christen freizugeben, die er selbst auswählen darf. Ich habe ohnehin zu viele Christen und bin froh, wenn ich auf eine vernünftige Weise einige davon loswerde.«

Kephas dachte einen Augenblick über diesen Vorschlag nach, lehnte ihn dann aber ab und verlangte halsstarrig, man solle ihn gefangennehmen und die anderen freilassen. Das war eine wahnwitzige Forderung, aber als ich später darüber nachdachte, sah ich ein, daß Kephas von seinem Standpunkt aus klug gehandelt hatte. Wenn er aus der großen Zahl der Gefangenen nach eigenem Gutdünken hundert ausgewählt hätte, würde dies gerade nun, da die Sprecher der verschiedenen Parteien sich angesichts der gemeinsamen Prüfung miteinander ausgesöhnt hatten, zu neuem Mißtrauen und Streit Anlaß gegeben haben.

Unsere Verhandlungen führten zu nichts. Zuletzt verlor Tigellinus trotz seiner Furcht vor Zauberei die Geduld und rannte mit langen Schritten aus dem Raum. Wir hörten, wie er draußen den

Wachtposten befahl, den aufsässigen Juden mit der Geißel davonzujagen.

»Wendet aber nicht mehr Gewalt an, als unbedingt nötig ist!« rief er. »Und rührt mir den Senator Pudens nicht an. Er ist ein Publicola!«

Die Prätorianer wollten nicht gehorchen. Einige von ihnen hatten Paulus reden gehört, als sie ihn bewachten, und hegten seither insgeheim Achtung für die Christen. Sie warnten ihre Kameraden, und Tigellinus konnte sie nicht einmal zur Rechenschaft ziehen, weil er selbst die Zauberkünste des Kephas fürchtete. Sogar der Kasernenzenturio des Prätoriums warnte ihn davor, sich an einem so heiligen Mann zu vergreifen.

Schließlich war Tigellinus gezwungen, denjenigen, die bereit waren, Kephas aus dem Lager zu treiben und dafür zu sorgen, daß er außerhalb der Mauern blieb, einen zusätzlichen Monatssold zu versprechen. Da endlich meldeten sich fünf grobschlächtige Kerle, die sich gegenseitig Mut machten, indem sie versicherten, sie fürchteten nicht einmal die Mächte der Unterwelt. Sie leerten hastig jeder ein Maß Wein und stürzten dann ins Haus, um Kephas mit kräftigen Geißelhieben hinauszutreiben.

Pudens durfte nicht einschreiten, denn nicht einmal ein Senator ist befugt, einen militärischen Befehl aufzuheben. Er konnte nur schimpfen und Tigellinus drohen, der vorsichtshalber zwanzig Schritte zurückwich und die Prätorianer mit lauten Rufen zur Eile antrieb.

Die mit Bleikugeln beschwerten Geißelschnüre klatschten auf Kephas' Schultern und Gesicht, aber der hochgewachsene alte Mann richtete sich nur noch höher auf, lächelte mild, segnete die Soldaten und bat sie, fester zu schlagen, da es ihm eine Freude sei, um Christi willen zu leiden.

Um ihnen ihr Werk zu erleichtern, zog er sich den groben Mantel aus und reichte ihn Pudens, damit er nicht mit Blut besudelt wurde. Pudens würde ihn gern gehalten haben, aber das konnte ich, da er doch Senator war, nicht zulassen. Ich nahm daher selbst den Mantel über den Arm.

Die Soldaten schlugen, wild vor Angst, mit voller Kraft auf Kephas ein und verletzten sich aus Versehen gegenseitig mit den Geißeln. Das Blut strömte Kephas übers Gesicht und sammelte sich in seinem grauen Bart. Sein Untergewand hing bald in Fetzen an ihm nieder. Je härter aber die Soldaten zuschlugen, desto inniger lächelte er. Ab und zu brach er in Freudenrufe aus und bat Christus, sie zu segnen, weil sie ihm so große Freude zuteil werden ließen.

Als Tigellinus dieses grausame Schauspiel sah, wurde er erst recht in seiner Meinung bestärkt, daß Kephas, da er offenbar nicht einmal körperlichen Schmerz fühlte, ein fürchtenswerter Zauberer sei, entsetzlicher noch als Apollonius von Tyana. Er befahl den Soldaten brüllend, die Geißeln wegzuwerfen und Kephas hinauszutragen.

Sie scheuten zwar davor zurück, ihn mit Händen zu berühren, aber ihre Soldatenehre stand auf dem Spiel. Durch das Gelächter und die Spottrufe ihrer Kameraden aufgehetzt, ergriffen sie ihn laut fluchend und hoben ihn wirklich vom Boden auf, obwohl er sich mit seinen gewaltigen Kräften zur Wehr setzte, wobei er jedoch darauf bedacht war, die Soldaten nicht zu schlagen oder anderswie zu verletzen.

Es gelang ihnen, ihn durch die Arkade auf die Marmortreppe hinauszutragen. Dort riß er sich aus ihren Fäusten los und versprach, freiwillig durch das Tor zu gehen, wenn sie ihn auf dem Wege geißelten. Sie ließen ihn gern frei, denn ihre Arme waren schon erlahmt, und in ihren Geißelhieben war keine rechte Kraft mehr.

Die gefangenen Christen umringten Kephas, ohne daß sie jemand hinderte, riefen jubelnd seinen Namen und fielen zu beiden Seiten seines Weges auf die Knie nieder, um ihm ihre Verehrung zu zeigen. Er sprach ihnen Mut zu, hob die Arme, um sie zu segnen, lächelte und rief immer wieder Christi Namen. Die Gefangenen schöpften fromme Zuversicht und neuen Mut, als sie sahen, wie der blutüberströmte Kephas mit Geißelhieben aus dem Lager getrieben wurde, und sie mißtrauten einander nicht mehr.

Kephas war fest entschlossen, vor dem Tor zu bleiben und zu warten, ohne zu essen und zu trinken, aber Pudens überredete ihn zuletzt doch mit guten Worten und übergab ihn seinen Begleitern, damit sie ihn rasch und in aller Heimlichkeit in sein Haus führten. Er stellte ihm dazu seine eigene Sänfte zur Verfügung, obwohl Kephas, der sich vor Erschütterung und nach dem Blutverlust kaum auf den Beinen zu halten vermochte, lieber zu Fuß gegangen wäre. Pudens selbst kehrte noch einmal zurück, um mit Tigellinus auf vernünftige römische Art zu verhandeln.

Als Tigellinus sah, wie die Christen noch immer laut rufend

und mit frohen Mienen in den Hof des Prätoriums drängten, gewann er die Fassung zurück, befahl, sie in die Einzäunung des Exerzierfeldes zurückzutreiben, und forderte einige der nächststehenden auf, das Blut vom Boden und von den Wänden seines Verhörraums zu wischen.

Die Christen sahen einander ratlos an. Sie hatten weder Bürsten noch Wassereimer. Tigellinus lachte und rief: »Meinetwegen könnt ihr das Blut aufschlecken!« Da ließen sie sich auf die Knie nieder und trockneten jeden Tropfen behutsam mit ihren Kleidern und Halstüchern auf, da das Blut nach ihrer Meinung für ihren Gott vergossen worden war und sie an die Leiden Christi erinnerte.

Als vernünftiger Mann versuchte Pudens nun zu retten, was noch zu retten war, und erinnerte Tigellinus kühn an sein Versprechen, daß unter den Gefangenen hundert ausgewählt werden dürften. Tigellinus, der sich seiner hohen Geburt wegen mit ihm gutstellen wollte, erwiderte: »Nimm dir meinethalben zweihundert von denen, die leugnen, sich an der Brandstiftung beteiligt zu haben.«

Pudens begab sich eilig auf das Exerzierfeld hinaus, bevor Tigellinus seine Zusage, die er aus reiner Erleichterung gegeben hatte, bereuen konnte, aber der Präfekt besann sich doch noch zur rechten Zeit auf seinen eigenen Vorteil und rief ihm nach: »Du zahlst mir aber für jeden hundert Sesterze Lösegeld in meine Börse!«

Er wußte, daß Pudens nicht reich war, sondern nur mit knapper Not die Einkünfte zusammenbrachte, die er als Senator unbedingt nachweisen mußte. Kaiser Claudius hatte seinerzeit einmal den erforderlichen Betrag aus seiner eigenen Tasche erlegt, damit Pudens nicht seiner Armut wegen aus den Reihen der Senatoren ausscheiden mußte. Tigellinus sah daher ein, daß er kein höheres Lösegeld von ihm verlangen durfte.

Aus den vielen tausend Christen wählte Pudens Männer, die Kephas nahestanden, sowie Frauen, die Kinder daheim hatten oder aus anderen dringenden Ursachen nach ihrem Haushalt sehen mußten. Er hielt es nicht für nötig, auch Mädchen auszulösen, da er nicht annahm, sie könnten der Brandstiftung angeklagt werden. Seiner Meinung nach drohte keiner der Frauen irgendeine Gefahr oder Strafe, ja er hielt es nicht einmal für möglich, mit den kümmerlichen Beweisen, die Tigellinus zu besitzen glaubte, ein ordentliches Gerichtsverfahren einzuleiten.

Daher begnügte er sich damit, seine eigenen Freunde unter den Christen zu trösten und ihnen zu versichern, daß man sie als unbescholtene Bürger bald freilassen werde. Man drängte sich auch nicht um ihn. Im Gegenteil, mehrere Männer und Frauen, die er ausgewählt hatte, weigerten sich, ihre Glaubensbrüder zu verlassen.

Pudens nahm etwas über zweihundert Personen mit und handelte mit Tigellinus, so daß dieser es zuletzt mit der Zahl nicht so genau nahm und sich aus Freundschaft mit einer Summe von zehntausend Sesterzen zufriedengab.

Seine Nachgiebigkeit reizte mich, und ich fragte, ob auch ich einige auslösen dürfe, in denen ich Anhänger des Paulus wiedererkannt hatte. Es schien mir um der Einigkeit unter den Christen willen nötig, daß auch solche freigelassen wurden, die Paulus nahestanden, damit böse Zungen nicht behaupten konnten, diejenigen, die Kephas' Gunst besaßen, seien bevorzugt worden.

Letztere warfen Paulus vor, seine Reden seien dunkel und unbegreiflich, während jene wiederum, die sich um ihn scharten, die göttlichen Geheimnisse am besten zu verstehen glaubten. Mir war recht froh zumute, als ich daran dachte, wie ich mich vor Claudia damit brüsten konnte, daß ich ohne eigenen Gewinn so vielen Christen in der Not geholfen hatte.

Tigellinus verlangte von mir nicht einmal ein Lösegeld, da er meine Hilfe bei der Abfassung eines sachlichen Berichtes über den Aberglauben der Christen für die Anklageakte benötigte. Er konnte mir seine Achtung nicht versagen, da ich keine Angst vor Kephas gehabt hatte und bei ihm geblieben war, wofür er mir widerstrebend dankte.

Er selbst fürchtete Kephas noch immer, denn den Soldaten, die ihn ergriffen und hinausgetragen hatten, war alle Kraft aus den Armen geschwunden. Sie jammerten kläglich über ihre Lähmung, die sie ihrer Ansicht nach ihrem Präfekten verdankten, weil der ihnen befohlen hatte, Hand an einen Zauberer zu legen. Ich für mein Teil glaube, sie übertrieben ihre Beschwerden, um mehr bezahlt zu bekommen. Jedenfalls habe ich später nichts davon gehört, daß sie bleibenden Schaden davongetragen hätten.

Tigellinus war nun bereit, die Sache Nero vorzutragen. Er bat mich, ihn zu begleiten, da ich mich als sachverständig erwiesen hatte und die Christen kannte, und meinte, ich sei dazu geradezu verpflichtet: da ich Poppaea falsche Auskünfte gegeben und dadurch Nero irregeführt hätte. Auch war er der Ansicht, es schade nichts, daß ich Mitleid mit den Christen hatte und nicht alles glaubte, was er beim Verhör aufgedeckt zu haben meinte. Im Gegenteil, unser Vortrag würde nur um so unparteiischer wirken, wenn ich sie verteidigte.

Wir ritten zum Esquilin, denn um die Bauarbeiten nach der Verbreiterung der Straßen zu beschleunigen, waren Fuhrwerke und Reitpferde auch tagsüber innerhalb der Mauern zugelassen worden. Nero war bei bester Laune. Er hatte gerade mit seinem Gefolge eine gute Mahlzeit beendet und sich in einem kalten Bad erfrischt, um bis zum Abend weiter essen und trinken zu können, wie es bisweilen seine Gewohnheit war.

Er war mit sich selbst überaus zufrieden, weil er, wie er glaubte, eine in politischer Hinsicht ganz vortreffliche Methode entdeckt hatte, die Aufmerksamkeit des Volkes von sich ab und auf die verbrecherischen Umtriebe der Christen zu lenken und damit die bösen Gerüchte zum Verstummen zu bringen. Die große Zahl der Gefangenen nahm er ungerührt zur Kenntnis, denn er hielt an seiner Anschauung fest, die Christen seien lauter Verbrecher und anderes Gesindel.

»Wir müssen lediglich eine Strafe finden, die der Abscheulichkeit ihres Verbrechens gerecht wird«, meinte er lächelnd. »Je strenger sie bestraft werden, desto lieber glaubt das Volk, daß sie auch wirklich an dem Brand schuld sind. Wir müßten dem Volk bei dieser Gelegenheit ein Schauspiel bieten, wie dergleichen noch nie zuvor gesehen wurde. Das hölzerne Amphitheater kommt nicht in Frage, denn seine Keller sind noch mit Obdachlosen überfüllt. Der große Zirkus ist niedergebrannt. Wir müssen also meinen eigenen Zirkus auf dem Vatikanischen Hügel nehmen. Er ist zwar ein wenig eng, aber wir können am Abend in meinen Gärten gleich daneben, unterm Janiculum, ein großes Volksfest veranstalten.«

Ich ahnte noch nicht, wo er hinauswollte, aber ich erdreistete mich, zu bemerken, daß zunächst einmal ein öffentlicher Prozeß durchgeführt werden müsse und daß man auf Grund der bis dahin vorliegenden Beweise wohl kaum jemanden der Brandstiftung werde überführen können.

»Warum ein öffentlicher Prozeß?« fragte Nero verwundert.

»Die Christen sind Verbrecher und entlaufene Sklaven, die nicht das Bürgerrecht besitzen. Um solches Pack abzuurteilen, braucht man nicht die Hundertmänner. Ein Entscheid des Präfekten genügt vollauf.«

Tigellinus erklärte, daß überraschend viele der Verhafteten Bürger waren, gegen die sich nichts anderes anführen ließ, als daß sie sich freimütig zu Christus bekannten. Er wußte auch nicht, wie er fünftausend Menschen mehrere Tage lang auf dem Exerzierfeld beherbergen sollte, und wies darauf hin, daß die verhafteten Bürger über hinreichend große Mittel zu verfügen schienen, um gegen ein gewöhnliches Gerichtsurteil Berufung einzulegen und sich an den Kaiser selbst zu wenden. Der Kaiser müsse daher im voraus entscheiden, ob das bloße Bekenntnis zu Christus bereits für die Verurteilung ausreiche.

»Fünftausend, sagst du?« fragte Nero eifrig. »So viele sind noch nie bei einer einzigen Vorstellung aufgetreten, nicht einmal bei den größten Triumphen. Aber meiner Ansicht nach muß eine Vorstellung genügen. Wir können nicht tagelang feiern, denn das würde die Bauarbeiten zu sehr aufhalten. Könntest du sie nicht durch die ganze Stadt auf die andere Tiberseite hinüberführen und gleich in meinem Zirkus einquartieren? Das Volk bekäme auf diese Weise einen Vorgeschmack, und ich hätte nichts dagegen, wenn es seinem Zorn über ihr Verbrechen Luft machte. Meinetwegen dürfen unterwegs ruhig ein paar in Stücke gerissen werden, solange nur keine größere Unordnung entsteht.«

Mir schien, Nero habe noch nicht recht begriffen, worum es ging und welche Ausmaße die Sache angenommen hatte, weshalb ich sagte: »Verstehst du nicht, daß die meisten anständige, unbescholtene Leute sind, viele darunter Mädchen und Knaben, die man keiner Übeltat verdächtigen kann? Und viele tragen die Toga. Du denkst doch nicht im Ernst daran, zuzulassen, daß der Pöbel die römische Toga verunehrt!«

Nero starrte mich eine Weile finster an: »Du zweifelst offenbar an meinem Verstand und meinem Urteil, Manilianus«, entgegnete er und nannte mich zum Zeichen seiner Ungnade nur bei meinem Familiennamen. Plötzlich aber kam ihm ein neuer Einfall, und er lachte laut auf. »Tigellinus kann sie ja nackt durch Rom ziehen lassen«, schlug er vor. »Das Volk wird seinen Spaß daran haben, und niemand wird die Strolche von den Ehrenmännern unterscheiden können.«

Er schüttelte den Kopf und fügte hinzu: »Ihre vorgebliche Unschuld ist reine Verstellung. Meine eigenen Erfahrungen haben mich gelehrt, am meisten denen zu mißtrauen, die ihre Schlechtigkeit mit äußerlicher Frömmigkeit und einem sittenstrengen Lebenswandel bemänteln. Ich weiß über den Aberglauben der Christen so viel, daß die strengste Strafe noch zu milde ist. Wollt ihr hören?«

Er blickte sich fragend um. Ich wußte, daß es das beste war, zu schweigen, wenn er reden wollte, und wir alle baten ihn, fortzufahren.

»Der Aberglaube der Christen ist so schändlich und abscheulich, daß dergleichen nur im Osten entstanden sein kann«, erklärte er. »Sie betreiben greuliche Zauberei und wollen eines Tages die ganze Welt verbrennen. Sie erkennen einander an geheimen Zeichen und versammeln sich des Abends hinter verschlossenen Türen, um Menschenfleisch zu essen und Blut zu trinken. Zu diesem Zweck nehmen sie die Kinder, die gutgläubige Menschen ihrer Obhut anvertrauen, und opfern sie bei ihren geheimen Mählern. Wenn sie gegessen und getrunken haben, treiben sie auf allerlei natürliche und widernatürliche Weise Unzucht miteinander, ja sie vereinigen sich sogar mit Tieren, vor allem mit Schafen, wie man mir sagte.«

Er blickte sich triumphierend um. Ich glaube, Tigellinus ärgerte sich, weil Nero ihm zuvorkam und ihm keine Gelgenheit gab, vorzutragen, was er bei seinen Verhören herausbekommen hatte. Er streckte die Zungenspitze vor und sagte verächtlich: »Der Unzucht wegen kannst du sie nicht gut verurteilen. Ich kenne einige Leute in unserer nächsten Umgebung, die ebenfalls hinter verschlossenen Türen zusammenkommen, um miteinander Unzucht zu treiben.«

Nero lachte. »Das ist doch nicht dasselbe! Die Leute, die du meinst, versammeln sich in bestem Einvernehmen, studienhalber und um ihres eigenen Vergnügens willen, zu solchem Zeitvertreib. Aber ich bitte euch: von alldem kein Wort zu Poppaea. Sie ist nicht so nachsichtig, wie es zu wünschen wäre. Die Christen dagegen betreiben derlei Dinge als eine Art Verschwörung zu Ehren ihrer Götter und erhoffen sich davon allerlei Vorteile gegenüber anderen Menschen. Sie glauben, ihnen sei alles erlaubt, und wollen, sobald sie die Macht hätten, über alle anderen zu Gericht sitzen. Wären diese Anschauungen nicht so lachhaft, sie könnten politisch gefährlich sein.«

Wir stimmten in sein ein wenig gequältes Lachen ein. Tigellinus nutzte die Gelegenheit und sagte rasch: »Die Keller unter deinem Zirkus sind zu klein für fünftausend Menschen. Ich bin immer noch der Meinung, daß wir die Bürger aus dem Spiel lassen sollten, und schlage vor, wir geben alle frei, die aufrichtig versprechen, vom Aberglauben der Christen abzulassen, und im übrigen achtbare Bürger sind.«

»Dann bleiben nicht mehr genug zur Bestrafung übrig«, wandte Nero ein. »Es ist doch selbstverständlich, daß jeder die Gelegenheit ergreifen wird, sich aus dem Staube zu machen. Nein, an der Verschwörung sind sie alle mit beteiligt, auch wenn sie mit der Brandstiftung selbst nichts zu tun haben. Sollte ich wirklich zu der Auffassung kommen, es seien zu viele — was ich aber im Hinblick auf ihr abscheuliches Verbrechen kaum für möglich halte —, so kann ich sie immer noch Lose ziehen lassen, wie man es im Krieg macht, wenn eine Legion eine schimpfliche Niederlage erlitten hat. Corbulo, zum Beispiel, hat die Erlaubnis erhalten, in Armenien jeden zehnten Mann mit Hilfe des Loses aussondern und hinrichten zu lassen, und da hat es dann Helden wie Feiglinge getroffen. Ich schlage also vor, daß du gegebenenfalls das Los entscheiden läßt und jeden zehnten freigibst. Die Strafe, die die anderen erleiden, wird die Begnadigten so einschüchtern, daß der Aberglaube der Christen für alle Zeit aus Rom verschwinden wird.«

Tigellinus bemerkte gekränkt, es habe ihm bisher noch niemand übertriebene Milde bei der Ausübung seines Amtes vorgeworfen. »Ich denke lediglich an die praktische Seite der Sache«, sagte er gereizt. »Fünftausend Menschen auf eine künstlerische Art und Weise hinrichten, so wie du dir das vorstellst, das läßt sich in deinem engen Zirkus an einem einzigen Tage nicht machen, und wenn wir in allen Gärten rings umher Kreuze aufstellten! Nein, so etwas will ich gar nicht erst versuchen. Wenn du aber keine künstlerische Vorstellung verlangst, dann können wir natürlich eine Massenhinrichtung veranstalten. Nur fürchte ich, daß das Volk nicht viel davon haben wird. Es wird sich langweilen, denn es gibt nichts Eintönigeres als so ein ununterbrochenes Gemetzel.«

Seine Worte erschreckten uns alle so sehr, daß wir ihn nur

stumm anstarrten. Wir hatten uns gedacht, daß man einige Dutzend Christen auf irgendeine grausame Art hinrichten und die übrigen in einer großen Vorstellung auftreten lassen werde. Petronius schüttelte den Kopf und sagte endlich: »Nein, das wäre geschmacklos.«

Tigellinus fuhr fort: »Ich möchte nicht, daß man dich und vielleicht auch mich beschuldigt, wir hätten uns über die Rechte von Bürgern hinweggesetzt. Wir müssen das Eisen schmieden, solange es heiß ist. Ich habe zehn oder zwölf Geständnisse, aber sie genügen nicht für einen öffentlichen Prozeß, und die Männer und Frauen, die gestanden haben, sind nicht in der Verfassung, daß man sie öffentlich vorzeigen kann.«

Unsere Blicke machten ihn verlegen, und er fuhr mürrisch fort: »Einige sind bei dem Versuch, zu fliehen, umgekommen. So etwas kommt öfter vor.«

Ich hatte wieder das Gefühl, von schweren Bleigewichten erdrückt zu werden, aber ich raffte mich auf und sagte: »Imperator, ich kenne die Christen und ihre Sitten und Bräuche. Sie sind friedfertige Menschen, die gern für sich bleiben, sich nicht in politische Dinge mischen und das Böse meiden. Ich weiß nur Gutes über sie. Sie sind vielleicht ein wenig einfältig in ihrem Glauben, daß ein gewisser Jesus von Nazareth, den sie Christus nennen und der unter Pontius Pilatus in Judäa gekreuzigt wurde, sie von allen Sünden erlösen und ihnen das ewige Leben geben wird. Aber Einfalt als solche ist wohl nicht strafbar.«

»Das ist es eben! Sie glauben, daß sie für die schlimmsten Verbrechen Vergebung erhalten werden und daß ihnen daher alles erlaubt sei«, sagte Nero ungeduldig. »Wenn das keine gefährliche Lehre ist, dann möchte ich wissen, was überhaupt für den Staat gefährlich ist!«

Einige wandten zögernd ein, das Gerücht übertreibe vielleicht die Gefährlichkeit der Christen. Wenn man einen Teil bestrafte, würden die anderen sich aus Furcht vor ihrem Aberglauben lossagen. Aber Tigellinus rief triumphierend: »In Wirklichkeit hassen sie die ganze Menschheit und glauben, daß ihr Christus sich offenbaren wird, um dich, Imperator, und auch meine Wenigkeit zur Strafe für unsere Übeltaten bei lebendigem Leibe verbrennen zu lassen!«

Nero lachte und zuckte die Schultern. Zu seiner Ehre muß gesagt werden, daß er Verunglimpfungen seiner eigenen Person gelassen hinnahm und sogar Männer, die boshafte Verse auf ihn dichteten, wohlwollend behandelte. Er blickte jedoch betroffen auf, als Tigellinus, an mich gewandt, fortfuhr: »Hast du, Minutus, mir gesagt, daß die Christen nicht einmal Theatervorstellungen dulden?«

»Sie hassen das Theater!« sagte Nero und erhob sich langsam, denn er ertrug es nicht, daß man seine Sangeskunst geringschätzte. »Wenn dem so ist, sind sie wirklich Feinde der Menschheit und verdienen die härteste Strafe. Wir verurteilen sie wegen Brandstiftung und allgemeinen Menschenhasses. Ich denke, es wird sich niemand erheben, um sie zu verteidigen!«

Ich stand mit zitternden Knien auf und sagte starrsinnig: »Ich habe selbst an den heiligen Mählern der Christen teilgenommen, und ich kann beschwören, daß dort nichts Unziemliches geschehen ist. Sie tranken Wein und aßen Brot und andere gewöhnliche Speisen. Sie halten Brot und Wein für Christi Fleisch und Blut. Nach dem Mahl küssen sie sich, doch daran kann ich nichts Böses finden.«

Nero wischte meine Worte fort wie eine Fliege und sagte: »Reize mich nicht, Manilianus. Wir wissen, daß du nicht zu den Klügsten gehörst, wenn du dafür auch andere gute Eigenschaften haben magst. Die Christen haben dich in deiner Leichtgläubigkeit getäuscht.«

»Richtig!« bestätigte Tigellinus seine Worte. »Unser Minutus ist viel zu gutgläubig. Diese Zauberer haben ihm den Blick verwirrt. Sie haben auch mir hart zugesetzt, während der Verhöre. Nach außen hin geben sie sich als bescheidene, wohlanständige Leute, und sie locken die Armen durch freie Mahlzeiten an. Wer aber an ihren Mysterien teilnimmt, der erliegt ihren Zauberkünsten.«

Zuletzt gab Nero so weit nach, daß er erklärte, etwa dreitausend Gefangene würden für seine Vorstellung genügen. Er erlaubte Tigellinus, alle freizulassen, die ihrem Aberglauben abschworen, vorausgesetzt, daß noch genug zur Bestrafung übrigblieben. »Wir anderen wollen uns unterdessen etwas ausdenken, woran das Volk seinen Spaß haben wird«, sagte er. »Und du, Tigellinus, sorgst dafür, daß für die Theatervorstellung auch einige makellose Jünglinge und Jungfrauen übrigbleiben, und nicht nur gebrandmarkte Sklaven.«

Der Mensch glaubt allzu gerne, was er hofft. Daher dachte ich, als ich Tigellinus zum Prätorianerlager zurückbegleitete, daß Nero nur einige Christen hinrichten lassen wollte, um das Volk zufriedenzustellen, und daß die übrigen in einer schimpflichen, erniedrigenden Vorstellung auftreten sollten. Tigellinus schwieg. Er hatte seine eigenen Pläne, von denen ich noch nichts ahnte.

Wir begaben uns zum Exerzierfeld. Die Gefangenen waren von der Sonne erschöpft, denn es war ein heißer Herbsttag. Man hatte Lebensmittel und Wasser aus der Stadt herbeigeschafft, aber nicht genug für alle. Viele, die hungrig und durstig waren, baten, sich selbst etwas bringen lassen zu dürfen, wie es das Gesetz und die gute Sitte erlaubten.

Wenn Tigellinus einen Mann in der Toga erblickte, blieb er bei ihm stehen, sprach freundlich mit ihm und fragte: »Bist du einer von denen, die Rom angezündet haben?« Sobald der Mann verneinte, fragte er: »Bist du schon einmal wegen eines schändlichen Verbrechens bestraft worden?« Erhielt er auch darauf eine zufriedenstellende Antwort, rief er erleichtert: »Gut! Du scheinst mir ein Ehrenmann zu sein. Ich lasse dich frei, wenn du versprichst, dem verderblichen Irrglauben der Christen abzuschwören. Du hast gewiß hundert Sesterze, um die Haftkosten zu bezahlen.«

Er war jedoch unangenehm überrascht, und auch ich war, um die Wahrheit zu sagen, verblüfft, als einer nach dem anderen ruhig zur Antwort gab, er könne Christus nicht verleugnen, der ihn von seinen Sünden erlöst und in sein Reich gerufen habe. Im übrigen sagten sie, seien sie gern bereit, heimzugehen und fünfzig, hundert oder auch fünfhundert Sesterze zu zahlen, um dem Staat die Auslagen zu ersetzen.

Zuletzt stellte sich Tigellinus taub, murmelte eine Frage: »Du sagst dich also von Christus los?« gab sich selbst die Antwort und sagte hastig: »Gut, gut, du kannst gehen!« Er verlangte nicht einmal mehr ein Bestechungsgeld und wollte nur, daß sie auch wirklich gingen. Viele waren aber so starrsinnig, daß sie heimlich zurückkehrten und sich unter den anderen Christen versteckten.

Unterdessen ließ Tigellinus durch Prätorianer, die den Ordnungsdienst in der Stadt versahen, überall bekanntmachen, daß die am Brande Roms schuldigen Christen quer durch das Trümmerfeld und die Via Sacra entlang auf die andere Seite des Flusses, in Neros Zirkus, geführt werden sollten. Der Begleitmannschaft gab er zu verstehen, daß er nichts dagegen hatte, wenn der eine oder andere unterwegs entkam und im Gedränge verschwand. Einige Greise und zarte Frauen klagten, der Weg sei zu weit, aber Tigellinus meinte scherzend, er könne nicht für jeden kleinen Spaziergang allen eine Sänfte besorgen.

Entlang des Weges versammelten sich johlende Volkshaufen, die die Christen mit Steinen und Kot bewarfen, aber der Zug der Gefangenen war so lang, daß auch die lautesten Schreier ermüdeten, ehe noch das Ende in Sicht kam. Ich ritt an dem Zuge auf und ab und achtete darauf, daß die Prätorianer ihre Pflicht taten und die Gefangenen beschützten.

Dennoch wurden einige so übel zugerichtet, daß sie in ihrem Blute liegen blieben. Als wir aber zur Via Sacra kamen, der Himmel sich rot färbte und die Schatten lang wurden, herrschte ein seltsames Schweigen unter dem Volk links und rechts des Weges. Es war, als wäre für einen Augenblick die ganze Stadt in gespenstische Stille versunken. Die Prätorianer blickten sich beunruhigt um, denn es hatte sich das Gerücht verbreitet, der Himmel werde sich auftun und Christus werde herabsteigen, um die Seinen zu beschützen.

Von Hunger, Durst und Schlafmangel ermattet, vermochten viele nicht mehr weiterzugehen und ließen sich am Wegrand nieder, aber niemand tat ihnen etwas zuleide. Sie baten ihre Glaubensbrüder, sie nicht zurückzulassen und ihres Anteils an der Freude in Christus zu berauben. Da mieteten einige der Christen Wagen, auf denen Schutt und Baumaterial befördert wurden, und luden die Müden auf. Bald folgten unserem Zug an die hundert Ochsenkarren, und niemand brauchte mehr zurückzubleiben. Tigellinus schritt nicht ein, aber er fluchte und sagte, die Christen in ihrem Aberglauben seien starrsinniger und unbelehrbarer, als er je geahnt habe.

Er beging einen Fehler, indem er den Zug über die Insel des Äskulap und durch das Judenviertel zum Vatikanischen Hügel führte. Es dämmerte schon, und als der Volkshaufe, der dem Zug folgte, die Juden erblickte, stürzte er sich auf sie, um sie zu mißhandeln, und drang in ihre Häuser ein. Tigellinus mußte den größten Teil der Bewachung abziehen, um die Ordnung wiederherzustellen, so daß der Zug der Christen mehr oder weniger selbst zusehen mußte, wie er in den Zirkus auf dem Vatikanischen Hügel kam.

Ich hörte die Männer und Frauen an der Spitze einander fragen, ob sie wohl auf dem richtigen Wege seien. Manche verirrten sich in der Dunkelheit in die Gärten Agrippinas, aber gegen Morgen waren alle im Zirkus. Es wurde behauptet, nicht ein einziger der Christen sei entflohen, aber das zu glauben fällt mir schwer. Die Gelegenheit, sich aus dem Staube zu machen, war zu günstig, als die Dunkelheit eingebrochen war und man sich im vierzehnten Stadtteil prügelte.

Die riesige Menschenmenge fand natürlich nicht in den Kellern und Stallungen Platz, und viele mußten sich in den Sand der Arena legen. Tigellinus erlaubte ihnen, sich mit Heu aus den Vorgärten ein Lager zu bereiten, und ließ die Wasserleitungen der Rennställe für sie öffnen. Er tat es nicht aus Barmherzigkeit. Die Christen waren ihm anvertraut worden, und er war Römer.

Einigen Kindern, die ihre Eltern verloren hatten, und einigen jungen Mädchen, die von den Prätorianern aus der Menge ausgewählt und geschändet worden waren, damit dem Gesetz Genüge getan wurde, welches vorschreibt, daß keine Jungfrau zur Leibesstrafe verurteilt werden darf, befahl ich streng, nach Hause zu gehen – in Christi Namen, denn anders gehorchten sie mir nicht. Und ich war nicht der einzige, der sich in diesem Durcheinander gezwungen sah, sich auf Christus zu berufen. Auch die Prätorianer, die bei den Wasserleitungen für Ordnung zu sorgen hatten, hörte ich ihre Befehle in Christi Namen geben.

Bedrückt kehrte ich mit Tigellinus in der Dunkelheit zum Esquilin zurück, und wir ließen uns bei Nero melden. Als er mich sah, fragte er mich ungeduldig: »Wo hast du dich herumgetrieben? Wenn man dich einmal braucht, bist du nicht da. Sag mir, was für wilde Tiere du in deinem Tiergarten hast.«

Ich erwiderte, daß die Auswahl nicht groß war, da wir wegen des Wassermangels und der Futterknappheit nach dem Brand den Tierbestand einschränken mußten. Für Jagdspiele hatte ich eigentlich nur hyrkanische Auerochsen und Jagdhunde, erklärte ich, nichts Böses ahnend. Sabina hatte außerdem ihre Löwen. »Aber«, sagte ich düster, »es wird bei den neuen Wassergebühren kaum möglich sein, den Tiergarten aufzufüllen.«

»Man wirft mir immer vor, ich sei zu milde und entwöhnte das Volk der alten römischen Tugenden«, unterbrach mich Nero. »Nun soll es einmal haben, wonach es verlangt, sosehr mir solche Grausamkeiten persönlich widerstreben. Aber das entsetzliche Verbrechen der Christen und ihr Menschenhaß rechtfertigen sie.

Die Gefangenen werden gegen wilde Tiere kämpfen. Ich bin bereits die Göttersagen durchgegangen, um Anregungen für passende Szenen daraus zu schöpfen. Fünfzig Mädchen können Danaiden darstellen und fünfzig Jünglinge deren Gatten. Eine, die Dirke hieß, wurde auf die Hörner eines Stiers gebunden. Das können wir mehrere Mädchen darstellen lassen.«

Ich wandte erschrocken stammelnd ein: »Unter deiner Regierungszeit durften im ganzen Reich nicht einmal die schlimmsten Verbrecher zu den wilden Tieren verurteilt werden! Ich glaubte, diese barbarische Sitte hätte ein für allemal ein Ende. Auf so etwas bin ich nicht vorbereitet. Ich habe die erforderlichen Tiere nicht. Nein, ich mag nicht einmal daran denken!«

Neros Hals schwoll vor Zorn. »Rom irrt, wenn es glaubt, ich scheute mich, Blut im Sand zu sehen!« rief er. »Du tust, was ich dir befehle. Die Mädchen, die Dirke darstellen, werden nackt auf die Hörner von Auerochsen gebunden. Ein paar hundert Menschen können wir von Hunden zerreißen lassen.«

»Die Hunde sind darauf abgerichtet, wilde Tier zu jagen«, sagte ich und wunderte mich über seine mangelnde Sachkenntnis. »Sie würden niemals einen Menschen angreifen.« Ich dachte einen Augenblick nach und schlug dann vorsichtig vor: »Man könnte die Gefangenen bewaffnen und sie mit den Hunden Auerochsen jagen lassen. Bei einer solchen Jagd setzen, wie du weißt, sogar erfahrene Jäger ihr Leben aufs Spiel.«

Nero starrte mich böse an und fragte mit gefährlicher Ruhe: »Trotzest du meinem Willen, Manilianus. Ich denke, ich habe dir deutlich genug gesagt, was für eine Vorstellung ich morgen von dir haben will.«

»Morgen!« rief ich. »Du mußt von Sinnen sein! Das ist ganz und gar unmöglich!«

Nero richtete seinen großen Kopf in die Höhe und sagte prahlerisch: »Für Nero ist nichts unmöglich. Morgen haben wir die Iden. Bei Tagesanbruch tritt der Senat zusammen. Ich unterrichte ihn davon, daß wir die Brandstifter entdeckt haben. Sobald der Senat vollständig im Zirkus angelangt ist, kann die Vorstellung beginnen. Mein Entscheid stellt in einem solchen Fall ein rechtskräftiges Urteil dar, und ein Prozeß ist nicht notwendig. Das haben mir meine gelehrten Freunde übereinstimmend versichert. Nur aus Achtung vor dem Senat und um gewissen boshaften Gerüchten den Boden zu entziehen, überlasse ich die öffentliche Kundmachung dem Senat und lade diesen in den Zirkus ein, damit er sich mit eigenen Augen davon überzeugt, daß Nero nicht vor Blut zurückschreckt.«

»Ich habe für diesen Zweck keine Tiere«, sagte ich kurz und bereitete mich darauf vor, einen Trinkbecher an den Kopf oder einen Tritt in den Leib zu bekommen. Das wäre nicht das Gefährlichste gewesen, denn wenn Nero seinen Zorn durch körperliche Gewalttätigkeiten austobte, beruhigte er sich immer sehr rasch.

Er wurde aber nur noch ruhiger, starrte mich erbleichend an und fragte: »Habe nicht ich selbst dich zum Vorsteher des Tiergartens ernannt? Sind es deine Tiere oder meine?«

»Der Tiergarten gehört zweifellos dir, obwohl ich einen beträchtlichen Teil meines eigenen Vermögens hineingesteckt habe, was ich leicht nachweisen kann«, erwiderte ich. »Die Tiere dagegen sind mein persönliches Eigentum. In den Büchern der Staatskasse und deiner eigenen Kasse kannst du nachlesen, daß ich die Tiere für Jagdspiele Stück für Stück verkauft und die zahmen Tiere für andere Vorführungen um einen Preis, der von dem Wert der Vorstellung abhing, vermietet habe. Für deine Zwecke habe ich keine Tiere zu verkaufen oder zu vermieten. Weder du noch der Senat kann mich dazu zwingen, dir mein persönliches Eigentum zu überlassen, nur um eine umbarmherzige Laune zu befriedigen. Ich habe das Recht auf meiner Seite und brauche micht nicht zu fürchten.«

Die anwesenden Rechtsgelehrten und Senatoren nickten widerwillig. Nero lächelte mich plötzlich freundlich an. »Wir sprachen eben auch über dich, Minutus«, sagte er. »Ich nahm dich in Schutz, so gut ich es vermochte, aber du bist selbst von dem verderblichen Aberglauben der Christen angesteckt. Du weißt zu viel darüber. Während des Brandes im letzten Sommer hast du übrigens auch ein kostbares Pferd aus meinem Stall aus dem Palatin gestohlen und es nie zurückgegeben. Ich habe dich nicht daran erinnert, denn Nero ist nicht kleinlich, was immer man ihm sonst auch nachsagen mag. Und ist es nicht sonderbar, daß dein Haus auf dem Aventin von den Flammen verschont wurde? Ich habe außerdem gehört, daß du dich hinter meinem Rücken wieder vermählt hast. Es gibt freilich verschiedene Gründe, eine Ehe geheimzuhalten, aber es gibt mir doch zu denken, wenn ganz offen behauptet wird, die Gattin eines meiner Freunde sei Christin. Sagtest du nicht selbst, du habest an ihren geheimen Mählern teilgenommen? Ich hoffe, du wirst dich hier unter deinen Freunden augenblicklich von derlei Beschuldigungen reinwaschen.«

»Gerüchte, nichts als Gerüchte«, sagte ich verzweifelt. »Man sollte meinen, daß du, ja gerade du, allen unbegründeten Klatsch verachtest. Ich hätte nicht gedacht, daß du ihm deine Ohren öffnen würdest.«

»Du zwingst mich dazu, Minutus«, erwiderte Nero sanft. »Du bringst mich als deinen Freund in eine mißliche Lage. Daß die Christen rasch und unnachsichtig bestraft werden, ist eine politische Notwendigkeit. Oder willst du vielleicht behaupten, ich hätte Rom angezündet, wie es gewisse Senatoren aus uraltem Neid und Eifersucht hinter meinem Rücken tun? Du willst verhindern, daß die Christen so bestraft werden, wie ich es wünsche, und deine Widersetzlichkeit hat zweifellos politische Ursachen. Ich muß sie wohl oder übel als eine Kundgebung gegen mich als Herrscher auffassen. Willst du etwa mich, deinen Freund, zwingen, dich als Christen zu verurteilen – natürlich nicht zu den wilden Tieren, sondern nur zur Enthauptung –, weil ich dich als meinen Feind und überdies als Feind der Menschheit ansehen muß? Das wäre vermutlich die einzige Möglichkeit, dein Eigentum auf gesetzlichem Wege zu beschlagnahmen. Liebst du wirklich die Christen und deine Tiere mehr als mich und dein eigenes Leben?«

Er lächelte selbstzufrieden, weil er wußte, daß er mich in der Falle hatte. Der Form halber zögerte ich noch und dachte währenddessen angestrengt nach, und ich muß heute zu meiner Rechtfertigung sagen, daß ich mehr an Claudia und mein ungeborenes Kind, also an Dich, Julius, dachte als an mich selbst.

Endlich sagte ich: »Man könnte einen Teil der Verurteilten in Bären- und Wolfsfelle stecken. Vielleicht würden die Hunde sie dann zerreißen. Aber die Zeit, eine sehenswerte Vorstellung vorzubereiten, ist sehr knapp bemessen.«

Alle brachen in ein befreiendes Gelächter aus, und es war nicht mehr die Rede davon, daß ich mit den Christen gemeinsame Sache gemacht hätte. Vielleicht hatte mich Nero nur im Scherz erschrecken wollen und nie die Absicht gehabt, seine Drohung wahr zu machen. Meine Tiere hätte er übrigens ohne weiteres beschlagnahmen lassen können, und zwar auf Grund der Buchführung des Tiergartens, die einer genaueren Überprüfung nicht standgehalten hätte, denn ich hatte mir meine Auslagen doppelt ersetzen lassen: einmal aus der Staatskasse und ein zweites Mal aus Neros eigener Kasse.

Ich will damit sagen, daß Nero meine Tiere in jedem Fall bekommen hätte, was auch immer aus mir geworden wäre. Deshalb glaube ich auch noch heute, daß ich damals das einzig Mögliche tat. Was würde es den Christen oder mir selbst genützt haben, wenn ich mir aus lauter Halsstarrigkeit den Kopf hätte abschlagen lassen? Als ich meinen Entschluß faßte, wußte ich freilich noch nicht, was für eine Rolle mein eigener Vater in dieser unglückseligen Geschichte zu spielen gedachte.

Nein, ich hätte vergeblich wider den Stachel gelöckt. Nero hatte seine Herolde, schon als der Abendstern aufleuchtete, in den erhaltenen Stadtteilen ein Fest für den folgenden Tag ausrufen und das Volk zum Schauspiel in den Zirkus auf dem Vatikanischen Hügel laden lassen. Um diese Zeit hatte der Zug der Christen noch nicht einmal diese Stadtteile erreicht.

Ich hatte es so eilig, in den Tiergarten zu kommen, daß wir das Programm nur in großen Zügen festlegen konnten. Ich mußte noch in derselben Nacht die Tiere auswählen und über den Fluß schaffen, was keine leichte Aufgabe war. Ich ließ im Tiergarten sofort Alarm schlagen und Fackeln und große Ölbecken anzünden, so daß die ganze Gegend taghell erleuchtet war.

Die Tiere waren noch unruhiger und aufgeregter als die Menschen, als sie bei flackerndem Feuerschein und unter großem Lärm aus dem Schlaf gerissen wurden. In das Poltern der Karren und der von Ochsen gezogenen Schlitten mischten sich das Gebrüll der Auerochsen und der Löwen und das Trompeten der Elefanten. Der Lärm war bis zum Marsfeld zu hören, wo die Menschen, in dem Glauben, der Brand sei von neuem ausgebrochen, aus ihren Notunterkünften stürzten.

Zusätzlich zu unseren eigenen Fuhrwerken beschlagnahmte ich die am festesten gezimmerten Ochsenschlitten, die Tag und Nacht Bausteine aus den Steinbrüchen außerhalb der Stadt herbeischleppten. Tigellinus stellte mir eine Kohorte Prätorianer zur Verfügung, die ich mit Wein und Geld anspornte, so daß sie kräftig mit zupackten, obwohl sie, nachdem sie einen Tag und eine Nacht ununterbrochen Dienst getan hatten, zum Umfallen müde waren.

Das größte Hindernis war, wie nicht anders zu erwarten, Sabina. Sie kam geradewegs aus Epaphroditus' Bett zu mir gerannt und schrie: »Du bist besessen? Was soll dies alles bedeuten?« Sie wollte um keinen Preis ihre zahmen Löwen hergeben, da die ganze lange Arbeit, die sie mit ihnen gehabt hatte, zunichte war, wenn sie ein einziges Mal Gelegenheit erhielten, einen Menschen zu zerreißen und Menschenblut zu schmecken.

Zum Glück war Epaphroditus vernünftiger als sie. Er begriff, daß größte Eile geboten war, und half selbst mit, drei wilde Löwen, die erst kürzlich aus Afrika eingetroffen waren, zu verladen. Leider war die Abendfütterung schon vorüber, und sie waren satt und faul. Einige alte Sklaven, die sich noch gut an die großartigen Raubtiervorstellungen des Kaisers Claudius erinnerten, meinten, man werde an den Tieren nicht viel Freude haben.

Für die hyrkanischen Auerochsen hatten wir keine Transportkäfige, denn sie wurden gewöhnlich durch eine feste Einzäunung und einen unterirdischen Gang in die Ställe des Amphitheaters getrieben. Wir mußten sie auf ihrem Weideplatz einfangen und binden. Wenn man bedenkt, daß es an die dreißig waren und daß wir sie teilweise im Dunkeln einfangen mußten, während die Tiere, von dem Lärm und dem Fackelschein erschreckt, umherrasten und miteinander kämpften, meinte ich, daß ich mir einige Achtung dafür verdient habe, daß ich noch vor Anbruch der Morgendämmerung meinen Auftrag ausgeführt hatte.

Ich mußte mich, um ein gutes Beispiel zu geben, selbst am Einfangen beteiligen, nachdem mehrere ungeschickte Prätorianer niedergestoßen und zertrampelt worden waren, und bekam einen Tritt auf den Fuß und einige Schrammen ab, doch ich brach mir keine Knochen und spürte in der Eile nicht einmal die Schmerzen. Einer der Bären schlug mir mit der Tatze den linken Arm gefühllos, aber ich freute mich nur über die wilde Kraft dieser Tiere.

Unterdessen hatte ich in der ganzen Stadt die Schneider und Schuster wecken lassen. Tierfelle hatten wir genug, da es, seit die verfeinerten griechischen Sitten in die Häuser der Vornehmen Eingang gefunden hatten, nicht mehr üblich war, Felle als Bettdecken oder Wandbehänge zu verwenden. Ich hatte dadurch große finanzielle Einbußen erlitten, aber jetzt dankte ich Fortuna für die zahllosen Felle, die uns zur Verfügung standen.

Als der Morgen graute, herrschte in Neros Zirkus ein vollkommnes Chaos. Theaterleute rannten mit Kostümen hin und her, Soldaten rammten Pfähle ein, und Sklaven bauten Laubhütten darum herum. Ganze Häuser wurden in aller Eile auf dem Sand errichtet. Ich ließ Felsbrocken herbeischleppen und in der Mitte der Arena aufeinandertürmen.

Es war nicht zu verhindern, daß es zu Streitigkeiten kam, denn jeder hielt seinen Auftrag und seinen Anteil an den Vorbereitungen für das Wichtigste. Die Christen waren überall im Wege. Sie lagen in ganzen Scharen im Sand oder gingen neugierig umher und störten die Arbeiter. Der Zirkus, der bisher nur für Wagenrennen verwendet worden war, war zu klein. Ich mußte sämtliche Kellerräume und Ställe belegen und zum Teil die Wände für meine Tiere verstärken lassen. Die kräftigsten Christen wurden mit zur Arbeit angestellt, die anderen auf die Zuschauertribünen hinaufgetrieben. Es gab nicht genug Abtritte für so viele Gefangene. Deshalb mußten sie zuletzt rasch noch die Gänge reinigen, die sie beschmutzt waren, aber wir waren dennoch gezwungen, überall Weihrauch zu verbrennen und große Mengen von Parfüm zu versprühen, um wenigstens in der Kaiserloge und auf den Bänken des Senats den Aufenthalt erträglich zu machen. Ich muß allerdings zugeben, daß meine Tiere an dem Gestank nicht ganz schuldlos waren, aber ich war ihren Geruch schon so gewöhnt, daß ich ihn kaum noch wahrnahm.

Die Christen begannen sich in Gruppen zu sammeln, um zu beraten und Christus zu preisen. Einige sprangen und tanzten mit rollenden Augen verzückt umher. Andere redeten in Zungen, die niemand verstand. Viele Prätorianer meinten, als sie das sahen, es sei Neros erste wirkliche Herrschertat, daß er solche Zauberei in Rom ausrottete.

Die Vernünftigsten unter den Christen wußten noch immer nicht recht, was für ein Schicksal sie erwartete. Sie sahen den Vorbereitungen verwundert zu. Einige, die mich vom Sehen kannten, kamen zu mir und fragten mich in aller Unschuld, wie lange man sie noch gefangenhalten wolle und wann der Prozeß beginnen werde.

Sie hatten, wie sie sagten, wichtige Angelegenheiten zu ordnen und sich um ihre Arbeit zu kümmern. Vergebens versuchte ich ihnen zu erklären, daß das Urteil bereits gefällt war und daß sie gut daran täten, sich darauf vorzubereiten, tapfer für Christus zu sterben, um dem Senat und dem Volk von Rom ein denkwürdiges Schauspiel zu bieten.

Sie schüttelten die Köpfe und glaubten mir nicht. »Du treibst deinen Scherz mit uns«, sagten sie. »So etwas kann in Rom nicht geschehen.«

Sie glaubten mir noch nicht einmal, als sie ihre Kleider ablegen mußten und die Schneider und Schuhmacher begannen, sie in Felle einzunähen. Einige lachten sogar und gaben den Handwerkern gute Ratschläge, und ich sah Knaben und junge Mädchen, die knurrten und sich miteinander balgten, als man sie in Panther- oder Wolfsfelle eingenäht hatte. Und so groß ist die Eitelkeit der Menschen, daß manche sich sogar um die schönsten Felle stritten. Sie begriffen noch immer nicht, was man mit ihnen vorhatte, obwohl sie meine Hunde in den Kellergewölben ununterbrochen heulen hörten.

Als die Theaterleute daran gingen, die schönsten und stattlichsten Männer und Frauen für ihre Zwecke auszuwählen, verlangte ich die dreißig schönsten Frauen für die Dirkenummer und suchte mir, während die Danaiden und ihre ägyptischen Bräutigame in ihre Kostüme gekleidet wurden, Mädchen und Frauen zwischen sechzehn und fünfundzwanzig Jahren aus, die ich sofort beiseite führen ließ, bevor die unehrlichen Theaterleute sie mir wegschnappten.

Ich glaube, den Christen dämmerte die Wahrheit erst, als die Strahlen der aufgehenden Sonne den Sand röteten und man die dem Aussehen nach schlimmsten Verbrecher zu kreuzigen begann. Einen Teil der Balken und Planken, die für diesen Zweck herbeigeschafft worden waren, hatte ich zur Verstärkung der Stallwände verwendet, aber es wäre ohnehin nicht gut möglich gewesen, die Kreuze zu dicht nebeneinander aufzustellen, da sie sowohl die Sicht als auch die Vorführung selbst behindert hätten.

Tigellinus eilte in den Senat. Zuvor bestimmte er rasch noch, daß nur vierzehn Kreuze, eins für jeden Stadtbezirk, in der Mitte der Arena errichtet werden sollten. Weitere Kreuze hatten links und rechts neben den Eingängen Platz, aber darüber hinaus mußte man sich damit begnügen, so viele wie möglich an die Planken rund um die Rennbahn zu nageln.

Um mehr Platz zu bekommen, schickte er tausend Männer und tausend Frauen unter Bewachung in die Gärten der Agrippina, wo Nero das Volk am Abend nach der Vorstellung zum Mahle laden wollte. Außerdem mußte dem Volk aber auch während der Vorstellung etwas geboten werden. Der Zirkus auf dem Vatikanischen Hügel liegt so weit von der Stadt entfernt, daß man von den Leuten nicht erwarten konnte, daß sie zu Mittag heimgingen. Die kaiserliche Küche war jedoch gut vorbereitet, und so trafen zahllose Körbe mit Speisen ein, einer für jeweils zehn Zuschauer, daneben besondere Körbe mit Wein und gebratenen Hühnern für die Senatoren und zweitausend Körbe allein für die Ritter.

Meiner Meinung nach übertrieb Tigellinus, indem er so viele Christen auf den Planken um die Arena kreuzigen ließ. Man brauchte dazu ganze Fuhren kostbarer Nägel. Außerdem fürchtete ich, das Gejammer der Gekreuzigten könnte die Vorstellung stören, obgleich sie sich zu Anfang, vermutlich vor Überraschung und Verwunderung, sehr still verhielten. Daß die Aufmerksamkeit des Publikums von meinen Raubtieren abgelenkt würde, war meine geringste Sorge, denn wenn es gar zu viele Menschen sind, die sich vor Qualen winden, wird man des Anblicks bald müde, aber die Schmerzensschreie von an die tausend Menschen sind imstande, sowohl das Brummen der Bären und das Brüllen der Löwen als auch die Erklärungen der Herolde zu den Pantomimen zu übertönen. Ich glaubte daher richtig zu handeln, als ich einige der Führer der Christen um mich versammelte und ihnen befahl, umherzugehen und die Gekreuzigten zu bitten, während der Vorstellung entweder zu schweigen oder allenfalls laut Christi Namen zu rufen, damit das Volk auch verstand, wofür sie bestraft wurden.

Die Lehrer der Christen, deren einige schon in Tierfellen staken, nahmen ihren Auftrag ernst. Sie sprachen mit den Jammernden und versicherten ihnen, es sei für sie die größte Ehre, daß sie den Kreuzestod erleiden durften wie Jesus von Nazareth. Ihre Prüfung sei kurz, sagten sie, verglichen mit der ewigen Seligkeit, die sie in Christi Reich erwartete. Noch am selben Abend sollten sie im Paradiese sein.

Die Lehrer sprachen so eifrig und so überzeugend, daß ich lächeln mußte. Als sie aber mit immer innigerer Glut den Gekreuzigten vor Augen führten, welch Freudentag dies sei, da sie unschuldig zur Verherrlichung des Namens Christi leiden und als seine Zeugen gen Himmel fahren durften, da biß ich mir auf die Lippen. Es war, als beneideten sie die Gekreuzigten wirklich um ihr Schicksal, und das schien mir reine Verstellung zu sein. Daher sagte ich barsch, sie könnten meinethalben gern ihre eigene kurze Pein gegen die lange Qual der Kreuzigung austauschen.

Zu meiner Überraschung riß sich wirklich einer von ihnen das Bärenfell vom Leibe und bat mich auf den Knien um die Ehre, gekreuzigt zu werden. Es blieb mir nichts anders übrig, als den Prätorianern zu befehlen, ihn in irgendeinem Zwischenraum an die Planken zu schlagen.

Die Prätorianer ärgerten sich über diese zusätzliche und, wie sie meinten, unnötige Mühe so sehr, daß sie ihm einige kräftige Hiebe versetzten. Sie hatten schon so viele grobe Nägel mit schweren Hämmern einschlagen müssen, daß ihre Arme lahm vor Schmerzen waren. Ich hatte nichts dagegen, daß sie ihn schlugen. Das Gesetz schreibt vor, daß die Gekreuzigten gegeißelt werden, damit sie schneller sterben, aber wir hatten keine Zeit, all die vielen Christen zu geißeln, und es mußte genügen, daß da und dort ein mitleidiger Prätorianer einen mit der Lanze stach, so daß das Blut zu strömen begann.

Ich frage mich noch heute, wie es möglich war, Neros Befehl rechtzeitig auszuführen. Als das Volk am hellen Morgen in den Zirkus strömte und die Wege draußen weiß von Menschen waren, waren die Tribünen gesäubert, die Bauten in der Arena fertig, die Auftretenden eingekleidet, die Nummern im einzelnen durchgesprochen und die Rollen verteilt, und die Gekreuzigten hingen zuckend und leise jammernd an den Kreuzen oder Planken.

Das Heulen der Hunde und das Gebrüll der Auerochsen klangen den Zuschauern vielversprechend in den Ohren, und während sich die Eifrigsten um die besten Plätze rauften, bekam jeder, der ruhig oder ordentlich durch einen der Eingänge trat, ein frisch gebackenes Brot und ein Stück Pökelfleisch. Wer wollte, durfte außerdem einen Becher mit Wasser vermischten Weins trinken.

Ich war insgeheim stolz auf Rom, als ich mich neben einem Heubündel im Stall hastig wusch und meine Festtoga mit dem roten Streifen anlegte, so tief war der Eindruck, den das langsam ansteigende freudige Gemurmel einer Volksmenge in gespannter Erwartung auf mich machte. Als ich einige Becher Wein getrunken hatte, wurde ich gewahr, daß eine der Ursachen für meinen frohen Stolz die allgemeine Freude der Christen war. Sie ermahnten einander, nicht zu weinen, und versicherten sich gegenseitig, daß es besser sei, vor Freude und Entzücken zu lachen, während sie darauf warteten, an der Pforte zu Christi Reich Zeugnis abzulegen.

Während mir der Wein in meinen müden Kopf stieg, war ich immer mehr davon überzeugt, daß die Vorstellung, zumindest was meinen Anteil daran anbetraf, nicht mißlingen konnte, aber ich wäre wohl kaum so ruhig und stolz auf meine Leistungen gewesen, wenn ich gewußt hätte, was zu gleicher Zeit in der Kurie geschah. Nun da ich daran zurückdenke, faßt mich so tiefe Trauer, daß ich mich unterbrechen und eine neue Buchrolle beginnen will, um so gefaßt wie möglich darüber zu berichten.

X

DIE ZEUGEN

Der Senat hatte sich, wie an allen Iden außer während der Sommermonate, bei Tagesanbruch leidlich vollzählig in der Kurie versammelt, die zum Verdruß so manchen Senators den Brand beinahe unbeschädigt überstanden hatte.

Nero schlief so lange, daß er am Eröffnungsopfer nicht teilnehmen konnte. Dann aber traf er voller Unternehmungslust ein, begrüßte die beiden Konsuln mit einem Kuß und bat mit vielen Worten um Vergebung für seine Verspätung, an der wichtige Staatsgeschäfte schuld seien. »Ich bin bereit, jede Strafe anzunehmen, die mir der Senat für mein Säumen auferlegt«, sagte er scherzend. »Aber ich glaube, die Väter werden Milde walten lassen, wenn sie hören, was ich ihnen mitzuteilen habe.«

Die Senatoren unterdrückten ihr Gähnen, setzten sich bequemer auf ihren Elfenbeinschemeln zurecht und machten sich auf eine stundenlange Redeübung nach dem Muster Senecas gefaßt. Nero begnügte sich jedoch mit einigen knappen Worten über die sittliche Lebensordnung, die das Gebot der Götter und das Erbe der Väter ist, und kam auch schon zur Sache.

Der verheerende Brand im letzten Sommer, das größte Unglück, das Rom seit der Verwüstung durch die Gallier getroffen hatte, sei keineswegs eine Strafe der Götter für gewisse politisch notwendige Geschehnisse in der Stadt, wie böse Zungen noch immer behaupteten, sondern das Werk frevlerischer Menschen, das ungeheuerlichste Verbrechen, das je am Reich und an der Menschheit begangen worden ist. Die Schuldigen seien die sogenannten Christen, deren abscheulicher Aberglaube sich in aller Stille in ungeahntem Maße in der Verbrecherwelt Roms und den untersten Volksschichten ausgebreitet habe. Die meisten Christen seien zugewanderte Ausländer, sagte Nero, und sprächen nicht einmal Latein. Sie gehörten dem ununterbrochen nach Rom hereinströmenden wurzel- und sittenlosen Pöbel an.

Die Verschwörung sei um so gefährlicher, als diese verachtungswürdigen Christen nach außen hin untadelig aufzutreten versuchten und die Armen durch freie Mahlzeiten und Almosen an sich lockten, um danach bei ihren sorgfältig geheimgehaltenen Mysterien ihren entsetzlichen Menschenhaß in all seiner Gräßlichkeit zu enthüllen. Sie äßen Menschenfleisch und tränken Menschenblut und betrieben auch Zauberei, indem sie Kranke heilten und sie dadurch in ihre Gewalt brächten. Einige dieser Bedauernswerten hätten sie sogar dazu überredet, ihnen ihr gesamtes Vermögen für ihre verbrecherischen Zwecke zu überlassen.

Nero unterbrach sich, um den eifrigsten Senatoren Gelegenheit zu geben, ihren Abscheu und ihr Entsetzen laut kundzutun, wie es die Rhetorik verlangt.

Dann fuhr er fort, er wolle und könne aus sittlichen Gründen nicht all die Greuel aufzählen, die die Christen bei ihren Mysterien begingen. Das Wesentliche sei, daß sie im Vertrauen auf ihre große Zahl Rom in Brand gesteckt und sich auf Befehl ihrer Führer unter freudigem Jubel auf den Hügeln versammelt hätten, um die Ankunft eines Königs zu erwarten, der Rom unterwerfen, ein neues Reich gründen und alle Andersdenkenden zu den grausamsten Martern verurteilen sollte.

Aufgrund dieses Planes hätten die Christen ihre Bürgerpflichten im Dienste des Staates nicht mehr erfüllt, denn so schändlich und unglaublich es auch klinge: es gebe sogar römische Bürger, die sich in ihrer Einfalt und in der Hoffnung auf spätere Belohnung der Verschwörung angeschlossen hätten. Daß die Christen alles haßten, was andere Menschen hoch und heilig hielten, ersehe man schon daraus, daß sie nicht den römischen Göttern opferten, die Künste für verderblich ansähen und sich weigerten, ins Theater zu gehen.

Es sei zum Glück ein leichtes gewesen, die Verschwörung ganz aufzudecken, denn die feigen Christen hätten, sobald die ersten gefaßt worden seien, nichts Eiligeres zu tun gehabt, als sich gegenseitig anzuzeigen. Er, Nero, habe augenblicklich Maßnahmen getroffen, die Stadt zu schützen und die Brandstifter zu bestrafen. Eine große Hilfe sei ihm der Prätorianerpräfekt Tigellinus gewesen, der sich die Anerkennung des Senats verdient habe.

Um den Vätern Zeit zu geben, die Sache zu überdenken, schilderte Nero nun kurz, wie der Aberglaube der Christen aufgekommen war. Er war ursprünglich in Galiläa von einem Aufwiegler, der Christus hieß, begründet worden. Dieser Christus wurde unter der Regierung des Tiberius von dem Prokurator Pontius Pilatus als Staatsverbrecher zum Tode verurteilt. Dadurch wurden die Unruhen für eine Weile niedergehalten. Dann aber streuten die Anhänger dieses Verbrechers das unsinnige Gerücht aus, er sei von den Toten auferstanden, worauf der Aberglaube in Judäa wieder auflebte und sich wie eine Seuche im Reiche ausbreitete.

Die Juden hätten mit diesem Aberglauben nichts zu schaffen, betonte Nero. Man könne sie nicht der Verschwörung gegen Rom anklagen, wie es gewisse Menschen in ihrem blinden Judenhaß täten. Im Gegenteil, die Juden lebten in Rom im Schutze ihrer Sonderrechte und von ihrem weisen Rat gelenkt zum Nutzen des Gemeinwohls.

Diese Behauptung fand beim Senat wenig Anklang, denn der Senat hat von alters her die Ausnahmerechte, die viele Kaiser den Juden bewilligten und immer wieder von neuem bestätigten, mißbilligt. Warum auch sollten wir einen Staat im Staate dulden?

Nero fuhr mit Nachdruck fort: »Man hat Nero allzu menschenfreundlich bei der Bestrafung von Verbrechern genannt. Man hat behauptet, er lasse die strengen Sitten der Väter in Vergessenheit geraten und verleite die Jugend zu einem weichlichen Leben, anstatt die kriegerischen Tugenden zu pflegen. Der Augenblick ist gekommen, zu beweisen, daß sich Nero nicht vor Blut fürchtet, wie gewisse Meister der Stoa säuerlich grimassierend versichern. Ein unerhörtes Verbrechen fordert eine unerhörte Strafe. Nero hat seine künstlerische Phantasie zu Hilfe gerufen, um mit der Bestrafung der Christen dem Senat und Volk von Rom ein Beispiel zu bieten, das man, wie er hofft, in den Annalen Roms nie vergessen wird. Ehrwürdige Väter, ihr werdet in seinem Zirkus mit eigenen Augen sehen, wie Nero die Christen, die Feinde der Menschheit, bestraft!«

Nachdem er auf diese Weise von sich selbst feierlich in der dritten Person gesprochen hatte, ging er wieder zur Ichform über und schlug in aller Bescheidenheit vor, man möge alle anderen Angelegenheiten bis zur nächsten Versammlung des Senats aufschieben, und die Väter sollten sich nun in ihren Sänften in den Zirkus begeben, sofern die Konsuln nichts dagegen einzuwenden hätten.

Die Konsuln dankten Nero von Amts wegen für seine Umsicht und sein rasches Einschreiten zur Rettung des Vaterlandes aus drohender Gefahr und drückten ihm ihre Freude darüber aus, daß er die wirklichen Urheber des Brandes ausgeforscht habe, was für den Staat vor allem deshalb nützlich sei, weil es allerlei unsinnigen Gerüchten den Boden entziehe. Sie schlugen vor, eine Zusammenfassung der Rede Neros in den öffentlichen Mitteilungen erscheinen zu lassen, und unterstützten seinen Antrag, die Versammlung aufzuheben. Nur um ihrer Pflicht Genüge zu tun, fragten sie, ob etwa einer der ehrwürdigen Väter den Wunsch habe, sich zu dieser ihrer Ansicht nach völlig klaren Angelegenheit zu äußern.

Der Senator Paetus Thrasea, der sich durch Neros Seitenhieb auf die säuerlich grimassierenden Stoiker in seiner Eitelkeit verletzt fühlte, bat ums Wort und schlug spöttisch vor, der Senat solle doch gleich die nötigen Dankopfer an die Götter für die Errettung aus dieser entsetzlichen Gefahr beschließen. Man habe ja auch wegen aller möglichen anderen Schandtaten Dankopfer dargebracht, und es sei nicht einzusehen, weshalb die Christen ein geringerer Anlaß sein sollten, da Nero ebenso große Angst vor Zauberei zu haben scheine wie vor einer Philosophie, welche die Aufrichtigkeit lehrt. Nero tat, als habe er nicht gehört. Er stampfte nur auf den Boden, um seine Ungeduld zu bekunden. Der Senat stimmte hastig für das übliche Dankopfer an Jupiter Custos und die anderen Götter. Die Konsuln fragten ungeduldig, ob sonst noch jemand zu sprechen wünsche.

Da erhob sich entgegen seiner Gewohnheit mein Vater Marcus Mecentius Manilianus und bat leicht stotternd ums Wort. Einige, die ihm zunächst saßen, zupften ihn an der Toga und flüsterten ihm zu, er solle schweigen, da er offenbar betrunken war. Mein Vater raffte jedoch die Toga mit beiden Armen zusammen und begann zu sprechen, während sein kahler Kopf vor Zorn zitterte: »Konsuln, Väter, du, Nero, Erster unter deinesgleichen. Ihr alle wißt, daß ich selten das Wort ergriffen habe. Ich kann mich nicht großer Weisheit rühmen, obgleich ich siebzehn Jahre lang im Ausschuß für orientalische Angelegenheiten meinen Teil zum besten des Staates beigetragen habe. Viel Schändliches habe ich hier in der Kurie gehört und gesehen, aber nie haben meine alten Augen Schmählicheres bezeugen müssen als an diesem Morgen. Sind wir nun dahin gekommen, daß der römische Senat schweigend billigt, daß, soviel ich weiß, Tausende von Männern und Frauen, darunter Hunderte von Bürgern und sogar einige Ritter, auf einige unbewiesene Beschuldigungen hin und ohne sich vor einem ordentlichen Gericht verantworten zu dürfen, auf die grausamste Weise hingerichtet werden?«

Einige mißbilligende Rufe wurden laut. Tigellinus erhielt die Erlaubnis, eine Erklärung abzugeben: »Es gibt nicht einen einzigen Ritter unter ihnen, und wenn das wirklich der Fall sein sollte, so hat er mir aus Scham seinen Rang verschwiegen.«

Nero fragte mit schlecht verhohlener Ungeduld: »Soll ich deine Worte so verstehen, daß du meine Ehrlichkeit und Gerechtigkeit anzweifelst, Marcus Manilianus?«

Mein Vater fuhr fort: »Ich habe von alldem nun genug. Ich habe stillschweigend römisches Kloakenwasser geschluckt, daß es mir bis zum Halse steht. Ich bezeuge, daß ich selbst zu Pontius Pilatus' Zeiten in Jerusalem und Galiläa war und mit eigenen Augen gesehen habe, wie Jesus von Nazareth gekreuzigt wurde, der nicht nur Christus hieß, sondern wirklich Christus und Gottes Sohn ist, denn ich habe gleichfalls mit eigenen Augen gesehen, daß das Grab leer und er am dritten Tage von den Toten auferstanden war, was immer auch die Juden lügen mögen.«

Viele riefen, mein Vater müsse von Sinnen sein, aber die Neugierigeren verlangten, man solle ihn weitersprechen lassen. Im Grunde hegten die meisten Senatoren einen alten Groll gegen Nero und die Kaisermacht als solche. Dessen sollst Du stets eingedenk sein, mein Sohn Julius.

Mein Vater sprach also weiter: »Im stillen und in all meiner menschlichen Schwäche habe ich ihn schon seit langem als den Christus anerkannt, obwohl ich in meinem eigenen Leben nie imstande war, mich an seine Gebote zu halten. Ich glaube aber, er wird mir meine Sünden verzeihen und mir einen geringen Platz in seinem Reiche geben, wie immer dieses Reich beschaffen sein mag, von dem ich nichts Genaues weiß. Es muß ein Reich der Gnade, des Friedens und der Klarheit sein, dort oder hier oder überall. Eine politische Bedeutung aber hat dieses Reich nicht, und daher verfolgen die Christen auch keine politischen Ziele, außer in dem Sinne, daß sie glauben, nur in Christus und indem er Christi Weg wandelt, könne der Mensch die wahre Freiheit finden. Es gibt freilich viele Wege, und in die Glaubenszwiste der Christen mische ich mich nicht ein, aber ich glaube, sie führen zuletzt alle in sein Reich. Jesus Christus, Gottes Sohn, erbarme dich über mich Sünder!«

Die Konsuln unterbrachen ihn mit der Begründung, daß er nicht mehr zur Sache spreche, sondern philosophiere. Nero bat ums Wort und sagte ruhig: »Ich will die Geduld der Väter nicht mit unsinnigem Geschwätz auf die Probe stellen. Marcus Manilianus hat gesagt, was er zu sagen hatte. Ich für mein Teil war immer der Meinung, daß mein Vater, der Gott Claudius, in Sinnesverwirrung gehandelt hat, als er seine Gattin Messalina und so viele hochgeachtete Männer hinrichten ließ, daß er den Senat mit untauglichen Mitgliedern auffüllen mußte. Marcus Manilianus' eigene Worte beweisen, daß er des Purpurstreifens und der roten Stiefel nicht würdig ist. Er hat offenbar den Verstand verloren. Was daran schuld sein mag, wage ich nicht zu sagen. Ich möchte nur vorschlagen, daß wir ihn aus Achtung vor seinem kahlen Haupt aus unserem Kreise ausschließen und in einen abgelegenen Kurort schicken, wo sein Geist wieder gesunden kann. Wir brauchen darüber wohl nicht erst abzustimmen.«

Mehrere Senatoren wollten Nero jedoch reizen, solange ein anderer den Kopf hinhalten mußte, und riefen, Marcus solle weitersprechen, sofern er noch etwas zu sagen habe. Paetus Thrasea meldete sich aus reiner Bosheit zum Worte und sagte mit gespielter Unschuld: »Wir sind uns natürlich alle darin einig, daß Marcus Mecentius von Sinnen ist. Aber göttlicher Wahnsinn macht einen Menschen bisweilen zum Seher und Künder. Vielleicht wohnt ihm dank seiner etruskischen Vorfahren diese Gabe inne. Wenn er nicht glaubt, daß die Christen Rom angezündet haben, woran dank Neros Redekunst wohl kaum noch zu zweifeln ist, so mag er uns sagen, wer die wirklichen Brandstifter sind.«

Mein Vater antwortete zornig: »Spotte, soviel du willst, Paetus Thrasea. Auch dein Ende ist nahe. Man braucht nicht die Gabe der Weissagung zu besitzen, um das zu sehen. Ich beschuldige niemanden der Brandstiftung, nicht einmal Nero, so gern auch viele unter euch aus reiner Schadenfreude eine solche Anklage endlich einmal öffentlich ausgesprochen hören möchten. Ich kenne Nero nicht. Aber ich kenne die Christen und glaube und versichere, daß sie am Brande Roms unschuldig sind.«

Nero schüttelte mitleidig den Kopf, hob die Hand und sagte: »Ich habe deutlich genug zu verstehen gegeben, daß ich nicht alle Christen Roms der Brandstiftung anklage. Ich habe sie mit gutem Grunde als Feinde der Menschheit verurteilt. Wenn Marcus Manilianus beweisen will, daß er selbst ein Feind der Menschheit ist, müssen wir ihn ernst nehmen und dürfen ihn nicht mehr damit entschuldigen, daß sich seine Sinne verwirrt hätten.«

Nero irrte jedoch, wenn er glaubte, mein Vater ließe sich einschüchtern. Er war bei aller Gutmütigkeit und Schweigsamkeit sehr starrsinnig und fuhr nun fort: »Eines Nachts am Galiläischen Meer begegnete ich einem Fischer, der gegeißelt worden war. Ich habe Ursache zu glauben, daß er der auferstandene Jesus von Nazareth war. Er versprach mir, ich werde eines Tages um seines Namens willen sterben. Damals verstand ich ihn nicht. Ich glaubte, er sage mir Böses voraus. Jetzt verstehe ich ihn und danke ihm inniglich für seine gute Weissagung. Um Jesu Christi, des Gottessohnes, Namen zu verherrlichen, sage ich euch, daß ich Christ bin und daß ich teilhabe an der Taufe, dem Geiste und den heiligen Mählern der Christen. Überdies sage ich euch, ehrwürdige Väter, falls ihr es noch nicht wissen solltet, daß Nero selbst der schlimmste Feind der Menschheit ist, und auch ihr seid Feinde der Menschheit, solange ihr seine wahnsinnige Tyrannei unterstützt.«

Nero flüsterte mit den Konsuln, und diese erklärten die Versammlung sofort für geheim, damit Rom nichts von der Schande erfuhr, daß ein Mitglied des Senats sich aus Haß gegen die ganze Menschheit zum Fürsprecher eines abscheulichen Aberglaubens gemacht hatte. Ohne eine Abstimmung für nötig zu halten, erklärten die Konsuln, der Senat habe beschlossen, Marcus Mecentius Manilianus den breiten Purpurstreifen und die roten Schnürstiefel abzuerkennen.

Vor dem versammelten Senat nahmen zwei von den Konsuln bestimmte Senatoren meinem Vater die Toga und das Untergewand ab. Dann zog man ihm die roten Stiefel von den Füßen und zerschlug seinen Elfenbeinschemel. Als dies unter düsterem Schweigen geschehen war, stand plötzlich der Senator Pudens Publicola auf und verkündete mit zitternder Stimme, auch er sei Christ.

Seine betagten Freunde packten ihn jedoch, zogen ihn mit Gewalt auf seinen Sitz nieder, hielten ihm den Mund zu und lachten und unterhielten sich laut miteinander, um seine Worte zu übertönen. Nero sagte, es sei bereits genug Schande über den Senat gekommen, die Sitzung sei beendet, und auf das Gefasel eines altersschwachen Greises brauche man nicht mehr zu hören. Pudens war eben ein Valerius und ein Publicola, mein Vater nur ein Manilianus durch Adoption.

Tigellinus rief den Zenturio, der in der Arkade der Kurie auf Wache stand, und befahl ihm, zehn Prätorianer zu nehmen und meinen Vater so unauffällig wie möglich zur nächsten Richtstätte vor den Mauern zu führen.

Von Rechts wegen hätte er in den Zirkus gebracht werden müssen, um dort auf dieselbe Weise hingerichtet zu werden wie die anderen Christen. Um einen Skandal zu vermeiden, war es jedoch besser, man führte ihn heimlich vor die Stadt, wo er mit dem Schwert enthauptet werden sollte.

Der Zenturio und seine Männer gerieten in Wut, weil sie fürchteten, zur Vorstellung im Zirkus zu spät zu kommen. Da mein Vater nackt war, nahmen sie einem Sklaven, der vor der Kurie stand und gaffte, den Umhang weg und bedeckten ihn damit. Der Sklave lief jammernd hinter meinem Vater her, um sein einziges Kleidungsstück zurückzubekommen.

Die Gattinnen der Senatoren saßen wartend in ihren Sänften. Da der Weg weit war, hatte man beschlossen, daß der Festzug, in dem die Senatoren und Matronen für sich getrennt zu Fuß zu gehen hatten, erst vor dem Zirkus aufgestellt werden sollte, wohin die Götterbilder Roms im voraus gebracht wurden. Tullia wurde ungeduldig, als von meinem Vater nichts zu sehen war, und stieg aus ihrer Sänfte, um ihn zu suchen. Er hatte sich am Abend zuvor sehr eigentümlich betragen, und sie war in großer Unruhe.

Als sie nach ihrem Gatten fragte, wagte keiner der Senatoren, ihr zu antworten, da dieser Teil der Sitzung für geheim erklärt worden war und sie einen Eid abgelegt hatten. Inmitten der allgemeinen Verwirrung bat der Senator Pudens mit lauter Stimme, man möge ihn nach Hause tragen, denn er wolle die schändliche Zirkusvorstellung nicht mit ansehen.

Einige andere Senatoren, die insgeheim Mitleid mit den Christen empfanden, Nero haßten und meinen Vater um seines männlichen Auftretens willen achteten, obwohl er in ihren Augen nicht ganz richtig im Kopfe war, folgten seinem Beispiel.

Als Tullia wie ein aufgescheuchtes Huhn vor der Kurie hin und her rannte und meinen Vater wegen seiner Zerstreutheit und Saumseligkeit mit lauten Worten tadelte, bemerkte sie plötzlich einen jammernden Sklaven und einen alten Mann, der einen Sklavenmantel um die Schultern trug und von einigen Prätorianern weggeführt wurde. Sie lief näher, erkannte meinen Vater, erschrak, vertrat den Prätorianern mit ausgebreiteten Armen den Weg und fragte: »Was um alles in der Welt hast du dir nun wieder einfallen lassen, Marcus? Was bedeutet dieser Aufzug? Ich zwinge dich ja nicht, in den Zirkus zu gehen, wenn es dir so widerstrebt. Es gibt hier noch andere, die ebenso denken wie du. Komm, gehen wir in aller Ruhe heim, wenn dir das lieber ist. Ich werde dir auch keine Vorwürfe machen.«

Der Zenturio versetzte ihr einen Hieb mit seinem Befehlsstab und schrie: »Pack dich, Alte!« Tullia glaubte zuerst, sich verhört zu haben, dann aber fuhr sie rasend vor Zorn auf ihn los, um ihm die Augen aus seinem blöden Schädel zu kratzen. Zugleich schrie sie, man müsse ihn sofort in Ketten schließen, weil er es gewagt habe, Hand an die Gattin eines Senators zu legen.

Der Skandal war nun nicht mehr zu vermeiden. Mehrere Frauen stiegen aus ihren Sänften, ohne sich um die Einwände ihrer Männer zu kümmern, um Tullia zu Hilfe zu eilen. Als die festlich gekleidete Frauenschar die Prätorianer umringte und schnatternd und gackernd fragte, was denn vor sich gehe, wurde mein Vater von so viel Aufmerksamkeit ganz verlegen und bat Tullia, sich zu beruhigen, indem er ihr erklärte: »Ich bin nicht mehr Senator. Ich folge dem Zenturio aus freiem Willen. Besinne dich auf deinen Rang und schrei nicht wie ein Marktweib. Meinetwegen kannst du allein in den Zirkus gehen. Ich glaube, es wird dich niemand daran hindern.«

Tullia brach in Tränen aus und klagte laut: »Noch nie hat mich jemand ein Marktweib genannt. Wenn dich gestern abend meine Worte über dich und deine Christen so gekränkt haben, dann hättest du es mir geradeheraus sagen sollen, anstatt die ganze Nacht zu bocken. Es gibt nichts Schlimmeres als einen Mann, der nicht zu reden wagt, wie ihm ums Herz ist, sondern einen tagelang nur stumm wie ein Fisch anglotzt.«

Einige würdige Senatorengattinen pflichteten ihr lachend bei und versuchten, die beiden miteinander zu versöhnen: »Recht hat sie, Manilianus. Wegen eines kleinen Streits verzichtet man nicht gleich auf den Purpurstreifen. Hör auf, Komödie zu spielen, und vergib Tullia, wenn sie dich gekränkt hat. Ihr seid Mann und Frau und zusammen in Ehren grau geworden.«

Tullia war tief beleidigt. Sie riß sich den Festtagsschleier vom Kopf und schrie: »Seht selbst nach, ihr Klatschmäuler, ob ich auch nur ein einziges graues Haar habe! Und ich lasse mir das Haar nicht färben, obwohl ich natürlich arabische Waschungen mache, die den natürlichen Ton zur Wirkung bringen. Wenn jemand sagt, mein Haar sei gefärbt, so ist das nichts als Bosheit und Verleumdung!«

Mein Vater wandte sich an den Zenturio: »Dies ist ein ernster Augenblick in meinem Leben, vielleicht er ernsteste. Ich halte dieses Weibergezänk nicht mehr aus. Führ mich fort, wie man es dir befohlen hat.«

Die Frauen wichen jedoch nicht zur Seite, und der Zenturio wagte nach dem Zusammenstoß mit Tullia nicht, seinen Männern zu befehlen, den Weg mit Gewalt freizumachen. Zudem wußte er selbst nicht mehr, woran er war.

Als Tigellinus sah, daß immer mehr Volk zusammenströmte und der Tumult immer größer wurde, drängte er sich mit zornbleichem Gesicht zu meinem Vater vor, schlug Tullia mit der Faust vor die Brust und sagte: »Fahr in den Orkus nieder, du verfluchte Hündin. Du bist nicht mehr die Gattin eines Senators und kannst dich auf keinen Rang berufen. Wenn du nicht sofort dein Maul hältst, lasse ich dich wegen Ruhestörung festnehmen.«

Tullia wurde totenbleich, als sie merkte, daß es ihm ernst war, aber der plötzliche Schrecken ließ sie nicht ihren Stolz vergessen. »Du Satansdiener!« fluchte sie, unbewußt einen Ausdruck gebrauchend, den sie von den Freunden meines Vaters gehört hatte. »Schachere du mit deinen Rössern und treibe Unzucht mit deinen Lustknaben. Wie kannst du es wagen, eine Römerin vor der Kurie zu schlagen! Und festnehmen lassen kann mich nur der Stadtpräfekt. Dein rüpelhaftes Benehmen erregt hier mehr Ärgernis als meine bescheidene Frage, was vorgefallen ist und wohin mein Gatte mit seiner Ehrenwache geht. Ich werde mich an den Kaiser selbst wenden.«

Tigellinus war ohnehin verärgert, weil Nero ihm zornig vorgeworfen hatte, er habe sich bei der Verhaftung der Christen ungeschickt angestellt. Nun zeigte er spöttisch mit dem Finger und erwiderte: »Dort steht Nero noch. Geh nur rasch und frag ihn. Er kann dir am besten sagen, was vorgefallen ist.«

Mein Vater warnte Tullia: »Stürze dich nicht meinetwegen ins Verderben, liebe Tullia, und stör mir nicht die letzten Augenblicke meines Lebens. Verzeih mir, wenn ich dich gekränkt habe, und verzeih mir, daß ich dir nicht der Gatte war, den du dir wünschtest. Du bist mir immer eine gute Frau gewesen, wenngleich wir uns selten einig waren.«

Da vergaß Tullia vor Freude den Prätorianerpräfekten. Sie umarmte meinen Vater und rief: »Sagtest du wirklich liebe Tullia? Warte eine kleine Weile, ich bin gleich wieder bei dir.«

Unter Tränen lächelnd trat sie auf Nero zu, der ihr verlegen entgegenblickte, grüßte ihn achtungsvoll und bat: »Sei so gnädig und erkläre mir, was für ein leidiges Mißverständnis hier vorliegt. Mit ein wenig gutem Willen läßt sich alles wieder einrenken.«

»Dein Gatte hat mich beleidigt, aber das würde ich ihm gern verzeihen«, erwiderte Nero. »Er hat aber auch vor dem Senat gestanden, daß er Christ ist. Der Senat hat ihm Rang und Amt aberkannt und ihn als Feind der Menschheit zum Tode durch das Schwert verurteilt. Schweig still, denn wir wollen einen Skandal vermeiden. Gegen dich habe ich nichts. Du darfst sogar dein Eigentum behalten, aber das Eigentum deines Gatten fällt zur Strafe für sein Verbrechen an den Staat.«

»Was soll das heißen?!« rief Tullia verwundert. »Soll er wirklich nur deshalb verurteilt werden, weil er in seiner Blödigkeit Christ geworden ist?«

»Er erleidet die Strafe aller Christen«, erwiderte Nero ungeduldig. »Geh nun deines Wegs und halte mich nicht länger auf. Du siehst, daß ich es eilig habe. Ich muß mich als erster Bürger an der Spitze des Zuges zum Zirkus begeben.«

Da warf Tullia stolz den Kopf zurück, ohne an die schlaffe Haut ihres Halses zu denken, und rief: »Ich habe ein wechselvolles Leben hinter mir und habe mich nicht immer so wohlanständig betragen, wie man es von einer Frau in meiner Stellung erwarten möchte. Aber ich bin eine Römerin und folge meinem Gatten, wohin er immer gehen mag. Wo du, Gajus, bist, bin ich, Gaja. Auch ich bin Christin und bekenne es nun öffentlich.«

Das war nicht wahr. Im Gegenteil, sie hatte meinem Vater mit ihrem ständigen Gekeife das Leben vergiftet und seine christlichen Freunde verachtet. Nun aber wandte sie sich an den Volkshaufen und rief laut: »Hört es alle, Senat und Volk von Rom!

Ich, Tullia Manilia, ehedem Valeria, ehedem Sulia, bin Christin! Es lebe Christus von Nazareth und sein Reich!« Und um recht überzeugend zu wirken, ließ sie noch ein »Halleluja!« folgen, da sie dieses Wort oft von den Juden gehört hatte, wenn sie sich im Hause meines Vaters mit anderen Christen über den rechten Weg stritten.

Zum Glück trug ihre Stimme nicht sehr weit. Tigellinus hielt ihr rasch mit der Hand den Mund zu. Als die Senatorengattinnen Neros Zorn bemerkten, eilten sie, vor Neugier schier zerspringend, zu ihren Sänften zurück, um die Wahrheit über die Vorfälle im Senat aus ihren Ehemännern herauszupressen. Nero bewahrte mit knapper Not seine Würde, als er sein Urteil fällte: »Du sollst haben, wonach du verlangst, verrücktes Weib, wenn du nur den Mund hältst. Ich sollte dich in den Zirkus schicken und mit den anderen zusammen hinrichten lassen, doch du bist zu häßlich und zu runzelig, um die Dirke zu spielen. Deshalb sollst du mit deinem Mann zusammen das Schwert schmecken, aber diese Gnade verdankst du nur dem Ansehen deiner Väter, nicht mir.«

Durch Tullia war der Skandal so weit an die Öffentlichkeit geraten, daß Nero es nicht mehr wagte, die Gattin eines abgesetzten Senators vor allem Volk den wilden Tieren vorzuwerfen. Während die Prätorianer Tullia durch die Menge zu meinem Vater zurückführten, goß Nero seinen Zorn über Tigellinus aus und befahl ihm, alle Hausgenossen meines Vaters verhaften und jeden, der sich als Christ bekannte, unverzüglich in den Zirkus bringen zu lassen. Zugleich sollte das Haus versiegelt und alles beschlagnahmt werden, was sich an Urkunden und Verzeichnissen vorfand, die sich auf das Vermögen Tullias und meines Vaters bezogen.

»Und rühre du nichts davon an«, warnte Nero Tigellinus. »Ich betrachte mich als ihr Erbe, da du mich zwingst, zu tun, was eigentlich deine Pflicht gewesen wäre.« Der Gedanke an den unermeßlichen Reichtum Tullias und meines Vaters tröstete ihn gewiß in seinem Ärger.

Vor der Kurie standen noch einige bekümmerte Christen, die bis zuletzt gehofft hatten, ein Machtwort des Senats werde die Verurteilten vor den Schrecken des Zirkus retten. Unter ihnen befand sich ein junger Mann, der den schmalen roten Streifen trug und nicht in den Zirkus geeilt war, um sich auf den um diese

Zeit schon gedrängt vollen Bänken der Ritter einen Platz zu sichern.

Als sich die Prätorianer mit dem Zenturio an der Spitze auf den Weg machten, um meinen Vater und Tullia zur nächsten Richtstätte zu führen, folgte er ihnen zusammen mit anderen heimlichen Christen. Die Prätorianer ratschlagten, wie sie ihren Auftrag am schnellsten ausführen und noch zur Vorstellung im Zirkus zurecht kommen könnten, und beschlossen, die Hinrichtung bei dem Grabmal am Ostianischen Tor zu vollziehen. Dieser Ort war zwar keine Richtstätte, aber er lag immerhin außerhalb der Mauern. »Wenn er bisher keine Richtstätte war, so machen wir ihn nun eben dazu«, meinten die Männer gemütlich scherzend. »Da braucht die Frau in ihren dünnen Goldsandalen auch nicht so weit zu gehen.«

Tullia erwiderte zornig, sie sei imstande, ebensoweit zu gehen wie ihr Gatte, und niemand könne sie daran hindern. Um zu beweisen, wie stark sie war, stützte sie meinen Vater, der, alt wie er war, der körperlichen Bewegung ungewohnt und müde von einer beim Wein verbrachten Nacht, zu schwanken begann. Er war jedoch weder betrunken noch wirr im Kopf gewesen, als er im Senat aufstand und sprach, sondern hatte alles im voraus überlegt.

Das zeigte sich bei der Hausdurchsuchung. Er hatte offenbar während der letzten Wochen alle seine Geldangelegenheiten neu geregelt und in der letzten Nacht die gesamte Buchführung sowie die Listen seiner Freigelassenen und den Briefwechsel mit diesen verbrannt. Er hatte über seine Geschäfte nie viel gesprochen und überhaupt das Eigentum seiner Freigelassenen nie als das seine betrachtet, wenngleich er natürlich, um sie nicht zu kränken, die Geschenke annahm, die sie ihm aus den verschiedensten Ländern schickten.

Ich erfuhr erst viel später, daß er zuverlässigen Freigelassenen außerordentlich hohe Bargeldbeträge »zur Aufbewahrung« übersandt hatte. Die Ädilen hatten große Mühe, die Hinterlassenschaft zu ermitteln, und letzten Endes erbte Nero lediglich Tullias große Ländereien in Italien, deren Besitz des Senatorenamtes wegen hatte nachgewiesen werden müssen, und selbstverständlich das Haus auf dem Viminal, in dem sich allerdings genug an wertvollen Kunstgegenständen, Gold, Silber und Glas befand.

Den größten Ärger verursachte den Ädilen Neros übereilter

Befehl, alle Bewohner des Hauses festzunehmen, die sich, allein schon meinem Vater zuliebe, als Christen bekannten. Zu diesen gehörten nämlich sowohl der Verwalter als auch beide Schreiber, und Nero bereute ihren Tod bitter. Alles in allem wurden etwa dreißig Personen aus dem Haus meines Vaters in den Zirkus gebracht.

Zu meinem großen Kummer befanden sich auch mein Sohn Jucundus und der alte Barbus unter den Gefangenen. Jucundus war nach seinen Brandverletzungen so übel daran, daß er sich nur mühsam auf Krücken fortzubewegen vermochte. Er wurde daher in einer Sänfte in den Zirkus getragen, und zwar zusammen mit Tullias altersschwacher Amme, die ein abscheuliches Lästermaul und ganz gewiß kein guter Mensch war, aber dennoch bereitwillig vorgab, Christin zu sein, als sie hörte, daß Tullia dasselbe getan hatte.

Keiner von ihnen begriff so recht, warum er in den Zirkus sollte, und welches Schicksal ihrer harrte, erkannten sie erst, als man sie in die Ställe sperrte. Noch auf dem Wege dorthin glaubten sie, Nero wolle nur, daß die Christen mit ansähen, wie die Brandstifter bestraft wurden, und die Prätorianer hielten es nicht für notwendig, sie aufzuklären. Sie hatten es ohnedies eilig genug.

Beim Ostianischen Tor, wo es viele Andenkenläden, Sänftenverleihe und Herbergen mit Ställen gab, die alle vom Brand verschont worden waren, blieb mein Vater plötzlich entschlossen stehen und sagte, er leide grausamen Durst und müsse sich seiner Schwäche wegen vor der Hinrichtung mit einem Schluck Wein erfrischen. Er versprach, auch die Prätorianer zum Wein einzuladen, da sie sich an diesem Festtag so viele zusätzliche Mühe mit ihm und seiner Gattin machen mußten. Tullia trug eine Menge Silbermünzen bei sich, die sie unter das Volk hatte werfen wollen, wie sie es ihrem Stande schuldig war.

Sie traten in eine Schenke, und der Wirt holte die besten Krüge aus seinem Keller. Der Wein schmeckte allen, denn auch die Prätorianer mußten sich bei dem heißen Herbstwetter den Schweiß von der Stirn trocknen. Da mein Vater auf keinen Rang mehr bedacht zu sein brauchte, konnte er mit gutem Gewissen auch die heimlichen Christen einladen, die ihm gefolgt waren, und dazu einige Landleute, die von dem Festtag nichts gewußt hatten und vergeblich in die Stadt gekommen waren, um Obst zu verkaufen.

Nach einigen Bechern Wein sah sich Tullia verdrossen um und fragte meinen Vater auf ihre übliche nörgelnde Art, ob es denn wirklich nötig sei, daß er sich noch einmal betrinke, noch dazu in schlechter Gesellschaft. Er antwortete ihr sanft: »Liebe Tullia, so bedenke doch, daß ich keinen Rang mehr habe. Ganz im Gegenteil, als zu einem schmählichen Tode Verurteilte sind wir beide niedriger und elender als diese freundlichen Menschen, die bereitwillig mit uns trinken. Mein Fleisch ist schwach. Ich habe mich nie damit gebrüstet, mutig zu sein. Der Wein vertreibt den unangenehmen Schauder, den ich im Genick verspüre, und am meisten freut es mich, daß ich diesmal nicht an die unausbleiblichen Magenschmerzen und den gräßlichen Katzenjammer zu denken brauche, den du mit beißenden Worten zu lindern pflegtest. Doch daran wollen wir nun nicht mehr denken, geliebte Tullia.«

Er starrte eine Weile sinnend vor sich hin und fuhr dann eifrig fort: »Wir wollen lieber an diese ehrenwerten Soldaten hier denken, die unseretwegen das fesselnde Schauspiel versäumen, wie die Christen in Neros Zirkus durch Löwenrachen, Flammen, Kreuze und auf so manch andere Art und Weise, die der künstlerisch so hochbegabte Nero sich ausgedacht hat, ins Reich eingehen. Wein, Weib und Gesang sind des Soldaten einzige Freude. Singt nur, wenn euch danach zumute ist, Soldaten. Über Weiber müßt ihr euch ein andermal unterhalten, da meine keusche Gattin anwesend ist. Für mich ist dies ein Freudentag, denn nun geht endlich eine gute Weissagung in Erfüllung, über die ich mir an die fünfunddreißig Jahre den Kopf zerbrochen habe. Laßt uns also in Christi Namen trinken, liebe Brüder, und auch du, mein gutes Weib. Ich glaube, er wird es in Anbetracht der Umstände nicht übel aufnehmen, und was mich betrifft, so habe ich um weit schlimmerer Dinge willen seinen Zorn zu fürchten, weshalb dies kleine Trinkgelage meine Menschenschuld nicht sonderlich vergrößern wird. Ich bin immer ein schwacher, selbstsüchtiger Mensch gewesen und kann zu meiner Rechtfertigung nichts anderes anführen, als daß er selbst als Mensch zur Welt gekommen ist, um auch die widerspenstigen Schafe, die wenig Wolle geben, zu suchen. Ja, ich erinnere mich dunkel, daß er einmal mitten in der Nacht fortging, um ein verlorenes Schaf zu suchen, das ihn wertvoller dünkte als die ganze übrige Herde.«

Die Prätorianer lauschten aufmerksam und pflichteten ihm bei: »Es ist viel Wahres an deinen Worten, edler Manilianus. Auch in der Legion bestimmt der schwächste und langsamste das Marschtempo, und einen verwundeten oder umzingelten Kameraden kann man nicht im Stich lassen, selbst wenn man eine ganze Manipel aufs Spiel setzen müßte, um ihn herauszuhauen. Freilich, wenn man in einen Hinterhalt geraten ist, muß jeder selber sehen, wo er bleibt.«

Sie begannen ihre Narben vorzuweisen und von ihren Taten in Britannien, Germanien, den Donauländern und Armenien zu erzählen, aufgrund derer sie schließlich zu den Prätorianern in der Hauptstadt versetzt worden waren. Mein Vater nutzte die Gelegenheit, wandte sich an Tullia und fragte: »Weshalb hast du ohne Not gesagt, du seist Christin, obgleich du doch nicht ernstlich glaubst, daß Jesus von Nazareth Gottes Sohn und der Welt Erlöser ist? Du bist nicht einmal getauft. An den heiligen Abendmählern hast du nur widerstrebend und nur um deiner Hausfrauenpflicht zu genügen teilgenommen, aber du hast nie von dem Brot und dem Wein gekostet, die in Christi Namen gesegnet worden waren. Es schmerzt mich, daß ich dich um nichts und wieder nichts in mein Verderben mitreiße. Ich habe allen Ernstes gedacht, du würdest als Witwe endlich so leben können, wie du es dir immer wünschtest, und einen neuen Gatten hättest du gewiß auch noch gefunden, denn du bist in meinen Augen noch immer schön, gut erhalten für deine Jahre und reich dazu. Ja, ich hatte mir vorgestellt, daß nach Ablauf der Trauerzeit die Freier förmlich um die Wette laufen würden, und dieser Gedanke machte mich nicht einmal eifersüchtig, weil mir dein Glück wichtiger ist als meines. Über Christus und sein Reich sind wir uns nie einig gewesen.«

»Ich bin Christin, und nicht geringer als du, mein selbstgefälliger Marcus, da ich nun mit dir zusammen um Christi willen sterbe«, erwiderte Tullia bissig. »Ich habe dir zuliebe, und weil ich dein ewiges Brummen nicht mehr aushielt, Geld an die Armen ausgeteilt. Hast du noch nicht bemerkt, daß ich dich mit keinem Wort tadle, obwohl du mit deiner entsetzlichen Dickschädeligkeit vor dem ganzen Senat Schande über unseren Namen gebracht hast? Ich habe über dein einfältiges Betragen meine eigene Meinung, aber in dieser Stunde will ich sie für mich behalten, um dich nicht noch einmal zu kränken.«

Plötzlich schlang sie meinem Vater die Arme um den Hals, küßte ihn, benetzte seine Wangen mit ihren Tränen und sagte: »Ich fürchte den Tod nicht, weil ich mit dir zusammen sterben darf, Marcus. Ich könnte ohne dich nicht weiterleben. Du bist der einzige Mann, den ich wirklich geliebt habe, obwohl ich zweimal geschieden war und einen dritten Gatten zu Grabe getragen hatte, ehe ich dich wieder traf. Du hast mich einmal grausam verlassen, ohne danach zu fragen, was ich wohl empfinden mochte. Bis nach Ägypten bin ich dir nachgereist. Zugegeben, ich hatte auch andere Gründe für diese Reise, aber du hast dich ja auch mit einem Judenmädchen in Galiläa herumgetrieben, und dann hattest du diese gräßliche Griechin, Myrina, von deren gutem Ruf du mich nie wirst überzeugen können, und wenn du hundert Statuen von ihr in Myrina und auf sämtlichen Märkten in ganz Asia aufstellst. Ich hatte freilich auch meine Schwächen, aber die Hauptsache ist nun, daß du mich liebst und sagst, ich sei noch schön, obwohl mein Haar gefärbt ist, mein Hals welk und mein Mund vor lauter Elfenbeinzähnen häßlich.«

Während sie so miteinander redeten, fragte der junge Christ, der den schmalen roten Streifen auf seiner Tunika trug, vom Wein mutig geworden, den Zenturio, ob er Befehl habe, auch andere Christen festzunehmen, die er unterwegs traf. Der Zenturio verneinte das entschieden und erwiderte, er habe nur den Befehl, meinen Vater und Tullia in größtmöglicher Heimlichkeit mit dem Schwert zu richten.

Da bekannte der junge Ritter sich als Christ und schlug meinem Vater vor, das heilige Mahl der Christen mitsammen einzunehmen, obgleich sie es nicht hinter verschlossenen Türen tun konnten und es nicht Abend war, was aber, wie er meinte, im Hinblick auf die Umstände gewiß kein Hindernis sei.

Der Zenturio sagte, er habe nichts dagegen einzuwenden und vor Zauberei sei ihm nicht bange. Im Gegenteil, er sei eher neugierig, da er schon so viel von den Christen habe reden hören. Mein Vater stimmte bereitwillig zu, bat aber den jungen Ritter, Brot und Wein zu segnen, und erklärte: »Ich selber kann es nicht tun. Vielleicht weigere ich mich nur aus Starrsinn und verletzter Eitelkeit, aber es verhält sich so, daß einst in Jerusalem der Geist über Christi Jünger kam und sie eine Menge Volks tauften, so daß alle des Geistes teilhaftig wurden. Damals wünschte ich sehnlich, mit den anderen getauft zu werden, aber sie schlugen es mir ab, weil ich nicht beschnitten war, und trugen mir auf, von Dingen zu schweigen, die ich nicht verstand. An diesen Befehl habe ich mich mein Leben lang gehalten und habe nie andere belehrt, obwohl ich mich manchmal vergaß und berichtete, was ich selbst gesehen oder als wahr erkannt hatte, um gewisse Mißverständnisse zu berichtigen. Getauft wurde ich erst hier in Rom, als Kephas mich in seiner Gutherzigkeit bat, ihm zu verzeihen, daß er mich einst abgewiesen hatte. Er war mir stets dankbar, weil ich ihm einmal auf jenem Berg in Galiläa meinen Esel lieh, so daß er, als er selbst nach Jerusalem mußte, seine Schwiegermutter, die einen kranken Fuß hatte, nach Kapernaum schicken konnte. Doch verzeiht mir meine Schwatzhaftigkeit. Ich sehe, daß die Soldaten zum Himmel hinaufblicken. Greise reden gern von alten Zeiten, und mir löst der Wein die Zunge.«

Sie beugten die Knie, und Tullia tat es ihnen nach. Der junge Ritter segnete mit einigen Worten Brot und Wein als Christi Fleisch und Blut. Dann genossen sie die Gnade mit Tränen in den Augen und küßten einander zärtlich. Tullia versicherte, sie fühle in ihrem Innersten schon ein wonniges Zittern, einen Vorgeschmack des Paradieses, und ins Paradies, oder wohin auch immer sein Weg ihn führte, wollte sie mit meinem Vater Hand in Hand gehen.

Die Prätorianer gaben zu, daß sie in dieser Art von Zauberei nichts Böses sehen konnten. Dann hüstelte der Zenturio bedeutsam, nachdem er noch einmal zum Himmel hinaufgeblickt hatte. Mein Vater beglich eilig seine Schuld, legte ein reichliches Trinkgeld dazu und ließ den Rest des Geldes unter dem Zenturio und den Prätorianern aufteilen, indem er sie noch einmal bat, die Mühe zu verzeihen, die er ihnen bereitete, und sie in Christi Namen segnete. Der Zenturio bat rücksichtsvoll, man möge sich nun hinter das Grabmal begeben, da er Befehl habe, seinen Auftrag so unbemerkt wie möglich auszuführen.

Da begann der junge Ritter zu weinen und sagte, es sei ihm, als er Brot und Wein segnete, plötzlich eine so frohe Gewißheit zuteil geworden, daß er nicht warten wolle, bis sein eitles Leben von selbst erlösche. Der Gedanke bedrückte ihn, daß so viele niedrig geborene Christen im Zirkus für Christus leiden durften und daß er selbst vielleicht nicht imstande sein werde, künftiger Bedrängnis tapfer standzuhalten. Daher bat er den Zenturio mit aufrichtigem Eifer, er möge ihn gleich hier und jetzt enthaupten und des Menschen herrlichste Reise antreten lassen. Er sei ebenso schuldig wie die anderen Christen und müsse ihre Strafe teilen.

Der Zenturio wunderte sich, meinte aber nach kurzem Nachdenken, er verstoße wohl nicht gegen seine Pflicht, wenn er ihn zusammen mit meinem Vater und Tullia sterben lasse. Das hatte zur Folge, daß einige, die abseits gesessen waren und zugehört hatten, nun eifrig um dieselbe Gnade baten. Um die Wahrheit zu sagen: man hat mir hinterbracht, daß sie auf meines Vaters Kosten allzu reichlich getrunken hatten.

Der Zenturio weigerte sich jedoch entschieden und sagte, seine Gunst habe ihre Grenzen. Einen mehr könne er zur Not mit hinrichten und beiläufig in seinem Bericht erwähnen, wenn er aber gleich mehrere vom Leben zum Tode beförderte, so würde das Aufmerksamkeit erregen und viel Schreiberei mit sich bringen, und mit seinen Schreibkünsten sei es nicht weit her.

Zuletzt bekannte er, daß alles, was er gesehen, einen so tiefen Eindruck auf ihn gemacht habe, daß er bei späterer Gelegenheit noch mehr über diese Dinge zu erfahren wünsche. Christus müsse ein mächtiger Gott sein, daß solche, die sich zu ihm bekannten, freudig in den Tod gingen. Er habe jedenfalls nie gehört, daß einer freiwillig und gern beispielsweise für Jupiter oder auch Bacchus gestorben wäre. Mit Venus verhalte es sich möglicherweise anders.

Die Prätorianer führten meinen Vater, Tullia und den Ritter, dessen Namen der Zenturio, da er nicht minder berauscht war als die anderen, erst im letzten Augenblick auf seine Wachstafel kritzelte, hinter das Grabmal und wählten unter sich die drei besten Schwertfechter aus, die imstande waren, den Kopf mit einem einzigen Hieb vom Rumpf zu trennen. Mein Vater und Tullia starben auf den Knien und Hand in Hand. Einer der heimlichen Christen, der dabei war und von dem ich dies alles weiß, behauptete, die Erde habe gebebt und am Himmel seien Flammen erschienen, die die Bauern blendeten, aber das sagte er wohl nur, um mir zu gefallen, oder vielleicht hatte er auch geträumt.

Die Prätorianer losten, wer zurückbleiben und die Leichen bewachen sollte, wie das Gesetz es vorschreibt, bis die Angehörigen sie holen kamen. Als die Zuschauer dies sahen, machten sie sich erbötig, die Wache zu übernehmen, da alle Christen Brüder seien und dadurch gleichsam miteinander verwandt. Der Zenturio meinte zwar, diese Behauptung sei juristisch gesehen zweifelhaft, aber er nahm das Angebot gern an, weil er keinen seiner Männer um das Vergnügen der Zirkusvorstellung bringen wollte. Es war Mittag, als sie sich im Eilschritt in die Stadt zurück und zum Zirkus jenseits des Flusses begaben, um noch Stehplätze unter den anderen Prätorianern zu bekommen.

Die heimlichen Christen nahmen sich der Leichname meines Vaters, Tullias und des jungen Ritters an, dessen Namen ich mit Rücksicht auf das alte Geschlecht, dem er angehörte, verschweigen will. Er war der einzige Sohn seiner betagten Eltern und bereitete ihnen durch seine Wahnsinnstat großen Kummer. Sie hatten ihn verwöhnt und seinen Umgang mit den Christen stillschweigend geduldet, weil sie hofften, er werde zur Besinnung kommen, sobald er einmal ein Amt hatte, da es doch allgemein so zu sein pflegt, daß junge Männer spätestens nach ihrer Verehelichung ihre unfruchtbaren philosophischen Grübeleien fahrenlassen.

Die Leichname wurden mit großer Achtung behandelt und unverbrannt in der Erde bestattet. Auf diese Weise ging mein Vater der Grabstätte verlustig, die er bei Caere in der Nähe der etruskischen Königsgräber erworben hatte, aber das dürfte ihm nicht viel ausgemacht haben. Die Christen begannen zu jener Zeit, in weicheren Felsarten unterirdische Gänge und Kammern zu graben und ihre Toten dort zu bestatten. Es wird behauptet, sie halten an diesen Orten sogar Versammlungen ab, und das beweist, wie verderbt ihr Glaube ist, denn nicht einmal die Ruhe der Toten ist ihnen heilig. Deshalb sollst Du doch die Katakomben achten, mein Sohn Julius, denn in einer von ihnen ruht Dein Großvater und wartet auf den Morgen der Auferstehung.

Um die Mittagszeit begann man im Zirkus die Körbe mit den Speisen auszuteilen. Nero kleidete sich als Wagenlenker und ließ sein schneeweißes Viergespann einige Runden um die Arena traben, während er auf seinem mit Gold verzierten Wagen stehend das jubelnde Volk grüßte und allen einen guten Appetit wünschte. Es wurden auch wieder Lostäfelchen unter die Zuschauer geworfen, jedoch nicht mehr so verschwenderisch wie früher, denn Nero brauchte das Geld begreiflicherweise für seine gewaltigen Bauvorhaben. Er meinte, daß die einmalige Vorstellung, die er bot, die Zuschauer reichlich für ihre Mühen entschädigte, und darin hatte er natürlich recht.

Ich hatte mich mittlerweile beruhigt und war recht zufrieden, obwohl ich für den Hauptteil der Vorstellung nach der Mittagsruhe verantwortlich war. Die Theatervorführungen, die Nero sich ausgedacht hatte, waren vom Standpunkt der Zuschauer aus offen gesagt eher ein Mißerfolg, und ich glaube, der Fehler lag bei den Theaterleuten, denen die christliche Denkart völlig fremd war.

Ich bin vielleicht ein wenig befangen, aber ich möchte behaupten, daß das Publikum mit den Vorführungen am Vormittag sehr unzufrieden gewesen wäre, wenn meine Wildhunde sich nicht gleich zu Beginn, nach dem Einzug der Götter und des Senats und der öffentlichen Lesung einer gekürzten Fassung der Rede Neros, ausgezeichnet hätten. Man trieb als erstes einige Dutzend in Tierfelle eingenähte Christen in die Arena und hetzte etwa zwanzig Hunde auf sie.

Sie leisteten ganze Arbeit. Sobald sie einmal Blut geleckt hatten, scheuten sie nicht mehr davor zurück, Menschen zu zerreißen. Sie verfolgten die fliehenden Christen quer durch die Arena, brachten sie geschickt zu Fall, indem sie nach einem Bein schnappten, und fuhren ihnen gleich an die Kehle, ohne erst durch unnötiges Zerren und Beißen Zeit zu verlieren. Man hatte sie hungern lassen und am Morgen nicht gefüttert, aber sie machten sich nicht daran, ihre Opfer aufzufressen, sondern leckten höchstens ein wenig Blut, um den Durst zu stillen, und nahmen die Jagd sogleich wieder auf.

Die Hochzeit der Danaiden verlief dagegen nicht nach Neros Wunsch. Die festlich gekleideten Mädchen und Jünglinge wollten keine Hochzeitstänze aufführen, sondern standen dicht aneinander gedrängt in der Arena und rührten sich nicht, so daß einige Berufsschauspieler einspringen mußten. Nach der Trauung sollten die Bräute ihre Bräutigame auf dem Hochzeitslager töten, wie es die Töchter der Danae getan hatten, aber die jungen Christinnen weigerten sich, Blut zu vergießen, obwohl die Jünglinge auf diese Weise einen leichten Tod gehabt hätten.

Ein Teil mußte erschlagen werden, die übrigen wurden zwischen Reisigbündeln an denselben Pfählen angebunden, an denen die anderen Verbrecher schon darauf warteten, daß der Scheiterhaufen angezündet wurde. Ich muß zugeben, daß das Publikum wenigstens etwas zu lachen hatte, als die Danaiden mit ihren Sieben zu den Wasserbottichen rannten und den Scheiterhaufen löschen wollten. Die Schmerzensschreie der verbrennenden Christen waren so durchdringend, daß das Dröhnen der Wasserorgel und der Lärm der anderen Instrumente sie nicht zu übertönen vermochten, und die Mädchen rannten immer schneller hin und her.

Zuletzt wurde ein schön geschmücktes und mit Fenstern und Türen versehenes Holzhaus angezündet, das mit angeketteten Greisen und Greisinnen voll besetzt war, die, als die Flammen nach ihren Gliedern leckten, die Schrecken des großen Brandes sehr glaubwürdig darstellten. Viele der Danaiden fanden den Tod, als sie ihre unnützen Siebe fortwarfen und sich in die Flammen stürzten, um ihre Eltern oder Geschwister zu retten.

Der ganze Zirkus, besonders aber die obersten Bankreihen, wo das einfachste Volk saß, hallte vom Gelächter wider. Mehrere Senatoren wandten jedoch das Gesicht ab, und unter den Rittern wurde die unnötige Grausamkeit der Vorstellung beanstandet, obwohl man zugab, daß es die beste Strafe für Brandstifter sei, bei lebendigem Leibe verbrannt zu werden.

Während dies alles geschah, kam das Häuflein derer, die man im Hause meines Vaters auf dem Viminal festgenommen hatte, im Zirkus an. Als Barbus und Jucundus erkannten, was ihnen bevorstand, versuchten sie vergebens, mich zu sprechen. Die Wachtposten stellten sich taub, was nicht verwunderlich war, denn auch viele andere Gefangene kamen mit allerlei Ausflüchten zu ihnen, als man das Geschrei bis in die Ställe und Keller hörte.

Die Gefangenen waren bereits auf die verschiedenen Vorstellungen aufgeteilt worden, und der Ordnung halber hatte man die einzelnen Gruppen voneinander getrennt. Ich hatte mit ihnen nichts mehr zu tun, verließ mich ganz auf meine erfahrenen Untergebenen und blieb auf meinem Ehrenplatz als Veranstalter der Tiervorführungen, um den Beifall entgegenzunehmen. Ich würde nicht einmal Zeit gehabt haben, hinunterzugehen, wenn mir jemand die Nachricht gebracht hätte, daß man mich zu sprechen wünschte.

Jucundus war außerdem halb und halb überzeugt, daß ein im Grunde freilich ganz harmloser Bund, den er zusammen mit einigen aus dem Osten stammenden Knaben in der Palatiumschule gegründet hatte, entdeckt worden sei und daß er nur seiner gerechten Strafe entgegengehe. Diese Knaben hatten in ihrer kindischen Unvernunft große Träume gehegt. Sie wollten die Parther unterwerfen und die Hauptstadt des Reiches in den Osten verlegen ... Gedanken, mit denen sich auch Nero bisweilen beschäftigte, wenn er den Senat satt hatte. Einen Unterschied gab es allerdings: so wie Jucundus und seine Kameraden sich die Sache vorstellten, sollten die Römer nach einem erfolgreichen Krieg gegen die Parther beiseite gedrängt werden, und alle Macht sollte auf die alten Königsgeschlechter des Ostens übergehen.

Diese Knabenträume hätte, wären sie bekannt geworden, niemand ernst genommen. Jucundus aber, der eben erst fünfzehn geworden war und die Toga angelegt hatte, glaubte in seinem Dünkel, er werde einer politischen Verschwörung wegen bestraft.

Als er einsah, daß er sterben mußte, vertraute er sich Barbus an, und die beiden beschlossen, da sie mich nicht erreichen konnten, gemeinsam tapfer in den Tod zu gehen. Ich weiß auch nicht, ob es mir möglich gewesen wäre, ihnen zu helfen, wenn ich von ihrem Schicksal gewußt hätte, denn Nero, der von meinem Vater vor dem versammelten Senat beleidigt worden war, hätte sich gewiß nicht erweichen lassen.

Ich hatte es so eingerichtet, daß sich während der zweiten Hälfte des Programms ständig wilde Tiere in der Arena befanden, und der Abwechslung wegen beschlossen, Christen, die mit den Tieren kämpfen wollten, zu bewaffnen. Gleichwohl konnte ich nur Schwerter, Dolche und Morgensterne verteilen lassen, die den Freiwilligen an den Eingängen zur Arena ausgehändigt wurden.

Jucundus und Barbus wählten die Löwen und das Schwert, und man kam ihrem Wunsch gern nach, da die Christen im allgemeinen leider nicht gewillt waren, aufzutreten, und nur sehr wenige sich meldeten. Die meisten wollten dem Bösen keinen Widerstand leisten und nur so rasch und so leicht wie möglich ins Paradies eingehen.

Nach der Pause schickte ich, um das Publikum aufzumuntern, wieder eine Gruppe Christen in Fellen in die Arena und ließ sie von Hunden hetzen. Diesmal gehorchten einige Hunde der Pfeife nicht, sondern blieben, nachdem sie ihr Werk verrichtet hatten, und rannten heulend im Sand umher. Ich hatte nichts dagegen, obwohl diese Jagdhunde sehr kostbar waren und nicht ohne Not getötet werden durften.

Als nächstes kamen drei ungezähmte Löwen an die Reihe, stattliche Tiere, auf die ich mit Recht stolz war. Auf den Rat meiner erfahrenen Untergebenen hin hatte ich für diese Löwen einige altersschwache Männer und Weiber sowie verkrüppelte und halbwüchsige Knaben bestimmt, denn wie man mir versicherte, fand das Publikum nichts spaßiger, als wenn Zwerge und Krüppel vor den wilden Tieren davonsprangen. Aus ebendiesem Grunde paßte auch Jucundus mit seinen Krücken gut für die Löwen.

Zuerst versammelte sich die Gruppe hinkend und hopsend mitten in der Arena, und die Hundewärter standen mit ihren Peitschen bereit, um sie notfalls zu beschützen. Die Hunde beachteten sie jedoch nicht, da sie nicht in Fellen staken, die nach wilden Tieren rochen. Dann betraten an der Spitze von etwa zehn bewaffneten Christen Jucundus und Barbus die Arena.

Die Zuschauer brachen in lautes Gelächter aus, als sie den auf Krücken humpelnden Jüngling und den zahnlosen Greis erblickten, die vor der Kaiserloge das Schwert zum Gruße hoben. Ich war peinlich berührt und warf einen Blick zu Nero hinüber, da ich annahm, er werde sich über das Lachen der Zuschauer und meinen schlechten Geschmack ärgern, obwohl ich an dem Auftreten der beiden unschuldig war, aber er machte gute Miene und lachte mit.

Ich muß gestehen, daß Jucundus und Barbus auch mich zum Lachen reizten, solange ich sie noch nicht erkannt hatte. Aber selbst als sie in die Mitte der Arena gingen und die anderen bewaffneten Christen im Kreis um die Alten und die Kinder aufstellten, wußte ich noch nicht, wen ich vor mir hatte.

Wie hätte ich auch auf den Gedanken kommen sollen, daß da mein eigener Sohn und mein treuester Diener gegen die wilden Tiere antraten. Ich fragte mich nur, wer wohl den großartigen Einfall gehabt haben mochte, ausgerechnet diese beiden komischen Gestalten an die Spitze derer zu stellen, die gegen die Löwen kämpfen sollten.

Ich glaube, das Gelächter der Zuschauer kränkte Jucundus und Barbus tief. Sie hatten die Löwen gewählt, weil Barbus Jucundus erzählt hatte, ich hätte in meiner Jugend nahe Antiochia einen Löwen mit bloßen Händen gefangen. Bei dieser Gelegenheit habe auch er, Barbus, selbst große Kühnheit bewiesen, und daher sei der Löwe von allen wilden Tieren dasjenige, mit dem er am geschicktesten umzugehen verstehe.

Der Sicherheit halber bat er Jucundus, die Krücken wegzulegen und mit seinem Schwert hinter ihm niederzuknien, damit er nicht sofort umgeworfen würde, wenn die Löwen sie ansprangen. Er wollte zunächst versuchen, Jucundus mit seinem Körper zu schützen, damit er Gelegenheit erhielt, seine Tapferkeit unter Beweis zu stellen. Ich glaube, Barbus hat ihm, um sein Vertrauen zu erwidern, sogar erzählt, daß ich sein Vater war.

Das wußte außer meinem Vater und Barbus niemand, denn nicht einmal Claudia hatte ich die Folgen meines jugendlichen Fehltritts zu gestehen gewagt, obwohl ich damals, als ich eben aus Britannien zurückgekehrt war, mit Lugunda vor ihr geprahlt hatte.

Als das Löwentor geöffnet wurde, versuchte Jucundus meine Aufmerksamkeit zu erregen. Er rief mich und schwang sein Schwert, um zu zeigen, daß er keine Angst hatte. Erst in diesem Augenblick fiel es mir wie Schuppen von den Augen, und ich erkannte ihn und Barbus. Ich erschrak zutiefst und rief in meiner Verzweiflung, die Vorstellung müsse sofort abgebrochen werden.

Zum Glück ging mein Befehl in dem allgemeinen Gelärme unter, denn als die stattlichen Löwen in die Arena stürzten, begann das Publikum vor Begeisterung laut zu jubeln, und viele standen auf, um besser zu sehen. Wenn ich die Vorstellung in diesem Augenblick der höchsten Spannung abgebrochen hätte, um Jucundus zu retten, würde Nero in seinem Zorn vermutlich mich selbst in die Arena geschickt haben, und wem wäre dadurch geholfen gewesen? Sobald ich ein wenig nachgedacht hatte, faßte ich mich wieder und war froh, daß niemand meinen verzweifelten Ruf gehört hatte.

Sabina, die die Löwen als ihr Eigentum betrachtete, hatte alle Mittel angewandt, die sie und Epaphroditus kannten, um sie zu reizen und ihren Blutdurst zu wecken. Die drei herrlichen Tiere rannten so wild in die Arena hinaus, daß der größte Löwe, durch den plötzlichen Wechsel von der Dunkelheit zum Licht verwirrt, zwischen einige schwelende Balken stürzte und sich die Mähne versengte, was soweit kein Schaden war, denn er wurde dadurch nur noch wilder. Die Löwen waren durch das helle Tageslicht geblendet. Sie liefen eine Weile brüllend umher, ehe sie den Haufen der Christen in der Mitte der Arena bemerkten, und rissen mit den Pranken einige der an den Schutzplanken Gekreuzigten herunter.

Unterdessen hatte sich Barbus ein glühendes Scheit geholt und die anderen bewaffneten Christen aufgefordert, ein gleiches zu tun. Nun schwang er das Scheit hin und her und blies kräftig darauf, bis eine Flamme aufsprang, so daß er neben dem Schwert in der rechten auch eine Fackel in der linken Hand hielt. Tatsächlich gelang es noch einigen anderen, sich mit Scheiten zu versehen, ehe die Löwen die Laufenden bemerkten und einen von hinten niederrissen, ohne daß er dazu kam, sein Schwert zu gebrauchen. Die Zuschauer schmähten ihn, weil sie glaubten, er habe dem Löwen aus Furcht den Rücken gewandt, während er doch nur zu den unbewaffneten Christen zurückgeeilt war, um sie mit dem Feuerbrand zu schützen.

Die Hunde, die in der Arena umhergestreunt waren, schlossen sich plötzlich unerwartet zu einem Rudel zusammen und fielen furchtlos die Löwen an, die sie in die Hinterbeine bissen. So war es den Christen anfangs ein leichtes, sich zu verteidigen, denn die Löwen drehten sich immer wieder zornbrüllend um sich selbst und versuchten die Hunde abzuschütteln. Mit ein wenig Glück gelang es Barbus, ehe er stürzte, einem der Löwen ein Auge auszustechen, und Jucundus stieß dem Tier sein Schwert in den Bauch und verwundete es schwer.

Während der Löwe sich auf dem Boden wälzte und sich die Gedärme herausfetzte, schleppte sich Jucundus näher und gab ihm den Fangstoß, obwohl ihm der Löwe noch in seinen Todeszuckungen mit der Pranke die Kopfhaut herunterriß, so daß er vor Blut nichts mehr sah. Das Publikum klatschte ihm lebhaft Beifall.

Jucundus tastete sich zu Barbus zurück, stellte fest, daß dieser tot war, nahm das brennende Scheit in die Linke und schlug damit blind um sich, während er sich gleichzeitig mit der Schwerthand das Blut aus den Augen zu wischen versuchte. Einer der anderen Löwen verbrannte sich an der Flamme die Schnauze und wich erschrocken zurück, vermutlich weil er glaubte, er sei vor die glühende Eisenstange eines Tierbändigers geraten. Er wandte sich einer leichteren Beute zu. Ich fürchtete schon, daß die Vorstellung mißglücken werde und daß ich mich zu sehr auf die mangelnde Waffentüchtigkeit der Christen verlassen hatte.

Doch es waren nicht mehr viele Hunde in der Arena. Sie ermüdeten bald, so daß die beiden übriggebliebenen Löwen doch noch mit ihnen fertigwurden, ehe sie sich ernstlich auf die Christen stürzten. Die Hunde waren so furchtlos, daß nicht ein einziger den Schwanz zwischen die Beine klemmte und floh. Dem letzten brach der eine Löwe mit einem Prankenhieb das Rückgrat, so daß er jaulend liegen blieb. Einige Hundeliebhaber auf den Zuschauerbänken erhoben sich und riefen, dies sei ein allzu grausames Spiel. Man dürfe Hunde nicht so quälen. Einer der Christen machte den Leiden des armen Tieres barmherzig mit dem Schwert ein Ende.

Jucundus gab sich noch nicht geschlagen. Ein Christ mit einem Morgenstern, der in ihm den geschicktesten Schwertfechter aus der ganzen Schar erkannte, trat hinter ihn, um ihn im Rücken zu decken. Gemeinsam gelang es ihnen, den einen Löwen schwer zu verwunden. Das Publikum war so begeistert, daß der eine oder andere schon den Daumen nach oben streckte, doch das war ebenso voreilig wie vergeblich.

Jucundus starb im Sand.

Der Rest war ein Gemetzel. Die beiden Löwen stürzten sich auf den wehrlosen Haufen der Christen, die nicht einmal davonliefen, was die Zuschauer noch belustigt hätte, sondern sich nur dicht aneinanderdrängten, so daß die Löwen sie einzeln losreißen mußten. Ich gab rasch den Befehl, zwei aufgehetzte Bären in die Arena zu lassen, die den Löwen halfen. Zuletzt, als die Christen alle zerfleischt waren, lieferten die Löwen einen herrlichen Kampf gegen die Bären, und besonders der verwundete Löwe erhielt großen Beifall für seine blinde Tapferkeit.

Jucundus' Tod erschütterte mich, obwohl ich zu diesem Zeitpunkt schon von gewissen Geschehnissen Kenntnis hatte, die sich während des großen Brandes im Garten des Tigellinus zugetragen hatten. Jucundus hatte sein Urteil verdient, doch darauf komme ich später noch zu sprechen. Ich war für die Vorstellung verantwortlich, und sie mußte weitergehen. Plötzlich drängte sich einer der Sklaven von meinem Gut bei Caere zu mir vor und meldete mir freudestrahlend, daß Claudia mir an diesem Morgen einen gesunden Knaben geboren hatte. Mutter und Kind waren wohlauf, und Claudia bat mich, den Knaben Clemens nennen zu dürfen.

Ich konnte es nur als das günstigste Vorzeichen auffassen, daß ich gerade in dem Augenblick, da mein Sohn Jucundus in tapferem Kampf gegen die Löwen umgekommen war, die Nachricht von der Geburt meines zweiten Sohnes erhielt. Der Name Clemens, der Milde, dünkte mich freilich unter diesen Umständen fehl am Platze, aber in meiner Freude war ich gern bereit, Claudia ihren Willen zu lassen, zumal ich mir sagte, daß ich ihr ohnehin noch sehr viel zu erklären hatte. Und in meinem Herzen habe ich Dich, mein Sohn, nun schon bald zehn Jahre lang immer nur Julius genannt.

Das Programm ging sehr abwechslungsreich den ganzen Nachmittag weiter, und es gab viele Überraschungen, was sich, wenn man mit wilden Tieren arbeitet, nie ganz vermeiden läßt. Sie liefen zumeist glimpflich ab und wurden, da man sie für absichtliche Programmeinlagen hielt, mir zur Ehre angerechnet. Auf den Zuschauerbänken wurden zahllose Wetten abgeschlossen, und es kam zu den üblichen Schlägereien.

Die Sonne ging schon unter, als die Vorstellung mit dem Auftritt der Dirken und der hyrkanischen Stiere ihren Höhepunkt erreichte. Die Begeisterung des Publikums kannte keine Grenzen, als alle Tore gleichzeitig aufgestoßen wurden und an die dreißig wilde Stiere, deren jeder ein leicht bekleidetes Mädchen auf den Hörnern trug, in die Arena rasten. Aus reinem Neid hatten die Theaterleute die Ehre dieser Nummer für sich in Anspruch nehmen wollen, und ich hatte es nach langem Hin und Her tatsächlich diesen unerfahrenen Menschen überlassen, die Mädchen auf den Hörnern der Stiere festzubinden. Ich brauche nicht eigens zu sagen, daß sie und ihre Helfer schlechte Arbeit geleistet hatten.

Die Felsblöcke, die ich in die Arena hatte schleppen lassen, waren zu nichts nütze. Während die Theaterleute in ihre Sprachrohre brüllend dem Publikum die Dirkesage erzählten, schüttelten die Stiere die Mädchen mühelos von ihren Hörnern, warfen sie hoch in die Luft und spießten sie auf. Nur wenige stießen ihre Dirke gegen die Steine, wie es beabsichtigt war und wie es die Sage berichtet. Es war nicht meine Schuld, daß diese Nummer mißglückte.

Nun wurden die restlichen Christen gegen die Stiere getrieben. Zu meiner Freude überwanden sie ihre Gleichgültigkeit und führten sich unglaublich mutig auf. Es war, als hätte sie plötzlich ein rasendes Todesverlangen gepackt, denn sie rannten förmlich um die Wette, als gälte es einen Siegerkranz zu gewinnen, und warfen sich den Stieren auf die Hörner. Das Publikum rief Beifall und begann sogar ein wenig Sympathie für sie zu empfinden.

Als dieses Wild erledigt war, wandten sich die Stiere gegen die Gekreuzigten, warfen die Kreuze um und rannten mit solcher Wucht gegen die Schutzplanken an, daß die zunächst Sitzenden fürchteten, sie könnten nachgeben. Doch nun war das Spiel auch schon vorüber.

Nach einem Blick auf den Himmel konnte ich erleichtert aufatmen und den Bogenschützen befehlen, die Stiere zu erlegen. Sie besorgten das so geschickt und mutig, daß die Zuschauer ihnen dankbar Beifall spendeten, so daß meine Befürchtung, diese notwendige Schlußnummer könnte das Volk langweilen, unbegründet gewesen war.

Tigellinus wollte zuletzt noch die Schutzplanken mit den daran gekreuzigten Christen verbrennen, aber Nero verweigerte seine Zustimmung, weil er fürchtete, das Feuer werde sich ausbreiten und seinen ganzen Zirkus zerstören. Während die Zuschauer durch alle Tore hinausströmten, gingen einige Prätorianer in der Arena umher und gaben den Gekreuzigten mit ihren Lanzen den Gnadenstoß, denn Nero wollte um der Gerechtigkeit willen, daß diese Christen nicht länger leiden sollten als die anderen, durch den Scheiterhaufen und die wilden Tiere hingerichteten.

Sollte sich jemand darüber wundern, daß ich meine wertvollen Tiere nicht schonte, so antworte ich ihm, daß es schlecht ausgesehen und den Wert der ganzen Vorstellung gemindert haben würde, wenn ein Teil des Publikums dazu verleitet worden wäre, am Abend noch im Zirkus zu bleiben und bei der langwierigen Arbeit des Einfangens zuzusehen. Die Stiere waren außerdem so wild, daß wahrscheinlich einige der Tierwärter dabei ums Leben gekommen wären, und im übrigen gedachte ich Nero eine so gesalzene Rechnung vorzulegen, daß mich der Verlust meiner hyrkanischen Stiere nicht schmerzte.

Tigellinus, der anderen in allem voraus sein wollte, bildete sich ein, die größte Überraschung des Tages für das Volk bereitzuhalten, das nun zu dem Festmahl eilte, das ihm Nero in den Gärten der Agrippina zugesagt hatte. Er hatte sich den Umstand zunutze gemacht, daß er außerhalb der Mauern richterliche Gewalt besaß, und befohlen, den Park mit den zweitausend Christen zu beleuchten, die am frühen Morgen aufs Geratewohl aus den anderen ausgewählt und unter Bewachung in die Gärten gebracht worden waren, da man unmöglich fünftausend Menschen im Laufe einer einzigen Vorstellung in der Arena auftreten lassen kann.

Während der Vorstellung hatte man unter großen Mühen Pfähle entlang der Parkwege und um die Teiche herum aufgestellt und die Christen darangekettet. Da nicht genug Eisenketten für alle dagewesen waren, hatte man auch Stricke genommen und die letzten in der Eile einfach an den Händen festgenagelt.

Dann hatte man die Christen mit Pech und Wachs bestrichen, wovon Tigellinus' Verwalter gerade noch rechtzeitig einige Fuhren hatte beschaffen können. Da das aber für eine richtige Beleuchtung nicht ausreichte, mußte man noch zu Öl und anderem Brennbarem greifen. Dazu kam, daß die Prätorianer, die man für diese Arbeiten ausgelost hatte, unwillig und mißvergnügt zu Werke gingen, weil sie die Vorstellung im Zirkus versäumten und statt dessen im Glast der Herbstsonne Löcher graben und Pfähle einrammen mußten.

Als nun das Volk bei Einbruch der Dunkelheit aus dem Zirkus drängte, um sich zum Festmahl zu begeben, liefen die Prätorianer voraus und zündeten die lebenden Fackeln entlang des Weges an. Die Leute verwunderten sich und wußten diesen unfaßbaren Anblick nicht zu schätzen, ja den Gebildeten verging von dem widerlichen Geruch von verbranntem Menschenfleisch der Appetit, und sie machten sich auf den Heimweg. Andere fürchteten, das Feuer könne auf die Gärten und Lusthäuser übergreifen, da die Christen an ihren Pfählen sich wanden und strampelten und Tropfen von brennendem Pech und Wachs rings umher ins dürre Gras fielen. Viele verbrannten sich die Füße bei dem Versuch, die Glut in der Umgebung der Pfähle auszutreten.

Als Nero, noch immer volkstümlich in die Tracht eines Wagenlenkers gekleidet, mit seinem Gespann die von menschlichen Fackeln gesäumten Wege entlangfuhr, wurde er nicht mit dem Beifall begrüßt, den er erwartet hatte. Im Gegenteil, er stieß überall auf verdrossenes Schweigen und sah zu seinem Kummer mehrere Senatoren zur Stadt zurückkehren.

Er stieg vom Wagen, um mit dem Volk zu sprechen und einigen die Hand zu drücken, aber niemand mochte über seine Scherze lachen. Als er Petronius zurückzuhalten versuchte, gab ihm dieser zur Antwort, er habe um der Freundschaft willen eine langweilige Vorstellung durchgestanden, aber was sein Magen zu vertragen imstande sei, habe seine Grenzen. Er verspüre kein Verlangen, den besten Braten der Welt zu kosten, wenn dieser mit dem süßlichen Geruch von Menschenfleisch gewürzt sei.

Nero biß sich auf die Lippen. In seiner Wagenlenkertracht glich er einem grobschlächtigen, verschwitzten Ringkämpfer. Er sah ein, daß er sich etwas einfallen lassen mußte, um das Volk zu erheitern und die Geschmacklosigkeit, die Tigellinus begangen hatte, vergessen zu machen. Zu allem Überfluß begannen nun halb verbrannte Menschen von den Pfählen zu stürzen, da die Stricke durchgebrannt waren. Andere rissen in ihrem Schmerz ihre festgenagelten Hände los und rannten brennend mitten unter die Menschen.

Diese vor Schmerzen brüllenden, kriechenden und sich auf dem Boden wälzenden Gestalten, die kaum noch Menschliches an sich hatten, erregten nur Entsetzen und Abscheu. Nero befahl wutentbrannt, sie und die anderen, die an ihren Pfählen schrien und das kunstvolle Spiel seines Orchesters störten, unverzüglich zu töten.

Dann ließ er allen Weihrauch verbrennen, dessen man habhaft werden konnte, und im ganzen Park die Duftwässer ausspritzen, die ursprünglich für seine Festgäste bestimmt gewesen waren. Was diese Verschwendung kostete, mag sich jeder selbst ausmalen, und ich schweige von den vielen unbrauchbar gewordenen Eisenketten.

Mich hielten um diese Zeit meine Pflichten noch im Zirkus zurück. Ich nahm in aller Eile die Glückwünsche der angeseheneren Zuschauer zu der gelungenen Vorstellung entgegen und stieg dann in die Arena nieder, um mich zu vergewissern, daß die Scharfrichter mit ihren Keulen ihr Werk ordentlich verrichteten, vor allem aber, um zu holen, was von Jucundus und Barbus noch übrig war.

Ich fand sie leicht, aber zu meiner Verwunderung setzte sich plötzlich mitten unter den zerfleischten Leichen ein junger Christ auf. Er hielt sich den Kopf mit den Händen, war aber völlig unversehrt. Als er das Blut abwischte, das über ihn hin geronnen war, zeigte es sich, daß er weder einen Biß noch einen Prankenhieb noch einen Huftritt abbekommen hatte. Er starrte betäubt zum Abendstern empor und fragte, ob er im Paradiese sei. Dann erklärte er mir, er habe sich in den Sand geworfen, um die Tiere nicht durch ohnehin vergeblichen Widerstand zu reizen. Ich wunderte mich nicht, daß er mit dem Leben davongekommen war, denn im allgemeinen rühren weder Löwen noch wilde Stiere einen Menschen an, der sich totstellt, und so mancher Tierfänger hat auf diese Art schon sein Leben gerettet.

Ich betrachtete die Rettung dieses jungen Mannes als ein Zeichen und legte ihm meinen Mantel um die Schultern, um ihn vor dem Keulenhieb der fluchenden Scharfrichter zu bewahren. Und ich erhielt meinen Lohn dafür, denn er konnte mir genau berichten, was Jucundus und Barbus getan und worüber sie unter den anderen Gefangenen leise gesprochen hatten. Man hatte die Christen so eng zusammengepfercht, daß keiner sitzen konnte, und der junge Mann war zufällig unmittelbar neben Jucundus gestanden. Zudem war Barbus auf seine alten Tage ein wenig taub geworden und hatte deshalb Jucundus bitten müssen, lauter zu sprechen, als dieser flüsternd von der dummen Verschwörung der Knaben zu berichten begann.

Der junge Christ, der gehofft hatte, sich schon an diesem Abend mit seinen Glaubensbrüdern im Paradiese zu befinden, betrachtete seine Rettung als ein Wunder und war überzeugt, daß Christus ihn für eine andere Aufgabe ausersehen hatte. Ich gab ihm neue Kleider und sorgte dafür, daß man ihn unangetastet durch ein Seitentor entweichen ließ.

Er hoffte, Christus werde mich für meine Barmherzigkeit und meine gute Tat segnen, und glaubte, auch ich würde eines Tages den rechten Weg finden. Ich schwieg dazu, um seine Gefühle zu schonen, und fragte ihn nur nebenher nach seinem Namen. Er erzählte mir offenherzig, daß er zu den Jüngern des Paulus gehört und bei der Taufe den Namen Clemens erhalten habe. Dieses erstaunliche Zusammentreffen machte es mir leichter, Claudias Laune nachzugeben und meinen Sohn wenigstens fürs erste Clemens zu nennen.

Der junge Christ mißdeutete meine Verwunderung und gestand, er verdiene diesen Namen eigentlich nicht, denn er sei nicht milde, sondern müsse sich unaufhörlich in der Demut üben, um seinen Zorn zu bemeistern. Eben deshalb habe er sich in den Sand geworfen und Böses nicht mit Bösem erwidern wollen. Dann segnete er mich noch einmal für meine Güte und begab sich auf dem von menschlichen Fackeln erhellten Weg zurück nach Rom. Die Gewißheit, daß Christus ihn noch brauchte, tröstete ihn darüber hinweg, daß er nicht den anderen Christen ins Paradies hatte folgen dürfen.

Vor etwa drei Jahren traf ich wieder mit ihm zusammen, als ich von Amts wegen gezwungen war, einen Streit unter den Christen zu schlichten, wobei ich es für richtig hielt, zu Cletus' Gunsten zu entscheiden. Es ging darum, wer nach Linus den Hirtenstab übernehmen sollte. Ich fand, daß Clemens noch zu jung war, und wenn er sich weiter fleißig in der Demut geübt hat, wird er das wohl auch eingesehen haben.

Eines Tages wird auch er an die Reihe kommen, aber darum brauchst Du Dich nicht zu kümmern, Julius. Die Christen sind politisch bedeutungslos, und es ist noch die Frage, ob ihr Glaube in dem harten Wettstreit mit den anderen aus dem Osten zu uns gekommenen Glaubenslehren wird bestehen können. Verfolge sie aber nie, so sehr Du Dich auch manchmal über sie ärgern magst, sondern lasse sie um Deiner Großmutter Myrina willen in Frieden.

Die Leichen von Jucundus und Barbus ließ ich in Tücher wickeln, und ich war einigen verängstigten Menschen dabei behilflich, ihre Toten zu bergen, sofern sie sie finden konnten. Ich tat es aus Gefälligkeit und nahm die Geschenke, die mir dafür angeboten wurden, nicht an. Die meisten Leichen mußten in ein Massengrab bei der Richtstätte für das gemeine Volk geschafft werden, die zum Glück ganz in der Nähe lag.

Ich konnte also mit gutem Gewissen zu Neros Festmahl eilen und meiner Entrüstung über die Geschmacklosigkeit und Eigenmächtigkeit des Tigellinus Ausdruck verleihen. Da ich voraussah, daß es schwerhalten würde, die gewaltige Zuschauermenge zu speisen, hatte ich meine wilden Stiere in aller Eile abhäuten und ausschlachten lassen, um einen Teil der Gäste auf meine Rechnung mit dem guten Fleisch zu bewirten.

Das Mahl wurde mir jedoch verleidet, denn gleich als erstes bemerkte ich einige Senatoren, die mich eigentümlich musterten oder mir sogar den Rücken wandten, ohne meinen Gruß zu erwidern, und dann dankte mir Nero allzu lustlos und verdrossen für meinen Anteil an der Vorstellung. Erst jetzt erfuhr ich aus seinem Munde von der Verurteilung meines Vaters und Tullias, denn das Auftreten meines Sohnes und meines alten Dieners in der Arena war mir bis dahin trotz der Erzählung des jungen Christen ein Rätsel geblieben. Ich hatte die Absicht gehabt, Nero, wenn er bei passender Laune war, in scharfem Tone zu fragen, wie es möglich war, daß der Adoptivsohn eines Senators mit den Christen zusammen den wilden Tieren ausgesetzt werden konnte.

Nun schilderte mir Nero, wie mein Vater bei der Senatssitzung am frühen Morgen plötzlich irrezureden begann. »Er beleidigte mich vor dem versammelten Senat«, sagte er. »Aber nicht ich habe ihn verurteilt. Seine eigenen Amtsbrüder verurteilten ihn so einhellig, daß nicht einmal eine Abstimmung vonnöten war. Einen Senator kann ja, wie du weißt, nicht einmal der Kaiser verurteilen, ohne zuvor die anderen Senatoren zu hören. Und dann brachte deine Stiefmutter Tullia durch ihr unbeherrschtes Auftreten die ganze leidige Sache, die ich, nicht zuletzt aus Rücksicht auf deinen Ruf, geheimhalten wollte, an die Öffentlichkeit. Der junge Brite, den dein Vater adoptiert hatte, glaubte es ihm schuldig zu sein, sich als Christ zu bekennen. Er wäre sonst nicht in den Zirkus gebracht worden. Aber er war ohnehin lahm und wäre nie ein tauglicher Ritter geworden. Es steht nicht dafür, daß du um ihn trauerst. Außerdem hatte dein Vater, vermutlich in seiner Sinnesverwirrung, die Absicht, dich zu enterben. Du verlierst also nichts, obwohl ich gezwungen bin, sein Vermögen zu beschlagnahmen. Du weißt ja, daß ich Geld brauche, um eines Tages endlich einmal menschenwürdig wohnen zu können.«

Ich hielt es für das sicherste, Nero zu erklären, daß mein Vater mir schon vor siebzehn Jahren einen Vorschuß auf mein Erbteil gegeben hatte, damit ich das für einen Ritter erforderliche Vermögen nachweisen konnte. Ich hatte allerdings die Grundstücke auf dem Aventin verkauft, bevor die Häuser vom Brand zerstört wurden. Außerdem hatte ich anfangs große Summen für den Tiergarten von meinem Vater bekommen, aber davon hatte Nero selbst, durch die Vorstellungen im Amphitheater, den größten Nutzen gehabt.

Er antwortete mir edelmütig, er denke nicht daran, Summen zurückzufordern, die ich vor langer Zeit einmal bekommen hatte. Seiner Meinung nach war die Hinterlassenschaft meines Vaters groß genug, daß sowohl für die Staatskasse als auch für seine Bauvorhaben etwas abfiel. Er erlaubte mir sogar, mir aus dem Haus meines Vaters einige Andenken auszuwählen, sobald die Ädilen alles verzeichnet hatten.

Um allen nachträglichen Verdächtigungen zuvorzukommen, bekannte ich, daß mein Vater mir unter anderem einen Becher geschenkt hatte, der mir persönlich sehr teuer war. Nero fragte neugierig nach Einzelheiten, verlor aber alles Interesse, als er erfuhr, daß es sich nur um einen Holzbecher handelte.

Nun wurde mir endlich klar, in welche Gefahr ich durch meinen Vater geraten war, und ich beeilte mich zu erklären, daß ich Nero nicht einen einzigen Sesterz für meine Tiere und die anderen Auslagen in Rechnung stellen wollte. Ich schenkte ihm sogar das Fleisch der wilden Stiere für seine Gäste und schlug ihm vor, er solle den großen Vorrat an Kleidern, der nun im Zirkus lag, sowie die Schmuckstücke und Spangen, die man den Gefangenen abgenommen hatte, auf seine Rechnung verkaufen lassen. Vielleicht konnte er damit einige Säulen der Arkaden bezahlen, die die Gebäude auf dem Palatin und dem Caelius mit dem Goldenen Haus auf dem Esquilin verbinden sollten.

Nero war entzückt und versprach mir, er werde sich meiner Freigebigkeit stets erinnern. Er war erleichtert, weil ich ihm wegen des Todes meines Vaters und meines Stiefbruders – so nannte er Jucundus – keine Vorwürfe machte, und dankte mir nun aus ganzem Herzen für meinen Beitrag zu der Vorstellung. Er gab zu, daß seine Theaterleute kläglich versagt hatten und daß ihm Tigellinus nur Ärger bereitet hatte. Das einzige, was seiner Ansicht nach außer den Tiernummern wirklich gelungen war, war die gewaltige Musik der Wasserorgel und des Orchesters, dem er selbst genaue Anweisungen gegeben hatte.

Ich war der Meinung, daß die lärmende Musik nur die Tiere beunruhigt und das Interesse der Zuschauer von gewissen Höhepunkten der Vorstellung abgelenkt hatte, aber das sagte ich ihm nicht. Da mir selbst alles so gut geglückt war, konnte ich großzügig sein und über die dürftigen Ergebnisse seiner Anstrengungen stillschweigend hinweggehen.

Trotzdem war ich niedergeschlagen, und das Essen schmeckte mir nicht. Sobald ich mich nicht mehr von eifersüchtigen Blicken beobachtet wußte, verrichtete ich ein Trankopfer für meinen Vater und trank einige Becher Wein. Ich sandte meinen Läufer aus mit dem Auftrag, zu erkunden, wo mein Vater hingerichtet worden war, und seinen sowie Tullias Leichnam zu suchen. Sie waren jedoch aus Gründen, die ich schon berichtete, nicht mehr zu finden.

Ich mußte mich damit begnügen, gegen Morgen die Überreste von Jucundus und Barbus auf einem hastig aufgeschichteten Scheiterhaufen zu verbrennen. Barbus hatte es durch seinen langen Dienst und seine Treue verdient, mit meinem Sohn Jucundus den Scheiterhaufen zu teilen. Als ich die letzte Glut mit Wein hatte löschen lassen, sammelte ich eigenhändig ihre Asche in eine Urne.

Die Urne setzte ich später in Caere bei, auf einem Hügel, den ich über der Grabstätte errichten ließ, die mein Vater einst gekauft hatte. Jucundus stammte ja durch meinen Vater von den Etruskern ab, und seine Mutter Lugunda war eine Britin aus vornehmem Geschlecht gewesen. Barbus aber hatte durch seine Treue bis in den Tod inneren Adel bewiesen. Auf dem Deckel ihrer Urne steht ein etruskischer Bronzehahn und kräht ihnen ewiges Leben. Du wirst es eines Tages selbst sehen, Julius, wenn Du mit dem Staub Deines so habgierigen, unwürdigen und verständnislosen Vaters nach Caere kommst.

Ich durfte Nero nicht kränken und mußte bleiben, bis das Fest zu Ende ging, und ich will gern zugeben, daß die kleinen Vorstellungen außerordentlich gelungen waren, die er an verschiedenen beleuchteten Stellen im Park geben ließ: schöne Tänze, Satyrn, die zwischen den Büschen Nymphen jagten, eine Szene mit Apoll und Daphne und anderes mehr, was das Volk belustigte und auch einem wählerischen Publikum leichtfertige Gedanken einzuflößen imstande war. Zu essen gab es reichlich, aber das Fleisch meiner Stiere war dennoch willkommen. Die Springbrunnen füllten die Becken mit Wein, der zuletzt unvermischt war.

Da nun die Brandstifter ihre wohlverdiente Strafe erhalten hatten und alles gesühnt war, hielten die vornehmsten Damen Roms und alle Priesterkollegien gemeinsam ein göttliches Versöhnungsmahl ab, das den Höhepunkt des Gartenfestes bildete. Zu diesem Zweck waren die beiden heiligsten weißen Steinkegel in aller Heimlichkeit aus ihrem Tempel geholt worden.

Sie wurden unter den üblichen Zeremonien in einem beleuchteten Zelt auf ihren heiligen Kissen aufgestellt und von Frauen bekränzt, und dann setzte man ihnen das heilige Mahl vor. Dieses Mysterium ist so uralt und wird so selten begangen, daß nur wenige von den anwesenden Greisen es je mit angesehen hatten. Ich verfolgte es voll Neugier, erinnerte mich, daß die Römer dieses Mysterium von den Etruskern übernommen hatten, und stimmte mit den Senatoren und Rittern fromm in das heilige Lachen ein. Das Volk durfte nicht lachen. Dann wurde der Zeltvorhang vor die Öffnung gezogen, und kurz darauf erlosch plötzlich das Licht, das durch die Zeltleinwand schimmerte, ohne daß jemand daran gerührt hätte. Wir seufzten erleichtert auf, weil die Zeremonie ganz so verlaufen war, wie es die Überlieferung forderte.

Während die Steinkegel oder vielmehr die Götter, deren Sinnbild sie waren, nach dem heiligen Mahl in dem dunklen Zelt zurückblieben, um sich zum Wohle Roms auf ihren heiligen Kissen zu umarmen, veranstaltete Nero nach altem Brauch ein Satyrspiel, damit die Gäste sich von so viel furchtgebietender Heiligkeit erholen konnten, und man kann ihm nur den einen Vorwurf machen, daß er unbedingt selbst mitspielen wollte, weil er glaubte, dadurch die Gunst des Volkes zu gewinnen.

Er ließ sich daher auf offener Szene zu den Klängen einer lästerlichen Musik als Braut kleiden und sein Gesicht mit dem feuerroten Schleier verhüllen. Dann sang er, geschickt eine Frauenstimme nachahmend, die übliche Brautklage. Zum Hochzeitslager wurde er von Pythagoras, einem stattlichen Sklaven im Gewand des Bräutigams, geführt. Eine Göttin kam, um die verängstigte Braut zu trösten und zu beraten. Jammernd ließ Nero den Bräutigam die beiden Knoten des Gürtels lösen, und zuletzt sanken die beiden einander, fast völlig entkleidet, auf dem Bett in die Arme.

Nero ahmte das Wimmern und Klagen einer verschreckten Jungfrau so vollendet nach, daß die Zuschauer vor Lachen brüllten, worauf er plötzlich so wollüstig zu stöhnen begann, daß viele vornehme Damen erröteten und sich die Hände vor die Augen hielten. Die beiden spielten ihre Rolle so geschickt und gut, als hätten sie die Vorstellung im voraus geprobt.

Poppaea allerdings ärgerte sich über diese kunstvolle Vorführung so sehr, daß sie kurz darauf das Fest verließ. Sie war zudem im dritten Monat schwanger und mußte auf ihre Gesundheit achten, und die lange Vorstellung im Zirkus hatte sie ermüdet.

Nero hatte nichts dagegen, daß sie sich entfernte. Im Gegenteil, er nutzte die Gelegenheit, um in den dunklen Winkeln des Parks allerlei lüsterne Spiele zu veranstalten. Auf das Vergnügen des Volkes bedacht, hatte er alle Weiber aus den Hurenhäusern, die der Brand verschont hatte, eingeladen und sie aus seiner eigenen Kasse bezahlt, aber es gab viele vornehme Damen und leichtsinnige Ehemänner und Frauen, die sich im Schutz der Dunkelheit an diesen Spielen beteiligten. Zuletzt raschelte und knackte es in allen Büschen, und man hörte ringsumher die brünstigen Rufe der Betrunkenen und das Kreischen der Weiber.

Ich ging, um den Scheiterhaufen anzuzünden. Während ich Jucundus' und Barbus' Asche mit Wein begoß, dachte ich an Lugunda und meine Jugendjahre in Britannien, in denen ich noch so empfindsam, so auf das Gute bedacht und unschuldig gewesen war, daß ich mich erbrechen mußte, als ich meinen ersten Briten erschlagen hatte. Um dieselbe Zeit am frühen Morgen, was ich allerdings erst später erfuhr, kehrte Nero, mit Erde beschmutzt und den weinfeuchten Lorbeerkranz schief auf dem Kopf, auf den Esquilin zurück, um sich schlafen zu legen.

Poppaea, die sich, wie alle Schwangeren, leicht erregte, war wach gelegen und hatte auf ihn gewartet. Sie empfing ihn mit bösen Worten. Nero geriet in seinem benommenem Zustand so in Zorn, daß er sie in den Leib trat, bevor er sich auf sein Bett warf und in den tiefen Schlaf der Trunkenheit versank. Tags darauf erinnerte er sich an nichts mehr, bis er erfuhr, daß Poppaea eine Fehlgeburt gehabt hatte. Es stand sehr schlecht um sie, und die besten Ärzte Roms vermochten ihr nicht zu helfen — von ihren jüdischen Weibern mit ihren Sprüchen und Zauberbinden ganz zu schweigen.

Zu Poppaeas Ehre muß ich sagen, daß sie Nero keine Vorwürfe machte, als sie erkannte, daß ihr Zustand hoffnungslos war. Sie versuchte sogar noch in der Todesstunde ihn zu trösten und seine Gewissensqualen zu lindern, indem sie ihn daran erinnerte, daß sie sich immer gewünscht hatte, zu sterben, ehe ihre Schönheit dahinschwand. So wie sie nun aussah, schön wie eh und je, von Nero geliebt trotz dem unglückseligen Fußtritt — aber dergleichen kann unter Eheleuten vorkommen —, so hoffte sie in Neros Erinnerung bis zu seinem Tode weiterzuleben. Sie sah ein, daß Nero aus politischen Gründen eine neue Ehe eingehen mußte, und sie wünschte nur, daß er nichts überstürze und daß man ihren Leichnam nicht verbrenne. Poppaea wollte nach jüdischem Brauch unverbrannt bestattet werden.

Aus politischen Gründen konnte Nero sie nicht nach jüdischem Ritus bestatten lassen, obwohl er den Jüdinnen erlaubte, sich zur üblichen Totenklage um ihren Leichnam zu versammeln. Er ließ Poppaea jedoch nach orientalischer Sitte einbalsamieren und erlegte, ohne zu feilschen, die Summen, die sie dem Tempel zu Jerusalem und den Synagogen in Rom vermacht hatte.

Dann hielt er auf dem Forum vor dem Senat und dem Volk eine Gedächtnisrede auf Poppaea und weinte selbst vor Rührung, als er sich ihrer Schönheit in allen Einzelheiten erinnerte, von den goldenen Locken bis zu den rosigen Zehennägeln. Ein langer Trauerzug geleitete ihren einbalsamierten Leichnam, der in einem gläsernen Sarg lag, zum Mausoleum des Gottes Augustus. Daran nahmen viele Anstoß, denn Nero hatte nicht einmal seiner Mutter einen Platz im Mausoleum gegönnt, von seiner Gemahlin Octavia ganz zu schweigen. Von den Juden abgesehen, trauerte das Volk nicht um Poppaea. Sie hatte sich zuletzt schon nicht mehr damit begnügt, ihre Pferde mit Silber beschlagen zu lassen. Ihre Maulesel mußten gar goldene Hufbeschläge haben, und sie hatte zudem die Leute mit ihren ewigen Bädern in Eselsmilch gegen sich aufgebracht.

Mich schmerzte es, daß die bezaubernde Poppaea so jung gestorben war. Sie war immer sehr freundlich zu mir gewesen und würde ihre Freundschaft gewiß in meinen Armen bekräftigt haben, wenn ich genug Verstand gehabt hätte, sie kühn darum zu bitten. So über die Maßen keusch, wie ich in meiner ersten, blinden Verliebtheit geglaubt hatte, wird sie nicht gewesen sein, aber darauf war ich erst gekommen, als sie schon Othos Gattin geworden war.

Nachdem ich nun dies alles geschildert habe, muß ich von Deiner Mutter Claudia und ihrem unfreundlichen Betragen mir gegenüber sprechen. Zugleich muß ich von meiner Teilnahme an der Pisonischen Verschwörung und deren Aufdeckung berichten, und das kommt mich vielleicht noch schwerer an.

Ich will jedoch mein Bestes tun, so wie ich ja auch bisher alles ziemlich aufrichtig und ohne mich selbst zu schonen geschildert habe. Du wirst vielleicht einiges über die Schwachheit des Menschen lernen, wenn Du dies liest, mein Sohn Julius. Verachte mich nur, wenn Du willst. Ich werde nie den harten, klaren Blick vergessen, mit dem Du, ein vierzehnjähriger Knabe, mich unlängst mustertest, als Deine Mutter Dich zwang, Deinen verabscheuungswürdig reichen und nicht minder verabscheuungswürdig einfältigen Vater hier in diesem abgelegenen Kurort zu besuchen, wo er Heilung seiner Leiden sucht. Es war ein Blick, der mich frösteln machte, kälter als die eisigsten Winde des Winters. Aber Du bist ja ein Julier, aus göttlichem Geblüt, und ich bin nur ein Minutus Manilianus.

XI

ANTONIA

Ich sehnte mich danach, Dich auf meine Knie zu setzen, um Dich öffentlich als meinen Sohn anzuerkennen und Dir den Namen zu geben, um den Claudia gebeten hatte, aber ich hielt es für vernünftiger, zunächst ein wenig Zeit verstreichen zu lassen, damit Deine Mutter sich beruhigen konnte.

Ich hatte es nicht verhindern können, daß sie in Caere alles erfuhr, was in Rom geschehen war, auch daß ich auf Neros Befehl und gegen meinen Willen an der Hinrichtung der Christen mitgewirkt hatte. Zwar hatte ich einige Christen auf meinen Landgütern in Sicherheit gebracht, andere gewarnt und vielleicht sogar Kephas das Leben gerettet, indem ich ihn dem Tigellinus als einen fürchtenswerten Zauberer darstellte, aber ich kannte das heftige Gemüt Claudias und wußte, wie falsch Frauen im allgemeinen die Handlungen ihrer Männer beurteilen, nämlich immer nach ihren weiblichen Vorstellungen und Launen und ohne Rücksicht auf politische und andere Umstände, die nur Männer zu begreifen vermögen. Daher hielt ich es für das beste, Claudia eine Weile über das, was sie gehört hatte, nachdenken zu lassen und ihr Zeit zu geben, sich zu besinnen.

Außerdem hatte ich in Rom so viel zu tun, daß ich nicht sofort nach Caere reisen konnte. Ich mußte den Tierbestand erneuern und die vielen anderen Verluste einbringen, und das nahm alle meine Kräfte in Anspruch. Gleichwohl will ich gestehen, daß ich einen gewissen Abscheu vor dem ganzen Tiergarten zu empfinden begann.

Ein weiterer Umstand, der mich an der Abreise hinderte, war Tante Laelias unerwarteter Selbstmord. Ich versuchte ihn nach bestem Vermögen zu vertuschen, aber er hatte letzten Endes doch zur Folge, daß noch mehr über mich geklatscht wurde als je zuvor. Was für einen Grund Tante Laelia gehabt haben mochte, sich das Leben zu nehmen – sofern sie es nicht im Wahnsinn tat –, ist mir noch heute ein Rätsel. Wahrscheinlich empfand sie in ihrer geistigen Umnachtung die Absetzung und Hinrichtung meines Vaters als eine solche Schmach, daß sie sich verpflichtet fühlte, Selbstmord zu begehen, und wer weiß: vielleicht meinte sie, dies sei auch meine Pflicht, und wollte mir als echte Römerin mit gutem Beispiel vorangehen.

Wie dem auch sei, sie überredete ihre ebenso wirrköpfige Dienerin, ihr die Pulsadern zu öffnen. Da ihr altes Blut nicht einmal in dem heißen Bad rinnen wollte, erstickte sie sich zuletzt mit dem Kohlendunst aus dem Glutbecken, das sie immer in ihrem Zimmer haben mußte, weil sie wie alle alten Menschen ständig fror, und sie hatte immerhin noch so viel Verstand übrigbehalten, daß sie der Dienerin befahl, alle Tür- und Fensterritzen von außen zu verstopfen.

Ich vermißte sie zunächst gar nicht. Erst tags darauf kam die Dienerin und fragte mich, ob man den Raum nicht lüften solle. Ich brachte es nicht über mich, dieses treuergebene alte Weib zu tadeln, das mir da mit zahnlosem Munde vorjammerte, es habe den Befehlen seiner Herrin wohl oder übel gehorchen müssen. Zu sehr erschütterte mich die neue Schande, die über meinen Ruf und Namen gekommen war.

Ich ließ Tante Laelias Leichnam unter allen ihr zukommenden Ehren verbrennen und hielt in kleinem Kreise eine Gedächtnisrede, obwohl ich vor Ärger kaum dazu imstande war. Es war auch nicht leicht, etwas über Tante Laelias Leben und ihre guten Seiten zu sagen. Claudia, die eben erst vom Kindbett aufgestanden war, lud ich nicht zur Gedächtnisfeier, aber ich schrieb ihr, berichtete von dem traurigen Geschehnis und erklärte, warum ich noch in der Stadt bleiben mußte.

Ich hatte damals, offen gestanden, viel zu leiden. Das mutige Auftreten der Christen im Zirkus und ihre unmenschliche Bestrafung, die bei unserer durch griechische Bildung verweichlichten Jugend Abscheu erweckte, hatten zur Folge, daß man in gewissen Kreisen, die Neros Beschuldigungen nicht glaubten, heimlich mit den Christen zu fühlen begann. Ich verlor so manchen Freund, den ich für treu gehalten hatte.

Als ein Beispiel dafür, welcher Bosheit und Dummheit der Mensch fähig ist, will ich nur erwähnen, daß man damals allen Ernstes behauptete, ich hätte meinen Stiefbruder Jucundus als Christen angezeigt, weil ich fürchtete, das Erbe nach meinem Vater mit ihm teilen zu müssen. Mein Vater habe sich außerdem meines schlechten Rufes wegen von mir losgesagt und absichtlich alles so eingerichtet, daß sein Vermögen an den Staat fiel, damit ich nur ja nichts davon bekäme. Was würden die Leute wohl noch alles erfunden haben, wenn sie gewußt hätten, daß Jucundus mein leiblicher Sohn war, nicht mein Stiefbruder! So falsch und feindselig sprach man über mich in der guten Gesellschaft. Wie müssen da erst die Christen über mich geredet haben! Ihnen ging ich nach Möglichkeit aus dem Wege, um mich nicht dem Verdacht auszusetzen, mit ihnen gemeinsame Sache zu machen.

Die Allgemeinheit war so gegen mich aufgehetzt, daß ich mich nur mit einem größeren Gefolge auf der Straße zeigen durfte. Nero fühlte sich, nun da er bewiesen hatte, daß er notfalls auch streng sein konnte, sogar bemüßigt, im ganzen Reich die Todesstrafe abzuschaffen. Hinfort durfte auch in den Provinzen niemand mehr zum Tode verurteilt werden, und hätte er das schlimmste Verbrechen begangen. An die Stelle der Todesstrafe trat die Zwangsarbeit, und die Verurteilten mußten Rom wiederaufbauen, vor allem Neros neuen Palast — das Goldene Haus, wie er selbst ihn nun öffentlich nannte — und den großen Zirkus.

Die Beweggründe für dieses neue Gesetz waren freilich nicht Güte und Menschlichkeit. Nero war in ernste Geldnöte geraten und brauchte kostenlose Arbeitskräfte für die gröbsten Arbeiten. Der Senat bestätigte das Gesetz, obwohl viele der Väter vor den Folgen der Abschaffung der Todesstrafe warnten und die Befürchtung äußerten, daß die Verbrechen und die allgemeine Gottlosigkeit zunehmen würden.

An der Erbitterung und Unzufriedenheit, die in ganz Rom herrschten, war jedoch nicht nur die Bestrafung der Christen schuld, die vielen nur ein willkommener Anlaß war, ihrem Haß gegen Nero und die Herrschermacht als solche Luft zu machen. Die wahre Ursache war die, daß jetzt erst alle Schichten der Bevölkerung das volle Gewicht der Steuern zu spüren bekamen, die der Wiederaufbau der Stadt und Neros eigene Bauvorhaben mit sich brachten. Auch die Getreidepreise mußten nach den ersten Hilfsmaßnahmen erhöht werden, und sogar die Sklaven mußten feststellen, daß sie immer weniger Brot, Knoblauch und Öl bekamen.

Einem ganzen Weltreich gelang es natürlich, das Goldene Haus zu bauen, und Nero selbst teilte die Arbeit sehr vernünftig auf mehrere Jahre auf, obwohl ihm die Bauarbeiten nicht schnell genug voranschreiten konnten. Er erklärte, fürs erste genügten ihm ein Speisesaal, einige Schlafräume und ein Arkadengang für Repräsentationszwecke. Er konnte jedoch nicht rechnen und war nach Art der Künstler nicht fähig, die Erklärungen der Sachverständigen geduldig genug anzuhören. Er nahm das Geld, wo er es gerade bekam, und dachte nicht an die Folgen.

Dafür trat er bei mehreren öffentlichen Theatervorstellungen als Sänger und Schauspieler auf und meinte in seiner Eitelkeit, seine glänzende Stimme und das Vergnügen, ihn in verschiedenen Rollen auftreten zu sehen, würden die Menschen ihre eigenen geringfügigen Opfer und Nöte vergessen machen, die doch, verglichen mit der großen Kunst, ein reines Nichts waren. Darin irrte er gründlich.

Viele unmusikalische Senatoren und Ritter begannen diese Vorstellungen als eine unerträgliche Plage zu betrachten, der man noch dazu nicht so leicht entrinnen konnte, weil Nero auf Wunsch gern bereit war, bis in die späte Nacht hinein zu singen und zu spielen.

Unter Vorspiegelung aller erdenklichen Gründe, und selbstverständlich auch, weil ich auf Dein Wohl bedacht war, bewog ich Claudia dazu, beinahe drei Monate in dem so gesunden Caere zuzubringen. Ihre bitteren Briefe las ich nur flüchtig, um mich nicht ärgern zu müssen, und ich antwortete ihr immer wieder, daß ich sie und Dich nach Rom zurückholen wolle, sobald es mir meine vielen Pflichten gestatteten und ich es im Hinblick auf eure Sicherheit glaubte verantworten zu können.

Die Christen wurden allerdings nach der Vorstellung im Zirkus kaum noch oder gar nicht mehr verfolgt, sofern sie sich nicht durch ihr Benehmen einen Platz in einem der Steinbrüche einhandelten. Im großen ganzen waren sie jedoch durch die Massenhinrichtung so eingeschüchtert, daß sie sich still verhielten.

Sobald sie an ihren unterirdischen Versammlungsorten zusammentrafen, gab es Streit und bittere Vorwürfe. Sie fragten sich gegenseitig, warum so viele angezeigt worden seien und warum die Anhänger des Paulus die des Kephas verraten hätten und umgekehrt. Auf diese Weise nahm die Zwietracht unter ihnen zu, und sie bildeten immer mehr geheime Gesellschaften. Die Stilleren verzweifelten darüber, daß sie nicht mehr wußten, wie sie Christus am besten folgen sollten. Sie trennten sich von den Eiferern und schlossen sich in ihrer Einsamkeit ein.

Claudia kehrte schließlich aus eigenem Antrieb nach Rom zurück und brachte alle ihre christlichen Diener mit, dazu die Flüchtlinge, denen ich, unter der Bedingung, daß sie ein wenig arbeiteten, auf den Gütern eine Freistatt gewährt hatte. Ich eilte ihr mit einem Freudenruf entgegen. Sie aber wollte mir anfangs nicht einmal meinen Sohn zeigen, sondern befahl der Amme, Dich ins Haus zu tragen und vor meinen bösen Blicken zu verbergen.

Dann bat sie ihre Begleiter, das Haus zu umstellen, so daß ich nicht entkommen konnte. Ich mußte gestehen, daß ich mich an meinen Schutzgenius wandte und einen Augenblick für mein Leben fürchtete, denn ich erinnerte mich, daß Deine Mutter eine leibliche Tochter des Claudius ist und dessen Grausamkeit und Launenhaftigkeit geerbt hat.

Nachdem sie sich jedoch im Haus umgesehen hatte, benahm sich Claudia recht vernünftig und sagte, sie habe ein ernstes Wort mit mir zu reden. Ich versicherte ihr, daß ich selbst nichts Besseres wünschte, sofern nur erst alle Gefäße und frei umherliegenden Dolche – lauter Andenken, die sich im Laufe der Jahre angesammelt hatten – aus dem Zimmer geschafft worden wären.

Claudia hieß mich einen Verbrecher, einen gemeinen Mörder mit blutigen Händen, und behauptete, das Blut meines Adoptivbruders schreie zum Himmel und klage mich an vor Gott. Zuletzt sagte sie, ich hätte mir durch meine Mordlust den Zorn ihres Jesus von Nazareth zugezogen.

Ich war im Grunde erleichtert, weil sie offenbar nicht wußte, daß Jucundus mein Sohn war. In derlei Dingen sind Frauen sonst so scharfsichtig. Was mich kränkte, war, daß sie mir vorwarf, Tante Laelia habe meinetwegen Selbstmord begangen. Ich erwiderte ihr jedoch, daß ich bereit sei, ihr ihre bösen Worte zu verzeihen, und bat sie, doch einmal Kephas zu fragen, was alles ich getan hatte, um den Christen zu helfen und ihn selbst aus den Klauen des Tigellinus zu retten.

»Glaube nicht nur Prisca und Aquila und einigen anderen, die ich nicht nennen will«, bat ich. »Ich weiß, daß sie der Partei des Paulus angehören, dem ich übrigens auch geholfen habe, als er vor Gericht stand, und wenn man zur Zeit nicht einmal in Iberien nach ihm forscht, weil Nero nichts mehr von den Christen hören will, so ist das zum Teil gleichfalls mir zu verdanken.«

»Ich glaube, wem ich will«, gab Claudia zornig zur Antwort. »Du willst dich nur herausreden. Ich weiß nicht, wie ich mit einem Mann wie dir zusammenleben soll, dessen Hände rot sind vom Blut der Glaubenszeugen. Nichts bereue ich mehr, als daß du der Vater meines Sohnes bist.«

Ich hielt es für das beste, sie nicht daran zu erinnern, daß sie selbst aus freiem Willen zu mir ins Bett gekrochen war und daß ich sie auf ihre eigenen inständigen Bitten hin zu einer ehrlichen Frau gemacht hatte, indem ich heimlich mit ihr die Ehe einging. Zum Glück waren die geheimen Urkunden, die wir bei den Vestalinnen hinterlegt hatten, durch den Brand zerstört worden, und auch das Staatsarchiv war niedergebrannt, so daß ich die Entdeckung meiner Ehe nicht ernst zu fürchten brauchte. Ich war daher vernünftig und schwieg, da ich den Worten Deiner Mutter entnehmen konnte, daß sie zu verhandeln bereit war.

Nun stellte mir Claudia ihre Bedingungen. Ich mußte mich, soweit dies einem gottlosen Menschen wie mir möglich war, bessern, ich mußte Christus für meine bösen Taten um Vergebung bitten und vor allem den Tiergarten und mein Vorsteheramt aufgeben.

»Wenn du schon nicht an deinen und meinen Ruf denkst, so denke an deinen Sohn und seine Zukunft«, bat Claudia. »Dein Sohn ist einer der letzten in Rom, die sowohl von den Juliern als auch von den Claudiern abstammen. Um seinetwillen mußt du dir eine standesgemäße Stellung verschaffen, so daß er später nichts von deiner schändlichen Vergangenheit zu wissen braucht.«

Claudia nahm an, ich würde mich dieser Forderung mit allen Kräften widersetzen, da ich so große Summen in den Tiergarten und meine Tiere gesteckt und im Amphitheater für meine Vorführungen Beifall eingeheimst hatte. Insgeheim hatte ich jedoch selbst schon beschlossen, den Tiergarten aufzugeben. Ich will nicht behaupten, daß daran die Niedermetzelung der Christen im Zirkus schuld gewesen sei. Ich hatte dagegen Einspruch erhoben, dann aber, dem Zwang gehorchend, meine Aufgabe trotz der Eile und den zahllosen Schwierigkeiten so sauber und zweckdienlich wie möglich durchgeführt. Ich glaube, dessen brauche ich mich nicht zu schämen.

Der eigentliche Grund war der, daß ich mit meiner ehemaligen Gattin Flavia Sabina zu einer finanziellen Regelung kommen mußte. Ich hatte ihr damals, als mir Epaphroditus die Kehle zudrückte, mein halbes Vermögen versprochen, aber je mehr Zeit verging, desto mehr widerstrebte mir der Gedanke.

Nun da ich einen Sohn hatte, der unzweifelhaft mein eigener war, fand ich es auch ungerecht, daß der kleine, damals fünfjährige Lausus eines Tages ebensoviel erben sollte wie er. Ich hatte nichts gegen Lausus, aber seine Haut wurde immer dunkler und sein Haar immer krauser, so daß ich mich manchmal schämte, weil er meinen Namen trug.

Andrerseits wußte ich nur zu gut, daß Sabina den starken Epaphroditus am Gängelband führte und daß sie nicht davor zurückschrecken würde, mich ermorden zu lassen, wenn ich sie bei der Abrechnung zu übervorteilen versuchte. Ich hatte mir daher eine, wie ich glaubte, ganz vortreffliche Lösung ausgedacht und auch schon mit Sabina über meinen Plan gesprochen.

Epaphroditus hatte, lange bevor ich etwas von seinem Verhältnis mit Sabina ahnte, von Nero selbst den Freilassungsstab und das Bürgerrecht erhalten. Im übrigen hatte sich Sabina ab und zu auch mit anderen Tierwärtern abgegeben, aber seit unserer Scheidung hielt Epaphroditus sie sehr kurz und verabreichte ihr gelegentlich eine gehörige Tracht Prügel, was ihr sehr lieb war.

Ich wollte ihr nun den Tiergarten samt Sklaven, Tieren, Geschäftsverträgen und so fort schenken und Nero vorschlagen, Epaphroditus an meiner Statt zum Vorsteher zu ernennen. Epaphroditus war zwar römischer Bürger, aber um meines Ansehens willen war es erforderlich, daß mein Nachfolger darüber hinaus dem Ritterstand angehörte.

Wenn ich Nero so weit brachte, daß er zum erstenmal in der Geschichte Roms einen Afrikaner in die Ritterrolle einschreiben ließ, konnte Sabina mit Epaphroditus eine rechtsgültige Ehe eingehen, und dies um so leichter, da ihr Vater sie verstoßen hatte, so daß der Familienstolz der Flavier sie nicht mehr daran hinderte. Als Gegenleistung mußte mir Sabina versprechen, daß sie Lausus adoptieren und auf seine Erbansprüche mir gegenüber verzichten würden. Sie wagte jedoch nicht zu glauben, daß Nero bereit wäre, einen Mann zum Ritter zu machen, der mindestens zur Hälfte Neger war.

Ich kannte jedoch Nero und hatte ihn oft genug prahlen hören, ihm sei nichts unmöglich. Als Künstler und Menschenfreund sah er in einer farbigen oder auch jüdischen Haut kein Hindernis für ein Amt im Dienst des Staates. In den afrikanischen Provinzen hatte sich schon so mancher dunkelhäutige Mann in seiner Heimatstadt durch sein Vermögen und seine militärischen Verdienste den Ritterrang verschafft.

Als ich nun, scheinbar widerstrebend und mich laut über meine Verluste beklagend, auf Claudias Vorschlag einging, verlor ich daher in Wirklichkeit gar nichts. Im Gegenteil, ich ersparte mir große finanzielle Opfer und schaffte mir sowohl Sabinas Forderungen als auch den Bankert Lausus vom Hals. Das war einige Anstrengungen wert, obwohl ich Claudia natürlich, um den Schein zu wahren, düster prophezeite, Nero werde zutiefst gekränkt sein, weil ich ein Amt niederlegen wollte, das er mir verliehen hatte. Ich würde, sagte ich, nur in Ungnade fallen und vielleicht sogar mein Leben aufs Spiel setzen.

Claudia antwortete schadenfroh grinsend, um Neros Gunst brauchte ich mich ohnehin nicht mehr zu bemühen und mein Leben sei allein dadurch schon in Gefahr, daß ich einen Sohn in die Welt gesetzt hatte, in dessen Adern das Blut der Claudier floß. Mir lief es bei diesen Worten kalt über den Rücken, aber Claudia erklärte sich nun endlich gnädig bereit, mir meinen Sohn zu zeigen.

Du warst ein schönes, makelloses Kind, sahst aus dunklen Augen an mir vorbei und packtest mit Deinen kleinen Fingern meinen Daumen, als wolltest Du mir gleich den goldenen Ring abnehmen. Mein Herz hast Du jedenfalls gleich genommen, und das war mir noch nie zuvor geschehen. Du bist mein Sohn, Du magst es wollen oder nicht.

Ich nahm also meinen ganzen Mut zusammen, bat Epaphroditus, Sabina und Lausus, mich zu begleiten, und hielt an einem Nachmittag, an dem ich annehmen konnte, daß Nero nach dem Mahl und einem erfrischenden Bad bis in die Nacht hinein weitertrinken und sich vergnügen werde, im fertigen Teil des Goldenen Hauses um Audienz an. Die Künstler waren eben dabei, die Wandmalereien in den Gängen zu beenden. Der runde Speisesaal, der von Gold und Elfenbein glänzte, war erst halb fertig.

Nero beschäftigte sich gerade mit den Plänen zu einer Riesenstatue seiner selbst, die vor dem Durchgangsgebäude aufgestellt werden sollte. Er zeigte mir die Zeichnungen und erwies den Bildhauern so viel schmeichelnde Aufmerksamkeit, daß er mir die Namen dieser Handwerker nannte, als wären wir von gleichem Rang. Ich nahm jedoch nicht Anstoß daran, sondern freute mich, daß Nero bei bester Laune war.

Er schickte die Handwerker fort, als ich ihn bat, unter vier Augen mit ihm sprechen zu dürfen, sah mich schuldbewußt an, rieb sich verlegen das Kinn und gestand, daß auch er mit mir zu reden habe. Es falle ihm nicht leicht und er habe es immer wieder aufgeschoben, weil er fürchtete, ich könnte ihm übelnehmen, was er mir sagen müsse.

Ich legte ihm mit vielen Worten dar, wie treu und unter welchen Opfern ich durch so viele Jahre den großen Tiergarten Roms geführt hatte. Dieses Amt werde mir nun, so sagte ich, eine allzu schwere Bürde, zumal ein neuer, zum Goldenen Haus gehöriger Tiergarten angelegt werden müsse und ich mich dieser Aufgabe, die großen künstlerischen Geschmack erfordere, nicht gewachsen fühle. Ich sei daher gekommen, um ihn zu bitten, mich von meinem Amt zu befreien.

Als Nero zu begreifen begann, wo ich mit meiner langen Rede hinauswollte, erhellte sich seine Miene. Er lachte und schlug mir zum Zeichen seiner Gunst freundschaftlich auf die Schulter.

»Sei ohne Sorge, Minutus«, sagte er. »Deinen Wunsch will ich dir gern erfüllen. Ich will ihn dir um so lieber erfüllen, als ich ohnehin schon seit geraumer Zeit nach einem passenden Vorwand suche, dich deines Amtes zu entheben. Gewisse einflußreiche Personen machen mir seit dem Herbst immer wieder Vorwürfe wegen der unnötig grausamen Vorführungen, die du veranstaltet hast, und verlangen, daß ich dich zur Strafe für deinen schlechten Geschmack absetze. Ich muß selbst sagen, daß gewisse Einzelheiten der Vorstellung mir den Magen umgedreht haben, obwohl die Brandstifter natürlich ihre Strafe verdienten. Es freut mich, daß du selbst eingesehen hast, wie unhaltbar deine Stellung geworden ist. Ich konnte ja nicht ahnen, daß du mein Vertrauen mißbrauchen und eines Erbstreits wegen deinen eigenen Halbbruder gegen die Löwen schicken würdest.«

Ich öffnete den Mund, um diese wahnsinnige Beschuldigung zurückzuweisen, aber Nero fuhr mit finsterer Miene fort: »Die Hinterlassenschaft deines Vaters und seine Geschäfte sind so undurchsichtig und verworren, daß ich noch nicht einmal meine Auslagen wieder hereinbrachte, als ich die Forderungen eintrieb. Man munkelt, du habest im vollen Einverständnis mit deinem Vater den größten Teil des Vermögens auf die Seite geschafft, um den Staat und mich zu betrügen. Das mag ich von dir nicht glauben, denn ich weiß, daß du mit deinem Vater verfeindet warst. Ich müßte dich sonst aus Rom verbannen. Ich habe vielmehr deine Tante Laelia im Verdacht, die es für gut befand, sich das Leben zu nehmen, um der Strafe zu entgehen. Aber ich hoffe, du hast nichts dagegen, daß ich die Ädilen bitte, einmal einen Blick in deine Bücher zu werfen. Ich würde es nicht tun, wenn ich nicht dank der rücksichtslosen Habgier gewisser Leute ständig in Geldnöten wäre. Sie klemmen ihre Geldbeutel zu und weigern sich, ihrem Kaiser zu helfen, sich endlich eine menschenwürdige Wohnstätte zu schaffen. Und ob du es glaubst oder nicht: Seneca hat sich damit begnügt, mir lächerliche zehn Millionen Sesterze zu schicken, er, der immer behauptete, er sei bereit, mir alles zu geben, was er besaß, weil er nur zu gut wußte, daß ich es aus politischen Gründen nicht annehmen konnte. Pallas liegt auf seinem Geld wie ein feister Köter, und von dir habe ich sagen hören, daß du einige Monate vor dem Brand alle deine Mietshäuser und Baugründe in den Stadtteilen verkauft hast, die später am schlimmsten verheert wurden. Statt dessen hast du billigen Boden in Ostia gekauft, der seither beträchtlich im Wert gestiegen ist. Eine solche Umsicht sieht sehr verdächtig aus. Wenn ich dich nicht kännte, würde ich dich der Teilnahme an der Verschwörung der Christen anklagen.

Er lachte laut auf, und ich benutzte die Gelegenheit, um ihn rasch zu versichern, mein Vermögen stehe ihm selbstverständlich zur Verfügung, wenngleich ich nicht so reich sei, wie allgemein angenommen werde. In dieser Hinsicht könne ich mit Seneca oder Pallas nicht in einem Atem genannt werden. Nero klopfte mir begütigend auf die Schulter und sagte: »Nimm mir den kleinen Scherz nicht übel, Minutus. Es ist für dich selbst das beste, du weißt, was alles über dich geredet wird. Ein Herrscher hat es schwer. Er muß alle anhören und weiß nie, wessen Absichten wirklich lauter sind. Immerhin sagt mir aber meine Menschenkenntnis, daß du eher einfältig als umsichtig bist. Ich will daher nicht aufgrund von Gerüchten und wegen der Verbrechen deines Vaters dein Vermögen beschlagnahmen. Daß ich dich wegen Untauglichkeit deines Amtes enthebe, sei Strafe genug. Ich weiß nur nicht, wen ich an deiner Stelle ernennen soll. Es finden sich für dieses Amt, das keinerlei politische Bedeutung hat, keine Bewerber.«

Ich hätte ihm über die politische Bedeutung dieses Amtes das eine oder andere sagen können, aber ich schlug ihm statt dessen lieber vor, den Tiergarten Sabina und Epaphroditus zu überlassen. In diesem Falle würde ich keine Entschädigung fordern und die Ädilen brauchten sich nicht die Mühe zu machen, meine Bücher zu überprüfen. Dies sei mein Angebot als ehrlicher Mann. Zuerst aber müsse Epaphroditus in den Ritterstand erhoben werden.

»Über die Hautfarbe eines römischen Ritters steht in keinem Gesetz, in keiner Verordnung ein Wort zu lesen«, sagte ich. »Die einzige Bedingung ist ein gewisses Vermögen und jährliches Einkommen, obgleich es natürlich zuletzt ganz von deiner Gnade abhängt, wen du zum Ritter machen willst. Und ich weiß, daß Nero nichts unmöglich ist. Wenn du meinen Vorschlag günstig aufnimmst, so erlaube mir, Epaphroditus und Sabina hereinzurufen.«

Nero kannte Epaphroditus vom Sehen, und er hatte gewiß vor meiner Scheidung mit meinen anderen Freunden heimlich über meine Leichtgläubigkeit gelacht. Nun erheiterte es ihn, daß ausgerechnet ich ein Wort für ihn einlegte, und er lachte offen heraus, als Sabina Lausus hereinführte und er die Hautfarbe des Knaben mit der des Epaphroditus verglich.

Ich glaube, all dies bestärkte Nero in seiner Meinung, daß ich ein leichtgläubiger Tropf sei, doch das konnte mir nur recht sein. Ich durfte auf keinen Fall zulassen, daß die Ädilen die Buchführung des Tiergartens überprüften. Wenn Nero glaubte, Epaphroditus habe sich auf meine Kosten so bereichert, daß er nun imstande war, das für einen Ritter erforderliche Vermögen nachzuweisen, so war das seine Sache.

Im Grunde gefiel Nero der Gedanke, der Ritterschaft dadurch, daß er Epaphroditus in die Rolle im Tempel des Castor und des Pollux einschreiben ließ, seine Macht zu beweisen. Außerdem war er klug genug, um sofort zu begreifen, was eine solche Geste ihm in den afrikanischen Provinzen einbrachte, bezeugte er doch damit, daß unter seiner Regierung alle römischen Bürger ohne Rücksicht auf Hautfarbe und Geburt gleichberechtigt waren und daß er keine Vorurteile kannte.

Es ging daher alles nach meinen Wünschen. Es gefiel Nero auch, daß Sabina und Epaphroditus heiraten und den Knaben, der bisher als mein Sohn eingeschrieben gewesen war, adoptieren wollten. »Ich erlaube jedoch, daß er zum Andenken an dich, edler Manilianus, weiter den Namen Lausus trägt«, sagte er boshaft. »Es ist schön von dir, daß du ihn ganz seiner Mutter und seinem Stiefvater überläßt. Das beweist, daß du die Mutterliebe achtest und an dich selbst zuletzt denkst, obwohl der Kleine dir ähnelt wie ein Ei dem andern.«

Wenn ich geglaubt hatte, Sabina einen Streich zu spielen, indem ich die Last des Tiergartens auf ihre Schultern ablud, so hatte ich mich geirrt. Nero faßte eine gewisse Neigung zu Epaphroditus und bezahlte ohne Murren die unverschämtesten Rechnungen. Die Tiere in dem neuen Tiergarten des Goldenen Hauses tranken aus Marmortrögen, und die Pantherkäfige bekamen silberne Gitter. Nero kam für alles auf, und ich hatte sogar die ungeheuren Wasserrechnungen aus eigener Tasche bezahlen müssen, als die Wasserverteilung nach dem Brand neu geregelt worden war!

Epaphroditus dachte sich gewisse einfache Vorführungen aus, die Nero sehr gefielen und über die ich aus Gründen der Schicklichkeit keine Einzelheiten berichten will. Er wurde binnen kurzem steinreich und dank dem Tiergarten einer der Günstlinge Neros.

Nach meiner Verabschiedung hörte man auf, mir auf der Straße Steine nachzuwerfen. Statt dessen lachte man mir offen ins Gesicht, und ich gewann einen Teil meiner Freunde zurück, lauter edelmütige Menschen, die glaubten, mich bemitleiden zu müssen, seit ich in Ungnade gefallen und zum Gespött der Leute geworden war. Mochten sie denken, was sie wollten. Ich beklagte mich nicht, denn es ist besser, verlacht als von allen gehaßt zu werden. Claudia brachte natürlich nach Weiberart kein Verständnis für meine vernünftige Einstellung auf, sondern flehte mich weinend an, um meines Sohnes willen auf einen besseren Ruf bedacht zu sein. Ich übte mich in Geduld.

Und Geduld war in der Tat vonnöten. In ihrem wahnwitzigen Mutterstolz wollte Claudia sowohl Antonia als auch Rubria, die Älteste der Vestalinnen, zu Deinem Namensfest einladen, damit ich Dich in ihrem Beisein auf meine Knie setzte. Die alte Paulina war bei dem Brand umgekommen und konnte nicht mehr als Zeugin dienen. Claudia aber hatte mittlerweile erkannt, was es bedeutete, daß das Archiv der Vesta zerstört worden war.

Sie versicherte mir, es werde alles so heimlich wie möglich vor sich gehen, forderte aber die Anwesenheit einiger zuverlässiger Christen und beteuerte immer wieder, die Christen hätten besser als alle anderen zu schweigen gelernt. Ich für mein Teil war der Meinung, daß es keine übleren Streithammel und Verräter gab. Und Antonia und Rubria waren Frauen. Sie einweihen, das war in meinen Augen dasselbe wie auf das Dach unseres Hauses steigen und die Geburt meines Sohnes über die ganze Stadt hinausrufen.

Claudia bestand jedoch trotz meinen bösen Ahnungen auf ihren Forderungen, und zuletzt geschah alles nach ihrem Willen. An sich war es freilich eine große Ehre, daß Antonia, die gesetzliche Tochter des Claudius, Claudia als ihre Halbschwester anerkannte und sogar Dich auf ihre Knie setzte und Dir zur Erinnerung an sich selbst und Deinen großen Ahnen Marcus Antonius den Namen Antonianus gab. Der Schrecken fuhr mir jedoch in alle Glieder, als sie Dich in ihrem Testament zu bedenken versprach.

»Sprich nicht von deinem Testament!« rief ich, um sie abzulenken. »Du bist viele Jahre jünger als Claudia und eine Frau in ihrer schönsten Blüte. Wir beide sind ja etwa gleichaltrig, aber Claudia ist fünf Jahre älter als ich und schon vierzig. Ich für mein Teil mag noch lange nicht an mein Testament denken.«

Diese Bemerkung war nicht nach Claudias Geschmack, aber Antonia richtete ihre schlanke Gestalt auf, warf mir einen Blick aus verschleierten Augen zu und sagte: »Ich glaube, ich sehe für mein Alter noch sehr gut aus. Deine Claudia dagegen wirkt — wie soll ich sagen? — ein wenig verbraucht. Manchmal sehne ich mich nach der Gesellschaft eines lebensfrohen Mannes. Ich fühle mich einsam nach meinen Ehen, die beide durch Mord beendet wurden, denn die Leute fürchten Nero und gehen mir aus dem Wege. Wenn sie nur wüßten!«

Ich merkte ihr deutlich an, daß sie darauf brannte, etwas zu erzählen. Auch Claudia wurde neugierig. Nur die alte Rubria lächelte ihr allwissendes Vestalinnenlächeln. Wir brauchten Antonia nicht lang zu bitten, und schon gestand sie uns mit erheuchelter Bescheidenheit, Nero habe sie mehrere Male mit großer Eindringlichkeit gebeten, seine Gemahlin zu werden.

»Dazu konnte ich mich natürlich nicht bereit erklären«, sagte sie. »Ich antwortete ihm offen, daß ich mich noch zu gut meines Halbbruders Britannicus und meiner Halbschwester Octavia erinnerte. Von seiner Mutter Agrippina schwieg ich aus Feingefühl, obwohl sie als Nichte meines Vaters meine leibliche Base war, und natürlich auch deine, liebe Claudia.«

Bei der Erinnerung an Agrippinas Tod bekam ich einen solchen Hustenanfall, daß Claudia mir auf den Rücken klopfen und mich ermahnen mußte, meinen Becher nicht so hastig zu leeren. Immer noch hustend, fragte ich Antonia, was Nero als Grund für seine Werbung angeführt habe. Sie schlug ihre blaugefärbten Wimpern nieder und erwiderte: »Nero versicherte und schwor mir, daß er mich schon seit langem heimlich liebt. Nur deshalb hat er solchen Groll gegen meinen verstorbenen Gatten Faustus Sulla gehegt. Seiner Ansicht nach war Sulla ein viel zu träger und zu wenig unternehmungsfreudiger Mann für eine Frau wie mich. Das läßt sein Verhalten Sulla gegenüber verzeihlich erscheinen, obwohl er in der Öffentlichkeit nur politische Gründe dafür anführte, daß er den Ärmsten in unserem bescheidenen Heim in Massilia ermorden ließ. Unter uns kann ich übrigens ruhig zugeben, daß mein Gatte wirklich heimliche Beziehungen zu den Befehlshabern der Legionen in Germanien unterhielt.«

Nachdem sie mit diesen Worten bewiesen hatte, daß sie uns, ihren Verwandten, volles Vertrauen schenkte, fuhr sie fort: »Ich bin Frau genug, um von Neros offenherzigem Geständnis gerührt zu sein. Schade, daß er so unzuverlässig ist und daß ich ihn so bitter hasse. Er kann sehr liebenswert sein, wenn er will. Ich blieb jedoch standhaft und wies ihn auf den Altersunterschied zwischen uns hin, der freilich kaum größer ist als der zwischen Claudia und dir. Ich habe aber von Kind auf in Nero nie etwas anderes gesehen als einen boshaften Schlingel, und natürlich ist die Erinnerung an Britannicus ein unüberwindliches Hindernis. Was er Octavia antat, kann ich ihm eher verzeihen. Octavia war selbst schuld. Sie hätte ihn nicht mit diesem Anicetus betrügen dürfen.«

Ich sagte ihr nicht, was für ein geschickter Schauspieler Nero sein konnte, wenn es seinem Vorteil galt. Es hätte seine Stellung dem Senat und dem Volk gegenüber zweifellos gefestigt, wenn er durch Antonia ein drittes Mal in ein verwandtschaftliches Verhältnis zu den Claudiern getreten wäre.

Der Gedanke daran bedrückte mich. Durch den Wein zärtlich gestimmt, dachte ich an Dich und Deine Zukunft und wünschte mir in meinem Herzen, Du mögest Dich nie vor anderen wegen der Herkunft Deines Vaters schämen müssen. Auf heimlichen Wegen waren nämlich, zusammen mit anderen notwendigen Dokumenten, auch die Briefe in meine Hände gelangt, die mein Vater einst, vor meiner Geburt, in Jerusalem und Galiläa an Tullia geschrieben, aber nie abgeschickt hatte.

Aus ihnen ging hervor, daß er sich, durch seine unglückliche

Liebe, eine Testamentsfälschung und Tullias Treulosigkeit um die klare Vernunft gebracht, so weit erniedrigt hatte, alles zu glauben, was die Juden ihm einredeten. Am härtesten aber traf es mich, daß die Briefe die Vergangenheit meiner Mutter Myrina enthüllten. Sie war nichts anderes gewesen als eine ganz gewöhnliche Tänzerin und Akrobatin, die mein Vater freigekauft hatte. Über ihre Herkunft war nur bekannt, daß sie von Inselgriechen abstammte.

Daher waren ihre Statue vor dem Rathaus in Myrina in Asia und alle Urkunden, die mein Vater über ihre Geburt in Antiochia beschafft hatte, nichts als Schwindel, dazu bestimmt, mir meine Zukunft zu sichern. Die Briefe ließen mich sogar daran zweifeln, daß ich in rechtsgültiger Ehe geboren worden war. Hatte sich mein Vater nicht vielleicht auch diese Urkunden erst später, nach dem Tod meiner Mutter, beschafft, indem er die Behörden in Damaskus bestach? Dank Jucundus wußte ich selbst nur zu gut, wie leicht sich dergleichen einrichten läßt, wenn man Geld und Einfluß hat.

Claudia gegenüber hatte ich über die Briefe meines Vaters und die anderen Dokumente nicht ein Wort erwähnt. Es befanden sich darunter, neben in finanzieller Hinsicht sehr wertvollen Unterlagen, einige aramäische Aufzeichnungen von der Hand eines jüdischen Zöllners, der zu den Bekannten meines Vaters gehört hatte. Sie betrafen das Leben jenes Jesus von Nazareth, und ich hielt mich nicht für befugt, sie zu vernichten, sondern mauerte sie eigenhändig zusammen mit den Briefen in meinem heimlichsten Versteck ein, in dem ich gewisse Schriften verwahre, die das Licht des Tages scheuen.

Ich versuchte meine Niedergeschlagenheit zu überwinden und hob meinen Becher zu Ehren Antonias, die Neros Annäherung mit soviel Feingefühl zurückgewiesen hatte. Sie gestand uns zuletzt, daß sie ihn ein- oder zweimal geküßt hatte, ganz schwesterlich nur und um ihn zu besänftigen.

Davon, daß sie Dich in ihrem Testament bedenken wollen, sagte Antonia zum Glück nichts mehr, und wir setzten Dich der Reihe nach aufs Knie, obwohl Du zappeltest und schriest. Dann erhieltst Du die Namen Clemens Claudius Antonianus Manilianus, und das war genug erbliche Belastung für ein so kleines Kind. Ich nahm daher Abstand davon, Dich auch noch nach meinem Vater

Marcus zu nennen, was meine Absicht gewesen war, ehe Antonia mit ihrem Vorschlag kam.

Als Antonia sich zu später Stunde in ihrer Sänfte nach Hause begab, verabschiedete sie sich von mir mit einem schwesterlichen Kuß, denn wir waren ja zwar heimlich, aber doch vor dem Gesetz miteinander verwandt. Sie bat mich auch, sie in Zukunft, wenn wir unter vier Augen zusammentrafen, Schwägerin zu nennen. Ich erwiderte ihren Kuß und tat es gern. Ich war ein wenig berauscht.

Sie beklagte sich noch einmal über ihre Einsamkeit und sagte, sie hoffe, ich würde sie nun, da wir miteinander verwandt seien, einmal besuchen. Claudia brauchte ich nicht unbedingt mitzubringen. Sie habe mit dem Kind und dem großen Haus genug zu tun und fühle gewiß schon die Last der Jahre. Ich kann nicht leugnen, daß Antonias Aufmerksamkeit mir schmeichelte, war sie doch der Abstammung nach die vornehmste Dame Roms.

Bevor ich jedoch schildere, welchen Verlauf unsere Freundschaft nahm, muß ich auf die Angelegenheiten Roms zurückkommen.

In seiner Geldnot wurde Nero des Jammerns der Provinzen und der bitteren Klagen der Handelsleute über die Umsatzsteuern bald überdrüssig. Er beschloß daher, seine Schwierigkeiten so zu lösen wie Alexander einst den Gordischen Knoten. Ich weiß nicht, wer ihm den Plan vorlegte, denn in die Geheimnisse des Tempels der Juno Moneta bin ich nicht eingeweiht, aber wer es auch gewesen sein mag: der Mann hätte es mehr als die Christen verdient, als ein Feind der Menschheit und des Reiches den wilden Tieren vorgeworfen zu werden.

Nero borgte in aller Stille von den Göttern Roms alle Weihgeschenke aus Gold und Silber, das heißt, er setzte Jupiter Capitolinus in aller Form als Darlehensnehmer ein und borgte seinerseits von Jupiter. Dagegen war juristisch nichts einzuwenden, obwohl es die Götter gewiß nicht billigten. Nero hatte nach dem Brand alles geschmolzene Metall für sich sammeln lassen, das nun natürlich nicht mehr aus vollgewichtigem Gold oder Silber bestand, sondern in unterschiedlichem Grade mit Bronze vermischt war. Nun ließ er alles zusammenschmelzen und im Tempel der Juno Moneta Tag und Nacht neue Gold- und Silbermünzen schlagen, die um ein Fünftel weniger Gold oder Silber enthielten als vorher. Diese Münzen waren sowohl leichter als auch, durch die Kupferbeimischung, dunkler als die früheren.

All das ging, unter dem Vorwand, daß die Angelegenheiten der Juno Moneta nie öffentlich gewesen seien, in der größten Heimlichkeit und unter strenger Bewachung vor sich, aber den Bankiers kamen doch zumindest Gerüchte zu Ohren. Ich selbst wurde aufmerksam, als die Münzen plötzlich knapp wurden und man mir ständig Zahlungsanweisungen aufnötigte oder bei größeren Käufen um einen Monat Zahlungsaufschub bat.

Dennoch glaubte ich zunächst den Gerüchten nicht, da ich mich als Freund Neros betrachtete und nicht fassen konnte, daß er — sowenig ein Künstler auch von den Geschäften versteht — sich des entsetzlichen Verbrechens der Münzfälschung schuldig machen sollte, eines Verbrechens, für das schon so mancher einfache Mann, der sich die eine oder andere Münze für den eigenen Gebrauch hergestellt hatte, ans Kreuz geschlagen worden war. Ich folgte jedoch dem Beispiel der anderen und hielt mein Bargeld zurück.

Das Geschäftsleben geriet nach und nach völlig durcheinander, und die Preise stiegen von Tag zu Tag, bevor noch Nero seine gefälschten Münzen in Umlauf brachte und eine Verordnung erließ, derzufolge innerhalb einer bestimmten Frist alle alten Münzen gegen die neuen eingetauscht werden mußten. Danach sollte jeder, bei dem man noch alte, gute Münzen fand, als Staatsfeind behandelt werden. Nur Zölle und Steuern durften noch mit den alten Münzen erlegt werden.

Zu Roms Schande muß ich gestehen, daß der Senat diese Verordnung mit einer beträchtlichen Stimmenmehrheit guthieß. Sie wurde also rechtskräftig, und man kann daher für dieses Verbrechen, das aller Anständigkeit und allem guten Handelsbrauch Hohn spricht, nicht Neros Willkür und Kurzsichtigkeit allein verantwortlich machen.

Die Senatoren, die für Nero stimmten, rechtfertigten sich scheinheilig damit, daß der Wiederaufbau Roms einschneidende Maßnahmen erfordere. Außerdem wurde behauptet, daß durch den Geldumtausch die Reichen größere Nachteile erlitten als die Armen, weil die Reichen mehr Bargeld besäßen und Nero es nicht der Mühe wert fand, Kupferscherflein zu fälschen. Das war dummes Geschwätz. Das Vermögen eines Senators besteht, wie es das Gesetz vorschreibt, größtenteils aus Grundbesitz, wenngleich der eine oder andere durch seine Freigelassenen Handel treibt, und selbstverständlich hatte jeder der abstimmenden Senatoren seine guten Gold- und Silbermünzen, sofern er welche besaß, vorsorglich in Sicherheit gebracht.

Der einfachste Landmann war schlau genug, seine Ersparnisse in einen Tonkrug zu stecken und in die Erde zu vergraben. Alles in allem wurde höchstens ein Viertel aller in Umlauf befindlichen Münzen gegen die neuen ausgetauscht, und zweifellos machte es sich nun auch bemerkbar, daß so viele der zuverlässigen römischen Münzen in die Länder der Barbaren und sogar bis nach Indien und China geflossen waren.

Neros unerhörtes Verbrechen brachte so manchen zur Besinnung, der ihm aus politischen Gründen sogar den Muttermord verziehen hatte. Angehörige des Ritterstandes, die irgendwelche Geschäfte betrieben, und die wohlhabenden Freigelassenen, die den Handel beherrschten, hatten nun Anlaß genug, ihre politische Einstellung zu überprüfen, denn das neue Geld brachte das gesamte Wirtschaftsleben in Verwirrung. Sogar erfahrene Geschäftsleute erlitten durch die Terminkäufe empfindliche Verluste.

Nur diejenigen, die leichtsinnig in den Tag hinein lebten, die bis über die Ohren verschuldet waren, freuten sich über den Einfall und bewunderten Nero mehr denn je, da sie nun ihre Schulden mit Geld zurückzahlen konnten, das um ein Fünftel weniger wert war. Das Zithergeklimper und die Spottverse der Langhaarigen vor den Häusern der Reichen und den Wechseltischen auf dem Forum wurden sogar mir zu viel. Alle Schöngeister waren nach diesem Streich fester denn je davon überzeugt, daß Nero nichts unmöglich war. Sie bildeten sich ein, er begünstige die Armen auf Kosten der Reichen und mache mit dem Senat, was er wolle. Und unter diesen haltlosen Jünglingen befanden sich sogar Senatorensöhne!

Es war in dem Maße allgemein üblich, die alten Münzen zu verstecken, daß niemand darin ein Verbrechen sah, und es half auch nichts, daß man ein paar arme Markthändler und Bauersleute festnahm und zur Zwangsarbeit verurteilte. Nero mußte seine milden Gesetze widerrufen und den Übeltätern wieder die Todesstrafe androhen. Dennoch wurde niemand hingerichtet, denn im Grunde sah Nero sehr wohl ein, daß er selbst der Verbrecher war und nicht der Arme, der seine wenigen vollgewichtigen Silbermünzen, die Ersparnis vieler Jahre, für sich behalten wollte.

Ich selbst fand mich rasch in die neuen Verhältnisse und ließ einen meiner Freigelassenen eine Bank gründen und einen Wechseltisch auf dem Forum aufstellen. Der Geldumtausch nahm ja trotz allem solche Ausmaße an, daß sich der Staat genötigt sah, sich an die Bankiers zu wenden, um ihn abzuwickeln, und die Bankiers erhielten ein Entgelt für ihre Mühe, wenn sie die alten Münzen der Staatskasse ablieferten.

Niemand wunderte sich daher, als ein Freigelassener, um es mit den altangesehenen Bankiers aufnehmen zu können, die in der ersten Verwirrung nicht gleich wußten, woran sie waren, beim Wechsel alter Münzen gegen neue eine Vergütung von bis zu fünf vom Hundert gewährte. Seinen Kunden erklärte er, er tue dies, um seinem Unternehmen Ansehen zu verschaffen und den Unbemittelten zu helfen.

Schuhmacher, Kupferschmiede und Steinmetzen stellten sich daher vor seinem Tisch an, während ihm die alten Bankiers von ihren unbesuchten Plätzen aus finster zusahen. Dank meinem Freigelassenen brachte ich innerhalb einiger Wochen meine eigenen Wechselverluste wieder herein, obwohl er gezwungen war, dem Priesterkollegium der Juno Moneta einen gewissen Betrag zu erlegen, weil man ihn verdächtigte, er habe nicht alle vollwertigen Münzen abgeliefert, die er eingenommen hatte.

In jenen Tagen ging ich oft heimlich in mein Zimmer, versperrte die Tür hinter mir und trank aus Fortunas Becher, weil ich wohl wußte, daß ich nun die Gunst der Göttin brauchte. Gerührt verzieh ich meiner Mutter in meinem Herzen ihre niedrige Geburt, hatte ich doch durch sie immerhin zur Hälfte griechisches Blut in meinen Adern, das mir Glück und Erfolg in geschäftlichen Dingen brachte. Man behauptet ja, ein Grieche könne sogar einen Juden übers Ohr hauen, was ich allerdings noch bezweifeln möchte.

Durch meinen Vater bin ich jedoch echter Römer und stamme von etruskischen Königen ab, was in Caere nachgewiesen werden kann. Deshalb bin ich für unbedingte Ehrlichkeit in den Geschäften. Die Wechslertätigkeit meines Freigelassenen und meine frühere zweifache Buchführung im Tiergarten schadeten nur der Staatskasse und waren daher nichts anderes als die Selbstverteidigung eines ehrlichen Mannes gegen tyrannische Steuern. Ohne solche kleine Kniffe wäre ja ein gesundes Wirtschaftsleben überhaupt nicht denkbar.

Ich habe dagegen meinen Freigelassenen nie erlaubt, etwa Kreide unter das Weizenmehl oder gewisse Erdöle unter das Speiseöl zu mischen — Betrügereien, durch die sich schon so mancher unverschämte Emporkömmling ein Vermögen gemacht hat. Man kann für so etwas übrigens gekreuzigt werden! Ich sprach einmal mit Fenius Rufus darüber, als er noch Aufseher über die staatlichen Getreidelager und Mühlen war, selbstverständlich ohne Namen zu nennen. Er warnte mich und sagte mir, daß niemand in seiner Stellung im Falle einer Mehlverfälschung Nachsicht üben dürfe, wer auch immer der Schuldige sei. Man dürfe bestenfalls einmal eine auf See beschädigte Ladung aus den staatlichen Vorräten ersetzen, um einem Freund in der Not zu helfen, aber das sei auch schon alles. Zuletzt gestand er mir seufzend, daß er trotz seinem hohen Amte im Grunde eher arm bleiben mußte.

Von Fenius Rufus gehen meine Gedanken zu Tigellinus. Man hatte vor Nero schlecht über Tigellinus zu sprechen begonnen und flüsterte dem Kaiser warnend ins Ohr, er setzte, indem er mit ihm Umgang pflegte, seinen Ruf aufs Spiel. Allzu rasch sei Tigellinus nach seiner Ernennung zum Präfekten reich geworden, und die vielen unüberlegten Geschenke Neros genügten nicht als Erklärung, obgleich dieser die Gewohnheit hatte, seine Freunde so reich zu machen, daß sie in den Ämtern, in die er sie einsetzte, nicht der Versuchung erlagen, Bestechungsgelder anzunehmen. Wie weit es mit der Freundschaft wirklich her war, weiß man trotz allem nicht. Ich möchte behaupten, daß ein Gewaltherrscher gar keine echten Freunde haben kann.

Die schlimmste Anklage gegen Tigellinus war in Neros Augen die, daß er in jungen Jahren Agrippinas heimlicher Liebhaber gewesen und deshalb aus Rom verbannt und zu einem armseligen und gefährlichen Dasein verurteilt worden sei. Als Agrippina die Gemahlin des Claudius wurde, richtete sie es so ein, daß Tigellinus zurückkehren konnte und zugleich mit ihm auch Seneca, der seinerseits ein zweifelhaftes Verhältnis mit Agrippinas Schwester gehabt hatte. Ich glaube zwar nicht, daß Tigellinus und Agrippina ihre frühere Beziehung wieder aufnahmen — jedenfalls nicht, solange Claudius lebte —, aber eine gewisse Schwäche hatte er immer für sie gehabt, obwohl er dann ihre Ermordung aus politischen Gründen nicht verhindern konnte.

Wie dem auch sei: Nero hatte Ursache genug, den erfahrenen Fenius Rufus wieder neben Tigellinus zum zweiten Prätorianerpräfekten zu ernennen. Er behandelte die ausländischen Prozesse, und Tigellinus kümmerte sich um die militärischen Angelegenheiten. Tigellinus war begreiflicherweise erbittert, denn nun versiegten seine besten Einnahmequellen. Ich weiß aus eigener Erfahrung, daß ein Mensch noch so reich sein kann: er wird darum immer noch darauf bedacht sein, sein Vermögen zu vermehren. Das ist nicht tadelnswerte Habgier, sondern ein Streben, das gleichsam in der Natur des Reichtums begründet und stärker als der Mensch ist.

Aufgrund der verworrenen wirtschaftlichen Lage stiegen die Preise unaufhaltsam weiter, und schließlich machte die Steigerung mehr aus als das Fünftel, um das Nero den Münzwert gesenkt hatte. Nero erließ zahllose Verordnungen, um die Preise zu halten und die Wucherer zu bestrafen, aber die Folge davon war nur, daß die Waren verschwanden. In den Hallen und auf dem Markt konnten die Leute bald weder Fleisch noch Linsen oder Grün- und Wurzelgemüse kaufen, sondern mußten weite Wege aufs Land hinaus wandern oder sich an die Händler halten, die in der Morgendämmerung mit ihren Körben von Haus zu Haus schlichen und den Ädilen trotzten, indem sie zu Überpreisen verkauften.

Ein wirklicher Mangel herrschte bei alledem nicht. Es verhielt sich eben nur so, daß niemand seine Ware zu einem unnatürlichen Zwangspreis hergeben wollte, sondern lieber faulenzte oder seine Vorräte einschloß. Wenn man beispielsweise neue Festsandalen, eine gute Tunika oder auch nur eine Spange brauchte, mußte man zunächst einmal bitten und betteln, bis der Händler endlich die begehrte Ware unter dem Ladentisch hervorholte, und dann auch noch gegen das Gesetz verstoßen, indem man den richtigen Preis dafür zahlte.

Aus all diesen Gründen breitete sich die Verschwörung des Piso aus wie ein Lauffeuer, als bekannt wurde, daß einige entschlossene Männer, zumeist Angehörige des Ritterstandes, bereit waren, die Macht zu ergreifen und Nero zu stürzen, sobald sie sich einig waren, wie die Macht aufzuteilen sei und wer an die Stelle des Kaisers treten solle. Die Wirtschaftskrise bewirkte, daß man in der Verschwörung Roms einzige Rettung erblickte und um jeden Preis daran teilnehmen wollte. Sogar Neros engste Freunde hielten es für vorteilhaft, sie zu unterstützen. Man nahm selbstverständlich an, daß die Verschwörung glücken werde, denn nicht nur in Rom, sondern auch in den Provinzen herrschte allgemeine Unzufriedenheit, und es fehlte wahrhaftig nicht an Geld, um sich die Mitwirkung der Prätorianer zu sichern, wenn es einmal so weit war.

Fenius Rufus, der neben seinem Präfektenamt noch immer die Getreidevorräte verwaltete, weil man bis dahin keinen ehrlichen Mann gefunden hatte, schloß sich ohne Zögern der Verschwörung an. Er erlitt aufgrund der gewaltsam niedergehaltenen Getreidepreise ungeheure Verluste und war binnen kurzer Zeit verschuldet. Nero wollte nicht begreifen, daß die Staatskasse den Unterschied zwischen dem wirklichen Preis und dem Zwangspreis hätte ausgleichen müssen. Die Großgrundbesitzer in Ägypten und Afrika waren jedenfalls nicht bereit, ihr Getreide zum Zwangspreis zu verkaufen, sondern lagerten es lieber und ließen schlimmstenfalls die Felder brachliegen.

Außer Rufus schlossen sich von den Prätorianern sowohl Kriegstribunen als auch Zenturionen ganz offen der Verschwörung an. Die Prätorianer selbst waren verbittert, weil man ihnen ihren Sold mit den neuen Münzen und ohne eine entsprechende Erhöhung auszahlte. Die Verschwörer fühlten sich ihrer Sache so sicher, daß sie ihr Unternehmen, von einigen strategisch wichtigen italischen Städten abgesehen, ganz auf Rom beschränken wollten und jede Hilfe aus den Provinzen zurückwiesen, wodurch sie mächtige und einflußreiche Persönlichkeiten vor den Kopf stießen.

Meiner Ansicht nach war ihr größter Fehler der, daß sie glaubten, ohne Hilfe der Legionen auszukommen, obwohl zumindest die am Rhein und in Britannien stehenden ihnen sofort beigesprungen wären. Corbulo im Osten würde sich vermutlich nicht beteiligt haben, denn er war nur Feldherr und wollte dem gesetzlichen Herrscher des Reiches gehorchen. Er hatte nichts als seinen parthischen Krieg im Kopf, und im übrigen mangelte es ihm an politischem Ehrgeiz. Ich glaube, er war einer der wenigen, die nicht einmal gerüchtweise von dem Plan hörten.

Seit ich meine eigenen Angelegenheiten geordnet hatte, dachte ich wohl kaum noch an die Not des Volkes. Ich war nun fünfunddreißig Jahre alt. In diesem Alter ist ein Mann reif für eine wirkliche Leidenschaft und sehnt sich nach einer ebenbürtigen, erfahrenen Frau. Man hat genug mit unreifen Mädchen gespielt und kann in ihnen bestenfalls noch einen gelegentlichen Zeitvertreib sehen.

Es fällt mir noch immer schwer, offen über das zu sprechen,

was nun folgte. Ich begann Antonia zu besuchen, in aller Heimlichkeit, wie man sich denken kann, und ging immer öfter zu ihr. Wir hatten einander so erstaunlich viel zu sagen, daß ich bisweilen ihr schönes Lusthaus auf dem Palatin erst in der Morgendämmerung verlassen konnte. Sie war eine Tochter des Claudius und hatte somit ihren Anteil an des Marcus Antonius verderbtem Blut. Zudem war sie mütterlicherseits eine Aelierin. Ihre Mutter war eine Adoptivschwester des Sejanus. Das dürfte dem Wissenden als Erklärung genügen.

Wenn Du, Julius, mich nun daran erinnern willst, daß auch Deine Mutter Claudia eine Tochter des Claudius ist, so muß ich dazu sagen, daß sie sich nach Deiner Geburt und auch schon nach ihrem früheren mühevollen Leben merklich beruhigt hatte und einem Manne keine rechte Gefährtin mehr war. Ich litt in diesen Dingen einen Mangel, der mich krank machte, bis die heiße Freundschaft mit Antonia mich heilte.

An einem Frühlingsmorgen hörte ich aus Antonias Mund zum erstenmal von der Verschwörung des Piso. Es dämmerte, die Vögel hatten eben zu singen begonnen, die Blumen dufteten in Antonias Garten, in dem man neue Büsche und Bäume gepflanzt hatte, um die Spuren des großen Brandes auszutilgen. Müde von all der Freude und Freundschaft stand ich mit Antonia Hand in Hand gegen eine der schlanken korinthischen Säulen ihres Lusthauses gelehnt, ohne mich von ihr trennen zu können, obwohl wir schon vor Stunden begonnen hatten Abschied zu nehmen.

»Minutus, Liebster . . .«, sagte sie. Ich handle vielleicht nicht recht, indem ich ihr Geständnis wortgetreu wiedergebe, doch ich habe, als ich von Sabina sprach, mit aller Aufrichtigkeit Dinge beschrieben, die einen Unwissenden dazu verleiten könnten, an meiner Mannheit zu zweifeln. »Ach Liebster«, sagte sie also. »Noch kein Mann ist so gut und zärtlich zu mir gewesen und hat mich so liebevoll in seine Arme genommen wie du. Deshalb weiß ich nun, daß ich dich liebe, ewiglich und für alle Zeiten. Ich möchte, daß wir uns noch nach dem Tode als Schatten in den elysischen Gefilden treffen.«

»Warum sprichst du von Elysium?« fragte ich und dehnte die Brust. »Wir sind glücklich, jetzt und hier. Auch ich bin glücklicher als je zuvor. Denken wir nicht an Charon. Wenn ich einmal sterbe, will ich gern ein Goldstück in den Mund nehmen, um ihm ein Fährgeld zu zahlen, das deiner würdig ist.«

Sie streichelte mit ihren schmalen Fingern meine Hand und sagte: »Minutus, es gibt etwas, was ich dir nicht mehr verbergen kann und nicht verbergen will. Ich weiß nicht, wer dem Tode nähersteht, du oder ich. Neros Zeit läuft ab. Ich möchte nicht, daß du mit ihm zugrunde gehst.«

Ich blickte sie in stummer Verwunderung an, und sie berichtete mir flüsternd alles, was sie über die Verschwörung und deren Führer wußte. Sie gestand mir, daß sie versprochen hatte, sie werde, wenn die Stunde gekommen und Nero tot sei, dem neuen Herrscher ins Lager der Prätorianer folgen und dort für ihn sprechen, obgleich freilich ein Geldgeschenk besser imstande sei, die Veteranen zu überzeugen.

»Im Grunde fürchte ich nicht für mein Leben, sondern für das deine, mein Geliebter«, versicherte Antonia. »Du bist als Freund Neros bekannt und hast es auch sonst nicht verstanden, dir die richtigen Verbindungen zu schaffen. Das Volk wird Blut fordern, sobald Nero tot ist, und auch die allgemeine Sicherheit verlangt, daß Blut vergossen wird, um Gesetz und Ordnung zu bekräftigen. Ich möchte nicht, daß du den Kopf verlierst oder daß dich, den heimlichen Anweisungen gehorchend, die wir ausgeben müssen, bevor wir uns ins Lager der Prätorianer begeben, ein Volkshaufe auf dem Forum zu Tode trampelt.«

Mir schwindelte, und ich fühlte meine Knie schwach werden. Als ich sie noch immer stumm anstarrte, wurde Antonia ungeduldig, stampfte mit ihrem schönen Fuß auf den Boden und sagte: »Begreifst du denn nicht, wie die Dinge stehen? Die Verschwörung hat so weite Kreise gezogen und die allgemeine Unzufriedenheit ist so groß, daß der Plan nun jeden Tag ins Werk gesetzt werden kann. Wer noch einen Rest Vernunft besitzt, schließt sich uns an, um seine Haut zu retten. Man tut nicht nur so, als überlegte man, wo und wann man Nero am besten ermorden könnte. Es kann nun jeden Tag wirklich geschehen. Einige seiner engsten Freunde haben sich zu uns geschlagen und den Eid geschworen, und von deinen eigenen Freunden will ich nur Senecio, Petronius und Lucanus nennen. Die Flotte in Misenum ist auf unserer Seite. Epicharis, die du zumindest dem Namen nach kennst, hat Volucius Proculus verführt, wie einst Octavia Anicetus zu verführen versuchte.«

»Ich kenne Proculus«, sagte ich kurz.

»Ja, gewiß«, sagte Antonia mit plötzlicher Einsicht. »Er gehörte zu den Mördern meiner Stiefmutter, aber sei ohne Sorge, mein Lieber. Ich habe Agrippina nicht geliebt und nur aus Gründen der Schicklichkeit nicht an den Dankopfern nach ihrem Tode teilgenommen. Denk nicht mehr an diese alte Geschichte. Schließe dich so rasch wie möglich unserer Verschwörung an und rette dein Leben. Wenn du noch lange zauderst, kann dir auch meine Fürsprache nicht mehr helfen.«

Mein erster vernünftiger Gedanke war, offen gestanden, unverzüglich zu Nero zu laufen und ihm alles zu berichten. Ich wäre zeit meines Lebens seiner Gunst sicher gewesen. Antonia war erfahren genug, um mir vom Gesicht abzulesen, was ich dachte. Sie strich mir mit den Fingern über die Lippen, ließ ihr Gewand über ihren schönen Busen niedergleiten und fragte mich mit zur Seite geneigtem Kopf: »Du wirst mich doch nicht enttäuschen, Minutus? Nein, das ist unmöglich. Wir lieben uns und sind füreinander geboren. Du hast es selbst im Rausch des Augenblicks so oft gesagt.«

»Nein, nein, gewiß nicht. Wie kannst du so etwas denken?« sagte ich rasch. Sie lachte und zuckte ihre nackten Schultern.

»Glaube nicht, daß ich die Sache nicht gründlich durchdacht hätte«, fuhr sie fort. »Das Wichtigste für mich wie für die anderen Verschwörer ist an und für sich nicht Neros Tod, sondern die Frage, wer nach ihm die Macht übernehmen soll. Darüber verhandeln die Verschwörer Nacht für Nacht, und jeder hat seine eigenen Ansichten.«

»Gajus Piso«, sagte ich mißbilligend. »Ich verstehe nicht recht, warum gerade er der große Name sein soll. Er ist zwar Senator und ein Calpurnius und sieht gut aus, aber deshalb weiß ich noch immer nicht, liebe Antonia, was du so Großes in ihm siehst, daß du das Leben für ihn wagen und ihm ins Lager der Prätorianer folgen willst.«

Um ehrlich zu sein: mich quälte die Eifersucht. Ich kannte Antonia und wußte, daß sie nicht so unnahbar war, wie man aufgrund ihrer Haltung und ihres hochfahrenden Wesens hätte meinen mögen. Erfahrener als ich war sie ohne Zweifel, obwohl ich mir eingebildet hatte, einiges gelernt zu haben. Ich beobachtete daher ängstlich ihr Mienenspiel. Es schien ihr zu gefallen, daß ich eifersüchtig war. Sie lachte auf, gab mir einen leichten Backenstreich und sagte: »Pfui, Minutus! Was unterstehst du dich, von mir zu denken! Ich würde nie im Leben um meines Volkes willen zu einem Kerl wie Piso ins Bett kriechen. So weit solltest du mich kennen! Ich wähle selbst, wen ich lieben will, und habe es nie anders gehalten. Außerdem setzte ich nicht auf Piso. Er ist nichts weiter als eine Art Strohmann und ahnt in seiner Einfalt nicht, daß die anderen bereits hinter seinem Rücken intrigieren. Tatsächlich fragt man sich, was es dem Reiche nützen sollte, einen Zitherspieler gegen einen Komödianten auszutauschen. Piso ist öffentlich im Theater aufgetreten und hat damit wie Nero seinem Ansehen geschadet. Es gibt Männer, die die Republik wiedereinführen und alle Macht dem Senat geben wollen. Ich sage das nur, um dir zu zeigen, daß die Verschwörer die verschiedensten Ziele verfolgen und daß daher die Ermordung Neros noch aufgeschoben werden muß. Ich habe es abgelehnt, zugunsten des Senats zu den Prätorianern zu gehen. Das würde mir als Kaisertochter schlecht anstehen.«

Sie betrachtete mich nachdenklich, las meine Gedanken und sagte: »Ich weiß, was dir durch den Sinn geht, aber glaube mir, es wäre zu früh, an deinen Sohn Claudius Antonianus zu denken. Er ist noch ein Wickelkind, und Claudias Ruf ist so zweifelhaft, daß man von ihm erst sprechen darf, wenn er die Toga trägt und Claudia tot ist. Es wird dann auch leichter für mich sein, ihn als meinen Neffen anzuerkennen. Wenn du es aber verstehst, dir einen Platz in der Verschwörung des Piso zu verschaffen, nützest du nicht nur dir selbst, sondern kannst auch Claudius Antonianus den Weg bereiten. Wie du siehst, habe ich nur an dich gedacht. Vorerst aber tun wir gut daran, Claudia leben und den Knaben erziehen zu lassen. Es wäre gar zu auffällig, wenn ich ihn gleich nach Neros Tod adoptierte oder auf sonst eine Weise zu meinem Sohne machte.«

Zum erstenmal deutete Antonia offen an, daß sie trotz meinem schlechten Ruf und meiner niedrigen Geburt bereit war, sich mit mir zu vermählen. An eine solche Ehre hatte ich selbst in den Augenblicken der größten Vertrautheit nicht zu denken gewagt. Ich fühlte, wie ich errötete, und wußte darauf noch weniger zu sagen als auf ihren Bericht von der Verschwörung des Piso. Antonia lächelte mich an, erhob sich auf Zehenspitzen und küßte mich leichtfertig auf den Mund, wobei sich ihr seidenweiches Haar an meinen Hals schmiegte.

»Ich habe dir gesagt, daß ich dich liebe, Minutus«, flüsterte sie mir heiß ins Ohr. »Und am meisten liebe ich dich darum, daß du so bescheiden bist und deinen eigenen Wert nicht begreifst. Du bist ein Mann, ein herrlicher Mann, und vor allem ein Mann, den eine kluge Frau auf ein hohes Ziel lenken kann.«

Das erschien mir recht zweideutig und nicht ganz so schmeichelhaft für mich, wie Antonia vielleicht glaubte. Aber recht hatte sie. Sowohl Sabina als auch Claudia hatten mich so behandelt, daß ich mich um des Friedens willen in mein Schicksal fügte und tat, was sie von mir verlangten. Und doch war Antonia ganz anders zu mir. Ich weiß nicht, wie es kam, aber plötzlich gingen wir ins Haus zurück, um noch einmal Abschied voneinander zu nehmen.

Es war ein hellichter Tag, und im Garten arbeiteten schon die Sklaven, als ich endlich mit unsicheren Schritten und wirr im Kopf zu meiner Sänfte ging, die ich benutzte, um nicht unnötige Aufmerksamkeit zu erregen. Heiße Schauer durchrieselten mich noch immer, und ich fragte mich, wie ich bei so viel Liebe die fünfzehn Jahre aushalten sollte, bis Du endlich die Toga anlegen würdest.

Jedenfalls stak ich nun bis über beide Ohren in der Verschwörung des Piso und hatte unter tausend Küssen geschworen, mir eine Stellung zu verschaffen, in der ich nach Antonias Bestem sehen konnte. Ich glaube, ich hatte sogar geschworen, mit meinen eigenen Händen Nero zu ermorden, wenn es sein müßte. Antonia meinte jedoch, es sei nicht nötig, daß ich mich um ihretwillen einer solchen Gefahr aussetzte. Sie belehrte mich außerdem, daß es sich für den Vater eines künftigen Kaisers nicht schickte, selbst einen Kaisermord zu begehen. Das könnte sich eines Tages für Dich, mein Sohn, unheilvoll auswirken.

Ich war gewiß in meinem ganzen Leben noch nie so glücklich gewesen wie in diesen heißen Frühlingstagen. Ich war gesund, kräftig und für römische Begriffe ziemlich unverdorben. In vollen Zügen, in reichstem Maße konnte ich meine Leidenschaft genießen. Es war, als wollte mir alles, was ich mir vornahm, glücken und hundertfach Früchte tragen, wie es einem nur einmal im Leben geschieht. Ich lebte wie im Traum, wie in einem Rausch, und das einzige, was mich störte, waren Claudias Nörgelei und ihre ständigen neugierigen Fragen, wohin ich ginge und woher ich käme. Es gefiel mir nicht, daß ich sie belügen mußte, vor allem weil Frauen in diesen Dingen hellsichtig sind und einen früher oder später durchschauen.

Ich setzte mich zunächst mit Fenius Rufus in Verbindung, dessen guter Freund ich dank meinen Getreidegeschäften geworden war. Er bekannte mir ohne Zögern, daß er der Verschwörung des Piso angehörte und zählte mir die Namen der Prätorianer, Kriegstribunen und Zenturionen auf, die sich durch Eid verpflichtet hatten, ihm, und nur ihm, zu gehorchen, sobald Nero aus dem Wege geräumt war.

Rufus war offensichtlich erleichtert, als er bemerkte, daß ich mir selbst von der Verschwörung Kenntnis verschafft hatte. Er entschuldigte sich viele Male und beteuerte, nur sein Eid habe ihn daran gehindert, mich schon früher einzuweihen. Nun versprach er mir bereitwillig, bei Piso und den anderen Anführern der Verschwörung ein Wort für mich einzulegen. Es war nicht Rufus' Schuld, daß der hochmütige Piso und andere Calpurier mich von oben herab behandelten, was ich ihnen sehr übelgenommen hätte, wenn ich empfindlicher gewesen wäre.

Sie ließen sich nicht einmal durch die Geldmittel beeindrucken, die ich ihnen und ihrer Sache zur Verfügung stellen wollte, sondern sagten, sie hätten bereits genug. Daß ich sie anzeigen könnte, fürchteten sie nicht. Dazu waren sie ihres Sieges zu gewiß. Im Gegenteil, Piso selbst gab mir auf seine unverschämte Art zu verstehen, er kenne mich und meinen Ruf gut genug, um zu wissen, daß ich den Mund halten würde, um meine eigene Haut zu retten. Meine Freundschaft mit Petronius und dem jungen Lucanus half mir jedoch immerhin so viel, daß ich den Eid ablegen und mit Epicharis zusammentreffen durfte, dieser geheimnisvollen Römerin, deren Einfluß und Anteil an der Verschwörung ich nicht ganz verstand.

Als ich so weit gekommen war, begann zu meiner Verwunderung Claudia eines Tages von der Verschwörung zu sprechen. Mit vorsichtigen Andeutungen und Umschreibung horchte sie mich unter vier Augen so lange aus, bis sie die Gewißheit hatte, daß ich zumindest nicht vom Fleck weg zu Nero laufen würde, um ihm zu erzählen, was sie mir zu sagen hatte, und sie war sowohl erleichtert als auch erstaunt, als ich ihr mitleidig lächelnd sagte, daß ich längst einen Eid abgelegt hatte, um der Freiheit des Vaterlandes willen den Tyrannen zu stürzen.

»Ich begreife nicht, wie sie einen Kerl wie dich nehmen konnten«, fauchte sie höhnisch. »Nun müssen sie so rasch wie möglich handeln, sonst ist der Plan in aller Leute Mund. Das ist die größte Niedertracht, von der ich je gehört habe! Bringst du es wirklich mir nichts, dir nichts fertig, Nero zu verraten, der dir so viel Gutes getan hat und den du als deinen Freund betrachtest?«

Ich bewahrte meine Würde und entgegnete ruhig, Nero habe mich durch sein eigenes Verhalten dazu getrieben, mehr an das Wohl des Staates zu denken als an eine Freundschaft, gegen die er mehr als einmal verstoßen hatte. Ich selbst hätte zwar, dank meiner Wachsamkeit, durch die Münzverschlechterung nicht allzuviel verloren, doch das Weinen der Witwen und Waisen klinge mir schmerzlich in den Ohren, ich dächte an die Not der Bauern und der kleinen Handwerker und sei daher bereit, meine Ehre zum Wohle des ganzen römischen Volkes auf dem Altar des Vaterlandes zu opfern.

Ich hätte meine Absichten vor Claudia geheimgehalten, sagte ich, weil ich fürchtete, sie könnte mich daran hindern wollen, mein Leben für die Freiheit einzusetzen. Nun hoffte ich, sie werde verstehen, daß ich über mein Tun und Treiben geschwiegen hatte, um sie nicht in Gefahr zu bringen, indem ich sie zur Mitwisserin machte.

Claudia war jedoch nach wie vor mißtrauisch, denn sie kannte mich gut. Gleichwohl mußte sie zugeben, daß ich recht handelte. Sie hatte nach langem Zögern selbst schon daran gedacht, mir zuzureden und, wenn es sein mußte, mich zu zwingen, mich der Verschwörung anzuschließen, da dies um meiner und um Deiner Zukunft willen nötig war.

»Du wirst bemerkt haben, daß ich dich schon lange nicht mehr mit den Christen belästigt habe«, sagte Claudia. »Es besteht kein Anlaß mehr, ihnen zu erlauben, sich heimlich bei uns zu versammeln. Sie haben nun ihre eigenen sicheren Zufluchtsorte. Ich mag meinen Sohn Clemens nicht dieser Gefahr aussetzen, obgleich ich selbst mich furchtlos als Christin bekenne. Zudem haben sich die Christen als schwach und unzuverlässig erwiesen. Neros Tod würde ihnen nur zum Vorteil gereichen und wäre zugleich eine Art Rache für seine bösen Taten, aber denk nur, sie wollen nichts mit der Verschwörung zu schaffen haben, obwohl sie nicht mißlingen kann. Ich verstehe sie nicht mehr. Sie sagen nur, man dürfe nicht töten und die Rache stehe ihnen nicht zu.«

Ich war entsetzt und sagte: »Du mußt den Verstand verloren haben. Wie kannst du die Christen in diese Sache hineinziehen, bei der ohnehin schon viel zu viele die Hände mit im Spiel haben! Es wird sie außerdem niemand haben wollen, das darfst du mir glauben. Der künftige Herrscher wäre gezwungen, ihnen von vornherein Sonderrechte zu geloben, und es ist schon genug, ja mehr als genug, daß die Juden ihre Privilegien haben.«

Claudia sah ihre Dummheit wohl ein, erwiderte aber zornig: »Man kann immerhin fragen, das schadet niemandem. Sie sagen, sie hätten sich bisher nicht in die Politik eingemischt und gedächten auch in Zukunft der Obrigkeit zu gehorchen, wie immer diese Obrigkeit beschaffen sein möge. Sie hätten ihr eigenes Reich, das kommen werde, sagen sie, aber ich bin es nun müde, darauf zu warten. Als Tochter des Claudius und Mutter meines Sohnes muß ich wohl auch ein wenig an die weltliche Macht denken. Kephas, der immerzu nur von Gehorsam schwatzt, ist in meinen Augen ein Feigling. Das unsichtbare Reich mag eine schöne Sache sein, aber seit ich Mutter bin, rückt es mir immer ferner, und ich fühle mich mehr als Römerin denn als Christin. Die verworrene Lage bietet uns die beste Möglichkeit, die Welt zu verändern, nun da alle Menschen um jeden Preis Frieden und Ordnung wünschen.«

»Die Welt verändern ... Was soll das heißen?« fragte ich mißtrauisch. »Bist du bereit, vorsätzlich Tausende, vielleicht Millionen Menschen in Hunger und Not zu stürzen, ja in den Tod zu treiben, um für deinen Sohn, bis er die Toga anlegt, ein günstiges politisches Klima zu schaffen?«

»Die Republik und die Freiheit sind Dinge, für die schon so mancher tapfere Mann bereit war, sein Leben dranzugeben«, sagte Claudia gereizt. »Mein Vater Claudius sprach oft mit großer Achtung von der Republik, und er hätte sie gern wiedereingeführt, wenn es möglich gewesen wäre. Er sagte es oft genug in seinen weitschweifigen Reden in der Kurie, wenn er sich über die Last der Alleinherrschaft beklagte.«

»Du hast selbst oft genug behauptet, dein Vater sei ein wahnsinniger, ungerechter und grausamer Lüstling gewesen«, erwiderte ich. »Erinnere dich, daß du seine Statue in der Bibliothek bespucktest, als wir uns zum erstenmal begegneten. Es ist unmöglich, die Republik wiedereinzuführen. Dieser Plan findet nicht genug Unterstützung. Die Frage ist nur, wen wir zum Kaiser machen sollen. Piso halte ich für zu unbedeutend, und ich weiß, daß du mir recht gibst. An wen hast du gedacht?«

Claudia sah mich nachdenklich an und sagte plötzlich mit gespielter Unschuld: »Was meinst du zu Seneca?«

Im ersten Augenblick entsetzte mich dieser Gedanke. »Was nützt es, einen Zitherspieler gegen einen Philosophen auszutauschen?« fragte ich. Je mehr ich jedoch darüber nachdachte, desto schlauer fand ich Claudias Vorschlag. Sowohl das Volk als auch die Provinzen waren der Meinung, daß die ersten fünf Jahre Neros, in denen Seneca regierte, die glücklichste Zeit gewesen waren, die Rom je erlebt hatte. Noch heute – da wir sogar für die Benutzung der öffentlichen Abtritte Steuern zahlen müssen – spricht man davon als von einer goldenen Zeit.

Seneca war ungeheuer reich. Man schätzte sein Vermögen auf dreihundert Millionen Sesterze, aber ich wußte, daß das zu knapp geschätzt war. Das beste aber war, daß Seneca schon sechzig Jahre zählte. Dank seinen stoischen Lebensgewohnheiten konnte er noch gut fünfzehn Jahre leben. Daß er in ländlicher Abgeschiedenheit wohnte, dem Senat fernblieb und nur selten die Stadt besuchte, war nichts als Schein, um Nero zu beruhigen.

Die Diät, die er seines Magenleidens wegen einhielt, hatte ihm gutgetan. Er war schlank geworden und keuchte beim Gehen nicht mehr. Auch die feisten Wangen, die einem Philosophen so schlecht anstehen, hatte er verloren. Man konnte sich vorstellen, daß er gut regieren, niemanden verfolgen und als erfahrener Geschäftsmann das Wirtschaftsleben fördern und mit den Staatsgeldern gut haushalten würde. Und wenn sein Ende nahte, würde er vielleicht freiwillig bereit sein, die Macht einem jungen Manne zu übergeben, der in seinem Geiste erzogen worden war.

Senecas sanfte Gemütsart und Menschenliebe entsprachen in hohem Maße der Lehre der Christen. In einem naturwissenschaftlichen Werk, das er unlängst geschrieben hatte, deutete er an, daß es, in der Natur und im All verborgen, geheime Mächte gebe, die menschliche Vernunft überstiegen, so daß das Seiende und Sichtbare nicht mehr sei als ein dünner Schleier, der etwas Unsichtbares verdeckt. Er hatte mit Paulus Briefe gewechselt, und ich könnte nicht mit Gewißheit sagen, wer von den beiden in seinen Schriften die Gedanken des andern entlehnte. Paulus schrieb ebenso fleißig Briefe, wie Seneca seine philosophischen Gedanken in Briefform ausdrückte.

Als ich all dies bedacht hatte, schlug ich vor Verwunderung die

Hände zusammen und rief: »Claudia, du bist ein politisches Genie, und ich bitte dich, mir meine bösen Worte zu verzeihen!«

Selbstverständlich sagte ich ihr nicht, daß ich mir, indem ich Seneca vorschlug und sodann unterstützte, die Schlüsselstellung in der Verschwörung verschaffen konnte, die ich anstrebte. Auch wäre mir Senecas Dankbarkeit gewiß gewesen. Zudem war ich sozusagen einer seiner Schüler, und in Korinth hatte ich unter seinem Bruder als Kriegstribun gedient und dessen Vertrauen in geheimen Staatsgeschäften genossen. Und Senecas Vetter, der junge Lucanus, gehörte zu meinen besten Freunden, da ich nie genug des Lobes für seine Verse fand. Ich war ja selbst kein Dichter.

Wir plauderten noch lange im besten Einvernehmen, Claudia und ich, und gewannen, während wir eifrig dem Wein zusprachen, unserer Sache immer mehr gute Seiten ab. Zuletzt gingen wir zu Bett, und ich kam seit langem zum erstenmal wieder meinen ehelichen Pflichten nach, um jedes Mißtrauen, das sie etwa noch gegen mich hegte, zu zerstreuen.

Als ich dann neben ihr erwachte, vom Wein und von meiner Begeisterung erhitzt, dachte ich mit Kummer im Herzen daran, daß ich mich eines Tages um Deinetwillen von Deiner Mutter befreien mußte. Antonia konnte sich mit einer gewöhnlichen Scheidung nicht zufriedengeben. Claudia mußte sterben, doch erst in zehn oder fünfzehn Jahren, und bis dahin konnte viel geschehen. Noch oft werden bis dahin die Schmelzfluten des Frühjahrs unter den Tiberbrücken dahinströmen, sagte ich mir. Und dann gab es Seuchen und Krankheiten, unerwartete Unglücksfälle aller Art und über allem die Parzen, die die Geschicke der Menschen lenken. Ich brauchte mich nicht im voraus zu sorgen, wie das Unausweichliche einst geschehen sollte.

Claudias Plan erschien mir so ungewöhnlich, aber auch so selbstverständlich, daß ich es nicht für nötig hielt, mit Antonia darüber zu sprechen. Wir durften uns nur selten und heimlich treffen, damit kein böses Gerede entstand und Nero, der Antonia aus politischen Gründen beobachten ließ, nicht Verdacht schöpfte.

Ich reiste unverzüglich selbst zu Seneca, indem ich vorgab, ich hätte in Praeneste einige Geschäfte zu besorgen und wollte dem alten Philosophen nur einen Höflichkeitsbesuch abstatten. Sicherheitshalber richtete ich es so ein, daß ich tatsächlich in Praeneste zu tun hatte.

Seneca empfing mich freundlich, und ich überzeugte mich, daß er auf seinem Gut mit seiner um die Hälfte jüngeren Gattin bequem und im Überfluß lebte. Anfangs saß er mir zwar ächzend und mit krummem Rücken gegenüber und jammerte über seine Krämpfe, aber als er erkannte, daß ich ernsthaft mit ihm zu sprechen wünschte, führte mich der alte Fuchs zu einem abseits gelegenen Lusthaus, wo er fern der Welt ein asketisches Leben führte und einem Schreiber seine Werke diktierte.

Um mir zu beweisen, daß er wirklich einfach und bescheiden lebte, zeigte er mir einen Bach, aus dem er mit der hohlen Hand sein Trinkwasser schöpfte, und einige Obstbäume, von denen er selbst sich pflückte, wonach es ihn gelüstete. Er erzählte mir auch, daß seine Gattin Paulina gelernt hatte, Korn mit einer Handmühle zu mahlen und Brot zu backen. Ich kannte diese Zeichen und begriff, daß er in der ständigen Furcht lebte, vergiftet zu werden. In seiner Geldnot konnte Nero nur allzu leicht Lust auf das Vermögen seines alten Lehrers bekommen und es auch sonst aus politischen Gründen für nötig erachten, sich seiner zu entledigen. Seneca hatte noch immer allzu viele Freunde, die ihn als Philosophen und Staatsmann schätzten, obgleich er um seiner Sicherheit willen nur selten Gäste empfing.

Ich kam ohne Umschweife zur Sache und fragte Seneca geradeheraus, ob er bereit sei, nach Nero die Imperatorwürde anzunehmen und im Reiche Frieden und Ordnung wiederherzustellen. Mit der Ermordung Neros brauchte er sich nicht zu belasten. Er mußte sich nur an einem bestimmten Tag in der Stadt aufhalten, bereit, sich mit vollen Geldsäcken zu den Prätorianern zu begeben. Nach meinen Berechnungen brauchte man etwa dreißig Millionen Sesterze, damit jeder Mann zweitausend bekam und die Kriegstribunen und Zenturionen ihrem Rang entsprechend mehr.

Fenius Rufus verlangte nichts. Er setzte lediglich voraus, daß die Staatskasse ihn später für die Verluste entschädigte, die er durch Neros Willkür erlitten hatte. Es genügte dazu, daß seine Schulden innerhalb einer angemessenen Frist bezahlt wurden. Ich beeilte mich außerdem zu erklären, daß ich bereit war, einen Teil des erforderlichen Betrages zu erlegen, wenn Seneca aus Gründen der Sparsamkeit nicht für den ganzen allein aufkommen wollte.

Seneca richtete sich auf und betrachtete mich mit einem Blick, in dem von Menschenliebe nichts zu lesen war. »Dich kenne ich durch und durch, Minutus«, sagte er. »Deshalb ist mein erster Gedanke der, daß Nero dich geschickt hat, um auf listige Art meine Treue zu erproben. Dazu würdest unter allen seinen Freunden du dich am besten eignen. Offenbar weißt du aber zu viel über die Verschwörung, da du sogar Namen aufzählen kannst. Wärst du ein Verräter, so würden schon einige Köpfe gerollt sein. Ich frage dich nicht nach deinen Beweggründen. Ich frage dich nur, wer dich ermächtigt hat, dich an mich zu wenden.«

Ich gab verlegen zu, daß mich dazu niemand ermächtigt hatte, sondern daß ich selbst auf diesen Gedanken verfallen war, weil ich ihn als den besten und edelsten Mann ansah, der über Rom herrschen konnte, und weil ich mir zutraute, ihm die Unterstützung der Verschwörer zu sichern, wenn er mir nur seine Zustimmung gab. Seneca beruhigte sich und sagte: »Glaube nicht, daß du der erste bist, der sich in dieser Sache an mich wendet. Pinos engster Vertrauter, Antonius Natalis, den du kennst, war unlängst bei mir, um meinen schlechten Gesundheitszustand zu beklagen und mich zu fragen, warum ich mich so entschieden weigerte, Piso zu empfangen und offen mit ihm zu verhandeln. Ich habe jedoch keine Ursache, einen Mann wie Piso zu stützen. Deshalb antwortete ich ihm, daß Mittelmänner vom Übel seien und eine persönliche Begegnung nicht ratsam, daß aber von nun an mein eigenes Leben von Pisos Sicherheit abhänge. Und das ist wahr. Wenn die Verschwörung aufgedeckt wird, wovor der unerklärliche Gott uns alle schützen möge, so stürzt ein einziger unvorsichtiger Besuch mich ins Verderben ... Nero ermorden, das ist leichter gesagt als getan«, fuhr er nachdenklich fort. »Piso hätte die beste Möglichkeit dazu in seiner Villa in Baiae. Nero besucht sie oft ohne Leibwache, um zu baden und sich zu zerstreuen. Piso aber erklärte scheinheilig, er könne das Gastrecht nicht verletzen. Als ob ein Mann vom Schlage Pisos an irgendwelche Götter glaubte! Ein Mord an Nero würde aber auch in vielerlei Hinsicht Anstoß erregen. Lucius Silanus, um nur einen zu nennen, hat sich klug genug geweigert, ein so entsetzliches Verbrechen wie den Kaisermord gutzuheißen. Den Konsul Atticus Vestinus hat Piso selbst übergangen, denn Vestinus ist ein rühriger Mann, der ernstlich versuchen könnte, die Republik wieder zu errichten. Als Konsul hätte er die Möglichkeit, nach einem Mord die Macht an sich zu reißen.«

Ich erkannte, daß Seneca mehr über die Verschwörung wußte als ich und daß er als erfahrener Staatsmann alle Lose in Fortunas Hand sorgfältig gegeneinander ausgewogen hatte. Ich bat ihn daher, mir zu verzeihen, daß ich in meiner Ahnungslosigkeit, wenngleich in bester Absicht, seine Ruhe gestört hatte, und beteuerte ihm, er dürfe wegen meines Besuches unbesorgt sein, da ich nachweisbar Geschäfte in Praeneste hätte und es nur natürlich sei, daß ein Schüler bei solcher Gelegenheit seinen ehemaligen Lehrer aufsuche, um sich nach seinem Befinden zu erkundigen.

Ich hatte den Eindruck, daß Seneca letztere Bemerkung mißbilligte und mich nicht als seinen Schüler betrachten mochte. Er sah mich jedoch mitleidig an und erwiderte: »Ich will dir nur dasselbe sagen, was ich Nero zu lehren versuchte. Durch Verstellung und Liebedienerei kann man seine wirklichen Eigenschaften eine Zeitlang verbergen. Zuletzt aber wird die Komödie durchschaut und das Schaffell fällt vom Wolfe. Nero hat Wolfsblut in den Adern, mag er auch ein Schauspieler sein, und auch du, Minutus, hast es, obgleich von einem feigeren Wolf.«

Ich wußte nicht, ob ich mich durch seine Worte geschmeichelt oder gekränkt fühlen sollte, und fragte so beiläufig wie möglich, ob er glaube, daß Antonia an der Verschwörung teilhabe, und wenn ja, ob sie Piso stützte. Seneca schüttelte bekümmert seinen struppigen Kopf und sagte warnend: »An deiner Stelle würde ich Aelia Antonia nicht trauen. Der bloße Name erschreckt mich. In ihr strömt das verderbte Blut zweier uralter, gefährlicher Geschlechter zusammen. Über ihre Jugend weiß ich Dinge, von denen ich nicht sprechen mag. Ich warne euch nur. Nehmt sie, bei allen Göttern, nicht in die Verschwörung auf. Sie ist noch machtlüsterner als Agrippina, die trotz allen Verbrechen noch ihre guten Seiten hatte.«

Senecas Warnung gab mir einen Stich in die Brust, aber ich war vor Liebe blind und dachte, aus ihm spreche nur der Neid. Ein Staatsmann, der vor der Zeit beiseite geschoben wird, ist bitter gegen alle, und auch als Philosoph war Seneca wohl vom Leben enttäuscht. In seiner Mannesblüte war er keineswegs so sittenstreng gewesen, wie er die Leute nun gern glauben machte, und von Verstellung zu sprechen, stand ihm wohl an, denn diese Kunst beherrschte er selbst am besten.

Als wir uns trennten, gab er aufrichtig zu, daß er für sich selbst im Falle eines Staatsstreichs keine großen Möglichkeiten sehe. Er sei jedoch bereit, sagte er, an einem gewissen Tag nach Rom zu kommen, nur um zugegen zu sein und notfalls auch Piso zu unterstützen, da dieser sich ohnehin durch seine Eitelkeit und

Verschwendungssucht über kurz oder lang unmöglich machen werde. Danach könnte der Augenblick vielleicht für ihn, Seneca, günstig sein.

»In Lebensgefahr schwebe ich nun ohnedies«, sagte er mit einem bitteren Lächeln. »Ich begebe mich daher in keine besondere Gefahr, wenn ich mich in Rom zeige. Kommt Piso an die Macht, so habe ich damit bewiesen, daß ich auf seiner Seite stehe. Wird die Verschwörung aufgedeckt, was ich befürchte, da ihr zu lange säumt, bin ich in jedem Fall des Todes. Aber der Weise fürchtet den Tod nicht. Er ist eine Schuld, die der Mensch eines Tages bezahlen muß, und es ist einerlei, ob dies früher oder später geschieht.«

Mir aber war gerade das nicht einerlei. Daher setzte ich mutlos meinen Weg nach Praeneste fort und dachte über seine unheilverkündenden Worte nach. Es schien mir das beste zu sein, Vorkehrungen für den Fall zu treffen, daß die Verschwörung aufgedeckt wurde. Der Weise legt nie alle seine Eier in denselben Korb.

Ich bin nach wie vor der Meinung, der Aufruhr hätte mit Hilfe der Legionen in den Provinzen eingeleitet werden müssen, und nicht in Rom. Das hätte freilich Blut gekostet, doch dafür bekommen die Soldaten schließlich ihren Sold. In Rom hätte sich dafür niemand der Gefahr auszusetzen brauchen. Aber Eitelkeit, Selbstsucht und Ehrgeiz sind allezeit stärker als die gesunde Vernunft.

Das Unheil nahm in Misenum seinen Anfang. Proculus fand, er sei seinerzeit für seine Verdienste um die Ermordung Agrippinas nicht hinreichend belohnt worden. Im Grunde war er ein ganz und gar untüchtiger Mensch, der nicht einmal zum Befehlshaber der Flotte taugte, wozu wahrhaftig nicht viel gehört. Anicetus war nur ein Barbier gewesen, aber er hatte sich wenigstens auf den Rat seiner erfahrenen Kapitäne verlassen.

Proculus dagegen wollte in seiner Überheblichkeit nur sein eigenes Urteil gelten lassen und schickte eines Tages die Flotte in See, obwohl man ihm davon abriet. An die zwanzig Kriegsschiffe zerschellten an den Klippen vor Misenum und gingen mit Mann und Maus unter. Die Mannschaften kann man ja jederzeit ersetzen, aber ein Kriegsschiff ist ein allzu kostbares Spielzeug!

Nero raste vor Zorn, obwohl Proculus darauf hinweisen konnte, daß er auf kaiserlichen Befehl auch bereit wäre, selbst ins Meer zu springen. Proculus gestand, einen solchen Befehl müsse er sich noch überlegen, da er nicht schwimmen könne. Darauf bemerkte Nero bitter, er tue gut daran, auch über andere Befehle nachzudenken, denn auf See gälten die Befehle der Elemente sogar mehr als die Neros. Einen neuen Flottenbefehlshaber könne er jederzeit einsetzen, aber zwanzig neue Kriegsschiffe bauen, das käme zu teuer. Er wolle die Sache aufschieben, bis das Goldene Haus fertig sei.

Proculus fühlte sich begreiflicherweise in seiner Ehre gekränkt und erlag daher um so leichter den Verlockungen der Epicharis. Epicharis war zudem eine schöne Frau und in der Kunst der Liebe sehr erfahren. Eine andere Kunst hatte sie, soviel man weiß, nicht ausgeübt, ehe sie sich der Verschwörung anschloß. Viele wunderten sich über ihren unerwarteten politischen Eifer, als sie die Verschwörer mit scharfen Worten ermahnte, rasch zu handeln.

Ich für meinen Teil glaube zu wissen, daß Epicharis Nero haßte, weil er einmal, nachdem er viel von ihr gehört hatte, selbst ihre Kunst erprobte und hernach in seiner Unbedachtheit einige abfällige Bemerkungen machte. Das konnte sie ihm nicht verzeihen, und von dieser Stunde an sann sie auf Rache.

Epicharis wurde schließlich des Zauderns der Verschwörer in Rom müde. Sie forderte Proculus auf, ans Werk zu gehen, seine Schiffe in Kampfbereitschaft zu versetzen und nach Ostia zu segeln. Doch Proculus besann sich anders. Als vorsichtige Frau hatte ihm Epicharis nicht verraten, wer an der Verschwörung teilnahm, und er wußte daher nicht, welches Ausmaß sie bereits angenommen hatte. Er wählte daher lieber den sicheren Weg, zumal er sich sagte, daß der den größten Lohn erhalten würde, der dem Kaiser als erster von der Verschwörung berichtete.

Er eilte zu Nero nach Rom und plauderte alles aus, was er wußte. In seiner Eitelkeit und weil er die Gunst des Volkes zu besitzen glaubte, schenkte Nero seinen Worten anfangs keinen rechten Glauben, vor allem weil seine Angaben viel zu unbestimmt waren. Er ließ jedoch Epicharis festnehmen und übergab sie Tigellinus zur peinlichen Befragung. Dies war eine Kunst, auf die sich Tigellinus am besten verstand, wenn er sie an einer schönen Frau erproben durfte, denn seit er sich mit Knaben abgab, haßte er die Frauen und genoß es, sie leiden zu sehen.

Epicharis hielt jedoch tapfer stand. Sie leugnete alles und behauptete, Proculus schwatze Unsinn. Dagegen erzählte sie während der Folterung den Prätorianern so viel über des Tigellinus unnatürliche Neigungen, daß dieser keine Lust mehr verspürte, das Verhör fortzusetzen. Epicharis war da freilich schon so übel zugerichtet, daß sie nicht mehr gehen konnte.

Als sie von der Verhaftung der Epicharis erfuhren, begannen die Verschwörer sich endlich zu rühren. Die ganze Stadt wurde von Entsetzen ergriffen, denn so viele waren mit beteiligt und fürchteten für ihr Leben. Ein von Piso bestochener Zenturio versuchte Epicharis im Gefängnis zu ermorden, da die Verschwörer der Verschwiegenheit einer Frau nicht trauten. Die Gefangenenwärter hielten ihn jedoch zurück, denn Epicharis hatte sich durch ihre einzigartigen Schilderungen aus dem Leben des Tigellinus die Gunst der Prätorianer erworben.

Tags darauf sollte das Aprilfest der Ceres gefeiert werden, und in dem halbfertigen großen Zirkus sollten zu Ehren der Göttin des Erdsegens Wagenrennen stattfinden. Dies dünkte die Verschwörer die beste Gelegenheit, zur Tat zu schreiten, denn sonst zeigte sich Nero kaum noch in der Stadt, weil er im Goldenen Haus und in dessen riesigen Gärten genug Raum hatte, sich Bewegung zu verschaffen.

Man beschloß in aller Eile, daß die Verschwörer sich im Zirkus in Neros Nähe aufhalten sollten. Lateranus, ein hochgewachsener, furchtloser Mann, sollte sich bei passender Gelegenheit Nero zu Füßen werfen, als wollte er eine Gunst erbitten, und ihn zu Boden reißen. Sodann sollten die Kriegstribunen und Zenturionen und andere, die dazu den Mut aufbrachten, tun, als wollten sie Nero zu Hilfe eilen, und ihm mit ihren Dolchen den Garaus machen.

Flavius Scevinus bat darum, Nero den ersten Dolchstoß versetzen zu dürfen. Er war mit dem Stadtpräfekten, meinem ehemaligen Schwiegervater, verwandt und konnte daher ohne weiteres einen Platz in Neros unmittelbarer Nähe einnehmen. Er galt für einen durch sein liederliches Leben so verweichlichten Mann, daß nicht einmal Nero Ursache hatte, ihn zu fürchten. Zudem war er ein wenig wirr im Kopf und litt des öfteren an Trugbildern. Ich will damit nichts gegen die Flavier gesagt haben. Aber Flavius Scevinus bildete sich ein, ein Dolch, den er einmal in irgendeinem uralten Tempel gefunden hatte und stets bei sich trug, habe einst der Göttin Fortuna selbst gehört, und glaubte in seinem Wahn, dieser Dolch sei ein Zeichen dafür, daß er zu großen Taten ausersehen sei. Er zweifelte nicht einen Augenblick an seinem guten Glück, als er sich bereit erklärte, den ersten Stoß zu führen.

Piso sollte beim Cerestempel warten. Dort sollten ihn Fenius Rufus und andere Verschwörer abholen, um ihn zusammen mit Antonia ins Lager der Prätorianer zu begleiten. Von seiten des Tigellinus erwartete man keinen Widerstand, sobald Nero einmal tot war, denn er war klug und berechnend. Die Verschwörer hatten zwar beschlossen, ihn danach, um dem Vok zu gefallen, hinzurichten, aber davon konnte Tigellinus nichts wissen.

Der Plan war geschickt entworfen und gut, von welcher Seite man ihn auch besah. Er hatte nur den einen Fehler, daß er gar nicht erst zur Ausführung kam.

XII

DER VERRÄTER

Am Abend vor dem Ceresfest, nach einer letzten Unterredung mit Antonius Natalis und nachdem wir andern alle Pisos Haus schon längst verlassen hatten, begab sich Flavius Scevinus heim und begann in düsterer Stimmung sein Testament zu diktieren. Während er diktierte, zog er seinen berühmten Dolch aus der Scheide und bemerkte, daß er vor Alter grün und stumpf geworden war. Er übergab ihn seinem Freigelassenen Milichus zum Schleifen und gebot ihm mit erschreckend wirren Worten und fahrigen Gesten, Stillschweigen über die Sache zu bewahren. Dadurch wurde Milichus mißtrauisch.

Scevinus befahl weiter gegen seine Gewohnheit, ein Festmahl für alle Hausgenossen aufzutischen. Während des Mahles ließ er, bald schluchzend, bald mit gezwungener Heiterkeit, mehrere seiner Sklaven frei und teilte an die anderen Geldgeschenke aus. Dann brach er zusammen und bat Milichus unter Tränen, Wundverbände und blutstillende Arzneien herzurichten. Nun konnte Milichus nicht mehr daran zweifeln, daß sich schlimme Dinge vorbereiteten. Vielleicht hatte er auch von der Verschwörung munkeln hören.

Er beriet mit seiner Frau, was zu tun sei, und sie führte ihm mit dem gesunden Hausverstand der Frauen vor Augen, daß der zuerst mahlt, der zuerst zur Mühle kommt. Es ging um sein eigenes Leben. Mehrere andere Freigelassene und Sklaven hatten dasselbe gehört wie er. Es nutzte also nichts, zu schweigen. Im Gegenteil, Milichus mußte trachten, der erste zu sein, der Scevinus anzeigte. An sein Gewissen, an das Leben seines Hausvaters und seine Dankesschuld diesem gegenüber brauche er nun nicht zu denken, meinte seine Frau. Der reiche Lohn würde ihn dies alles nach und nach vergessen machen.

Milichus fand jedoch zunächst keine Gelegenheit, das Haus zu verlassen, denn Scevinus konnte, obwohl er so viel getrunken hatte, nicht schlafen. Dazu kam, daß Atria Gallia, die Gattin des Scevinus, die um ihrer Schönheit, ihrer Scheidungen und ihres leichtfertigen Lebens willen berühmt war, durch das reichliche Mahl angeregt, gewisse Dienste von Milichus forderte, gegen die weder dessen Frau noch Scevinus – dieser aus nur ihm bekannten Gründen – etwas einwenden durfte. Ich glaube, dieser Umstand hatte einiges mit dem Rat zu tun, den die Frau des Milichus ihrem Manne gab, und erwähne ihn, um sie zu entschuldigen.

Erst in der Morgendämmerung erreichte Milichus mit Fortunas Dolch als Beweisstück unter dem Mantel die Gärten des Servilius. Aber die Türhüter ließen selbstverständlich nicht einmal diesen freigelassenen Sklaven ein und wollten um jeden Preis verhindern, daß er Nero am Morgen des heiligen Ceresfestes störte. In diesem Augenblick traf Epaphroditus mit einem Paar schöner junger Geparde ein, die er am frühen Morgen Nero bringen sollte. Nero wollte sie der Gemahlin des Konsuls Vestinus, Statilia Messalina, der er zur Zeit den Hof machte, schenken, damit sie während der Wagenrennen mit den schönen Tieren in der Konsulnloge Aufsehen erregen konnte. Epaphroditus wurde auf den Streit vor der Pforte aufmerksam und eilte hinzu, um die Wächter zu beruhigen, die mit den Lanzenschäften auf Milichus einschlugen, um ihn zum Schweigen zu bringen. Milichus hatte nämlich in seiner Not mit lauter Stimme nach Nero zu rufen begonnen.

Ich frage mich, ob Fortuna mir davor oder danach je so deutlich ihr Antlitz gezeigt hat. Jedenfalls erfuhr ich an diesem Tage, daß Güte und Edelmut schon in diesem Leben belohnt werden können. Epaphroditus erkannte in Milichus den Freigelassenen des

Flavius Scevinus wieder, der ja mit seiner Gattin Sabina verwandt war, und half ihm deshalb. Als Milichus ihm sagte, in welcher Angelegenheit er gekommen war, erfaßte Epaphroditus sofort deren Bedeutung. Er erinnerte sich seiner Dankesschuld mir gegenüber und schickte mir seinen Sklaven, der die Geparde geführt hatte, um mich von dem Vorgefallenen zu unterrichten. Erst dann ließ er Nero wecken und führte die Geparde und Milichus an dessen Bett.

Der Sklave des Epaphroditus weckte mich aus dem tiefsten Schlaf, und seine Botschaft brachte mich augenblicklich auf die Beine. Ich warf mir nur einen Mantel um und lief, bärtig und ohne einen Bissen zu mir genommen zu haben, geradewegs zum Garten des Servilius.

Der Lauf brachte mich so außer Atem, daß ich beschloß, meine Leibesübungen im Stadion wiederaufzunehmen und wieder zu reiten, falls ich durch eine Laune des Schicksals noch einmal mit dem Leben davonkommen sollte, und während ich aus Leibeskräften rannte, versuchte ich die Lage zu überdenken und mir schlüssig zu werden, welche Personen ich am besten gleich als erste anzeigen sollte, um mich in ein möglichst vorteilhaftes Licht zu setzen.

Als ich im Palast eintraf, war Nero noch immer in der übelsten Laune, weil man ihn so plötzlich geweckt hatte, obwohl er wegen des Ceresfestes schon längst hätte auf sein müssen. Er spielte gähnend in seinem riesigen Seidenbett mit den Geparden und wollte in seiner Eitelkeit den verzweifelten Erklärungen des Freigelassenen keinen Glauben schenken. Immerhin hatte er wenigstens nach Tigellinus geschickt und noch einmal mit Epicharis zu sprechen verlangt. Die Prätorianer waren bereits unterwegs, um Flavius Scevinus festzunehmen und vor Nero zu bringen, damit er seine verdächtige Handlungsweise erklärte. Nachdem er des langen und breiten von den Wundverbänden und dem Testament geschwatzt hatte, erinnerte sich Milichus, daß seine Frau ihm aufgetragen hatte, auch die lange Unterredung zu erwähnen, die ihr Hausvater mit Natalis, dem Vertrauten des Piso, gehabt hatte. Nero winkte ungeduldig ab und befahl: »Natalis soll ebenfalls kommen und selbst für sich sprechen. Aber nun muß ich mich zum Ceresfest ankleiden!«

Trotz seiner scheinbaren Gleichgültigkeit prüfte er doch mit dem Daumen die dünn geschliffene Spitze des von Grünspan verfärbten Bronzedolchs und stellte sich mit seiner lebhaften Einbildungskraft gewiß vor, was für ein Gefühl es wohl sein mochte, wenn einem diese Spitze in die Brust fuhr. Daher war er schon gnädiger gestimmt, als ich keuchend und mir den Schweiß von der Stirne trocknend erklärte, ich hätte ihm etwas zu berichten, was von größter Wichtigkeit sei und keinen Aufschub dulde.

In aller Eile entdeckte ich ihm den Mordplan der Verschwörer und nannte ohne Zögern Piso und Lateranus als deren Anführer. Die beiden konnten ohnehin nichts mehr retten. Ich stand wie auf glühenden Kohlen bei dem Gedanken, was Epicharis, nun da die Verschwörung aufgedeckt war, berichten werde, um sich neue Foltern zu ersparen.

Die jungen Geparde brachten mich auf den glücklichen Einfall, auch den Konsul Vestinus als einen der Verschwörer zu nennen, da ich wußte, daß Nero dessen schöner Gemahlin nachstellte. In Wirklichkeit hatten wir uns gar nicht erst bemüht, Vestinus für unsere Sache zu gewinnen, weil wir ihn als Anhänger der Republik kannten. Doch nun wurde Nero aufmerksam. Daß ein amtierender Konsul an einer Verschwörung teilhatte, war ein ernster Fall. Er biß sich auf die Lippen, und sein Kinn begann zu zittern, wie wenn er weinen wollte. So fest hatte er geglaubt, beim Volk beliebt zu sein!

Ich gab überhaupt am liebsten Mitglieder des Senats an, denn die Sohnespflicht gebot mir, meinen Vater zu rächen. Einhellig und ohne auch nur abzustimmen, hatte der Senat meinen Vater zum Tode verurteilt, worauf auch mein eigener Sohn Jucundus vor den wilden Tieren hatte sterben müssen. Ich war daher der Meinung, daß ich den Senatoren nichts schuldete, und im Hinblick auf meine eigenen Pläne konnte es mir nur recht sein, wenn im Senat einige Plätze frei wurden.

Nachdem ich einige Namen aufgezählt hatte, faßte ich einen raschen Entschluß und gab mit fester Stimme auch Seneca an. Er hatte selbst zugegeben, daß sein Leben von der Sicherheit des Piso abhing, so daß auch ihn nichts mehr zu retten imstande war. Mir dagegen wurde es als Verdienst angerechnet, daß ich es als erster wagte, einen so mächtigen Mann anzuzeigen. Von meinem Besuch bei ihm sagte ich natürlich nichts.

Nero schien mir zuerst nicht glauben zu wollen, und sein Erschrecken über die Falschheit seines alten Lehrers, der ihm allein alle seine Erfolge und sein ungeheures Vermögen verdankte, war mehr gespielt als wahrhaftig empfunden. Seneca war doch aus freiem Willen von seinem Amt in der Verwaltung des Reiches zurückgetreten und hatte daher keinen Grund, ihm, Nero, zu grollen! Nero vergoß sogar ein paar Tränen. Er warf die Geparde auf den Boden und fragte, warum man ihn so hasse, obgleich er doch für den Senat und das Volk von Rom sein Bestes tue und auf seine eigene Bequemlichkeit verzichte, um die schwere Last der Imperatorwürde rechtschaffen zu tragen.

»Warum haben sie mir nichts gesagt!« klagte er. »Ich habe unzählige Male erklärt, daß ich die Macht am liebsten aus den Händen geben möchte, um irgendwo in der Welt als Künstler zu leben. Warum nur hassen sie mich so?«

Es wäre nutzlos und gefährlich gewesen, ihm das erklären zu wollen. Zum Glück trafen auch schon Tigellinus und Flavius Scevinus ein, und man meldete, daß Epicharis im Hof in ihrer Sänfte wartete.

Nero hielt es für das klügste, anfangs nicht zu erkennen zu geben, daß er das Ausmaß der Verschwörung sehr wohl kannte. Er wollte Flavius Scevinus und Milichus nebeneinander verhören. Mich bat er zu gehen, und ich ging gern, da ich auf diese Weise Gelegenheit erhielt, mit Epicharis zu sprechen, sie zu warnen und mit ihr auszumachen, wer noch angezeigt werden sollte. Ich hörte noch, wie Nero nach seiner germanischen Leibwache rief, und bemerkte, daß er Tigellinus mißtrauisch aus den Augenwinkeln musterte.

Die Erinnerung an die Verschwörung des Sejanus gegen Tiberius ist noch nicht erloschen, und seit damals verläßt sich kein Kaiser mehr blind auf den Präfekten der Prätorianer. Aus diesem Grunde gibt es auch meistens zwei, so daß der eine den andern im Auge behalten kann. Nero hatte diese Vorsichtsmaßnahme wiedereingeführt und dem Tigellinus Fenius Rufus zur Seite gestellt. Er hatte dabei lediglich den Falschen erwischt. Ich dachte nicht daran, Fenius Rufus, der mein Freund war, anzuzeigen und war, im Gegenteil, fest entschlossen, alles zu tun, damit niemand versehentlich seinen Namen mit erwähnte. Auch deshalb wollte ich mit Epicharis sprechen.

Ihre Sänfte stand auf dem Boden. Die Vorhänge waren geschlossen, die Sklaven lagen im Gras und die beiden Wachtposten verboten mir fluchend, die Gefangene zu stören. Doch auch Neros neue Münzen erfüllten ihre Aufgabe. Die Posten zogen sich ein

Stück zurück, ich schob den Vorhang zur Seite und flüsterte: »Epicharis, ich bin dein Freund. Ich habe Wichtiges mit dir zu reden.«

Epicharis antwortete nicht. Da erst bemerkte ich, daß sie tot war. Sie hatte sich die Binde, die die freundlichen Gefängniswärter ihr gegeben hatten, von ihrer blutenden Brust gerissen, eine Schlinge geknüpft und sich um den Hals gelegt und das andere Ende der Binde an einer Querstange im Innern der Sänfte festgebunden. So hatte sie sich erdrosselt, zweifellos, weil sie fürchtete, einem neuen Verhör nicht mehr gewachsen zu sein. Als ich mich vergewissert hatte daß sie auch wirklich tot war, stieß ich einen überraschten Ruf aus, winkte die Wachtposten herbei und zeigte ihnen, was geschehen war. Innerlich pries ich den Edelmut, den diese ansonsten alles andere denn anständige Frau in ihrer letzten Stunde bewiesen hatte. Dieser Selbstmord rettete sie davor, ihre Mitverschwörer verraten zu müssen, und gab mir freie Hand.

Die Wachen fürchteten natürlich, sie könnten für ihre Unachtsamkeit bestraft werden. Doch dazu war jetzt keine Zeit. Nero hatte zu handeln begonnen und mochte nicht mit Nebensächlichkeiten behelligt werden. Der Selbstmord der Epicharis überzeugte ihn vollends davon, daß eine Verschwörung bestand und daß die Flotte daran beteiligt war. Ich muß gestehen, daß mir beim Anblick des zerfleischten Körpers der Epicharis so übel wurde, daß ich mich neben der Sänfte ins Gras erbrach, obwohl ich an diesem Morgen noch nichts zu mir genommen hatte.

Daran waren zum Teil wohl auch mein Erschrecken und meine plötzliche Erleichterung schuld. Durch ihren tapferen Tod verschaffte mir diese Frau eine Schlüsselstellung bei der Aufdeckung der Verschwörung. Ich ließ sie aus Dankbarkeit auf meine Kosten bestatten, da ihre früheren Freunde es aus begreiflichen Gründen nicht tun konnten, sondern vielmehr selbst bald jemanden brauchten, der für ihre Bestattung sorgte.

Als Nero Scevinus listig verhörte, gewann dieser im Augenblick der Gefahr die Beherrschung zurück, blickte Nero mannhaft in die Augen und beteuerte seine Unschuld.

»Der Dolch«, sagte er verächtlich, »ist seit alters her ein heiliges Erbstück in meiner Familie, und er liegt offen sichtbar in meinem Schlafzimmer, so weit ich zurückdenken kann. Dieser betrügerische Sklave, der in mein Ehebett spuckt und darum seine

Strafe fürchtet, hat ihn heimlich an sich genommen. Mein Testament habe ich schon viele Male neu abgefaßt, wie es jeder vernünftige Mensch tut, wenn sich die Verhältnisse ändern. Es ist auch nicht das erste Mal geschehen, daß ich Geldgeschenke austeile oder Sklaven freilasse, wofür Milichus selbst ein Beweis ist. Ich war gestern freigebiger als sonst, weil ich viel getrunken hatte und mir wegen meiner vielen Schulden sagte, daß die Gläubiger sich nicht mit allen Bestimmungen meines Testaments einverstanden erklären würden. Deshalb wollte ich ihnen zuvorkommen. Das Geschwätz von den Wundbinden ist eine Erfindung des Milichus. Ich müßte ihn anklagen, nicht er mich. Du brauchst nur meine Gattin ein wenig ins Verhör zu nehmen, um rasch zu erfahren, warum dieser verfluchte Sklave mich fürchtet. Ich habe bisher um meines guten Rufes willen nicht darüber gesprochen, aber wenn man mich, einen unschuldigen, rechtschaffenen Mann, nun anklagt, ich hätte Mordpläne geschmiedet, so ist es an der Zeit, daß ich die Wahrheit bekenne.«

Er beging den einen Fehler, daß er seine Schulden erwähnte. Nero zog den völlig richtigen Schluß, das Scevinus, wenn er am Rande des Bankrotts stand, durch die Verschwörung alles zu gewinnen und nichts zu verlieren hatte. Er nahm sich daher Scevinus und Natalis einzeln vor und fragte sie, worüber sie am Abend zuvor so lange geredet hätten. Natürlich sagte ein jeder etwas anderes, da sie nicht daran gedacht hatten, sich auf ein Verhör vorzubereiten.

Tigellinus ließ ihnen den eisernen Kragen, die Stahlklauen und andere Folterwerkzeuge zeigen, und das genügte. Als erster brach Natalis zusammen, der die Verschwörung am besten kannte und durch ein freimütiges Geständnis etwas für sich zu gewinnen hoffte. Er verriet seinen geliebten Piso und einige andere und bekannte auch, daß er mit Seneca in Verbindung getreten war. Ich konnte von Glück sagen, daß ich Seneca schon vor ihm angezeigt hatte.

Als Scevinus hörte, daß Natalis gestanden hatte, ließ er seine eitlen Hoffnungen fahren. Er gab zu, daß er den Verschwörern angehört hatte und nannte außerdem Senecio, Lucanus, Petronius und andere — und leider auch mich. Zu diesem Zeitpunkt war es mir jedoch ein leichtes, zu behaupten, ich hätte tags zuvor nur an der Versammlung teilgenommen, um mir genaue Kenntnis von der Verschwörung zu verschaffen und das Leben meines Herrschers retten zu können.

Ich hatte mich vorsichtig zurückgehalten, als es darum ging, die Gelder für die Prätorianer einzusammeln. Daher konnte ich nun in aller Ruhe angeben, wer die Männer waren, die für die dreißig Millionen aufkommen wollten. Nero war zufrieden, weil er auf diese Weise ohne Mühe einen bedeutenden Betrag in seine stets magere Kasse erhielt, obgleich er zuletzt durch die Beschlagnahme des Eigentums der Schuldigen hundertfach erntete. Seneca und Pallas allein brachten ihm, soviel ich weiß, mindestens eine Milliarde Sesterze ein.

Um seines Ansehens willen wollte Nero jedoch nicht, daß das Volk erfuhr, welch weite Kreise die Verschwörung wirklich gezogen hatte und wie bitter der Adel ihn haßte. Man hätte sich zweifellos gefragt, was für verborgene Ursachen dieser Haß wohl haben mochte, und Neros Lebenswandel vertrug keine gründlichere Erforschung.

Um die Gerüchte zu zerstreuen, hielt er es später für das klügste, eine Ehe mit Statilia Messalina einzugehen, die Julierin war und somit weit vornehmer als Poppaea. Sowohl sie selbst als auch Nero war mir dankbar, daß ich durch meine fälschliche Anzeige einen Grund geliefert hatte, den Konsul Vestinus aus dem Wege zu räumen. Nero hatte ihr schon lange seine Neigung zu erkennen gegeben, aber Statilia Messalina hatte sich gesagt, daß sie es nicht mit Antonia aufnehmen konnte. Die ganze Stadt wußte, daß Nero um Antonia warb, und alle vernünftigen Menschen nahmen an, Antonia werde früher oder später nachgeben, obwohl sie Nero zunächst aus Schicksalsgründen abweisen mußte.

Als Nero nun das ganze Ausmaß der Verschwörung erkannte, wollte er davon Abstand nehmen, das Ceresfest zu begehen, aber Tigellinus und ich überzeugten ihn, daß das sehr unklug gewesen wäre. Es war viel leichter, die Stadt und, der Flotte wegen, auch Ostia zu besetzen, während sich das Volk im Zirkus befand, und dort konnte man auch ohne großes Aufsehen die schuldigen Senatoren und Ritter festnehmen, bevor es ihnen gelang, aus der Stadt zu entfliehen und bei den Legionen Schutz zu suchen.

Piso mußte unverzüglich verhaftet werden. Von seinem Ehrgeiz geblendet, hatte er sich schon vor der vereinbarten Stunde mit seinem Gefolge vor dem Cerestempel eingefunden. Dort erfuhr er von der Anzeige des Milichus und der Ergreifung des

Scevinus und des Natalis. Er eilte nach Hause, obgleich die Mutigsten aus seinem Gefolge ihn aufforderten, sich mit dem Geld ins Lager der Prätorianer zu begeben oder zumindest die Rednertribüne auf dem Forum zu besteigen und das Volk zum Beistand aufzurufen.

Wer weiß, vielleicht würde Fortunas Waage doch noch zu seinen Gunsten ausgeschlagen haben, wenn er beherzt gehandelt hätte. Fenius Rufus befand sich im Lager, Tigellinus war abwesend, und mehrere Kriegstribunen und Zenturionen gehörten der Verschwörung an. Selbst wenn ihn das Volk und die Soldaten im Stich gelassen hätten: er wäre bei dem kühnen Versuch in Ehren gestorben, er hätte sich seiner Väter würdig erwiesen, und sein Name wäre der Nachwelt als der eines Freiheitskämpfers überliefert worden.

Doch ich sagte schon, daß Piso der Aufgabe nicht gewachsen war, für die man ihn ausersehen hatte. Er zauderte einen Augenblick und ging dann einfach nach Hause. Daraufhin gingen auch seine Freunde ihre eigenen Wege, um zu retten, was noch zu retten war.

Lateranus war der einzige, der Widerstand leistete. Er wurde dafür, ungeachtet seines Konsulranges, zur Richtstätte der Sklaven geschleppt, und der Kriegstribun Statius schlug ihm mit solcher Eile den Kopf ab, daß er sich selbst die Hand verletzte. Lateranus war der einzige, der schwieg und nicht einmal verriet, daß auch Statius an der Verschwörung teilgenommen hatte. Daher dessen Eile.

Alle anderen redeten bereitwillig und zeigten einander an, bevor sie starben – der Dichter Lucanus sogar seine eigene Mutter, und Junius Gallio, mein ehemaliger Vorgesetzter in Korinth, seinen Bruder Seneca. Bei der nächsten Sitzung des Senats wurde Gallio offen des Brudermordes angeklagt, und man behauptete, er sei in weit höherem Maße schuldig als Seneca, doch Nero tat, als hörte er nichts. Auch die Mutter des Lucanus verfolgte er nicht, obwohl sie, um den Dichterruhm ihres Sohnes zu fördern, immer abfällig von Nero gesprochen und ihn einen schamlosen Zitherspieler genannt hatte.

Es würde zu weit führen, wollte ich alle die berühmten Persönlichkeiten aufzählen, die hingerichtet wurden oder Selbstmord begingen, obwohl Nero viele schonte. Aber er war auch nur ein Mensch, und man konnte nicht gut von ihm erwarten, daß er sich bei der Auswahl der Angeklagten nicht von persönlichen Neigungen oder Abneigungen und seinen finanziellen Bedürfnissen leiten ließ.

Die Stadt war voller Leichen. Von den mutigen Männern will ich nur den Kriegstribunen Subrius Flavus nennen. Als Nero ihn fragte, wie er seinen Eid habe vergessen können, antwortete er offen: »Du hattest keinen treueren Soldaten als mich, solange du wert warst, geliebt zu werden. Ich begann dich erst zu hassen, als du deine Mutter und deine Gattin ermordetest und als Wagenlenker, Gaukler und Mordbrenner auftratest.«

Durch so viel Offenherzigkeit begreiflicherweise erzürnt, befahl Nero einem Neger, den er zum Zenturio befördert hatte, Subrius zum nächsten Anger zu führen und zu tun, was zu tun war. Der Neger gehorchte dem Befehl und ließ in aller Eile ein Grab ausheben. Als Subrius sah, daß das Grab zu flach ausfiel, sagte er spöttisch zu den Legionaren: »Diese Schwarzhaut kann nicht einmal ein Grab nach der Dienstvorschrift machen.« Der Negerzenturio war durch die vornehme Abstammung des Subrius so beeindruckt, daß seine Hände zitterten, als dieser ihm furchtlos den Hals hinstreckte, und erst beim zweiten Hieb gelang es ihm, den Kopf vom Rumpf zu trennen.

Fenius Rufus blieb lange verschont, aber zuletzt ärgerte es die Angeklagten, daß er, wie es sein Amt erforderte, als ihr Richter auftrat. Er wurde von so vielen angezeigt, daß Nero an seine Mitschuld glauben mußte, obwohl Rufus sich als Ankläger sehr streng gab, um jeden Verdacht von sich selbst abzulenken. Auf Neros Befehl wurde er während eines Verhörs von einem Soldaten niedergeschlagen und gefesselt. Er verlor sein Leben wie die anderen — zu meinem großen Kummer, denn wir waren gute Freunde gewesen, und nach ihm wurde ein sehr selbstsüchtiger Mann Aufseher über die staatlichen Getreidelager.

Doch letzten Endes war er selbst an seinem Schicksal schuld. Er hätte eine außergewöhnliche Gelegenheit gehabt, in den Gang der Ereignisse einzugreifen. Seneca war wirklich zum Ceresfest nach Rom gekommen. Er hielt sich in einem Haus am Stadtrand, beim vierten Meilenstein, auf, als er hörte, was geschah. Nero schickte den Tribunen Gavius Silvanus aus seiner Leibwache zu ihm und ließ ihn fragen, was er nach dem Geständnis des Natalis zu seiner Verteidigung vorzubringen habe. Silvanus ließ das Haus in der Abenddämmerung umstellen und trat selbst ein, als

Seneca eben mit seiner Gattin Paulina und einigen Freunden in gedrückter Stimmung zu Tisch gegangen war.

Seneca ließ sich nicht beim Mahle stören. Er antwortete gleichsam ganz beiläufig, Natalis habe ihn als Bote Pisos besucht, um sich darüber zu beklagen, daß er die Einladung Pisos nicht angenommen hatte. Darauf habe Seneca höflich auf seine schlechte Gesundheit hingewiesen. Er habe keinen Anlaß, irgend jemanden zu unterstützen. Mit dieser Antwort mußte sich Silvanus zufriedengeben.

Als Nero fragte, ob Seneca Anstalten treffe, freiwillig aus dem Leben zu scheiden, mußte Silvanus ihm erklären, daß er keine Anzeichen von Furcht an ihm entdeckt habe. Daraufhin schickte Nero Silvanus noch einmal zu Seneca, um ihm zu sagen, daß er sterben müsse. Dieser Befehl widerstrebte Nero. Er würde es um seines eigenen Ansehens willen lieber gesehen haben, wenn sein alter Lehrer von sich aus beschlossen hätte, sich in aller Stille das Leben zu nehmen.

Daß aber in diesem Augenblick Neros Schicksal noch immer auf des Messers Schneide stand, mag man daraus ersehen, daß Silvanus nicht geraden Wegs zu Seneca zurückkehrte, sondern Fenius Rufus im Prätorianerlager aufsuchte, ihm von dem Befehl berichtete und fragte, ob er ausgeführt werden solle. Silvanus war nämlich selbst einer der Verschwörer gewesen. Nun hatte Rufus noch immer die Möglichkeit, Seneca zum Imperator ausrufen zu lassen, die Prätorianer zu bestechen und einen bewaffneten Aufruhr anzustiften, wenn er schon glaubte, Nero aufgrund seiner Stellung nicht selbst ermorden zu dürfen.

Ich überlegte mir später, was für Möglichkeiten ihm eigentlich zur Wahl standen. Die Prätorianer wären gewiß nicht sehr darauf erpicht gewesen, an Stelle eines Zitherspielers einen Philosophen auf den Thron zu setzen, aber sie verabscheuten Tigellinus wegen seiner Härte und wären gern bereit gewesen, ihn aus dem Wege zu räumen. Außerdem kannten sie Senecas Reichtum und hätten große Geldgeschenke erpressen können.

Rufus hätte aber noch einen besonderen Grund gehabt, Seneca zu stützen. Er war jüdischer Abstammung und ursprünglich in Jerusalem daheim. Seines hohen Amtes wegen hielt er jedoch seine Herkunft geheim. Sein Vater war ein Freigelassener gewesen, ein Getreidehändler in Kyrene. Als der Sohn nach Rom ging, zahlte er den Feniern große Summen, damit sie ihn adoptierten.

Rufus hatte sodann eine gründliche juristische Ausbildung erhalten und dank seiner Begabung und seinem Geschäftssinn Erfolg gehabt.

Ich weiß nicht, warum sein Vater Simon gewollt hatte, daß Rufus Römer wurde, aber ich weiß, daß dieser Sympathien für die Christen hegte. Mein Vater hatte mir einmal davon erzählt, daß Simon für Jesus von Nazareth das Kreuz zur Richtstätte in Jerusalem getragen haben soll, aber genau erinnere ich mich nicht mehr. Später stieß ich dann noch einmal auf den Namen Simon von Kyrene in den verworrenen Briefen, die mein Vater aus Jerusalem geschrieben hatte, und ich vermute, mein Vater half Rufus, seine Abstammung zu verbergen, und legte bei den Feniern ein Wort für ihn ein. Vielleicht hatte ich deshalb so leicht die Freundschaft des Rufus gewinnen können, als ich mich auf den Getreidehandel verlegte und seine Hilfe nötig hatte.

Seneca auf dem Kaiserthron wäre ein so großer politischer Vorteil für die Christen gewesen, daß es sich gelohnt hätte, einige Grundsätze zu opfern. Gewiß aber hatte Fenius Rufus eine schwere Wahl. Doch er war in erster Linie Jurist und Kaufmann, nicht Soldat. Deshalb konnte er sich nicht zu dem großen Entschluß durchringen und verließ sich offensichtlich darauf, selbst nicht entdeckt zu werden. Er bat also Silvanus, Nero zu gehorchen.

Silvanus, das muß zu seiner Ehre gesagt werden, schämte sich, selbst zu Seneca zu gehen. Er schickte ihm einen Zenturio. Über Senecas Gleichmut im Angesicht des Todes ist so viel Erbauliches geschrieben worden, daß ich nicht mehr viel darüber zu sagen brauche. Ich meine allerdings, es war nicht sehr edel von ihm, seine junge Gattin, die noch das Leben vor sich hatte, überreden zu wollen, mit ihm zu sterben.

Seine Freunde berichteten, daß er sie zuerst tröstete und sie beschwor, nicht in ewigen Kummer zu versinken, sondern ihren Verlust zu verschmerzen und sich vor Augen zu führen, wie doch sein ganzes Leben der Ausübung der Tugend gewidmet gewesen sei. Als er sie auf diese Art weich gestimmt hatte, schilderte er im gleichen Atemzug, wie sehr ihn die Vorstellung erschrecke, was für Mißhandlungen seine geliebte Gattin in den Händen des blutdürstigen Nero ausgesetzt sein werde. Das trieb er so lange, bis Paulina erklärte, sie wolle lieber mit ihrem Gatten sterben. Seneca hob die Hände und sagte: »Ich habe dir gezeigt, wie du dir dein Leben erleichtern kannst. Du ziehst jedoch selbst einen ehrenvollen Tod vor, und ich glaube nicht, daß du schlecht gewählt hast. So wollen wir beide in der Stunde der Trennung die gleiche Festigkeit beweisen.« Dann – um Paulina keine Zeit zu lassen, sich anders zu besinnen – bat er den Zenturio rasch, ihm und seiner Gattin die Pulsadern aufzuschneiden.

Nero hatte jedoch nichts gegen Paulina. Er hatte ausdrücklich befohlen, sie zu schonen, wie er überhaupt, um seines Ansehens willen, darauf bedacht war, in seinen Urteilen alle unnötige Grausamkeit zu vermeiden. Der Zenturio mußte nun zwar Seneca gehorchen, aber er hütete sich, die Sehnen oder die Pulsader zu verletzten, als er Paulina in den Arm schnitt.

Senecas Körper war vom Alter und von der Diät so schwach, daß das Blut nur träge floß. Er stieg jedoch nicht in ein heißes Bad, wie es ein anderer an seiner Stelle getan hätte, sondern begann seinem Schreiber einige Berichtigungen zu seinen gesammelten Schriften zu diktieren. Da Paulina ihn durch ihr Weinen störte, bat er sie ungeduldig, in den Nebenraum zu gehen, und rechtfertigte sich damit, daß er sagte, ihre Standhaftigkeit solle nicht dadurch erschüttert werden, daß sie mit ansehen mußte, wie er litt.

Sobald sie den Raum verlassen hatte, nahmen sich auf Befehl der Soldaten Senecas Sklaven ihrer an, stillten die Blutung und legten einen Verband an. Paulina ließ sie gewähren. Auf diese Weise rettete ihr Senecas grenzenlose Eitelkeit das Leben.

Wie viele Stoiker fürchtete Seneca körperliche Schmerzen. Daher bat er seinen Leibarzt um ein betäubendes Gift, um das gleiche Gift, das die Athener Sokrates gegeben hatten. Vielleicht bildete er sich ein, die Nachwelt werde ihn darum mit Sokrates auf eine Stufe stellen. Als er zu Ende diktiert hatte und der Zenturio schon ungeduldig wurde, nahm er endlich ein heißes Bad und ging danach in die Dampfkammer des Hauses, wo er in den Dämpfen erstickte. Sein Leichnam wurde in aller Stille und ohne Zeremonien verbrannt, so wie er es im voraus bestimmt hatte, indem er aus der Not eine Tugend machte, denn Nero würde aus Angst vor politischen Kundgebungen eine öffentliche Bestattung ohnehin nicht zugelassen haben.

Paulina lebte dank dem Zenturio noch viele Jahre. Sie war allerdings bleich wie ein Gespenst, und es hieß, sie habe sich heimlich den Christen angeschlossen. Ich berichte, was man mir erzählt hat. Selbst verspürte ich kein Verlangen danach, mit der trauernden Witwe in Verbindung zu treten, und das wird jeder vernünftige Mensch verstehen. Erst nach ihrem Tode gestattete ich meinem Freigelassenen, der einen Verlag gegründet hatte, sich der gesammelten Schriften Senecas anzunehmen.

Mein Freund Petronius Arbiter, der Schriftsteller, starb, wie er es seinem Rufe schuldig war. Er lud seine Freunde zu einem üppigen Mahl, in dessen Verlauf er all die kostbaren Kunstschätze, die er gesammelt hatte, vernichtete, damit Nero sie nicht erbte. Am meisten trauerte Nero zwei unvergleichlichen Kristallbechern nach, um die er Petronius seit jeher beneidet hatte.

Seine Schriftstellereitelkeit stellte Petronius dadurch zufrieden, daß er in sein Testament ein vollständiges Verzeichnis aller Laster Neros aufnahm und alle Personen anführte, die ihm behilflich gewesen waren, sie zu befriedigen, wobei er es sich angelegen sein ließ, auch Zeit und Ort genau zu nennen, damit niemand meinte, er mißbrauche seine Phantasie. Er wird wohl dennoch ein wenig übertrieben haben, aber dafür erweckte er um so mehr Heiterkeit, als er seinen Freunden, während er langsam verblutete, das Testament vorlas. Er ließ sich übrigens mehrmals verbinden, um, wie er sagte, auch dem Tod möglichst großen Genuß abzugewinnen.

Das Testament ließ er Nero schicken, und es ist nur schade, daß er niemandem erlaubte, es vorher abzuschreiben. Das wäre ihm als ein Verstoß gegen die Freundschaft erschienen, die ihn einst mit Nero verbunden hatte. Petronius war ein vornehmer Mann, ich glaube, der vornehmste, dem ich je begegnet bin – trotz den pöbelhaften Geschichten, die er veröffentlichte.

Mich konnte er nicht zu seinem Abschiedsmahle laden, doch das nahm ich ihm nicht übel. Er ließ mich wissen, daß er für mein Verhalten volles Verständnis hatte und wahrscheinlich ebenso gehandelt hätte, wenn es ihm möglich gewesen wäre. Er selbst würde mich gern eingeladen haben, aber er fürchtete, ich könnte mich in Gegenwart einiger seiner Freunde nicht wohl fühlen. Ich habe mir seinen feinfühligen Brief aufgehoben und denke an Petronius noch heute wie an einen guten Freund.

Doch wozu von Tod und Verbannung so vieler guter Bekannter, edler Freunde und hochgeachteter Männer berichten! Angenehmer ist es, zu erzählen, welche Belohnungen Nero an diejenigen austeilte, die sich um die Aufdeckung und Unterdrückung der Verschwörung verdient gemacht hatten. Den Prätorianern gab er denselben Betrag, den die Verschwörer ihnen versprochen hatten: zweitausend Sesterze für jeden Mann. Außerdem erhöhte er ihren Sold, indem er bestimmte, daß sie fortan ihr Korn, das sie bis dahin zum geltenden Preis hatten kaufen müssen, umsonst erhalten sollten. Tigellinus und einige andere erhielten das Triumphrecht, und ihre Triumphstatuen wurden auf dem Palatin aufgestellt.

Ich selbst erinnerte Nero daran, daß es leer geworden war in der Kurie und daß auch der Platz meines Vaters noch nicht wieder ausgefüllt war. Im Ausschuß für orientalische Angelegenheiten brauchte man dringend einen Mann, der wie mein Vater mit den Juden zu verhandeln verstand und, im Hinblick auf ihre Sonderstellung, zwischen ihnen und dem Staat als Mittler dienen konnte. Von Neros Standpunkt aus betrachtet, wäre es politisch klug gehandelt, wenn er Senatoren einsetzte, die ihre Treue durch die Tat bewiesen hatten, da der Senat als solcher unzuverlässig war und mit der Republik liebäugelte.

Nero war verblüfft und meinte, er könne nicht einen Mann wie mich zum Senator ernennen. Ich möge doch an meinen Ruf denken. Die Zensoren würden es zu verhindern wissen. Außerdem habe er nach dieser Verschwörung zu seinem Kummer den Glauben an die Menschheit verloren und traue niemandem mehr, auch mir nicht.

Ich vertrat jedoch meine Sache mit Nachdruck und wies darauf hin, daß ich bei Caere und an anderen Orten in Italien die Ländereien besaß, die Voraussetzung für den Senatorenrang waren. Zu jener Zeit war außerdem der Prozeß, den mein Vater in Britannien um das Erbe des Jucundus eingeleitet hatte, zu einem guten Ende gekommen. Die Briten erben auch in der weiblichen Linie. Lugunda war von vornehmer Geburt und obendrein Hasenpriesterin gewesen. Sie war bei dem Aufruhr zusammen mit ihren Eltern und Brüdern umgekommen. Jucundus war somit Alleinerbe und zudem als Adoptivsohn eines Senators eindeutig Römer. Der neue König der Icener hatte seine Forderung anerkannt. Als Kriegsschadenersatz erhielt er neben großen Ländereien auch einen Teil Weideland im angrenzenden Reich der Catavelauner, die ebenfalls an dem Aufruhr beteiligt gewesen waren, und dieser Schadenersatz kostete den König der Icener nichts.

Er schrieb mir einen Brief und bat mich, als Gegenleistung zu versuchen, Seneca dazu zu überreden, daß er seine Wucherzinsen, die das neu erwachte Wirtschaftsleben Britanniens lahmzulegen drohten, wenigstens zum Teil senke. Ich war ja Jucundus' gesetzlicher Erbe, da mein Vater ihn adoptiert hatte.

Ich benutzte also nun die Gelegenheit, mir dieses Erbe von Nero bestätigen zu lassen. An sich hätte er das Recht gehabt, es wegen des Verbrechens meines Vaters zu beschlagnahmen, aber nun hatte er durch die Verschwörung endlich einmal so viel Geld in die Hand bekommen, daß er nicht kleinlich zu sein brauchte. Ich vergalt ihm seine Großzügigkeit damit, daß ich ihn über Senecas ungeheure Investitionen in Britannien aufklärte und ihm riet, die Zinsen auf ein erträgliches Maß herabzusetzen. Nero fand, Wucher stehe einem Kaiser nicht an, und beschloß die Zinsen ganz aufzuheben.

Dadurch stieg der Wert meines Erbes in Britannien beträchtlich, denn die Steuern sanken, und ich war zu meiner Freude der erste, der dem König der Icener davon Mitteilung machen konnte. Das brachte mir in Britannien hohes Ansehen ein, und dank dem Vertrauen, das die Briten in mich setzten, wurde ich später in den Senatsausschuß für britische Angelegenheiten gewählt, wo ich viel erreichte, was sowohl den Briten als auch mir selbst nützte.

Doch zunächst mußte ich mich um meinen Besitz in Britannien kümmern. Ich ließ zwei meiner tüchtigsten Freigelassenen aus Caere kommen und schickte sie nach Britannien, wo sie den Ackerbau auf römische Art betrieben und zu einem ertragreichen Geschäft machten und Schlachtvieh züchteten, das an die Legionen verkauft wurde. Sie vermählten sich später mit achtbaren britischen Frauen, hatten ungewöhnliche Erfolge und wurden zuletzt Stadttetrarchen in Lugundanum, der Stadt, die ich zur Erinnerung an meine britische Gattin hatte gründen lassen.

Der Ackerbau und die Viehzucht warfen mir große Gewinne ab, bis neidische Nachbarn die Methoden meiner Freigelassenen nachzuahmen begannen, aber selbst dann noch bezog ich aus Britannien hohe Einkünfte, obwohl der Gewinnanteil meiner Freigelassenen nicht unerheblich war. Ich glaube übrigens nicht, daß die beiden mich übermäßig betrogen. Ich hatte sie dazu erzogen, in geschäftlichen Dingen meinem Beispiel zu folgen. Ehrlichkeit innerhalb vernünftiger, zumutbarer Grenzen währt stets länger als der nur für den Augenblick einträgliche Betrug.

Ich konnte nun also im Hinblick auf meine Ernennung zum Senator nicht nur Grundbesitz in Italien, sondern auch in Britannien nachweisen und wurde tatsächlich Senator, wie es Claudia gewünscht hatte. Man brachte zuletzt keinen anderen Einwand gegen mich vor als den, daß ich das erforderliche Alter noch nicht erreicht hätte, aber darüber lachte der Senat laut, denn es waren schon früher so viele Ausnahmen bewilligt worden, daß die betreffende Bestimmung längst jede Bedeutung verloren hatte. Außerdem wußten alle, was der Sprecher in Wirklichkeit meinte, aber nicht zu sagen wagte. Auf Neros Vorschlag wurde ich daher so gut wie einstimmig zu diesem hohen Amte gewählt. Ich nahm mir nicht die Mühe, mir diejenigen zu merken, die gegen mich stimmten, denn nach der Sitzung trat einer von ihnen lächelnd auf mich zu und erklärte mir, es sei dem Ansehen des Senates förderlich, wenn weniger wichtige Vorschläge Neros nicht einstimmig angenommen würden. Diese Lehre prägte ich mir dankbar ein.

Ich habe alles, was im Zusammenhang mit der Verschwörung des Piso geschah, so ausführlich berichtet, nicht um mich selbst zu rechtfertigen – dazu habe ich keinen Anlaß –, sondern um das Schmerzlichste so lange wie möglich aufzuschieben. Ja, ich spreche von Antonia. Noch heute, nach so vielen Jahren, kommen mir die Tränen, wenn ich an ihr Schicksal denke.

Gleich nach Pisos Selbstmord stellte Nero Antonias Haus auf dem Palatin unter Bewachung. Von allzu vielen Seiten hatte er zu hören bekommen, daß Antonia sich verpflichtet hatte, den Usurpator ins Lager der Prätorianer zu begleiten. Es ging sogar das wahnwitzige Gerücht um, Piso habe gelobt, er werde sich scheiden lassen und Antonia zur Gattin nehmen, sobald er Kaiser wäre. Ich selbst glaubte es besser zu wissen, sofern nicht Antonia aus Liebe zu mir und im Hinblick auf Deine Zukunft eine solche Ehe für notwendig gehalten hätte.

Eine einzige Nacht durfte ich noch mit Antonia verbringen, und diese Nacht kostete mich eine Million Sesterze. So sehr fürchteten die Wachtposten Nero und Tigellinus. Doch ich trennte mich gern von dieser großen Summe. Was bedeutet Geld einem Manne, der liebt! Mein ganzes Vermögen hätte ich hergegeben, wenn damit Antonias Leben gerettet worden wäre. Oder jedenfalls einen großen Teil meines Vermögens. Doch es half alles nichts.

Wir planten in jener Nacht allen Ernstes, alles aufzugeben und zusammen nach Indien zu fliehen, wo ich gewisse Geschäftsverbindungen hatte. Aber der Weg war zu weit. Wir sahen ein, daß wir früher oder später angehalten worden wären, denn Antonias Gesichtszüge waren, dank ihren vielen Statuen, allen Römern und sogar in den Provinzen bekannt, und keine Verkleidung hätte ihr vornehmes Wesen verbergen können.

Unter Tränen und Umarmungen gaben wir unsere eitlen Hoffnungen auf. Antonia sagte mir zärtlich, sie sterbe mutig und gern, da sie einmal in ihrem Leben wahre Liebe erfahren habe. Sie gestand mir auch offen, daß sie die Absicht gehabt hatte, mich zu ihrem Gemahl zu machen, sobald Claudia auf die eine oder andere Art gestorben wäre. Diese Versicherung ist die größte Ehre, die mir in meinem ganzen Leben zuteil wurde. Ich glaube nicht unrecht zu handeln, indem ich davon spreche, denn ich will mich ja nicht damit brüsten, sondern nur beweisen, daß sie mich wirklich liebte.

Sie sprach viel in unserer letzten Nacht und wie im Fieber und erzählte von ihrer Kindheit und ihrem Onkel Sejanus, der ihrer Meinung nach Claudius zum Kaiser gemacht haben würde, wenn es ihm gelungen wäre, Tiberius zu ermorden und die Unterstützung des Senates zu erlangen. Auf diese Weise wären Rom die Verbrechen des Gajus Caligula erspart geblieben. Doch das Schicksal wollte es anders, und Antonia gab auch zu, daß Claudius damals vielleicht noch nicht reif gewesen wäre zu regieren. Er würfelte, trank und trieb Antonias Mutter an den Rand des Bankrotts.

Wir saßen jedoch nicht die ganze Nacht Hand in Hand und plauderten. Der Tod stand auf der Schwelle und wartete. Dieses Bewußtsein gab unseren Küssen Blutgeschmack und trieb mir brennende Tränen der Leidenschaft in die Augen. Eine solche Nacht erlebt ein Mensch nur einmal im Leben, und er vergißt sie nie. Danach ist jede andere Neigung, jeder andere Genuß ein schwacher Abglanz, und ich habe nach Antonia keine andere Frau mehr wirklich geliebt.

Unwiederbringlich eilten die Stunden dahin, und allzu rasch graute der Morgen. Zuletzt machte mir Antonia einen seltsamen Vorschlag, der mich verstummen ließ, dessen Weisheit ich aber nach meinen ersten entsetzlichen Einwänden bald erkannte. Wir wußten beide, daß es uns nicht mehr möglich war, noch einmal zusammenzutreffen. Ihr Tod stand so unausweichlich bevor, daß Fortuna selbst sie nicht mehr retten konnte.

Daher wollte sie sich die qualvolle Wartezeit abkürzen und schlug mir vor, nach den anderen solle auch ich sie Nero anzeigen. Dies würde ihren Tod beschleunigen, mich von allem Verdacht reinwaschen, den Nero etwa noch gegen mich hegte, und Deine Zukunft sichern.

Der bloße Gedanke an einen solchen Verrat machte mich schaudern, aber Antonia überredete mich zuletzt doch. Es war ja, vernünftig besehen, wirklich das Klügste, auch aus dem Unausweichlichen noch Gewinn zu schlagen.

Noch auf der Schwelle ihres Schlafgemachs gab sie mir gute Ratschläge. Sie nannte mir alte Familien, mit denen ich um Deinetwillen freundschaftliche Beziehungen anknüpfen mußte, und andere, die ich aus Amt und Stellung drängen sollte. Mit Tränen in den Augen sagte sie mir, daß sie ihren Tod nur deshalb beklagte, weil sie gern noch mitgeholfen hätte, eine passende Braut für Dich auszusuchen. Es gab ja nicht mehr viele in Rom, die in Frage kamen. Antonia ermahnte mich, mit Bedacht zu wählen und Dich zu verloben, sobald das rechte Mädchen zwölf Jahre alt geworden war. Aber Du willst ja auf meine vernünftigen Vorschläge nicht hören.

Die Wachtposten wurden unruhig und trieben mich zum Aufbruch. Wir mußten Abschied nehmen. Solange ich lebe, werde ich Antonias tränennasses, lächelndes, vornehm schönes Antlitz nicht vergessen. Ich hatte jedoch einen Plan gefaßt, der mir die Trennung erleichterte, obwohl ich den schwersten Schritt meines Lebens vor mir hatte.

Ich mochte nicht nach Hause gehen, ich mochte Claudia nicht sehen, und nicht einmal Dich, mein Sohn. Ich vertrieb mir die Zeit, indem ich in den Gärten auf dem Palatin umherwanderte. Eine Zeitlang stand ich an eine vom Feuer versengte uralte Pinie gelehnt, die mit unglaublicher Lebenskraft noch immer grünte. Ich blickte nach Ost und West, nach Nord und Süd. Selbst wenn dies alles eines Tages mein gewesen wäre, ich hätte das ganze Erdenrund gegeben für einen einzigen Kuß Antonias und alle Perlen Indiens für die Weiße ihrer Glieder. So wunderbar verblendet den Menschen die Liebe.

Dabei war Antonia älter als ich und ihre üppige Blüte lang vorbei. Ihr schmales Gesicht trug die Furchen des Leids und der Erfahrung, und sie hätte da und dort ein wenig fülliger sein dürfen. In meinen Augen aber erhöhte diese Magerkeit nur ihren Zauber. Das Zittern ihrer Nasenflügel, die jähen Bewegungen ihres Kopfes ... Schöneres habe ich in meinem Leben nicht gesehen.

Ich blickte in meiner Verzückung auf das Forum nieder, auf seine uralten Bauten, auf das neue Rom, das aus Asche und Ruinen entstand, auf Neros Arkaden und das Goldene Haus drüben auf dem Esquilin, das im Sonnenaufgang glänzte. An Grundstücksgeschäfte dachte ich in diesem Augenblick eigentlich nicht, aber es fiel mir doch ein, daß mein altes Haus auf dem Aventin zu eng geworden war und daß ich mir um Deinetwillen in naher Zukunft eine neue Wohnstatt schaffen mußte, so nah wie möglich beim Goldenen Haus.

Ich wandte mich ab und stieg den Palatin hinunter, um zum Goldenen Haus hinüberzugehen und bei Neros Morgenempfang um Vortritt zu bitten. Wenn ich Antonia schon anzeigen mußte, so durfte mir kein anderer zuvorkommen. Beim Gedanken an den Wahnwitz des Lebens lachte ich laut auf, so daß ich bald weinend, bald lachend dahinging, wie ein Mensch, dessen Sinne sich verwirrt haben. Und plötzlich rief ich: »Die Welt ist sinnlos!« als hätte ich eine neue, überraschende Wahrheit entdeckt. Die höchste Weisheit schien es mir jedenfalls in meiner Verfassung zu sein, obwohl ich mich später wieder beruhigte und auf andere Gedanken kam.

Ich erschrak, als ich die im Empfangssaal Wartenden begrüßte, denn sie schienen mir alle Tierköpfe auf den Schultern zu tragen. Es war ein so überraschender Anblick, daß ich mir mit der Hand über die Augen fahren mußte. In dem von Silber und Elfenbein schimmernden Saal, dessen Boden ein riesiges Mosaik zierte, das ein Festmahl der Götter darstellte, waren viele Menschen versammelt, um geduldig zu warten, bis sie – manche erst gegen Mittag – einen Schimmer von Nero erhaschen durften. Die ganze Tierwelt war unter ihnen vertreten, von Kamelen und Igeln bis zu Stieren und Schweinen. Tigellinus glich in meinen Augen so sehr einem mageren Tiger, daß ich mir, als ich ihn begrüßte, mit der flachen Hand vor den Mund schlagen mußte, um nicht laut zu lachen.

Dieses seltsame Trugbild, gewiß eine Folge der durchwachten Nacht, der Erschöpfung von der Liebe und des Aufruhrs, der in mir herrschte, zerrann, als ich vor allen anderen in Neros Schlafgemach eingelassen wurde, weil ich meine Angelegenheit als äußerst wichtig dargestellt hatte. Nero hatte Acte als Bettgenossin. Das zeigte mir, daß er seiner Laster müde geworden war und zu natürlichen Gewohnheiten zurückkehren wollte, was ja bisweilen vorkommt.

Nero sah ich nicht als Tier. Er dünkte mich vielmehr ein leidender, vor grenzenlosem Mißtrauen verzweifelter Mensch oder besser noch als ein verwöhntes Kind, das nicht verstehen konnte, warum andere es böse nannten. Er wollte doch allen wohl und war zudem ein großer Sänger, vielleicht der beste seiner Zeit, wie er selbst aufrichtig glaubte. Ich kann es nicht beurteilen, denn ich bin eher unmusikalisch.

Wie dem auch sei: als ich eintrat, machte Nero wie jeden Morgen gerade seine Stimmübungen. Sein Gesang drang, von Gurgeln unterbrochen, durch das ganze Goldene Haus. Nero wagte nicht einmal Obst zu essen, weil ihm irgendein Arzt gesagt hatte, es sei nicht gut für die Stimme. Meiner Meinung nach sind aber Äpfel oder Weintrauben, am Morgen zu dem üblichen Honigbrot genossen, sehr erfrischend, und außerdem fördern sie die Verdauung, was für Menschen, die auch in fortgeschrittenem Alter noch eine reichgedeckte Tafel schätzen, wichtig ist.

Als ich nun mit zitternder Stimme Antonias Namen hervorstammelte, bekam Nero sein salziges Gurgelwasser in die falsche Kehle. Er hustete so, daß er schon zu ersticken glaubte. Acte mußte ihm auf den Rücken klopfen, und er wurde wütend und jagte sie hinaus.

»Was sagst du da über Antonia, verfluchter Verräter?« fragte Nero, als Acte gegangen war und er wieder sprechen konnte.

Ich gestand zitternd, daß ich ihm bisher Antonias Teilnahme an der Verschwörung verschwiegen hätte — aus Achtung vor ihrem Vater, dem Kaiser Claudius, der seinerzeit, als ich die Toga anlegte, bei mir Pate gestanden war und mir den Namen Lausus gegeben hatte. Nun lasse mir aber mein Gewissen keine Ruhe, und ich könne, um Neros Sicherheit willen, nicht mehr schweigen.

Ich warf mich auf die Knie nieder und erzählte, daß mich Antonia oft zur Nachtzeit habe rufen lassen und daß sie versucht habe, mich zur Teilnahme an der Verschwörung zu bewegen, indem sie mir reichen Lohn und hohe Ämter in Aussicht stellte. Sie sei der Meinung gewesen, daß ich als Freund Neros Gelegenheit hätte, einen Mord mit Gift oder Dolch zu planen.

Um Salz in die Wunde zu streuen, behauptete ich außerdem, Antonia habe versprochen, nach dem Staatsstreich die Gemahlin Pisos zu werden. Wie ich schon sagte, ging dieses unsinnige Gerücht wirklich in Rom um, und ich wußte, daß es mehr als alles andere danach angetan war, Neros Eitelkeit zu kränken. Antonia hatte ja Nero abgewiesen.

Er wollte mir jedoch noch immer nicht glauben. Es schien über seinen Verstand zu gehen, daß sich Antonia einer so unbedeutenden Person anvertraut hatte, wie ich es in seinen Augen war.

Er ließ mich unverzüglich festnehmen und unter Bewachung des diensthabenden Zenturios des Palastes in einen noch unvollendeten Saal sperren, in dem ein berühmter Handwerker an einem prachtvollen Gemälde arbeitete, das den Zweikampf Achills und Hektors vor den Mauern Trojas darstellte. Nero war ja aus julischem Geschlecht und wollte seine Gäste gern daran erinnern, daß seine Abstammung auf ein unziemliches Verhältnis zwischen dem Troer Aeneas und der Venus zurückging. Deshalb mißachtete er auch den Tempel des Vulcanus und äußerte sich stets nur geringschätzig über den Gott. Die einflußreiche Zunft der Schmiede nahm ihm das sehr übel.

Der Geruch der Farbe reizte mich ebenso sehr wie das selbstgefällige Benehmen des Malers. Ich durfte mich nicht einmal halblaut mit meinem Bewacher unterhalten, denn das hätte ihn bei seiner wichtigen Arbeit stören können. Im übrigen kränkte es mich, daß Nero mir nicht einen Kriegstribunen als Wache gegeben hatte, sondern daß ich mich mit der Gesellschaft eines Zenturios begnügen mußte. Er war aber wenigstens römischer Ritter, und ich hätte mich mit ihm, um mir die Zeit zu vertreiben und meine Unruhe zu lindern, über Pferde unterhalten können, wenn der Handwerker nicht so eingebildet gewesen wäre.

Ich wagte es jedoch nicht, ihn zu verunglimpfen, denn er stand hoch in Neros Gunst. Nero behandelte ihn mit herablassender Achtung und hatte ihm das Bürgerrecht verliehen. Deshalb malte er immer in der Toga, so lächerlich das auch aussah. Nero hatte sogar einmal die Absicht geäußert, ihn in den Ritterstand zu erheben, aber zum Glück hatte er diesen wahnwitzigen Gedanken wieder fallengelassen. Ein farbiger Tierbändiger wie Epaphroditus, das mochte noch angehen, aber ein Handwerker, der Bilder malt ... Nein, es hat alles seine Grenzen. Das sah sogar Nero ein.

Ich mußte bis zum Nachmittag warten, aber Nero schickte mir Speisen von seiner eigenen Tafel, und ich machte mir daher keine allzu großen Sorgen. So leise wie möglich würfelte ich mit dem Zenturio, und wir tranken reichlich Wein, obgleich er es nicht wagte, sich einen Rausch anzutrinken, weil er im Dienst war. Ich benützte die Gelegenheit, um Claudia Nachricht zu senden, daß man mich als Verdächtigen festhielt.

Deine Mutter sah zwar ein, daß ich für Deine Zukunft sorgen mußte, meinte aber in ihrer echt weiblichen Unvernunft, es sei darum nicht nötig, daß ich die Rolle des Verräters spielte. Nun sollte sie ruhig ein wenig um mich bangen, obwohl ich selbst bei weitem nicht so in Sorge war, wie ich es ihr in meiner Mitteilung zu verstehen gab. Allerdings kannte ich Neros Launenhaftigkeit und verließ mich nicht auf seine Ratgeber, nicht einmal auf Tigellinus, der mir aus mehreren Gründen Dank schuldete.

Ich war reich, und das konnte Nero reizen, obgleich ich stets mein Bestes getan hatte, die wirkliche Größe meines Vermögens zu verbergen. Mit Unbehagen dachte ich an das Schicksal des Konsuls Vestinus, der nicht einmal an der Verschwörung teilgenommen hatte, und mein einziger Trost war, daß Statilia Messalina gerade wegen Vestinus auf meiner Seite stand.

Nero hatte sich noch nicht mit ihr vermählt, weil das Gesetz eine Wartezeit von neun Monaten vorschreibt, aber Statilia Messalina bereitete schon ein glänzendes Hochzeitsfest vor, und auf die Freuden des Bettes hatte Nero schon zu Lebzeiten des Vestinus reichlichen Vorschuß genommen. An Acte hielt er sich im Augenblick vermutlich deshalb, weil Statilia, um sich als ein besserer Mensch fühlen zu dürfen, der Mondgöttin opferte. Acte neigte heimlich zu der Lehre der Christen, das wußte ich aus sicherer Quelle, und sie versuchte mit Milde, Neros gute Eigenschaften zu fördern. Nero hatte gewiß auch solche, aber diese Aufgabe ging doch über das Vermögen einer Frau, wer sie auch sein mochte.

Statilia Messalina tat eher das Gegenteil. Sie führte als erste in Rom die ursprünglich germanische Mode ein, mit unverhüllter linker Brust zu gehen, und sie konnte es sich leisten, denn sie war mit Recht stolz auf ihre wohlgeformten Brüste. Die Frauen, die von der Natur weniger gut ausgestattet worden waren, nahmen Anstoß an der neuen Mode und erklärten sie für unsittlich. Als ob etwas Schlimmes daran wäre, eine schöne Brust zu zeigen! Es treten ja bei den öffentlichen Opfern auch die Priesterinnen und bei gewissen Gelegenheiten sogar die Vestalinnen mit nackten Brüsten auf, weshalb ich lieber von einem durch tausendjährige Überlieferung geheiligten Brauch sprechen möchte als von etwas Unsittlichem.

Bis zum Abend hatte Tigellinus von den Männern, die in Tullianum noch das Leben hatten behalten dürfen, genug Beweise für Antonias Teilnahme an der Verschwörung gesammelt. In der Hoffnung auf Belohnung hatten sich sogar ein paar feige Verräter gefunden, die ohne mit der Wimper zu zucken schworen, Antonia habe wirklich gelobt, sich mit Piso zu vermählen, sobald dieser seine Gattin losgeworden wäre. Die beiden hätten sogar schon Verlobungsgeschenke ausgetauscht, behaupteten sie. Man nahm bei Antonia eine Hausdurchsuchung vor und fand ein Halsband mit indischen Rubinen, das Piso heimlich bei einem syrischen Goldschmied gekauft hatte. Wie es in Antonias Haus kam, weiß ich nicht und will ich auch nicht wissen.

Alle diese Beweise überzeugten Nero endlich. Er spielte den tief Betrübten, obwohl er natürlich insgeheim froh war, einen Grund zu haben, Antonia zu beseitigen. Um mir eine Gunst zu erweisen, nahm er mich in seinen neuen Tiergarten mit, wo Epaphroditus eine kleine Vorstellung zu seiner Unterhaltung vorbereitet hatte. Ich staunte, als ich einen nackten Knaben und ein nacktes Mädchen erblickte, die an Pfählen in der Nähe der Löwenkäfige festgebunden waren. Epaphroditus war mit der glühenden Eisenstange eines Tierbändigers bewaffnet und trug ein Schwert an der Seite. Er machte mir aber heimlich ein Zeichen, mich nicht zu beunruhigen.

Dennoch erschrak ich, wie ich offen zugeben muß, als ich plötzlich ein dumpfes Brüllen vernahm und einen Löwen, der mit dem Schweif den Sand peitschte, auf die Pfähle zuspringen sah. Er richtete sich auf, um die nackten Opfer zu kratzen, und schnupperte auf eine widerliche Art an ihren Geschlechtsteilen. Zu meiner Verwunderung litten jedoch die Kinder, die sich vor Entsetzen wanden, keinen nennenswerten Schaden. Als der Löwe sich ein wenig beruhigt hatte, trat Epaphroditus auf ihn zu und rannte ihm das Schwert in den Bauch, daß das Blut weithin spritzte und der Löwe auf den Rücken fiel, mit den Pranken in der Luft herumschlug und schließlich so glaubwürdig, wie man es sich nur wünschen konnte, den Geist aufgab.

Als der Knabe und das Mädchen losgebunden und hinausgeführt worden waren, kroch aus der Löwenhaut Nero hervor und fragte stolz, ob er durch seine Schauspielkunst nicht sogar mich getäuscht habe, obwohl ich doch genug Erfahrung mit Raubtieren hatte. Selbstverständlich versicherte ich ihm, ich hätte den Löwen für echt gehalten.

Nero zeigte mir die in die Löwenhaut eingebauten Stahlfedern und anderen Mechanismen und die Blutblase, in die Epaphroditus mit dem Schwert ein Loch gestoßen hatte. Ich wunderte mich nachher noch lange über dieses wahnsinnige Spiel, das Nero große Befriedigung zu verschaffen schien und dessen er sich doch ein wenig schämte, denn nur wenige seiner Freunde durften es mit ansehen.

Nachdem er mir nun auf diese Weise sein Vertrauen bewiesen hatte, musterte er mich mit einem heimtückischen Blick und sagte mit erheuchelter Sanftmut: »Es gibt genug Beweise für Antonias Schuld, und ich muß ihnen glauben, sosehr es mich auch schmerzt, daß sie sterben muß. Sie ist ja meine Halbschwester. Du hast mir die Augen geöffnet. Deshalb sollst auch du die Ehre haben, zu ihr zu gehen und sie zu bitten, sich die Pulsadern zu öffnen. Tut sie das freiwillig und in aller Stille, so will ich die Sache nicht an die Öffentlichkeit bringen. Es geht ja auch um mein Ansehen. Ich werde ihr sogar ein Staatsbegräbnis bewilligen und ihre Urne im Mausoleum des Gottes Augustus aufstellen lassen. Darauf hat sie ein Recht durch ihre Geburt. Dem Senat und dem Volk sage ich, daß sie im Wahnsinn Selbstmord begangen hat oder weil sie sich die Schmerzen einer unheilvollen Krankheit ersparen wollte. Irgendeine Erklärung wird sich schon finden, wenn sie sich nur anständig benimmt und keine Umstände macht.«

Ich war so verblüfft, daß mir die Worte im Halse steckenblieben, denn Nero kam mir zuvor. Ich hatte ihn selbst um die Gunst bitten wollen, Antonia die Todesbotschaft überbringen zu dürfen, um in ihren letzten Stunden bei ihr zu sein und ihre Hand in der meinen halten zu können, während das Blut aus ihrem schönen Körper rann. Der Gedanke daran hatte mir geholfen, die qualvolle Spannung dieses langen Tages zu ertragen.

Nero legte mein Schweigen falsch aus. Er lachte auf, schlug mir auf die Schulter und sagte im Tone der Verachtung: »Ich verstehe, daß es dir wenig behagt, dich Antonia als Verräter zu erkennen zu geben. Irgend etwas werdet ihr schon miteinander getrieben haben bei euern heimlichen Begegnungen. Ich kenne Antonia.« Ich glaube aber nicht, daß er ernstlich annahm, Antonia könnte sich zu einem Mann wie mir herabgelassen haben, da sie doch Nero abgewiesen hatte. So groß war seine männliche Eitelkeit.

Nero glaubte mich zu demütigen, indem er mich zu Antonia schickte, denn zuinnerst verachtete er alle Verräter. Es gibt da jedoch gewisse Unterschiede, das glaube ich durch meinen Bericht schon bewiesen zu haben. Meine Beweggründe waren eher edel als selbstsüchtig. Ich dachte nur an Dich, mein Sohn, und damit an die Zukunft des julischen Geschlechts. Mein eigenes Leben zu retten war mir nicht so wichtig. Wie dem auch sei: in dem Glauben, mich zu demütigen, gewährte mir Nero die größte Freude, die ich erhoffen durfte.

Das las ich in Antonias strahlendem Gesicht, als sie mich noch einmal wiedersah, nachdem sie schon geglaubt hatte, wir hätten für alle Zeiten voneinander Abschied genommen. Noch niemand hat so sein Todesurteil angehört: mit ausgestreckten Armen, lächelndem Gesicht und leuchtenden Augen. Sie zeigte mir ihre Freude so deutlich, daß ich den Kriegstribunen und seine Soldaten augenblicklich bat, sich zu entfernen. Es genügte, wenn sie das Haus von außen bewachten.

Ich wußte, daß Nero ungeduldig die Nachricht von Antonias Tod erwartete. Auch er hatte es nicht leicht. Aber ich nahm an, er werde verstehen, daß es seine Zeit brauchte, Antonia dazu zu überreden, ohne jedes Aufsehen Selbstmord zu begehen. Zwar bedurfte es dazu in Wirklichkeit nicht eines einzigen Wortes, aber das wußte Nero nicht.

Ich wollte keine unersetzliche Zeit verlieren, indem ich Antonia nach Pisos Halsband fragte, obwohl die Eifersucht an meiner Leber fraß. Wir sanken einander noch einmal in die Arme, und wenn ich mich schon nach der durchwachten Nacht und dem zermürbenden Warten dieses langen Tages als Liebhaber nicht sonderlich auszeichnete, so durften wir doch ganz nah beisammenliegen, so nahe, wie zwei Menschen einander nur kommen können.

Ihre Sklavinnen bereiteten indessen ein warmes Bad in ihrem Porphyrbecken. Nackt schritt sie vor mir her in den Baderaum und bat mich mit Tränen in den Augen, alles auf das rascheste zu vollbringen. Ich schnitt ihr im warmen Wasser mit einem scharfen Messer so behutsam und geschickt wie möglich die Pulsadern in den Armbeugen auf. Sie versuchte, sich den Schmerz nicht anmerken zu lassen, um mir nicht weh zu tun, konnte aber doch ein leises Stöhnen nicht unterdrücken.

Als das Blut rasch hervorzuquellen begann und das balsamduftende Bad rötete, bat mich Antonia, ihr die Schwäche zu verzeihen. Sie hatte sich, reich und verwöhnt, nie an das geringste Unbehagen zu gewöhnen brauchen, erklärte sie mir zu ihrer Rechtfertigung. Die Sklavinnen, die ihr das schöne helle Haar bürsteten, mußten achtgeben, daß sie sie nicht zupften, sonst stach sie ihnen eine Nadel in die Brust.

Als ich nun über das Becken gebeugt Antonia hielt, den einen Arm um ihren Hals gelegt, den Mund auf den ihren gepreßt, ihre Hand in der meinen, dünkte mich mein eigenes Leben von so geringem Wert, daß ich aufrichtig darum bat, mit ihr sterben zu dürfen.

»Das ist das Liebste, was je ein Mann zu mir gesagt hat«, flüsterte sie mit matter Stimme und küßte mich aufs Ohr. »Du mußt aber um unseres Sohnes willen weiterleben. Vergiß die guten Ratschläge nicht, die ich dir für seine Zukunft gegeben habe. Und denk auch daran, mir eine deiner alten etruskischen Goldmünzen in den Mund zu legen, bevor man mir das Kinn aufbindet und mich für den Scheiterhaufen herrichtet. Das wird mir dein letztes und liebstes Geschenk sein, obwohl ich es werde hergeben müssen, um Charon zu entlohnen. Wenigstens wird er mich behandeln, wie es meinem Rang gebührt. Ich möchte auf seiner Fähre nicht vom Pöbel angerempelt werden.«

Eine Weile später öffneten sich ihre Lippen unter den meinen, und der Griff ihrer Hand lockerte sich. Ich hielt jedoch ihre schlanken Finger fest und küßte ihr geliebtes Antlitz, bis das Ende kam.

Als sie tot war und ich nicht den leisesten Atemhauch mehr spürte, trug ich ihren blutigen Leichnam in das Bett zurück und wusch mir rasch die Blutspuren ab. Zu meiner Freude konnte ich feststellen, daß Antonia die neueste ägyptische Seife meines Freigelassenen verwendet hatte. Sie war freilich nicht wirklich ägyptisch, sondern wie seine übrigen Seifen und allgemein beliebten Zahnpulver in Rom hergestellt, aber die Leute zahlten für die Seifen mehr, wenn er ihnen hübsche Namen gab.

Nachdem ich mich angekleidet hatte, rief ich den Zenturio und die Soldaten herein, damit sie bezeugten, daß Antonia freiwillig Selbstmord begangen hatte. Den Sklavinnen überließ ich ihren Leichnam erst, nachdem ich ihr eine der uralten Goldmünzen in den Mund gelegt hatte, die meine Freigelassenen in alten Gräbern in Caere gefunden hatten. Ich bat den Hofmeister, darauf zu achten, daß sie nicht gestohlen wurde, denn ich selbst mußte rasch zu Nero zurückkehren.

Nero hatte nach seinem Löwenspiel reichlich Wein getrunken, um sich zu beruhigen, und dankte mir überrascht dafür, daß ich meinen peinlichen Auftrag so schnell ausgeführt hatte. Er bestätigte mir noch einmal mit seinem kaiserlichen Wort, daß ich das Erbe nach Jucundus behalten durfte, und versprach, er werde in der Kurie ein Wort für mich einlegen, damit ich einen Senatorenschemel erhielt. Das habe ich schon berichtet. Ich fühle mich erleichtert, weil ich nun den traurigsten Teil meiner Geschichte niedergeschrieben habe.

Wenige Wochen später geriet ich selbst gerade Antonias wegen in Lebensgefahr, doch was bedeutete das schon, verglichen mit dem soeben Geschilderten. Zum Glück hatte ich Freunde, die mich rechtzeitig von den Nachforschungen unterrichteten, die Nero anstellen ließ, als Antonias Testament bekannt wurde. Auf diese Weise war es mir möglich, Claudia vorzubereiten, die allerdings meinen ganzen Plan widerwärtig fand.

Ich verstehe heute noch nicht, warum Antonia, eine erfahrene, in politischen Dingen bewanderte Frau, Dich unbedingt in ihrem Testament bedenken mußte, obwohl ich sie seinerzeit davor gewarnt hatte. Wir waren vor ihrem Tode nicht mehr auf das Testament zu sprechen gekommen, denn wir hatten anderes miteinander zu reden, und im übrigen hatte ich, offen gestanden, vergessen, was sie damals, als sie Dir den Namen Antonianus gab, versprochen hatte.

Nun mußte ich mich so rasch wie möglich Rubrias entledigen, denn sie war als die älteste der Vestalinnen die einzige, die über Deine wahre Abstammung rechtsgültig Zeugnis ablegen konnte. Meine Begegnung mit ihr mag ich nicht genauer schildern. Ich will nur soviel sagen, daß ich vorher eine kleine Reise unternehmen mußte, um die alte Locusta auf dem hübschen Landgut zu besuchen, das Nero ihr geschenkt hatte. Sie zog in den Gärten dort zusammen mit ihren Schülern mancherlei Arzneipflanzen, wobei sie bei Aussaat und Ernte die Stellung der Gestirne mit wissenschaftlicher Genauigkeit beobachtete.

Zu meiner Erleichterung erweckte Rubrias Tod bei den Ärzten nicht den geringsten Verdacht. Sie war nicht einmal dunkel im Gesicht geworden. Zu solcher Höhe hatte Locusta in ihren alten Tagen ihre Kunst entwickelt. Nero stellte ihr aber auch immer wieder Verbrecher, die nichts Besseres verdienten, zur Verfügung, an denen sie ihre Arzneien erproben konnte.

Mein Besuch bei Rubria gab zu keinen Fragen Anlaß, denn sie empfing viele Besucher im Artium der Vestalinnen. So konnte ich in mein geheimes Versteck das versiegelte Dokument einmauern, in dem sie Claudias Herkunft bezeugte, die Aussage der toten Paulina wiedergab und bestätigte, daß Antonia Deine Mutter Claudia als ihre Halbschwester betrachtet und Dir zum Zeugnis dessen den Namen Antonianus gegeben hatte.

An einigen äußerlichen Anzeichen glaubte ich zu bemerken daß ich in Ungnade gefallen war, und ich war daher nicht überrascht, als Nero mich zu sich rufen ließ, damit ich ihm Rede und Antwort stünde, ja ich glaube sogar, mich gut vorbereitet zu haben. Nero biß sich auf die Lippen, und sein Kinn zitterte, als er mir befahl: »Laß mich etwas über deine Ehe hören, Manilianus, von der ich noch nichts weiß, und versuche mir eine glaubhafte Erklärung dafür zu geben, daß Antonia deinen Sohn in ihrem Testament bedacht und ihm sogar ihren eigenen Namen verliehen hat. Ich wußte nicht einmal, daß du außer dem Bankert des Epaphroditus noch einen Sohn hast!«

Ich wich seinem Blick aus und gab mir Mühe, vor Furcht zu zittern, wozu es allerdings, um ehrlich zu sein, keiner großen Anstrengung bedurfte. Nero argwöhnte, ich hätte etwas zu verbergen, und fuhr fort: »Ich würde nichts sagen, wenn Antonia sich damit begnügt hätte, dem Knaben den Siegelring ihres Onkels Sejanus zu vermachen, aber es ist unfaßbar, daß sie ihm einen großen Teil des Familienschmucks der Julier gab, den sie von der Mutter des Claudius, der alten Antonia, geerbt hatte, unter anderem eine Schulterspange, die der Gott Augustus im Feld und bei den staatlichen Opfern getragen haben soll. Noch merkwürdiger aber ist es, daß deine Ehe nirgends eingetragen ist und daß dein Sohn nicht einmal in die neue Einwohnerliste — von der Ritterrolle ganz zu schweigen — eingeschrieben wurde, obwohl die vorgeschriebene Frist längst abgelaufen ist. An der Sache ist etwas faul.«

Ich warf mich zu seinen Füßen nieder und rief mit erheuchelter Reue: »Schon lange plagt mich deshalb das Gewissen, aber ich schäme mich so, daß ich noch mit keinem meiner Freunde darüber zu sprechen wagte. Meine Gattin Claudia ist Jüdin.«

Nero brach vor Erleichterung in ein so gewaltiges Gelächter aus, daß es seinen gedrungenen Körper schüttelte und ihm die Tränen in die Augen traten. Er schickte nicht gern jemanden auf einen bloßen Verdacht hin in den Tod, am allerwenigsten seine wirklichen Freunde.

»Minutus, Minutus«, sagte er tadelnd, als er wieder zu sprechen imstande war. »Es ist keine Schande, Jude zu sein. Du weißt, wieviel jüdisches Blut im Laufe der Jahrhunderte in unsere vornehmsten Familien eingedrungen ist. Um meiner geliebten Poppaea willen kann ich die Juden nicht für schlechter halten als andere Menschen. Ich dulde sie sogar in den staatlichen Ämtern, innerhalb vernünftiger Grenzen, versteht sich. Wo ich herrsche, sind alle Menschen, als Menschen betrachtet, gleich, seien sie nun Römer oder Griechen, schwarz oder weiß. Daher habe ich auch nichts gegen die Juden.«

Ich stand auf und gab mir den Anschein tiefer Verlegenheit. »Wenn das alles wäre, würde ich nicht gezögert haben, meine Gattin dir und meinen anderen Freunden vorzustellen«, sagte ich bekümmert. »Zu alledem stammt sie aber auch noch von Sklaven ab. Ihre Eltern waren elende Freigelassene der Mutter des Claudius, also gewissermaßen deiner Großmutter. Deshalb heißt sie Claudia. Du wirst nun verstehen, weshalb ich mich ihrer schäme. Vielleicht wollte Antonia dem Knaben zur Erinnerung an ihre Großmutter ein paar billige Schmuckstücke hinterlassen. Daß er Antonianus heißen soll, war der Wunsch meiner Gattin Claudia.«

Nun spielte ich den Zornigen und sagte: »Im übrigen meine ich, es ist die reine Bosheit, daß Antonia meinen Sohn in ihrem Testament bedacht hat. Sie wollte, daß man mich verdächtigt, denn sie wußte, daß ich Scevinus, Piso und andere angezeigt hatte; daß ich, von meinem Gewissen getrieben, um deiner Sicherheit willen eines Tages sie selbst anzeigen würde, konnte sie damals freilich noch nicht ahnen. Wahrhaftig, ich bereue es jetzt nicht mehr.«

Nero runzelte die Stirn und dachte nach. Da ich bemerkte, daß sein Mißtrauen von neuem erwachte, fuhr ich rasch fort: »Es ist das beste, ich gestehe dir auch gleich, daß ich zum Glauben der Juden neige. Das ist kein Verbrechen, wenngleich unpassend für einen Mann in meiner Stellung. Aber meine Gattin ist sehr starrsinnig. Sie zwingt mich, die Julius-Caesar-Synagoge aufzusuchen. Das tun aber auch andere Römer. Die Mitglieder dieser Synagoge scheren sich den Bart, kleiden sich wie andere Menschen und gehen ins Theater.«

Nero starrte mich noch immer finster an. »Deine Erklärung klingt recht glaubwürdig«, sagte er, »nur hat Antonia leider diesen Zusatz zu ihrem Testament schon vor mehr als einem halben Jahr beurkunden lassen. Damals konnte sie noch nicht ahnen, daß du die Verschwörung des Piso verraten würdest.«

Ich sah ein, daß ich noch mehr gestehen mußte, und war dazu bereit, obgleich ich mich noch eine Weile wand, um Nero nicht durch eine allzu plötzliche Offenherzigkeit in seinem Mißtrauen zu bestärken. Er glaubte felsenfest, daß alle Menschen etwas vor ihm verbargen. Ich blickte daher zu Boden, scharrte mit dem einen Fuß auf einem Mosaik, das Mars und Venus zeigte, die einander umarmten und im Kupfernetz des Vulcanus gefangen waren, und ausgezeichnet zu meiner Lage paßte, knetete verlegen meine Hände und brachte kein Wort hervor, bis Nero plötzlich schrie: »Sag mir augenblicklich alles, sonst lasse ich dir deine nagelneuen roten Schnürstiefel abnehmen! Daß der Senat nichts dagegen einzuwenden hätte, weißt du selbst am besten!«

»Ich verlasse mich auf deinen Edelmut und dein Taktgefühl!« rief ich. »Behalte mein schändliches Geheimnis für dich, und sprich davon nicht zu meiner Gattin. Ihre Eifersucht ist unerträglich. Sie ist in dem gewissen Alter, und ich verstehe selbst nicht mehr, wie ich ihr ins Garn gehen konnte.«

Nero witterte eine anzügliche Geschichte. Er leckte sich die Lippen und sagte: »Es heißt, die Jüdinnen hätten im Bett ihre besonderen Vorzüge. Außerdem wirst du ihre jüdischen Verbindungen schon für deine Zwecke ausgenutzt haben. Mich führst du nicht hinters Licht. Ich verspreche dir gar nichts. Laß hören!«

Stammelnd gestand ich ihm: »In ihrem Ehrgeiz setzte meine Gattin es sich in den Kopf, wir müßten Antonia einladen, wenn ich meinem Sohn seinen Namen gab und ihn in Gegenwart von Zeugen auf meine Knie setzte und anerkannte.«

»So wie du seinerzeit Lausus anerkanntest«, bemerkte Nero spaßend. »Aber sprich weiter.«

»Ich konnte mir nicht vorstellen, daß Antonia wirklich kommen würde, wenngleich der Kleine ein Enkel der Freigelassenen ihrer Großmutter ist«, sagte ich. »Damals hatte sie jedoch wenig Umgang und sehnte sich nach Abwechslung. Aus Gründen der Schicklichkeit brachte sie die Vestalin Rubria mit, die sich, nebenbei bemerkt, an diesem Abend einen Rausch antrank. Friede ihrem Andenken. Ich kann es mir nicht anders erklären, als daß Antonia irgend etwas Vorteilhaftes über mich gehört hatte und mich kennenlernen wollte. Sofern sie nicht schon damals darauf aus war, für spätere Zwecke Freunde und Anhänger zu werben! Als sie ein wenig Wein getrunken hatte, gab sie mir zu verstehen, ich sei in ihrem Haus auf dem Palatin jederzeit willkommen, am liebsten ohne meine von Sklaven herstammende Gattin.«

Nero errötete, seine Mundwinkel zuckten, und er beugte sich vor, um sich kein Wort entgehen zu lassen.

»Ich war so eitel, daß ich mich durch ihre Einladung geehrt fühlte«, fuhr ich fort. »Zugleich aber sagte ich mir, daß ich sie nur einer Weinlaune oder irgendeinem anderen, mir noch nicht bekannten Grunde verdankte. Dennoch suchte ich sie eines Abends auf, und sie empfing mich sehr freundlich ... Nein, ich wage nicht weiterzuerzählen.«

»Du brauchst dich nicht zu schämen«, sagte Nero. »Ich weiß genug über deine Besuche bei ihr. Sie sollen bis zum Morgen gedauert haben. Ich habe sogar schon daran gedacht, daß Antonia deinen Sohn heimlich geboren haben könnte, aber wie ich höre, ist er ja schon sieben Monate alt. Außerdem wissen wir, daß Antonia unfruchtbar war wie eine alte Kuh.«

Mit rotem Kopf gestand ich nun also, daß Antonia mir auch im Bett große Gastfreundschaft erwiesen und an mir Gefallen gefunden hatte, so daß sie mich recht oft bei sich haben wollte. Ich aber war wegen meiner Gattin in Sorge, unser Verhältnis könnte entdeckt werden. Vielleicht, sagte ich, hatte ich Antonia in ihrer Einsamkeit so gut getröstet, daß sie deshalb meinen Sohn in ihrem Testament bedachte, da sie mir schon aus Gründen der Schicklichkeit nichts geben konnte.

Nero lachte und schlug sich auf die Knie. »Das alte Luder!«

schrie er. »Hat sie sich also mit dir eingelassen! Aber du warst nicht der einzige. Ob du mir's glaubst oder nicht: sie hat es auch mit mir einmal versucht, als ich ihr aus bloßer Freundlichkeit und um der Verwandtschaft willen ein wenig geschmeichelt hatte. Ich war natürlich betrunken. Sie hängte sich mir an den Hals, und schon hatte ich ihre spitze Nase und ihre dünnen Lippen im Gesicht. Danach streute sie das wahnsinnige Gerücht aus, ich hätte um sie geworben. Pisos Halsband zeigt ja deutlich genug, wie lasterhaft sie war. Gewiß hat sie's auch mit Sklaven getrieben, wenn sie gerade nichts Besseres bei der Hand hatte. Da warst du ihr freilich gut genug!«

Ich ballte die Fäuste und zwang mich zu schweigen.

»Statilia Messalina hat übrigens viel Freude an Pisos Halsband«, sagte Nero. »Sie läßt sich sogar die Brustwarzen in der Farbe dieser Taubenblutrubine schminken.«

Nero war von seinen eigenen Einfällen so begeistert, daß ich mich der schlimmsten Gefahr entronnen wußte. Er war erleichtert und guter Laune, aber gerade weil er nun zum Scherzen aufgelegt war, wollte er mich für meine Geheimniskrämerei auf solche Weise strafen, daß ich in der ganzen Stadt zum Gespött wurde. Er dachte eine Weile nach und sagte dann: »Ich will natürlich deine Gattin sehen und mich mit eigenen Augen davon überzeugen, daß sie Jüdin ist. Ebenso will ich die Zeugen verhören, die zugegen waren, als dein Sohn seine Namen erhielt. Ich nehme an, sie sind auch alle Juden. Ferner lasse ich in der Julius-Caesar-Synagoge nachfragen, ob du wirklich so ein treuer Besucher bist. Unterdessen kannst du mir den Gefallen tun, dich der Einfachheit halber beschneiden zu lassen. Deine Gattin wird sich nur darüber freuen, und außerdem finde ich es nicht mehr als recht und billig, daß du an dem Körperteil bestraft wirst, mit dem du meine Halbschwester Antonia entehrt hast. Danke deinem Glück, daß ich so gut aufgelegt bin und dich so leicht davonkommen lasse!«

Ich erschrak und bat ihn demütig, mich nicht so entsetzlich zu kränken. Aber ich hatte ja selbst den Hals in die Schlinge gesteckt. Als Nero mein Erschrecken sah, freute er sich erst recht über seinen Einfall. Er legte mir tröstend die Hand auf die Schulter und sagte: »Es ist nur gut, wenn ein Beschnittener im Senat sitzt und sich um die Angelegenheiten der Juden kümmert. Geh also und sieh zu, daß das rasch erledigt wird, und dann schaffe mir deine Gattin und die Zeugen her. Und komme selbst mit, wenn du noch gehen kannst. Ich will mich davon überzeugen, daß du meinem Befehl gehorcht hast.«

Ich mußte nach Hause gehen und Claudia und den beiden Zeugen, die voller Angst auf meine Rückkehr warteten, sagen, daß wir uns binnen kurzem im Empfangssaal des Goldenen Hauses einzufinden hatten. Darauf ging ich ins Lager der Prätorianer, um mit einem Feldscher zu sprechen. Der Mann versicherte mir mit vielen Worten, er könne diesen kleinen Eingriff ohne weiteres vornehmen und habe ihn während seiner Dienstzeit in Afrika an vielen Legionaren und Zenturionen durchgeführt, denen die ständigen Entzündungen durch den Sand zu viel geworden waren. Er hatte sogar noch das Röhrchen, das man dazu braucht.

Ich wollte mich um meines Ansehens willen nicht bei den Juden behandeln lassen. Das war ein großer Fehler, denn sie hätten es unvergleichlich geschickter gemacht. Ich ertrug tapfer das schmutzige Röhrchen und das stumpfe Messer des Feldschers, aber die Wunde heilte schlecht und eiterte so, daß ich lange Zeit keine Lust verspürte, eine Frau auch nur anzusehen.

Eigentlich bin ich seither nicht mehr ganz der alte. Es hat zwar Frauen gegeben, die auf mein narbiges Glied recht neugierig waren, aber ich möchte sagen, daß ihr Vergnügen größer war als meines. Auf diese Weise bin ich dazu gekommen, ein recht tugendhaftes Leben zu führen.

Ich schäme mich nicht, davon zu sprechen. Es wissen ohnehin alle, was für einen Scherz sich Nero auf meine Kosten leistete, und ich bekam einen Spitznamen, den ich hier aus Schicklichkeitsgründen lieber nicht nennen will.

Deine Mutter ahnte nicht, was sie bei Nero erwartete, obwohl ich versucht hatte, sie auf ihre Rolle vorzubereiten. Als ich humpelnd und leichenblaß aus dem Prätorianerlager zurückkehrte, fragte Claudia mich nicht einmal, was mir fehle. Sie glaubte, ich hätte lediglich Angst vor Neros Zorn. Die beiden Judenchristen fürchteten sich wirklich, und es half auch nichts, daß ich ihnen Mut zusprach und sie an die Geschenke erinnerte, die ich ihnen in Aussicht gestellt hatte.

Nero warf einen einzigen Blick auf Claudia und rief auch schon: »Ein Judenweib! Das sieht man an den Brauen und den dicken Lippen, von der Nase ganz zu schweigen. Graue Haare hat sie auch. Die Juden werden früh grau. Das kommt von irgendeinem ägyptischen Fluch, habe ich mir sagen lassen. Merkwürdig, daß sie in diesem Alter noch ein Kind gebären konnte, aber dieses Volk vermehrt sich ganz unglaublich.«

Claudia zitterte vor Zorn, beherrschte sich jedoch um Deinetwillen. Danach schworen die beiden Juden beim Tempel zu Jerusalem, daß sie Claudias Herkunft kannten und daß sie Jüdin sei, aus so hoch angesehenem Geschlecht, daß ihre Eltern schon zu Pompejus' Zeiten als Sklaven nach Rom gebracht worden seien. Die beiden bezeugten außerdem, daß Antonia bei der Namensgebung meines Sohnes zugegen gewesen war und gestattet hatte, daß er ihrer Großmutter zum Gedenken den Namen Antonianus erhielt.

Dieses Verhör schläferte Neros letztes Mißtrauen ein. Die beiden Judenchristen begingen zwar einen Meineid, aber ich hatte sie eigens ausgewählt, weil sie einer gewissen Gruppe von Christen angehörten, die aus irgendeinem Grunde behauptete, Jesus von Nazareth habe alle Arten von Eiden untersagt. Sie nahmen es mit ihrem Glauben sehr genau und waren sich bewußt, daß sie sündigten, indem sie einen Eid ablegten, weshalb sie meinten, es sei dann schon einerlei, ob der Eid nun wahr oder falsch war. Sie opferten sich auf und begingen diese Sünde um meines Sohnes willen, und sie hofften, Jesus von Nazareth werde ihnen verzeihen, weil sie in guter Absicht handelten.

Nero wäre aber nicht Nero gewesen, wenn er nicht mit einem pfiffigen Seitenblick auf mich so beiläufig wie möglich gesagt hätte: »Liebe Domina Claudia – eigentlich sollte ich wohl Serenissima sagen, da dein Gatte es trotz seiner niedrigen Herkunft verstanden hat, sich die Purpurstiefel zu verschaffen –, also liebe Domina Claudia, du wirst wohl wissen, daß dein Gatte sich die Gelegenheit zunutze machte und ein heimliches Verhältnis mit meiner unglücklichen Halbschwester Antonia anknüpfte. Ich habe Zeugen dafür, daß sie Nacht für Nacht in einem Lusthaus in Antonias Garten miteinander Unzucht trieben. Ich war gezwungen, sie überwachen zu lassen, damit sie nicht am Ende in ihrer Liederlichkeit einen öffentlichen Skandal heraufbeschwor.«

Claudia erbleichte bis in die Lippen, als sie das hörte. Meiner Miene konnte sie entnehmen, daß Nero die Wahrheit sprach. Außerdem hatte sie selbst mich mit ihrem Mißtrauen verfolgt, bis es mir gelungen war, ihr Sand in die Augen zu streuen, indem ich ihr erklärte, daß ich an der Verschwörung des Piso teilhatte und dergleichen Zusammenkünfte nachts stattzufinden pflegten.

Sie hob die Hand und schlug mich auf die Wange, daß es laut schallte. Demütig hielt ich ihr auch die andere Wange hin, wie es Jesus von Nazareth gelehrt hatte. Claudia hob die andere Hand und schlug so heftig zu, daß mir das Trommelfell platzte. Seither bin ich ein wenig taub. Dann stieß sie eine Flut von so gemeinen Schimpfwörtern hervor, daß ich nie geglaubt hätte, dergleichen einmal aus ihrem Mund zu hören. Ich möchte meinen, daß ich Christi Lehre besser befolgte als sie, denn ich schwieg still.

Claudia aber goß einen solchen Schwall von Grobheiten über mich und die tote Antonia aus, daß Nero ihr zuletzt Einhalt gebieten mußte. »Über die Toten nur Gutes«, mahnte er. Claudia vergaß anscheinend, daß Antonia seine Halbschwester war und daß er deshalb nicht dulden durfte, daß andere schlecht von ihr sprachen.

Um Claudia zu besänftigen und ihr Mitleid zu erregen, schlug ich meinen Mantel zur Seite, hob das Untergewand, zeigte ihr den blutigen Verband und versicherte ihr, daß ich für meinen Fehltritt genug gestraft sei. Nero zwang mich, die Binde abzuwickeln, so schmerzhaft das auch war, um sich mit eigenen Augen zu überzeugen, daß ich ihn nicht täuschte. Als das geschehen war, sagte er verwundert: »Du hast dich also in deiner Dummheit wirklich gleich beschneiden lassen! Ich habe doch nur gescherzt und meine Strenge bereut, sobald du gegangen warst. Ich will aber gern anerkennen, daß du meine Befehle treu befolgst, Minutus.«

Claudia hatte kein Erbarmen mit mir. Im Gegenteil, sie schlug entzückt die Hände zusammen und pries Nero darum, daß er eine Strafe gefunden hatte, auf die sie selbst im Traume nicht gekommen wäre. Mir schien es Strafe genug, mit Claudia verheiratet zu sein. Ich glaube, sie hat mir nie verziehen, daß ich sie ausgerechnet mit Antonia betrog. Eine vernünftige Frau sieht ihrem Mann einen gelegentlichen Seitensprung nach, aber sie machte mir noch jahrelang Vorwürfe.

Nero betrachtete nun die ganze Angelegenheit als erledigt und kam ohne das geringste Mitgefühl auf etwas anderes zu sprechen, sobald Claudia und die beiden Juden gegangen waren. »Wie du weißt, hat der Senat den Beschluß gefaßt, ein Dankopfer für die Aufdeckung der Verschwörung darzubringen«, begann er. »Ich selbst habe beschlossen, Ceres einen Tempel zu bauen, der ihrer würdig ist. Den früheren haben die verfluchten Christen niedergebrannt, und ich konnte noch keinen neuen errichten lassen, weil ich mit dem Wiederaufbau Roms alle Hände voll zu tun habe. Die Kultstätte der Ceres liegt seit unvordenklichen Zeiten auf dem Aventin, aber ich habe dort kein hinlänglich großes Grundstück finden können. Um unser gegenseitiges Vertrauen wiederherzustellen und unsere Freundschaft zu bekräftigen, bist du gewiß gern bereit, dein Haus und deinen Garten auf dem Aventin Ceres zu schenken. Es ist der geeignetste Platz. Wundere dich daher nicht, wenn du heimkommst. Die Sklaven haben nämlich schon begonnen, das Haus niederzureißen. Die Sache eilt, und deiner Zustimmung war ich gewiß.«

So nahm mir Nero das alte Haus der Manilier ab. Ich vermochte über diese Gunst keine überquellende Freude zu empfinden, wußte ich doch nur zu gut, daß er alle Ehre für sich in Anspruch nehmen und meinen Namen bei der Einweihung des Tempels nicht einmal erwähnen würde. Ich fragte ihn bitter, wohin er bei der Wohnungsnot mein Bett und meine übrige Habe gedenke schaffen zu lassen.

Neros Gesicht hellte sich auf: »Ja freilich, daran hatte ich nicht gedacht. Aber das Haus deines Vaters oder vielmehr Tullias steht noch immer leer. Ich konnte es noch nicht verkaufen, weil es darin nicht geheuer ist.«

Ich antwortete ihm, daß ich nicht gesonnen sei, gewaltige Summen für ein Spukhaus zu zahlen, das noch dazu für mich recht ungünstig lag, und ich erklärte ihm auch, wie verfallen und überhaupt von Anfang an schlecht geplant dieses prahlerisch große Haus war, für das man seit achtzehn Jahren nichts mehr getan hatte und dessen riesiger verwilderter Garten mich bei den neuen Wassersteuern viel zu teuer käme.

Nero lauschte diesen Erklärungen mit sichtlichem Genuß und sagte: »Um dir meine Freundschaft zu beweisen, wollte ich dir das Haus zu einem mäßigen Preis überlassen. Es widert mich an, daß du frech und würdelos zu feilschen beginnst, bevor ich noch einen Betrag genannt habe. Nun reut es mich nicht mehr, daß ich dir im Scherz befahl, dich beschneiden zu lassen. Um dir zu zeigen, wer Nero ist, schenke ich dir das Haus deines Vaters. Es ist unter meiner Würde, mit dir zu schachern.«

Ich dankte ihm aus ganzem Herzen, obwohl er mir das Haus

genaugenommen ja nicht schenkte, sondern als Ersatz für mein altes auf dem Aventin gab. Allerdings gewann ich bei dem Tausch.

Ich dachte zufrieden, daß Tullias Haus beinahe eine Beschneidung wert war, und dieser Gedanke tröstete mich noch, als ich am Wundfieber darniederlag. Ich hatte selbst mein Bestes getan, zu verhindern, daß das Haus verkauft wurde, indem ich das Gerücht in Umlauf setzte, es spuke darin, und ein paar Sklaven anstellte, die nachts in dem verlassenen Haus mit Topfdeckeln klappern und mit Möbelstücken poltern mußten. Wir Römer sind ein abergläubisches Volk und fürchten uns vor Gespenstern.

Nach alledem kann ich nun mit gutem Gewissen dazu übergehen, von Neros Siegeszug durch Griechenland, von dem traurigen Ende des Kephas und des Paulus und von meiner Teilnahme an der Belagerung Jerusalems zu berichten.

XIII

NERO

Die völlige Unterdrückung der Pisonischen Verschwörung dauerte alles in allem an die zwei Jahre, und es wurden auch in den Provinzen alle vermögenden Männer zur Rechenschaft gezogen, die nachweisbar von dem Plan gewußt und ihn stillschweigend gebilligt hatten. Auf diese Weise gelang es Nero, obwohl er aus Barmherzigkeit die Todesstrafe in Verbannung verwandelte, wo immer es anging, die Staatsfinanzen trotz seinen ungeheuren Ausgaben in Ordnung zu bringen.

Im Grunde verschlangen allerdings den größten Teil der staatlichen Ausgaben die Kriegsvorbereitungen gegen Parthien. Neros eigene Lebensgewohnheiten waren für einen Kaiser eher maßvoll zu nennen, vor allem wenn man sie mit denen gewisser Reicher und Neureicher verglich. Dank dem Einfluß des verstorbenen Petronius war er noch immer bestrebt, die Prunksucht des Emporkömmlings durch guten Geschmack zu ersetzen, wenngleich er manchmal freilich danebengriff, da er Petronius nicht mehr um Rat fragen konnte.

Zu seiner Ehre muß gesagt werden, daß er beispielsweise, als er seine durch den Brand zerstörten Kunstschätze durch neue, unvergleichliche Skulpturen und anderes ersetzte, die Staatskasse nur mit den Transportkosten belastete. Er schickte einen Sachverständigenausschuß nach Achaia und Asia, der jede bedeutendere Stadt durchkämmte und die besten Skulpturen für das Goldene Haus auswählte.

Das machte viel böses Blut unter den Griechen. In Pergamon kam es sogar zu bewaffnetem Aufruhr. Im übrigen aber führte der Ausschuß seine Aufgabe so geschickt durch, daß er sogar noch in Athen, das seinerzeit bei der Eroberung gründlich ausgeplündert worden war, und in Korinth, wo man einst kaum einen Stein auf dem anderen gelassen hatte, kostbare Statuen und Malereien aus der großen Zeit Griechenlands fand.

Die reichen Kaufleute und Schiffsreeder in dem neu erblühten Korinth hatten gute Arbeit geleistet, als sie im Laufe der Jahre ihre Kunstsammlungen vervollständigten, und dies kam Nero nun zugute. Sogar auf den Inseln im Meer, wo man bisher nicht nach Kunstschätzen für Rom gesucht hatte, entdeckte man nun alte Skulpturen, die einen Ehrenplatz in den Sälen und Gängen des Goldenen Hauses verdienten.

Das Haus war so groß, daß es immer noch leer wirkte, obwohl der Ausschuß eine Schiffsladung nach der andern schickte. Einen großen Teil der Skulpturen, denen er geringeren Wert beimaß, schenkte Nero seinen Freunden, da er selbst von der Kunst der Alten nur das Allerbeste haben wollte. Auf diese Weise kam ich zu meiner Marmor-Aphrodite, die von Phidias stammt und deren Farben wunderbar erhalten sind. Ich schätze sie trotz Deinen Grimassen noch immer sehr hoch. Versuche nur einmal. Dir auszurechnen, wieviel sie einbringen würde, wenn ich sie öffentlich versteigern müßte, um Deinen Rennstall zu erhalten.

Wegen des bevorstehenden Krieges gegen die Parther, und um sein eigenes Gewissen zu beruhigen, machte Nero die Geldabwertung rückgängig und ließ, da nun genug Gold und Silber in die Staatskasse flossen, im Tempel der Juno Moneta wieder vollgewichtige Münzen schlagen. Die Legionen, die in aller Heimlichkeit nach dem Osten verlegt wurden, um Corbulos Truppen zu verstärken, waren wegen der verringerten Kaufkraft ihres Soldes so unzufrieden, daß der ursprüngliche Geldwert allein schon aus militärischen Gründen wiederhergestellt werden mußte.

Den Sold um ein Fünftel zu erhöhen wäre unklug gewesen. Es wird jedem einleuchten, daß das untragbare Mehrausgaben bedeutet hätte und daß es auf die Dauer billiger kam, den Geldwert wiederherzustellen. Nero gewährte außerdem den Legionaren gewisse Erleichterungen, ähnlich wie er schon früher den Prätorianern kostenlose Kornrationen zugebilligt hatte.

Im Grunde war das Ganze ein Zauberkunststück, über das sich so mancher kluge Mann vergeblich den Kopf zerbrach. Ich will nichts Nachteiliges über die Freigelassenen im Dienste der Staatskasse sagen, deren Amt beschwerlich ist und die den Plan austüftelten. Ich fand es nur unverschämt, daß Neros kupferhaltige Silbermünzen im Verhältnis zehn zu acht eingetauscht werden mußten, so daß man für fünf alte Münzen nur vier neue, vollgewichtige bekam.

Ich selbst erlitt dadurch zwar keine Verluste, aber bei den Minderbemittelten löste diese Verordnung ebensoviel Bitterkeit aus wie Neros ursprüngliche Münzreform. Sie war daher nicht, so wie er sich das vorstellte, seinem Ansehen förderlich. Nero verstand ja nichts von finanziellen Dingen, sondern befolgte nur die Empfehlungen listiger Ratgeber. Die Legionen gaben sich jedoch zufrieden, weil ihr kaum merklich verringerter Sold hiernach in reinem Silber ausbezahlt wurde.

Nero konnte über den Zustand der Staatskasse nur bekümmert den Kopf schütteln, da er doch seiner Meinung nach alles tat, um die Lage zu bessern, und auf Kosten seiner künstlerischen Betätigung viel von seiner Zeit opferte, um die Steuerlisten der Provinzen durchzugehen und vermögende Männer auszusuchen, deren Eigentum zur Strafe für die Teilnahme an der Pisonischen Verschwörung beschlagnahmt werden konnte.

Es fiel nicht schwer, Beweise herbeizuschaffen. Der eine hatte sich eine unvorsichtige Freudenäußerung zuschulden kommen lassen, ein anderer hatte Neros Geburtstag übersehen, wieder ein anderer — und das war das schlimmste Verbrechen — hatte eine geringschätzige Bemerkung über seine Stimme gemacht. Kein Reicher hat ein ganz und gar reines Gewissen. Man mußte sich sogar hüten, einzuschlafen oder auch nur zu gähnen, wenn Nero im Theater auftrat, und ebensowenig duldete er es, daß einer während der Vorstellung ging, und sei es einer ernsthaften Erkrankung wegen.

Um den bevorstehenden parthischen Krieg zu finanzieren, mußte er alle Luxusartikel mit unziemlich hohen Umsatzsteuern belegen, und die Folge davon war, daß solche Waren nur noch unter dem Ladentisch verkauft wurden. Daher wurden die Läden der Stadt immer wieder ohne Vorankündigung durchsucht, und die Kaufleute nahmen es sehr übel auf, daß ihre Vorräte beschlagnahmt und sie selbst zu Geldbußen verurteilt wurden.

Flavius Sabinus, mein ehemaliger Schwiegervater, schämte sich dieser Maßnahmen, für deren Durchführung er als Stadtpräfekt verantwortlich war, und fürchtete, sein Ansehen zu verlieren. Manchmal, das weiß ich aus ganz sicherer Quelle, ließ er die Kaufleute, zumindest die reicheren, im voraus warnen, und er brauchte seine Ehrlichkeit nicht zu bereuen. Seine finanziellen Verhältnisse besserten sich innerhalb erstaunlich kurzer Zeit.

Statilia Messalinas Eitelkeit kam jedoch Nero zu Hilfe. Statilia fand, Veilchenblau kleide sie am besten, und darin hatte sie gewiß recht. Um diese Farbe ganz für sich allein zu haben, überredete sie Nero dazu, den Verkauf veilchenblauer Farbstoffe zu verbieten. Die Folge davon war selbstverständlich, daß jede Römerin, die auf sich hielt, in Gesellschaft zuverlässiger Freunde in Veilchenblau aufzutreten oder zumindest irgendein Kleidungsstück in dieser Farbe zu besitzen wünschte.

Der Schleichhandel mit Veilchenblau nahm daraufhin solche Ausmaße an, und die Kaufleute verdienten so viel, daß sie gern ab und zu ihre Vorräte beschlagnahmen ließen und die Buße zahlten.

Nero war selbst nicht darauf erpicht, gegen die Parther Krieg zu führen, so notwendig ein solcher Krieg auch für Roms Zukunft sein mochte, da es galt, dem Handel einen Landweg in die Reiche des Ostens zu bahnen. Auch mich dünkte ein großer Krieg verhängnisvoll, aber ich dachte an Dich und freundete mich allmählich mit dem Plan an. Die Freigelassenen meines Vaters in Antiochia verdienten durch die Lieferungen an die Legionen ungeheure Summen und redeten mir in ihren Briefen eifrig zu, die Kriegspläne im Ausschuß für orientalische Angelegenheiten zu befürworten. An sich war der Zeitpunkt günstig. Parthien mußte um der Sicherheit Roms willen früher oder später unterworfen werden. Ich hatte mir nur gewünscht, es möge nicht zu meinen Lebzeiten geschehen, und es geschah auch nicht. Das Unausweichliche steht uns noch bevor.

Nero gab nach, als man ihm vor Augen führte, daß er den

Krieg selbst getrost Corbulo überlassen und als oberster Feldherr den Triumph feiern konnte. Ich glaube aber, mehr als der in Aussicht gestellte Triumph verlockte ihn der Gedanke, eine Vorstellung in Ekbatana zu geben, um sich dort durch seine glänzende Stimme nach den Leiden des Krieges die Ergebenheit seiner neuen Untertanen zu sichern.

Keiner seiner Ratgeber hielt es für nötig, ihn darüber aufzuklären, daß die Parther die Musik nicht sonderlich lieben und den Gesang als keinen eines Herrschers würdigen Zeitvertreib betrachten. Weit höher schätzen sie die Kunst des Reitens und des Bogenschießens, wie der Triumvir Crassus seinerzeit am eigenen Leib erfahren mußte. Um sich seiner zu entledigen, schickte ihn Dein Ahn Julius Caesar gegen die Parther ins Feld, und die Parther töteten ihn, indem sie ihm geschmolzenes Gold in die Kehle gossen, damit er endlich einmal genug davon bekam. Laß Dir das eine Lehre sein, mein Sohn. Wenn wirklich einer nach Parthien muß, so geh nicht selbst, sondern schicke einen andern.

Über die Geschichte Parthiens und das Herrschergeschlecht der Arsakiden brauche ich nicht viel zu berichten. Es gibt da nichts als Brudermord, Staatsstreiche, orientalische Hinterlist und derlei Dinge mehr, die bei uns in Rom nicht vorkommen können. Von den römischen Kaisern ist ja im Grunde nur einer öffentlich ermordet worden, nämlich Dein Stammvater Julius Caesar, und der war selbst schuld, weil er in seiner Eitelkeit klugen Rat in den Wind schlug. Seine Mörder glaubten zudem aufrichtig, zum Besten des Vaterlandes zu handeln. Gajus Caligula ist ein Fall für sich, und es ist nie eindeutig nachgewiesen worden, ob Livia wirklich Augustus vergiftet und ob Caligula Tiberius erwürgt hat. Agrippina vergiftete Claudius, ohne öffentliches Aufsehen zu erregen. Man mag also über diese Geschehnisse denken, wie man will, eines muß man zugeben: es wurde alles auf denkbar anständige Weise, sozusagen innerhalb der Familie, erledigt.

Die Arsakiden dagegen betrachten sich als die rechtmäßigen Erben des früheren persischen Reiches und herrschen nun schon seit mehr als dreihundert Jahren. Sie brüsten sich mit ihren Morden und bilden sich auf ihre Heimtücke auch noch etwas ein. Ich will mich nicht damit aufhalten, alle diese undurchsichtigen Mordintrigen aufzuzählen. Es genügt zu sagen, daß es zuletzt Vologeses gelang, seine Macht zu festigen, und daß er ein sehr schlauer Widersacher Roms wurde.

Er machte seinen Bruder Tiridates zum König in Armenien, um ihn in Bedrängnis zu bringen. Armenien war durch die Kriegszüge Corbulos dreimal verheert und zurückerobert worden. In dem armenischen Krieg erlitten zwei Legionen eine so schimpfliche Niederlage, daß Corbulo jeden zehnten Mann hinrichten ließ, um die Manneszucht wiederherzustellen. Es dauerte Jahre, bis aus den verweichlichten syrischen Legionen wieder ein kampftüchtiges Heer geworden war, aber nun begannen Corbulos Anstrengungen Früchte zu tragen.

Vologeses mußte klein beigeben und Armenien als Verbündeten Roms anerkennen, um seinen Bruder von Ekbatana fernzuhalten. In Gegenwart der Legionen und der Reiterei legte Tiridates sein Diadem zu Neros Füßen nieder. Man hatte zu diesem Zweck eine Statue Neros auf einen Senatorenschemel gestellt. Tiridates gelobte und schwor, er werde selbst nach Rom kommen, um die Bundesgenossenschaft zu bekräftigen und das Diadem aus Neros Hand zurückzuerhalten.

Er ließ sich jedoch nie in Rom blicken. Auf Fragen antwortete er mit Ausflüchten. Unter anderem behauptete er, sein Glaube verbiete ihm, sich den Gefahren einer Seereise auszusetzen. Als man ihn daraufhin bat, den Landweg zu benutzen, klagte er über seine Armut. Ohne Zweifel verschlang der Wiederaufbau Armeniens alle seine Mittel.

Nero versprach ihm, für die Kosten der Landreise bis auf römischen Boden aufzukommen, doch Tiridates zog es vor zu bleiben, wo er war. Sicheren Angaben zufolge bemühte er sich, unnötig enge Verbindungen mit den armenischen Edlen anzuknüpfen, von denen immer noch einige am Leben waren, obgleich sowohl Römer wie Parther alle hinrichteten, die ihnen in die Hände fielen.

Im Senatsausschuß für orientalische Angelegenheiten betrachteten wir die Ausflüchte des Tiridates als bedenklich. Wir wußten nur zu gut, daß die Parther insgeheim Aufwiegler zu den Verbündeten Roms im Osten und sogar in die Provinzen schickten, die die Unzufriedenheit schürten, um einen Krieg zu verhindern. Sie bestachen germanische Stämme und stifteten sie zu Unruhen an, damit die Legionen nicht aus Germanien abgezogen und in den Osten verlegt werden konnten, und versuchten durch allerlei Versprechungen sogar in Britannien feindlich gesinnte Stämme zum offenen Aufruhr aufzuhetzen. In Britannien standen damals noch immer vier Legionen, um den Frieden zu sichern. Als Boten verwendete Vologeses umherziehende jüdische Händler, die sprachkundig waren und sich neuen Verhältnissen gut anzupassen verstanden.

Zum Glück erfuhr ich rechtzeitig von diesen Umtrieben, und zwar durch den alten Petro in Lugundanum. Ich war es, des großen Erbes wegen, Lugunda schuldig, eine Stadt nach ihr zu benennen. Der Ort ist glücklich gewählt und zu einem Knotenpunkt im Land der Icener geworden. Petro wohnt dort und genießt eine wohlverdiente Alterspension, die ich ihm zum Lohn für seine Treue ausbezahle. Durch ihn stehe ich weiterhin mit den Druiden in Verbindung, und er berichtet mir, was die einzelnen Stämme treiben.

Die Druiden rieten von einem Aufruhr ab, weil gewisse Vorzeichen sie davon überzeugt hatten, daß die Macht Roms auf ihrer Insel ohnehin nicht bestehen werde. Ich bin, wenn es um mein Vermögen geht, nicht abergläubisch. Ich lasse mein Geld ruhig in Britannien weiterarbeiten und sich vermehren und lege sogar immer wieder welches dort an.

Wie dem auch sei: durch meine Verbindungen mit den Druiden erfuhr ich von den verdächtigen Reisen der jüdischen Kaufleute in Britannien. Auf meinen Rat ließ der Prokurator zwei von ihnen ans Kreuz schlagen, und zwei weitere opferten die Druiden von sich aus in Weidenkörben ihren Göttern, weil die Juden, ungeachtet ihres geheimen Auftrages, in Glaubensdingen allzu selbstbewußt auftraten. Wenigstens eine der in Britannien stehenden Legionen konnte in den Osten verlegt werden. Die anderen blieben meiner Ansicht nach besser, wo sie waren.

Allmählich gelang es, unter vielen Vorsichtsmaßnahmen zehn Legionen im Osten zusammenzuziehen. Ich zähle sie nicht auf, weil sie auf dem Marsch sowohl die Nummern als auch die Adler wechseln mußten, um die parthischen Kundschafter irrezuführen. Trotzdem war Vologeses sehr gut über die Bewegungen und die Aufstellung unserer Truppen unterrichtet, und er wußte sogar, daß wir die Absicht hatten, dem Senat und dem Volk von Rom einen Streit um Weideland am Euphrat als Kriegsursache darzustellen. Corbulo, der noch gut bei Kräften war, hatten wir in einer geheimen Ausschußsitzung die Ehre bewilligt, als Kriegserklärung einen Speer über den Euphrat auf parthisches Gebiet zu werfen. Er versicherte in einem Brief, er sei dazu imstande, versprach aber, vorsichtshalber täglich zu üben, damit der Speer nicht ins Wasser fiel, sondern wirklich das umstrittene Weideland erreichte.

Neros schon seit langem geplante Reise nach Griechenland kam nun sehr gelegen und diente unseren militärischen Absichten als Tarnung. Nicht einmal die Parther konnten daran zweifeln, daß es Nero wirklich darum zu tun war, bei den uralten Spielen der Griechen Sängerlorbeer zu gewinnen, und es konnte keinen Verdacht erwecken, daß er zu seinem Schutz die eine der beiden Prätorianerlegionen mitnahm und die andere zur Bewachung seines Thrones zurückließ.

Tigellinus versprach, Neros Gegner während seiner Abwesenheit im Zaum zu halten, so bitter er es auch beklagte, daß ihm nicht die Ehre vergönnt war, mit dem Kaiser zu reisen. Selbstverständlich wollte jeder, der jemand zu sein glaubte, den Kaiser begleiten, um Zeuge seiner Siege im Wettstreit der Sänger zu sein und sich in seiner Nähe aufzuhalten. Es war darunter so mancher, der von dem geplanten Krieg und den Möglichkeiten, sich auszuzeichnen, die er bot, nichts wußte und vermutlich Krankheit oder irgendeinen anderen Hinderungsgrund vorgeschützt haben würde, wenn er davon gewußt hätte.

Zwar waren Nachrichten von dem Aufruhr der Juden in Jerusalem und Galiläa, der selbstverständlich von den Parthern geschürt wurde, nach Rom gelangt, aber keiner von uns nahm sie wirklich ernst. In diesen Gegenden gab es immer Streit, ob nun Felix Prokurator war oder Festus. König Herodes Agrippa schien allerdings aufrichtig bekümmert zu sein.

Wir beschlossen im Ausschuß für orientalische Angelegenheiten, aus Sicherheitsgründen eine ganze Legion aus Syrien hinzuschicken, um diesen zur Unzeit auftretenden Unruhen mit harter Faust ein Ende zu machen. Die Legion konnte ein wenig Kampferfahrung sammeln, wenn schon keinen größeren Kriegsruhm gewinnen. Jedenfalls waren die mit Keulen und Steinschleudern bewaffneten Juden unserer Meinung nach nicht imstande, einer gut ausgebildeten Legion nennenswerten Widerstand zu leisten.

So kam nun die langersehnte Reise nach Griechenland, mit der Nero seine Künstlerlaufbahn zu krönen gedachte, endlich zustande. Er hatte befohlen, daß alle Wettspiele unmittelbar nacheinander abgehalten werden mußten, so daß er gleich nach seiner Ankunft an allen teilnehmen konnte.

Soviel ich weiß, war dies das einzige Mal, daß die Olympischen Spiele auf einen früheren Zeitpunkt vorverlegt wurden, und man kann sich ausmalen, was für Schwierigkeiten das mit sich brachte. Nicht zuletzt kam die griechische Zeitrechnung durcheinander, denn stolz auf ihre Vergangenheit rechnen die Griechen, mit den ersten Spielen in Olympia beginnend, noch immer in Olympiaden, obwohl sie sich damit begnügen könnten, die Jahre, bescheiden wie wir Römer, ganz einfach von der Gründung der Stadt an zu zählen. Damit hätten wir eine einheitliche Zeitrechnung, aber den Griechen ist nichts umständlich genug.

Im letzten Augenblick vor der Abreise weigerte sich Nero, Statilia Messalina mitzunehmen. Als Grund gab er an, er könne im Falle eines Kriegsausbruchs nicht für ihre Sicherheit bürgen. Der wahre Grund trat unterwegs ans Licht. Nero hatte endlich den Menschen gefunden, der in allen Zügen Poppaea ähnelte. Er hieß Sporus und war leider keine Frau, sondern ein ungewöhnlich schöner Jüngling.

Sporus versicherte jedoch, er fühle sich in seinem Herzen mehr als Mädchen denn als Knabe. Daher ließ Nero auf seinen eigenen Wunsch einen kleinen Eingriff an ihm vornehmen und gab ihm Arzneien, die ein alexandrinischer Arzt empfohlen hatte, um den Bartwuchs zu unterbinden, die Brust zu vergrößern und überhaupt die aphrodisischen Eigenschaften zu entwickeln.

Um nicht später noch einmal auf diese Geschichte, die viel böses Blut machte, zurückkommen zu müssen, will ich gleich berichten, daß Nero sich in Korinth unter den üblichen Zeremonien mit Sporus vermählte und diesen hinfort als seine Gattin behandelte. Nero selbst behauptete allerdings, die Trauung mit der Überreichung der Mitgift, den Schleiern, dem Umzug und was sonst noch dazugehört, sei eine reine Formsache, die eben von gewissen Mysterien gefordert werde, im übrigen aber nicht rechtlich bindend. Seiner Göttlichkeit wegen betrachtete er sich als zwiegeschlechtig wie alle männlichen Götter. Alexander der Große hatte viel zu dieser Anschauung beigetragen, als er sich in Ägypten zum Gott erhöhen ließ. Deshalb sah Nero in seinen Neigungen eine Art zusätzlichen Beweis für seine Göttlichkeit.

Er war von der Richtigkeit seiner Anschauung so überzeugt, daß er sich die gröbsten Scherze auf Sporus' Kosten gefallen ließ.

Eines Tages fragte er im Spaß einen als Stoiker bekannten Senator um seine Meinung über diese Ehe. Der Alte antwortete boshaft: »Es stünde besser um die Welt der Menschen, wenn auch dein Vater Domitius so eine Gattin gehabt hätte.« Nero nahm es ihm nicht übel, sondern lachte laut.

Über Neros Siege in den musikalischen Wettspielen ist genug geschrieben worden. Er brachte ja über tausend Siegeskränze heim. Nur bei den olympischen Wagenrennen erging es ihm übel, denn beim Rennen der Zehngespanne stürzte er am Wendepfahl vom Wagen und konnte gerade im letzten Augenblick noch die Zügel kappen, die er sich um den Leib geschlungen hatte. Er zog sich ein paar böse Schrammen zu, aber als Lohn für seine Kühnheit bewilligten ihm die unparteiischen Preisrichter einstimmig einen Kranz. Nero fand jedoch, er könne ihn nicht annehmen, da er das Rennen hatte aufgeben müssen. Er begnügte sich mit den Olivenkränzen, die er im Sängerwettstreit und beim Ringen gewann.

Auch in anderen Fällen versuchte Nero nach bestem Vermögen sich so ehrenhaft zu verhalten, wie es dem Geist der Spiele entsprach, und er hütete sich, seine Mitbewerber im Sängerwettstreit so grob zu verunglimpfen, wie er es in Rom gewohnt war. Seine Siege waren um so verdienstvoller, als er vom Mißgeschick verfolgt wurde. Eine ganze Woche lang litt er heftige Zahnschmerzen, so daß der kranke Zahn zuletzt gezogen werden mußte. Er zerbrach trotz der Geschicklichkeit des Arztes in der Zange, und die Wurzeln mußten Stück für Stück aus den Kiefer gestochert werden. Nero ertrug den Schmerz mannhaft.

Zum Glück hatte der Arzt ein Betäubungsmittel, und Nero trank sich vorher einen Rausch an, wie es der mutigste Mann gern tut, ehe er sich dem Zahnbrecher ausliefert. Wieweit der Zahnschmerz und die Schwellung seine Stimme beeinträchtigten und seine Angst vor dem Auftreten verstärkten, mögen Sachkundigere als ich beurteilen.

Als einen Beweis für Neros Ehrenhaftigkeit sehe ich es auch an, daß er, als man ihm anbot, ihn in die Eleusinischen Mysterien einzuweihen, diese Ehre bescheiden ablehnte, indem er darauf hinwies, daß er im Ruf eines Muttermörders stehe. Böse Zungen behaupteten später freilich, er habe die Strafe der Götter gefürchtet, falls er an diesem heiligsten aller Mysterien teilnähme. Das ist ein haltloses Geschwätz. Nero wußte, daß er selbst ein Gott war wie die anderen Götter des Landes auch, wenngleich er aus reiner Bescheidenheit diese öffentliche Ehrung ablehnte. Wir im Senat waren mit großer Mehrheit bereit, ihn schon zu Lebzeiten zum Gott zu erhöhen, sobald er nur wollte.

Nachdem ich mir die Sache überlegt hatte, kam ich zu dem Schluß, daß es auch für mich das beste war, nicht an den eleusinischen Zeremonien teilzunehmen. Den Priestern erklärte ich unter dem Siegel der Verschwiegenheit, daß ich, ohne zu wissen, was ich tat, gezwungen gewesen war, meinen eigenen Sohn hinrichten zu lassen. So vermied ich es, die heilige Priesterschaft zu beleidigen, und konnte Nero sagen, ich schlösse mich aus Freundschaft zu ihm von den Mysterien aus. Er vertraute mir darum um so mehr, und das sollte mir binnen kurzem zustatten kommen.

In Wirklichkeit sagte ich mir, daß Claudia mir allzu viele Fragen gestellt haben würde, wenn ich mich hätte einweihen lassen. Ich verzichtete also um des Hausfriedens willen darauf, obwohl ich es danach bereute, als ich sah, wie die anderen Senatoren noch Tage nach der Einweihung offensichtlich glücklich waren, weil sie göttliche Geheimnisse erfahren hatten, die seit Menschengedenken noch kein Eingeweihter Außenstehenden entdeckt hat.

Und dann kam die unglaubliche, beschämende Eilbotschaft, daß jüdische Freischaren die syrische Legion, die aus Jerusalem geflohen war, zersprengt und bis auf den letzten Mann niedergemacht hatten. Den eroberten Legionsadler hatten die Juden als Opfergabe in ihrem Tempel aufgestellt.

Ich nenne weder die Nummer noch das Losungswort der Legion, denn sie wurde aus den Rollen getilgt. Noch heute verbieten die Zensoren, daß diese Legion in den Annalen Roms erwähnt wird. Die Geschichtsschreiber verschweigen am liebsten sogar den Aufstand der Juden, obwohl sich Vespasian und Titus ihres späteren Sieges nicht zu schämen brauchten, sondern sogar einen Triumph feierten. Zum Teil war es allerdings bloße Sparsamkeit, daß man die Legion einfach ausstrich, denn es kam nicht zum Krieg gegen die Parther.

Ich gestehe, daß ich meinen ganzen Mut zusammennehmen mußte, um Nero Aug in Aug gegenüberzutreten, als er vom Ausschuß für orientalische Angelegenheiten eine Erklärung zu dem Geschehenen forderte. Es war seiner Ansicht nach unfaßbar, daß wir nicht gewußt hatten, wie weit die jüdischen Aufrührer die Mauern Jerusalems verstärkt hatten und wie es ihnen gelungen war, sich heimlich Waffen zu verschaffen und Truppen auszubilden, was sie zweifellos getan hatten, denn anders hätten sie niemals eine ganze Legion aufreiben können.

Ich als der Jüngste wurde vorgeschoben, um meine Ansicht zu sagen, wie es beim Kriegsrat üblich ist. Vermutlich vertrauten meine Amtsbrüder auf die Freundschaft zwischen Nero und mir und wollten mir gar nichts Böses, und außerdem fällt es mir im allgemeinen nicht schwer zu sprechen.

Ich konnte auf die Verschlagenheit der Parther hinweisen und auf die ungeheuren Summen, die Vologeses ausgegeben hatte, um Roms Streitkräfte zu binden, wo immer es möglich war. Die Juden hatten die Waffen vermutlich von ihm gekauft oder vielleicht sogar geschenkt bekommen, und es war ihnen ein leichtes gewesen, sie unbemerkt von unseren Grenzwachen durch die Wüste nach Judäa zu schaffen. Man wußte außerdem, wie treu diese jüdischen Aufwiegler ihrer Sache anhingen, so daß es niemanden zu wundern brauchte, daß die Vorbereitungen nicht verraten worden waren.

Die fortwährenden Streitigkeiten, während Felix und Festus als Statthalter in Caesarea saßen, hatten alle, auch die Klügsten, in Sicherheit gewiegt. Viel Geschrei, wenig Wolle, sagt man. In Judäa wie anderswo glaubten wir zu herrschen, indem wir teilten. »Das größte Wunder ist es«, sagte ich, »daß die uneinigen jüdischen Parteien sich zum gemeinsamen Aufruhr zusammenschlossen.«

Vorsichtig wies ich auch auf die entsetzliche Macht des jüdischen Gottes hin, von der in den heiligen Schriften der Juden überzeugende Beispiele zu finden sind, obwohl dieser Gott weder Abbild noch Namen hat, sondern nur durch gewisse Umschreibungen genannt wird. Dann fuhr ich fort: »Vieles ließe sich noch erklären. Eines aber ist unbegreiflich: Wie konnte Corbulo, in dessen Hände der kommende Krieg gelegt war, trotz seinem Feldherrnruhm und seinen Erfolgen in Armenien dies alles geschehen lassen? Es ist seine Sache und nicht die des Prokonsuls in Syrien, in Judäa und Galiläa die Ordnung wiederherzustellen und somit Stützpunkte für die weitere Kriegführung zu schaffen. Offenbar hat Corbulo seine ganze Aufmerksamkeit nach Norden gerichtet und die Hyrkaner darauf vorbereitet, die parthischen Truppen an dem Meer dort oben zu binden. Indem er sich aber nur einer Einzelheit des großen Planes widmete, verlor er den

Überblick über das Ganze, beurteilte die Lage falsch und bewies damit, daß er ungeachtet seines Ansehens nicht das Zeug zu einem wirklich großen Heerführer hat.«

Das war meiner Ansicht nach die Wahrheit, und im übrigen verband mich mit Corbulo keine Freundschaft. Ich kannte ihn nicht einmal näher. Außerdem muß die Freundschaft beiseite treten, wenn der Staat in Gefahr ist. Dieser Grundsatz wird jedem Senator eingeprägt. Manchmal wird er sogar befolgt. Es ging aber nicht nur um das Wohl des Staates, es ging um unser eigenes Leben, und wir hatten keine Ursache, Corbulo zu schonen.

Ich erkühnte mich sogar zu bemerken, daß der Krieg gegen die Parther unserer Meinung nach aufgeschoben werden mußte, bis der Aufruhr in Jerusalem niedergeworfen war. Dazu brauchte man zunächst drei Legionen. Zum Glück standen die Legionen schon in ihrem Aufmarschgebiet, und wir hatten genug Belagerungsmaschinen, um auch die stärksten Mauern zu brechen. Mit dem Aufstand der Juden in Jerusalem konnten wir im Handumdrehen fertig werden. Gefährlicher schien es mir, daß es jüdische Kolonien in fast allen Städten des Reiches gab, von den dreißigtausend Juden Roms ganz zu schweigen.

Nero ließ mich zu Ende sprechen. Seine Erregung schien sich allmählich zu legen. Ich beeilte mich daher zu versichern, daß die Juden der Julius-Caesar-Synagoge in Rom nichts mit dem Aufruhr zu tun hatten. Dafür konnte ich geradestehen, obwohl ihre Abgaben an den Tempel zu Jerusalem offenbar dazu mißbraucht worden waren, den Aufruhr zu finanzieren. »Aber auch Poppaea schickte, nichts Böses ahnend, Geschenke an den Tempel.«

Als ich schwieg, wagte kein anderer ums Wort zu bitten. Nero dachte lange nach. Er runzelte die Stirn und biß sich auf die Lippen. Dann verabschiedete er uns mit einer ungeduldigen Handbewegung. Er hatte an anderes zu denken. Wir sollten zur Strafe für unsere Versäumnisse eine Weile warten und im ungewissen bleiben.

Nero gedachte in seiner Eigenschaft als Imperator, ohne den Senat anzuhören, einen Befehlshaber zu ernennen, der seiner Ansicht nach fähig war, Jerusalem zu erobern, und ihm die dazu nötigen Truppen zur Verfügung zu stellen. Corbulo hatte er bereits rufen lassen, damit er ihm über Geschehenes und Ungeschehenes Rechenschaft ablege. Den parthischen Feldzug auf unbestimmte

Zeit aufzuschieben war ein so ernster Entschluß, daß Nero zuerst die Vorzeichen erfragen und ein Opfer verrichten wollte.

Wir waren ein wenig erleichtert, als wir gingen, und ich lud meine Amtsbrüder zu einem guten Mahl in meiner Herberge, aber obwohl meine beiden berühmten Köche ihr Bestes getan hatten, wollte uns das Essen nicht recht schmecken. Wir sprachen über den Aufruhr und dachten nicht daran, Wasser in den Wein zu mischen. Meine Gäste äußerten so bittere und voreingenommene Ansichten über die Juden, daß ich mich gezwungen sah, ihnen zu widersprechen und die Juden geradezu in Schutz zu nehmen.

Sie haben gewiß auch ihre guten, achtenswerten Eigenschaften, und sie kämpften für die Freiheit ihres Volkes. Im übrigen war Judäa kaiserliche Provinz und nicht senatorische. Nero trug an dem Aufruhr selbst die Schuld, denn er hatte nach Felix einen rücksichtslosen Räuber wie Festus zum Prokurator ernannt.

Ich legte vielleicht ein wenig zu viel Eifer in meine Verteidigungsrede, denn die anderen Senatoren, denen der Wein schon zu Kopf gestiegen war, betrachteten mich mit verwunderten Blicken, und zuletzt sagte einer voll Verachtung: »Es scheint zu stimmen, was über dich gesagt wird. Du bist wirklich ein Narbenschwanz.«

Ich wollte diesen scheußlichen Spitznamen eigentlich verschweigen, aber dank dem Spottgedicht Deines bärtigen Freundes Juvenal ist er ohnehin wieder in aller Leute Mund. Nein, ich mache Dir keine Vorwürfe, mein Sohn, weil Du das Gedicht liegen ließest, als Du das letzte Mal hier warst, um Deinen Vater eine Freude zu machen. Es ist nur gut, daß ich erfahre, was man von mir denkt und was Du von Deinem Vater denkst. Außerdem gebrauchen die Dichter heutzutage noch viel unflätigere Ausdrücke. Soweit ich es verstehe, wollen sie die Wahrheit und den natürlichen Sprachgebrauch gegen die gekünstelte Schönrederei verteidigen, die uns Seneca hinterlassen hat. Vielleicht haben sie recht. Aber den Bart haben sie Titus abgeschaut, der diese Mode in Rom einführte, als er aus Jerusalem heimkehrte.

Corbulo vermochte nichts mehr zu retten. Nero wollte ihn nicht einmal sehen. Corbulo erhielt den Befehl, Selbstmord zu begehen, kaum daß er in Kenchreae an Land gegangen war. »Wenn ich das Glück gehabt hätte, unter einem anderen Kaiser zu leben, würde ich Rom die ganze Welt erobert haben«, sagte er. Dann stürzte er sich auf dem Kai in sein Schwert, nachdem er verfügte, daß es zerbrochen und ins Meer geworfen werden sollte, damit es nicht in unwürdige Hände geriet. Gleichwohl glaube ich nicht, daß er ein großer Feldherr war. Das beweist sein Fehlurteil, als sich ihm die größte Gelegenheit seines ganzen Lebens bot.

Nero hatte genug Vernunft, von seinem Lieblingsgedanken, eine Vorstellung in Ekbatana zu geben, abzulassen. Er war ein geschickter Schauspieler, und es fiel ihm nicht schwer, überzeugend zu stolpern, als er das Opfer darbrachte. Wir konnten also mit eigenen Augen sehen, daß die unsterblichen Götter die Unterwerfung der Parther noch nicht wünschten. Um ein verheerendes Unglück zu vermeiden, war es daher das klügste, den Feldzug aufzuschieben. Er hätte zu diesem Zweck auch gar nicht durchgeführt werden können, denn Vespasian verlangte, sobald er sich mit der Lage vertraut gemacht und genaue Erkundigungen über die Kriegsvorbereitungen der Juden eingezogen hatte, für die Belagerung Jerusalems vier Legionen.

Denn unbegreiflich sind die Wege der Vorsehung, wie Deine Mutter griesgrämig zu sagen pflegt, wenn mir wieder einmal ein Unternehmen geglückt ist. Ausgerechnet meinen früheren Vorgesetzten Flavius Vespasian beauftragte Nero in seiner Launenhaftigkeit mit der Belagerung Jerusalems. Vespasian wehrte sich bis zuletzt. Er erklärte, er sei des Kriegführens müde und habe in Britannien genug Ehre erworben, er sei ein alter Mann und es genüge ihm, Mitglied zweier Priesterkollegien zu sein.

Da er wirklich nicht mehr der Jüngste war und noch unmusikalischer als ich, widerfuhr ihm eines Tages das Mißgeschick, einzuschlafen, als Nero an einem Sängerwettstreit teilnahm. In seinem Zorn kommandierte ihn Nero zu einer beschwerlichen Strafexpedition ab, bei der keine Ehre zu gewinnen war. Er ließ sich zuletzt zwar durch seine Tränen erweichen, gab ihm aber dafür den endgültigen Befehl, Jerusalem zu belagern, und tröstete ihn, indem er sagte, nun habe er, Vespasian, eine einmalige Gelegenheit, sich an den Schätzen der Juden zu bereichern. So brauchte er nicht mehr Maulesel zu verkaufen, was ohnehin eine eines Senators unwürdige Beschäftigung war, und nicht mehr ständig über seine Armut zu jammern.

Die Ernennung Vespasians wurde allgemein als ein Beweis für Neros Wahnsinn angesehen. Vespasian war in dem Maße verachtet, daß Neros Lieblingssklaven ihn mit der größten Unhöflichkeit behandelten, wenn er sich bei seltenen Gelegenheiten einmal im Goldenen Haus blicken ließ. Eingeladen wurde er nur einmal im Jahr, an Neros Geburtstag, und selbst für diese Gunst mußte er sich erkenntlich zeigen, indem er Poppaea und später Statilia Messalina ein paar Maulesel schenkte.

Mit den Verhältnissen im Osten war Vespasian nicht vertraut. Es wäre niemandem eingefallen, ihn für einen Ausschuß oder irgendeinen Sonderauftrag vorzuschlagen. Dagegen hätte Ostorius, den Claudius seinerzeit gleichsam aus Versehen nach Britannien geschickt und der sich dort ausgezeichnet hatte, gern den Befehl über die Legionen übernommen, um den Aufstand der Juden niederzuwerfen. Er äußerte diesen Wunsch so oft, daß Nero schließlich mit gutem Grund mißtrauisch wurde und ihn enthaupten ließ. Vespasian hingegen vertraute er um so mehr, als dieser sich sträubte, den Auftrag zu übernehmen, und ihn als Strafe für seine Schläfrigkeit betrachtete, die er nicht genug verfluchen konnte.

Immerhin zweifelte Nero selbst so sehr an der Richtigkeit seiner Wahl, daß er Vespasian aufforderte, seinen Sohn Titus mitzunehmen, der sich gleichfalls in Britannien ausgezeichnet und als ganz junger Mann einmal seinen Vater durch einen kühnen Reiterangriff aus einem Hinterhalt der Briten herausgehauen hatte. Nero hoffte, Titus werde seinen Vater durch seinen jugendlichen Eifer anspornen und ihm helfen, Jerusalem in kürzester Zeit zu erobern.

Er ermahnte Vespasian jedoch, unnötige Verluste zu vermeiden, denn er hatte von den starken Mauern Jerusalems gehört. Die Lage der Stadt war in militärischer Hinsicht so vorteilhaft, daß es sogar Pompejus seinerzeit schwergefallen war, Jerusalem einzunehmen, und Vespasian war nach Neros eigener Ansicht mit Pompejus nicht zu vergleichen.

Ich fand in Korinth Gelegenheit, wieder Verbindungen mit meinem früheren Befehlshaber anzuknüpfen, und bot ihm freien Aufenthalt in dem neuen prächtigen Haus meines Freigelassenen Hierax. Vespasian war mir dafür sehr dankbar. Ich war überhaupt auf der ganzen Reise der einzige Mann von Rang, der den einfachen, kriegsmüden Vespasian anständig behandelte.

Ich bin, was meine Freundschaften anbelangt, weder voreingenommen noch sonderlich wählerisch. Das dürfte mein Lebenslauf bewiesen haben. In meinen Augen waren die unbeschwerten Jugendjahre, die ich unter seinem Befehl in Britannien verbracht hatte, ein hinreichender Grund, seine barsche Freundlichkeit durch eine Gastlichkeit zu vergelten, die mich nichts kostete.

Es ist in diesem Zusammenhang vielleicht angebracht, noch einmal darauf hinzuweisen, daß ich bei der Aufdeckung der Pisonischen Verschwörung alles tat, um die Flavier zu schonen, was wegen des Mordplans des Flavius Scevinus wahrhaftig nicht leicht war. Zum Glück gehörte er einer eher verachteten Seitenlinie dieses Geschlechtes an. Ich hatte ihn selbst angezeigt und hatte daher ein gewisses Recht, für die anderen Flavier ein gutes Wort einzulegen.

Auf Vespasian fiel nie der Schatten eines Verdachts, denn er war so arm, daß er seine Stellung als Senator nur mit knapper Not zu halten vermochte. Ich hatte eines meiner Landgüter auf seinen Namen überschreiben lassen, als die Zensoren bemerkten, daß er die Vermögensbedingungen nicht mehr erfüllte. Außerdem kannte man ihn allgemein als einen so rechtschaffenen Mann, daß es der schäbigste Verräter nicht der Mühe wert fand, seinen Namen auf eine Liste zu setzen.

Ich erwähne all dies, um zu zeigen, wie fest ich seit jeher mit den Flaviern verbunden war und welchen Wert Vespasian schon zu einer Zeit auf meine Freundschaft legte, da einer von Neros Sklaven ihm noch ungestraft vor die Füße spucken durfte, obwohl er Senator war und den Konsulsrang innehatte. Und meine Freundschaft war ganz uneigennützig. Den Traum, den ich damals gehabt hatte, als die Druiden mich in Schlaf versenkten, hatte ich längst vergessen, aber das wird mir natürlich niemand glauben, denn ich gelte als ein Mann, der immer und überall auf seinen eigenen Vorteil bedacht ist. So stellt mich ja auch das Spottgedicht Deines Freundes dar.

Im Haus des Hierax hatte ich Gelegenheit genug, festzustellen, daß »manche Menschen ungeschliffenen Edelsteinen gleichen, indem sie nämlich unter der rauhen Oberfläche glänzende Eigenschaften verbergen«, wie Dein bärtiger junger Freund Juvenal gerade unlängst erst schrieb, um dem Kaiser Vespasian zu schmeicheln. Ich kenne diesen Burschen durch und durch. Er hat allen Grund, nach der Gunst des Kaisers zu streben, denn seine ungebührliche Sprache und seine frechen Spottverse haben Anstoß erregt. Nicht bei mir, denn er ist ja Dein Freund. Nach der Art junger Menschen bewunderst Du den, der die loseste Zunge hat.

Denk aber wenigstens daran, daß Du vier Jahre jünger bist als dieser ungewaschene Lümmel.

Wenn ich eines mit Sicherheit sagen kann, so ist es das, daß Juvenals unanständige Verse bald vergessen sein werden. Ich habe schon so manchen heller strahlenden Stern als den seinen aufflammen und wieder verlöschen sehen. Außerdem werden ihm seine alberne Trunksucht, seine Unverschämtheit, seine üble Gewohnheit, die Nacht zum Tag zu machen, und dieses ständige Geklimper mit ägyptischen Spielwerken bald noch den letzten Rest echter dichterischer Begabung austreiben, den er vielleicht noch besitzen mag.

Ich schreibe das nicht, weil Du ein Spottgedicht bei mir liegen ließest, das ein verachtungswürdiger junger Mann über mich geschrieben hat, weil ich es nicht mit meinem Gewissen vereinbaren konnte, seine Versuche in meinem Verlag erscheinen zu lassen. Nein, so einfältig bin ich nicht. Ich mache mir nur ernste Sorgen um Dich, mein Sohn.

In Korinth gewann ich Vespasians Freundschaft in dem Maße, daß er mich, ehe er nach Ägypten reiste, um die beiden Legionen zu übernehmen, die dort in Garnison lagen, eindringlich bat, ihm meine Sachkenntnis und meine guten Beziehungen zu den Juden zur Verfügung zu stellen und ihn ins Feld zu begleiten. Ich mußte höflich ablehnen. Es handelte sich ja damals um keinen wirklichen Krieg, sondern nur um eine Strafexpedition gegen aufrührerische Untertanen.

Als Vespasian abgereist war, ließ Nero, um seine Absichten zu tarnen, die Prätorianerlegion bei Korinth einen Kanal graben. Dieses Unternehmen war auf seinen Befehl schon früher in Angriff genommen worden, hatte aber wieder aufgegeben werden müssen, weil sich die unheimlichsten Dinge ereigneten. Die tagsüber ausgehobenen Gräben füllten sich während der Nacht mit Blut, und im Dunkeln konnte man entsetzliche Klagerufe hören, die bis in die Stadt hinüberhallten und den Korinthern Angst und Schrecken einjagten. Das ist die reine Wahrheit und kein dummes Geschwätz. Ich weiß es nämlich aus der sichersten Quelle, die es in diesem Falle gibt.

Hierax hatte im Zuge seiner glänzenden Geschäfte auch sehr einträgliche Anteile an der Gleitbahn erworben, auf der die Schiffe über die Landenge getreidelt wurden. Es versteht sich von selbst, daß die Besitzer dieser Bahn, die beträchtliche Gelder investiert hatten – nicht zuletzt in die kräftigen Sklaven, die zu dieser Arbeit erforderlich waren –, von einem Kanal nichts wissen wollten. Hierax hatte jederzeit frisches Blut in großen Mengen, denn er verkaufte in seinen wassergekühlten Fleischläden auch an Juden und mußte daher die Schlachttiere, so wie es die Juden verlangten, vollständig ausbluten lassen, bevor sie zerteilt wurden.

Aus diesem Blut, das in Blasen aufbewahrt wurde, ließ er gewöhnlich Blutwürste für die Sklaven in seiner Kupfergießerei braten. Auf den Rat seiner Geschäftsfreunde hin opferte er, ohne auf seinen eigenen Vorteil zu sehen, das während mehrerer Tage anfallende Blut und ließ es in den Nächten in die Gräben auf dem Bauplatz schaffen. Für das Seufzen und Jammern der Verstorbenen sorgten seine Geschäftsfreunde. Daß sich dergleichen leicht bewerkstelligen läßt, habe ich, glaube ich, schon berichtet, als ich erzählte, wie Tullias Haus mein gesetzliches Eigentum wurde.

Nero verriet ich selbstverständlich nichts von dem, was mir Hierax anvertraute, und ich hatte ja auch keinen Grund, den Kanalbau zu unterstützen. Als sich die Prätorianer weigerten weiterzuarbeiten, weil die unheimlichen Geschehnisse sie erschreckten und körperliche Arbeit ihnen außerdem zuwider war, setzte es sich Nero erst recht in den Kopf, seinen Plan auszuführen, und grub unter großen Festlichkeiten mit eigenen Händen die erste Grube in der zukünftigen Fahrrinne. Die Prätorianer und das Volk von Korinth sahen ihm zu.

Auf seine eigenen kaiserlichen Schultern hob er den ersten Korb Erde und trug ihn tapfer an das zukünftige Kanalufer. Diese Grube füllte sich nicht mit Blut, und das nächtliche Klagegeschrei hörte auf. Die Prätorianer faßten wieder Mut und gruben weiter, und die Zenturionen erleichterten ihnen die Arbeit mit Stockhieben, um selbst nicht zur Schaufel greifen zu müssen. Das trug dazu bei, daß die Prätorianer Nero noch bitterer zu hassen begannen als den strengen Tigellinus, der sie durch gewöhnliche Übungsmärsche bestrafte. Sie gaben eben ihre letzten Kräfte lieber draußen auf den Straßen her als am Spatenstiel.

Ich selbst hatte nach gründlicher Überlegung Hierax gebeten, kein Blut mehr in die Gräben schütten zu lassen. Meine wahren Gründe gab ich nicht preis. Ich riet ihm nur, um seiner eigenen Gesundheit willen den Verlust wie ein Mann zu tragen. Hierax befolgte meinen Rat um so lieber, als der mißtrauische Nero dazu übergegangen war, in der Nacht Wachen aufzustellen, die alle Unbefugten am Betreten des Kanalgeländes hinderten.

Hierax und seine jüdischen Verbindungen in Korinth brachten mir großen Nutzen. Ich hatte nämlich, gleich als die Nachricht vom Untergang der Legion in Judäa eintraf, allen Judenchristen eine Warnung zugehen lassen und ihnen geraten, sich still zu verhalten, denn Nero sandte damals nach Italien und in alle Provinzen den Befehl, jeden jüdischen Aufwiegler beim geringsten Anzeichen von Unruhen sofort festzunehmen und hinzurichten.

Man konnte von einem römischen Beamten nicht gut verlangen, daß er zwischen dem himmlischen und dem irdischen Reich oder zwischen einem Christus und irgendeinem anderen Messias unterschied. Ein Aufwiegler war ein Aufwiegler. Für den Verstand eines Römers war das Wirken der Judenchristen nichts anderes als politische Hetze unter einem religiösen Deckmantel. Die Sache wurde dadurch nicht besser, daß Nero nach zahllosen Schnellverfahren und Hinrichtungen öffentlich als der Antichrist bezeichnet wurde, dessen Kommen Jesus von Nazareth prophezeit hatte. Nero nahm ihnen allerdings diesen Spitznamen nicht übel, sondern stellte lediglich fest, daß die Christen ihn offensichtlich als einen ihrem Christus ebenbürtigen Gott betrachteten, da sie ihn durch einen so großartigen Namen ehrten.

Im Grunde ist die Schwäche der Christen gerade darin zu sehen, daß sie die Politik verachten, sich jeder politischen Betätigung enthalten und ihre Hoffnung auf ein unsichtbares Reich richten, das nach allem, was ich davon verstehe, keine Gefahr für den Staat bedeutet. Deshalb haben sie, nun da ihre Führer tot sind, keine Zukunft auf dieser Welt. Ihr Glaube wird bald ganz verschwunden sein, nicht zuletzt, weil sie fortwährend Streit miteinander haben und der eine dies glaubt und der andere das und jeder seinen Glauben für den einzig richtigen hält. Das ist meine feste Überzeugung, was immer Deine Mutter behaupten mag. Eine Frau hat keinen Sinn für die politische Wirklichkeit.

Ich habe mich oft für die Christen, die beschnittenen wie die unbeschnittenen, heiser geredet, um zu beweisen, daß sie politisch harmlos sind. Doch man kann das einem Römer mit juristischer Bildung und Erfahrenheit im Amt nicht begreiflich machen. Er schüttelt nur den Kopf und verdächtigt die Christen nach wie vor aller möglichen politischen Umtriebe.

Es gelang mir zu meinem Kummer nicht, Paulus zu retten,

denn seine Ruhelosigkeit zwang ihn, unaufhörlich von einem Land ins andere zu reisen. Die letzte Auskunft über ihn erhielt ich von einem meiner Ölaufkäufer in Emporiae, einer blühenden Stadt an der Nordostküste Iberiens, deren Hafen allerdings immer mehr versandet. Dort wurde Paulus von den rechtgläubigen Juden verjagt. Meinem Gewährsmann zufolge kam er jedoch einigermaßen mit heiler Haut davon.

In Iberien wie anderswo mußte er sich damit begnügen, seine Lehre in den Küstenstädten zu verkünden, die einst von Griechen gegründet wurden und in denen in der Hauptsache noch Griechisch gesprochen wird, wenngleich natürlich Gesetze und Erlässe in lateinischer Sprache in Kupfertafeln eingeritzt werden. Es gibt viele große Städte dieser Art an der iberischen Küste, so daß es Paulus an Reisezielen nie mangelte. Der Ölhändler meinte, er sei dann südwärts nach Malaca gesegelt, um von dort aus das westliche Iberien zu erreichen, denn er war noch so ruhelos wie eh und je.

Es ist daher seine eigene Schuld, daß meine Warnung ihn nicht erreichte. Man fing ihn schließlich in Troas im asiatischen Bitynien, und seine Verhaftung erfolgte so plötzlich, daß seine Schriften, seine Bücher und sein Reisemantel in seiner Herberge liegenblieben. Er hatte nach Asia reisen müssen, um die von ihm Bekehrten im Glauben zu stärken, denn sie wurden, zumindest seiner Ansicht nach, von miteinander wetteifernden Wanderpredigern zu allerlei Irrlehren verleitet. Jedenfalls nannte er so manchen einen Lügenpropheten, der wie er selbst um Christi willen Not und Entbehrungen litt und sein Leben aufs Spiel setzte, wenngleich diese Männer vielleicht nicht so tief in die göttlichen Geheimnisse Einblick hatten wie er.

Als in Rom die Nachricht eintraf, daß der Aufenthaltsort des Paulus verraten worden war, wurde augenblicklich auch das Versteck des Kephas verraten. Das glaubten die heißblütigen Anhänger des Paulus ihrem Lehrer schuldig zu sein. Kephas hatte meine Warnung rechtzeitig erhalten und sich auf den Weg nach Puteoli gemacht. Beim vierten Meilenstein auf der Via Appia war er jedoch wieder umgekehrt. Als Grund gab er an, Jesus von Nazareth habe sich ihm in seiner ganzen Herrlichkeit offenbart. Jesus hatte ihn gefragt: »Wohin gehst du, mein Fels?« Darauf hatte Kephas verlegen geantwortet, er fliehe aus Rom. Da hatte der

Nazarener betrübt gesagt: »So will ich selbst nach Rom gehen, um zum zweiten Male gekreuzigt zu werden.«

Kephas schämte sich und kehrte demütig nach Rom zurück, gewiß auch glücklich darüber, daß er seinen Meister noch einmal hatte sehen dürfen. Kephas war in seiner Einfachheit der erste von allen Jüngern gewesen, der in Jesus von Nazareth Gottes Sohn erkannt hatte. Deshalb hatte ihn sein Lehrer so liebgewonnen und ihn den Ersten unter seinen Jüngern genannt — nicht seiner Körperkräfte und seines Feuergeistes wegen, wie viele noch immer glauben.

Ich berichte, was ich gehört habe, und die Geschichte wird auch anders erzählt. Das Wesentliche scheint mir jedoch zu sein, daß Kephas auf der Via Appia ein Gesicht oder eine Offenbarung irgendwelcher Art hatte. Das machte es ihm möglich, sich zuletzt doch noch mit Paulus auszusöhnen, ehe sie beide starben. Paulus hatte ja Jesus von Nazareth nie in Fleisch und Blut gesehen. Auf seine Offenbarung anspielend, hatte Kephas eines Tages, von Neid ergriffen, gesagt, er brauche nicht zu erfundenen Geschichten Zuflucht zu nehmen, denn er habe Jesus von Nazareth gekannt, als er noch auf Erden lebte. Diese Worte fielen, als die beiden einander noch voll Eifer zu überbieten trachteten. Nun aber, nachdem er selbst eine echte Offenbarung erlebt hatte, schämte sich Kephas seiner Anschuldigungen und bat Paulus um Verzeihung.

Es tat mir leid um diesen einfachen Fischer, der nach mehr als zehn Jahren in Rom weder die lateinische noch die griechische Sprache erlernt hatte, so daß er ohne Dolmetsch hilflos und verloren war. Es gab deshalb übrigens auch viele Mißverständnisse, und man behauptete sogar, er zitiere falsch oder zumindest sehr ungenau aus den heiligen Schriften der Juden, um zu beweisen, daß Jesus von Nazareth der wahre Messias oder Christus sei. Als wäre das für die, welche an ihn glaubten, so wichtig gewesen! Die Judenchristen haben jedoch die unausrottbare Gewohnheit, ständig mit ihrer Gelehrsamkeit zu prunken, um Wörter und ihre Bedeutung zu streiten und sich in allem auf die heiligen Schriften zu berufen.

Das wäre Grund genug, diese nach und nach ins Lateinische übersetzen zu lassen, damit sie eine endgültige, eindeutige Form erhalten. Dazu eignet sich nämlich unsere Sprache vorzüglich.

Man brauchte sich dann endlich nicht mehr über den richtigen Inhalt der Worte zu streiten, wovon man nur Kopfschmerzen bekommt.

Doch ich will meinen Bericht fortsetzen. Von denen, die sozusagen den inneren Kreis der Anhänger Christi bildeten, gelang es mir nur, einen gewissen Johannes zu retten, der während der Judenverfolgungen nach Ephesus geflohen war. Ich bin selbst nie mit ihm zusammengetroffen, aber er soll ein milder, sanftmütiger Mann sein, der sich damit die Zeit vertreibt, seine Erinnerungen niederzuschreiben und die Christen miteinander zu versöhnen. Mein Vater mochte ihn gern. Auch er wurde in dieser Zeit des Hasses und des Verrats angezeigt, aber der Prokonsul in Asia war zufällig ein Freund von mir und begnügte sich damit, ihn auf eine Insel im Meer zu verbannen.

Ich wunderte mich sehr, als ich hörte, daß er dort einige merkwürdige, recht wilde Offenbarungen hatte und aufzeichnete, aber er soll sich wieder beruhigt haben, nachdem man ihm erlaubte, nach Ephesus zurückzukehren.

Uns Mitglieder des Ausschusses für orientalische Angelegenheiten strafte Nero nur dadurch, daß er uns nach Rom zurückschickte, wo wir darauf zu achten hatten, daß es zu keinem bewaffneten Aufruhr von seiten der Juden kam. Er meinte spöttisch, dieser Aufgabe wären wir hoffentlich gewachsen, nachdem wir in allen anderen Dingen nur unsere völlige Unfähigkeit bewiesen hätten. Auflösen konnte er den Ausschuß nicht, denn das wäre Sache des Senats gewesen. Der Senat nahm ihm zuliebe jedoch einige Umbesetzungen vor, obwohl es schwer war, neue Männer zu finden, die gewillt waren, ihre Zeit für diese unangenehme Verpflichtung zu opfern.

Ich war schon wieder in Rom, als Nero Achaia zu einem freien Reich ausrief und Griechenland seine frühere Selbständigkeit zurückgab. An den politischen Verhältnissen änderte sich deshalb nichts, das wußte ich, seit ich in meiner Jugend in Korinth als Kriegstribun gedient hatte. Die Griechen durften fortan lediglich selbst einen Statthalter wählen, selbst für ihr Kriegsheer aufkommen und selbst ihren Kanal graben. Trotzdem jubelten diese kurzsichtigen Menschen über Neros großzügige Geste.

Ich bemerkte sehr wohl, daß Nero in seinem Erlaß den Senat mit keinem Wort erwähnte, sondern eindeutig zu erkennen gab, daß Nero und nur Nero eine solche Freiheitserklärung ausfertigen konnte. Wir waren gewarnt von dem Tage an, da wir mit unseren eigenen Ohren hatten hören müssen, wie Nero beim Beginn des Kanalbaus der Hoffnung Ausdruck gab, dieses große Vorhaben werde Achaia und dem Volk von Rom zum Vorteil gereichen. Dem Volk ... Den Senat erwähnte er nicht, wie es sich bei einer öffentlichen Rede eigentlich gehört hätte. Der richtige Ausdruck lautet: »Senat und Volk von Rom.« Und dabei bleibt es, was immer auch geschehen mag.

Es war nach alledem nicht verwunderlich, daß ich das Gefühl hatte, Orcus lenke meine Schritte und Charon blase mir seinen kalten Atem ins Genick, als ich die Juden zu ihrem Sterben begleitete. Das gleiche unbehagliche Gefühl hatte so mancher andere Senator, obgleich wir freilich aus Gründen der Sicherheit nie darüber sprachen. Wer durfte sich denn noch auf einen anderen verlassen, sich einem andern anvertrauen! Es gab sogar einen, der vorsichtshalber immer eine Million Sesterze in Gold auf einem Karren mit sich führte, wenn er eine kleine Reise antrat.

Nero erlaubte uns nicht einmal, ihn in Neapolis abzuholen. Dort wollte er nämlich seinen Siegeszug nach Rom antreten, weil er im Theater in Neapolis zum erstenmal öffentlich gesungen hatte. Seine Rückkehr sollte jedoch kein Triumph im eigentlichen Sinne sein. Er hatte sich eine Art künstlerischen Triumphzug ausgedacht, um dem Volk sein Vergnügen und einige freie Tage zu bieten. In politischer Hinsicht war das an sich nicht unklug, da der Feldzug im Osten im Sande verlaufen war, aber wir fanden es unerhört, daß wir auf seinen Befehl einen Teil der Stadtmauer niederreißen lassen mußten, um Platz für den Siegeszug zu schaffen. Eine solche Ehre war noch keinem Sieger erwiesen worden, nicht einmal Augustus. Wir waren allgemein der Ansicht, daß Nero allmählich wie ein orientalischer Gewaltherrscher aufzutreten begann. So etwas wird in Rom nicht geduldet, da mag ein gewisser ungewaschener Lümmel noch so viel unverschämtes Zeug über die Verderbtheit unserer Sitten zusammendichten.

Nicht nur wir, sondern auch das Volk, worunter ich alle rechtdenkenden Bürger verstehe, schüttelten den Kopf, als Nero auf dem heiligen Triumphwagen des Augustus durch die Mauerbresche und quer durch die Stadt fuhr, hinter ihm wagenweise Siegeskränze und an Stelle von Soldaten eine Ehrenwache von Schauspielern, Spielleuten, Sängern und Tänzern. Anstatt

Schlachtenbilder zu zeigen, hatte er griechische Künstler große Tücher bemalen und Figurengruppen meißeln lassen, die seine Siege in den Sängerwettstreiten darstellten. Er selbst war in einen purpurnen Mantel mit goldenen Sternen gekleidet, und auf dem Haupt trug er einen doppelten olympischen Kranz aus Olivenblättern.

Gleichwohl muß zu seiner Ehre gesagt werden, daß er, wie alle Triumphatoren vor ihm, nach altem Brauch demütig auf den Knien die steile Treppe auf den Kapitolinischen Hügel hinaufkroch und daß er seine wertvollsten Siegeskränze nicht nur Jupiter Custos, sondern auch anderen wichtigen Göttern Roms weihte, Juno und Venus nicht ausgenommen. Die übrigen Kränze reichten noch immer, um alle Wände im Empfangssaal und im runden Speisesaal des Goldenen Hauses zu bedecken.

Dennoch verlief Neros Heimkehr nicht ganz so angenehm, wie ein Außenstehender sich das vorstellen mochte. Statilia Messalina war zwar eine verwöhnte, willensschwache Frau, aber immerhin eine Frau, und sie konnte es nicht stillschweigend hinnehmen, daß Nero Sporus die gleichen ehelichen Rechte einräumen wollte wie ihr, so daß er hernach ganz der Laune des Augenblicks folgend das Ehebett hätte wechseln können. Es kam deshalb zu einem Familienstreit, der durch die Dienerschaft weit über die Grenzen des Palastes hinaus bekannt wurde. Nero hielt sich das Schicksal Poppaeas vor Augen und wagte es nicht, seine Gattin zu treten. Das machte sich Statilia zunutze. Nach einiger Zeit verlangte Nero zornig seine Siegeskränze von Juno zurück. Viel mehr konnte er nicht tun, außer daß er zuletzt Statilia nach Antium verbannte. Gerade das aber war ihr Glück.

Statilia Messalina lebt noch heute und trauert um Nero. Wie es sich für eine Witwe geziemt, erinnert sie sich nur an seine guten Seiten. Oft schmückt sie das bescheidene Mausoleum der Domitier, das vom Pincius aus sehr gut zu sehen ist, mit Blumen. Es liegt unweit der Gärten des Lukull, wo ich in meiner Jugend mit Nero und Agrippina zusammen die Kirschbäume blühen sah.

Es heißt, im Grabgewölbe der Domitier ruhen die Gebeine Neros. In den östlichen Provinzen aber hat es wegen Nero viel Streit und Unruhe gegeben, denn dort wollen die Leute nicht glauben, daß er tot ist. Sie hoffen vielmehr, er werde zurückkehren, und gedenken seiner Regierung als einer glücklichen Zeit, was man ihnen in Anbetracht der Steuern, die wir heutzutage zahlen müssen, und der Habgier des Staates nicht verargen kann.

Ab und zu taucht im Osten irgendein entsprungener Sklave auf und gibt sich als Nero aus. Die Parther unterstützen solche Versuche, Unruhe zu stiften, gern. Wir haben bereits zwei falsche Neros kreuzigen lassen. Um das Volk zu beruhigen, gab man ihnen vorher Gelegenheit, ihre Echtheit zu beweisen, indem sie sangen, aber keiner konnte singen wie Nero. Wie dem auch sei, Statilia Messalina gedenkt seiner durch Blumen und schmückt sein Grab. Wenn es sein Grab ist.

Ich habe mich wieder einmal mit diesem und jenem aufgehalten, um nicht von der einen Sache sprechen zu müssen, an die ich nur voll Kummer zurückdenke. Dank Neros Triumph und seinen übrigen politischen Pflichten gelang es mir, die Hinrichtungen erstaunlich lange hinauszuschieben. Schließlich aber kam der Tag, da wir die längst gefällten Todesurteile Nero zur Bestätigung vorlegen mußten. Hätte ich noch weitere Ausflüchte gesucht, so wäre ich wohl, nicht zuletzt von meinen Amtsbrüdern, selbst als Judenfreund verdächtigt worden.

Um unseren Ruf reinzuwaschen, hatten wir im Ausschuß für orientalische Angelegenheiten gründliche Arbeit geleistet, um uns ein zuverlässiges Bild von den wirklichen Verhältnissen innerhalb der jüdischen Kolonie Roms zu verschaffen und zu beurteilen, wieweit sie nach dem Aufstand der Juden in Jerusalem eine Gefahr für den Staat darstellte. Es war für einige von uns eine sehr lohnende Tätigkeit, und zuletzt konnten wir dem Senat und Nero mit gutem Gewissen einen beruhigenden Bericht vorlegen.

Wir setzten es im Senat mit knapper Stimmenmehrheit durch, daß von einer Judenverfolgung im eigentlichen Sinne Abstand genommen wurde und man sich damit begnügte, verdächtige Elemente und Aufwiegler auszusondern. Unser Vorschlag gründete sich auf gesunde Vernunft und wurde trotz dem Judenhaß, den der Aufstand in Jerusalem erweckt hatte, angenommen. Ich muß allerdings gestehen, daß ich recht tief in die Tasche griff, um die Angelegenheit in diesem Sinne zu regeln, weil Claudia so viele Freunde unter den Judenchristen hatte. Der schiefnasige Aquila und die mutige Prisca, um nur zwei Beispiele zu nennen, hätten bei einer großen Säuberung bestimmt daran glauben müssen. Aber ich bin ja ein Unmensch, ein Geizkragen, der aus allem seinen Vorteil zu schlagen versteht und für den Dein bester Freund Juvenal nicht ein gutes Wort übrig hat. Ich kann mir denken, was meine Freunde ihm für die Abschriften von seinem Gedicht bezahlen. Schadenfreude ist die schönste Freude. Wir beide, Du und ich, wollen uns wenigstens darüber freuen, daß Dein bärtiger Freund dank mir seine Schulden loswird, ohne daß es mich ein einziges Kupferstück kostet.

Wenn ich so habgierig wäre, wie er behauptet, müßte ich ihm das verfluchte Spottgedicht abkaufen und meinen eigenen Verlag den Gewinn einstreichen lassen. Ich bin aber nicht wie Vespasian, der sogar das Wasser besteuert, das man abschlägt. Wir sprachen einmal über Begräbnisse mit ihm. Da fragte er uns, wieviel unserer Meinung nach sein Begräbnis einst die Staatskasse kosten werde. Wir rechneten aus, daß die Festlichkeiten mindestens zehn Millionen Sesterze verschlingen würden. Das war keine Schmeichelei, sondern wir konnten es ihm mit eindeutigen Zahlen beweisen. Vespasian seufzte schwer und bat bekümmert: »Gebt mir lieber gleich hunderttausend, dann dürft ihr meine Asche in den Tiber schütten.«

Natürlich blieb uns wieder einmal nichts anderes übrig, als in seinem altmodischen Strohhut hunderttausend Sesterze zu sammeln, wodurch uns dieses Mahl teuer zu stehen kam. Das Essen war noch dazu herzlich schlecht. Vespasian liebt einfache Sitten und seinen eigenen frischen Landwein. Dagegen wäre nichts zu sagen, aber ich habe um meiner Stellung willen mehr als einmal sein Amphitheater befürworten müssen. Das soll ja nun das achte Weltwunder werden, und Neros Goldenes Haus nimmt sich daneben wie die Spielerei eines verwöhnten Knaben aus.

Ich bin schon wieder abgeschweift, doch nun will ich zur Sache kommen. Es ist, wie wenn man sich einen Zahn ziehen läßt. Nur Mut, Minutus, und nicht lang gezaudert! Mich trifft übrigens keine Schuld. Ich habe für sie getan, was in meiner Macht stand. Mehr kann kein Mensch tun. Keine Macht der Welt konnte Kephas und Paulus das Leben retten. Kephas kehrte selbst nach Rom zurück, obwohl er sich während der schlimmsten Zeit hätte verstecken können.

Ich weiß, daß heute alle seinen lateinischen Namen anwenden und ihn Petrus nennen. Mir aber ist sein alter Name lieb, und für mich heißt er Kephas. Petrus ist eine Übersetzung von Kephas, was »Fels« bedeutet. Jesus von Nazareth gab ihm diesen Namen.

Warum, weiß ich nicht. Kephas war seiner Gemütsart nach kein Fels. Er war heftig und aufbrausend und konnte manchmal sehr feige sein, ja er hat sogar einmal geleugnet, Jesus von Nazareth zu kennen, damals, in dessen letzter Nacht, und in Antiochia ist er alles andere denn mutig vor dem Boten Jacobs aufgetreten, der es als einen Verstoß gegen das jüdische Gesetz betrachtete, daß er mit Unbeschnittenen zusammen aß. Und doch, oder, wer weiß, vielleicht gerade deshalb, war Kephas ein Mensch, den man nicht vergessen kann.

Von Paulus sagt man heute, er habe sich nach Sergius Paulus, dem Statthalter auf Zypern, so genannt, weil dieser von allen, die er bekehrte, der vornehmste war. Das ist an den Haaren herbeigezogen. Paulus legte seinen ursprünglichen Namen Saulus ab, bevor er mit Sergius zusammentraf, und nannte sich nur deshalb Paulus, weil das, ebenso wie mein eigener Name Minutus, der Unbedeutende, Geringe, Wertlose bedeutet.

Mein Vater hatte, als er mir diesen verächtlichen Namen gab, nicht geahnt, daß er mich zum Namensvetter des Paulus machte. Aber Schande über den, dem ein Name schadet. Vielleicht ist ein wenig auch mein Name daran schuld, daß ich diese Erinnerungen niederzuschreiben begann, um zu beweisen, daß ich in Wirklichkeit nicht so unbedeutend bin, wie man meinen möchte. Der hauptsächliche Grund ist freilich der, daß ich hier in diesem Kurort, wo ich Mineralwasser trinke und die Ärzte meinen kranken Leib pflegen, anfangs meinen Betätigungsdrang nicht anders zu befriedigen wußte. Und dann dachte ich mir auch, daß es Dir vielleicht nützen könnte, ein wenig über Deinen Vater zu wissen, wenn Du einmal meine Asche in dem Grab in Caere eingemauert hast.

Ich sorgte dafür, daß es Kephas und Paulus während ihrer langen Gefangenschaft gutging, und verfügte, daß sie, wenn auch unter Bewachung, miteinander sprechen durften, sooft sie wollten. Als gefährliche Staatsfeinde mußten sie in Tullianum eingesperrt werden, und Tullianum ist kein sehr gesunder Aufenthaltsort, obgleich es eine jahrhundertealte ehrenvolle Tradition hat. Dort wurde Jugurtha erdrosselt, dort wurde dem Vercingetorix der Schädel eingeschlagen, Catilinas Freunde verloren dort ihr Leben, und die kleine Tochter des Sejanus wurde dort vor ihrer Hinrichtung geschändet, damit der Buchstabe des Gesetzes erfüllt wurde, denn wir Römer richten niemals eine Jungfrau hin.

Paulus schien einen qualvollen Tod zu fürchten, aber Nero war in diesen Dingen nicht kleinlich und gehässig, obwohl er über den Aufstand der Juden erbittert war und allen jüdischen Aufwieglern die Schuld daran gab. Paulus war römischer Bürger und hatte ein Recht darauf, mit dem Schwert gerichtet zu werden. Dieses Recht hatten nicht einmal seine Richter in Frage gestellt. Kephas dagegen verurteilten wir nach dem Gesetz zur Kreuzigung, obwohl ich für mein Teil einem alten Mann und Freund meines Vaters diesen qualvollen Tod gern erspart hätte.

Ich verschaffte mir Gelegenheit, die beiden an dem frischen Sommermorgen, an dem sie zur Hinrichtung geführt wurden, auf ihrem letzten Weg zu begleiten. Ich hatte angeordnet, daß keine anderen Juden zur selben Zeit gekreuzigt werden sollten, denn draußen auf der Richtstätte herrschte sonst der Juden wegen stets ein großes Gedränge, und ich wollte, daß Paulus und Kephas allein und mit Würde sterben konnten.

Wo der Weg nach Ostia abzweigt, mußte ich mich entscheiden, wem ich folgen wollte, denn es war bestimmt worden, daß Paulus zu demselben Tor gebracht werden sollte, wo man meinen Vater und Tullia enthauptet hatte. Kephas dagegen sollte als abschreckendes Beispiel durch das jüdische Viertel geführt und dann auf der Richtstätte der Sklaven in der Nähe von Neros Amphitheater gekreuzigt werden.

Paulus hatte seinen Freund, den Arzt Lucas, bei sich, und ich wußte, daß niemand ihn beleidigen würde, denn er war römischer Bürger. Kephas dagegen konnte meinen Schutz brauchen. Ich fürchtete auch für seine Begleiter, Marcus und Linus. Deshalb entschied ich mich für Kephas.

Meine Sorge war zum Glück unbegründet gewesen. Man warf ein paar Erdklumpen nach Kephas, ließ ihn aber sonst in Ruhe. Die Juden waren so weit Juden, daß sie sich trotz ihrem bitteren Haß gegen einen Abtrünnigen damit begnügten, schweigend zuzusehen, wie ein jüdischer Aufwiegler wegen des Aufstandes in Jerusalem zur Kreuzigung geführt wurde. Um den Hals trug Kephas das übliche Schild, auf dem in lateinischer und griechischer Sprache zu lesen stand: »Simon Petrus aus Kapernaum, Galiläer, Feind des Reiches und der Menschheit.«

Als wir die Stadt hinter uns gelassen hatten und zwischen den Gärten dahingingen, begann die Hitze drückend zu werden. Ich sah Schweißperlen über Kephas' gefurchte Stirn rollen. Da befahl ich, ihm das Kreuz vom Rücken zu nehmen und einem Juden zu tragen zu geben, der uns entgegenkam, wozu die Soldaten das Recht hatten. Kephas selbst bat ich, zu mir in die Sänfte zu steigen, und ich dachte nicht an das Gerede, das mir meine Freundlichkeit einbringen mußte.

Kephas wäre aber nicht Kephas gewesen, wenn er nicht schroff geantwortet hätte, er sei durchaus imstande, das Kreuz auf seinen breiten Schultern zu tragen, und brauche keine Hilfe. Auch wollte er nicht neben mir sitzen, sondern auf seinem letzten Gang noch einmal den Staub der Straße unter seinen Füßen und die heiße Sonne auf seinem Kopf spüren wie damals vor langer Zeit, als er Jesus von Nazareth über die Straßen Galiläas folgte. Er wollte nicht einmal, daß man den Strick losband, an dem er geführt wurde, sondern behauptete, Jesus von Nazareth habe ihm gerade dies vorausgesagt, und die Prophezeiung müsse erfüllt werden. Gleichwohl stützte er sich müde auf seinen abgenutzten Hirtenstab.

Als wir zur Richtstätte kamen, die in der Sonnenhitze stank, fragte ich Kephas, ob er wünsche, vorher gegeißelt zu werden. Es ist dies eine Barmherzigkeit, die man den Verurteilten vor der Kreuzigung angedeihen läßt, um Wundfieber hervorzurufen und den Tod zu beschleunigen, aber viele Barbaren verstehen es falsch und legen es uns als Grausamkeit aus. Kephas antwortete, er brauche die Geißelung nicht, sondern habe seine eigenen Pläne, aber gleich darauf bereute er seine Worte und sagte, er wolle demütig den Weg zu Ende gehen wie so viele andere Zeugen vor ihm, und auch Jesus von Nazareth sei gegeißelt worden.

Er schien es jedoch nicht eilig zu haben. Ich sah den Schimmer eines Lächelns in seinen Augen, als er sich an seine Begleiter Marcus und Linus wandte und sagte: »Hört mich an, ihr beiden. Hör mich an, Marcus, obgleich ich dir dies schon unzählige Male gesagt habe. Hör auch du mich an, Minutus, wenn du magst. Jesus sagte: ›Das Reich Gottes ist so, wie wenn ein Mensch Samen aufs Land wirft und schläft und steht auf, Nacht und Tag. Und der Same geht auf und wächst, er aber weiß nicht, wie. Denn die Erde bringt von selbst zuerst das Gras, danach die Ähren, danach den vollen Weizen in den Ähren. Wenn aber die Saat reif ist, schickt er die Sichel, denn die Ernte ist da.‹«

Er schüttelte ungläubig den Kopf, Tränen der Freude tanzten ihm in den Augen, er lachte und rief: »Und ich einfältiger Mensch habe nichts begriffen, obgleich ich seine Worte immerzu wiederholt habe. Jetzt erst verstehe ich. Die Saat ist reif, und die Sichel ist da.«

Mit einem Blick auf mich segnete er sodann Linus, reichte ihm seinen abgenutzten Stab und sagte: »Hüte meine Schafe.« Es war, als hätte er gewollt, daß ich dies sähe und bezeugte. Dann erst wandte er sich demütig den Soldaten zu.

Die Soldaten banden ihn an einen Pfahl und begannen ihn zu geißeln. Trotz seinen Körperkräften vermochte er ein schweres Stöhnen nicht zu unterdrücken. Bei dem Klatschen der Geißelhiebe und dem Stöhnen erwachte einer der am vorangegangenen Tag gekreuzigten Juden aus seinen Todeszuckungen, schlug die fieberglänzenden Augen auf, daß die Fliegen aufschwärmten, und erkannte Kephas. Und noch am Kreuz konnte es dieser zählebige, echte Jude nicht unterlassen, über Jesus von Nazareth und seine Behauptung, er sei der Christus, zu spotten. Er forderte Kephas mit Zitaten aus den heiligen Schriften der Juden zu einem Streitgespräch heraus, aber danach verspürte Kephas kein Verlangen mehr.

Er sagte nach der Geißelung den Soldaten, man solle ihn mit dem Kopf nach unten ans Kreuz schlagen, denn er sei nicht würdig, mit dem Kopf gen Himmel gekreuzigt zu werden wie sein Herr Jesus Christus, Gottes Sohn. Ich mußte mein Lächeln in einem Zipfel meines Mantels verbergen.

Bis zu seiner letzten Stunde blieb Kephas der echte, alte Kephas, dessen gesunder Fischerverstand vonnöten war, um das Reich zu errichten. Ich verstand, warum Jesus von Nazareth ihn geliebt hatte, und liebte ihn in dieser Stunde selbst. Die gesunde Vernunft sagt einem ja, daß ein alter Mann unvergleichlich leichter stirbt, wenn er mit dem Kopf nach unten gekreuzigt wird, so daß sich das Blut im Kopfe staut und die Adern sprengt. Barmherzige Ohnmacht rettet ihn dann vor tagelangem Leiden.

Die Soldaten lachten und erfüllten ihm gerne seinen Wunsch, weil sie sofort begriffen, daß sie sich auf diese Weise das lange Wachestehen in der heißen Sonne ersparten. Als Kephas schon am Kreuz hing, tat er den Mund auf und schien etwas singen zu wollen, obgleich er dazu meiner Meinung nach wirklich keine Ursache haben konnte.

Ich fragte Marcus, was Kephas noch zu sagen versuche. Marcus erklärte mir, er singe einen Psalm, in dem Gott seine Getreuen zu grünen Auen und frischen Quellen führt. Zu meiner Freude brauchte Kephas nicht mehr lange auf seine grünen Auen zu warten. Als er das Bewußtsein verloren hatte, blieben wir noch eine Weile bei ihm stehen. Dann bat ich, von dem Gestank und den Fliegen ungeduldig geworden, den Zenturio, seine Pflicht zu tun. Er befahl einem Soldaten, Kephas mit einem scharfkantigen Brett die Schienbeine zu brechen, und stieß ihm selbst das Schwert in die Kehle, indem er scherzend sagte, dies sei eine Schlachtung nach jüdischem Brauch, da das Blut ablaufe, ehe das Leben entfliehe. Es rann viel Blut aus dem alten Mann. Marcus und Linus versprachen, dafür zu sorgen, daß sein Leichnam begraben wurde, und zwar auf einer Begräbnisstätte hinter dem Amphitheater, die heute nicht mehr in Gebrauch ist. Es war nicht weit dorthin. Linus weinte, aber Marcus hatte längst alle seine Tränen geweint und war ein gleichmütiger, zuverlässiger Mann. Er bewahrte seine Fassung, aber seine Augen blickten in eine andere Welt, von der ich nichts sah.

Du wirst dich fragen, warum ich lieber Kephas begleitete als Paulus, denn Paulus war doch römischer Bürger und Kephas nur ein alter jüdischer Fischer. Vielleicht beweist mein Verhalten, daß ich nicht immer nur auf meinen Gewinn sehe. Ich mochte Kephas am liebsten, weil er ein aufrichtiger, einfacher Mann war. Außerdem hätte Claudia nie geduldet, daß ich die beiden auf ihrem letzten Gang im Stich gelassen hätte, und was tue ich nicht um des Hausfriedens willen!

Später bekam ich Streit mit Lucas, denn er verlangte den aramäischen Bericht zu sehen, den ich von meinem Vater geerbt und den ein Zöllner geschrieben hatte. Ich schlug es ihm ab. Lucas hatte zwei Jahre Zeit gehabt, mit Augenzeugen zu sprechen, während Paulus unter dem Prokurator Felix in Caesarea gefangensaß. Ich war nicht der Meinung, daß ich ihm irgend etwas schuldete.

Zudem war Lucas ein recht ungeschickter Arzt, obwohl er in Alexandria studiert hatte. Mein Magenleiden hätte ich ihn nie behandeln lassen. Ich habe ihn im Verdacht, daß er dem Paulus nur wegen dessen Wunderheilungen so eifrig folgte, entweder um selbst diese Kunst zu erlernen, oder weil er seine eigene Unfähigkeit in aller Bescheidenheit einsah. Schreiben konnte er freilich, wenngleich nicht nach der Art gebildeter Griechen, sondern in einem Marktdialekt.

Marcus ist mir immer lieb gewesen, aber noch lieber ist mir mit den Jahren Linus geworden, der jünger ist. Ich war ja trotz allem gezwungen, ein wenig Ordnung in die Angelegenheiten der Christen zu bringen, sowohl um ihrer selbst willen als auch um öffentlichen Streit zu verhindern. Kephas hatte seinerzeit eine Einteilung nach Stämmen eingeführt und versucht, die streitenden Parteien miteinander zu versöhnen, aber ein ungebildeter Mann wie er hatte natürlich keine wirklichen politischen Fähigkeiten.

Dem Cletus habe ich dafür, daß er im Prätorianerlager so mutig aufgetreten war, eine juristische Ausbildung bezahlt. Vielleicht gelingt es ihm eines Tages, eine wirkliche Ordnung unter den Christen zu errichten. In diesem Falle würdest Du in ihnen eine Stütze haben. Ich mache mir jedoch keine allzu großen Hoffnungen. Sie sind, was sie sind.

Ich bin wieder ein wenig zu Kräften gekommen, und die Ärzte geben mir neue Hoffnung. Bald werde ich aus diesem nach Schwefel riechenden Kurort, den ich schon nicht mehr sehen mag, nach Rom zurückkehren dürfen. Um meine wichtigsten Geschäfte habe ich mich auch hier gekümmert, ohne daß die Ärzte es wußten, aber nun will ich wieder einmal einen guten Wein schmecken, und nach all dem Fasten und Wassertrinken werde ich mehr Wert denn je zuvor auf die Kunst meiner beiden Köche legen. Deshalb will ich rasch fortfahren. Das Schlimmste habe ich zum Glück hinter mir.

Als ich von den heimlichen Unternehmungen des Julius Vindex, des Proprätors in Gallien, hörte, deutete ich, ohne zu zögern, die Zeichen der Zeit. Ich war schon früher der Ansicht gewesen, daß Piso Erfolg hätte haben können, wenn er nicht in seiner Eitelkeit geglaubt hätte, er brauche die Legionen nicht. Nach dem plötzlichen Tod des Corbulo und des Ostorius erwachten die Befehlshaber der Legionen endlich aus ihrem Schlaf und begriffen, daß weder Kriegsruhm noch bedingungslose Treue imstande waren, einen Mann vor den Launen Neros zu retten. Ich hatte es geahnt, als ich Korinth verließ.

Ich begann nun rasch, mein Eigentum durch meine Bankiers und Freigelassenen verkaufen zu lassen, und sammelte bare Goldmünzen. Selbstverständlich erregten meine großen Verkäufe, deren Ursache so mancher kluge Mann noch nicht erkannte, Aufsehen bei den Sachverständigen. Dagegen hatte ich nichts. Ich verließ mich fest darauf, daß Nero von Geschäften nichts verstand.

Mein Treiben erweckte also eine gewisse Unruhe in Rom. Die Grundstückpreise sanken beträchtlich. Ich verkaufte rücksichtslos sogar einige Landgüter, obwohl das Geld in Grund und Boden am sichersten angelegt ist und sogar Zinsen trägt, wenn das Land von zuverlässigen Freigelassenen bestellt wird. Ich kümmerte mich nicht um das Sinken der Preise. Ich verkaufte weiter und sammelte Bargeld. Ich wußte, daß ich eines Tages alles zurückgewinnen würde, wenn mein Plan gelang. Die Besorgnis, die meine Unternehmungen bei den Geldleuten erweckte, zwang sie, die politische Lage anders einzuschätzen, so daß ich auch auf diese Weise einer guten Sache zum Siege verhalf.

Claudia und Dich schickte ich auf mein Gut bei Caere, und ich beschwor Claudia, mir wenigstens dieses eine Mal Vertrauen zu schenken und dort in Sicherheit zu bleiben, bis ich ihr Botschaft schickte. Dein dritter Geburtstag war nahe, und Deine Mutter war vollauf mit Dir beschäftigt. Du warst kein artiges Kind. Ich war, um es offen zu sagen, Deines ständigen Tollens und Lärmens müde. Sobald ich den Rücken wandte, fielst Du in einen Teich oder schnittest Dich mit irgendeinem scharfen Gegenstand. Auch deshalb begab ich mich gern auf Reisen, um für Deine Zukunft zu sorgen. Claudia verzärtelte Dich so, daß es mir nicht möglich war, Deinen Charakter zu bilden. Ich mußte mich auf das Blutserbe verlassen. Wirkliche Selbstzucht erwächst einem von innen heraus. Sie läßt sich nicht aufzwingen.

Es fiel mir nicht schwer, vom Senat und von Nero die Genehmigung zu erhalten, die Stadt zu verlassen und zu Vespasian zu reisen, um ihm mit meinem Rat zur Seite zu stehen. Im Gegenteil, man lobte den Eifer, mit dem ich dem Besten des Staates zu dienen bereit war. Nero selbst war der Ansicht, es müsse ein zuverlässiger Mann ein Auge auf Vespasian haben und ihn zur Eile antreiben. Er hatte ihn im Verdacht, unnötig lange vor Jerusalems Mauern zu zaudern.

Als Senator hatte ich ein Kriegsschiff zu meiner Verfügung. Viele meiner Amtsbrüder wunderten sich sehr darüber, daß ein Mann, der wie ich die Bequemlichkeit liebte, des Nachts in einer Binsenmatte hängen mochte, von dem schlechten Essen, der Enge und dem Ungeziefer auf dem Schiff ganz zu schweigen.

Ich hatte jedoch meine Gründe, und ich fühlte mich, als meine zwanzig schweren Eisentruhen endlich an Bord waren, so erleichtert, daß ich die erste Nacht in meiner Binsenmatte wie ein Klotz schlief und erst am Morgen von dem Trampeln der Füße an Deck erwachte. Ich hatte drei treue Freigelassene bei mir, die außer der Soldatenwache abwechselnd meine Truhen bewachten.

In Caere hatte ich sogar meine Sklaven bewaffnet, denn ich hatte ihnen viel Gutes getan und durfte ihrer Ergebenheit gewiß sein. Sie enttäuschten mich auch nicht. Othos Soldaten plünderten zwar das Gut und zerschlugen meine Sammlung griechischer Vasen, von deren Wert sie keine Vorstellung hatten, aber sie taten weder Dir noch Claudia etwas zuleide, und das danke ich meinen Sklaven. Es gibt noch genug ungeöffnete Gräber aus alter Zeit in der Erde, und ich kann meine Sammlung noch immer erneuern.

Zum Glück hatten wir gutes Wetter, denn die Herbststürme hatten noch nicht eingesetzt. Ich beschleunigte die Reise so gut es ging, indem ich auf meine Kosten den Rudersklaven zu essen und zu trinken geben ließ, was den Seezenturio reiner Wahnsinn dünkte. Er verließ sich mehr auf die Peitsche und wußte, daß er die Sklaven, die er unterwegs verlor, leicht durch gefangene Juden ersetzen konnte. Ich war andrer Meinung. Ich glaube, man kann sich einen Menschen leichter im Guten gefügig machen als im Bösen. Aber ich bin immer viel zu weichherzig gewesen. Darin bin ich ganz meinem Vater nachgeraten. Erinnere Dich, daß ich Dich nicht ein einziges Mal geschlagen habe, mein widerspenstiger Sohn, obwohl es mich oft wahrhaftig in den Fingern juckte. Doch wie hätte ich einen zukünftigen Kaiser schlagen können!

Zum Zeitvertreib stellte ich während der Seereise viele Fragen über die Flotte. Unter anderem erklärte man mir, warum die Seesoldaten sowohl an Bord als auch an Land barfuß gehen müssen. Ich hatte es bis dahin nicht gewußt, sondern mich nur bisweilen gewundert. Ich dachte, es gehöre irgendwie zur Kunst des Seekriegs.

Jetzt erfuhr ich, daß Kaiser Claudius einst im Amphitheater in Zorn geraten war, als einige Seesoldaten aus Ostia, die einen Sonnenschutz über die Zuschauerbänke spannen mußten, mitten in der Vorstellung plötzlich von ihm forderten, er solle ihnen die Schuhe ersetzen, die sie auf dem Wege abgenutzt hatten. An diesem Tage verbot Claudius das Tragen von Schuhen in der gesamten Flotte, und sein Befehl wird seither treu befolgt. Wir Römer achten die Überlieferung.

Ich sprach später mit Vespasian darüber, aber er meinte, es sei das beste, die Seeleute gingen auch weiterhin barfuß. Es habe ihnen bisher nicht geschadet, und nun hätten sie sich auch schon daran gewöhnt. »Die Flotte verschlingt ohnehin schon zuviel Geld«, sagte er. »Warum sollten wir zusätzliche Ausgaben schaffen?« So kommt es, daß die Seezenturionen es noch immer als eine Ehre betrachten, barfuß zum Dienst an Bord der Schiffe zu gehen, obwohl sie gern weiche Paradestiefel tragen, wenn sie Landurlaub haben.

Ein schwerer Stein fiel mir vom Herzen, als ich meine kostbaren Truhen, nachdem sie so lange den Gefahren des Meeres ausgesetzt gewesen, einem bekannten Bankier in Caesarea in Verwahrung geben konnte. Die Bankiers müssen sich einer auf den anderen verlassen können, denn sonst wäre es nicht möglich, in großem Maßstab und über weite Strecken Handel zu treiben. Ich vertraute diesem Mann, obwohl ich ihn nicht persönlich, sondern nur aus Briefen kannte. Sein Vater war jedoch einst der Bankier meines Vaters in Alexandria gewesen. Auf diese Weise waren wir sozusagen alte Geschäftsfreunde.

Caesarea war zudem vor Unruhen sicher, denn die griechische Bevölkerung der Stadt hatte die Gelegenheit benutzt, alle Juden, Frauen und Wickelkinder mitgerechnet, zu erschlagen. Die Stadt bot ein durchaus friedliches Bild, wenn man von dem regen Schiffsverkehr und den bewachten Maultierkarawanen absah, die die Legionen vor Jerusalem mit Nachschub versorgten. Joppe und Caesarea waren Vespasians wichtigste Stützhäfen.

Auf dem Wege ins Kriegslager sah ich, wie hoffnungslos die Lage für die noch verbliebene jüdische Bevölkerung war. Auch die Samariter hatten sich eingemischt und reinen Tisch gemacht. Die Legionare ihrerseits unterschieden nicht zwischen Galiläern und Samaritern oder Juden ganz allgemein gesprochen. Das fruchtbare Galiläa mit seiner Millionenbevölkerung war zum bleibenden Schaden für das Römische Reich verwüstet. Es gehörte allerdings genaugenommen nicht uns, sondern war um alter Freundschaft willen Herodes Agrippa überlassen worden.

Ich kam darauf zu sprechen, sobald ich bei Vespasian und Titus eintraf. Sie empfingen mich sehr herzlich, weil sie neugierig waren, zu hören, was in Gallien und Rom vorging. Vespasian erklärte mir, daß die Legionare über den zähen Widerstand der Juden erbittert waren und schwere Verluste durch Aufständische erlitten hatten, die die Straßen von den Bergen herunter angriffen. Er war daher gezwungen gewesen, den Befehlshabern weitgehende Vollmachten zu gewähren und ihnen zu gestatten, auf ihre Weise den Frieden im Lande herzustellen. Soeben war eine Strafexpedition zu einem der bewaffneten Stützpunkte der Juden am Toten Meer unterwegs. Pfeile waren von dessen Turm abgeschossen worden, und sicheren Angaben zufolge hatten verwundete Aufständische dort Zuflucht gefunden.

Ich hielt ihnen einen kleinen Vortrag über den Glauben und die Sitten und Gebräuche der Juden und erklärte, daß es sich hier offensichtlich um eines der geschlossenen Häuser der Sekte der Essener handelte, wohin sie sich zur Ausübung ihres Glaubens zurückziehen, weil sie die Tempelsteuer nicht zahlen wollen. Die Essener fliehen die Welt und sind eher Feinde denn Freunde Jerusalems. Es bestand daher kein Grund, sie zu verfolgen.

Sie wurden von den Stillen im Lande unterstützt, die sich nicht mit Leib und Seele dem Glauben verschreiben konnten oder wollten, sondern es vorzogen, bei ihren Familien ihr bescheidenes Dasein zu fristen, ohne jemandem zu schaden. Nahm sich einer dieser Stillen im Lande eines verwundeten Aufständischen an, der bei ihm Schutz suchte, und gab er ihm Speise und Trank, so tat er es, um die Gebote seines Glaubens zu erfüllen, und nicht weil er auf der Seite der Aufrührer stand. Meine Reisebegleiter hatten mir erzählt, daß die Stillen im Lande sogar verwundete römische Legionare aufgenommen und gepflegt hatten. Daher fand ich, man dürfe sie nicht ohne Ursache töten.

Vespasian brummte, in meinen jungen Jahren in Britannien hätte ich nicht so viel von wirklicher Kriegführung verstanden. Deshalb habe er mich lieber auf eine Vergnügungsreise kreuz und quer durchs ganze Land geschickt und mir mehr aus politischen Gründen, da nämlich mein Vater Senator geworden war, den Kriegstribunenrang verliehen als um meiner eigenen Verdienste willen. Es gelang mir jedoch, ihn davon zu überzeugen, daß es nicht dafürstand, die jüdische Landbevölkerung auszurotten, nur weil sie Verwundete pflegte.

Titus hielt zu mir, denn er war in Berenike, die Schwester des Herodes Agrippa verliebt und daher den Juden gewogen. Berenike lebte zwar, wie es bei den Herodiern Brauch war, in Blutschande mit ihrem Bruder, aber Titus meinte, man müsse eben versuchen, die jüdischen Sitten zu verstehen. Er schien zu hoffen,

Berenikes närrische Liebe zu ihrem Bruder werde erkalten, und sie werde ihn in seinem bequemen Zelt besuchen, zumindest nachts, wenn niemand sie sah. In diese Sache mochte ich mich nicht einmischen.

Vespasians geringschätzige Worte über meine Reise in Britannien kränkten mich zutiefst. Deshalb sagte ich, wenn er nichts dagegen habe, wäre ich gern bereit, eine ähnliche Vergnügungsreise in die Stadt Jerusalem zu unternehmen, um mir die Verteidigungswerke der Stadt anzusehen und auszukundschaften, ob es nicht doch die eine oder andere schwache Stelle in der Verteidigungsbereitschaft der Juden gebe.

Es war wichtig zu wissen, wie viele verkleidete parthische Krieger sich in der Stadt befanden und die Schanzarbeiten leiteten. Die Parther hatten in Armenien genug Erfahrungen sammeln können, wie man eine Stadt belagert oder ihre Mauern verteidigt. Jedenfalls befanden sich in Jerusalem parthische Bogenschützen, denn es war nicht ratsam, sich den Mauern auf Schußweite zu nähern, und daß die ungeübten Juden plötzlich eine solche Treffsicherheit mit dem Bogen erlangt hätten, das konnte nicht einmal ich in meiner Unerfahrenheit in militärischen Dingen annehmen.

Mein Vorschlag machte Eindruck auf Vespasian. Er betrachtete mich blinzelnd, fuhr sich mit der Hand über den Mund, lachte laut auf und sagte, er als Oberbefehlshaber könne es nicht verantworten, daß ein römischer Senator sich einer so großen Gefahr aussetzte, sofern ich nicht ohnehin nur gescherzt hätte. Wenn man mich gefangennahm, konnten die Juden ihn erpressen. Kam ich auf schimpfliche Weise ums Leben, so war es eine Schande für ganz Rom und ihn dazu. Nero könnte zudem auf den Einfall kommen, daß er, Vespasian, absichtlich die persönlichen Freunde des Kaisers beseitigen wolle.

Er musterte mich mit einem schlauen Blick, aber ich kannte seine kleinen Finten nun schon zur Genüge und antwortete daher, dem Wohl des Staates müsse die Freundschaft weichen. Im übrigen habe er keinen Grund, mich zu beschimpfen, indem er mich einen Freund Neros nenne. In dieser Hinsicht brauchten wir einander nichts vorzumachen. Das Glück Roms und des Vaterlandes sei unser einziger Leitstern über diesem blutigen Schlachtfeld, wo die Leichen ihren Gestank verbreiteten, die Aasvögel sich mästeten und einige Legionare wie an der Sonne getrocknete Ledersäcke von den Mauern Jerusalems niederhingen.

Ich hob die Stimme in rhetorischer Steigerung, wie ich es von meinen Reden im Senat her gewohnt war. Vespasian schlug mir mit seiner großen Bauernhand freundlich auf die Schulter und versicherte, er zweifle nicht an meinen ehrenhaften Beweggründen und wisse, daß ich ein unerschütterlicher Freund des Vaterlandes sei. Er habe natürlich nicht gemeint, ich würde mich in den Schutz der Mauern Jerusalems schleichen, um den Juden seine militärischen Geheimnisse zu verraten. Nein, für so verrückt halte er mich nicht. Aber auf der Folterbank könne manchmal auch der Stärkste nicht schweigen. Die Juden hätten bewiesen, daß sie sehr geschickte Verhöre zu führen verstanden. Er betrachte es als seine vornehmste Pflicht, mein Leben zu beschützen, da ich mich nun einmal freiwillig unter seinen Schutz gestellt hätte.

Dann machte er mich in aller Freundlichkeit mit seinem Ratgeber Josephus bekannt, einem der Führer des jüdischen Aufstandes, der seine Kameraden verraten hatte, nachdem sie alle gemeinsam beschlossen hatten, Selbstmord zu begehen, um nicht den Römern in die Hände zu fallen. Josephus hatte seine Kameraden sterben lassen und sodann sich selbst ergeben und sein Leben gerettet, indem er Vespasian prophezeite, er werde eines Tages Kaiser sein. Zum Scherz hatte Vespasian ihm goldene Ketten anlegen lassen und versprochen, ihn freizugeben, sobald sich die Prophezeiung erfüllte. Er nahm übrigens später als Freigelassener frech den Namen Flavius Josephus an.

Ich empfand vom ersten Augenblick an nichts als Abscheu und Ekel vor diesem verachtungswürdigen Abtrünnigen und Verräter, und der literarische Ruhm, den er später erlangte, hat an meiner Meinung nichts geändert. Eher im Gegenteil. In seinem einfältigen, weitschweifigen Werk über den Aufstand der Juden überschätzt er meiner Ansicht nach die Bedeutung gewisser Ereignisse, und vor allem sind die endlosen Aufzählungen nebensächlicher Einzelheiten unerträglich langweilig.

Mein Urteil ist nicht im geringsten dadurch beeinflußt, daß er es nicht einmal für nötig hielt, meinen Namen in seinem Buch zu erwähnen, obwohl es nur mein Verdienst war, daß die Belagerung fortgesetzt wurde, nachdem ich mit eigenen Augen die Verhältnisse innerhalb der Mauern studiert hatte. Es wäre ja Wahnsinn gewesen, wenn Vespasian seine gut ausgebildeten Legionen mit vergeblichen Angriffen auf die unerwartet starken Mauern aufgerieben hätte, da eine Belagerung und Aushungerung letzten

Endes zu dem gleichen Ergebnis führten. Unnötige Verluste hätten die Legionare nur gegen ihn aufgebracht, was für meine Zwecke nicht das Rechte gewesen wäre.

Ich habe jedoch nie nach Ruhm gestrebt, und es liegt mir nichts daran, in die Geschichte einzugehen. Deshalb macht es mir nichts aus, daß dieser verachtungswürdige Jude meine Leistungen verschwiegen hat. Ich hege niemals Groll gegen minderwertige Menschen und pflege mich nicht für Verunglimpfungen zu rächen, sofern mich nicht eine außergewöhnlich günstige Gelegenheit geradezu dazu herausfordert. Schließlich bin ich auch nur ein Mensch.

Durch Vermittlung eines meiner Freigelassenen machte ich mich sogar erbötig, die Bücher des Flavius Josephus zu verlegen, und zwar sowohl das Werk über den jüdischen Krieg als auch seine Schilderungen der Geschichte und der Sitten der Juden, so viele Unrichtigkeiten sie auch enthalten, aber Josephus ließ mir hochmütig antworten, er ziehe trotz der vorteilhaften Bedingungen, die ich ihm bot, einen jüdischen Verleger vor. Vom »Jüdischen Krieg« brachte ich dann später heimlich eine gekürzte Fassung heraus, da das Buch unerwartet gut ging. Mein Freigelassener hatte ja seine Familie und seine alte Mutter zu versorgen, weshalb ich seinen Vorschlag nicht zurückwies. Und wenn ich es nicht getan hätte, würde es eben ein anderer getan haben.

Ich erwähne diesen Josephus eigentlich nur, weil er in seiner Unterwürfigkeit zu Vespasian hielt und sich meinem Plan widersetzte. Er lachte höhnisch und behauptete, ich wüßte vermutlich nicht, in was für ein Wespennest ich meinen Kopf steckte. Wenn es mir wirklich gelänge, die Stadt zu betreten, so käme ich lebend nimmermehr heraus. Nach vielen Einwänden und Ausflüchten gab er mir aber doch einen Plan der Stadt, den ich genau auswendig lernte, während ich mir den Bart wachsen ließ.

An und für sich war ein Bart keine sichere Maskierung, da auch viele Legionare sich nach dem Vorbild ihrer Gegner Bärte wachsen ließen und Vespasian sie nicht dafür bestrafte. Er erlaubte den Legionaren sogar, sich von der Prügelstrafe freizukaufen, und das war mit ein Grund für seine Beliebtheit. Außerdem konnte er gerade in diesem Punkt nicht auf strenge Einhaltung der römischen Dienstvorschriften pochen, denn sein eigener Sohn Titus hatte sich, um der schönen Berenike zu gefallen, einen seidenweichen Bart wachsen lassen.

Mit der Begründung, daß ich die sicherste Stelle und einen toten Winkel suchen mußte, in dem ich die Stadt erreichen konnte, unternahm ich lange Streifzüge durch die Umgebung Jerusalems und hielt mich immer gerade noch innerhalb der Schußweite der feindlichen Bogen und Wurfmaschinen, obwohl ich natürlich Deinetwegen mein Leben nicht leichtsinnig aufs Spiel setzte. Ich trug einen dicken Harnisch und einen Helm, und diese Rüstung machte mich, da ich einiges Fett angesetzt hatte, keuchen und schwitzen. Ich magerte jedoch in diesen Tagen ab, so daß die Riemen zuletzt nicht mehr spannten. Das war nur gut für meine Gesundheit.

Auf meinen Wanderungen fand ich auch die jüdische Richtstätte, auf der man Jesus von Nazareth gekreuzigt hatte. Der Hügel hat wirklich, so wie man es mir berichtet hatte, die Form eines Totenschädels, und danach hat er auch seinen Namen. Ich suchte nach dem Felsengrab, aus dem Jesus von Nazareth am dritten Tag von den Toten auferstanden ist. Die Suche fiel mir nicht schwer, denn die Belagerer hatten die Bäume umgehauen und die Büsche ausgerissen, damit sich kein Späher aus der Stadt schleichen konnte, aber ich fand viele Felsengräber und wußte nicht, welches das rechte war. Die Schilderungen meines Vaters waren, was die Einzelheiten anbelangt, ziemlich unbestimmt gewesen.

Wenn ich mich so mit klirrender Rüstung und keuchendem Atem dahinschleppte, lachten mich die Legionare aus und versicherten mir, ich würde nicht einen einzigen toten Winkel finden, in dem ich die Mauern Jerusalems erreichen könnte. Die Parther hätten die Befestigungen viel zu geschickt angelegt. Im übrigen verspürten die Legionare keine Lust, mich mit einem Schilddach zu schützen, denn diese sogenannten Schildkröten wurden von den Mauern herab mit geschmolzenem Blei begossen. Sie fragten mich spöttisch, warum ich nicht den Roßschweif auf dem Helm trüge und sie durch den Anblick meines breiten roten Streifens auf dem Mantelsaum erfreute. So wahnsinnig war ich denn doch nicht, und ich hatte alle Achtung vor den parthischen Bogenschützen. Ich ließ sogar meine roten Stiefel in meinem Zelt, um nicht mit meinem Rang zu prahlen.

Solange ich lebe, werde ich den Anblick des Tempels nicht vergessen, der sich auf seinem Hügel strahlend über die Mauern der Stadt erhob, blau in der Morgendämmerung, blutrot bei Sonnenuntergang, wenn es im Tal schon dunkel geworden war. Der Tempel des Herodes war wirklich eines der Wunder der Welt.

Nach jahrzehntelanger Arbeit wurde er endlich kurz vor seiner Zerstörung fertig. Kein Menschenauge wird ihn mehr erblicken. Doch die Juden sind selbst schuld daran, daß er verschwinden mußte. Ich mochte nicht dabeisein, als er zerstört wurde. Er war zu herrlich gewesen.

Daß ich mich in dieser Zeit viel mit Glaubensdingen beschäftigte, kam wohl daher, daß ich mich um Deiner Zukunft willen ständig großer Gefahr aussetzte und deshalb auf eine Weise weich und rührselig gestimmt war, die einem Manne meines Alters übel anstand. Als ich an Jesus von Nazareth und die Christen dachte, beschloß ich für mich selbst, ihnen nach bestem Vermögen zu helfen, sich von dem jüdischen Ballast zu befreien, den sie trotz all dem Glaubenseifer des Paulus und den vielen Änderungen, die Kephas eingeführt hatte, noch immer wie Ketten mit sich schleppten.

Nicht, daß ich den Christen ernstlich eine politische Zukunft gegeben hätte! Nein, dazu sind sie zu uneins und zu bitter miteinander verfeindet. Aber ich hege um meines Vaters willen eine gewisse Schwäche für Jesus von Nazareth und seine Lehre. Als mich mein Magenleiden am schlimmsten peinigte, ein Jahr ist es jetzt etwa her, da wäre ich sogar bereit gewesen, ihn als Gottes Sohn und Erlöser der Menschheit anzuerkennen, wenn er sich meiner erbarmt hätte.

An den Abenden trank ich fleißig aus dem Holzbecher meiner Mutter, denn ich brauchte Glück bei meinem gefährlichen Unternehmen. Vespasian hatte immer noch den zerbeulten Silberbecher seiner Großmutter. Er erinnerte sich noch gut an meinen einfachen Holzbecher, aus dem er damals in Britannien getrunken hatte, und gestand mir, er habe schon in jener Stunde eine väterliche Neigung zu mir gefaßt, weil ich das Andenken meiner Mutter ehrte und nicht Silberteller und Goldbecher mit ins Feld nahm, wie es so viele junge Ritter taten. Derlei Schätze führen den Feind nur in Versuchung, sagte er, und fallen zuletzt den Plünderern in die Hände. Zum Zeichen unserer Freundschaft tranken wir abwechselnd ein jeder aus dem heiligen Becher des andern, denn ich hatte guten Grund, Vespasian einen Schluck aus Fortunas Becher nehmen zu lassen. Er brauchte Glück, soviel ein Mensch nur haben kann.

Ich überlegte, ob ich es wagen sollte, jüdische Kleider anzuziehen, wenn ich in die Stadt floh, aber ich fand dann doch, das wäre ein wenig übertrieben gewesen. Man hatte allerdings zur Warnung schon viele jüdische Handelsleute im Lager gekreuzigt, die im Schutz der Dunkelheit zu den Mauern zu schleichen versucht hatten, um unsere Pläne und neuen Belagerungsmaschinen zu verraten.

Als ich endlich an der Stelle, die ich mir ausgesucht hatte, am hellichten Tage auf die Mauern zurannte, trug ich Helm, Brustharnisch, Kettenhemd und Beinschienen. Ich hoffte, daß die Rüstung mich auch gegen die Hiebe schützen werde, die ich gewiß zunächst einmal abbekam, wenn es mir gelang, die Stadt zu betreten. Unsere Wachtposten hatten Befehl erhalten, mir mit Pfeilen nachzuschießen und die Juden durch großen Lärm auf meinen Versuch aufmerksam zu machen.

Sie führten ihren Befehl so eifrig aus, daß ich einen Pfeil in die eine Ferse bekam und seitdem gar auf beiden Beinen hinke. Ich beschloß, mir diesen übereifrigen Bogenschützen vorzunehmen, wenn ich lebendig zurückkam, und dafür zu sorgen, daß er für seinen Verstoß gegen einen klaren Befehl so streng wie möglich bestraft wurde. Er hatte den Befehl gehabt, an mir vorbeizuschießen — wenn auch so knapp wie möglich. Als ich dann aber glücklich zurückgekehrt war, war ich so zufrieden, daß ich mir nicht die Mühe machen mochte, nach dem ungeschickten Schützen zu suchen. Meine Verwundung trug übrigens nur dazu bei, daß die Juden mir meine Geschichte glaubten. Außerdem rechnete man sie mir später, als mein innigster Wunsch in Erfüllung ging, als Verdienst an.

Nachdem sie mich eine Weile geschmäht hatten, wehrten die Juden mit Pfeilen und Wurfsteinen einen Trupp Legionare ab, der mir nachgestürzt war und mich gefangenzunehmen versuchte. Zu meinem Kummer kamen bei diesem Auftrag zwei ehrliche Legionare ums Leben, für deren Familien ich später sorgte. Sie gehörten der fünfzehnten Legion an, die aus Pannonien gekommen war, und durften nie den geliebten schlammigen Strand der Donau wiedersehen, sondern mußten meinetwegen ihr Leben im Lande der Juden lassen, das sie wohl schon tausendmal verflucht hatten.

Auf meine eifrigen Bitten hin ließen die Juden endlich einen Korb an der Mauer herunter und zogen mich hinauf. Als ich in dem schaukelnden Korb saß, war meine Angst am größten, so daß ich mir, vor Furcht ganz wirr, den Pfeil aus der Ferse riß, ohne daß es schmerzte. Die Widerhaken blieben stecken, und die Wunde begann zu eitern, weshalb ich mich nach meiner Rückkehr ins Lager dem Feldscher ausliefern mußte. Da schrie ich dann freilich aus vollem Hals vor Schmerzen. Ich hatte ja schon einmal mit einem Feldscher schlimme Erfahrungen gemacht, und das hätte mir eine Warnung sein müssen.

Dennoch war diese Wunde meine einzige Hoffnung. Nachdem sie ihrem Zorn über meine römische Kleidung Luft gemacht hatten, gaben die Juden mir endlich Gelegenheit, zu erklären, daß ich beschnitten war und zum jüdischen Glauben übergetreten sei. Sie untersuchten die Sache sogleich und behandelten mich danach ein wenig besser. Ich erinnere mich aber nur ungern an das peinliche Verhör, das der jüdisch gekleidete parthische Zenturio mit mir anstellte, bevor er mich den richtigen Juden überließ.

Ich will in diesem Zusammenhang nur erwähnen, daß ausgerissene Daumennägel ziemlich rasch wieder nachwachsen. Meine Daumennägel wurden mir allerdings später nicht als Verdienst angerechnet. In diesen Dingen sind die Kriegsgesetze sehr unzulänglich. Ich hatte von meinen Daumen viel mehr Beschwer als von meinen Streifzügen in Reichweite der Wurfmaschinen. So etwas wird einem aber angerechnet!

Dem Hohen Rat der Aufständischen konnte ich einen Brief und eine geheime Verhandlungsvollmacht von der Julius-Caesar-Synagoge vorweisen. Ich hatte diese wertvollen Schriftstücke in meinen Kleidern versteckt und nicht einmal Vespasian gezeigt, da man sie mir gegeben hatte, weil man mir voll und ganz vertraute. Die Parther konnten sie nicht lesen, denn sie waren in der heiligen Sprache der Juden geschrieben und mit dem Davidstern gesiegelt.

Der Rat der Synagoge, der immer noch der einflußreichste in ganz Rom ist, berichtete in dem Brief von den großen Verdiensten, die ich mir um die Juden Roms nach dem Aufstand in Jerusalem erworben hatte. Sie hatten sogar die Hinrichtung des Paulus und des Kephas als eines meiner Verdienste aufgezählt, da sie wußten, daß die Juden Jerusalems diese beiden Männer ebensosehr haßten wie sie. Im Hohen Rat war man neugierig auf genaue Berichte über die Geschehnisse in Rom, denn man hatte seit mehreren Monaten nur durch ägyptische Tauben spärliche Nachrichten erhalten. Titus versuchte diese Tauben durch seine gezähmten Habichte abzufangen, und anderen drehten die hungernden Bewohner Jerusalems den Kragen um, bevor sie mit ihrer Botschaft den Taubenschlag im Vorhof des Tempels erreichten.

Ich verriet nicht, daß ich Senator war, sondern gab mich für einen einflußreichen Ritter aus, denn ich wollte die Juden nicht allzusehr in Versuchung führen. Meine Vollmacht war entsprechend abgefaßt. Ich versicherte, daß ich als Neubekehrter — und als solchen wies mich meine Narbe aus — alles für Jerusalem und den heiligen Tempel tun wollte. Deshalb hatte ich mich den Truppen Vespasians als Kriegstribun angeschlossen und ihn glauben lassen, ich könnte ihm als Kundschafter wertvolle Nachrichten aus Jerusalem verschaffen. Ich gestand, daß der Pfeilschuß in die Ferse ein Versehen war und daß auch der Versuch, mich wieder einzufangen, nur dazu dienen sollte, die Juden hinters Licht zu führen.

Meine Aufrichtigkeit machte so tiefen Eindruck auf den Rat der Juden, daß man mir so weit vertraute, wie es im Kriege statthaft ist, jemandem zu vertrauen. Ich durfte mich ziemlich frei in der Stadt bewegen, immer in Begleitung einiger bärtiger Leibwächter mit brennenden Augen, die ich mehr fürchtete als die hungrigen Bewohner der Stadt. Auch den Tempel durfte ich betreten, da ich beschnitten war. Auf diese Weise bin ich einer der letzten, die den Tempel zu Jerusalem in seiner unglaublichen Pracht von innen gesehen haben.

Mit eigenen Augen konnte ich mich davon überzeugen, daß der siebenarmige goldene Leuchter, die goldenen Gefäße und das goldene Schaubrot — sie allein schon ein ungeheures Vermögen — sich noch an ihrem Platz befanden. Niemand schien daran zu denken, sie zu verstecken, so sehr verließen sich diese wahnsinnigen Eiferer auf die Heiligkeit des Tempels und ihren allmächtigen Gott. Und so unglaublich es auch für einen vernünftigen Menschen klingen mag: man hatte nicht mehr als einen unbedeutenden Bruchteil des ungeheuren Tempelschatzes für die Anschaffung von Waffen und den Ausbau der Befestigungen zu nehmen gewagt. Lieber plagten sich die Juden zu Tode und arbeiteten ohne Lohn, als daß sie den Tempelschatz anrührten. Der lag im Innern des Berges hinter Panzertüren verborgen. Der ganze Tempelberg gleicht einer Honigwabe mit seinen zahllosen Pilgerherbergen und Geheimgängen. Aber kein Mensch kann etwas so geschickt verbergen, daß es ein anderer Mensch nicht finden könnte, wenn er sich ernstlich Mühe gibt, vorausgesetzt, daß mehr als einer von dem Versteck weiß und auch der Ort ungefähr bekannt ist.

Davon konnte ich mich später selbst überzeugen, als ich nach dem Geheimarchiv des Tigellinus forschte. Ich hielt es für unerläßlich, daß es vernichtet wurde, denn es enthielt zuviel merkwürdige Einzelheiten über die politischen Absichten und Lebensgewohnheiten von zahlreichen Angehörigen unserer ältesten Familien. Das waren recht einfältige Männer gewesen, die das Volk dazu aufwiegelten, zu fordern, daß Tigellinus den Raubtieren vorgeworfen werde. Er war als Toter unvergleichlich gefährlicher denn als Lebender, falls sein Archiv in die Hände eines gewissenlosen Menschen geriet.

Den Schatz des Tigellinus überließ ich selbstverständlich Vespasian. Ich selbst behielt mir nur einige Andenken, und von den geheimen Dokumenten sagte ich nichts. Vespasian fragte auch nicht danach, denn er ist klüger und listiger, als man nach seinem groben Äußeren meinen möchte. Ich gab den Schatz schweren Herzens her, denn er enthielt auch die zwei Millionen Sesterze in vollgewichtigen Goldmünzen, die ich Tigellinus schenkte, als ich Rom verließ. Er war der einzige, der meine ehrlichen Absichten hätte bezweifeln und mich an der Reise hindern können.

Ich erinnere mich noch, wie er mich mißtrauisch fragte: »Warum schenkst du mir ungebeten eine solche Summe?«

»Um unsere Freundschaft zu bekräftigen«, erwiderte ich ehrlich. »Aber auch, weil ich weiß, daß du dieses Geld auf die rechte Art gebrauchen wirst, wenn einmal böse Zeiten kommen, wovor uns alle Götter Roms schützen mögen.«

Das Geld war noch da, denn er war ein Geizkragen gewesen. Im übrigen aber verhielt er sich sehr vernünftig, als die Stunde gekommen war. Er bewog die Prätorianer, Nero im Stich zu lassen, als er merkte, daß seine eigene Haut in Gefahr war. Und dann gab es eigentlich keinen, der ihm Böses wollte. Galba behandelte ihn gut. Erst Otho ließ ihn ermorden, weil er sich unsicher und der Gunst des Volkes allzu ungewiß fühlte. Ich habe seinen unnötigen Tod immer beklagt. Nach seinen schweren Jugenderlebnissen hätte er bessere Tage verdient. Während Neros letzter Jahre mußte er ständig unter schweren Gewissensqualen leben, so daß er des Nachts nicht mehr schlafen konnte und noch härter wurde, als er schon gewesen war.

Doch warum denke ich an ihn? Mein wichtigster Auftrag

belagerten Jerusalem war ausgeführt, sobald ich mich vergewissert hatte, daß der Tempelschatz wohlbehalten und zu finden war. Ich wußte, daß dank unserer Wachsamkeit nicht einmal eine Ratte mit einer Goldmünze in der Schnauze aus Jerusalem hätte fliehen können.

Du verstehst gewiß, daß ich um Deiner Zukunft willen nicht ohne handgreifliche Sicherheiten Vespasian den Inhalt meiner zwanzig eisernen Truhen als Darlehen anbieten konnte, um ihm zum Kaiserthrone zu verhelfen. Ich zweifelte zwar nicht an seiner Ehrlichkeit, aber Roms Finanzen sind verworren, und ein Bürgerkrieg steht vor der Tür. Ich mußte mich daher absichern. Nur darum wagte ich mein Leben und begab mich nach Jerusalem.

Selbstverständlich kümmerte ich mich auch um das andere, nämlich die Verteidigungsbereitschaft der Stadt, ihre Mauern, Wurfmaschinen, Lebensmittel- und Wasservorräte und so fort, da es auch mir zum Vorteil gereichte, wenn Vespasian darüber genaue Auskünfte erhielt. Wasser hatte die Stadt genug in unterirdischen Zisternen. Vespasian hatte gleich zu Beginn der Belagerung das Aquädukt niederreißen lassen, das vor vierzig Jahren unter dem Prokurator Pontius Pilatus erbaut worden war. Die Juden hatten sich damals dieser Wasserleitung widersetzt, weil sie nicht von einer Versorgung von außen her abhängen wollten. Allein das beweist, wie lange der Aufruhr schon vorbereitet worden war. Man hatte nur auf eine günstige Gelegenheit gewartet.

Lebensmittelvorräte hatte die Stadt jedoch keine. Ich sah zu Schatten abgemagerte Mütter, die sich vergeblich mühten, einen letzten Tropfen Milch aus ihren Brüsten zu pressen, und Kinder, die nur noch Haut und Knochen waren. Auch die Alten taten mir leid, denn sie erhielten keine Lebensmittelzuteilung. Die Aufständischen, die mit der Waffe in der Hand kämpften und die Mauern verstärkten, brauchten alle Nahrung für sich.

Auf dem Fleischmarkt sah ich, daß Tauben und Ratten Kostbarkeiten waren, deren Gewicht mit Silber aufgewogen wurde. Im Tempelbezirk gab es ganze Herden von Mutterschafen, von denen täglich welche dem blutdürstigen Jahve geopfert wurden, aber das ausgehungerte Volk von Jerusalem rührte sie nicht an. Man brauchte sie kaum zu bewachen, weil sie heilige Tiere waren. Die Priester und die Angehörigen des Hohen Rates waren übrigens noch recht wohlgenährt.

Die Leiden des jüdischen Volkes bedrückten mich, da in der

Waagschale des unerklärlichen Gottes die Tränen der Juden vermutlich wohl ebensoviel wiegen wie die eines Römers, und mehr als die Tränen eines Erwachsenen wiegen eines Kindes Tränen; gleich, welche Sprache es spricht oder was für eine Frabe seine Haut hat. Dennoch mußte die Belagerung fortgesetzt werden. Die Juden waren durch ihre Unbeugsamkeit selbst an ihrem Schicksal schuld.

Jeder Jude, der — selbst während der Unterhandlungen mit den Römern — von Übergabe redete, wurde augenblicklich hingerichtet und landete, wenn ich einmal meine eigene, persönliche Meinung anführen darf, auf dem Fleischmarkt. Um Mitleid zu erregen, spricht der lügnerische Josephus von der einen oder anderen Mutter, die ihr Kind aufaß, aber in Wirklichkeit verhält es sich so, daß diese Dinge in Jerusalem so häufig vorkamen, daß sogar er sie erwähnen mußte, um sich wenigstens den Anstrich von Wahrhaftigkeit und Zuverlässigkeit zu geben.

Ich bot diesem Josephus dann übrigens ein Honorar für die Auflage seines Jüdischen Krieges an, die unser Verlag verkaufte, obwohl ich das gar nicht nötig hatte. In seinem Hochmut lehnte Josephus das Geld ab und beklagte sich nur nach der Weise aller Schriftsteller über die Kürzungen, die ich hatte vornehmen lassen, um das Buch besser verkaufen zu können. Er wollte sich nicht davon überzeugen lassen, daß diese Kürzungen sein unerträglich langatmiges Buch nur verbesserten. So eitel sind Schriftsteller.

Sobald wir uns einig geworden waren, was für irreführende Auskünfte über die Verteidigung der Stadt ich Vespasian überbringen sollte und wie die Julius-Caesar-Synagoge in Rom ohne eigene Gefahr den Aufstand der Juden politisch unterstützen konnte, ließ mich der Hohe Rat aus der Stadt. Mit einer Binde vor den Augen wurde ich durch einen unterirdischen Gang geführt und in einen Steinbruch hinausgestoßen, in dem lauter verwesende Leichen umherlagen. Ich schlug mir auf meinem Gang durch den Steinbruch die Knie und die Ellenbogen auf und griff einmal, als ich stürzte, mit der Hand in eine aufgedunsene Leiche, denn die Juden hatten mir verboten, vor Ablauf einer gewissen Frist die Binde abzunehmen. Für den Fall, daß ich nicht gehorchte, drohten sie mir, mich mit Pfeilen zu durchbohren.

Während meines blinden Umhertastens gelang es den Juden, die Mündung des Geheimgangs so geschickt zu tarnen, daß wir später alle Mühe hatten, sie zu finden. Wir fanden sie zuletzt aber doch, denn ich mußte dafür sorgen, daß alle Schlupflöcher zugestopft wurden, und ließ nicht locker. Die Art, wie ich die Stadt verlassen hatte, brachte uns auf den Gedanken, an den unwahrscheinlichsten Orten nach geheimen Ausgängen zu suchen. Gleichwohl fanden wir im Laufe eines ganzen Jahres nur drei. Mir schlug nach meiner Rückkehr aus Jerusalem oft das Herz bis zum Halse, weil ich fürchtete, daß Deine Zukunft in Frage gestellt sei. Meine Sorge war jedoch unbegründet. Der Schatz war noch vorhanden, als Titus endlich die Stadt einnahm, und Vespasian konnte seine Schulden bezahlen.

Immerhin aber hatte ich mich ein ganzes Jahr lang im Osten aufhalten und Vespasian auf Schritt und Tritt folgen müssen, bis die Zeit endlich reif war.

XIV

VESPASIAN

Ich nutzte die Wartezeit, um auf Umwegen meine Sache bei Vespasian vorzubereiten, der feine Andeutungen sehr wohl verstand, aber vorsichtig und bedachtsam war. Im darauffolgenden Frühling starb Nero, sofern er wirklich tot ist. Rom wurde innerhalb eines einzigen Jahres von drei verschiedenen Kaisern regiert: Galba, Otho und Vitellius. Genaugenommen von vieren, wenn man den unverschämten Staatsstreich Domitians auf seines eigenen Vaters Kosten mit dazurechnet, aber das nahm ja ein schnelles Ende.

Es erheiterte mich, daß nach Galba ausgerechnet Otho Kaiser wurde. Auf diese Weise wäre Poppaea in jedem Falle kaiserliche Gemahlin geworden, auch wenn sie sich nicht von Otho hätte scheiden lassen, so daß die Weissagung gleichsam doppelt in Erfüllung ging. Ich bin nicht abergläubisch, aber ich meine, ein vernünftiger Mensch sollte ab und zu doch etwas auf Vorzeichen und dergleichen geben.

Vitellius nahm, auf die rheinischen Legionen gestützt, die Zügel in die Hand, sobald er von der Ermordung Galbas erfuhr. Ich glaube, an Othos raschem Untergang war nur schuld, daß er sich erdreistete, das heilige Schwert Deines Stammvaters Julius Caesar aus dem Marstempel zu holen, wozu er weder juristisch noch moralisch gesehen das Recht hatte. Dieses Recht kommt nur Dir zu, Julius Antonianus Claudius, der Du in gerader absteigender Linie sowohl dem Geschlecht der Julier als auch dem der Antonier angehörst. Zum Glück bekam man das Schwert zurück und konnte es im Marstempel erneut weihen.

Othos Legionen wurden bei Dedriacum geschlagen, er selbst beging Selbstmord, um den Bürgerkrieg nicht zu verlängern, obwohl er frische Truppen in Bereitschaft hatte. Seinen letzten Brief schrieb er an Neros Witwe, Statilia Messalina. Er drückte ihr darin sein Bedauern aus, daß er sein Versprechen nicht halten und sich nicht mit ihr vermählen konnte. Seinen Leichnam und seinen Nachruf vertraute er in diesem für einen Feldherrn und Kaiser unziemlich gefühlvollen Brief Statilias Obhut an. Auf diese Weise bekam Statilia kurz nacheinander gleich zwei Kaisergräber, um die sie sich kümmern konnte.

Über Paulus Vitellius genügt es zu sagen, daß er seine frühe Jugend im Gefolge des Kaisers Tiberius auf Capri verbrachte. Die Verdienste seines berühmten Vaters will ich gern anerkennen, aber Paulus war so sittenlos, daß sein eigener Vater ihm nicht einmal das Amt eines Prokonsuls geben wollte. Es gelang ihm, sich in die Gunst dreier Kaiser einzuschmeicheln, eher um seiner Laster als um seiner Tugenden willen. Nero zählte ihn zu seinen Freunden, ich aber war nie mit ihm befreundet. Im Gegenteil, ich mied seine Gesellschaft, so gut es ging. Als Beweis für sein unanständiges Benehmen will ich nur anführen, daß er, als er das Schlachtfeld bei Badriacum aufsuchte, schnuppernd die Luft einsog und sagte: »Ein erschlagener Feind riecht gut, und ein erschlagener römischer Bürger riecht noch besser!«

Seine einzige ehrenhafte Handlung war, daß er dem Senat trotzte und in Gegenwart aller Priesterkollegien auf dem Marsfeld ein Totenopfer für Nero verrichtete, worauf er bei dem Mahl, das er dann gab, den vornehmsten Zitherspieler Roms nur Lieder zu singen bat, die Nero gedichtet und vertont hatte. Dazu klatschte er als erster so eifrig in die Hände, als lebte Nero noch. Auf diese Weise machte er gut, was der Proprätor Julius Vindex Nero in dem beleidigenden Brief angetan hatte, der der Anlaß zum Bürgerkrieg gewesen war. Vindex hatte Nero in diesem Brief einen kläglichen Zitherspieler genannt, weil er wußte, daß ihn dies mehr kränken würde als jede andere Anklage.

Der für meinen Verstand unbegreifliche politische Mißgriff des Vitellius bestand darin, daß er durch einen Erlaß die Prätorianerkohorten auflöste und einhundertzwanzig Mann hinrichten ließ, darunter diejenigen Kriegstribunen und Zenturionen, die in erster Linie für die Ermordung Galbas verantwortlich waren. Von seinem Standpunkt aus hätten sie eher eine Belohnung denn Strafe verdient. Es war nicht verwunderlich, daß ein solcher Wankelmut die vernünftigen Legionsbefehlshaber mit gutem Grund an seiner Zuverlässigkeit als Kaiser zweifeln ließ.

Von den erbarmungslosen Morden, denen viele hochgeachtete Männer zum Opfer fielen, will ich nicht sprechen. Ich erwähne nur, daß er nicht einmal die Bankiers begnadigte, die ihm von Nutzen hätten sein können, sondern sie in der Hoffnung auf leichten Gewinn hinrichten und ihr Vermögen beschlagnahmen ließ, ohne zu überlegen, daß es klüger ist, eine Kuh zu melken, als sie zu schlachten.

Als Vitellius den achten Monat regierte, erhielt ich gewisse Nachrichten, die mich davon überzeugten, daß endlich die Zeit gekommen war, Vespasian zu überreden. Ich sagte ihm, daß ich bereit war, ihm mein ganzes Vermögen zu leihen, um seine Thronbesteigung zu finanzieren, und daß ich keine andere Sicherheit verlangte als einen Anteil an Jerusalems Tempelschatz und der übrigen Kriegsbeute. Ich spielte auf meine zwanzig eisernen Truhen an. Sie enthielten selbstverständlich nicht mein gesamtes Vermögen, aber ich wollte ihm vor Augen führen, wie sehr ich auf ihn und seine Möglichkeiten baute.

Der vorsichtige Vespasian wehrte sich so lange, daß Titus schließlich auf meinen Rat einen Brief fälschte, in welchem Galba Vespasian zu seinem Erben ernannte. Titus ist der geschickteste Fälscher, der mir je untergekommen ist, und kann jede Handschrift glaubhaft nachahmen. Was sich daraus im Hinblick auf seinen Charakter schließen läßt, soll ungesagt bleiben.

Ich weiß nicht, ob Vespasian an die Echtheit des Briefes von Galba glaubte. Er kennt ja seinen Sohn. Jedenfalls jammerte und klagte er eine ganze Nacht lang in seinem Zelt, so daß ich es zuletzt nicht mehr aushielt und Geld an die Legionare austeilen ließ, ein paar Sesterze für einen jeden, damit sie ihn in der Morgendämmerung zum Kaiser ausriefen. Das taten sie gern und hätten es vermutlich auch umsonst getan, aber ich wollte Zeit gewinnen. Auf meinen Rat schickten sie Boten zu den übrigen Legionen und ließen überall erzählen, was für ein guter, verständnisvoller Mensch und begabter Feldherr er vom Standpunkt des einfachen Soldaten aus war.

Vespasian war auf diese Weise kaum vor den Mauern Jerusalems zum Kaiser ausgerufen worden, als auch schon die Eilbotschaft eintraf, daß ihm die Legionen in Mösien und Pannonien gleichfalls den Treueid geschworen hatten. Er ließ den Donaulegionen rasch den rückständigen Sold schicken, um den sie in ihrem Schreiben so inständig baten. Meine Geldtruhen in Caesarea kamen daher sehr gelegen, obwohl Vespasian zunächst einmal meinte, er könne auf seinen guten Namen hin gewiß Kredit bei den reichen Handelsleuten in Syrien und Ägypten bekommen. Wir waren nämlich anfangs im Hinblick auf meinen rechtmäßigen Anteil am Tempelschatz nicht ganz derselben Meinung.

Ich erinnerte ihn daran, daß es Julius Caesar seinerzeit geglückt war, auf seinen bloßen Namen und seine Zukunftsaussichten hin so ungeheure Schulden zu machen, daß seine Gläubiger gezwungen waren, ihn politisch zu unterstützen, da zuletzt die gesamte Kriegsbeute aus dem reichen, fruchtbaren Gallien vonnöten war, sie zu bezahlen. Doch Caesar war damals noch jung und hatte sich sowohl durch politischen Weitblick als auch durch militärische Verdienste in unvergleichlich höherem Maße ausgezeichnet als Vespasian, der schon zu Jahren gekommen und für sein einfaches, schlichtes Wesen bekannt war. Nach langem, hartem Feilschen trafen wir dann doch ein für beide Seiten annehmbares Übereinkommen.

Solange Nero lebte, hätte Vespasian jedoch nie einen Soldateneid gebrochen und Neros Vertrauen enttäuscht. So unvernünftig war er in seiner Treue, und er dachte nicht an seinen eigenen Kopf und die Zukunft seiner Söhne.

Die Treue ist gewiß etwas Anerkennenswertes, aber die wechselnden politischen Verhältnisse nehmen keine Rücksicht auf die Ehrenhaftigkeit eines Mannes; da mag man noch so laut von Ehre und Vaterland schreien!

Vespasian erklärte sich also endlich bereit, die schweren Pflichten eines Kaisers auf seine Schultern zu nehmen, da er erkannte, daß der Staat zugrunde gehen und der Bürgerkrieg nie ein Ende haben würde, wenn er nicht eingriff, und er griff in den Gang der Ereignisse ein zum Vorteil der Stillen im Lande, die nichts anderes wünschen, als in Frieden zu arbeiten und das kleine Glück des

Menschen im Kreise der Ihren zu genießen. Von dieser Art sind die meisten Menschen, und deshalb haben sie auch nichts mitzureden, wenn die Angelegenheiten der Welt geregelt werden.

Ich fühle das Bedürfnis, Dir auch alles zu berichten, was ich von Neros Tod weiß, obwohl ich selbst nicht zugegen war. Als Neros aufrichtiger Freund hielt ich es für meine Pflicht, in dieser, gelinde gesagt, dunklen Geschichte zu forschen, so gut dies später unter den veränderten Verhältnissen noch möglich war. Aber freilich trieb mich auch die menschliche Neugier dazu.

Statilia glaubt fest, daß Nero so starb, wie es allgemein erzählt wird und wie es auch die Geschichtsschreiber berichten. Nero hatte sie aber doch nach Antium verbannt. Sie kann also gar nichts gesehen haben. Wie es sich mit Acte verhält, weiß ich nicht recht. Sie besucht Neros Grab und schmückt es mit Blumen, aber ich möchte fast meinen, sie tut es, um etwas zu vertuschen. Sie gehört zu den wenigen, die wirklich dabei waren, als Nero seinen später berühmt gewordenen Selbstmord beging.

Als Nero erkannte, daß der gallische Aufruhr unter Vindex gefährliche Formen annahm, kehrte er aus Neapolis nach Rom zurück. Er hatte diese Sache zuerst gar nicht ernst nehmen wollen, obwohl er natürlich über den unverschämten Brief des Vindex erzürnt gewesen war. Wieder in Rom, ließ er den Senat und die einflußreichsten Angehörigen des Ritterstandes zu einer heimlichen Beratung ins Goldene Haus kommen, spürte aber mit der Empfindsamkeit des Künstlers sogleich die Kälte und Abneigung, die diese Männer ihm entgegenbrachten. Nach der Beratung begann er ernstlich für sein Leben zu fürchten. Als er hörte, daß Galba sich mit den Aufständischen in Iberien vereinigt hatte, fiel er in Ohnmacht, denn er erkannte, daß der Vertrauensmann, den er gesandt hatte, nicht mehr rechtzeitig bei Galba eingetroffen war, um ihm zu sagen, daß er zum Besten des Staates Selbstmord begehen müsse.

Als sich die Kunde von Galbas Verrat in Rom verbreitete, setzte eine so wahnwitzige, lügnerische Hetze gegen Nero ein, wie man sie seit den Tagen des Octavianus Augustus, als es darum ging, Marcus Antonius zu besiegen, nicht mehr erlebt hatte. Ich will nicht wiederholen, was alles über ihn geredet wurde und was für Schändlichkeiten man in seine Statuen ritzte. Die größte Frechheit war, daß der Senat die Schlüssel zum Kapitol versteckte, nachdem Nero befohlen hatte, beide Stände müßten ihren Treueid und ihre heiligen Gelübde erneuern. Zwar fanden sie sich rasch wieder, als er nach langem Warten einen Tobsuchtsanfall bekam und damit drohte, er werde trotz der Heiligkeit des Kapitols die führenden Männer des Senats auf der Stelle hinrichten lassen, aber die vielen ungeduldig wartenden Zuschauer deuteten das Verschwinden der Schlüssel als eines der bösesten Vorzeichen für Nero.

Zu dieser Zeit standen Nero noch alle Möglichkeiten offen. Tigellinus hatte eine armlange Produktionsliste aufgestellt, die ich später in seinem Versteck fand und auf der auch mein Name stand. Das will ich ihm aber um unserer Freundschaft willen gern verzeihen. Weit mehr wunderte ich mich darüber, wie klar er die Notwendigkeit erkannt hatte, gewisse Männer, die Schlüsselämter im Staatsdienst innehatten, hinzurichten, als in Gallien und Iberien der Aufruhr emporloderte.

Auf der Liste standen die beiden derzeitigen Konsuln und eine so große Anzahl Senatoren, daß mich das Entsetzen packte. Es tat mir leid, daß ich die Liste aus politischen Gründen vernichten mußte. Es wäre sehr unterhaltsam gewesen, später einmal einige Namen daraus gewissen Gästen vorzulesen, die ich meiner Stellung wegen öfter einladen muß, obwohl mir nichts an ihrer Gesellschaft liegt.

Nero begnügte sich jedoch damit, die beiden Konsuln zu verabschieden und selbst allein das Konsulsamt zu besetzen. Seine Empfindsamkeit und seine Menschenliebe hinderten ihn daran, die strengen Maßnahmen zu ergreifen, die allein noch imstande gewesen wären, seine Macht zu retten. Dank Tigellinus standen die Prätorianer auf seiner Seite, aber er hätte den Baum bis auf den letzten kleinen Zweig abästen müssen, und er war der Ansicht, eine so strenge Behandlung vertrage der kräftigste Stamm nicht.

Nach seinen Triumphen als Künstler in Griechenland war Nero seiner Herrscherpflichten müde geworden. Ich glaube, wenn der Senat zuverlässiger gewesen wäre, würde er ihm nach und nach einen großen Teil seiner Macht übertragen haben. Du weißt aber selbst, wieviel Uneinigkeit im Senat herrscht und wie einer gegen den andern intrigiert. Der aufgeklärteste Alleinherrscher kann sich auf den Senat nicht voll verlassen, nicht einmal Vespasian. Ich hoffe, Du wirst dessen stets eingedenk sein, und ich sage das, obgleich ich selbst Senator bin und nach bestem Vermögen für die Überlieferungen und die Autorität des Senats eintrete.

Denn der Senat ist immer noch besser dazu geeignet, den Staat zu lenken, als das verantwortungslose Volk. Es gehört immerhin einiges dazu, Senator zu werden, während das Volk blind dem Manne folgt, der ihm außer Getreide auch noch Öl verspricht, die besten Theatervorstellungen anordnet und unter dem Deckmantel neuer Feiertage die meisten arbeitsfreien Tage einführt. Das Vok ist gefährlich und unzuverlässig, und es kann die besten Absichten zuschanden machen. Deshalb muß das Volk in guter Zucht und bei guter Laune gehalten werden.

Nero wollte keinen Krieg und am allerwenigsten einen Bürgerkrieg, der für alle echten Julier der vielen bitteren Erinnerungen wegen das Schlimmste ist, was einem Herrscher widerfahren kann. Er tat jedoch eigentlich nichts, um den Aufruhr zu unterdrücken, weil er kein Blut vergießen wollte. Denen, die ihm Vorwürfe machten, antwortete er spöttisch, es wäre vielleicht das beste, wenn er den Legionen, die sich Rom im Triumphmarsch näherten, allein entgegenträte und versuchte, sie für sich zu gewinnen, indem er ihnen vorsang. Deutet das nicht darauf hin, daß er sehr wohl seine eigenen geheimen Pläne haben konnte? Es ist kein leeres Gerede, daß er in seiner Jugend lieber auf Rhodos studierte als sich in der Politik geübt haben würde. Seine Sehnsucht war immer nach Osten gegangen, obwohl er nie weiter als bis Achaia kam.

Über Parthien wußte Nero vielleicht mehr als die militärischen Kundschafter, die nur auf Straßen, Weiden, Quellen, Furten, Bergpässe und befestigte Stützpunkte achten. Er sprach gern über die eigenartige Kultur der Parther, obwohl wir ihn auslachten, denn die Parther sind und bleiben doch Barbaren, bis Rom sie eines Tages zivilisiert.

Nach Neros Tod habe ich oft denken müssen, daß er vielleicht nur scherzte, als er sagte, er wolle eines Tages in Ekbatana auftreten. Ich habe gehört, daß Zitherspiel und Gesang nun in Parthiens vornehmsten Kreisen große Mode sind. Hier in Rom müssen wir uns seit der Eroberung Jerusalems ständig das Ge klapper und Geklirre orientalischer Musikinstrumente anhören. Sistren und Tamburine, oder wie sie nun heißen.

Von der neumodischen Musik der jungen Leute kann einem alternden Mann wie mir ganz übel werden, und manchmal denke ich geradezu sehnsüchtig an das Zithergeklimper zu Neros Zeiten zurück, aber ich bin ja, wie ich von Dir und Deiner Mutter ständig zu hören bekomme, völlig unmusikalisch.

Deshalb ist es mir aber doch unbegreiflich, daß Du, wenn Du liest und studierst, einen Sklaven in Deiner Nähe haben mußt, der ein Sistrum schwenkt oder zwei Kupferdeckel zusammenschlägt, während ein heiserer Sänger ägyptische Schlager grölt. Ich würde den Verstand verlieren, wenn ich mir das ununterbrochen anhören müßte. Du aber behauptest allen Ernstes, Du könntest Dich ohne das nicht in Deine Lektüre vertiefen, und Deine Mutter, die immer und in allen Dingen zu Dir hält, erklärt, ich verstünde eben nichts davon. Wenn einem Fünfzehnjährigen schon der Bart wüchse, würdest Du gewiß auch einen tragen.

Nero, um auf ihn zurückzukommen, unternahm also nichts Die Lügen und die öffentlichen Beleidigungen, die er hatte einstecken müssen, hatten ihn tief gekränkt. Galbas Truppen zogen siegreich, und dank Nero ohne eine einzige Schlacht schlagen zu müssen, gegen Rom. Und dann kam der Tag vor dem Minervafest, da Tigellinus es, um seine eigene Haut zu retten, für gut befand, die Prätorianer dem Senat zur Verfügung zu stellen. Der Senat wurde im Morgengrauen in aller Heimlichkeit zu einer außerordentlichen Sitzung einberufen. Es erging aber nicht an alle, die in Rom wohnten, die Aufforderung zu erscheinen, sondern nur an die zuverlässigen, und selbstverständlich nicht an Nero, der allerdings das Recht gehabt hätte, an der Versammlung teilzunehmen, denn er war Senator wie die anderen und sogar in höherem Grade als sie. Tigellinus sorgte dafür, daß die Prätorianerposten und die germanische Leibwache am Abend ohne Ablösung vom Goldenen Haus abgezogen wurden.

Die beiden von Nero abgesetzten Konsuln führten widerrechtlich das Wort, und der Senat beschloß einstimmig, Galba zum Kaiser zu machen, einen kahlköpfigen, liederlichen Greis, der sich die athletischsten Liebhaber hielt, die er nur finden konnte. Ebenso einstimmig erklärte der Senat Nero zum Staatsfeind und verurteilte ihn zum Tode, und zwar sollte er nach altem Brauch zu Tode gegeißelt werden. Alle nahmen an, Nero werde Selbstmord begehen, um einer so unmenschlichen Bestrafung zu entgehen. Bei alldem tat sich Tigellinus am eifrigsten hervor.

Nero erwachte mitten in der Nacht im Schlafgemach seines verlassenen Goldenen Hauses. An seiner Seite lag seine treue

»Gattin« Sporus. Sonst waren im ganzen Hause nur noch einige wenige Sklaven und Freigelassene zu finden. Er schickte Boten zu seinen Freunden, aber keiner von den vielen sandte ihm auch nur eine Antwort. Um den Undank der Welt in vollem Maße zu erfahren, begab sich Nero zu Fuß und nur von einigen Getreuen begleitet in die Stadt und klopfte an die Türen einiger Häuser, die er einst Freunden geschenkt hatte. Die Türen blieben geschlossen, und von drinnen war kein Laut zu hören. Die Leute, die in diesen Häusern wohnten, hatten vorsichtshalber sogar den Hunden die Schnauzen zugebunden.

Als Nero ins Goldene Haus und in sein Schlafgemach zurückkehrte, sah er, daß man bereits die seidenen Bettücher und andere Kostbarkeiten gestohlen hatte. Er stieg zu Pferde und ritt davon, mit verhülltem Haupt und bloßen Füßen, nur mit dem Untergewand und einem Sklavenmantel bekleidet, und zwar ritt er zu einem Landgut, das einem seiner Freigelassenen gehörte, der Pfau hieß. Der Pfau hatte seinem eigenen Bericht zufolge Nero sein Haus als Versteck zur Verfügung gestellt. Es liegt an der Via Salaria, beim vierten Meilenstein. Du wirst Dich erinnern, daß Seneca den letzten Tag seines Lebens in seinem Haus beim vierten Meilenstein verbrachte und daß Kephas beim vierten Meilenstein der Via Appia umkehrte und nach Rom zurückging.

Nero wurde von vier Männern begleitet: Sporus, dem Pfau und — wundere Dich nicht — Epaphroditus. Den vierten ließ der Senat hinrichten, weil er auf dem Forum das Maul gar zu weit aufriß. Acte erwartete Nero in der Villa des Pfaus. Das Schauspiel war meiner Meinung nach sorgfältig vorbereitet und wurde gut ausgeführt. Nero war einer der hervorragendsten Schauspieler seiner Zeit und legte auch großen Wert auf eine gute Ausstattung, weshalb er auf der Bühne immer eine Bemerkung machte, wenn etwa eine Säule ungeschickt aufgestellt oder die Beleuchtung falsch war und irgendeine Nebenfigur hervorhob, während er selbst sang.

Während er noch auf dem Weg zur Villa des Pfaus war, bebte plötzlich die Erde, und ein Blitz schlug vor ihm in die Straße. Zugleich scheute sein Pferd vor dem Gestank einer Leiche zurück und bäumte sich. Nero hatte, wie ich schon sagte, sein Haupt verhüllt. Als aber das Pferd sich bäumte, fiel das Tuch herunter und gab sein Gesicht frei. Ein alter verabschiedeter Prätorianer erkannte ihn und grüßte ihn als Kaiser. Das trieb Nero zu noch größerer Eile an, denn er fürchtete, sein Plan könnte vorzeitig entdeckt werden. All dies haben der Pfau und Epaphroditus so berichtet. Sporus verschwand später so spurlos, daß es Otho nicht gelang, ihn zu finden, obwohl er gern seine Begabung im Bett erprobt hätte. Er warb ja sogar um Statilia, weil er sich auf Neros Erfahrung und Geschmack in diesen Dingen verließ.

Ich will nicht alles wiederholen, was diese beiden Männer über Neros Seelenqualen, Schrecken und Leiden berichteten: wie er mit der Hand Wasser aus einer Pfütze schöpfte, um zu trinken, und die Dornen aus seinem Sklavenmantel zog, nachdem er durch das Gestrüpp zur Villa gekrochen war. Sie erzählten, zur Freude des Senats und der Geschichtsschreiber, ohne zu zögern alles. Nero hatte alles so umsichtig vorbereitet, daß er sogar eine fertig geschriebene Rede hinterließ, in der er um Vergebung für die Verbrechen bat, die er aus politischen Gründen begangen hatte, und den Senat anflehte, sein Leben zu schonen und ihn zum Prokurator irgendeiner kleinen Provinz im Osten zu ernennen, da er doch dem Senat und dem Volk von Rom immerhin einige gute Dienste geleistet hätte. Auf diese Weise ließ Nero den Eindruck entstehen, als hätte er in drohender Lebensgefahr und von blindem Entsetzen ergriffen gehandelt. Darum konnten die beiden Augenzeugen aber doch keinen vernünftigen Zuhörer überzeugen. Nur die ließen sich überzeugen, die alles getan hatten, um Nero zum Selbstmord zu treiben, und daher gern glaubten, ihre Hoffnungen hätten sich erfüllt.

Nero dachte auch daran, der Nachwelt einen großartigen Ausspruch zu hinterlassen. »Welch einen Künstler verliert die Welt an mir!« rief er aus. Diese Worte unterschreibe ich gern, denn heute weiß ich, was für einen Lebenskünstler und Sänger, ja, was für einen wahren Menschenfreund Rom an Nero verlor, so schwer er auch manchmal seiner Launen und seiner Künstlereitelkeit wegen zu behandeln war. Man darf eben einem Siebzehnjährigen nicht unbegrenzte Macht in die Hände geben. Denk daran, mein Sohn, wenn Du Dich wieder einmal über das Zaudern Deines Vaters ärgerst.

Als das Grab fertig war und man die Marmorsteine darum herum aufgestapelt hatte, und als genug Holz beisammen war und man in Eimern Wasser herbeischleppte, um es über den zu Kalk gebrannten Marmor zu gießen, kam ein Eilbote aus Rom mit einem Brief an den Pfau. Darin bekam Nero zu lesen, daß

Galba zum Kaiser ausgerufen worden war und daß er selbst zu Tode gegeißelt werden sollte. Dennoch sollte das Schauspiel fortgesetzt werden und Sporus Gelegenheit erhalten, an der Leiche Witwentränen zu vergießen. Da aber geschah etwas, was die Komödianten und Ränkeschmiede zur Eile antrieb.

Der treue Veteran, der Nero auf der Straße wiedererkannt hatte, beeilte sich nicht, seine Flucht zu melden, wie es jeder vernünftige Mensch getan haben würde, sondern rannte auf seinen altersschwachen Beinen geradewegs ins Lager der Prätorianer. Dort kannte man seine Narben und seinen guten Namen, und als Mitglied der Mithras-Bruderschaft genoß er sogar das Vertrauen der Zenturionen. Die Gelegenheit war denkbar günstig, denn Tigellinus hielt sich noch im Senat auf, wo geschwätzige Männer noch immer dabei waren, ihrem Zorn und ihrem vaterländischen Eifer Ausdruck zu verleihen, da sie endlich einmal reden durften, ohne unterbrochen zu werden.

Der Alte hielt eine Ansprache an seine Kameraden und bat sie, sich ihres Soldateneides und ihrer Dankesschuld gegenüber Nero sowie der Striemen von den Stockhieben des Tigellinus auf ihren Buckeln zu erinnern. Die beiden Prätorianerlegionen beschlossen so gut wie einhellig, zu Nero zu stehen. Seiner Freigebigkeit durften sie gewiß sein, während Galba dagegen als Geizhals verschrien war.

Sie beschlossen, es auf einen Kampf ankommen zu lassen, an dessen gutem Ausgang sie nicht zweifelten, denn sie waren überzeugt, daß viele Legionare von Galba abfallen würden, wenn sie sahen, daß es Ernst wurde und daß ihnen die besten Truppen Roms gegenüberstanden. Sie sandten unverzüglich eine Reiterabteilung unter Führung eines Zenturio aus, die Nero suchen und sicher ins Prätorianerlager begleiten sollte. Die Männer verloren aber viel Zeit, weil sie Neros Versteck nicht gleich fanden und erst nach längerem vergeblichen Suchen an die abseits gelegene Villa des Pfaus dachten.

Doch Nero hatte genug von der Macht. Er schickte den Pfau hinaus, um die Reiter aufzuhalten, sobald er erfahren hatte, weshalb sie gekommen waren. Dann stieß ihm Epaphroditus, der in gewissen Spielen, an denen Nero Gefallen fand, wohlgeübt war, einen Dolch in die Kehle. Nero wählte für seinen Selbstmord einen Stich in die Kehle, um den Senat davon zu überzeugen, daß er sogar seine Stimmbänder opferte. Auf diese Weise konnte an seinem Tode kein Zweifel aufkommen. Wenn später irgendwo im Osten ein neuer großer Sänger von sich reden machte, würde niemand an Nero denken, da man wußte, daß er mit durchschnittener Kehle gestorben war.

Während nun das Blut aus der geschickt vorgetäuschten Halswunde quoll, empfing Nero unter Aufbietung seiner letzten Kräfte den Zenturio, dankte ihm mit gebrochener Stimme für seine Treue, verdrehte die Augen und gab den Geist so glaubwürdig röchelnd und zuckend auf, daß der alte erfahrene Soldat mit Tränen in den Augen seinen Zenturionenmantel über ihn deckte, damit er mit verhülltem Antlitz starb, wie es sich für einen Herrscher geziemt. Auch Julius Caesar verhüllte ja sein Haupt, um die Götter zu ehren, als ihn die Dolche der gedungenen Mörder durchbohrt hatten. Der Pfau und Epaphroditus erklärten nun dem Zenturio, daß es für ihn selbst und für alle treuen Prätorianer das klügste war, wenn er rasch ins Lager zurückkehrte und den Tod Neros meldete, damit niemand dumme Streiche machte. Darauf sollte er in die Kurie eilen und berichten, er habe in der Hoffnung auf Belohnung Nero aufgespürt, um ihn lebend zu fangen und dem Senat auszuliefern. Leider sei es aber Nero gelungen, seinem Leben noch rechtzeitig selbst ein Ende zu machen.

Der Mantel, den er über die Leiche geworfen hatte, so daß er nun voll Blut war, sei Beweis genug, sagten sie, aber selbstverständlich dürfe er Nero auch den Kopf abschneiden und in die Kurie mitnehmen, sofern er dies mit seiner Soldatenehre vereinbaren könne. Man werde ihn so oder so belohnen für die gute Nachricht, die er brachte. Nero selbst habe gewünscht, daß sein Leichnam unverstümmelt in aller Stille verbrannt werde.

Der Zenturio ließ seinen Mantel liegen, da zu erwarten war, daß der Senat augenblicklich einen Untersuchungsausschuß in die Villa des Pfaus sandte, um alle Einzelheiten über Neros Tod in Erfahrung zu bringen. Sobald die Reiter aufgebrochen waren, machten sich die treuen Verschworenen rasch ans Werk. Eine Leiche von Neros Größe und Wuchs war in diesen unruhigen Zeiten, da nach den Schlägereien vor Galbas Ankunft so mancher in den Gräben längs der Straßen liegenblieb, nicht schwer zu finden gewesen. Also rasch auf den Scheiterhaufen mit der Leiche, Feuer ans Holz gelegt und das Ganze mit Öl übergossen! Wohin, wie und in welcher Verkleidung Nero floh, weiß ich nicht zu sagen. Ich bin jedoch ziemlich gewiß, daß er in den Osten ging, vermutlich um bei den Parthern Schutz zu suchen. Die Arsakiden haben in über dreihundert Jahren so viele Geheimnisse gesammelt, daß sie es besser als wir Römer verstehen, sie zu hüten. Wir schwatzten sogar im Senat zuviel. Die Parther dagegen beherrschen die Kunst des Schweigens.

Ich gebe zu, daß sich meine Schlußfolgerungen eigentlich nur darauf stützen, daß plötzlich das Zitherspiel bei den Parthern Mode wurde. Ich weiß jedoch, daß der wirkliche Nero nicht mehr nach der Macht in Rom strebt. Alle, die dies versuchen oder tun, sind, auch wenn sie eine Dolchnarbe am Halse tragen, falsche Neros, und wir kreuzigen sie, sobald wir ihrer habhaft werden.

Als die vom Senat ausgesandten Männer eintrafen, war man schon dabei, Wasser auf die glühenden Marmorblöcke zu gießen, die zu Kalk zerfielen und die Leichenreste mit einer Kruste überzogen, die alle Einzelheiten verbarg. Nero hatte kein Gebrechen, an dem man seine Leiche hätte erkennen können. Den Zahn, den er sich in Griechenland hatte ziehen lassen, hatte man vorsichtshalber auch dem Leichnam des Unbekannten gezogen.

Die traurigen Reste wurden in einen weißen, goldbestickten Mantel gesammelt, den Nero im selben Winter beim Saturnalienfest getragen hatte. Mit Galbas Genehmigung gab man für die Bestattungsfeier einige hunderttausend Sesterze aus. So liegt nun im Mausoleum der Domitier in einem Porphyrsarkophag in einer Kalkkruste eine halbverbrannte Leiche. Wer will, kann hingehen und sich davon überzeugen, daß Nero wirklich tot ist. Statilia und Acte haben nichts dagegen, daß man sein Andenken ehrt.

Ich habe Dir von Neros Tod berichtet, damit Du bereit bist, falls irgend etwas Unerwartetes geschehen sollte. Nero war ja erst zweiunddreißig Jahre alt, als er seinen symbolischen Tod wählte, um einen Bürgerkrieg zu vermeiden, seine Verbrechen zu sühnen und ein neues Leben zu beginnen. Wo, das läßt er uns raten. Während ich dies schreibe, ist er gerade erst dreiundvierzig.

Mein Mißtrauen erwachte, als mir bewußt wurde, daß sich all dies am Vorabend des Tages zutrug, an dem einst Agrippina ermordet worden war, und daß Nero mit verhülltem Haupt und bloßen Füßen, den Göttern geweiht, aus der Stadt geflohen war. Auch das geheimnisvolle Verschwinden des Sporus ist eine Art Beweis. Nero konnte ohne ihn nicht mehr leben, denn er war dem Äußeren nach ein treues Abbild Poppaeas. Viele Senatoren, die ihren Kopf zu gebrauchen verstehen, sind hinsichtlich Neros Tod der gleichen Ansicht wie ich, aber wir sprechen selbstverständlich nie darüber.

Galba ließ den Leichnam Neros nur des Volkes wegen ordentlich bestatten, das seinen Tod aufrichtig und mit gutem Grund betrauerte. Er wollte die Welt davon überzeugen, daß Nero wirklich tot war. Daher kümmerte er sich nicht darum, daß der Senat ihn zum Staatsfeind erklärt hatte. Aus Mißtrauen dem Senat gegenüber beabsichtigte Galba, die Amtszeit der Senatoren auf zwei Jahre zu begrenzen. Das war ein wahnwitziger Einfall, denn unser Amt hat man von alters her auf Lebenszeit. Deshalb dulden wir auch die Altersschwachen unter uns, die uns manchmal die Zeit stehlen, indem sie ohne Ende von den vergangenen goldenen Zeiten reden. Das ist eine Krankheit, die uns alle einmal trifft. Wir achten daher das Alter und die Dienstjahre – im Gegensatz zu den jungen Leuten, die erst zur Einsicht kommen, wenn sie selbst die Senatorenstiefel anziehen.

Es war also nicht weiter verwunderlich, daß man Galbas Kopf bald um das Forum trug. Der Soldat, der dies tat, mußte die Daumen in seinen Mund stecken, um den Kopf richtig fassen zu können, so kahl war er. Als der Mann seine Belohnung von Otho erhalten hatte, reichte er den Kopf anderen Prätorianern, die ihn weiter um das Lager trugen, lachten und riefen: »Cupido, Galba nütze deine Jugend!«

Er hatte den Prätorianern nicht einmal bei seiner Thronbesteigung ein passendes Geschenk gemacht, aber sie waren nicht deshalb verbittert. Galba hatte sich in einen Hünen von der germanischen Leibwache verliebt. Er hatte den Mann eine ganze Nacht bei sich behalten und auf alle erdenkliche Weise angestrengt, dann aber am Morgen entlassen, ohne ihm auch nur ein paar Sesterze für einen Schluck Wein zu geben. Statt dessen hatte er ihm gesagt, er müsse dafür dankbar sein, daß er die Freundschaft eines so jugendlichen alten Mannes hatte genießen dürfen. Das war mit ein Grund dafür, daß er gestürzt wurde. Zu des Tigellinus Zeiten hatten die Prätorianer von solchen Männern immer genug und übergenug bekommen.

Ich kehre zu Vespasian zurück. Es war eine Freude zu sehen, wie er sich verwunderte, als ihn die Legionen im Morgengrauen zum Kaiser ausriefen, wie er Einwände machte, die Hände rang und mehrere Male von dem Schild sprang, auf dem man ihn um die Mauern Jerusalems trug. Ein Schild ist allerdings eine unbequeme Sitzgelegenheit, besonders wenn die Soldaten einen, wie sie es mit Vespasian machten, vor Freude in die Luft prellen. Sie waren nämlich dank der Sesterze, die ich hatte austeilen lassen, recht betrunken. Einen Teil des Geldes bekam ich übrigens durch meinen neuen syrischen Freigelassenen wieder zurück. Es war mir gelungen, ihm das ausschließliche Recht zu verschaffen, im Lager Wein zu verkaufen, und er verdiente sehr gut daran, daß er das Schankrecht an die jüdischen Händler des Lagers weiterverkaufte.

Nachdem er den Legionen in Pannonien und Mösien den Sold geschickt und den Kohorten in Gallien wegen der Plünderungen und Gewalttaten an friedlichen Bewohnern einen sanften Verweis erteilt hatte, reiste Vespasian unverzüglich nach Ägypten. Zu diesem Zweck brauchte er die Truppen, die er Titus übergeben hatte, nicht von der Belagerung abzuziehen. Eine kleine Ehrenwache genügte ihm, denn er verließ sich auf die Treue der ägyptischen Garnisonstruppen. Der Treue Ägyptens mußte er sich hingegen persönlich versichern. Nicht, weil Ägypten die Kornkammer Roms ist, sondern weil es uns all das Papier liefert, das man für die ordentliche Verwaltung der Welt braucht, von den Steuereinnahmen ganz zu schweigen.

Die Kunst der Besteuerung hat Vespasian dann zu bisher ungeahnter Höhe entwickelt, so daß wir Wohlhabenden manchmal aus Nase und Ohren zu bluten vermeinen, wenn er uns zwackt . . . und aus dem Mastdarm könnte ich hinzufügen, denn deshalb bin ich hier in diesem Badeort. Die Ärzte waren wegen meines Zustandes und der Blutungen, die mich schwächten, so besorgt, daß sie mich, anstatt mir Arzneien zu geben, ermahnten, schleunigst mein Testament zu machen.

Ich wandte mich, da die Ärzte mich aufgegeben hatten, an Jesus von Nazareth. Auf der Schwelle des Todes wird ein von seinen Leiden geschwächter Mensch klein und demütig. Ein Gelübde legte ich jedoch nicht ab. Neben meinen zahllosen Verbrechen und meiner Härte wiegen meine wenigen guten Taten gewiß nicht viel, weshalb mir ein Gelübde zwecklos erschien.

Meine Ärzte trauten ihren Augen nicht, als die Blutungen plötzlich von selbst aufhörten. Sie kamen zu dem Schluß, daß mein Leiden gar nicht lebensgefährlich gewesen war, sondern nur eine Folge meines Ärgers darüber, daß Vespasian gewisse steuertechnische Maßnahmen ablehnte, die der Erhaltung meiner Einkünfte und meines Vermögens dienlich gewesen wären.

Ich gebe zu, daß er uns nicht auspreßt, um sich selbst zu bereichern, sondern nur zum Nutzen des Staates, aber es hat alles seine Grenzen. Selbst Titus verabscheut die Kupfermünzen, die man nun in Rom für die Benutzung der öffentlichen Abtritte entrichten muß, obwohl jeden Tag ganze Körbe voll zusammenkommen. Die neuen Abtritte haben zwar fließendes Wasser und Marmorsitze und sind mit Statuen geschmückt, aber die uralte Bürgerfreiheit ist dahin. Man kann es den Armen nicht verdenken, daß sie aus reinem Trotz ihr Wasser an den Tempelmauern und vor den Türen der Reichen abschlagen.

Als wir vor Alexandria ankamen, zog Vespasian es vor, sich nicht in den Hafen rudern zu lassen, denn in den Becken trieben die stinkenden Leichen von Griechen und Juden. Er wollte den Bewohnern der Stadt Zeit geben, mit ihren Streitigkeiten fertig zu werden und sich in ihren verschiedenen Stadtteilen zu verschanzen, weil er kein unnützes Blutvergießen duldete. Alexandria ist eine viel zu große Stadt, als daß Zwistigkeiten zwischen Griechen und Juden auf eine ebenso einfache Weise hätten bereinigt werden können wie beispielsweise in Caesarea. Wir gingen außerhalb der Stadt an Land, und ich setzte zum erstenmal in meinem Leben den Fuß auf Ägyptens heilige Erde. Ich muß freilich hinzufügen, daß ich mir dabei nur meine feinen weichen Senatorenstiefel schmutzig machte.

Am nächsten Morgen erschien eine Abordnung aus der Stadt mit allem ägyptischen Prunk, Juden und Griechen in bestem Einvernehmen, und alle beklagten mit vielen Worten den Aufruhr, den einige unbedachte Heißsporne angezettelt hatten. Nun seien aber Ruhe und Ordnung wiederhergestellt, versicherten sie. In der Schar befanden sich Philosophen und Gelehrte sowie der Oberbibliothekar der Stadt mit seinen nächsten Untergebenen. Darauf legte Vespasian, der selbst ungebildet war, großen Wert.

Als er hörte, daß sich Apollonius von Tyana in der Stadt aufhielt, um die ägyptische Weisheit zu studieren und die Ägypter in der Nabelbeschau der indischen Gymnosophisten zu unterweisen, beklagte er, daß es der größte Philosoph unserer Zeit nicht der Mühe wert gefunden hatte, die anderen zu begleiten und seinen Kaiser willkommen zu heißen.

Das Verhalten des Apollonius war jedoch reine Berechnung. Er war, wie bekannt, sehr eitel und ebenso stolz auf seine Weisheit wie auf seinen bis zum Gürtel reichenden weißen Bart. Er bemühte sich nachher nach besten Kräften um die Gunst des Kaisers, hielt es jedoch für klug, Vespasian zunächst einmal zu beunruhigen und ihn vermuten zu lassen, er mißbillige vielleicht seinen Staatsstreich. In Rom hatte Apollonius sich Neros Gunst versichern wollen, aber Nero hatte ihn nicht einmal empfangen, weil er der Philosophie die Künste vorzog. Immerhin war es ihm aber gelungen, Tigellinus mit seinen übernatürlichen Kräften einzuschüchtern, so daß er die Erlaubnis erhielt, in Rom zu bleiben, obwohl Nero alle kritischen Philosophen aus der Stadt verwies.

Am nächsten Morgen, noch vor Sonnenaufgang, erschien Apollonius von Tyana unerwartet vor dem Tor des kaiserlichen Palastes in Alexandria und begehrte Einlaß. Die Wachen hielten ihn zurück und erklärten ihm, daß Vespasian längst aufgestanden war, um wichtige Briefe zu diktieren. Da sagte Apollonius fromm: »Dieser Mann wird ein wahrer Herrscher sein.« Er hoffte, daß man seine Prophezeiung Vespasian hinterbrachte, was selbstverständlich auch geschah.

Als es heller Tag war, zeigte er sich erneut vor dem Tor. Diesmal wurde er unverzüglich unter allen Ehrenbezeigungen, die man für den gelehrtesten Mann der Welt fand, vor Vespasian geführt. Viele betrachten ja Apollonius noch immer als den Göttern ebenbürtig.

Ich hatte den Eindruck, daß Apollonius sich über das graue Legionarsbrot und den sauren Wein wunderte, die Vespasian ihm anbot, da er sonst bessere Bewirtung gewohnt war und die Kochkunst nicht verachtete, obwohl er bisweilen fastete, um seinen Körper zu reinigen. Er spielte jedoch die Rolle weiter, die er einmal gewählt hatte, und pries Vespasian um seiner einfachen Gewohnheit willen, die, wie er versicherte, für sich allein schon bewiesen, daß er zu Recht und zum Vorteil des Staates über Nero gesiegt habe.

Vespasian antwortete kurz: »Ich hätte mich nie gegen den rechtmäßigen Herrscher erhoben.«

Apollonius, der geglaubt hatte, er könne Eindruck machen, indem er mit seinem Anteil an dem Aufstand des Vindex in Gallien prahlte, schwieg enttäuscht und bat dann, einige seiner berühmten Begleiter hereinrufen zu dürfen, die noch vor dem Tor warteten. Auch Vespasians Gefolge nahm ja an dem Morgenmahl teil. Vespasian war ein wenig ungeduldig, denn wir hatten die halbe Nacht gewacht und die dringendsten Erlässe und Verordnungen diktiert. Er beherrschte sich jedoch und sagte: »Weisen Männern steht meine Tür allzeit offen. Dir aber, unvergleichlicher Apollonius, öffne ich sogar mein Herz.«

Danach hielt Apollonius in Gegenwart seiner beiden Schüler einen eindrucksvollen Vortrag über die Demokratie und wies nach, wie notwendig es sei, eine wahre Herrschaft des Volkes anstelle der Alleinherrschaft wiedereinzuführen, die sich als so verderblich erwiesen hatte. Ich wurde unruhig, aber Vespasian kümmerte sich nicht um meine Ellbogenstöße und mein Zwinkern. Er hörte Apollonius geduldig bis zum Ende an und sagte dann: »Ich fürchte sehr, daß die Alleinherrschaft, die der Senat nach bestem Vermögen einzuschränken suchte, das Volk von Rom verdorben hat. Es ist daher vorerst kaum möglich, die Neuerungen einzuführen, die du vorschlägst. Das Volk muß erst reif werden, die Verantwortung zu tragen, die die Freiheit mit sich bringt. Sonst gibt es nur Uneinigkeit und Streit, und wir haben ständig den Bürgerkrieg vor der Tür.«

Apollonius antwortete so rasch, daß ich seine Geschmeidigkeit nur bewundern konnte: »Was kümmert mich letzten Endes der Aufbau des Staates! Ich lebe nur den Göttern. Aber ich möchte nicht, daß die große Mehrheit aller Menschen ins Verderben stürzt, weil es ihr an einem guten Hirten mangelt. Wenn ich es recht bedenke, ist die beste Form der Demokratie eine aufgeklärte Tyrannei, sorgsam überwacht von einem Senat, der sich von Tugend und Rechtschaffenheit leiten läßt und nur das Gemeinwohl im Auge hat.«

Danach begann er weitschweifig zu erklären, daß er sich die alte Weisheit Ägyptens zu eigen machen, die Pyramiden untersuchen und womöglich aus den Quellen des Nils trinken wolle. Leider fehle es ihm aber an dem nötigen Geld, um ein Flußboot samt Ruderern zu mieten. Vespasian ergriff rasch die Gelegenheit, zeigte auf mich und sagte: »Ich besitze nicht mehr, als was dem dringendsten Bedarf des Staates dient, das weißt du in deiner Weisheit gewiß selbst, lieber Apollonius. Aber mein Freund Minutus Manilianus ist als Senator ein ebenso eifriger Freund der Demokratie wie du. Er ist vermögend und schenkt dir sicherlich ein Schiff samt Ruderern, wenn du ihn darum bittest. Auch gibt er dir, was du sonst für deine Reise zu den Quellen des Nils benötigst. Vor Gefahren brauchst du dich nicht zu fürchten. Es befindet sich nämlich eine Expedition von Gelehrten, die Nero vor einigen Jahren ausschickte, auf dem Wege dorthin, und sie wird von Prätorianern begleitet. Schließe dich nur ihr an.«

Erfreut über dieses Versprechen, das Vespasian nicht eine schäbige Kupfermünze kostete, versank Apollonius in Verzückung und rief: »O kapitolinischer Jupiter, du Heiliger aller Staatswirren, erhalte diesen Mann zu deinem eigenen Besten. Er wird deinen Tempel, den gottlose Hände soeben im Flammenschein zerstörten, wiederaufbauen!«

Wir entsetzten uns über dieses Gesicht und diese Prophezeiung. Doch ich hielt seine Worte, offen gesagt, für Verstellung. Erst einige Wochen später erfuhren wir, wie Vitellius abgesetzt worden war und wie Flavius Sabinus und Domitian zuvor gezwungen worden waren, sich im Kapitol zu verschanzen.

Domitian floh feige während der Belagerung, nachdem er sich das Haar geschoren und sich als Isispriester verkleidet hatte. Er schloß sich einer Schar fremder Opferpriester an, als die Soldaten des Vitellius, nachdem sie den Tempel angezündet und seine Mauern mit Belagerungsmaschinen niedergebrochen hatten, die eingeschlossenen Priester hinausschleppten, um sie niederzumetzeln. Mein ehemaliger Schwiegervater Flavius Sabinus starb, so alt er war, tapfer mit dem Schwert in der Hand.

Domitian floh auf die andere Seite des Tibers hinüber und versteckte sich bei der jüdischen Mutter eines seiner früheren Schulkameraden. In die Palatiumschule gehen auch immer Angehörige der jüdischen Fürstengeschlechter. Einer von ihnen war sogar der Sohn des Königs von Chalkis, dessen Schicksal seinerzeit meinen Sohn Jucundus dazu trieb, sich der kindischen Verschwörung anzuschließen, die Rom zerstören und die Hauptstadt des Reiches in den Osten verlegen wollte. Ja, ich will nun auch davon sprechen, obwohl ich es eigentlich für mich zu behalten gedachte.

Tigellinus machte den Prinzen von Chalkis betrunken und mißbrauchte ihn für seine Gelüste. Darauf beging der Knabe in Gegenwart seiner Mitschüler Selbstmord, da seine religiösen Vorurteile ihm den Verkehr mit Männern verboten. Er hätte hernach nie nach seinem Vater erben und König von Chalkis werden können. Aus Rache dafür zündeten die Knaben die Gärten des Tigellinus an, so daß der große Brand von neuem ausbrach, als er schon im Verlöschen zu sein schien. Jucundus war mit dabei. Er starb also nicht ganz ohne Schuld. Ich muß allerdings hinzufügen, daß den neu auflodernden Flammen das Viertel Suburra zum Opfer fiel, das seit eh und je ein Schandfleck für Rom gewesen war.

Domitian sagte sich in seiner feigen Listigkeit, daß ihn niemand ausgerechnet im jüdischen Stadtteil suchen würde, denn die Juden haßten Vespasian und sein ganzes Geschlecht wegen der Belagerung Jerusalems und der ungeheuren Verluste, die die Aufständischen erlitten hatten, als sie in ihrem Übermut zuerst in offener Feldschlacht zu kämpfen wagten und von Vespasian in die Zange genommen und aufgerieben wurden.

Apollonius von Tyana versuchte übrigens noch vor seiner Abreise, sich zugunsten der Griechen in die inneren Machtkämpfe Alexandrias einzumischen. Als er sich von Vespasian verabschiedete, bevor er sich auf das Boot begab, das ich ihm gekauft hatte, sagte er: »Ich habe aufgehorcht, als ich hörte, daß du in einer Schlacht dreißigtausend und in einer anderen fünfzigtausend Juden vernichtet hast. Schon damals dachte ich: Wer ist dieser Mann? Er könnte zu Besserem taugen! Die Juden haben seit langem nicht nur Rom, sondern die ganze Menschheit verraten. Ein Volk, das sich von allen anderen absondert, das nicht mit anderen essen und trinken will und sich sogar weigert, die herkömmlichen Gebete und Weihrauchopfer zu verrichten, ein solches Volk steht uns ferner als Susa und Baktra. Es wäre besser, wenn nicht ein Jude am Leben bliebe.«

So unduldsam sprach der größte Weise aller Zeiten, weshalb ich ihn gerne auf die Reise schickte und im Innern wünschte, sein Boot möchte sinken oder die Wilden in Nubien möchten ihn auf ihre Bratspieße stecken. Am meisten beunruhigte mich allerdings sein Geschwätz über die Demokratie. Vespasian neigte allzusehr zu gerechtem Denken und hatte mehr das Beste des Volkes im Auge denn seinen eigenen Vorteil als Kaiser.

Apollonius von Tyana besaß ohne Zweifel übernatürliche Kräfte. Wir rechneten uns später aus, daß er wirklich in demselben Augenblick, als es geschah, das Kapitol hatte brennen sehen. Einige Tage danach kroch Domitian aus dem Keller der Jüdin hervor und rief sich frech selbst zum Kaiser aus. Daran war freilich zum Teil der Senat schuld, der von einem Achtzehnjährigen auf dem Kaiserthron größeren Nutzen zu haben glaubte als von Vespasian, der gewohnt war zu befehlen, wenn es not tat.

An Vitellius rächte sich Domitian für den Schrecken und die Demütigung, die er hatte ausstehen müssen, indem er dem Volk die Erlaubnis gab, ihn mit dem Kopf nach unten an einer Säule des Forums aufzuhängen und langsam mit kleinen Dolchstichen zu töten. Danach wurde die Leiche an einem eisernen Haken zum Tiber geschleift. Auch aus solchen Gründen darfst Du Dich nie der Willkür des Volkes ausliefern. Liebe Dein Volk, soviel Du willst, mein Sohn, aber halte es in Zucht.

All dies wußten wir jedoch damals in Alexandria noch nicht. Vespasian war hinsichtlich der zu wählenden Regierungsform noch immer im Zweifel, obwohl er zum Kaiser ausgerufen worden war. Die Republik war ihm, wie allen älteren Senatoren, lieb. Wir sprechen oft und gern von ihr, machen aber deshalb keine Dummheiten. Die Verzückung des Apollonius überzeugte ihn nicht, da er bei der langsamen Postverbindung keine Möglichkeit hatte, die Wahrheit seines Gesichts zu überprüfen. Da hielt es die Priesterschaft Alexandrias für gut, ihm seine eigene Göttlichkeit zu bestätigen, so daß endlich die Prophezeiungen wahr wurden, die seit einem Jahrhundert von einem Kaiser gesprochen hatten, der aus dem Osten kommen werde.

Eines heißen Morgens, als Vespasian vor dem Serapistempel zu Gericht saß, wo er, um die Götter Ägyptens zu ehren, sein Richterpodium hatte aufstellen lassen, traten auf den Rat der Priester zwei Kranke vor ihn hin und baten um Heilung. Der eine war blind, der andere lahm. Vespasian mochte nichts unternehmen, denn vor dem Tempel war eine große Menge Volks zusammengeströmt, um den Kaiser zu begaffen, und er wollte nicht in aller Augen zum Gespött werden.

Ich aber hatte plötzlich das Gefühl, all dies schon einmal erlebt zu haben: die Säulen des Tempels, der Richterstuhl, die Volksmenge, ja ich glaubte sogar die beiden Männer zu kennen. Da entsann ich mich des Traums, den ich in meiner Jugend im Lande der Briganter gehabt hatte. Ich erinnerte Vespasian daran und ermahnte ihn, zu tun, was er in meinem Traum getan hatte. Widerstrebend stand er auf und spuckte dem Blinden auf die Augen, worauf er den Lahmen kräftig gegen sein Bein trat. Der Blinde erhielt sein Augenlicht zurück, und das verkürzte Bein des Lahmen genas so rasch, daß wir unseren Augen nicht trauten. Da glaubte Vespasian endlich, daß er zum Kaiser geboren war, obwohl er sich nach diesem Ereignis weder heiliger noch göttlicher fühlte als zuvor oder zumindest alle Gefühle dieser Art verbarg.

Ich weiß gewiß, daß er später nie wieder seine Kräfte an dergleichen Heilungen erprobte. Ich bat ihn einmal, seine göttliche Hand auf meine blutende Darmöffnung zu legen, als er mich, über meinen Zustand bekümmert, auf meinem Sterbebett besuchte. Er weigerte sich mit aller Bestimmtheit und sagte mir, das seltsame Geschehnis in Alexandria habe so an seinen inneren Kräften gezehrt, daß er in der darauffolgenden Nacht ernstlich fürchtete, den Verstand zu verlieren. »Wahnsinnige Kaiser hat Rom genug gehabt«, sagte er, und darin hatte er recht. Einer solchen Gefahr durfte ich Rom Deinetwegen nicht aussetzen, auch um den Preis meiner Gesundheit nicht.

Manch einer, der nur glaubt, was er selbst zu sehen, zu hören und zu riechen vermag – obgleich man den Sinnen des Menschen nicht immer trauen darf –, wird geneigt sein, an meinem Bericht zu zweifeln, da die Zauberkniffe der ägyptischen Priester berühmt sind. Ich kann aber bezeugen, daß die Serapispriester jeden Kranken genau untersuchen, bevor sie zulassen, daß man eine Wunderheilung an ihm versucht. Verstellung und Heilung einer eingebildeten Krankheit hieße nach ihrem Glauben die Götter beleidigen.

Ich weiß außerdem, daß auch Paulus nicht jedem seine Schweißtücher zur Heilung ernsthafter Krankheiten schicken ließ. Einen Mann, der Krankheit heuchelte, hätte er schonungslos aus der Gemeinschaft der Christen ausgestoßen. Ich möchte also aufgrund meiner eigenen Erfahrungen meinen, daß Vespasian wirklich die beiden Kranken heilte. Wie das möglich ist, kann ich freilich nicht erklären. Ich will auch zugeben, daß Vespasian gut daran tut, seine Macht nicht von neuem zu erproben. Diese Wunderheilungen zehren gewißlich entsetzlich an den Kräften.

Von Jesus von Nazareth wird berichtet, er habe es nicht zugelassen, daß einer heimlich auch nur seine Mantelquasten berührte. Er fühlte wohl sogleich, wie ihn die Kräfte verließen. Zwar hat er Kranke geheilt und Tote auferweckt, aber nur auf flehentliche Bitten hin oder aus Mitleid mit den Angehörigen. Im allgemeinen war er nicht darauf erpicht, Wunder zu tun. Er tadelte die, welche sahen und doch nicht glaubten, und pries jene selig, die nicht sahen und doch glaubten. So hat man mir berichtet. Mein eigener Glaube wiegt zwar nicht mehr, als ein Sandkorn wiegen mag, und ich fürchte sehr, ihm wird er nicht genügen, aber ich will zumindest versuchen, ehrlich zu sein und ihm Gerechtigkeit widerfahren zu lassen.

Weil ich gerade die Zauberkniffe der ägyptischen Priester erwähnte: Da fällt mir ein Grieche in Alexandria ein, der das Erbe seiner Väter und die Mitgift seiner Gattin an wahnwitzige Erfindungen verschwendete und so hartnäckig um Vortritt bei Vespasian bat, daß wir ihn zuletzt empfangen mußten. Er berichtete mit leuchtenden Augen von seinen Erfindungen und pries insbesondere die Kraft des Wasserdampfs, der seiner Meinung nach imstande wäre, die schweren Mühlsteine zu treiben. Vespasian fragte ihn: »Was fangen wir dann aber mit den Sklaven an, die sich damit ihr Brot verdienen, daß sie die Mühlsteine drehen? Versuche einmal auszurechnen, wie viele Arbeitslose da der Staat ernähren müßte.«

Der Mann rechnete rasch im Kopf und gab ehrlich zu, daß er an den Schaden nicht gedacht hatte, den seine Erfindung auf wirtschaftlichem Gebiet anrichten würde. Dann aber erklärte er hoffnungsvoll, daß die Kraft des kochenden Wassers an Bord der Schiffe ausgenutzt werden könne, um die Ruder zu treiben. Es fehle ihm nur am Geld für die nötigen Versuche. Die Schiffe würden nicht mehr so vom Wind abhängen.

Ich hielt es für richtig, mich einzumischen, und erklärte, wie entsetzlich die Feuersgefahr auf den kostbaren Getreideschiffen sein würde – von der Gefahr für die Reisenden ganz zu schweigen –, wenn man an Bord ständig ein Feuer unterhalten müßte, um das Wasser zu erhitzen. Sogar das Kochen ist auf den Schiffen so gefährlich, daß beim geringsten Anzeichen von Sturm die Feuer auf ihren Sandbetten gelöscht werden. Jeder Seemann begnügt sich lieber mit kalten Speisen, als daß er sich der Gefahr einer Feuersbrunst auf See aussetzte.

Vespasian bemerkte dazu, daß die griechischen Dreiruderer die sinnreichste Waffe des Seekriegs seien und für alle Zeiten bleiben würden. Von den Handelsschiffen seien dagegen die karthagischen die besten der Welt, und es bestehe kein Anlaß, irgend etwas an ihnen zu ändern.

Der Erfinder sah bedrückt drein, aber Vespasian ließ ihm eine bedeutende Summe ausbezahlen, damit er von weiteren wahnwitzigen Erfindungen Abstand nehme. Sicherheitshalber bestimmte er, daß das Geld der Gattin des Mannes auszuhändigen sei, so daß dieser nicht darüber verfügen und es für seine unnützen Versuche ausgeben konnte.

Ich für meinen Teil habe oft, wenn ich die sinnreichen Kriegsmaschinen betrachtete, ein wenig wehmütig daran gedacht, wie leicht ein geschickter Techniker Maschinen für beispielsweise den Ackerbau ersinnen könnte, die den Sklaven manch schwere Arbeit und unzählige Tropfen Schweißes ersparen würden. Auch für die Entwässerungskunst, die wir von den Etruskern lernten, wären solche Maschinen von großem Nutzen. Ich denke mir, man könnte auf dem Grunde der Abflußgräben anstelle der Reisigbündel auch Ziegelrohre und Steine verwenden, so wie wir es in den Kloaken tun, die allerdings weit größer sind. Andrerseits sehe ich ein, was für verheerende Wirkungen auf wirtschaftlichem Gebiet solche Erfindungen haben würden. Wo sollten die Sklaven hinfort ihr Brot und Öl hernehmen? Die kostenlose Getreideausteilung kommt den Staat schon teuer genug zu stehen, und dann müssen Sklaven arbeiten, so schwer wie möglich arbeiten, sonst kommen sie nur auf dumme Gedanken. Wir haben unsere bitteren Erfahrungen!

Die Priester in Ägypten haben bereits alles erfunden, was man braucht. Sie haben beispielsweise eine Maschine, die Weihwasser versprüht, wenn man die richtige Münze hineinsteckt, und diese Maschine ist sogar imstande, vollgewichtige Münzen von abgefeilten zu unterscheiden, so unglaublich das auch klingen mag. Der verabscheuungswürdige Brauch, Späne von Gold- und Silbermünzen herunterzufeilen, ist nämlich in Alexandria aufgekommen. Macht man es mit Hunderten und Tausenden von Münzen, so lohnte es sich sehr wohl. Wer zuerst auf den Einfall kam, weiß ich nicht. Die Griechen beschuldigen die Juden, und die Juden die Griechen.

Ich erzähle das, um Dir zu zeigen, daß Vespasians Wunderheilung kein Taschenspielertrick war. Gerade aufgrund ihrer eigenen technischen Erfindungen sind die ägyptischen Priester besonders mißtrauisch.

Als Vespasian in jener schlaflosen Nacht erschüttert zu der Überzeugung gekommen war, daß die Götter ihn offenkundig dazu ausersehen hatten, Kaiser zu sein, atmete ich erleichtert auf Es wäre verhängnisvoll gewesen, wenn er sich von längst veralteten demokratischen Ideen hätte dazu verleiten lassen, Änderungen am Aufbau des Staates vorzunehmen. Als ich meiner Sache ganz sicher war, wagte ich ihm in vertraulichem Gespräch mein Geheimnis zu enthüllen. Ich berichtete von Claudia und von Deiner Abstammung und wies ihm nach, daß Du der letzte männliche Nachkomme des julischen Geschlechts bist. Von dieser Stunde an nannte ich Dich in meinem Herzen Julius, obwohl Du diesen Namen erst erhieltst, als Du die Toga anlegtest und Vespasian mit eigner Hand die Spange des Augustus auf Deiner Schulter befestigte.

Vespasian glaubte mir sofort und war nicht einmal so erstaunt, wie ich erwartet hatte. Er kannte Deine Mutter Claudia schon aus der Zeit, da Kaiser Caligula sie seine Base nannte, um seinen Onkel Claudius zu ärgern. Um sich das Verwandtschaftsverhältnis klarzumachen, rechnete Vespasian an den Fingern und sagte: »Dein Sohn ist also ein Enkel des Claudius, nämlich der Sohn seiner Tochter. Claudius war seinerseits ein Neffe des Kaisers Tiberius, nämlich der Sohn von dessen Bruder. Der Bruder des Tiberius aber hatte Antonia zur Gattin, die jüngere Tochter Octavias – der Schwester des Gottes Augustus – und des Marcus Antonius. Octavia und der Gott Augustus waren Kinder der Nichte Julius Caesars. Im Grunde ist der Kaiserthron ständig in der weiblichen Linie weitervererbt worden. Neros Vater war der Sohn der älteren Tochter des Marcus Antonius. Sein Erbrecht war daher ebensogut wie das des Claudius, obwohl Claudius dann der Form halber Nero adoptierte, als er sich mit seiner Nichte vermählte. Das Erbrecht deines Sohnes ist ohne Zweifel ebenso gültig wie das dieser anderen. Was willst du also?«

Ich erwiderte: »Ich will, daß mein Sohn zu dem besten und edelsten Herrscher heranwächst, den Rom je erblickt hat. Ich zweifle nicht einen Augenblick daran, daß du, Vespasian, ihn in deiner Gerechtigkeit als den rechtmäßigen Erben anerkennen wirst, wenn die Stunde gekommen ist.«

Vespasian dachte lange mit gefurchter Stirn und halb geschlossenen Lidern nach. Er strich sich über die Wangen und fragte schließlich: »Wie alt ist dein Sohn?«

»Er wird im nächsten Herbst fünf«, antwortete ich stolz.

»Dann hast du es ja nicht so eilig«, sagte Vespasian erleichtert. »Nehmen wir an, die Götter geben mir noch zehn Jahre, um die Herrscherlast zu tragen und die Angelegenheiten des Staates ein wenig in Ordnung zu bringen. Dein Sohn legt dann gerade erst die Toga an. Titus hat seine schwachen Seiten, und seine Verbindung mit Berenike macht mir große Sorge, aber im allgemeinen wächst ein Mann an seiner Aufgabe. In zehn Jahren ist Titus über vierzig und ein reifer Mann. Meiner Meinung nach hat er ein gutes Recht auf den Kaiserthron, sofern er sich nicht mit Berenike vermählt. Das wäre verhängnisvoll. Eine Jüdin als kaiserliche Gemahlin ist undenkbar, und wäre sie auch aus des Herodes Geschlecht. Wenn Titus aber Vernunft annimmt, wirst du wohl in aller Freundschaft erlauben, daß er seine Zeit herrscht. Indessen wird dein Sohn zum reifen Mann und sammelt seine Erfahrungen im Amt. Mein zweiter Sohn Domitian taugt nicht zum Kaiser. Der bloße Gedanke erschreckt mich. Ich habe es, um die Wahrheit zu sagen, immer bereut, daß ich ihn aus Versehen, in angetrunkenem Zustand, zeugte, als ich zu Besuch in Rom weilte. Seit der Geburt des Titus waren ja zehn Jahre vergangen, und ich hätte nicht geglaubt, daß meinem Ehebett noch einmal ein frischer Trieb entsprießen würde. Es würgt mich in der Kehle, wenn ich an Domitian denke. Ich mag nicht einmal einen Triumph feiern, weil ich ihn dazu mitnehmen müßte.«

»Du mußt einen Triumph feiern, wenn Titus Jerusalem erobert hat«, sagte ich beunruhigt. »Du würdest die Legionare bitter kränken, wenn du ihnen nach den großen Verlusten, die sie im Judenkrieg erlitten haben, keinen Triumph gönntest.«

Vespasian seufzte schwer und sagte: »So weit voraus habe ich noch gar nicht gedacht. Ich bin zu alt, um die Treppe zum Kapitol hinaufzukriechen. Der Rheumatismus, den ich mir in Britannien geholt habe, schmerzt immer ärger in meinen Knien.«

»Ich könnte dich auf der einen Seite stützen, und Titus auf der andern«, sagte ich. »Es ist am Ende gar nicht so beschwerlich, wie es aussieht.«

Vespasian warf mir einen Blick zu und lächelte verschmitzt. »Was würde das Volk denken! Aber, beim Herkules, ich hätte lieber dich an meiner Seite als Domitian, diesen sittenlosen, krumm gewachsenen Lügenhals!«

Das sagte er, lange bevor er von dem Sieg bei Cremona, der Belagerung des Kapitols und dem feigen Verhalten Domitians erfuhr. Um das Andenken seiner Großmutter zu ehren, mußte Vespasian später Domitian dann doch im Triumphzug hinter Titus mitreiten lassen, aber er gab ihm ein Maultier zu reiten. Das Volk verstand die Anspielung.

Nachdem wir die Frage der Thronfolge als vernünftige Menschen in freundschaftlichem Einvernehmen von allen Seiten beleuchtet hatten, ging ich bereitwillig auf seinen Vorschlag ein, daß Titus nach ihm und vor Dir regieren solle, wenngleich ich von Titus eine weit geringere Meinung hatte als sein Vater. Seine Geschicklichkeit im Fälschen von Handschriften ließ mich an seinem Charakter zweifeln. Aber Väter sind blind.

Sobald Vespasian seine Macht in Rom gefestigt hatte, eroberte Titus auf seinen Befehl Jerusalem. Die Zerstörung der Stadt war wirklich so entsetzlich, wie sie Flavius Josephus beschreibt. Die Beute war aber auch danach, und ich wurde für meine Auslagen reichlich entschädigt. Titus hatte den Tempel eigentlich nicht zerstören wollen. Das hatte er Berenike im Bett geschworen. Während der Kämpfe war es jedoch unmöglich, die Ausbreitung des Brandes zu verhindern. Die ausgehungerten Juden zogen sich erbittert kämpfend von Haus zu Haus, von Keller zu Keller zurück, so daß die Legionare, die geglaubt hatten, sie brauchten die Stadt nur zu besetzen, schwere Verluste erlitten.

Mich kann bald jeder, der will, zu Pferde auf den Reliefs des Triumphbogens abgebildet sehen, den wir auf dem Forum zu errichten beschlossen. Anfangs fiel es Vespasian allerdings nicht ein, daß auch ich mir das Triumphzeichen verdient hatte, an dem mir um Deinetwillen so viel lag. Ich mußte ihm immer wieder beweisen, daß ich während der Belagerung der Nächsthöchste nach ihm gewesen war und daß ich mich furchtlos den Pfeilen und Wurfsteinen der Juden ausgesetzt hatte und sogar am Fuß verwundet worden war.

Erst als Titus edelmütig ein Wort für mich einlegte, gestand mir Vespasian das Triumphzeichen zu. Er hatte mich nie als Krieger im eigentlichen Sinne des Wortes betrachtet, weil ich an der Belagerung und Eroberung Jerusalems so viel verdiente. Die Senatoren, die zur Zeit ein Triumphzeichen besitzen, kann man an den Fingern einer Hand aufzählen, und einige von uns haben ihr Zeichen ohne eigenes Verdienst erhalten, um es einmal zu sagen, wie es ist.

Nachdem er als Triumphator die Treppe zum Kapitol hinaufgekrochen war, füllte Vespasian einen Korb mit Schutt von der Tempelruine und trug ihn auf seinen Schultern in das Tal hinunter, das aufgefüllt werden sollte. Er tat dies, um dem Volk seine Frömmigkeit und Demut zu zeigen und ihm mit gutem Beispiel voranzugehen. Von uns erwartete er, daß wir uns finanziell am Wiederaufbau des Jupitertempels beteiligten.

Er hat auch aus allen Teilen der Welt Abschriften von alten Gesetzen, Verordnungen, Verträgen und Sonderrechten seit der Gründung der Stadt herbeischaffen lassen. An die dreitausend solche Bronzetafeln hat er bisher gesammelt, und er verwahrt sie als Ersatz für die bei dem großen Brand geschmolzenen im neuen Gebäude des Staatsarchivs.

Soviel ich weiß, hat er ihnen nichts von eigener Hand hinzugefügt, obwohl er Gelegenheit gehabt hätte, seine Abstammung von Vulcanus selbst herzuleiten, wenn ihm darum zu tun gewesen wäre. Er begnügt sich aber noch immer mit dem verbeulten Silberbecher seiner Großmutter. Während ich dies schreibe, hat er nun das zehnte Jahr als Kaiser geherrscht, und wir bereiten uns darauf vor, seinen siebzigsten Geburtstag festlich zu begehen. Ich selbst bin in zwei Jahren fünfzig und fühle mich erstaunlich jugendlich dank der Pflege, dem Gesundheitswasser und einem weiteren Umstand, der daran schuld ist, daß ich mich nun gar nicht mehr beeile, von hier fortzukommen, sondern die Niederschrift meiner Erinnerungen in die Länge ziehe, wie Du vielleicht schon bemerkt haben wirst.

Die Ärzte haben mir schon vor einem Monat erlaubt, nach Rom zurückzukehren, aber ich danke Fortuna, daß ich diesen Frühling erleben durfte. Ich fühle mich so sehr verjüngt, daß ich mir unlängst mein Lieblingspferd bringen ließ, um wieder zu reiten, obwohl ich mich seit Jahren damit begnügte, bei den Umzügen mein Pferd am Zügel zu führen. Dank der Verordnung des Claudius ist das noch immer gestattet, und wir alternden Männer machen von der Erlaubnis gern Gebrauch, weil wir leider immer schwerer werden.

Weil ich gerade von Fortuna spreche: Deine Mutter ist immer merkwürdig eifersüchtig auf den einfachen Holzbecher gewesen, den ich von meiner Mutter erbte. Vielleicht erinnert er sie allzu deutlich daran, daß Du zu einem Viertel griechisches Blut in den Adern hast. Zum Glück weiß sie nicht, welch niederer Herkunft dieses Blut ist. Wie dem auch sei, ich schenkte diesen Becher vor einigen Jahren Linus, einmal weil ich des ewigen Gezänkes Deiner Mutter müde war, und zum andernmal weil ich in einer Stunde der Übersättigung meinte, ich hätte nun genug Erfolg gehabt. Die Christen können meiner Meinung nach Fortunas Gunst brauchen, und außerdem hat Jesus von Nazareth selbst nach seiner Auferstehung aus diesem Becher getrunken. Damit sich der Holzbecher nicht zu rasch abnützte, habe ich einen Prunkbecher aus Gold und Silber schmieden lassen, der ihn umschließt und auf der einen Seite das Bild des Kephas im Relief zeigt, auf der anderen Seite dagegen das des Paulus.

Diese Bilder sind sehr ähnlich geworden, denn der Handwerker, der sie machte, hat die beiden selbst oft gesehen und überdies die Zeichnungen anderer und ein Mosaik als Vorlage benutzt. Zwar waren die beiden Juden und duldeten als solche keine Menschenbilder, aber Paulus hat das jüdische Gesetz in manch anderer Hinsicht umgestoßen, weshalb ich nicht glaube, daß er es mir übelnimmt, wenn ich mit Hilfe des Linus sein Aussehen der Nachwelt überliefern will. Wozu, weiß ich freilich selbst nicht. Die Christuslehre hat neben anderen, aussichtsreicheren Religionen, von den Gymnosophisten bis zur Mithras-Bruderschaft, keine Zukunft.

Beide waren sie gute Menschen, und ich verstehe sie nun besser als früher, vor allem Paulus. So geht es einem ja oft: man vergißt gewisse Charakterzüge, die einen ärgerten, und ist endlich imstande, sich ein klares Bild von dem Menschen zu machen, wie er wirklich gewesen ist. Im übrigen besitzen die Christen sogar ein Bild ihres Jesus von Nazareth. Es blieb auf einem Stück Tuch haften, das eine Frau ihm reichte, damit er sich das Blut aus dem Antlitz trockne, als er mit dem Kreuz auf dem Rücken auf einer Straße Jerusalems stürzte. Dieses Bild wäre gewiß nicht auf dem Tuch zurückgeblieben, wenn er selbst es nicht gewollt hätte. Ich folgere daraus, daß er es, im Gegensatz zu den rechtgläubigen Juden, gestattete, daß man ein Bild vom Menschen macht.

Der Becher, den ich weggeschenkt habe, wird fleißig benützt, aber mir scheint, seine Kraft hat wegen des Goldes und des Silbers, das ihn nun umschließt, abgenommen. Jedenfalls streiten die Christen miteinander noch ebenso heftig und scharfsinnig wie eh und je. Linus hat alle Mühe, sie wenigstens so weit zu besänftigen, daß sie nicht mitten unter ihrem heiligen Abendmahl übereinander herfallen.

Was in den dunklen Gassen geschieht, wenn die verschlossenen Türen geöffnet worden sind und die Teilnehmer am Mahle sich entfernen, mag ich nicht näher schildern. Die Unduldsamkeit und der Neid, die Paulus und Kephas ins Verderben stürzten, herrschen noch immer unter ihnen. Schon aus diesem Grunde kann aus ihnen nichts werden. Ich warte nur noch darauf, daß eines Tages ein Christ einen anderen Christen in Christi Namen erschlägt. Der Arzt Lucas schämt sich all dessen so, daß er nun kein drittes Buch zu dem Werk, das er plante, schreiben will, sondern die Arbeit aufgegeben hat.

Es hilft auch nichts, daß gelehrte und gebildete Menschen sich ihnen angeschlossen haben und sich ebenfalls zu Christus bekennen. Im Gegenteil, die Sache scheint davon nur noch schlimmer geworden zu sein. Kurz vor meiner Erkrankung lud ich zwei Sophisten zum Mahl, weil ich hoffte, ihre Bildung und Vernunft könnten Linus von Nutzen sein, aber die beiden begannen so erbittert miteinander zu streiten, daß sie mir beinahe meine kostbaren alexandrinischen Glasschalen zerschlugen.

Meine Einladung hatte einen rein praktischen Grund. Ich dachte mir, daß gebildete Männer wie sie einsehen würden, wie vorteilhaft es für die Christen wäre, wenn ihr Oberhaupt irgendein Zeichen seines Ranges trüge, etwa eine Kopfbedeckung wie die Mithras-Priester und zu dem einfachen Hirtenstab dazu den gewundenen Himmelsleiterstab der Auguren. Solche äußerlichen Zeichen ihres Bundes würden meiner Meinung nach gewöhnliche Bürger dazu ermuntern, sich ihnen anzuschließen.

Statt eines vernünftigen Gesprächs begannen aber die beiden Männer einen hitzigen Streit, und der eine sagte: »Ich glaube an ein unsichtbares Reich, an die Engel und daran, daß Christus Gottes Sohn ist, denn dies ist die einzige begreifliche Erklärung für die Unbegreiflichkeit und den wahnwitzigen Lauf der Welt. Ich glaube, um zu verstehen.«

Der andere wollte das nicht gelten lassen und entgegnete: »Verstehst du nicht, du kleiner Geist, daß menschliche Vernunft die Göttlichkeit Christi nicht fassen kann? Ich glaube nur, weil die Lehre über ihn absurd und vernunftlos ist. Ich glaube, weil sie sinnlos ist.«

Ich fiel ihnen rasch ins Wort, bevor sie handgemein wurden, und sagte begütigend: »Ich für mein Teil bin kein Gelehrter, obgleich ich die Philosophen und nicht wenige Dichter gelesen und selbst ein Buch über Britannien geschrieben habe, das man noch in den öffentlichen Bibliotheken finden kann. An Gelehrsamkeit und in der Kunst des Disputierens kann ich es nicht mit euch aufnehmen. Viel glaube ich nicht, und ich bete auch um nichts, denn in meinen Augen ist es reine Unvernunft, um etwas zu beten, was ein unerklärlicher Gott selbst am besten weiß. Er gibt mir gewiß, was mir not tut, wenn er so will. Eurer langatmigen Gebete bin ich müde. Wenn ich denn beten müßte, so möchte ich in meiner Sterbestunde flüstern: Jesus Christus, Gottes Sohn, erbarme dich meiner. Ich bilde mir nicht ein, daß meine wenigen guten Taten meine bösen Taten und Verbrechen aufzuwiegen vermögen. Ein Reicher kann nicht ohne Schuld sein. Hat er Schlimmeres nicht auf sich geladen, so sind die Tränen seiner Sklaven sein Verbrechen. Ich verstehe die Menschen, die ihre Habe den Armen schenken, um Christus zu folgen, aber ich selbst behalte und vermehre lieber, was ich besitze, für meinen Sohn und das Gemeinwohl. Es könnte sonst jemandem in die Hände fallen, der grausamer ist als ich, zum Schaden für die vielen, die mein Brot essen. Schont daher bei eurem Streit meine Glasschalen, die nicht nur kostbar sind, sondern auch mir selbst als Erinnerungsstücke teuer.«

Sie beherrschten sich aus Rücksicht auf meinen Rang und meine Stellung, wenngleich sie einander wahrscheinlich an die Kehle fuhren, sobald sie mein Haus und meinen guten Wein verlassen hatten. Glaube aber nicht, mein Sohn Julius, ich sei zu den Christen übergegangen, weil ich all dies erzähle. So viel weiß ich über Jesus von Nazareth und sein Reich, daß ich es nie wagen würde, mir einen so anspruchsvollen Namen zuzulegen und mich Christ zu nennen. Deshalb habe ich mich auch nie für würdig gehalten, die Taufe zu empfangen, sooft auch Deine Mutter mich dazu zu überreden versuchte.

Ich begnügte mich damit, zu sein, was ich bin, mit meinen Schwächen und meinen Fehlern, und ich will mich, wie Du aus diesen Erinnerungen ersiehst, nicht einmal rechtfertigen. Ich habe nur versucht, Dir begreiflich zu machen, mit welcher Unausweichlichkeit ich zu gewissen Taten gezwungen worden bin, die ich später bereute — Taten, die nur Dir zum Vorteil gereichten.

Was meine sittlichen Verirrungen anbelangt, will ich Dir nur sagen, daß kaum ein Mensch ohne Tadel ist, nicht einmal die Heiligen, die sich Gott geweiht haben. Nie aber, das kann ich Dir versichern, habe ich einen anderen Menschen nur zu meinem Genuß mißbraucht. Ich habe in meiner Bettgefährtin immer auch den Menschen gesehen, mochte sie nun Sklavin sein oder Freie.

Meiner Meinung nach geschehen aber die unsittlichsten Dinge

nicht im Bett, wie viele glauben, sondern das Schlimmste ist die Verhärtung des Herzens. Hüte Dich davor, daß Du hart in Deinem Herzen wirst, mein Sohn, wer auch immer Du eines Tages sein und vor welch schweren Entscheidungen immer Du stehen wirst. Eine gewisse menschliche Eitelkeit ist, innerhalb vernünftiger Grenzen, wohl erlaubt, nur darfst Du in Deinem Herzen Deine Gelehrsamkeit und Deine Dichtergabe nicht zu hoch einschätzen. Glaube nicht, ich wüßte nicht, daß Du mit Juvenal in der Dichtkunst zu wetteifern trachtest!

Während ich dies schreibe, ist mir, als könnte ich die ganze Welt lieben, weil es mir vergönnt war, noch einen verspäteten Frühling zu erleben. Ich glaube, wenn ich nach Rom zurückkehre, werde ich die Schulden Deines Freundes Juvenal bezahlen, und er mag meinetwegen gerne seinen Bart behalten. Warum sollte ich Dir Kummer machen und Dich von mir entfernen, indem ich einen Menschen verachte, der Dir – wenngleich aus mir unbegreiflichen Gründen – lieb ist.

Mein Herz ist so voll, daß ich erzählen muß. Deshalb will ich Dir noch von dem Frühling berichten, den ich hier erleben durfte. Ich habe sonst niemanden, mit dem ich darüber sprechen könnte, und Du wirst diese Aufzeichnungen ohnehin erst lesen, wenn ich schon tot bin. Vielleicht wirst Du dann Deinen Vater besser verstehen, den Du jetzt nur für einen närrischen Alten hältst. Um wieviel leichter ist es doch, sich mit einem fremden Kind zu verstehen als mit dem eigenen Sohn! Doch das ist wohl eines jeden Vaters Fluch, selbst wenn er das Beste will.

Ich weiß nicht, wie ich beginnen soll. Du weißt, daß es mich nie danach gelüstet hat, nach Britannien zurückzukehren, obwohl ich mich dort um meine Besitzungen kümmern könnte und gern auch sehen möchte, wie aus Lugundanum eine richtige Stadt wird. Ich fürchte nur, ich würde Britannien nicht mehr so sehen, wie ich es in meiner Jugend, mit ungetrübten Sinnen, sah, als ich es mit Lugunda durchwanderte. Vielleicht war ich nur von den Druiden verhext, so daß ich sogar Britannien schön fand, aber ich will diese Erinnerung nicht verlieren, indem ich nun mit meinen bald fünfzig Jahren und meinen grob gewordenen, abgestumpften Sinnen noch einmal hinfahre.

In diesem Frühling habe ich aber noch einmal so leben dürfen, als wäre ich noch jung. Freilich ist alles nur eine jener Verzauberungen gewesen, die selbst einem Mann wie mir den Blick mit

Lachen und Weinen verdunkeln können. Du wirst nie mit ihr zusammentreffen, mein Sohn, denn ich halte es ihretwegen und meinetwegen für das beste, sie auch selbst nicht mehr aufzusuchen.

Sie ist von verhältnismäßig niederer Herkunft, aber ihre Eltern haben dank ihrer Armut die uralten Überlieferungen und Sitten der Landbewohner bewahrt. Sie wundert sich sogar darüber, daß mein Untergewand aus Seide ist. Ich habe ihr so manches aus meinem Leben erzählt, angefangen von den jungen Löwen, die meine Gattin Sabina seinerzeit in unserem Ehebett aufzog und die ich mit einem Horn füttern mußte. Sie hörte mir geduldig zu, und ich betrachtete den wechselnden Ausdruck ihrer seltsamen Augen.

Ich mußte ja an den Abenden ein wenig Ordnung in meine Erinnerungen bringen, um sie dann teils selbst niederzuschreiben, teils diktieren zu können. Ich hoffe, Du wirst einigen Nutzen von ihnen haben. Wenn Du nur nicht zu viel Gutes von den Menschen glaubst und dann enttäuscht wirst! Kein Herrscher darf sich ganz auf einen anderen Menschen verlassen. Das ist die schwerste Bürde der Alleinherrschaft. Allzu großes Vertrauen rächt sich immer. Denk daran, mein Sohn.

Ich sage Dir all das, weil ich Dich aus ganzem Herzen liebe und weil Du, auch wenn Du es nicht so empfindest, der eigentliche Sinn meines Lebens bist. Es ist, als hätte ich, als ich in ihr einer verspäteten, allzu süßen und zärtlichen Liebe begegnete, gelernt, Dich mehr zu lieben als je zuvor und auch Deine Mutter und ihre weniger guten Seiten besser zu verstehen. Ich verzeihe ihr nun gern die Worte, die sie oft im Zorn sagte. Andrerseits hoffe ich, sie wird mir verzeihen, daß ich nicht anders sein kann, als ich eben bin. Man soll nicht versuchen, einem alten Hund das Bellen abzugewöhnen und das Männchenmachen beizubringen.

Es ist in der ganzen Zeit, die ich mich hier in diesem Kurort aufhalte, in dessen Nähe das Gut ihrer Eltern liegt, nichts Schlimmes zwischen uns geschehen. Ein einziges Mal habe ich sie geküßt, und das eine oder andere Mal habe ich wohl auch mit meiner groben Hand die Haut ihrer Arme gestreichelt. Mehr wünschte ich nicht, denn ich will ihr nicht weh tun oder sie vor der Zeit in die Einsamkeit und die heiße Wüste der menschlichen Leidenschaft stürzen. Es ist genug, daß bei meinen Erzählungen ihre Wangen sich röteten und ihre Augen zu glänzen begannen.

Ihren Namen sage ich Dir nicht. Du wirst ihn auch in meinem Testament nicht finden, weil ich auf anderen Wegen, die ich für vernünftiger hielt, dafür gesorgt habe, daß sie nie Not zu leiden braucht und daß sie eine große Mitgift hat, wenn sie eines Tages dem jungen Mann begegnet, der ihrer Liebe wert ist. Mag sein, daß ich sie für verständiger halte, als sie ist, nur weil sie so gern und geduldig dem Geschwätz eines alternden Mannes lauschte, aber ich glaube, ihr künftiger Gatte wird großen Nutzen von ihrem angeborenen Verständnis und Fassungsvermögen haben, wenn er sich eine Zukunft im Dienst des Staates aufbauen will.

Sie wird sicherlich einen Ritter wählen. Das weiß ich, weil sie so in Pferde vernarrt ist. Ihretwegen ließ ich mir meine Lieblingsstute bringen und begann wieder zu reiten. Ich glaube, ihre bloße Nähe und ihr warmes Mitgefühl haben mir zur Genesung verholfen, denn unsere Freundschaft entbehrt aller verzehrenden Leidenschaft.

Ich weiß, Du hast getrauert und sogar Deinen Vater gehaßt, als der schneeweiße Hengst, der von Kaiser Gajus Caligulas »Blitz« abstammt, plötzlich aus Deinem Stall verschwunden war. Es machte mir Spaß, mir diesen Hengst zu verschaffen, um mich selbst daran zu erinnern, was es im Grunde bedeutet, römischer Senator zu sein. Gajus hatte beschlossen, »Blitz« zum Senator zu ernennen. Deshalb wurde er so grausam ermordet. Ich kenne den Senat zur Genüge und sage Dir, er hat sich überschätzt. Er hätte sich einen triftigeren Grund ausdenken müssen.

Ich hörte jedenfalls, daß Du, nachdem Du die Toga angelegt hattest, beim Festumzug der Ritterschaft auf einem schneeweißen Hengst geritten bist. Das gehört sich nicht für einen Jüngling in Deinem Alter, glaube mir, Julius. Ich hielt es daher für richtig, Dir den Hengst wegzunehmen. Ich schenke ihn lieber einem klugen fünfzehnjährigen Mädchen zum Andenken, das in ländlicher Stille und Abgeschiedenheit lebt. Schließlich komme ich noch immer für den Unterhalt Deines Stalles auf, wenn Du ihn auch Deinen eigenen nennst.

Ich kann es nicht verhindern, daß der Klatsch Roms mich auf den verschiedensten Wegen erreicht. Versteh mich recht, wenn Du dies eines Tages liest. Ich hielt es nicht für nötig, irgendwelche Gründe anzugeben. Du magst mich meinetwegen hassen, weil plötzlich Dein schönstes Reitpferd verschwand. Und wenn Du nicht genug Verstand hast, zu begreifen, warum es notwendig war, dann hasse mich, solange du willst.

Diesen Hengst schenke ich ihr zum Abschied, denn sie hat nicht einmal eine goldene Kette angenommen, die ich ihr zum Andenken geben wollte. Das Pferd wird sie wohl annehmen können. Ihre Eltern können sich Nebeneinkünfte verschaffen, indem sie den Hengst für die Zucht verwenden. Auf diese Weise wird der Pferdestamm dieser Gegend verbessert, mit dem wirklich kein Staat zu machen ist. Sogar meine alte fromme Stute erweckt hier Neid.

Wenn ich an mein Leben denke, fällt mir oft ein Gleichnis ein, das Du aus dem Munde des Linus gehört haben wirst. Es war einmal ein Herr, der seinen Knechten einige Pfunde Silber zu verwahren gab, da er selbst fortreiste. Der eine Knecht vergrub sein Pfund in der Erde, während der andere das seine vermehrte und verdoppelte. Von mir kann kaum jemand behaupten, ich hätte mein Pfund vergraben. Im Gegenteil, ich habe mein Vätererbe vermehrt, hundertfach könnte ich sagen, wenn es nicht unbescheiden klänge. Du wirst es in meinem Testament sehen. Ich meine aber nicht nur irdische Pfunde, sondern auch gewisse andere Werte. Jedenfalls habe ich beinahe doppelt soviel Nilpapier von der feinsten Sorte für meine Erinnerungen verwendet als mein Vater seinerzeit für seine Briefe an Tullia, die Du eines Tages ebenfalls lesen wirst.

Der Herr sprach zu seinem Knecht: »Du guter und treuer Knecht, geh ein in die Freude deines Herrn.« Das finde ich schön gesagt, obwohl ich für mich selbst nichts dergleichen erhoffen darf. Aber Jesus von Nazareth hat eine eigentümliche Art, einen geschwind aufs Ohr zu schlagen, sowie man etwas zu wissen glaubt. Kaum eine Woche war vergangen, seit ich mich vor den beiden Sophisten damit gebrüstet hatte, ich würde nie um etwas beten, da flehte ich ihn in meinen Schmerzen auch schon inniglich an, er möge meine Blutung stillen, ehe ich verblutete. Die besten Ärzte Roms vermochten mir nicht zu helfen. Mein Leiden heilte jedoch von selbst. Hier in diesem Kurort, wo ich fleißig Wasser trinke, fühle ich mich gesünder und froher als je in den letzten zehn Jahren. Ich habe sogar die sonderbare Gewißheit, daß ich noch für irgendeinen Zweck gebraucht werde, obwohl ich nichts gelobt habe.

Noch ein paar Worte über das helläugige Mädchen, das meine Gesellschaft war und mir so viel Freude schenkte, daß mir bei seinem bloßen Anblick das Herz schmolz. Ich begriff anfangs nicht, warum ich ihr schon begegnet zu sein glaubte. So wohlbekannt erschien mir alles an ihr, sogar ihre kleinsten Bewegungen. In meiner Einfalt gab ich ihr ein Stück von Antonias Seife und ein Fläschchen von dem Parfüm, das Antonia verwendet hatte. Ich fand, sie erinnerte mich auf unbestimmte Art ein wenig an Antonia, und hoffte, der bekannte Duft der Seife und des Parfüms würde der Ähnlichkeit nachhelfen.

Es geschah aber gerade das Gegenteil. Ich bemerkte, daß diese betäubenden Düfte nicht zu ihrem frühlingsfrischen Wesen paßten. Sie störten mich nur. Als ich sie dann aber küßte und ihre Augen dunkel werden sah, da erblickte ich in ihrem Gesicht das Gesicht Antonias, aber auch die Züge Lugundas und, was das Wunderlichste von allem war, das Gesicht Deiner Mutter Claudia, wie es in ihrer Jugend gewesen war. Und als ich so eine lange Weile ihren Mädchenleib in meinen Armen hielt, ohne ihr etwas antun zu wollen, da erkannte ich in ihr auf merkwürdige Weise alle die Frauen wieder, die ich in meinem Leben am meisten geliebt habe. Ich weiß, daß nach ihr keine Frau mehr mein Leben teilen wird. Ich habe Liebe genug und übergenug erfahren. Mehr soll der Mensch nicht begehren.

Als ich mit eigener Hand diese letzten Zeilen niedergeschrieben hatte, gebot das Schicksal selbst mir, meine Erinnerungen abzuschließen. Vom Senat kam ein Eilbote mit der Nachricht, daß Roms Kaiser Vespasian nahe Raete, der Heimat seines Geschlechts, gestorben ist. So konnte er seinen siebzigsten Geburtstag nicht mehr feiern, aber man sagt, er habe versucht, sich aufzurichten und stehend in den Armen derer, die ihn stützten, zu sterben.

Sein Tod wird noch zwei Tage geheimgehalten, bis Titus in Raete eingetroffen ist. Unsere erste Aufgabe im Senat wird es sein, Vespasian zum Gott auszurufen. Er hat es verdient, denn er war von allen Kaisern Roms der frömmste, selbstloseste, arbeitsamste und gerechteste. Daß er von Plebejern herstammte, ist nicht seine Schuld, und es ist ohne Belang, sobald er ein Gott ist. Als alter Freund will ich seinem Priesterkollegium beitreten, da ich bisher noch kein Priesteramt bekleidet habe. Ich denke an

Deine Zukunft, mein lieber Sohn, und muß dieses Verdienst meinen bisherigen hinzufügen. In Eile mit eigner Hand, Dein Vater Minutus Lausus Manilianus.

Drei Monate später, bevor ich diese Aufzeichnungen in einem sicheren Versteck einmauere. Es ist, als ließe mich Fortuna nun im Stich. Der furchtbare Vesuvausbruch hat meine neuerbaute Prachtvilla in Herculanum zerstört, in der ich meine alten Tage unter einem milden Himmel und in guter Gesellschaft zu verbringen gedachte. Oder besteht mein Glück gerade darin, daß ich nicht dazugekommen war, hinzureisen, das Haus zu besichtigen und mit den Baumeistern wegen der Rechnungen zu streiten? Ich wäre vielleicht selbst unter dem Aschenregen begraben worden.

Aber ich fürchte, dieses entsetzliche Ereignis hat eine böse Vorbedeutung für die Regierung des Titus. Ich sage das, obgleich wir Freunde sind und er mir und Dir nur Gutes will. Zum Glück ist er noch in seinen besten Jahren, und man nennt ihn die Freude und das Entzücken der Menschheit. Weshalb, begreife ich nicht recht. Auch Nero wurde in seiner Jugend so genannt.

Gleichwohl glaube ich, daß Titus so gut herrschen und so lange leben wird, daß er alle Ränke des Domitian zunichte machen und Dich eines Tages zu seinem Nachfolger auf dem Thron ernennen kann. Hüte Dich vor Domitian. Was darf man wohl Gutes von einem Mann erhoffen, der sich die Zeit damit vertreibt, lebende Fliegen auf seinen Schreibstift zu spießen wie ein mutwilliger Knabe!

NACHWORT

Minutus Lausus Manilianus, Inhaber eines Triumphzeichens und des Konsulranges, Vorsteher des Priesterkollegiums des Vespasian und römischer Senator, starb unter Kaiser Domitian den qualvollen, aber süßen Tod eines Zeugen Christi im Amphitheater der Flavier, das seiner Säulen wegen Colosseum genannt wird. Mit ihm starben seine jüdische Gattin Claudia und sein Sohn Clemens sowie der Konsul Flavius Titus, ein Vetter Domitians und Sohn des ehemaligen Stadtpräfekten von Rom. Ihrer Herkunft und hohen Stellung wegen wurde ihnen die Ehre bewilligt, vor die Löwen geworfen zu werden.

Der Senator Minutus Manilianus erklärte sich erst in seiner letzten Nacht in den Kerkergewölben unter der Arena des Colosseums bereit, von einem Sklaven, der die Gnadengabe der Taufe besaß und bei derselben Vorstellung sterben sollte, die Taufe der Christen zu empfangen, und noch machte er allerlei Einwände und versicherte, er müsse eher aus politischen Gründen sterben, als um Christi Namen zu verherrlichen.

In letzter Stunde entstand aber unter den Christen ein heftiger Streit darum, wie die Taufe vorzunehmen sei. Es gab unter ihnen solche, die behaupteten, der Täufling müsse unter Wasser getaucht werden, und andere, die meinten, es genüge, Wasser über seinem Haupte auszugießen. Das Amphitheater der Flavier hat, wie wir wissen, vorzügliche Wasserleitungen, doch hauptsächlich für die wilden Tiere und die Gladiatoren. Für die Verurteilten, meint man, genügt ein wenig Trinkwasser, und da es ihrer damals so viele gab, stand jedem nur eine kleine Menge zu. Da bereitete Manilianus dem Streit ein Ende, indem er sagte, ihm genüge es, wenn der Sklave, der die Gnade besaß, ihm auf seinen kahlen Kopf spuckte. Diese Lästerung ließ alle verstummen. Dann aber hielt ihm seine fromme Gattin Claudia vor, daß er, wenn er den Löwen entgegentrat, Christi Barmherzigkeit wegen seines schlechten Lebenswandels, seiner Habgier und seiner Hartherzigkeit mehr als jeder andere nötig habe. Manilianus murmelte, er habe in seinem Leben auch Gutes getan, aber diese Behauptung glaubte ihm keiner, der ihn kannte.

Als er in die Arena hinaus und vor die Löwen trat, geschah ein unerklärliches Gotteswunder. Der älteste der Löwen erwählte ihn zu seinem Opfer, wohl weil er gut genährt war oder vielleicht auch seiner hohen Stellung wegen, obgleich er den breiten roten Streifen nicht mehr trug, sondern wie alle anderen Verurteilten nur in sein Untergewand gekleidet war. Nachdem der Löwe aber an ihm geschnuppert hatte, leckte er ihm ergeben die Hände und die Füße und verteidigte ihn gegen die wütenden Angriffe der anderen Löwen, so daß das Volk auf die Bänke stieg, vor Verwunderung laut zu rufen begann und verlangte, Manilianus solle begnadigt werden. Es rief allerdings nicht Manilianus, sondern gebrauchte einen Spitznamen, den zu wiederholen die Schicklichkeit verbietet.

Als aber der Senator Minutus Manilianus seine Gattin und seinen Sohn, von den Löwen zerrissen, sterben sah, ohne ihnen helfen zu können, trat er, von dem alten Löwen begleitet, vor die Loge des Kaisers, gebot dem Volk mit erhobener Hand zu schweigen und brachte so entsetzliche Anklagen gegen Domitian vor, daß dieser sowohl ihn als auch den für seine Aufgabe untauglichen Löwen augenblicklich durch Bogenschützen töten ließ. Unter anderem behauptete er, Domitian habe seinen Bruder Titus vergiftet und Kaiser Vespasian hätte nie zugelassen, daß er in Rom Kaiser werde.

Das Gotteswunder, das an Manilianus geschah, ermutigte die anderen Christen, tapfer zu sterben und noch im Tode Gott zu preisen, da dieses Wunder Christi unerklärliche Gnade bewies. Es hätte wohl niemand geahnt, daß der Senator Manilianus zu seinen Lebzeiten ein Gottesmann gewesen war, am wenigsten seine fromme Gattin. Sein Name wird jedoch in der Schar der Zeugen Christi bewahrt.

Der beste Freund seines Sohnes, der Dichter Decimus Junius Juvenal, konnte auf seinen Rat noch rechtzeitig nach Britannien fliehen. Manilianus hatte ihm zur Ritterwürde und zu einem Amt verholfen. Eine Zeitlang übte er in seiner Heimatstadt das Amt des Zensors aus, denn Manilianus meinte, ein Mann, der wegen seiner Sittenlosigkeit bekannt sei, könne aus eigener Erfahrung am besten die Laster und Schwächen anderer beurteilen. Er schickte ihn sogar auf seine Kosten mit seinem Sohn zusammen auf eine Studienreise nach Ägypten. Weshalb er das tat, verstand niemand.

INHALTSVERZEICHNIS

ERSTER TEIL: MINUTUS

ZWEITER TEIL: JULIUS MEIN SOHN